大正新脩大蔵経総目録

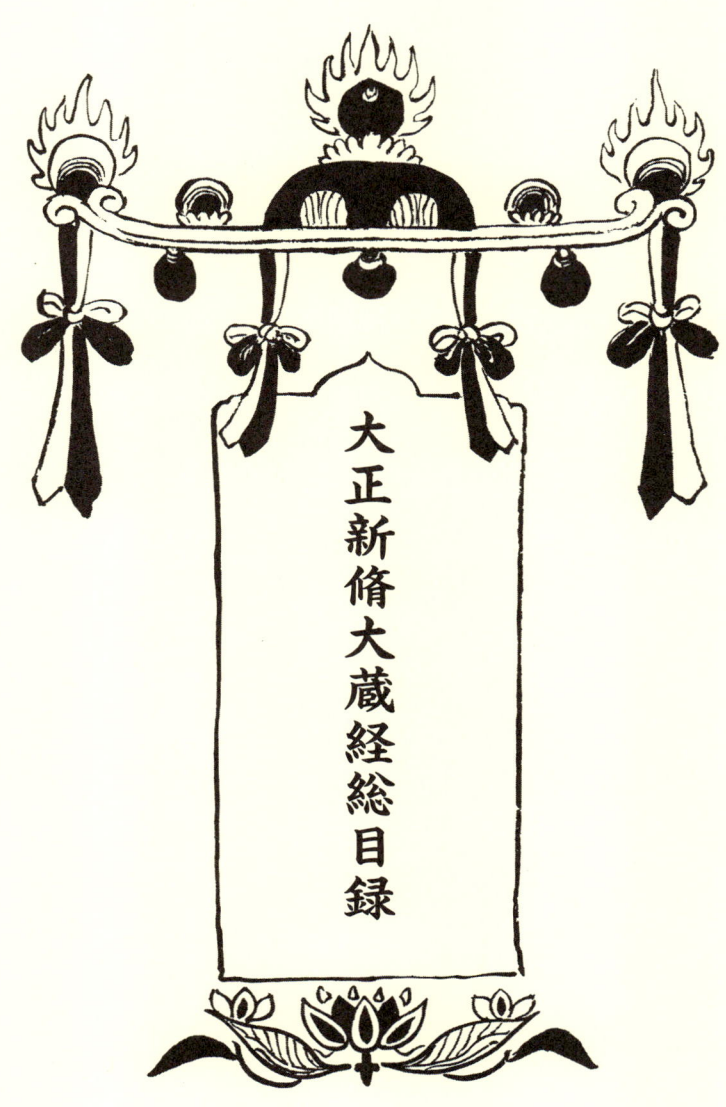

目次

大正新脩大蔵経全覧……二
大正新脩大蔵経総目録……一
凡例
本蔵部……一三
昭和法宝総目録……三六六
（参考）図像部……三七〇
大正新脩大蔵経書目索引……三八九
大正新脩大蔵経総目録検字索引……巻末

大正新脩大蔵経全覧

巻次	部門	内容部数	巻数	紙数 頁数	紙数 別紙	紙数 色刷	発行年月
第1巻	阿含部上	九八部（一—九八）	二一四	九三八			大正13年5月
第2巻	阿含部下	五七部（九九—一五二）	一七六	八九四			同9月
第3巻	本縁部上	四四部（一五二—一九二）	二〇五	九九〇			同6月
第4巻	本縁部下	二八部（一九二—二一九）	一二九	八二六			同7月
第5巻	般若部一	一部（二二〇）（第5〜7巻）	六〇〇（第5〜7巻）	一〇八〇			同10月
第6巻	般若部二			一〇八〇			大正14年2月
第7巻	般若部三			一一一八			大正13年12月
第8巻	般若部四	四二部（二二一—二六一）	一七七	九三四			同8月
第9巻	般若部全 華厳部上	一八部（二六二—二七八）	一二〇	七九八			大正14年7月

第10巻	華厳部 下	三一部（二七九―三〇九）	一九四	一〇五八			大正14年8月
第11巻	宝積部 上	一二部（三一〇―三二〇）	二一四	九八八			同4月
第12巻	宝積部 下 涅槃部 全	七七部（三二一―三九六）	二一七	一一三二			同6月
第13巻	大集部 全	二八部（三九七―四二四）	一八四	一〇一〇			大正13年11月
第14巻	経集部 一	一六六部（四二五―五八四）	二八七	九八四			大正14年1月
第15巻	経集部 二	七一部（五八五―六五五）	一五六	八二〇			同3月
第16巻	経集部 三	六五部（六五六―七二〇）	一六六	八七二			同5月
第17巻	経集部 四	一三一部（七二一―八四七）	二四六	九七六			同9月
第18巻	密教部 一	七六部（八四八―九一七）	一八六	九六〇			昭和3年4月
第19巻	密教部 二	一二七部（九一八―一〇二九）	一八一	七五六			同10月
第20巻	密教部 三	一八五部（一〇三〇―一一九八）	二七〇	九五六			同6月
第21巻	密教部 四	二三〇部（一一九九―一四二〇）	三二九	九八六			同8月

第22巻	律部 一	一五部(一四二一—一四三四)	一四二	一〇八〇			大正15年4月
第23巻	律部 二	一三部(一四三五—一四四七)	一六二	一〇七四			大正14年10月
第24巻	律部 三	五九部(一四四八—一五〇四)	二一二	一一三四			大正15年6月
第25巻	釈経論部 上	一五部(一五〇五—一五一八)	一四二	九二六			同 1月
第26巻	釈経論部 下 毘曇部 一	二六部(一五一九—一五四四)	二〇四	一〇四二			同 3月
第27巻	毘曇部 二	一部(一五四五)	二〇〇	一〇一〇			同 7月
第28巻	毘曇部 三	一二部(一五四六—一五五七)	一四三	一〇一〇			同 5月
第29巻	毘曇部 四	六部(一五五八—一五六三)	一七八	九八四			同 2月
第30巻	中観部 全 瑜伽部 上	二一部(一五六四—一五八四)	一七七	一〇四八			昭和2年10月
第31巻	瑜伽部 下	四三部(一五八五—一六二七)	一六四	九一〇			大正14年12月
第32巻	論集部 全	六六部(一六二八—一六九二)	二〇一	八〇六			同 11月
第33巻	経疏部 一	二五部(一六九三—一七一七)	一一〇	九七二			大正15年8月

第34巻	経疏部二	一三部(一七一八—一七三〇)	一一〇	一〇一六			大正15年9月
第35巻	経疏部三	五部(一七三一—一七三五)	九二	九七二			同 11月
第36巻	経疏部四	八部(一七三六—一七四三)	一四〇	一〇七二			昭和2年3月
第37巻	経疏部五	二一部(一七四四—一七六四)	一二一	九一二			大正15年10月
第38巻	経疏部六	一八部(一七六五—一七八二)	一一八	一一二二			同 12月
第39巻	経疏部七	二一部(一七八三—一八〇三)	一一五	一〇四八			昭和2年2月
第40巻	律疏部全 論疏部一	一七部(一八〇四—一八二〇)	六八	八六六			同 6月
第41巻	論疏部二	三部(一八二一—一八二三)	九〇	九九二			同 11月
第42巻	論疏部三	五部(一八二四—一八二八)	八五	八六八			同 4月
第43巻	論疏部四	六部(一八二九—一八三四)	六九	一〇一六			昭和3年7月
第44巻	論疏部五 諸宗部一	一七部(一八三五—一八五一)	八一	八八六			昭和2年7月
第45巻	諸宗部二	六一部(一八五二—一九一〇)	一一三	九八六			同 9月

第46巻	諸宗部 三	四六部(一九一一—一九五六)	一五五	一〇二二			昭和2年12月
第47巻	諸宗部 四	五一部(一九五七—二〇〇〇)	一七〇	一〇七二			昭和3年2月
第48巻	諸宗部 五	三〇部(二〇〇一—二〇二五)	一八三	一一六六			同 5月
第49巻	史伝部 一	一四部(二〇二六—二〇三九)	一一一	一〇二四			昭和2年8月
第50巻	史伝部 二	二七部(二〇四〇—二〇六五)	一五二	一〇三二			同 1月
第51巻	史伝部 三	三六部(二〇六六—二一〇一)	一七六	一一四八			同 3月
第52巻	史伝部 四	一九部(二一〇二—二一二〇)	一二四	八七四			同 5月
第53巻	事彙部 上	二部(二一二一—二一二二)	一五〇	一〇五二			昭和3年1月
第54巻	事彙部 下 外教部 全	二五部(二一二三—二一四四)	一七七	一二九六			同 9月
第55巻	目録部 全	四二部(二一四五—二一八四)	一五五	一一八六			同 11月
第56巻	続経疏部 一	二五部(二一八五—二二〇〇)	八三	八三二			昭和4年11月
第57巻	続経疏部 二	一四部(二二〇一—二二一〇)	七三	六八八			昭和5年10月

第58巻	続経疏部	三	一二部(三一一—三一五)	一一五	八二六			昭和5年6月
第59巻	続経疏部	四	二部(三一六—三一七)	七六	八〇六			昭和4年10月
第60巻	続経疏部	五	三部(三一八—三二〇)	一一三	七八六			昭和5年3月
第61巻	続経疏部	六	二七部(三二一—三四五)	八一	八一四			昭和6年9月
第62巻	続律疏部	全	三部(三四六—三四八)	七九	八六四			同 1月
第63巻	続論疏部	一	二部(三四九—三五〇)	七八	九七四			昭和5年4月
第64巻	続論疏部	二	四部(三五一—三五四)	六二	七八二			同 2月
第65巻	続論疏部	三	八部(三五五—三六二)	六八	八〇〇			昭和4年9月
第66巻	続論疏部	四	三部(三六三—三六五)	九六	九三〇			昭和5年9月
第67巻	続論疏部	五	一部(三六六)	四五	九二〇			昭和4年12月
第68巻	続論疏部	六	五部(三六七—三七一)	六五	七八二			昭和5年1月
第69巻	続論疏部	七	一九部(三七二—三九〇)	八〇	八七〇			同 7月

第70巻	続論疏部八 続諸宗部一	二〇部(二二九一—二三〇八)	七五	八四四			昭和5年8月
第71巻	続諸宗部二	一七部(二三〇九—二三二五)	七〇	九一六			同5月
第72巻	続諸宗部三	一五部(二三二六—二三四〇)	一〇〇	七七二			同12月
第73巻	続諸宗部四	七部(二三四一—二三四六)	五五	七三〇			同11月
第74巻	続諸宗部五	三九部(二三四七—二三八四)	八一	八二八			昭和6年6月
第75巻	続諸宗部六	二六部(二三八五—二四〇八)	八八	九六四			同3月
第76巻	続諸宗部七	二部(二四〇九—二四一〇)	一九八	八九二			同2月
第77巻	続諸宗部八	五六部(二四一一—二四六〇)	一七三	八八四			同11月
第78巻	続諸宗部九	四九部(二四六一—二五〇九)	一五六	九二四			昭和7年1月
第79巻	続諸宗部十	三三部(二五一〇—二五四二)	九九	八二八			昭和6年4月
第80巻	続諸宗部十一	一九部(二五四三—二五六一)	五九	七六四			同5月
第81巻	続諸宗部十二	一八部(二五六二—二五七九)	六一	七二八			同7月

第82巻	続諸宗部十三	二八部(二五八〇—二六〇七)	一四七	七九〇			昭和6年8月
第83巻	続諸宗部十四	七六部(二六〇八—二六七九)	一三四	九三八			同10月
第84巻	続諸宗部十五　悉曇部全	五二部(二六八〇—二七三一)	九八	九一二			同12月
第85巻	古逸部全　疑似部全	一九二部(二七三二—二九二〇)	二二一	一四七六			昭和7年2月
別巻	図像一	五二部(二九二一—二九七二)	六七	一一九六	二一	一八	昭和8年9月
別巻	図像二	三三部(二九七三—三〇〇五)	五〇	一一五四	八		同11月
別巻	図像三	四部(三〇〇六—三〇〇九)	七二	九三〇		一四二	昭和7年11月
別巻	図像四	一三部(三〇一〇—三〇二二)	七六	九四四	二	四七	昭和8年1月
別巻	図像五	三五部(三〇二三—三〇五六)	一一九	八六六	三〇	三五	同5月
別巻	図像六	六三部(三〇五七—三一一九)	一三二	八六八	三八	三六	同3月
別巻	図像七	四五部(三一一九—三一六三)	一二三	八五二	一六	六三	同7月
別巻	図像八	二七部(三一六四—三一九〇)	九一	一一一六	二	一〇	昭和9年1月

巻	部数	巻数	頁数	別紙	色刷	刊行
別巻 図像 九	一部(三一九〇)	一七四	九五四		九四	昭和9年3月
別巻 図像 十	一三部(三一九一—三二〇三)	一七三	一四六〇	二		同 9月
別巻 図像 十一	一三部(三二〇四—三二一六)	一〇五	一一四八			同 5月
別巻 図像 十二	六八部(三二一六—三二八三)	一六三	一一七四	五一		同 7月
別巻 昭和法宝総目録 一	二〇部(一— 二〇)	二七	一〇八〇			昭和4年7月
別巻 昭和法宝総目録 二	一八部(二一— 三八)	七二	八四八			同 4月
別巻 昭和法宝総目録 三	三九部(三九— 七七)	一〇六	一四三六			昭和9年11月
総計	三四九三部	一三五二〇巻	九六六五二頁	別紙一七〇葉	色刷四四五葉	

大正新脩大蔵経総目録

凡　例

一、本目録作成にあたっては、昭和法宝総目録所収の大正新脩大蔵経勘同目録を基にしつつ、大日本校訂縮刻大蔵経（縮冊蔵経）、大日本校訂蔵経（卍字蔵経）、大日本続蔵経（卍字続蔵経）、大日本仏教全書、南伝大蔵経、国訳一切経の目録を照合して、各経典ごとに諸目録の部帙・巻数などを示した。

一、略号は次の通りである。

縮—昃九　縮冊蔵経　昃帙第九冊
卍—一三・八　卍字蔵経　第一三套第八冊
続—一・五九・四　卍字続蔵経　第一編第五九套冊
続—二・乙・二二・一　卍字続蔵経　第二編乙二二套第一冊
仏全—四　大日本仏教全書　四巻
南—二〇・七・六二　南伝大蔵経　第二〇巻第七集第六二
*南—一一上・八六　南伝大蔵経　第一一巻上第八六経を参照せよ

ただし南伝大蔵経は各巻によって章・節の分類、呼称が異なっているため、ＰＴＳ本の分類に従って数字を掲げた。

国—阿七　国訳一切経　阿含部七

阿—阿含部　本—本縁部　般—般若部　法—法華部　華—華厳部　宝—宝積部
涅—涅槃部　大—大集部　経—経集部　密—密教部　律—律部　釈—釈経論部
毘—毘曇部　中—中観部　瑜—瑜伽部　論—論集部　経疏—経疏部　律疏—律疏部
論疏—論疏部　諸宗—諸宗部　史伝—史伝部　護教—護教部　目録事彙—目録事彙部

一、書目索引は本蔵部収載書目の詳名・異名・略名を五十音順で示した。

一、書目索引は五十音順であるため、巻末に書目索引の検字索引を附した。

本蔵部目録

第一巻　阿含部上

一　長阿含経（じょうあごんぎょう）（二十二巻）Dīgha-nikāya.〔cf. Nos. 2—25, 45(52)〕……後秦　仏陀耶舎共竺仏念訳……一

縮—昃九、卍—三・八、南—六〜八、国—阿七

(一)大本経(一) D.14. Mahāpadāna.〔Nos. 2—4〕……一

(二)遊行経(二—四) D.16. Mahāparinibbāna. (a)〔Nos. 5—7; cf. Nos. 99(1197), 100(110)〕〜D.17. Mahāsudassana. (b)〔Nos. 26(68), 45〕……一一

(三)典尊経(五) D.19. Mahāgovinda.〔No. 8〕……三〇

(四)闍尼沙経(五) D.18. Janavasabha.〔No. 9〕……三四

(五)小縁経(六) D.27. Aggañña.〔Nos. 10,26(154)〕……三六

(六)転輪聖王修行経(七) D.26. Cakkavatti-sihanāda.〔No. 26(70)〕……三九

(七)弊宿経(七) D.23. Pāyāsi.〔No. 26(71)〕……四二

(八)散陀那経(八) D.25. Udumbarika-sihanāda.〔Nos. 11, 26(104)〕……四七

(九)衆集経(八) Sṃgīti-sūtra. D.33. Saṅgīti.〔No. 12〕……四九

(一〇)十上経(九) D.34. Dasuttara.〔No. 13〕……五二

(一一)増一経(九)……五七

(一二)三聚経(一〇)……五九

(一三)大縁方便経(一〇) D.15. Mahānidāna.〔No. 14; cf. Nos. 26(97), 52〕……六〇

(一四)釈提桓因問経(一〇) D.21. Sakkapañha.〔Nos. 15, 26(134) 雑宝蔵経初〕……六二

(一五)阿㝹夷経(一一) D.24. Pāṭika. ……六六
(一六)善生経(一一) D.31. Siṅgālovāda. 〔Nos. 16, 17, 26(135)〕 ……七〇
(一七)清浄経(一二) D.29. Pāsādika. ……七二
(一八)自歓喜経(一二) D.28. Sampasādanīya. 〔No. 18〕 ……七六
(一九)大会経(一二) D.20. Mahāsamaya. 〔No. 19 ; cf. Nos. 99(1192), 100(105)〕 〔蔵〕 ḥdus-pa chen-poḥi mdo 〔Skt. Mahāsamaya-sūtra〕 ……七九
(二〇)阿摩昼経(一三) D.3. Ambaṭṭha. 〔No. 20〕 ……八二
(二一)梵動経(一四) D.1. Brahmajāla. 〔No. 21〕 〔蔵〕 Tshaṅs-paḥi-drabaḥi mdo 〔Skt. Brahmajāla-sūtra〕 ……八八
(二二)種徳経(一四) D.4. Soṇadaṇḍa. ……九四
(二三)究羅檀頭経(一五) D.5. Kūṭadanta. ……九六
(二四)堅固経(一六) D.11. Kevaddha. ……一〇一
(二五)倮形梵志経(一六) D.8. Kassapa-sīhanāda. ……一〇二
(二六)三明経(一六) D.13. Tevijja. ……一〇四
(二七)沙門果経(一七) D.2. Sāmañña-phala. 〔Nos. 22, 125(43.7)〕 ……一〇七
(二八)布吒婆楼経(一七) D.9. Poṭṭhapāda. ……一〇九
(二九)露遮経(一七) D.12. Lohiccha. ……一一二
(三〇)世記経(一八—二二) 〔Nos. 23—25〕 ……一一四

二　仏説七仏経 (一巻) 〔Nos. 1(1), 3, 4〕 ……宋　法天　訳……一五〇
縮—昃一〇、卍—一五・四、南—六・一四

三　毘婆尸仏経 (二巻) 〔Nos. 1(1), 2, 4〕 ……宋　法天　訳……一五四
縮—昃一〇、卍—一五・四、南—六・一四

四　七仏父母姓字経 (一巻) 〔Nos. 1(1), 2, 3〕 ……失　訳……一五九
縮—昃一〇、卍—一五・四、南—六・一四

五　仏般泥洹経（二巻）［Nos. 1(2), 6, 7］……西晋　白法祖　訳……一六〇
縮—昃四、卍—一四・二、南—六・一四

六　般泥洹経（二巻）［Nos. 1(2), 5, 7］……失　訳……一七六
縮—昃一〇、卍—一四・一、南—七・一六

七　大般涅槃経（三巻）［Nos. 1(2), 5, 6］……東晋　法顕　訳……一九一
縮—昃一〇、卍—一八・一〇、南—七・一六

八　仏説大堅固婆羅門縁起経（二巻）［No. 1(3)］……宋　施護等　訳……二〇七
縮—昃一〇、卍—一八・九、南—七・一六

九　仏説人仙経（一巻）［No. 1(4)］……宋　法賢　訳……二一三
縮—昃一〇、卍—一六・一、南—七・一九

一〇　仏説白衣金幢二婆羅門縁起経（三巻）［Nos. 1(5), 26(154)］……宋　施護等　訳……二一六
縮—昃一〇、卍—一五・五、南—七・一八

一一　仏説尼拘陀梵志経（二巻）［Nos. 1(8), 26(104)］……宋　施護等　訳……二二二
縮—昃一〇、卍—一五・七、南—八・二七

一二　仏説大集法門経（二巻）［No. (6)］……宋　施護　訳……二二六
縮—昃一〇、卍—一五・七、南—八・二五

一三　長阿含十報法経（二巻）［No. 1(10)］……
縮—昃、卍—五・一〇、南—八・六 後漢　安世高　訳……二三三
縮—昃一〇、卍—一五・七、南—八・二六

一四　仏説人本欲生経（一巻）［No. 1(13); cf. Nos. 26(97), 52, 1693］……後漢　安世高　訳……二四一
縮—昃一〇、卍—一三・一〇、南—八・三四

一五　仏説帝釈所問経（一巻）［Nos. 1(14), 26(134)］……宋　法賢　訳……二四六
縮—昃一〇、卍—一四・一、南—七・一五

縮―昃八、卍―一五・五、南―七・二

一六　仏説尸迦羅越六方礼経（一巻）［Nos. 1(16), 17, 26(135)］……後漢　安世高訳……二五〇
縮―昃一〇、卍―一四・一、南―八・三

一七　仏説善生子経（一巻）［Nos. 1(16), 16, 26(135)］……宋　支法度訳……二五二
縮―昃八、卍―一四・三、南―八・三

一八　仏説信仏功徳経（一巻）［No. 1(18)］……宋　法賢訳……二五五
縮―昃一〇、卍―一五・五、南―八・六

一九　仏説大三摩惹経（一巻）［Nos. 1(19), 99(1192), 100(105)］……宋　法天訳……二五八
縮―昃一〇、卍―一五・四、南―七・一〇、一三・一・一七

二〇　仏開解梵志阿颰経（一巻）［No. 1(20)］……呉　支謙訳……二五九
縮―昃一〇、卍―一四・三、南―六・三

二一　仏説梵網六十二見経（一巻）［No. 1(21)］……呉　支謙訳……二六四
縮―昃一〇、卍―一四・一、南―六・一

二二　仏説寂志果経（一巻）［Nos. 1(27), 125(43.7)］……東晋　竺曇無蘭訳……二七〇
縮―昃一〇、卍―一四・三、南―六・二

二三　大楼炭経（六巻）［Nos. 1(30), 24, 25］……西晋　法立共法炬訳……二七七
縮―辰一、卍―一四・一

(一)閻浮利品(一)……二七七
(二)欝単曰品(一)……二七九
(三)転輪王品(一・二)……二八一
(四)泥犁品(二)……二八三
(五)阿須倫品(二)……二八七
(六)龍鳥品(三)……二八八
(七)高善士品(三)……二九〇
(八)四天王品(三)……二九三
(九)忉利天品(四)……二九四
(一〇)戦闘品(五)……三〇〇

(一一)三小劫品(五)……三〇二　(一二)災変品(五)……三〇二
(一三)天地成品(五)……三〇五

二四　起世経(十巻)［Nos. 1(30), 23, 25］……隋　闍那崛多等訳……三一〇
縮—辰一、卍—一三・一〇
(一)閻浮洲品(一)……三一〇　(二)欝単越洲品(一—二)……三一四
(三)転輪聖王品(二)……三一七　(四)地獄品(三—四)……三二〇
(五)諸龍金翅鳥品(五)……三三二　(六)阿修羅品(五—六)……三三六
(七)四天王品(六)……三三九　(八)三十三天品(六—八)……三四一
(九)闘戦品(八)……三四九　(一〇)劫住品(九)……三五三
(一一)世住品(九)……三五四　(一二)最勝品(九—一〇)……三五八

二五　起世因本経(十巻)［Nos. 1(30), 23, 24］……隋　達摩笈多訳……三六五
縮—辰一、卍—一三・一〇
(一)閻浮洲品(一)……三六五　(二)欝多羅究留洲品(一—二)……三六九
(三)転輪聖王品(二)……三七二　(四)地獄品(三—四)……三七五
(五)諸龍金翅鳥品(五)……三八七　(六)阿修羅品(五—六)……三九〇
(七)四天王品(六)……三九四　(八)三十三天品(六—八)……三九六
(九)闘戦品(八)……四〇四　(一〇)劫住品(九)……四〇八
(一一)住世品(九)……四〇九　(一二)最勝品(九—一〇)……四一三

二六　中阿含経(六十巻) Majjhima-nikāya.［cf. Nos. 10, 11, 14—17, 27—94］……東晋　瞿曇僧伽提婆訳……四二一
縮—昃五～七、卍—一二・九～一三・一、南—九～一一、国—阿四～六
(一)善法経(一) A. VII.64. Dhammaññū.［Nos. 27, 125(39.1)］……四二一
(二)昼度樹経(一) A. VII.65. Pārichattaka.［Nos. 28, 125(39.2)］……四二二

(三)城喩経(一)　A. VII.63. Nagara.〔No. 125(39.4)〕……四二二
(四)水喩経(一)　A. VII.15. Udakūpama.〔Nos. 29, 125(39.3)〕……四二四
(五)木積喩経(一)　A. VII.68. Aggi.〔No. 125(33.10)〕……四二五
(六)善人往経(二)　A. VII.52. Purisagati.……四二七
(七)世間福経(二)〔No. 125(40.7)〕……四二七
(八)七日経(二)　A. VII.62. Suriya.〔Nos. 30, 125(48.1)〕……四二八
(九)七車経(二)　M.24. Rathavinīta.〔No. 125(39.10)〕……四二九
(一〇)漏尽経(二)　M.2. Sabbāsava.〔Nos. 21, 125(40.6)〕……四三一
(一一)塩喩経(三)　A. III.99. Loṇaphala.……四三三
(一二)惒破経(三)　A. IV.195. Vappa.……四三四
(一三)度　経(三)　A. III.61. Tittha.……四三五
(一四)羅云経(三)　M.61. Rāhulovāda.……四三六
(一五)思　経(三)　A. X.207―208.……四三七
(一六)伽藍経(三)　A. III.65. Kesaputtiyā.……四三八
(一七)伽弥尼経(三)……四三九
(一八)師子経(四)　A. VIII.12. Sīha.（cf. Vinaya, Mv. VI.31. 10―11）……四四〇
(一九)尼乾経(四)　M.101. Devadaha.……四四二
(二〇)波羅牢経(四)　S. 42. 13. Pāṭali.……四四五
(二一)等心経(五)　A. II.4.（5―6）……四四八
(二二)成就戒経(五)　A. V.166. Nirodha.……四四九
(二三)智　経(五)　S. XII. 32. Kaḷārakhattiya.……四五一
(二四)師子吼経(五)　A. IX.11. Vuttha.……四五二

(二五) 水喩経(五) A. V.162. Āghātavinaya. …… 四五四
(二六) 瞿尼師経(六) M. 69. Gulissāni. …… 四五四
(二七) 梵志陀然経(六) M. 97. Dhānañjani. …… 四五六
(二八) 教化病経(六) M. 143. Anāthapiṇḍika. …… 四五八
(二九) 大拘絺羅経(七) A. IX.13. A. IV.174. & c. …… 四六一
(三〇) 象跡喩経(七) M.28. Hatthipadopama (mahā). …… 四六四
(三一) 分別聖諦経(七) M.141. Saccavibhaṅga. [Nos. 32, 125(27.1)] …… 四六七
(三二) 未曾有法経(八) M.123. Acchariyabbhuta-dhamma. …… 四六九
(三三) 侍者経(八) …… 四七一
(三四) 薄拘羅経(八) M.124. Bakkula. …… 四七五
(三五) 阿修羅経(八) A. VIII.19. Pahārāda. [No. 125(42.4)] …… 四七五
(三六) 地動経(九) A. VIII.70. Bhūmicāla. [No. 125(42.5)] …… 四七七
(三七) 瞻波経(九) A. VIII.20. Uposatha. [Nos. 33—35. cf. Vinaya, Cu. IX.1.4] …… 四七八
(三八) 郁伽長者経(九) A. VIII.21. Ugga. …… 四七九
(三九) 郁伽長者経(九) …… 四八一
(四〇) 手長者経(九) A. VIII.24. Hatthaka. …… 四八二
(四一) 手長者経(九) A. VIII.23. Hatthaka. …… 四八四
(四二) 何義経(一〇) A. X.1. Kimatthiya. …… 四八五
(四三) 不思経(一〇) A. X.2. Cetanā. …… 四八五
(四四) 念　経(一〇) cf. A. VIII.81. Sati. …… 四八五
(四五) 慚愧経(一〇) cf. A. VIII.81. Sati, A. X.3. Sīla. …… 四八六
(四六) 慚愧経(一〇) A. VIII.81. Sati, A. X.3. Sīla. …… 四八六

(四七) 戒　経(一〇)　cf. A. X.3. Sīla. …… 四八六

(四八) 戒　経(一〇)　A. X.4. Upanisā. …… 四八六

(四九) 恭敬経(一〇)　A. V.21—22. Gārava. …… 四八六

(五〇) 恭敬経(一〇)　A. V.21—22. Gārava. …… 四八七

(五一) 本際経(一〇)　A. X.61—62. Āhāra. 〔Nos. 36, 37〕 …… 四八七

(五二) 食　経(一〇)　A. X.61—62. Āhāra. …… 四八七

(五三) 食　経(一〇)　A. X.61—62. Āhāra. …… 四八九

(五四) 尽智経(一〇) …… 四八九

(五五) 涅槃経(一〇) …… 四九〇

(五六) 弥醯経(一〇)　A. IX.3. Meghiya. …… 四九一

(五七) 即為比丘説経(一〇)　A. IX.1. Sambodhi. …… 四九二

(五八) 七宝経(一一)　S. 46. 42. Cakkavatti. 〔Nos. 38, 99(721), 125(39.7)〕 …… 四九三

(五九) 三十二相経(一一)　D. 30. Lakkhaṇa. …… 四九三

(六〇) 四洲経(一一)　Divyâvadāna. (pp. 210—226) 〔Nos. 39, 40〕 …… 四九四

(六一) 牛糞喩経(一一)　S. XXII. 96. Gomaya. 〔No. 99(264)〕 …… 四九六

(六二) 頻鞞娑邏王迎仏経(一一)　Vinaya, Mv. V. 1. 22. 〔No. 41〕 〔蔵〕 mdo chen-po-gzugs-can-sñin-pos bsu-ba shes-bya-ba.
〔Skt. Biṃbisārapraytyudgamana nāma mahāsūtra.〕 …… 四九七

(六三) 鞞婆陵耆経(一二)　cf. M. 81. Ghaṭīkāra. …… 四九九

(六四) 天使経(一二)　M. 130. Devadūta. 〔Nos. 42, 43, 125(32.4)〕 …… 五〇三

(六五) 烏鳥喩経(一三) …… 五〇六

(六六) 説本経(一三)　cf. Theragāthā 910—919. 〔No. 44〕 …… 五〇八

(六七) 大天捺林経(一四)　M. 83. Makhādeva. 〔No. 125(50.4)〕 …… 五一一

(六八)大善見王経(一四) D. 17. Mahāsudassana.〔Nos. 1(2), 45〕……五一五
(六九)三十喩経(一五)……五一八
(七〇)転輪王経(一五) D. 26. Cakkavatti sīhanāda.〔No. 1(6)〕……五二〇
(七一)蜱肆経(一六) D. 23. Pāyāsi.〔No. 1(7)〕……五二五
(七二)長寿王本起経(一七) M. 128. Upakkilesa.〔No. 125(45.8)〕……五三二
(七三)天　経(一八) A. VIII.64. Gayā.……五三九
(七四)八念経(一八) A. VIII.30. Anuruddha.〔Nos. 46, 125(42.6)〕……五四〇
(七五)浄不動道経(一八) M. 106. Āṇañjasappāya.……五四二
(七六)郁伽支羅経(一八)……五四三
(七七)娑雞帝三族姓子経(一八) M. 68. Naḷakapāna.……五四四
(七八)梵天請仏経(一九) M. 49. Brahmanimantaṇika.……五四七
(七九)有勝天経(一九) M. 127. Anuruddha.……五四九
(八〇)迦絺那経(一九)……五五一
(八一)念身経(二〇) M. 119. Kāyagatāsati.……五五四
(八二)支離弥梨経(二〇) A. VI.60. Citta.……五五七
(八三)長老上尊睡眠経(二〇) A. VII. 58. Pacala (first part).〔No. 47〕……五五九
(八四)無刺経(二一) A. X. 72. Kaṇṭhaka.……五六〇
(八五)真人経(二一) M. 113. Sappurisa.〔No. 48〕……五六一
(八六)説処経(二一) M. 148. Chachakka.……五六二
(八七)穢品経(二二) M. 5. Anaṅgaṇa.〔Nos. 49, 125(25.6)〕……五六六
(八八)求法経(二二) M. 3. Dhammadāyāda.……五六九
(八九)比丘請経(二三) M. 15. Anumāna.〔No. 50〕……五七一

(九〇)知法経(二三) A. X. 24. Cunda. ……五七二
(九一)周那問見経(二三) M. 8. Sallekha. ……五七三
(九二)青白蓮華喩経(二三) ……五七四
(九三)水浄梵志経(二三) M. 7. Vatthūpama.［Nos. 51, 99(1185), 100(99), 125(13.5)］……五七五
(九四)黒比丘経(二三) A. X.87. Adhikaraṇa. ……五七六
(九五)住法経(二三) A. X.17,18. Nātha. ……五七七
(九六)無　経(二三) ……五七七
(九七)大因経(二四) D. 15. Mahānidāna.［Nos. 1(13), 11, 52］……五七八
(九八)念処経(二四) M. 10. Satipaṭṭhāna.［No. 125(12.1)］……五八二
(九九)苦陰経(二五) M. 13. Dukkhakkhandha (mahā).［Nos. 53, 152(21.9)］……五八四
(一〇〇)苦陰経(二五) M. 14. Dukkhakkhandha (cūḷa).［Nos. 54, 55］……五八六
(一〇一)増上心経(二五) M. 20. Vitakkhasanthāna. ……五八八
(一〇二)念　経(二五) M. 19. Dvedhāvitakka. ……五八九
(一〇三)師子吼経(二六) M. 11. Sīhanāda (cūḷa). ……五九〇
(一〇四)優曇婆邏経(二六) D. 25. Udum-barika-sīhanāda.［Nos. 1(8), 11］……五九一
(一〇五)願　経(二六) M. 6. Ākaṅkheyya. ……五九五
(一〇六)想　経(二六) M. 1. Mūlapariyāya.［No. 56］……五九六
(一〇七)林　経(二七) M. 17. Vanapattha. ……五九六
(一〇八)林　経(二七) M. 17. Vanapattha. ……五九七
(一〇九)自観心経(二七) A. X. 51,54. Sacitta. ……五九八
(一一〇)自観心経(二七) A. X. 51,54. Sacitta. ……五九八
(一一一)達梵行経(二七) A. VI. 63. Nibbedhika.［No. 57］……五九九

(一二)阿奴波経(二七) A. VI. 62. Udaka.〔No. 58〕……六〇〇
(一三)諸法本経(二八) A. VIII. 83, X.58. Mūla.〔No. 59〕……六〇二
(一四)優陀羅経(二八) S. 35. 103. Uddaka. ……六〇三
(一五)蜜丸喩経(二八) M. 18. Madhupiṇḍika.〔No. 125(40.9)〕……六〇三
(一六)瞿曇弥経(二八) A. VIII.51. Dhammika, Vinaya, Culla-v. X. I. Gotamī.〔No. 60〕……六〇五
(一七)柔軟経(二九) A. III. 38—39. Sukhumāla. ……六〇七
(一八)龍象経(二九) A. VI. 43. Nāga. ……六〇八
(一九)説処経(二九) A. III. 67. Kathāvatthu. ……六〇九
(二〇)説無常経(二九) S. 22. 76. Arahanta. ……六〇九
(二一)請請経(二九) Pavāraṇa. S. 8. 7. Pavāraṇā.〔Nos. 61—63, 99(1212), 100(228), 125(32.5)〕……六一〇
(二二)瞻波経(二九) A. VIII. 10. Kāraṇḍava.〔No. 64〕……六一〇
(二三)沙門二十億経(二九) A. VI. 55. Soṇa.〔Nos. 99(254), 125(23.3)〕……六一一
(二四)八難経(二九) A. VIII. 29. Akkhaṇā Vuṭṭhā.〔No. 125(42.1)〕……六一三
(二五)貧窮経(二九) A. VI. 45. Dālidya. ……六一四
(二六)行欲経(三〇) A. X. 91. Kāmabhogī.〔No. 65〕……六一五
(二七)福田経(三〇) A. II. 4. 4.〔No. 99(992)〕……六一六
(二八)優婆塞経(三〇) A. V. 179. Gihi. ……六一六
(二九)怨家経(三〇) A. VII. 60. Kodhanā. ……六一七
(三〇)教曇弥経(三〇) A. VI. 54. Dhammika. ……六一八
(三一)降魔経(三〇) M. 50. Māratajjaniya.〔Nos. 66, 67〕……六二〇
(三二)頼吒惒羅経(三一) M. 82. Raṭṭhapāla.〔Nos. 68, 69〕……六二三
(三三)優婆離経(三二) M. 56. Upāli. ……六二八

(一三四) 釈問経(三三) D. 21. Sakkapañha. [Nos. 1(14), 15] ……六三二
(一三五) 善生経(三三) D.31. Siṅgālovāda. [Nos. 1(16), 16, 17] ……六三八
(一三六) 商人求財経(三四) Jātaka. No. 196. Valāhassa. [No. 125(45.1)] ……六四二
(一三七) 世間経(三四) A. IV. 23. Loka. ……六四五
(一三八) 福　経(三四) A. VII. 58. Pacala (Last part). ……六四五
(一三九) 息止道経(三四) cf. Sn. Vijaya. ……六四六
(一四〇) 至辺経(三四) Itivuttaka 91. Jīvita. [No. 768.32] ……六四七
(一四一) 喩　経(三四) S. 3. 2. (7—8). Appamāda. cf. Itivuttaka 23. Ubho atthe. [Nos. 99(1239), 100(66), 768.12] ……六四七
(一四二) 雨勢経(三五) A. VII. 20. Vassakāra, D. 16. Mahāpari-nibbāna I. 1—11. [Nos. 1(2), 125(40.2)] ……六四八
(一四三) 傷歌邏経(三五) A. VII. 60. Saṅgārava. ……六五〇
(一四四) 算数目揵連経(三五) M. 107. Gaṇakamoggallāna. [No. 70] ……六五二
(一四五) 瞿黙目揵連経(三六) M. 108. Gopakamoggallāna. ……六五三
(一四六) 象跡喩経(三六) M. 27. Hatthipadopama (cūḷa). ……六五六
(一四七) 問徳経(三六) ……六五八
(一四八) 何苦経(三六) cf. A. V. 31. (Verses.) [No. 125(17.8)] ……六五九
(一四九) 何欲経(三七) A. VI. 52. Khattiya. [No. 125(37.8)] ……六六〇
(一五〇) 欝痩歌邏経(三七) M. 96. Esukāri. ……六六〇
(一五一) 阿摂和経(三七) M. 93. Assalāyana. [No. 71] ……六六三
(一五二) 鸚鵡経(三八) M. 99. Subha. ……六六六
(一五三) 鬚閑提経(三八) M. 75. Māgandiya. ……六七〇
(一五四) 婆羅婆堂経(三九) D. 27. Aggañña. [No. 1(5)] ……六七三
(一五五) 須達哆経(三九) A. IX. 20. Velāma. [Nos. 72—74, 125(27.3)] ……六七七

(一五六) 梵波羅延経 (三九) Sn. II. 7. Brahmāṇa-dhammika. …… 六七八
(一五七) 黄蘆園経 (四〇) A. VIII. 11. Verañja.〔No. 75〕…… 六七九
(一五八) 頭那経 (四〇) A. V. 192. Doṇa. …… 六八〇
(一五九) 阿伽羅訶那経 (四〇) …… 六八一
(一六〇) 阿蘭那経 (四〇) A. VII. 70. Araka. …… 六八二
(一六一) 梵摩経 (四一) M. 91. Brahmāyu.〔No. 76〕…… 六八五
(一六二) 分別六界経 (四二) M. 140. Dhātu-vibhaṅga. …… 六九〇
(一六三) 分別六処経 (四二) M. 137. Saḷāyatana-vibhaṅga. …… 六九二
(一六四) 分別観法経 (四二) M. 138. Uddesa-vibhaṅga. …… 六九四
(一六五) 温泉林天経 (四三) M. 133. Kaccāna-bhaddekaratta. …… 六九六
(一六六) 釈中禅室尊経 (四三) M. 134. Lomasakaṅgiya-bhaddekaratta. …… 六九八
(一六七) 阿難説経 (四三) M. 132. Ānanda-bhaddekaratta. …… 六九九
(一六八) 意行経 (四三) M. 120. Saṃkhāruppatti. …… 七〇〇
(一六九) 拘楼瘦無諍経 (四三) M. 139. Araṇa-vibhaṅga. …… 七〇一
(一七〇) 鸚鵡経 (四四) M. 135. Kamma-vibhaṅga (cūḷa).〔Nos. 78—81〕〔蔵〕las kyi rnam-par- ḥgyur-ba shes-bya-baḥi chos-kyi-gshuṅ〔Skt. Karma-vibhaṅga nāma dharmagrantha〕…… 七〇三
(一七一) 分別大業経 (四四) M. 136. Kamma-vibhaṅga (mahā).〔蔵〕las mam-par-ḥbyedpa〔Skt. Karma-vibhaṅga.〕…… 七〇六
(一七二) 心　経 (四五) A. IV. 186. Ummagga.〔No. 82〕…… 七〇九
(一七三) 浮弥経 (四五) M. 126. Bhūmija. …… 七〇九
(一七四) 受法経 (四五) M. 45. Dhammasamādāna (mahā). …… 七一一
(一七五) 受法経 (四五) M. 46. Dhammasamādāna (cūḷa).〔No. 83〕…… 七一二
(一七六) 行禅経 (四六) …… 七一三

(一七七)説　経(四六) ……七一六
(一七八)猟師経(四七) M. 25. Nivāpa. ……七一八
(一七九)五支物主経(四七) M. 78. Samaṇamaṇḍikā. ……七二〇
(一八〇)瞿曇弥経(四七) M. 142. Dakkhiṇā-vibhaṅga.〔No. 84〕……七二一
(一八一)多界経(四七) M. 115. Bahudhātuka.〔蔵〕khams maṅ-poḥi mdo〔Skt. Dhātu-bahutaka-sūtra.〕……七二三
(一八二)馬邑経(四八) M. 39. Assapura (mahā). ……七二四
(一八三)馬邑経(四八) M. 40. Assapura (cūḷa). ……七二五
(一八四)牛角娑羅林経(四八) M. 32. Gosiṅga (mahā).〔No. 125(37.3)〕……七二六
(一八五)牛角娑羅林経(四八) M. 31. Gosiṅga (cūḷa). ……七二九
(一八六)求解経(四八) M. 47. Vīmaṃsaka. ……七三一
(一八七)説智経(四九) M. 112. Chabbisodhana. ……七三二
(一八八)阿夷那経(四九) A. X. 116. Ajina. & A. X.115. ……七三四
(一八九)聖道経(四九) M. 117. Cattārīsaka (mahā). ……七三五
(一九〇)小空経(四九) M. 121. Suññatā (cūḷa).〔蔵〕mdo chen-po stoṅ-pa-ñid ces-bya-ba〔Skt. Śūnyatā nāma mahā-sūtra〕……七三六
(一九一)大空経(四九) M. 122. Suññatā (mahā).〔蔵〕mdo chen-po stoṅ-pa-ñid chen-po shes-bya-ba
〔Skt. Mahāśūnyatā nāma mahā-sūtra〕……七三八
(一九二)加楼烏陀夷経(五〇) M. 66. Laṭukikopama. ……七四〇
(一九三)牟梨破群那経(五〇) M. 21. Kakacūpama.〔No. 125(50.8)〕……七四四
(一九四)跋陀和利経(五一) M. 65. Bhaddāli. ……七四六
(一九五)阿湿貝経(五一) M. 70. Kīṭāgiri. ……七四九
(一九六)周那経(五二) M. 104. Sāmagāma.〔No. 85〕……七五二
(一九七)優婆離経(五二) Vinaya. Mah. IX. 6(1—8). ……七五五

(一九八) 調御地経 (五三) M. 125. Dantabhūmi. ……七五七
(一九九) 癡慧地経 (五三) M. 129. Bālapaṇḍita. [No. 86] ……七五九
(二〇〇) 阿梨吒経 (五四) M. 22. Alagaddūpama. ……七六三
(二〇一) 荼帝経 (五四) M. 38. Taṇhā-saṅkhaya (mahā). ……七六六
(二〇二) 持斎経 (五五) A. VIII. 43. Visākhā. [Nos. 87—89] ……七七〇
(二〇三) 晡利多経 (五五) M. 54. Potaliya. ……七七三
(二〇四) 羅摩経 (五六) M. 26. Ariyapariyesana. ……七七五
(二〇五) 五下分結経 (五六) M. 64. Māluṅkya (mahā). ……七七八
(二〇六) 心穢経 (五六) M. 16. Cetokhila. [No. 125 (51.4)] ……七八〇
(二〇七) 箭毛経 (五七) M. 77. Sakulūdāyi (mahā). ……七八一
(二〇八) 箭毛経 (五七) M. 79. Sakulūdāyi (cūḷa). ……七八三
(二〇九) 鞞摩那修経 (五七) M. 80. Vekhanassa. [No. 90] ……七八六
(二一〇) 法楽比丘尼経 (五八) M. 44. Vedalla (cūḷa). ……七八八
(二一一) 大拘絺羅経 (五八) M. 43. Vedalla (mahā). ……七九〇
(二一二) 一切智経 (五九) M. 90. Kaṇṇakatthala. ……七九二
(二一三) 法荘厳経 (五九) M. 89. Dhamma-cetiya. ……七九五
(二一四) 鞞訶提経 (五九) M. 88. Bāhitika. ……七九七
(二一五) 第一得経 (五九) A. X. 29. Kosala. ……七九九
(二一六) 愛生経 (六〇) M. 87. Piyajātika. [Nos. 91, 125 (13.3)] ……八〇〇
(二一七) 八城経 (六〇) M. 52. Aṭṭhakanāgara. [No. 92] ……八〇二
(二一八) 阿那律陀経 (六〇) ……八〇二
(二一九) 阿那律陀経 (六〇) ……八〇三

(三〇)見　経(六〇)　A. VII. 51, Avyākata.［No. 93］……………………………………八〇三
(三一)箭喩経(六〇)　M. 63. Māluṅkya (cūḷa).［No. 94］……………………………………八〇四
(三二)例　経(六〇)……………………………………………………………………………………八〇五

二七　仏説七知経（一巻）［Nos. 26(1), 125(39.1)］………………………………呉　支　謙　訳……八一〇
縮—昃八、卍—一四・一、南—二〇・七・六四

二八　仏説園生樹経（一巻）［Nos. 26(2), 125(39.2)］………………………………宋　施　護　訳……八一〇
縮—昃八、卍—一五・一〇、南—二〇・七・六五

二九　仏説鹹水喩経（一巻）［Nos. 26(4), 125(39.3)］…………………………………………失　訳……八一一
縮—昃八、卍—一四・一、南—二〇・七・一五

三〇　仏説薩鉢多酥哩踰捺野経（一巻）［Nos. 26(8), 125(40.1)］……………………宋　法　賢　訳……八一一
縮—昃八、卍—一五・五、南—二〇・七・六三

三一　仏説一切流摂守因経（一巻）［Nos. 26(10), 125(40.6)］………………………後漢　安　世　高　訳……八一三
縮—昃八、卍—一四・一、南—九・二

三二　仏説四諦経（一巻）［Nos. 26(31), 125(27.1)］………………………………後漢　安　世　高　訳……八一四
縮—昃八、卍—一四・二、南—一二下・一四

三三　仏説恒水経（一巻）［Nos. 26(37), 34, 35］……………………………………西晋　法　炬　訳……八一七
縮—昃八、卍—一四・二、南—一二・八・二〇

三四　法海経（一巻）［Nos. 26(37), 33, 35］…………………………………………西晋　法　炬　訳……八一八
縮—宿七、卍—一四・三、南—一二・八・二〇

三五　仏説海八徳経（一巻）［Nos. 26(37), 33, 34］…………………………………後秦　鳩摩羅什　訳……八一九
縮—宿七、卍—一四・三、南—一二・八・二〇

三六　仏説本相猗致経（一巻）［Nos. 26(51), 37］……………………………………後漢　安　世　高　訳……八一九

三七　仏説縁本致経（一巻）［Nos. 26(51), 36］……失　訳……八二〇
縮—昃八、卍—一四・二、南—一三下・一〇・六一～六三
三八　仏説輪王七宝経（一巻）［Nos. 26(58), 99(721), 125(39.7)］……宋　施　護　訳……八二一
縮—昃八、卍—一四・二、南—一三下・一〇・六一～六三
三九　仏説頂生王故事経（一巻）［Nos. 26(60), 40］……西晋　法　炬　訳……八二二
縮—昃八、卍—一五・一〇、南—一六上・四六・四二
四〇　仏説文陀竭王経（一巻）［縮一戊八、卍一・四・二六、*南一三・二六 Nos. 26(60), 39］……北涼　曇　無　讖　訳……八二四
縮—昃八、卍—一四・二、＊南—三一・二五八
四一　仏説頻婆娑羅王経（一巻）［縮一戊八、卍一・四・二六、*南一三・二六 No. 26(62)］……劉宋　法　賢　訳……八二五
縮—昃八、卍—一四・二、＊南—三一・二五八
四二　仏説鉄城泥犁経（一巻）［Nos. 26(64), 43, 125(32.4)］……東晋　竺曇無蘭訳……八二六
縮—昃八、卍—一五・五、南—三・一・一三
四三　仏説閻羅王五天使者経（一巻）［Nos. 26(64), 42, 125(32.4)］……劉宋　慧　簡　訳……八二八
縮—昃八、卍—一四・一、南—一二下・一三〇
四四　仏説古来世時経（一巻）［No. 26(66)］……失　訳……八二九
縮—昃八、卍—一四・一、南—一二下・一三〇
四五　大正句王経（二巻）［No. 26(68), cf. No. 1(2)］……宋　法　賢　訳……八三一
縮—昃八、卍—一四・一、＊南—一五・長老偈九一〇～九一九偈
四六　仏説阿那律八念経（一巻）［縮一戊八、卍一・五・六、南一一七・一七 Nos. 26(74), 125(41.6)］……後漢　支　曜　訳……八三五
縮—昃八、卍—一五・五、南—七・一七
四七　仏説離睡経（一巻）［No. 26(83)］……西晋　竺　法　護　訳……八三七
縮—昃八、卍—一四・一、南—二一・八・三〇

四八　仏説是法非法経（一巻）［No. 26(85)］……後漢　安世高訳……八三七
縮—昃八、卍—一四・一、南—二〇・七・五八

四九　仏説求欲経（一巻）［Nos. 26(87), 125(25.6)］……西晋　法炬訳……八三九
縮—昃八、卍—一四・一、南—一二下・一三

五〇　仏説受歳経（一巻）［No. 26(89)］……西晋　竺法護訳……八四二
縮—昃八、卍—一四・一、南—九・五

五一　仏説梵志計水浄経（一巻）［Nos. 26(93), 99(1185), 100(99), 125(13.5)］……失訳……八四三
縮—昃八、卍—一四・一、南—九・一五

五二　仏説大生義経（巻）［No. 26(97), cf. Nos. 1(13), 14］……宋　施護訳……八四四
縮—昃八、卍—一四・一、南—九・七

五三　仏説苦陰経（一巻）［Nos. 26(99), 125(21.9)］……失訳……八四六
縮—昃八、卍—一五・七、南—七・一五

五四　仏説釈摩男本四子経（一巻）［Nos. 26(100), 55］……呉　支謙訳……八四八
縮—昃八、卍—一四・一、南—九・一三

五五　仏説苦陰因事経（一巻）［Nos. 26(100), 54］……西晋　法炬訳……八四九
縮—昃八、卍—一四・一、南—九・一四

五六　仏説楽想経（一巻）［No. 26(106)］……西晋　竺法護訳……八五一
縮—昃八、卍—一四・一、南—九・一四

五七　仏説漏分布経（一巻）［No. 26(111)］……後漢　安世高訳……八五一
縮—昃八、卍—一四・一、南—九・一

五八　仏説阿耨風経（一巻）［No. 26(112)］……東晋　竺曇無蘭訳……八五三
縮—昃八、卍—一四・一、南—二〇・六・六三

五九　仏説諸法本経（一巻）〔No. 26(113)〕……呉　支謙　訳……八五五
縮―昃八、卍―一四・一、南―二〇・六・六二

六〇　仏説瞿曇弥記果経（一巻）〔No. 26(116)〕……劉宋　慧簡　訳……八五六
縮―昃八、卍―一四・一、南―二一・八・八三、三三上・一〇・五八

六一　仏説受新歳経（一巻）〔Nos. 26(121), 62, 63, 99(1212), 100(228), 125(32.5)〕……西晋　竺法護　訳……八五八
縮―昃八、卍―一四・一、南―四・一〇・五、二一・八・五一

六二　仏説新歳経（一巻）〔Nos. 26(121), 61, 63, 99(1212), 100(228), 125(32.5)〕……東晋　竺曇無蘭　訳……八五九
縮―宿八、続―一・一・四、南―一三・八・七

六三　仏説解夏経（一巻）〔Nos. 26(121), 61, 62, 99(1212), 100(228), 125(32.5)〕……宋　法賢　訳……八六一
縮―宿八、卍―一五・二、南―一三・八・七

六四　仏説瞻婆比丘経（一巻）〔No. 26(122)〕……西晋　法炬　訳……八六二
縮―宿八、卍―一五・五、南―一三・八・七

六五　仏説伏婬経（一巻）〔No. 26(126)〕……西晋　法炬　訳……八六三
縮―昃八、卍―一四・二、南―二一・八・一〇

六六　仏説魔嬈乱経（一巻）〔Nos. 26(131), 67〕……失　訳……八六四
縮―昃八、卍―一四・一、南―三三下・一〇・九一

六七　弊魔試目連経（一巻）〔Nos. 26(131), 66〕……呉　支謙　訳……八六七
縮―昃八、卍―一四・一、南―一〇・五〇

六八　仏説頼吒和羅経（一巻）〔Nos. 26(132), 69〕……呉　支謙　訳……八六八
縮―昃八、卍―一四・一、南―一〇・五〇

六九　仏説護国経（一巻）〔Nos. 26(132), 68〕……宋　法賢　訳……八七二
縮―昃八、卍―一四・二、南―二一上・八二

七〇 仏説数経（一巻）［No. 26(144)］……西晋 法炬訳……八七五
縮―昃八、卍―一五・七、南―一二上・八二

七一 梵志頞波羅延問種尊経（一巻）［No. 26(151)］……東晋 竺曇無蘭訳……八七六
縮―昃八、卍―一四・二、南―一二上・一〇七

七二 仏説三帰五戒慈心厭離功徳経（一巻）［Nos. 26(115), 73, 74, 125(27.3)］……失訳……八七八
縮―昃八、卍―一四・二、南―一二上・九三

七三 仏説須達経（一巻）［Nos. 26(155), 72, 74, 125(27.3)］……蕭斉 求那毗地訳……八七九
縮―昃八、卍―一四・二、南―一三上・九・二〇

七四 仏説長者施報経（一巻）［Nos. 26(155), 72, 73, 125(27.3)］……宋 法天訳……八八〇
縮―昃八、卍―一四・二、南―一三上・九・二〇

七五 仏為黄竹園老婆羅門説学経（一巻）［No. 26(157)］……失訳……八八二
縮―昃八、卍―一五・四、南―一三上・九・二〇

七六 梵摩渝経（一巻）［No. 26(161)］……呉 支謙訳……八八三
縮―昃八、卍―一五・四、南―一三上・九・二〇

七七 仏説尊上経（一巻）［No. 26(166)］……西晋 竺法護訳……八八六
縮―昃八、卍―一四・二、南―一二上・九一

七八 仏説兜調経（一巻）［Nos. 26(170), 79, 80, 81］……失訳……八八七
縮―昃八、卍―一四・二、南―一二下・一二四

七九 仏説鸚鵡経（一巻）［Nos. 26(170), 78, 80, 81］……劉宋 求那跋陀羅訳……八八八
縮―昃八、卍―一四・二、南―一二下・一二五

八〇 仏為首迦長者説業報差別経（一巻）［Nos. 26(170), 78, 79, 81］……隋 瞿曇法智訳……八九一
縮―昃八、卍―一四・二、南―一二下・一二五

八一　分別善悪報応経（ふんべつぜんなくほうおうきょう）（二巻）［Nos. 26(170), 78, 79, 80］……宋　天息災訳……八九五
縮—宿六、卍—一五・一、南—一一下・一三五

八二　仏説意経（ぶっせついきょう）（一巻）［No. 26(172)］……
縮―戌八、卍―五・三、南―二下・三五 西晋　竺法護訳……九〇一
縮—昃八、卍—一五・二、南—一一下・一三五

八三　仏説応法経（ぶっせつおうほうきょう）（一巻）［No. 26(175)］……西晋　竺法護訳……九〇二
縮—昃八、卍—一四・二、南—一八・四・一八六

八四　仏説分別布施経（ぶっせつふんべつふせきょう）（一巻）［No. 26(180)］……
縮―戌八、卍―四・二、南―一〇・六 宋　施護訳……九〇三
縮—昃八、卍—一四・二、南—一〇・四六

八五　仏説息諍因縁経（ぶっせつそくじょういんねんぎょう）（一巻）［No. 26(196)］……
縮―戌八、卍―五・七、南―二下・一〇四 宋　施護訳……九〇四
縮—昃八、卍—一五・七、南—一一下・一四二

八六　仏説泥犁経（ぶっせつないりきょう）（一巻）［No. 26(199)］……
縮―戌八、卍―五・七、南―二上・一〇四 東晋　竺曇無蘭訳……九〇七
縮—昃八、卍—一五・七、南—一一上・一〇四

八七　仏説斎経（ぶっせつさいきょう）（一巻）［Nos. 26(202), 88, 89］……
縮―戌八、卍―四・二、南―二下・三五 呉　支謙訳……九一〇
縮—昃八、卍—一四・一、南—一一下・一二九

八八　優陂夷堕舎迦経（うばいだしゃかきょう）（一巻）［Nos. 26(202), 87, 89］……
縮―戌八、卍―四・一、南―二・八四 失訳……九一二
縮—昃八、卍—一四・一、南—二一・八・四三

八九　仏説八関斎経（ぶっせつはっかんさいきょう）（一巻）［Nos. 26(202), 87, 88］……
縮―戌八、卍―四・一七、南―二・八四 劉宋　沮渠京声訳……九一三
縮—昃八、卍—一四・一、南—二一・八・四三

九〇　仏説鞞摩粛経（ぶっせつびましゅくきょう）（一巻）［No. 26(209)］……
縮―戌八、卍―四・一〇、南―二二上・四 劉宋　求那跋陀羅訳……九一三
縮—昃八、卍—一四・一〇、南—二一・八・四三

九一　仏説婆羅門子命終愛念不離経（ぶっせつばらもんしみょうじゅうあいねんふりきょう）（一巻）［Nos. 26(216), 125(13.3)］……
縮―戌八、卍―四・二一、南―二上・八後漢　安世高訳……九一五
縮—昃八、卍—一四・一、南—一一上・八〇

九二　仏説十支居士八城人経（一巻）［No. 26 (217)］……後漢　安世高訳……九一六
縮―昃八、卍―一四・一、南―一二上・八七
九三　仏説邪見経（一巻）［No. 26 (220)］……失訳……九一七
縮―昃八、卍―一四・一、南―一〇・五二
九四　仏説箭喩経（一巻）［No. 26 (221)］……失訳……九一七
縮―昃八、卍―一四・一、南―一〇・七・五一
九五　仏説蟻喩経（一巻）……宋　施護訳……九一八
縮―昃八、卍―一四・一、南―一〇・六三
九六　仏説治意経（一巻）……失訳……九一九
縮―宿八、卍―一五・一〇、南―九・一三
九七　広義法門経（一巻）［No. 98］……陳　真諦訳……九一九
縮―宿八、卍―一六・六、南―一二下・一八
九八　仏説普法義経（一巻）［No. 97］……後漢　安世高訳……九二二
縮―宿七、卍―一四・一
縮―宿七、卍―一四・一

第二巻　阿含部下

九九　雑阿含経（五十巻・一三六二経）［cf. Nos. 19, 38, 51, 61—63, 100, 102—124］……劉宋　求那跋陀羅訳……一
縮―辰二～四、卍―一三・五～七、南―一二～一六、国―阿一～三
第一巻
(一)無常等　～S. 22. 12—14. Anicca, & c. ……一
(二)正観察　～S. 22. 15—17. Yad anicca, & c. ……一

(三)無知 〜S. 22. 24. Parijāna ; S. 35. 27. Parijānanā. ……一
(四)無知 ……一
(五)於色喜楽 〜S. 22. 29. Abhinandana. & S. 22. 24. Parijāna. ……一
(六)無知 ……一
(七)於色喜楽 〜S. 22. 29. Abhinandana. ……一
(八)過去 〜S. 22. 9—11. Atītānāgata-paccupanna. ……一
(九)厭離
(一〇)解脱 〜S. 22. 15—17 ; 35. 182. Yad anicca. ……二
(一一—一二)因縁 〜S. 22. 18—19. Hetu. ……二
(一三—一四)味 〜S. 22. 27—28. Assāda. ……二
(一五)使 〜S. 22. 63—65. Maññamāna. ……三
(一六)増諸数 〜S. 22. 35—36. Bhikkhu. ……三
(一七)非我
(一八)非我 〜S. 22. 68. Anattā. 69. Anattaniya. ……三
(一九)結縛 〜S. 22. 70. Rajanīyasaṇṭhita. ……四
(二〇)深 ……四
(二一)動揺 〜S. 22. 63. Upādiyamāna. ……四
(二二)劫波所問 〜S. 22. 124—125. Kappa. ……四
(二三—二四)羅睺羅 〜S. 22. 91—92. Rāhula. ……五
(二五)多聞 ……五
(二六)善説法 〜S. 22. 115—116. Kathika. ……五
(二七)向法 〜S. 22. 40—42. Anudhamma. ……五

(二八)涅槃 ～S. 22. 116. Kathika. …… 五
(二九)三密離提問云何法師 cf. ～S. 22. Kathika. …… 六
(三〇—三一)輪屢那 ～S. 22. 49—50. Soṇa. …… 六
(三二)輪屢那［No. 102］…… 七

第二巻

(三三)非我 ……
(三四)五比丘 ～S. 22. 59. Pañca. } ［No. 102］…… 七
(三五)三正士 …… 八
(三六)十六 ～S. 22. 43. Attadīpa. …… 八
(三七)我 ～S. 22. 94. Puppha（or Vaddha）…… 八
(三八)卑下 cf. ～S. 22. 94. …… 八
(三九)種子 ～S. 22. 54. Bīja. …… 九
(四〇)封滞 ～S. 22. 53. Upāya. …… 九
(四一)五転 ～S. 22. 56. Upādānaṃ parivattaṃ. …… 九
(四二)七処 ～S. 22. 57. Sattaṭṭhāna.［Nos. 101(27), 150(1)］…… 一〇
(四三)取著 ～S. 22. 7. Upādāparitassanā. …… 一〇
(四四)繫著 ～S. 22. 117. Bandhanā. …… 一一
(四五)覚 cf. ～S. 22. 47. Samanupassanā. …… 一一
(四六)陰世食 ～S. 22. 79. Khajjani. …… 一一
(四七—四八)信 ～S. 22. 146—147. Kulaputta. …… 一二
(四九—五〇)阿難 ～S. 22. 37—38. Ānanda. …… 一二
(五一)壊法 ～S. 22. 32. Pabhaṅgu. …… 一二

(五二)罽伭伽 …… 一二
(五三)婆羅門 …… 一二
(五四)世間 …… 一三
(五五)陰　〜S. 22. 48. Khandhā. …… 一三
(五六)漏無漏法 …… 一三
(五七)陰根　〜S. 22. 81. Pārileyya. …… 一三
(五八)陰即受等　〜S. 22. 82. Puṇṇamā. …… 一四
第三巻
(五九)生滅 }
(六〇)不楽 }　〜S. 22. 5. Samādhi. …… 一五
(六一)分別 …… 一五
(六二)貪著 …… 一六
(六三)等観察　〜S. 22. 47. Samanupassanā. …… 一六
(六四)優陀那　〜S. 22. 55. Udāna. …… 一六
(六五)受　〜S. 22. 5—6. Samādhi. …… 一七
(六六)生 }
(六七)楽 }　〜S. 22. 7. Upādāparitassanā. …… 一七
(六八)六入処 …… 一八
(六九)其道　〜S. 22. 44. Paṭipadā. …… 一八
(七〇)実覚(?)　〜S. 22. 103. Anta. …… 一八
(七一)有身等　〜S. 22. 105. Sakkāya. …… 一八
(七二)知法　〜S. 22. 23—24. Pariññā. …… 一九

(七三) 重担　～S. 22. 22. Bhāraṃ. …… 一九
(七四) 往詣(?)　～S. 22. 65. Abhinandamāna. …… 一九
(七五) 往詣　～S. 22. 58. Sambuddha. …… 一九
(七六) 観　cf. ～S. 22. 118—119. Parimucchita. …… 一九
(七七) 欲貪　～S. 22. 25. Chandarāga. …… 一九
(七八) 生　～S. 22. 30. Uppādā. …… 二〇
(七九) 略説　～S. 22. 9—11. Atītānāgatapaccupanna. …… 二〇
(八〇) 法印　〔Nos. 103, 104〕 …… 二〇
(八一) 富蘭那　～S. 22. 60. Mahāli. …… 二〇
(八二) 竹園 …… 二一
(八三) 毘舎利 …… 二一
(八四) 清浄　～S. 22. 45. Aniccatā. …… 二一
(八五) 正観察　～S. 22. 46. Aniccatā. …… 二一
(八六) 無常 …… 二二
(八七) 苦 …… 二二

第四巻

(八八) ～S. 7. 19. Mātuposaka.〔No. 100(88)〕 …… 二二
(八九) ～A. IV. 39. Ujjaya. (?)〔No. 100(89)〕 …… 二二
(九〇) ～A. IV. 40. Udāyi. (?)〔No. 100(90)〕 …… 二三
(九一) ～A. VIII. 55. Ujjaya.〔No. 100(91)〕 …… 二三
(九二) ～S. 7. 15. Mānatthadda.〔No. 100(258)〕 …… 二三
(九三) ～A. VII. 44. Aggi.〔No. 100(259)〕 …… 二四

(九四)〔Nos. 100(260), 101(3)〕……二五
(九五)〜A. III. 57. Vacchagotta.〔Nos. 100(261), 101(2)〕……二六
(九六)〜S. 7. 2. 4. Mahāsāla.〔No. 100(262)〕……二六
(九七)〜S. 7. 2. 10. Bhikkhaka.〔No. 100(263)〕……二六
(九八)〜S. 7. 2. 1. Kasi ; 〜Sn. 4. Kasibhāradvāja.〔Nos. 100(264), 101(1)〕……二七
(九九)〜S. 6. 1. 3. Brahmadeva.〔No. 100(265)〕……二七
(一〇〇)〔No. 100(266)〕……二八
(一〇一)〜A. IV. 36. Loke.〔Nos. 100(207), 125(33. 3)〕……二八
(一〇二)〜Sn. 7. Vasala.〔No. 100(268)〕……二八

第五巻

(一〇三)彼〔波〕多羅十問、差摩　〜S. 22. 89. Khema ; 〜S. 42. 13. Pāṭali.……二九
(一〇四)焰　〜S. 22. 85. Yamaka.……三〇
(一〇五)仙尼……三一
(一〇六)阿㝹羅　〜S. 22. 86. Anurādha.……三二
(一〇七)長者　〜S. 22. 1. Nakulapitā.〔No. 125(13. 4)〕……三三
(一〇八)西　〜S. 22. 2. Devadaha.〔cf. No. 125(41. 4)〕……三三
(一〇九)毛端　〜S. 13. 2. Pokkharaṇī.……三四
(一一〇)薩遮　〜M. 35. Saccaka (cūḷa).〔No. 125(37. 10)〕……三五

第六巻

(一一一)〜S. 23. 3. Bhavanetti.……三七
(一一二)〜S. 23. 4. Pariññeyā.……三七
(一一三—一一九)……三八—三九

(一二〇) ～S. 23. 1. Māra. …………三九
(一二一) …………三九
(一二二) ～S. 23. 2. Satta. …………四〇
(一二三) ～S. 23. 9—10. Chandarāga. …………四〇
(一二四—一二九) ～S. 23. 35—46. Māra, & c. …………四〇—四一
(一三〇) 大師 …………四一
(一三一—一三三) 沙門婆羅門 …………四一
(一三三—一三八) 所起 …………四一—四二

第七巻

(一三九—一四一) 所起 …………四二—四三
(一四二—一七一) 燃頭 …………四三—四五
(一七二—一八六) 無常 …………四五—四八
(一八七) 成就 …………四八

第八巻

(一八八—一八九) ～S. 35. 155—158. Nandikkhaya. …………四九
(一九〇) …………四九
(一九一) …………四九
(一九二—一九三) ～S. 35. 21—22. Uppāda. …………四九
(一九四) ～S. 35. 19—20. Abhinandena. …………五〇
(一九五) ～S. 35. 1—12. Anicca, & c. …………五〇
(一九六) 無常等 ～S. 35. 33—50. Jāti, & c. …………五〇
(一九七) ～S. 35. 28. Adiatta. …………五〇

（一九八）〜S. 18. 21. Anusaya. …… 五〇
（一九九）〜S. 18. 22. Apagataṃ ; cf. 〜S. 35. 121. Rāhua. …… 五〇
（二〇〇）…… 五一
（二〇一）…… 五一
（二〇二）…… 五一
（二〇三）…… 五二
（二〇四）…… 五二
（二〇五）…… 五二
（二〇六）〜S. 35. 160. Jīvakambavane, 〜S. 35. 100. Paṭisallāna. …… 五二
（二〇七）〜S. 35. 159. Jīvakambavane, 〜S. 35. 99. Samādhi. …… 五二
（二〇八）〜S. 35. 10—12. Anicca, & c. …… 五二
（二〇九）〜S. 35. 71—73. Chaphassāyatanikā. …… 五二
（二一〇）〜S. 35. 135. Saṅgayha. …… 五三
（二一一）〜S. 35. 117. Lokakāmaguṇa. …… 五三
（二一二）〜S. 35. 134. Devadahakhaṇa. …… 五三
（二一三）〜S. 35. 92—93. Dvayaṃ. …… 五四
（二一四）〜S. 35. 93. Dvayaṃ. …… 五四
（二一五）〜S. 35. 88（2—5）. Puṇṇa. …… 五四
（二一六）〜S. 35. 188. Samudda. …… 五四
（二一七）〜S. 35. 187. Samudda. …… 五四
（二一八）〜S. 35. 106. Dukkha. …… 五四
（二一九—二二〇）〜S. 35. 146—149. Sappāya. …… 五五

(二二一) ……………………………………………………………… 五五
(二二二—二二三) 〜S. 35. 26—27. Parijāna. ……………………… 五五
(二二四—二二五) 〜S. 35. 24—25. Pahāna. ……………………… 五五
(二二六—二二七) 〜S. 35. 90—91. Eja. …………………………… 五五
(二二八) ………………………………………………………………… 五五
(二二九) 〜S. 35. 56—57. Āsavā. ………………………………… 五六

第九巻

(二三〇) 〜S. 35. 68, 65—66. Samiddhi. ………………………… 五六
(二三一) 〜S. 35. 82. Loka. ………………………………………… 五六
(二三二) 〜S. 35. 85. Suñña. ………………………………………… 五六
(二三三) 〜S. 35. 107. Loka. ……………………………………… 五六
(二三四) 〜S. 35. 116. Lokakāmaguṇa. …………………………… 五六
(二三五) 〜S. 35. 150. Antevāsi. ………………………………… 五七
(二三六) 〜M. 151. Piṇḍapātapārisuddhi.〔No. 125(45. 6)〕 …… 五七
(二三七) 〜S. 35. 124. Vesāli. ……………………………………… 五七
(二三八) 〜S. 35. 141—144. Hetu. ………………………………… 五七
(二三九) 〜S. 35. 109. Saṃyojana. ………………………………… 五七
(二四〇) 〜S. 35. 110. Upādāna. …………………………………… 五八
(二四一) 〜S. 35. 194. Ādittena. …………………………………… 五八
(二四二) 〜S. 35. 111—112. Parijāna. …………………………… 五八
(二四三) 〜S. 35. 15—19. Assādena, & c. ……………………… 五八
(二四四) 〜S. 35. 114—115. Mārapāsa. …………………………… 五八

(二四五)　〜S. 35. 189. Bālisika. …… 五八
(二四六)　〜S. 4. 3. 4. Sattavassāni. …… 五九
(二四七)　…… 五九
(二四八)　〜S. 35. 193. Udāyī. …… 五九
(二四九)　〜A. IV. 174. Koṭṭhika. …… 五九
(二五〇)　〜S. 35. 191. Koṭṭhika. …… 六〇
(二五一)　〜A. IV. 175. Koṭṭhika. ; 〜M. 43. Mahāvedalla. [No. 26(211)] …… 六〇
(二五二)　〜S. 35. 69. Upasena, Vinaya, Cullavagga. V. 6. …… 六〇
(二五三)　〜S. 35. 133. Verahaccāni. …… 六一
(二五四)　〜A. IV. 55. Soṇa. [Nos. 26(123), 125(23. 3)] …… 六二
(二五五)　〜S. 35. 132. Lohicca. …… 六三

第十巻

(二五六―二五八)無明　〜S. 22. 133―135. Koṭṭhita. …… 六四―六五
(二五九)無間　〜S. 22. 122. Sīla. …… 六五
(二六〇)滅　〜S. 22. 62. Niruttipatha. (?) …… 六五
(二六一)富留那　〜S. 22. 83. Ānanda. …… 六六
(二六二)闡陀　〜S. 22. 90. Channa. …… 六六
(二六三)応説　〜S. 22. 101. Nāvā. …… 六七
(二六四)小土摶　〜S. 22. 96. Gomaya. [Nos. 26, 61] …… 六七
(二六五)泡沫　〜S. 22. 95. Pheṇa. [Nos. 105, 106] …… 六八
(二六六―二六七)　〜S. 22. 99―100. Gaddula. …… 六九
(二六八)河流　〜S. 22. 93. Nadī. …… 七〇

(二六九) 祇林 ～S. 22. 33—34. Natumhāka. ……七〇
(二七〇) 樹 ～S. 22. 102. Aniccatā. ……七〇
(二七一) 低舍 ～S. 22. 84. Tissa. ……七一
(二七二) 諸想 ～S. 22. 80. Piṇḍolya. ……七一

第十一巻

(二七三) ……七二
(二七四) ……七三
(二七五) ～A. IX. 4. Nandaka. ……七三
(二七六) ～M. 146. Nandakovāda. ……七三
(二七七) ～S. 35. 97. Pamādavihārī〔No. 107〕……七五
(二七八) ～S. 35. 96. Parihāna. ……七六
(二七九) ～S. 35. 94. Saṅgayha. ……七六
(二八〇) ～M. 150. Nagaravindeyya. ……七六
(二八一) ……七七
(二八二) ～M. 152. Indriyabhāvanā. ……七八

第十二巻

(二八三) ～S. 12. 57. Taruṇa. ……七九
(二八四) ～S. 12. 55—56. Mahārukkha. ……七九
(二八五) ～S. 12. 10. Mahā-ṣakyamuni-Gotama, ～S. 12. 53—54. Saññojana. ……七九
(二八六) ～S. 12. 52. Upādāna.（3—4）……八〇
(二八七) ～S. 12. 65. Nagaraṃ. ……八〇
(二八八) ～S. 12. 67. Naḷakalāpiya. ……八一

（二八九—二九〇）～S. 12. 61—62. Assutavā. ……………… 八一—八二
（二九一）～S. 12. 66. Sammasa. ……………… 八二
（二九二）～S. 12. 51. Parivīmaṃsana. ……………… 八二
（二九三）……………… 八三
（二九四）～S. 12. 19. Bālena paṇḍito. ……………… 八三
（二九五）～S. 12. 37. Na tumhā. ……………… 八四
（二九六）～S. 12. 20. Paccaya. ……………… 八四
（二九七）……………… 八四
（二九八）～S. 12. 1—2. Desanā（Sk. fragment, see Archaeological survey of India, 1910—1911）; Vibhaṅga. ……………… 八五
（二九九）…… ? ……………… 八五
（三〇〇）～S. 12. 46. Aññatara. ……………… 八五
（三〇一）～S. 12. 15. Kaccāyanagotta. ……………… 八五
（三〇二）～S. 12. 17. Acela. ……………… 八六
（三〇三）～S. 12. 18. Timbaruka. ……………… 八六

第十三巻

（三〇四）～M. 148. Chachakka. ……………… 八六
（三〇五）～M. 149. Saḷāyatana. ……………… 八七
（三〇六—三〇七）……………… 八七—八八
（三〇八）～S. 35. 136. Agayha. ……………… 八八
（三〇九—三一〇）～S. 35. 63—64. Migajāla. ……………… 八八—八九
（三一一）～S. 35. 88. Puṇṇa.（=M. 145）〔No. 108〕……………… 八九
（三一二）～S. 35. 95. Saṃgayha. ……………… 八九

（三一三）～S. 35. 154. Kathika.（?）……九〇
（三一四—三一八）……九〇—九一
（三一九—三二〇）……九一
（三二一—三三二）……九一—九二
（三三三）〔過去等〕～S. 35. 173—186. Atīta, & c.……九二
（三三四—三四二）……九二—九三

第十四巻

（三四三）～S. 12. 25. Bhūmija.……九三
（三四四）……九四
（三四五）～S. 12. 31—32. Bhūtaṃ, Kaḷāra.……九五
（三四六）……九五
（三四七）～S. 12. 70. Susīma.……九六
（三四八）～S. 12. 21—22. Dasabalā.……九八
（三四九）……九八
（三五〇）～S. 12. 49. Ariyasāvaka.……九八
（三五一）～S. 12. 68. Kosambī.……九八
（三五二—三五四）～S. 12. 13—14, 71—81. Samaṇa-brāhmaṇā.……九九
（三五五）～S. 12. 28. Bhikkhū.……九九
（三五六）～S. 12. 33. Ñānasa vatthūni.……九九
（三五七—三五八）～S. 12. 35—36. Avijjāpaccayā.……九九—一〇〇
（三五九—三六一）～S. 12. 38—40. Cetanā.……一〇〇
（三六二）……一〇〇

(三六三) ～S. 12. 16. Dhammakathika. …… 一〇〇

(三六四) cf. ～S. 12. 16. Dhammakathika. …… 一〇〇

第十五巻

(三六五) cf. ～S. 12. 16. Dhammakathika. …… 一〇一

(三六六) ～S. 12. 4—9. Vipassī, & c. …… 一〇一

(三六七) ～S. 12. 83. Sikkhā. …… 一〇一

(三六八) ～S. 12. 84. Yoga. …… 一〇一

(三六九—三七〇) …… 一〇一

(三七一) ～S. 12. 11. Āhārā. …… 一〇一

(三七二) ～S. 12. 12. Phagguna. …… 一〇二

(三七三) ～S. 12. 63. Puttamaṃsa. …… 一〇二

(三七四—三七八) ～S. 12. 64. Atthi rāgo. …… 一〇二—一〇三

(三七九) ～S. 56. 11—12. Tathāgatena vuttā.（or Dhammacakkappavattana.）〔Nos. 109, 110〕

〔蔵〕chos kyi ḥkhor-lo rab-tu bskor-baḥi mdo〔Skt. Dharmacakrapravartana-sūtra〕…… 一〇三

(三八〇—三八一) …… 一〇四

(三八二) ～S. 56. 29. Abhiññeyya. …… 一〇四

(三八三) …… 一〇四

(三八四) ～S. 56. 25. Āsavakkhaya. …… 一〇四

(三八五—三八七) …… 一〇四

(三八八) ～S. 56. 13. Khandha, 14. Āyatana. …… 一〇五

(三八九) …… 一〇五

(三九〇—三九一) ～S. 56. 5—6. Samaṇabrāhmaṇā. …… 一〇五

(三九二) ～S. 56. 22. Vijjā. …… 一〇五
(三九三) ～S. 56. 34. Kulaputta. …… 一〇六
(三九四―三九五) ～S. 56. 37―38. Suriyupamā. …… 一〇六
(三九六) …… 一〇六
(三九七) ～S. 56. 32. Khadira. …… 一〇七
(三九八) ～S. 56. 39. Indakhīla. …… 一〇七
(三九九) ～S. 56. 40. Vādino. …… 一〇七
(四〇〇) ～S. 56. 34. Cela. …… 一〇七
(四〇一) ～S. 56. 35. Sattisata. …… 一〇七
(四〇二) ～S. 56. 23―24. Sammāsambuddha. …… 一〇七
(四〇三) ～S. 56. 21. Vijjā. 〔蔵〕 ḥphags-pa bden-pa-bshiḥi mdo 〔Skt. Āryacatuḥsatya sūtra〕 …… 一〇八
(四〇四) ～S. 56. 31. Siṃsapā. …… 一〇八
(四〇五) ～S. 56. 45. Chiggaḷa. …… 一〇八
(四〇六) …… 一〇八

第十六巻

(四〇七) ～S. 56. 41. Cintā. …… 一〇八
(四〇八) ～S. 56. 8. Cintā. …… 一〇九
(四〇九―四一〇) ～S. 56. 7. Vitakka. …… 一〇九
(四一一) ～S. 56. 10. Kathā. …… 一〇九
(四一二) ～S. 56. 9. Viggāhikā. …… 一〇九
(四一三―四一五) …… 一一〇
(四一六) ～S. 56. 15. Dhāraṇa. …… 一一〇

（四一七）〜S. 56. 20, 27. Tathā. ……一一〇
（四一八）〜S. 56. 16. Dhāraṇa. ……一一〇
（四一九—四二〇）……一一一
（四二一）〜S. 56. 42. Papāta. ……一一一
（四二二）〜S. 56. 43. Pariḷāha. ……一一一
（四二三）〜S. 56. 46. Andhakāra. ……一一一
（四二四—四二六）……一一一—一一二
（四二七）〜S. 56. 29. Pariññeya. ……一一二
（四二八）〜S. 56. 2. Paṭisallāna. ……一一二
（四二九）〜S. 56. 1. Samādhi. ……一一二
（四三〇）〜S. 56. 33. Daṇḍa. ……一一二
（四三一—四三五）cf. S. 56. 33. Daṇḍa. ……一一三
（四三六—四三七）〜S. 56. 44. Kūṭāgāra. ……一一三
（四三八）〜S. 56. 36. Pāṇā. ……一一三
（四三九）〜S. 56. 49—50. Sineru. ……一一三
（四四〇）〜S. 56. 52—54. Pokkharaṇī, Sambhejja. ……一一三
（四四一）〜S. 56. 55—60. Pathavī, & c. ……一一四
（四四二）〜S. 56. 51. Nakhasikhā. ……一一四
（四四三）〜S. 56. 61—70. ……一一四
（四四四）……一一四
（四四五）〜S. 14. 14. Hīnādhimutti. ……一一五
（四四六）〜S. 14. 16. (I). Sagātha. ……一一五

(四四七)　〜S. 14. 15. Kamma. …………………… 一一五
(四四八)　〜S. 14. 16. (II). Sagātha. …………………… 一一五
(四四九)　〜S. 14. 12. Sanidāna. …………………… 一一五
(四五〇)　〜S. 14. 21—24. Appassutena dve, & c.〔cf. Nos. 101 (20), 111〕…………………… 一一五
(四五一)　〜S. 14. 1. Dhātu. …………………… 一一五
(四五二—四五三)　〜S. 14. 2—6. Samphassaṃ, & c. …………………… 一一六
(四五四)　〜S. 14. 7—10. Saññā, & c. …………………… 一一六

第十七巻

(四五五)　〜S. 14. 7—10. Saññā, & c. …………………… 一一五
(四五六)　〜S. 14. 11. Sattimā. …………………… 一一六
(四五七)　〜S. 14. 13. Giñjakāvasatha. …………………… 一一七
(四五八)　〜A. VI. 39. Nidāna. …………………… 一一七
(四五九)　〜A. VI. 38. Attakārī. …………………… 一一七
(四六〇)　〜S. 35. 129. Ghosita. …………………… 一一七
(四六一—四六四) …………………… 一一八
(四六五)　〜S. 18. 21. Anusaya. …………………… 一一八
(四六六)　〜S. 36. 10. Phassamūlaka. …………………… 一一九
(四六七)　〜S. 36. 5. Daṭṭhabbena. …………………… 一一九
(四六八)　〜S. 36. 3. Pahānena. …………………… 一一九
(四六九)　〜S. 36. 4. Pātāla. …………………… 一一九
(四七〇)　〜S. 36. 6. Sallattena. …………………… 一一九
(四七一)　〜S. 36. 12—13. Ākāsa. …………………… 一二〇

(四七二) ～S. 36. 14. Agāra. …… 一二〇
(四七三) ～S. 36. 1. Samādhi. …… 一二一
(四七四) ～S. 36. 15—16. Santaka. …… 一二一
(四七五) ～S. 36. 24. Pubbeñāṇa. …… 一二一
(四七六—四七七) ～S. 36. 11. Rahogataka. …… 一二一
(四七八) ～S. 36. 25. Bhikkhu. …… 一二二
(四七九) …… 一二二
(四八〇) ～S. 36. 26—28. Samaṇa-brāhmaṇā. …… 一二二
(四八一) …… 一二二
(四八二) ～A. V. 176. Pīti. …… 一二二
(四八三) ～S. 36. 29. Suddhika-nirāmisa. …… 一二三
(四八四) ～A. V. 170. Bhaddaji. …… 一二三
(四八五) ～S. 35. 193. & 20. Udāyi. …… 一二三
(四八六—四八九) …… 一二四

第十八巻

(四九〇) ～S. 38. Jambukhādaka-saṃyutta. …… 一二六
(四九一) ～S. 39. Sāmaṇḍaka-saṃyutta. …… 一二八
(四九二) ～A. IV. 178. Jambāli. …… 一二八
(四九三) …… 一二八
(四九四) ～A. IV. 41. Dārukkhandha. …… 一二八
(四九五) ～A. V. 168. Sīla. …… 一二九
(四九六) …… 一二九

(四九七) ～A. V. 167. Godanā. …… 一二九
(四九八) ～S. 47. 12. Nālandā. cf. [No. 1 (18)] …… 一三〇
(四九九) ～A. IX. 26. Silāyūpa. …… 一三一
(五〇〇) ～S. 28. 10. Sucimukhī. …… 一三一
(五〇一) cf. ～S. 40. 1—6. (?) …… 一三二
(五〇二) ～S. 40. 7—9. Animitta. & c. …… 一三二
(五〇三) ～S. 21. 3. Ghaṭa. …… 一三二

第十九巻

(五〇四) …… 一三三
(五〇五) ～M. 37. Taṇhāsaṅkhaya. …… 一三三
(五〇六) ～S. 40. 10. Sakka. …… 一三四
(五〇七) ～S. 55. 18. Devacārika. …… 一三四
(五〇八) ～S. 19. 1. Aṭṭhīpesi. …… 一三五
(五〇九) ～S. 19. 2. Gāvaghātaka. …… 一三五
(五一〇) ～S. 19. 4. Nicchavorabbhi. …… 一三五
(五一一—五一二) …… 一三六
(五一三) ～S. 19. 3. Piṇḍasakuṇiya. …… 一三六
(五一四) ～S. 19. 9. Sūcako. ? …… 一三六
(五一五) ～S. 19. 6. Satti-māgavi. …… 一三六
(五一六) ～S. 19. 5. Asi-sūkariko. …… 一三六
(五一七) ～S. 19. 16. Sīsachinna-coraghātaka. …… 一三六
(五一八) ? & S. 19. 10. Aṇḍabharī-gāmakūṭaka. …… 一三六

(五一九) …… 一三七
(五二〇) ～S. 19. 14. Maṇgulitthi ikkhanitthi. …… 一三七
(五二一) …… 一三七
(五二二) ～S. 19. 11. Kūpe-nimuggo-paradāriko. …… 一三七
(五二三) ～S. 19. 13. Nicchavitthi-aticārinī. …… 一三七
(五二四) ～S. 19. 15. Okilini-sapattaṅgārakokiri. …… 一三七
(五二五) ～S. 19. 12. Guthakhādi-Duṭṭha-brāhmaṇo. …… 一三七
(五二六―五二九) …… 一三八
(五三〇) ～S. 19. 17―21. Bhikkhu. & c. …… 一三八
(五三一―五三四) …… 一三八―一三九
(五三五―五三六) ～S. 52. 1―2. Rahogata. …… 一三九

第二十巻

(五三七―五三九) ～S. 52. 4―6. Kaṇṭakī. …… 一三九―一四〇
(五四〇) ～S. 52. 10. Bāḷhagilāna. …… 一四〇
(五四一) …… 一四〇
(五四二) ～S. 52. 3. Sutanu. …… 一四〇
(五四三) ～S. 52. 7. Taṇhākkhāya. …… 一四一
(五四四) …… 一四一
(五四五) cf. ～S. 52. 8. Salaḷāgāra. …… 一四一
(五四六) ～A. II. 4. 6. Ārāmadaṇḍa. …… 一四一
(五四七) ～A. II. 4. 7. Kaṇḍarāyana. …… 一四一
(五四八) ～M. 84. Madhura. …… 一四二

(五四九) ～A. X. 26. Kālī. …… 一四三
(五五〇) ～A. VI. 26. Vimutti. …… 一四三
(五五一—五五二) ～S. 22. 3—4. Hāliddikāni. …… 一四四
(五五三) cf. ～S. 35. 130. Hāliddaka. …… 一四五
(五五四—五五六) …… 一四五
(五五七) ～A. IX. 37. …… 一四六
(五五八) …… 一四六

第二十一巻

(五五九) ～S. 35. 192. Kāmabhū. …… 一四六
(五六〇) ～A. IV. 170. Yuganandha. …… 一四六
(五六一) ～S. 51. 15. Brahmaṇa. …… 一四七
(五六二) ～S. 35. 129. Ghosita. …… 一四七
(五六三) ～A. III. 74. Nigaṇṭha. …… 一四七
(五六四) ～A. IV. 159. Bhikkhunī. …… 一四八
(五六五) ～A. IV. 194. Sāpūgī. …… 一四八
(五六六) ～S. 41. 5. Kāmabhū. …… 一四九
(五六七) ～S. 41. 7. Godatta. …… 一四九
(五六八) ～S. 41. 6. Kāmabhū. …… 一五〇
(五六九—五七〇) ～S. 41. 2—3. Isidatta. …… 一五〇—一五一
(五七一) ～S. 41. 4. Mahaka. …… 一五一
(五七二) ～S. 41. 1. Saññojana. …… 一五一
(五七三) ～S. 41. 9. Acela. …… 一五二

(五七四) 〜S. 41. 8. Nigaṇṭha. …… 一五二
(五七五) 〜S. 41. 10. Gilānadassana. …… 一五三

第二十二巻

(五七六) 〜S. 1. 2. 1. Nandana. 〔No. 100(161)〕 …… 一五三
(五七七) 〜S. 10. 2. Sakka. 〔No. 100(162)〕 …… 一五三
(五七八) 〜S. 1. 2. 8. Hirī. 〔No. 100(163)〕 …… 一五四
(五七九) 〜S. 1. 1. 7. Appaṭividitā. 〔No. 100(164)〕 …… 一五四
(五八〇) 〜S. 1. 1. 8. Susammuṭṭhā. 〔No. 100(165)〕 …… 一五四
(五八一—五八二) 〜S. 1. 3. 5. Arahaṃ. 〔No. 100(166)〕 …… 一五五
(五八三) 〜S. 2. 1. 9. Candima. 〔No. 100(167)〕〔蔵〕zla-baḥi mdo〔Skt. Candra sūtra.〕〔蔵〕ñi-maḥi mdo 〔Skt. Sūrya sūtra.〕 …… 一五五
(五八四) 〜S. 1. 2. 9. Kuṭikā. 〔No. 100(168)〕 …… 一五五
(五八五) 〜S. 2. 2. 8. Kakudha. 〔No. 100(169)〕 …… 一五五
(五八六) 〜S. 1. 3. 1. Sattiyā. 〔No. 100(170)〕 …… 一五五
(五八七) 〜S. 1. 5. 6. Accharā. 〔No. 100(171)〕 …… 一五六
(五八八) 〜S. 1. 3. 9. Catucakka. 〔No. 100(172)〕 …… 一五六
(五八九) 〜S. 1. 3. 8. Mahaddhana. 〔No. 100(183)〕 …… 一五六
(五九〇) 〔No. 100(184)〕 …… 一五六
(五九一) 〔No. 100(185)〕 …… 一五七
(五九二) 〜S. 10. 8. Sudatta. 〔No. 100(186)〕 …… 一五七
(五九三) 〜S. 2. 2. 10. Anāthapiṇḍika. 〔No. 100(187)〕 …… 一五八
(五九四) 〜A. III. 125. Hatthaka. 〔No. 100(188)〕 …… 一五九

(五九五) ～S. 2. 3. 4. Ghaṭīkāra. (?)〔No. 100(189)〕 …… 一五九
(五九六) ～S. 2. 2. 7. Subrahmā. (?)〔No. 100(181)〕 …… 一五九
(五九七) 〔No. 100(182)〕 …… 一六〇
(五九八) ～S. 1. 2. 6. Niddā tandi.〔No. 100(175)〕 …… 一六〇
(五九九) ～S. 1. 3. 3. Jaṭā.〔No. 100(173)〕 …… 一六〇
(六〇〇) ～S. 1. 2. 7. Dukkara.〔No. 100(174)〕 …… 一六〇
(六〇一) ～S. 1. 3. 7. Sarā.〔No. 100(176)〕 …… 一六〇
(六〇二) ～S. 1. 3. 10. Enijaṅgha.〔No. 100(177)〕 …… 一六一
(六〇三) cf. ～S. 10. 12. (11—12) …… 一六一

第二十三巻

(六〇四) cf. No. 2043 阿育王経、No. 3042 阿育王伝 Aśoka-avadāna in Divya-avadāna. …… 一六一

第二十四巻

(六〇五—六〇六) …… 一七〇—一七一
(六〇七) ～S. 47. 24. Suddhaka. …… 一七一
(六〇八) cf. ～S. 47. 41. Amata. …… 一七一
(六〇九) ～S. 47. 42. Samudaya. …… 一七一
(六一〇) ～S. 47. 2. Sata. …… 一七一
(六一一) ～S. 47. 5. Kusalarāsi. …… 一七一
(六一二) …… 一七一
(六一三) ～S. 47. 47—50. Duccaritaṃ. & c. …… 一七一
(六一四) ～S. 47. 11. Mahāpurisa. …… 一七二
(六一五) ～S. 47. 10. Bhikkhunī. …… 一七二

(六一六) ～S. 47. 8. Sūda. ……一七二
(六一七) ～S. 47. 6. Sakuṇagghī, cf. Jātaka. 168. ……一七二
(六一八) ……一七三
(六一九) ～S. 47. 19. Sedaka. ……一七三
(六二〇) ～S. 47. 7. Makkaṭa. ……一七三
(六二一) ～S. 47. 4. Salla. ……一七三
(六二二) ～S. 47. 1. Ambapāli. ……一七四
(六二三) ～S. 47. 20. Janapada. ……一七四
(六二四) ～S. 47. 16. Uttiya. ……一七四
(六二五) ～S. 47. 15. Bāhiya. ……一七五
(六二六—六二八) ……一七五
(六二九—六三二) ～S. 47. 21. Sīla. ……一七五
(六三三) ……一七五
(六三四) ～S. 47. 17. Ariya, ～S. 47. 32. Virāga. ……一七六
(六三五) ……一七六
(六三六) ～S. 47. 3. Bhikkhu. ……一七六
(六三七) ～S. 47. 46. Pātimokkha. ……一七六
(六三八) ～S. 47. 13. Cuṇḍa. ……一七六
(六三九) ～S. 47. 14. Cela. ……一七七

第二十五巻

(六四〇—六四二) cf. Aśoka-avadāna. ……一七七

第二十六巻

(六四二)　～A. III. 84. Sekha. …… 一八二
(六四三)　～S. 48. 1. Suddhika. …… 一八二
(六四四)　～S. 48. 2—3. Sotāpanna. …… 一八二
(六四五)　～S. 48. 4—5. Arahaṃ. …… 一八二
(六四六)　～S. 48. 8. Daṭṭhabba. …… 一八二
(六四七)　～S. 48. 9. Vibhaṅga. …… 一八二
(六四八)　～S. 48. 12. Saṅkhitta. …… 一八二
(六四九)　～S. 48. 20. Āsavānaṃ khayo. …… 一八二
(六五〇—六五一)　～S. 48. 9—10. Samaṇabrāhmaṇā. …… 一八二—一八三
(六五二—六五三)　～S. 48. 15—18. Paṭipanna. & c. …… 一八三
(六五四—六五八)　cf. ～S. 48. 52. Mallika. (?) …… 一八三
(六五九)　～S. 48. 50. Saddha. (?) …… 一八四
(六六〇) …… 一八四
(六六一)　～A. II. 2. 1. Bala. [No. 101(16)] …… 一八四
(六六二—六六八) …… 一八四—一八五
(六六九)　～A. IV. 32. Saṅgaha. …… 一八五
(六七〇—六七二) …… 一八五
(六七三)　cf. ～S. 50. 1. Bala. …… 一八五
(六七四) …… 一八五
(六七五)　～S. 48. 8. Daṭṭhabbaṃ. …… 一八五
(六七六) …… 一八五
(六七七—六七八)　～A. V. 1. Saṅkhitta. …… 一八五

(六七九—六八三)……………… 一八六
(六八四) cf. 〜M. 12. Mahāsīhanāda. ……………… 一八六
(六八五) ……………… 一八七
(六八六—六八七) 〜A. VI. 64. Sīhanāda. ……………… 一八七
(六八八—六八九) cf. 〜A. VII. 3. Bala. ……………… 一八七—一八八
(六九〇—六九一) 〜A. VII. 4—5. Bala. ……………… 一八八
(六九二—六九三) 〜A. VIII. 27. Bala. ……………… 一八八
(六九四—六九五) 〜A. VIII. 28. Bala. ……………… 一八八
(六九七—七〇三)……………… 一八八—一八九
(七〇四) 〜S. 46. 24. Ayonisa. ……………… 一八九
(七〇五) cf. 〜S. 46. 33—34. Kilesa, 〜S. 46. 37. Aparihāni. ……………… 一八九
(七〇六) 〜S. 46. 40. Nīvaraṇa. ……………… 一八九
(七〇七) 〜S. 46. 38. Āvaraṇa-nīvaraṇa. ……………… 一八九
(七〇八) 〜S. 46. 39. Rukkha. ……………… 一九〇
(七〇九) cf. 〜S. 46. 23. Ṭhānā. ……………… 一九〇
(七一〇) ……………… 一九〇
(七一一) cf. 〜S. 46. 56. Abhaya. ……………… 一九〇

第二十七巻

(七一二) 〜S. 46. 56. Abhaya. ……………… 一九一
(七一三) 〜S. 46. 52. Pariyāya. ……………… 一九一
(七一四) 〜S. 46. 53. Aggi. ……………… 一九一
(七一五) 〜S. 46. 51. Āhāra. ……………… 一九二

（七一六―七一七） cf. ～S. 46. 29. Ekadhamma. …… 一九三
（七一八） ～S. 46. 4. Vatta. …… 一九三
（七一九） ～S. 46. 8. Upavāṇa. …… 一九三
（七二〇） …… 一九三
（七二一） ～S. 46. 42. Cakkavatti.［Nos. 26(58), 38, 125(39. 7)］…… 一九四
（七二二―七二五） …… 一九四―一九五
（七二六） cf. ～S. 45. 2. Upaḍḍha. …… 一九五
（七二七） …… 一九五
（七二八） ～S. 46. 22. Desanā. …… 一九六
（七二九） ～S. 46. 27. Nirodha. …… 一九六
（七三〇） ～S. 46. 41. Vidhā. …… 一九六
（七三一） ～S. 46. 49. Aṅga. …… 一九六
（七三二） ～S. 46. 10. Uppannā. …… 一九六
（七三三―七四〇） …… 一九六―一九七
（七四一） ～S. 46. 67. Asubha. …… 一九七
（七四二） ～S. 46. 68. Maraṇa. …… 一九七
（七四三） ～S. 46. 54. Mettā. …… 一九七
（七四四） ～S. 46. 62. Mettā. …… 一九七
（七四五） ～S. 46. 76. Nirodha. …… 一九七
（七四六） ～S. 46. 66. Ānāpāna. …… 一九八
（七四七） ～S. 46. 71―75. Anicca. & c. …… 一九八

第二十八巻

(七四八)　～S. 45. 55. Yonisa. …… 一九八
(七四九)　～S. 45. 1. Avijjā. …… 一九八
(七五〇) …… 一九八
(七五一)　～S. 45. 24. Paṭipadā. …… 一九八
(七五二—七五七) …… 一九八—一九九
(七五八)　～A. III. 62. Bhaya. …… 一九九
(七五九)　～S. 45. 29. Vedanā. …… 一九九
(七六〇) …… 一九九
(七六一)　～S. 45. 13. Sekha. …… 二〇〇
(七六二) …… 二〇〇
(七六三—七六五)　～S. 45. 14—15. Uppāda. …… 二〇〇
(七六六)　～S. 45. 16—17. Parisuddha. …… 二〇〇
(七六七)　～A. V. 52. Rāsi. …… 二〇〇
(七六八)　～S. 45. 2. Upaḍḍha. …… 二〇〇
(七六九)　～S. 45. 4. Brāhmaṇa. …… 二〇〇
(七七〇)　～S. 45. 21. Micchatta. …… 二〇一
(七七一—七七四)　～S. 45. 34. Pāraṅgama. …… 二〇一
(七七五—七八一)　～S. 45. 77—90. Ekadhamma. …… 二〇一—二〇二
(七八二—七八三) …… 二〇二
(七八四—七八五)　[No. 112] …… 二〇三
(七八六—七九三) …… 二〇四—二〇五
(七九四—七九六)　～S. 45. 35—36. Sāmañña. …… 二〇五

第二十九巻

(七九七—七九九) ……一〇五
(八〇〇) ~S. 45. 37—40. Brahmañña. ……一〇五
(八〇一) ……一〇五
(八〇二—八〇三) ~S. 54. 1. Ekadhamma. ……一〇六
(八〇四) ? ~S. 54. 3—5. Phalā. & c. ……一〇六
(八〇五) ~S. 54. 6. Ariṭṭha. ……一〇六
(八〇六) ~S. 54. 7. Kappina. ……一〇六
(八〇七) ~S. 54. 11. Icchānaṅgala. ……一〇七
(八〇八) ~S. 54. 12. Kaṅkheyya. ……一〇七
(八〇九) cf. ~S. 54. 9. Vesālī. (?) ……一〇七
(八一〇) ~S. 54. 13—14. Ānanda. ……一〇八
(八一一—八一二) ~S. 54. 15—16. Bhikkhū. ……一〇八
(八一三) ~S. 54. 10. Kimbila. ……一〇八
(八一四—八一五) ……一〇九
(八一六) ~A. III. 89. Sikkhā. ……一一〇
(八一七—八一八) ……一一〇
(八一九) ~A. III. 87. Sādhika. (1) ……一一〇
(八二〇) ~A. III. 85—86. Sekha. ……一一〇
(八二一) cf. ~A. III. 85—86. Sekha. ……一一〇
(八二二) ……一一一
(八二三) cf. ~A. III. 84. Sekha. ……一一一

(八二四) ～It. 46. Sikkhā. ……………… 二一一
(八二五―八二六) ……………… 二一一
(八二七) ～A. III. 82. Sukhetta. ……………… 二一二
(八二八) ～A. III. 81. Samaṇa. ……………… 二一二
(八二九) ～A. III. 83. Vajjiputta. ……………… 二一二

第三十巻

(八三〇) ～A. III. 90. Paṅkadhāya. ……………… 二一三
(八三一) ……………… 二一三
(八三二) ～A. III. 88. Sikkhā. ……………… 二一三
(八三三) ～S. 55. 30. Licchavi. ……………… 二一三
(八三四) ……………… 二一四
(八三五) ～S. 55. 1. Rājā. ……………… 二一四
(八三六) ～S. 55. 17. Mittenāmaccā. ……………… 二一四
(八三七―八四〇) ……………… 二一四―二一五
(八四一) ～S. 55. 41―42. Abhisanda. ……………… 二一五
(八四二) ～S. 55. 12. Brāhmaṇa. ……………… 二一五
(八四三) ～S. 55. 5. Sāriputta. ……………… 二一五
(八四四) ～S. 55. 4. Sāriputta. ……………… 二一五
(八四五) ～S. 55. 29. Bhayaṃ or Bhikkhu. ……………… 二一五
(八四六) ～S. 55. 28. Duveraṃ. ……………… 二一六
(八四七―八五〇) ～S. 55. 31―35. Devapada. ……………… 二一六―二一七
(八五一―八五三) ～S. 55. 8―9. Giñjakāvasatha. ……………… 二一七

(八五四) ～S. 55. 10. Giñjakāvasatha. …… 二一七
(八五五) ～S. 55. 40. Nandiya. …… 二一七
(八五六) ～S. 55. 47. Nandiya. …… 二一八
(八五七) [No. 113] …… 二一八
(八五八) ～A. XI. 14. Nandiya. …… 二一八
(八五九) …… 二一八

第三十一巻

(八六〇) ～S. 55. 6. Thapataya. …… 二一八
(八六一―八六三) …… 二一九
(八六四―八七四) cf. ～A. IV. 8 ; ～It. 74. …… 二一九―二二〇
(八七五―八七九) cf. ～A. IV. 69. …… 二二一
(八八〇―八八二) cf. ～A. IV. 14 ; ～A. IV. 53 ; ～A. X. 15. …… 二二一
(八八三) ～S. 53. Jhāna-saṃyutta. …… 二二二
(八八四―八八六) …… 二二三
(八八七―八八九) cf. ～A. III. 58―59. …… 二二四
(八九〇) ～S. 43. Asaṅkhata-saṃyutta. …… 二二四
(八九一) ～S. 13. Abhisamaya-saṃyutta. …… 二二四
(八九二―八九六) …… ? …… 二二四―二二五
(八九七) ～S. 18. Rāhula-saṃyutta. …… 二二五
(八九八―九〇四) …… 二二五―二二六

第三十二巻

(九〇五) ～S. 16. 12. Parammaraṇa. …… 二二六

(九〇六) 〜S. 16. 13. Saddhammapaṭirūpaka.〔No. 100(121)〕……一二六
(九〇七) 〜S. 42. 2. Puṭa.〔No. 100(122)〕……一二七
(九〇八) 〜S. 42. 3. Yodhājīva.〔No. 100(123)〕……一二七
(九〇九) 〜S. 42. 5. Assa or Haya.〔No. 100(124)〕……一二七
(九一〇) 〜S. 42. 1. Caṇḍa.〔No. 100(125)〕……一二八
(九一一) 〜S. 42. 10. Maṇicūḷa.〔No. 100(125)〕……一二八
(九一二) 〜S. 42. 12. Rāsiya.〔No. 100(127)〕……一二八
(九一三) 〜S. 42. 11. Bhadra.〔No. 100(128)〕……一二九
(九一四) 〜S. 42. 9. Kula.〔No. 100(129)〕……一三〇
(九一五) 〜S. 42. 7. Desanā.〔No. 100(130)〕……一三〇
(九一六) 〜S. 42. 8. Saṃkha.〔No. 100(131)〕……一三一
(九一七) 〜A. III. 137. Assakhaluṅka.〔No. 100(143)〕……一三二
(九一八) 〜A. III. 138. Assakhaluṅka.〔No. 100(144)〕……一三二

第三十三巻

(九一九) 〜A. III. 139. Assakhaluṅka.〔No. 100(145)〕……一三三
(九二〇) 〜A. III. 94. Tayo.〔Nos. 100(146), 114〕……一三三
(九二一) 〜A. IV. 256—257. Ājañña.〔No. 100(147)〕……一三四
(九二二) 〜A. IV. 113. Patoda.〔No. 100(148)〕……一三四
(九二三) 〜A. IV. 111. Kesi.……一三四
(九二四) 〜A. VIII. 14. Khaluṅka.〔Nos. 100(149), 115〕……一三五
(九二五) 〜A. VIII. 13. Ājañña.〔No. 100(150)〕……一三五
(九二六) 〜A. XI. 10. Sekkha.〔No. 100(151)〕……一三五

(九二七) ～S. 55. 37. Mahānāma. 〔No. 100(152)〕 …… 一三六
(九二八) 〔No. 100(153)〕 …… 一三六
(九二九) ～A. VIII. 25. Mahānāma. 〔No. 100(154)〕 …… 一三六
(九三〇) ～S. 55. 21. Mahānāma. 〔Nos. 100(155), 125(41. 1)〕 …… 一三七
(九三一) ～A. VI. 10. Mahānāma. 〔No. 100(156)〕 …… 一三七
(九三二) ～A. XI. 12. Mahānāma. 〔No. 100(157)〕 …… 一三八
(九三三) ～A. XI. 13. Mahānāma. …… 一三八
(九三四) ～A. III. 73. Sakka. 〔No. 100(158)〕 …… 一三八
(九三五) cf. ～S. 55. 23. Godhā. 〔No. 100(159)〕 …… 一三九
(九三六) ～S. 55. 24. Sarakāni. 〔No. 100(160)〕 …… 一三九
(九三七) ～S. 15. 13. Tiṃsamattā. 〔No. 100(330)〕 …… 一四〇
(九三八) ～S. 15. 3. Assu. 〔No. 100(331)〕 …… 一四〇
(九三九) ～S. 15. 4. Khīra. 〔No. 100(332)〕 …… 一四一

第三十四巻

(九四〇) ～S. 15. 1. Tiṇakaṭṭha. 〔No. 100(333)〕 …… 一四一
(九四一) ～S. 15. 2. Pathavī. 〔No. 100(334)〕 …… 一四一
(九四二) ～S. 15. 12. Sukhita. 〔No. 100(335)〕 …… 一四一
(九四三) ～S. 15. 11. Duggata. 〔No. 100(336)〕 …… 一四一
(九四四) 〔No. 100(337)〕 …… 一四一
(九四五) ～S. 15. 14—19. Māttā. & c. 〔No. 100(338)〕 …… 一四一
(九四六) ～S. 15. 8. Gaṅgā. 〔No. 100(339)〕 …… 一四二
(九四七) ～S. 15. 10. Puggala. 〔No. 100(340)〕 …… 一四二

(九四八) ～S. 15. 6. Sāsapā.〔No. 100(341)〕……二四二
(九四九) ～S. 15. 5. Pabbata.〔No. 100(342)〕……二四二
(九五〇) ～S. 15. 7. Sāvakā.〔No. 100(343)〕……二四二
(九五一)〔No. 100(344)〕……二四二
(九五二)〔No. 100(345)〕……二四三
(九五三)〔No. 100(346)〕……二四三
(九五四 a)〔No. 100(347)〕 } ……二四三
(九五四 b) ～S. 15. 9. Daṇḍa.〔No. 100(348)〕
(九五五)〔No. 100(349)〕……二四三
(九五六) ～S. 15. 20. Vepullapabbata.〔No. 100(350)〕……二四三
(九五七) ～S. 44. 9. Kutūhalasālā.〔No. 100(190)〕……二四四
(九五八) ～S. 44. 8. Vaccha.〔No. 100(191)〕……二四四
(九五九 a)〔No. 100(192)〕……二四四
(九五九 b) ～S. 44. 11. Sabhiya.〔No. 100(193)〕……二四四
(九六〇) cf. ～S. 33. 2—3. Aññāṇā.〔No. 100(194)〕……二四五
(九六一) ～S. 44. 10. Ānando or Atthatto.〔No. 100(195)〕……二四五
(九六二) ～M. 72. Aggivacchagotta.〔No. 100(196)〕……二四五
(九六三) ～S. 33. 1. Aññāṇā.〔No. 100(197)〕……二四六
(九六四) ～M. 73. Mahāvacchagotta.〔No. 100(198)〕……二四六
(九六五) ～A. X. 95. Uttiya.〔No. 100(199)〕……二四七
(九六六) ～A. X. 83. Puṇṇiya.〔No. 100(200)〕……二四八
(九六七) ～A. X. 96. Kokanuda.〔No. 100(201)〕……二四八

(九六八) ～A. X. 98. Diṭṭhi. 〔No. 100(202)〕……二四八
(九六九) ～M. 74. Dīghanakha. 〔No. 100(203)〕……二四九

第三十五巻

(九七〇) ～A. III. 64. Sarabha. 〔No. 100(204)〕……二五〇
(九七一) 〔No. 100(205)〕……二五〇
(九七二) ～A. IV. 185. Sacca. 〔Nos. 100(206), 125(26. 8)〕……二五一
(九七三) ～A. III. 71. Channa. 〔No. 100(207)〕……二五一
(九七四―九七五) 〔No. 100(208―209)〕……二五一―二五二
(九七六) ～A. VI. 47. Sandiṭṭhika. 〔No. 100(210)〕……二五二
(九七七) ～S. 36. 21. Sīvaka. 〔No. 100(211)〕……二五二
(九七八) cf. ～A. IV. 8. Khata. ? 〔No. 100(212)〕……二五三
(九七九) cf. ～D. XVI. Mahāparinibbāna. V. 23―30. 〔No. 100(110, 213)〕……二五三
(九八〇) ……二五四
(九八一) ～S. 11. 1―3. Dhajagga. ……二五五
(九八二―九八三) ～A. III. 32. Ānanda-Sāriputta. ……二五五
(九八四) ～A. IV. 199. Taṇhā. ……二五六
(九八五) ～A. IV. 200. Pemā. ……二五六
(九八六―九八七) ……二五六―二五七
(九八八―九八九) cf. ～S. 40. 10. Sakka. ……二五七
(九九〇) ～A. X. 75. Migasālā. ……二五七
(九九一) ～A. VI. 44. Migasālā. ……二五八
(九九二) ～A. II. 4. 4. Dakkhiṇeyya. 〔No. 26(127)〕……二五八

第三十六巻

(九九三)［No. 100(256)］……二五九

(九九四)［No. 100(257)］……二五九

(九九五)〜S. 1. 1. 10. Araññe.［No. 100(132)］……二六〇

(九九六)〜S. 1. 1. 9. Mānakāma.［No. 100(133)］……二六一

(九九七)〜S. 1. 5. 7. Vanaropa.［No. 100(134)］……二六一

(九九八)〜S. 1. 5. 2. Kiṃdada.［No. 100(135)］……二六一

(九九九)〜S. 2. 3. 3. Serī.［No. 100(136)］……二六一

(一〇〇〇)〜S. 1. 6. 3. Mitta.［No. 100(137)］……二六二

(一〇〇一)〜S. 1. 1. 3. Upaneyya.［No. 100(138)］……二六二

(一〇〇二)〜S. 1. 1. 5. Kati chande.［No. 100(140)］……二六二

(一〇〇三)〜S. 1. 1. 6. Jāgara.［No. 100(141)］……二六二

(一〇〇四)〜S. 1. 2. 2. Nandati.［No. 100(142)］……二六三

(一〇〇五)〜S. 1. 6. 4. Vatthu.［No. 100(231)］……二六三

(一〇〇六)〜S. 1. 2. 3. Natthi puttasamam.［No. 100(232)］……二六三

(一〇〇七)〜S. 1. 2. 4. Khattiya.［No. 100(233)］……二六三

(一〇〇八)〜S. 1. 8. 4. Vuṭṭhi ; 〜S. 1. 70. Loka.［No. 100(234—235)］……二六三

(一〇〇九)〜S. 1. 7. 2. Citta.［No. 100(236)］……二六四

(一〇一〇)〜S. 1. 7. 4. Saṃyojana.［No. 100(237)］……二六四

(一〇一一)〜S. 1. 7. 8. Pihita.［No. 100(238)］……二六四

(一〇一二)［No. 100(239)］……二六四

(一〇一三)〜S. 1. 8. 3. Vitta.［No. 100(240)］……二六四

（一〇一四）〜S. 1. 6. 9. Dutiya.〔No. 100（241）〕……一六五
（一〇一五）〜S. 1. 6. 1. Jarā.〔No. 100（242）〕……一六五
（一〇一六）〜S. 1. 6. 6. Janaṃ.〔No. 100（243）〕……一六五
（一〇一七）〜S. 1. 6. 7. Janaṃ.〔No. 100（244）〕……一六五
（一〇一八）〜S. 1. 6. 5. Janaṃ.〔No. 100（245）〕……一六五
（一〇一九）〜S. 1. 6. 8. Uppatha.〔No. 100（246）〕……一六六
（一〇二〇）〜S. 1. 7. 1. Nāma.〔No. 100（247）〕……一六六
（一〇二一）〜S. 1. 6. 10. Kavi.〔No. 100（248）〕……一六六
（一〇二二）〜S. 1. 8. 2. Ratha.〔No. 100（249）〕……一六六

第三十七巻

（一〇二三）〜A. VI. 56. Phagguna. ……一六六
（一〇二四）〜S. 22. 88. Assaji. ……一六七
（一〇二五—一〇二六）〜S. 35. 74—75. Gilāna. ……一六七—一六八
（一〇二七）……一六八
（一〇二八）〜S. 36. 7. Gelañña. ……一六八
（一〇二九）〜S. 36. 8. Gelañña. ……一六九
（一〇三〇）……一六九
（一〇三一）〜S. 55. 27. Anāthapiṇḍika. ……一六九
（一〇三二）〜S. 55. 26. Anāthapiṇḍika. ……一六九
（一〇三三）〜S. 55. 53. Dhammadinna. ……一七〇
（一〇三四）〜S. 55. 3. Dīghāvu. ……一七〇
（一〇三五—一〇三七）……一七〇

（一〇三八）〜S. 47. 30. Mānadinna. ……………… 一七〇
（一〇三九）〜A. X. 176. Cunda. ……………… 一七一
（一〇四〇）〜A. X. 167. Paccorahaṇī. ……………… 一七二
（一〇四一）〜A. X. 177. Jāṇussoni. ……………… 一七二
（一〇四二—一〇四三）……………… 一七二—一七三
（一〇四四）〜S. 55. 7. Veḷudvāreyyā. ……………… 一七三
（一〇四五）〜A. X. 199. (?) ……………… 一七三
（一〇四六）〜A. X. 205. Saṃsappaniya. ……………… 一七三
（一〇四七—一〇四八）〜A. X. 206. Maṇi. ……………… 一七四
（一〇四九）〜A. X. 174. Hetu. ……………… 一七四
（一〇五〇）〜A. X. 175. Parikamma. ……………… 一七四
（一〇五一）〜A. X. 170. Tīra. ……………… 一七四
（一〇五二）〜A. X. 191. Saddhamma. ……………… 一七四
（一〇五三）〜A. IV. 207—210. Pāpadhamma. ……………… 一七四
（一〇五四）〜A. X. 192. Sappurisadhamma. ……………… 一七五
（一〇五五）〜A. IV. 201. Sikhāpada. ……………… 一七五
（一〇五六）〜A. X. 210. Dasa-dhamma. ……………… 一七五
（一〇五七）〜A. X. 211. Visati-dhamma. ……………… 一七五
（一〇五八）〜A. X. 212. Tiṃsā-dhamma. ……………… 一七五
（一〇五九）〜A. X. 213. Cattārisā-dhamma. ……………… 一七五
（一〇六〇—一〇六一）〜A. X. 198. Saddhamma. & c. ……………… 一七五

第三十八巻

(一〇六二) ～S. 21. 5. Sujāta.〔No. 100(1)〕……二七六
(一〇六三) ～S. 21. 6. Bhaddi.〔No. 100(2)〕……二七六
(一〇六四) ～S. 17. 35—36. Rathapakkanta.〔No. 100(3)〕……二七六
(一〇六五)〔No. 100(4)〕……二七六
(一〇六六) ～S. 21. 8. Nanda.〔No. 100(5)〕……二七七
(一〇六七)〔No. 100(6)〕……二七七
(一〇六八) ～S. 21. 9. Tissa.〔No. 100(7)〕……二七七
(一〇六九) ～S. 21. 7. Visākha.〔No. 100(8)〕……二七七
(一〇七〇) ～S. 21. 4. Nava.〔No. 100(9)〕……二七七
(一〇七一) ～S. 21. 10. Theranāma.〔No. 100(10)〕……二七八
(一〇七二) ～Udāna. 1. 8. Saṅgāmaji.〔No. 100(11)〕……二七八
(一〇七三) ～A. III. 79. Gandha.〔Nos. 100(12), 116, 117, 125(23. 5)〕……二七八
(一〇七四) ～Vinaya. Mv. 1. 22.〔No. 100(13)〕……二七九
(一〇七五) ～Vinaya. Cv. IV. 4. 4—11.〔No. 100(14)〕……二七九
(一〇七六) ～Udāna. VIII. 10.〔No. 100(15)〕……二八〇
(一〇七七) ～M. 86. Aṅgulimāla.〔Nos. 100(16), 118—120, 125(38. 6)〕……二八〇
(一〇七八) ～S. 1. 2. 10. Samiddhi.〔No. 100(17)〕……二八一
(一〇七九)〔No. 100(18)〕……二八二
(一〇八〇)〔No. 100(19)〕……二八二

第三十九巻

(一〇八一) ～A. III. 126. Kaṭuviya.〔No. 100(20)〕……二八三
(一〇八二)……二八三

(一〇八三) ～S. 20. 9. Nāgo.〔No. 100(22)〕……一八四
(一〇八四) ～S. 4. 1. 9. Āyu.〔No. 100(23)〕……一八四
(一〇八五) ～S. 4. 1. 10. Āyu.〔No. 100(24)〕……一八四
(一〇八六) ～S. 4. 2. 5. Mānasa.〔No. 100(25)〕……一八四
(一〇八七) ～S. 4. 1. 7. Suppati.〔No. 100(26)〕……一八五
(一〇八八) ～S. 4. 2. 1. Pāsāṇa.〔No. 100(27)〕……一八五
(一〇八九) ～S. 4. 1. 6. Sappa.〔No. 100(28)〕……一八五
(一〇九〇) ～S. 4. 2. 3. Sakalika.〔No. 100(29)〕……一八五
(一〇九一) ～S. 4. 3. 3. Godhika.〔No. 100(30)〕……一八六
(一〇九二) ～S. 4. 3. 4—5. Dhītaro.〔No. 100(31)〕……一八六
(一〇九三) ～S. 4. 1. 3. Subha.〔No. 100(32)〕……一八七
(一〇九四) ～S. 4. 1. 1. Tapo.……一八七
(一〇九五) ～S. 4. 2. 8. Piṇḍa.……一八八
(一〇九六) ～S. 4. 1. 4—5. Pāsa.……一八八
(一〇九七) ～S. 4. 2. 4. Paṭirūpa.……一八八
(一〇九八) ～S. 4. 2. 10. Rajja.……一八八
(一〇九九) ～S. 4. 3. 1. Sambahulā.……一八九
(一一〇〇) ～S. 4. 3. 2. Samiddhi.……一八九
(一一〇一) ～S. 4. 2. 2. Sīha.……一八九
(一一〇二) ～S. 4. 2. 6. Patta.……一九〇
(一一〇三) ～S. 4. 2. 7. Āyatana.……一九〇

第四十巻

(一〇四) 〜S. 11. 2. 1. Devā. 〔No. 100(33)〕……一九〇
(一〇五) 〜S. 11. 2. 3. Devā. 〔Nos. 100(34), 101(21)〕……一九〇
(一〇六) 〜S. 11. 2. 2. Devā. 〔No. 100(35)〕……一九〇
(一〇七) 〜S. 11. 3. 2. Dubbaṇṇiya. 〔No. 100(36)〕……一九一
(一〇八) 〜S. 11. 3. 4—5. Akodhana. 〔No. 100(37)〕……一九一
(一〇九) 〜S. 11. 1. 5. Subhāsitam-jaya. 〔No. 100(38)〕……一九一
(一一〇) 〜S. 11. 1. 4. Vepacitti. 〔No. 100(39)〕……一九二
(一一一) 〜S. 11. 2. 9. Sakka-namassana. 〔No. 100(40)〕……一九三
(一一二) 〜S. 11. 2. 8. Sakka-namassana. 〔No. 100(41)〕……一九三
(一一三) 〜S. 11. 2. 10. Sakka-namassana. 〔No. 100(42)〕……一九三
(一一四) 〜S. 11. 1. 1. Suvīra. 〔No. 100(43)〕……一九四
(一一五) 〜S. 11. 2. 10. Isayo. 〔No. 100(44)〕……一九四
(一一六) 〜S. 11. 3. 1. Chetvā. 〔No. 100(45)〕……一九五
(一一七) 〜A. III. 37. Devadūta. 〔No. 100(46)〕……一九五
(一一八) 〜S. 11. 3. 3. Māyā. 〔No. 100(47)〕……一九六
(一一九) 〜S. 11. 1. 8. Virocana. 〔No. 100(50)〕……一九六
(一二〇) 〜S. 11. 1. 7. Na dubbhiya. 〔No. 100(48)〕……一九六

第四十一巻

(一二一) 〜A. X. 46. Sakka. ……一九七
(一二二) 〜S. 55. 54. Gilāyana. ……一九七
(一二三) 〜S. 55. 48. Bhaddiya. ……一九八
(一二四) 〜S. 55. 36. Sabhāgata. ……一九八

(一二五—一二六) 〜S. 55. 46. Sotāpatta. …… 一九八
(一二七) …… 一九八
(一二八—一二九) 〜S. 55. 55—58. Caturo phalā. …… 一九八
(一三〇) …… 一九九
(一三一—一三四) 〜S. 55. 31—33. Abhisanda. …… 一九九
(一三五) 〜S. 55. 20. Devacārika. …… 一九九
(一三六) Candropama (Hoernle, p. 40) 〜S. 16. 3. Candupamaṃ. 〔Nos. 100(111), 121〕 …… 一九九
(一三七) 〜S. 16. 4. Kulupaga. 〔No. 100(112)〕 …… 二〇〇
(一三八) 〜S. 16. 6. Ovāda. 〔No. 100(113)〕 …… 二〇〇
(一三九) 〜S. 16. 7. Ovāda. 〔No. 100(114)〕 …… 二〇〇
(一四〇) 〜S. 16. 8. Ovāda. 〔No. 100(115)〕 …… 二〇一
(一四一) 〜S. 16. 5. Jiṇṇa. 〔No. 100(116)〕 …… 二〇一
(一四二) 〜S. 16. 9. Jhānābhiññā. 〔No. 100(117)〕 …… 二〇二
(一四三) 〜S. 16. 10. Upassayaṃ. 〔No. 100(118)〕 …… 二〇二
(一四四) 〜S. 16. 11. Cīvara. …… 二〇二

第四十二巻

(一四五) 〜S. 3. 3. 4. Issatta. (?) 〔No. 100(68)〕 …… 二〇四
(一四六) 〜S. 3. 3. 1. Puggala. 〔No. 100(69)〕 …… 二〇四
(一四七) 〜S. 3. 3. 5. Pabbatūpama. 〔No. 100(70)〕 …… 二〇五
(一四八) 〜S. 3. 2. 1. Jaṭila. 〔No. 100(71)〕 …… 二〇五
(一四九) 〜S. 3. 2. 2. Pañca-rājāno. 〔No. 100(72)〕 …… 二〇六
(一五〇) 〜S. 3. 2. 3. Doṇapāka. 〔No. 100(73)〕 …… 二〇六

(一五一) ～S. 7. 1. 3. Asurinda.〔Nos. 100(74), 101(25)〕……三〇六
(一五二) ～S. 7. 1. 2. Akkosa.〔No. 100(75)〕……三〇七
(一五三) ～S. 7. 1. 2. Akkosa.〔No. 100(76)〕……三〇七
(一五四) ～S. 7. 1. 4. Bilaṅgika.〔No. 100(77)〕……三〇七
(一五五) ～S. 7. 2. 6. Paccanikasāta.〔No. 100(78)〕……三〇七
(一五六) ～S. 7. 1. 5. Ahiṃsaka.〔Nos. 100(79), 101(26)〕……三〇七
(一五七) ～S. 7. 2. 2. Udaya.〔No. 100(80)〕……三〇八
(一五八) ～S. 7. 1. 1. Dhanañjanī.〔No. 100(81)〕……三〇八
(一五九) ～Sn. III. 5. Māgha.〔No. 100(82)〕……三〇九
(一六〇) ～S. 7. 1. 7. Suddhika.〔No. 100(83)〕……三〇九
(一六一) ～S. 7. 1. 8. Aggika.〔No. 100(84)〕……三〇九
(一六二) 〔No. 100(85)〕……三一〇
(一六三) ～A. III. 51. Janā.〔No. 100(86)〕……三一〇

第四十三巻

(一六四) ～A. VI. 61. Pārāyaṇa.……三一〇
(一六五) ～S. 35. 127. Piṇḍola.……三一一
(一六六) ～S. 35. 195—196. Hatthapādupamā.……三一一
(一六七) ～S. 35. 199. Kumma.……三一一
(一六八) ～S. 35. 207. Yavakalāpi.……三一一
(一六九) ～S. 35. 205. Vīṇā.……三一二
(一七〇) ～S. 35. 206. Chapāṇa. (3—4)……三一二
(一七一) ～S. 35. 206. Chapāṇa. (5—8)……三一三

（一一七二）～S. 35. 197. Āsīvisa. …………… 三一三
（一一七三）～S. 35. 203. Dukkhadhammā. …………… 三一四
（一一七四）～S. 35. 200. Dārukkhandha. …………… 三一四
（一一七五）～S. 35. 204. Kiṃsukā. …………… 三一五
（一一七六）～S. 35. 202. Avassuta. …………… 三一六
（一一七七）…………… 三一六

第四十四巻

（一一七八）～Theragāthā, 133. Vāseṭṭha. 〔No. 100(92)〕 …………… 三一七
（一一七九）～S. 7. 1. 10. Bahudhīti. 〔No. 100(93)〕 …………… 三一八
（一一八〇）〔No. 100(94)〕 …………… 三一九
（一一八一）～S. 7. 2. 3. Devahita. 〔No. 100(95)〕 …………… 三一九
（一一八二）～S. 7. 2. 7. Navakammika. (?) 〔No. 100(96)〕 …………… 三一九
（一一八三）～S. 7. 2. 8. Kaṭṭhahāra. 〔No. 100(97)〕 …………… 三一九
（一一八四）～S. 7. 1. 9. Sundarika. 〔No. 100(98)〕 …………… 三二〇
（一一八五）～M. 7. Vatthūpama. 〔Nos. 100(99), 26(93), 51. 125(13. 5)〕 …………… 三二一
（一一八六—一一八七）～S. 7. 1. 6. Jaṭā. 〔No. 100(100)〕 …………… 三二一
（一一八八）～S. 6. 1. 2. Gārava. 〔No. 100(101)〕 …………… 三二一
（一一八九）～S. 47. 18. Brahmā. 〔Nos. 100(102), 101(4)〕 …………… 三二二
（一一九〇）～S. 6. 2. 1. Sanaṅkumāra. 〔No. 100(103)〕 …………… 三二二
（一一九一）～S. 6. 2. 3. Andhakavinda. 〔No. 100(104)〕 …………… 三二二
（一一九二）～S. 1. 4. 7. Samaya. 〔No. 100(105); cf. Nos. 1(19), 19〕 …………… 三二三
（一一九三）～S. 6. 1. 7—9. Kokālika. 〔Nos. 100(106), 101(5)〕 …………… 三二三

(一九四) ～S. 6. 1. 6. Pamāda. 〔No. 100(107)〕 …………………… 二一三
(一九五) ～S. 6. 1. 4. Baka brahmā. 〔No. 100(108)〕 …………………… 二一四
(一九六) ～S. 6. 1. 5. Aparā diṭṭhi. 〔No. 100(109)〕 …………………… 二一四
(一九七) ～S. 6. 2. 5. Parinibbāna. 〔No. 100(110), cf. Nos. 1(2), 5—7〕 …………………… 二一五

第四十五巻

(一九八) ～S. 5. 1. Āḷavikā. 〔No. 100(214)〕 …………………… 二一五
(一九九) ～S. 5. 2. Somā. 〔No. 100(215)〕 …………………… 二一六
(二〇〇) ～S. 5. 3. Gotamī. 〔No. 100(216)〕 …………………… 二一六
(二〇一) ～S. 5. 5. Uppalavaṇṇā. 〔No. 100(217)〕 …………………… 二一六
(二〇二) ～S. 5. 10. Vajirā. 〔No. 100(218)〕 …………………… 二一七
(二〇三) ～S. 5. 9. Selā. 〔No. 100(219)〕 …………………… 二一七
(二〇四) ～S. 5. 4. Vijayā. 〔No. 100(220)〕 …………………… 二一七
(二〇五) ～S. 5. 6. Cālā. 〔No. 100(221)〕 …………………… 二一八
(二〇六) ～S. 5. 7. Upacālā. 〔No. 100(222)〕 …………………… 二一八
(二〇七) ～S. 5. 8. Sīsupacālā. 〔No. 100(223)〕 …………………… 二一八
(二〇八) ～S. 8. 11. Gaggarā. 〔No. 100(224)〕 …………………… 二一九
(二〇九) ～S. 8. 9. Koṇḍañña. 〔No. 100(225)〕 …………………… 二一九
(二一〇) ～S. 8. 6. Sāriputta. 〔No. 100(226)〕 …………………… 二一九
(二一一) ～S. 8. 10. Moggallāna. 〔No. 100(227)〕 …………………… 二一九
(二一二) Pravāraṇa. (Hoernle. p. 32); ～S. 8. 7. Pavāraṇā. 〔Nos. 100(228), 26(121), 61—63, 125(32. 5), 分別功徳論中〕 …………………… 二二〇
(二一三) ～S. 8. 2. Arati. 〔No. 100(229)〕 …………………… 二二〇

(一二一四) ～S. 8. 4. Ānanda.［No. 100(230)］……二三一
(一二一五) ～S. 8. 1. Nikkhanta.［No. 100(250)］……二三一
(一二一六) ～S. 8. 3. Pesalā-atimaññanā.［No. 100(251)］……二三一
(一二一七) ～S. 8. 12. Vaṅgīsa.［No. 100(252)］……二三二
(一二一八) ～S. 8. 5. Subhāsitā.［No. 100(253)］……二三二
(一二一九) ～S. 8. 8. Parosahassa.……二三二
(一二二〇)［No. 100(254)］……二三二
(一二二一) ～Sn. II. 12. Vaṅgīsa.［No. 100(255)］……二三三

第四十六巻

(一二二二)［No. 100(43)］……二三三
(一二二三) ～S. 11. 2. 4. Dalidda.［No. 100(51)］……二三三
(一二二四―一二二五) ～S. 11. 2. 6. Yajamāna.［No. 100(52)］……二三四
(一二二六) ～S. 3. 1. 1. Daharo.［No. 100(53)］……二三四
(一二二七) ～S. 3. 3. 2. Ayyakā.［Nos. 100(54), 122, 125(26. 7)］……二三五
(一二二八) ～S. 3. 1. 4. Piya.［No. 100(55)］……二三五
(一二二九) ～S. 3. 1. 5. Attānarakkhita.［No. 100(56)］……二三六
(一二三〇) ～S. 3. 1. 6. Appakā.［No. 100(58)］……二三六
(一二三一) ～S. 3. 1. 7. Atthakaraṇa.［No. 100(57)］……二三六
(一二三二) ～S. 3. 2. 9. Aputtaka.［No. 100(59)］……二三七
(一二三三) ～S. 3. 2. 10. Aputtaka.［No. 100(60)］……二三七
(一二三四) ～S. 3. 1. 9. Yañña.［No. 100(61)］……二三八
(一二三五) ～S. 3. 1. 10. Bandhana.［No. 100(62)］……二三八

(二三六) ～S. 3. 2. 4. Saṅgāma dve vuttāni.〔No. 100(63)〕……三三八
(二三七) ～S. 3. 2. 5. Saṅgāma dve vuttāni.〔No. 100(64)〕……三三八
(二三八) ～S. 3. 2. 8. Appamāda.〔No. 100(65)〕……三三九
(二三九) ～S. 3. 2. 7. Appamāda.〔Nos. 100(66), 26(141)〕……三三九
(二四〇) ～S. 3. 1. 3. Rājā.〔No. 100(67)〕……三三九

第四十七巻

(二四一—二四二)……三四〇
(二四三) ～It. 42. Dhamma.……三四〇
(二四四)……三四一
(二四五) ～A. III. 17. Pāpaṇika.……三四一
(二四六) ～A. III. 100. Suvaṇṇakāra. (13—14)……三四一
(二四七) ～A. III. 100. Suvaṇṇakāra. (1—5)……三四二
(二四八) ～M. 34. Cūḷagopālaka.〔Nos. 123—124, 125(49. 1)〕……三四二
(二四九) ～M. 33. Mahāgopālaka.〔No. 125(49. 1)〕……三四二
(二五〇)(二五一) {～A. V. 30. / ～A. VI. 42. / ～A. VIII. 86.} Nāgita.……三四三—三四四
(二五二) ～S. 20. 8. Kaliṅgara.……三四四
(二五三) ～S. 20. 4. Ukkā.……三四四
(二五四) ～S. 20. 3. Kula.……三四四
(二五五) ～S. 20. 5. Satti.……三四四
(二五六) ～S. 20. 2. Nakhasikha.〔No. 100(22)〕……三四五
(二五七) ～S. 20. 6. Dhanuggaha.……三四五

（二五八）～S. 20. 7. Āṇi. ……三四五
（二五九）……三四五
（二六〇）～S. 20. 10. Bilāra. ……三四五
（二六一）……三四五
（二六二）～S. 20. 11. Siṅgālaka. ……三四六
（二六三）～S. 17. 5. Piḷhika. ……三四六
（二六四）～S. 17. 8. Siṅgāla. ……三四六
（二六五）～S. 22. 87. Vakkali. ……三四六
（二六六）～S. 35. 87. Channa. ……三四七

第四十八巻

（二六七）～S. 1. 1. 1. Ogha. 〔No. 100（180）〕……三四八
（二六八）～S. 1. 1. 2. Nimokkha. 〔No. 100（179）〕……三四八
（二六九）～S. 2. 2. 5. Candana. 〔No. 100（178）〕……三四八
（二七〇）〔No. 100（269）〕……三四八
（二七一）〔No. 100（270）〕……三四九
（二七二）……三四九
（二七三）～S. 1. 4. 10. Pajjunna-dhītā. 〔No. 100（271）〕……三四九
（二七四）～S. 1. 4. 9. Pajjunna-dhītā. 〔No. 100（272）〕……三五〇
（二七五）～S. 1. 3. 2. Phusati. 〔No. 100（273）〕……三五〇
（二七六）～S. 1. 3. 2. Khema. 〔No. 100（274）〕……三五〇
（二七七）～S. 1. 4. 5. Ujjhānasaññino. 〔No. 100（275）〕……三五一
（二七八）～Sn. III. 10. Kokāliya. 〔No. 100（276）〕……三五一

（二七九）～Sn. I. 6. Parābhava.〔No. 100(277)〕……三五二
（二八〇）〔No. 100(278)〕……三五二
（二八一）～S. 1. 3. 4. Mano-nivāraṇā.〔No. 100(279)〕……三五二
（二八二）〔No. 100(280)〕……三五三
（二八三）～D. 31. Siṅgālaka. (?)〔No. 100(281)〕……三五三
（二八四）～Jātaka. 243. Guttila.〔No. 100(282)〕……三五三
（二八五）～S. 1. 8. 1. Chetvā.〔No. 100(283)〕……三五四
（二八六）～S. 1. 4. 4. Na santi. & 6. Saddhā.〔No. 100(284)〕……三五四
（二八七）～S. 1. 4. 1. Sabbhi.〔No. 100(285)〕……三五四
（二八八）～S. 1. 4. 2. Macchari.〔No. 100(286)〕……三五四
（二八九）～S. 1. 4. 8. Sakalika.〔No. 100(287)〕……三五五
（二九〇）〔No. 100(288)〕……三五五
（二九一）〔No. 100(289)〕……三五五
（二九二）〔No. 100(290)〕……三五六
（二九三）〔No. 100(292)〕……三五六
第四十九巻
（二九四）〔No. 100(291)〕……三五六
（二九五）〔No. 100(293)〕……三五六
（二九六）〔No. 100(294)〕……三五六
（二九七）〔No. 100(295)〕……三五七
（二九八）〔No. 100(296)〕……三五七
（二九九）〔No. 100(297)〕〔蔵〕Ihaḥi mdo Juṅ-ṅu〔Skt. Alpadevatā sūtra〕……三五七

(三〇〇) ～S. 10. 1. Indaka. [No. 100(298)] ……三五七
(三〇一) [No. 100(300)] ……三五八
(三〇二) ～S. 2. 3. 1. Siva. [No. 100(301)] ……三五八
(三〇三) ～S. 2. 2. 1. Candimasa. [No. 100(302)] ……三五八
(三〇四) ～S. 2. 2. 2. Veṇḍu. [No. 100(303)] ……三五八
(三〇五) ～S. 2. 1. 7. Pañcālacaṇḍa. [No. 100(304)] ……三五八
(三〇六) ～S. 2. 3. 9. Susīma. [No. 100(305)] ……三五八
(三〇七) ～S. 2. 3. 6. Rohita. [No. 100(306)] ……三五九
(三〇八) ～S. 2. 3. 10. Nānātitthiyā. [No. 100(307)] ……三五九
(三〇九) ～S. 2. 1. 3. Māgha. [No. 100(308)] ……三六〇
(三一〇) ～S. 2. 1. 4. Māgadha or Pajota. ([No. 100(309)]) ……三六〇
(三一一) ～S. 2. 1. 5. Dāmali. [No. 100(310)] ……三六〇
(三一二) ～S. 1. 1. 5. Kati chinde. [No. 100(311)] ……三六〇
(三一三) ～S. 2. 1. 6. Kāmada. [No. 100(312)] ……三六一
(三一四) ～S. 10. 3. Sūciloma. [No. 100(313)] ……三六一
(三一五—三一六) ～S. 2. 2. 4—5. Candana. [No. 100(314—315)] ……三六一
(三一七—三一八) ～S. 2. 1. 1—2. Kassapa. [No. 100(316—317)] ……三六一
(三一九) ～S. 10. 4. Maṇibhadda. [No. 100(318)] ……三六二
(三二〇) cf. Udāna, 1. 7. Pāṭali or Pāvāyaṃ. [No. 100(319)] ……三六二
(三二一) ～S. 10. 6. Piyaṅkara. [No. 100(320)] ……三六二
(三二二) ～S. 10. 7. Punabbasu. [No. 100(321)] ……三六二
(三二三) [No. 100(322)] ……三六三

（三二四）〜S. 10. 3. Sūciloma.〔No. 100（323）〕……三六三

第五十巻

（三二五）〜S. 10. 5. Sānu.〔No. 100（324）〕……三六四

（三二六）〜S. 10. 12. Āḷavaṃ.〔No. 100（325）〕……三六四

（三二七）〜S. 10. 9—10. Sukkā.〔No. 100（327）〕……三六五

（三二八）〜S. 10. 11. Vīrā.〔No. 100（326）〕……三六五

（三二九）〜Sn. I. 9. Hemavata.〔No. 100（328）〕……三六五

（三三〇）〜Udāna, 4. 4. Juṇha.〔No. 100（329）〕……三六七

（三三一）〜S. 9. 4. Cārika.〔No. 100（351）〕……三六七

（三三二）〜S. 9. 2. Upaṭṭhāna.〔No. 100（352）〕……三六七

（三三三）〜S. 9. 1. Viveka.〔No. 100（353）〕……三六八

（三三四）〜S. 9. 11. Ayoniso.〔No. 100（354）〕……三六八

（三三五）〜S. 9. 12. Majjhantika.〔No. 100（355）〕……三六八

（三三六）〜S. 9. 6. Anuruddha.〔No. 100（356）〕……三六八

（三三七）〜S. 9. 10. Sajjhāya.〔No. 100（357）〕……三六八

（三三八）〜S. 9. 14. Paduma-puppha.〔No. 100（358）〕……三六九

（三三九）〜S. 9. 3. Kassapagotta.〔No. 100（359）〕……三六九

（三四〇）〜S. 9. 9. Vajjiputta.〔No. 100（360）〕……三六九

（三四一）〜S. 9. 5. Ānanda.〔No. 100（361）〕……三六九

（三四二）〜S. 9. 7. Nāgadatta.〔No. 100（362）〕……三六九

（三四三）〜S. 9. 13. Sambahulā bhikkhū.〔No. 100（363）〕……三七〇

（三四四）〜S. 9. 8. Ogāḷha.〔No. 100（364）〕……三七〇

（一三四五—一三六二）……………………三七〇—三七三

一〇〇　別訳雑阿含経（べつやくぞうあごんぎょう）（十六巻・三六四経）［No. 99, cf. Nos. 19, 51, 61—63, 114—122］……失　訳……三七四

縮—辰五、卍—一三・九

(1—32)=No. 99(1062—1103)……三七四—三八四
(48)=No. 99(1120)……三八九
(50)=No. 99(1119)……三九〇
(68—86)=No. 99(1145—1163)……三九七—四〇三
(88—91)=No. 99(88—91)……四〇四
(111—119)=No. 99(1136—1144)……四一四—四一七
(132—142)=No. 99(995—1004)……四二六—四二八
(161—172)=No. 99(576—588)……四三五—四三七
(175)=No. 99(598)……四三七
(178)=No. 99(1269)……四三八
(180)=No. 99(1267)……四三八
(183—189)=No. 99(589—595)……四三九—四四二
(214—255)=No. 99(1198—1221)……四五三—四六三
(258—268)=No. 99(92—102)……四六三—四六七
(330—350)=No. 99(937—956)……四八五—四八八
(33—47)=No. 99(1104—1118)……三八四—三八九
(49)=No. 99(1222)……三九〇
(51—67)=No. 99(1223—1240)……三九〇—三九七
(87)〜A. III. 52. Janā.……四〇三
(92—110)=No. 99(1178—1197)……四〇五—四一三
(120—131)=No. 99(905—916)……四一九—四二四
(143—160)=No. 99(917—936)……四二八—四三四
(173—174)=No. 99(599—600)……四三七
(176—177)=No. 99(601—602)……四三八
(179)=No. 99(1268)……四三八
(181—182)=No. 99(596—597)……四三九
(190—213)=No. 99(957—979)……四四三—四五三
(256—257)=No. 99(993—994)……四六三
(269—329)=No. 99(1270—1330)……四六八—四八五
(351—364)=No. 99(1331—1344)……四八九—四九一

一〇一　雑阿含経（ぞうあごんぎょう）（一巻・二七経）［cf. No. 111］……失　訳……四九三

縮—辰六、卍—一三・一〇

(一)仏在拘薩国　〜Sn. 4；〜S. 7. 2. 1. Kasi.［Nos. 99(98), 100(264)］……四九三
(二)生聞婆羅門　〜A. III. 57. Vacchagotta.［Nos. 99(95), 100(261)］……四九三

(三)有隊竭［Nos. 99(94),100(260)］……四九三
(四)仏在優堕頻国　～S. 47. 18. Brahmā.［Nos. 99(1189), 100(102)］……四九四
(五)是時梵自守　～S. 6. 7. 10. Kokālika.［Nos. 99(1193), 100(106)］……四九四
(六)有三方便……四九四
(七)婆羅門不信重……四九五
(八)仏告舎(利)曰……四九五
(九―一〇)［No. 614. 身観経］……四九五
(一一)説人自説人骨不知腐　～S. 15. 10. Puggala.［No. 150(30)］……四九六
(一二―一四)……四九六
(一五)一法相　～S. 54. 1. Ekadhamma.［No. 99(802―803)］……四九七
(一六)有二力本　～A. II. 2. 1. Bala.［No. 99(661)］……四九七
(一七)有三力……四九七
(一八)有四力　～A. IV. 5.……四九七
(一九)人有五力　cf. No. 125(35. 4)……四九七
(二〇)不聞者類相聚　～S. 14. 17―24. Asaddha. & c.［Nos. 99(419―450), 111］……四九七
(二一)天上釈為故世在人中　～S. 11. 2. 3. Devā.［Nos. 99(1105), 100(34)］……四九七
(二二)爪頭土　～S. 20. 2. Nakhasikha.［No. 99(1256)］……四九八
(二三)身為無有及復……四九八
(二四)師子畜生王……四九八
(二五)阿須(遬)輪子婆羅門　～S. 7. 1. 3. Asarindika.［Nos. 99(1151), 100(74)］……四九八
(二六)婆羅門子名不侵　～S. 7. 1. 5. Ahiṃsaka.［Nos. 99(1156), 100(79)］……四九八
(二七)(七処三観)　～S. 22. 57. Sattaṭṭhāna.［Nos. 99(42), 150(1)］……四九八

一〇二　仏説五蘊皆空経（一巻）〔No. 99(33, 34)〕……唐　義浄訳……四九九
縮―辰六、卍―一四・二、南―一四・三・五九

一〇三　仏説聖法印経（一巻）〔Nos. 99(80), 104〕……西晋　竺法護訳……五〇〇
縮―辰六、卍―一四・二

一〇四　仏説法印経（一巻）〔Nos. 99(80), 103〕……宋　施護訳……五〇〇
縮―辰六、卍―一五・七

一〇五　五陰譬喩経（一巻）〔Nos. 99(265), 106〕……後漢　安世高訳……五〇一
縮―辰六、卍―一四・二、南―一四・三・九五

一〇六　仏説水沫所漂経（一巻）〔Nos. 99(265), 105〕…… 縮一辰六、南一四・三・三五 東晋　竺曇無蘭訳……五〇一
縮―辰六、卍―一四・二、南―一四・三・九五

一〇七　仏説不自守意経（一巻）〔No. 99(277)〕…… 縮一辰六、南一四・三・三五 呉　支謙訳……五〇二
縮―辰六、卍―一四・二、南―一五・三五・九七

一〇八　仏説満願子経（一巻）〔No. 99(311)〕……失訳……五〇二
縮―辰六、卍―一四・二、南―一五・三五・八八

一〇九　仏説転法輪経（一巻）〔Nos. 99(379), 110〕…… 縮一辰六、南一四・六下・三五 後漢　安世高訳……五〇三
縮―辰六、卍―一四・二、南―一六下・五六・一一〜一三

一一〇　仏説三転法輪経（一巻）〔Nos. 99(379), 109〕…… 縮一辰六、南一四・六下・三一～三二 唐　義浄訳……五〇四
縮―辰六、卍―一四・二、南―一六下・五六・一一〜一三

一一一　仏説相応相可経（一巻）〔Nos. 99(449, 450), 101(20)〕……西晋　法炬訳……五〇四
縮―辰六、卍―一四・三、南―一三・一四・一二、一三・一四・一二〜一四

一一二　仏説八正道経（一巻）〔No. 99(784, 785)〕……後漢　安世高訳……五〇四
縮―辰六、卍―一四・三

一一三　仏説難提釈経（ぶっせつなんだいしゃくきょう）（一巻）〔No. 99(857)〕……西晋　法炬訳……五〇五
縮—辰六、卍—一四・三

一一四　仏説馬有三相経（ぶっせつめうさんそうきょう）（一巻）〔Nos. 99(920), 100(146)〕……後漢　支曜訳……五〇六
縮—辰六、卍—一四・三、南—一七・三・九四〜九六

一一五　仏説馬有八態譬人経（ぶっせつめうはったいひにんぎょう）（一巻）〔Nos. 99(924), 100, 149〕……後漢　支曜訳……五〇七
縮—辰六、卍—一四・三、南—二・八・一四

一一六　仏説戒徳香経（ぶっせつかいとっこうきょう）（一巻）〔Nos. 99(1073), 100(12), 117, 125(23. 5)〕……東晋　竺曇無蘭訳……五〇七
縮—辰六、卍—一四・一、南—一七・三・七九

一一七　仏説戒香経（ぶっせつかいこうきょう）（一巻）〔Nos. 99(1073), 100(12), 116, 125(23. 5)〕……宋　法賢訳……五〇八
縮—辰六、卍—一五・五、南—一七・三・七九

一一八　仏説鴦掘摩経（ぶっせつおうくつまきょう）（一巻）〔Nos. 99(1077), 100(16), 119, 120, 125(38. 6)〕……西晋　竺法護訳……五〇八
縮—昃四、卍—一四・二、南—一二上・八六

一一九　仏説鴦崛髻経（ぶっせつおうくつけいきょう）（一巻）〔Nos. 99(1077), 100(16), 118, 120, 125(38. 6)〕……西晋　法炬訳……五一〇
縮—昃四、卍—一四・二、南—一二上・八六

一二〇　央掘魔羅経（おうくつまらきょう）（四巻）〔Nos. 99(1077), 100(16), 118, 119, 125(38. 6)〕……劉宋　求那跋陀羅訳……五一二
縮—黄一〇、卍—一三・一、南—一二上・八六

一二一　仏説月喩経（ぶっせつがつゆきょう）（一巻）〔Nos. 99(1136), 100(111)〕……宋　施護訳……五四四
縮—辰六、卍—一五・七、南—一三・一六・三

一二二　仏説波斯匿王太后崩塵土坌身経（ぶっせつはしのくおうたいごほうじんどふんじんぎょう）（一巻）〔Nos. 99(1227), 100(54), 125(26. 7)〕……西晋　法炬訳……五四五
縮—昃四、卍—一四・二、南—一三・三・三

一二三　仏説放牛経（ぶっせつほうごきょう）（一巻）〔Nos. 99(1248), 124, 125(49. 1)〕……後秦　鳩摩羅什訳……五四六
縮—昃四、卍—一四・二、南—九・三四

一二四　縁起経（えんぎきょう）（一巻）〔Nos. 99(1248), 123, 125(49. 1)〕……唐　玄　奘　訳……五四七
縮―昃四、卍―一四・二、南―九・二四

一二五　増一阿含経（ぞういちあごんぎょう）（五十一巻）〔cf. Nos. 22, 27―32, 38, 42, 43, 46, 49, 51, 53, 61―63, 72―74, 91, 116―120, 122―124, 126―148〕……東晋　瞿曇僧伽提婆訳……五四九
縮―昃一～三、卍―一三・二～四、南―一七～二一、国―阿八～一〇

(一)序　品(一)……五四九
〔一　法〕
(二)十念品(一)……五五二　(三)広演品(二)……五五四
(四)弟子品(三)……五五七　(五)比丘尼品(三)……五五八
(六)清信士品(三)……五五九　(七)清信女品(三)……五六〇
〔以上六品(2)―(7)＝No. 126〕
(八)阿須倫品(三)……五六〇　(九)一子品(四)……五六二
(一〇)護心品(四)……五六三　(一一)不逮品(五)……五六六
(一二)一入道品(五)……五六七　(一三)利養品(六)……五七一
(一四)五戒品(七)……五七六
〔二　法〕
(一五)有無品(七)……五七七　(一六)火滅品(七)……五七八
(一七)安般品(七・八)……五八一　(一八)慚愧品(九)……五八七
(一九)勧請品(一〇)……五九三　(二〇)善知識品(一一)……五九六
〔三　法〕
(二一)三宝品(一二)……六〇一　(二二)三供養品(一二)……六〇六
(二三)地主品(一三)……六〇九　(二四)高幢品(一四―一六)……六一五

〔四　法〕
(二五)四諦品(一七)……六三一
(二六)四意断品(一八・一九)……六三五
(二七)等趣四諦品(一九)……六四三
(二八)声聞品(二〇)……六四六
(二九)苦楽品(二一)……六五五
(三〇)須陀品(二二)……六五九
(三一)増上品(二三)……六六五
〔五　法〕
(三二)善聚品(二四)……六七三
(三三)五王品(二五)……六八一
(三四)等見品(二六)……六八九
(三五)邪聚品(二七)……六九八
(三六)聴法品(二八)……七〇二
〔六　法〕
(三七)六重品(二九・三〇)……七〇八
(三八)力　品(三一・三二)……七一七
〔七　法〕
(三九)等法品(三三)……七二八
(四〇)七日品(三四・三五)……七三五
(四一)莫畏品(三五)……七四四
〔八　法〕
(四二)八難品(三六・三七)……七四七
(四三)馬血天子品(三八・三九)……七五六
〔九　法〕
(四四)九衆生居品(四〇)……七六四
(四五)馬王品(四一)……七六九
〔十　法〕
(四六)結禁品(四二)……七七五
(四七)善悪品(四三)……七八〇
(四八)十不善品(四四・四五)……七八五
〔十一法〕

（四九）牧牛品（四六・四七）……七九四　（五〇）礼三宝品（四八）……八〇六
（五一）非常品（四九）……八一四　（五二）大愛道涅槃品（五〇・五一）……八二一

一二六　仏説阿羅漢具徳経（一巻）［No. 125（2—7）］……宋　法　賢　訳……八三一
縮—昃四、卍—一五・五、南—一七・一二〇・九三〜一〇二、一七・一・一四

一二七　仏説四人出現世間経（一巻）［No. 125（26. 5）］…… 縮一艮四、卍一四・二、南一二・三・三 劉宋　求那跋陀羅　訳……八三四
縮—昃四、卍—一四・一、南—一三・一三・二

一二八　須摩提女経（一巻）［Nos. 125（30. 3）, 129, 130］…… 縮一艮四、卍一四・二・三 呉　支　謙　訳……八三五
縮—昃四、卍—一四・二

須摩提女経（一巻・別本）……呉　支　謙　訳……八三七

一二九　仏説三摩竭経（一巻）［Nos. 125（30. 3）, 128, 130］……呉　竺　律　炎　訳……八四三
縮—昃四、卍—一四・二

一三〇　仏説給孤長者女得度因縁経（三巻）［Nos. 125（30. 3）, 128, 129］……宋　施　護　訳……八四五
縮—昃四、卍—一五・七

一三一　仏説婆羅門避死経（一巻）［No. 125（31. 4）］……後漢　安　世　高　訳……八五四
縮—昃四、卍—一四・二

一三二　仏説食施獲五福報経（一巻）［No. 125（22. 11）］……失　訳……八五四
縮—昃四、卍—一四・二

施食獲五福報経（一巻・別本）……失　訳……八五五

一三三　頻毘娑羅王詣仏供養経（一巻）［No. 125（34. 5）］……西晋　法　炬　訳……八五五
縮—昃四、卍—一四・二

一三四　仏説長者子六過出家経（一巻）［No. 125（35. 10）］……劉宋　慧　簡　訳……八五七
縮—昃四、卍—一四・二

一三五　仏説力士移山経（一巻）〔Nos. 125(42. 3), 136〕……西晋　竺法護訳……八五七
縮—昃四、卍—一四・二、南—七・一六・四〜五

一三六　仏説四未曾有法経（一巻）〔Nos. 125(42. 3), 135〕……西晋　竺法護訳……八五九
縮—昃四、卍—一四・二、南—七・一六・四〜五

一三七　舎利弗摩訶目連遊四衢経（一巻）〔No. 125(45. 2)〕……後漢　康孟詳訳……八六〇
縮—昃四、卍—一四・二、南—一〇・六七

一三八　仏説十一想思念如来経（一巻）〔No. 125(49. 10)〕……劉宋　求那跋陀羅訳……八六一
縮—昃四、卍—一四・二、南—一三下・一一・一六

一三九　仏説四泥犁経（一巻）〔No. 125(50. 5)〕……東晋　竺曇無蘭訳……八六一
縮—昃四、卍—一四・二

一四〇　阿那邠邸化七子経（一巻）〔No. 125(51. 7)〕……後漢　安世高訳……八六二
縮—昃四、卍—一四・二

一四一　仏説阿遬達経（一巻）〔Nos. 125(51. 9), 142, 143〕……劉宋　求那跋陀羅訳……八六三
縮—昃四、卍—一四・二、南—二〇・七・五九

一四二　仏説玉耶女経（一巻）〔Nos. 125(51. 9), 141, 143〕……失訳……八六三
縮—昃四、卍—一四・二、南—二〇・七・五九
玉耶女経（一巻・別本）……失訳……八六四

一四三　玉耶経（一巻）〔Nos. 125(51. 9), 141, 142〕……東晋　竺曇無蘭訳……八六五
縮—昃四、卍—一四・二、南—二〇・七・五九

一四四　仏説大愛道般泥洹経（一巻）〔Nos. 125(52. 1), 145〕……西晋　白法祖訳……八六七
縮—昃四、卍—一四・二

一四五　仏母般泥洹経（一巻）〔Nos. 125(52. 1), 144〕……劉宋　慧簡訳……八六九

縮—昃四、卍—一四・二

一四六 舎衛国王夢見十事経（一巻）［Nos. 125(52. 9), 147, 148］……………失　訳……八七〇

縮—昃四、卍—一四・二

一四七 仏説舎衛国王十夢経（一巻）［Nos. 125(52. 9), 146, 148］……………失　訳……八七二

縮—昃四、続—一・一・四

一四八 国王不梨先泥十夢経（一巻）［Nos. 125(52. 9), 146, 147］……………東晋 竺曇無蘭訳……八七三

縮—昃四

一四九 仏説阿難同学経（一巻）……………後漢 安世高訳……八七四

縮—宿八、卍—一四・二

一五〇 A 仏説七処三観経（一巻・四七経）……………後漢 安世高訳……八七五

縮—辰六、卍—一四・二、＊南—一七～一九

B 仏説九横経（一巻）……………後漢 安世高訳……八八三

縮—宿七、卍—一五・一

一五一 仏説阿含正行経（一巻）……………後漢 安世高訳……八八三

縮—宿八、卍—一四・一〇

第三巻　本縁部上

一五二 六度集経（八巻）［cf. Nos. 161, 165, 167, 168, 171, 174, 177, 181］……………呉 康僧会訳……一

縮—宙五、卍—九・四、南—二八～三九、国—本一

〔布施度無極章第一〕

(一)〔菩薩本生〕(一)……………一

(二)〔薩波達王本生〕(一)……………一

(三)〔貧人本生〕(一)……………一

(四)〔菩薩本生〕(二)……………二

(五)〔乾夷王本生〕(一)……二
(七)〔国王本生〕(一)……三
(九)〔普施商主本生〕(一)……四
(一一)波耶王経〔波耶王本生〕(二)……六
(一三)薩和檀王経〔薩和檀王本生〕(二)……七
(一五)〔和黙王本生〕(三)……一一
(一七)〔維藍梵志本生〕(三)……一二
(一九)〔鴿鳥本生〕(三)……一三
(二一)〔兎王本生〕(三)……一三
(二三)〔国王本生〕(三)……一四
(二五)〔理家本生〕(三)……一五
〔戒度無極章第二〕
(二七)〔清信士本生〕(四)……一六
(二九)〔鸚鵡王本生〕(四)……一七
(三一)〔国王本生〕(四)……一八
(三三)〔貧商人本生〕(四)……一九
(三五)〔童子本生〕(四)……一九
(三七)〔長者本生〕(四)……一九
(三九)弥蘭経〔弥蘭王本生〕(四)……二一
(四一)普明王経〔普明王本生〕(四)……二二
〔忍辱度無極章第三〕
(四二)〔菩薩本生〕(五)……二四

(六)〔国王本生〕(一)……二
(八)〔仙歎理家本生〕(一)……三
(一〇)〔長寿王本生〕(一)……五
(一二)波羅㮈国王経〔迦蘭王本生〕(二)……六
(一四)須大拏経〔須大拏太子本生〕(二)……七
(一六)四姓経(三)……一一
(一八)〔鹿王本生〕(三)……一二
(二〇)〔孔雀王本生〕(三)……一三
(二二)〔理家本生〕(三)……一三
(二四)〔梵志本生〕(三)……一四
(二六)〔沙門本生〕(三)……一六
(二八)〔象王本生〕(四)……一七
(三〇)〔法施太子本生〕(四)……一七
(三二)〔凡夫本生〕(四)……一八
(三四)〔貧道士本生〕(四)……一九
(三六)〔兄(獼猴)本生〕(四)……一九
(三八)太子墓魄経〔墓魄太子本生〕(四)……二〇
(四〇)頂生聖王経〔頂生王本生〕(四)……二一
(四三)〔睒道士本生〕(五)……二四

(四四)〔羼提和梵志本生〕(五)……二一五
(四六)〔国王本生〕(五)……二一六
(四八)〔龍本生〕(五)……二一七
(五〇)〔盤達龍王本生〕(五)……二一八
(五二)之裸国経〔叔本生〕(五)……二一九
(五四)釈家畢罪経(五)……二二〇
〔精進度無極章第四〕
(五五)〔凡人本生〕(六)……二二二
(五七)〔鹿王本生〕(六)……二二二
(五九)〔駆耶馬王本生〕(六)……二二三
(六一)〔亀王本生〕(六)……二二三
(六三)〔鴿王本生〕(六)……二二四
(六五)仏以三事笑経〔清信士本生〕(六)……二二五
(六七)殺身済賈人経〔商人本生〕(六)……二二六
(六九)調達教人為悪経〔天王本生〕(六)……二二六
(七一)弥勒為女人身経〔帝釈本生〕(六)……二二七
(七三)然燈授決経〔独母本生〕(六)……二二八
〔禅度無極章第五〕
(七四)〔得禅法〕(七)……二二九
(七六)〔菩薩得禅〕(七)……二四〇
(七八)〔太子得禅〕(七)……二四一
(八〇)〔仏得禅〕(七)……二四二
(四五)〔童子本生〕(五)……二一五
(四七)〔獼猴本生〕(五)……二一七
(四九)〔難王子本生〕(五)……二一八
(五一)雀王経〔雀王本生〕(五)……二一九
(五三)六年守飢畢罪経〔国王本生〕(五)……二二〇
(五六)〔獼猴王本生〕(六)……二二二
(五八)〔修凡鹿王本生〕(六)……二二三
(六〇)〔魚王本生〕(六)……二二三
(六二)〔鸚鵡王本生〕(六)……二二四
(六四)蜜蜂王経〔精進辯比丘本生〕(六)……二二四
(六六)小児聞法即解経〔小児本生〕(六)……二二五
(六八)〔童子本生〕(六)……二二六
(七〇)殺龍済一国経〔兄本生〕(六)……二二七
(七二)女人求願経〔婦人本生〕(六)……二二八
(七五)〔比丘得禅〕(七)……二二九
(七七)〔太子得禅〕(七)……二四一
(七九)〔太子得禅〕(七)……二四二
(八一)〔常悲菩薩本生〕(七)……二四三

(八二)〔那頼梵志本生〕(七)……四三
(八四)遮羅国王経〔太子本生〕(八)……四六

〔明度無極章第六〕

(八三)〔須羅太子本生〕(八)……四四
(八五)菩薩以明離鬼妻経〔凡人本生〕(八)……四七
(八六)儒童受決経〔儒童梵志本生〕(八)……四七
(八七)摩調王経〔南王本生〕(八)……四八
(八八)阿離念弥経〔阿離念弥長者本生〕(八)……四九
(八九)鏡面王経〔鏡面王本生〕(八)……五〇
(九〇)察微王経〔察微王本生〕(八)……五一
(九一)梵摩皇経(八)……五一

一五三　菩薩本縁経（三巻）[cf. No. 166]……呉　支謙　訳……五二
縮—蔵七、卍—二六・八、南—三一〜三九、国—本八
(一)毘羅摩品(一)……五二
(二)一切施品(一)……五五
(三)一切持王子品(一・二)……五七
(四)善吉王品(二)……六一
(五)月光王品(二)……六二
(六)兎　品(三)……六四
(七)鹿　品(三)……六六
(八)龍　品(三)……六八

一五四　生経（五巻）……西晋　竺法護　訳……七〇
縮—宿五、卍—一四・三、＊南—二九〜三九、国—本一二

一五五　仏説菩薩本行経（三巻）……失　訳……一〇八
縮—宙五、卍—一三・一、＊南—三三〜三九

一五六　大方便仏報恩経（七巻）……失　訳……一二四
縮—宙五、卍—一三・一

一五七　悲華経（十巻）……北涼　曇無讖　訳……一六七
縮—宙三、卍—九・四、国—経五

一五八　大乗悲分陀利経（八巻）……失　訳……二三三

一五九　大乗本生心地観経（八巻）……唐　般若訳……二九一
縮―宙三、卍―一〇・二

一六〇　菩薩本生鬘論（十六巻）……宋　紹徳慧詢等訳……三三一
縮―宇二、卍―一五・八、国―経六

一六一　長寿王経（一巻）［No. 152 (10)］……失訳……三八六
縮―暑五、卍―二五・一〇～二六・一、国―本五～六

一六二　金色王経（一巻）……東魏　瞿曇般若流支訳……三八八
縮―宙六、卍―三・四、南―三・三七一、三三・四六八

一六三　仏説妙色王因縁経（一巻）……唐　義浄訳……三九〇
縮―宙五、卍―一一・四

一六四　仏説師子素駄娑王断肉経（一巻）……唐　智厳訳……三九二
縮―宙六、卍―一三・五

一六五　仏説頂生王因縁経（六巻）［No. 152 (40)］……宋　施護等訳……三九三
縮―蔵八、卍―一三・五

一六六　仏説月光菩薩経（一巻）［No. 153 (5)］……宋　法賢訳……四〇六
縮―宙六、卍―一六・二、南―三一・二五八

一六七　仏説太子慕魄経（一巻）［Nos. 152 (38), 168］……後漢　安世高訳……四〇八
縮―宙八、卍―一五・四

一六八　仏説太子墓魄経（一巻）［Nos. 152 (38), 167］……西晋　竺法護訳……四一〇
縮―宙五、卍―一〇・五、南―三七・五三八

一六九　仏説月明菩薩経（一巻）……呉　支謙訳……四一一
縮―宙五、卍―一〇・五、南―三七・五三八

一七〇 仏説徳光太子経（一巻）……西晋　竺法護訳……四一二
縮―宙六、卍―一三・六

一七一 太子須大拏経（一巻）［No. 152(14)］……
縮―寅、卍―二・六、南―二九・五六七 西秦　聖堅訳……四一八
縮―宙六、卍―一三・六

一七二 仏説菩薩投身飴餓虎起塔因縁経（一巻）……
縮―寅、卍―一〇・七、南―二九・五六七 北涼　法盛訳……四二四
縮―宙五、卍―一〇・七、南―三九・五四七

一七三 仏説福力太子因縁経（四巻）……宋　施護訳……四二八
縮―黄一〇、卍―一三・二

一七四 仏説菩薩睒子経（一巻）［No. 152(43)］……失訳……四三六
縮―宿六、卍―一五・七

一七五 仏説睒子経（一巻）……西晋　聖堅訳……四三八
縮―宙五、卍―一〇・五、南―三八・五四〇

一七五 睒子経（一巻・別本一）……乞伏秦　聖堅訳……四四〇
睒子経（一巻・別本二）……姚秦　聖堅訳……四四二
縮―宙五、卍―一〇・五、＊南―三八・五四〇

一七六 仏説師子月仏本生経（一巻）……失訳……四四三

一七七 仏説大意経（一巻）［No. 152(9)］……劉宋　求那跋陀羅訳……四四六
縮―黄五、卍―一一・七

一七八 前世三転経（一巻）……西晋　法炬訳……四四七
縮―宙六、卍―一三・六

一七九 銀色女経（一巻）……元魏　仏陀扇多訳……四五〇
縮―宙六、卍―一〇・七

縮—寅六、卍—一〇・七
一八〇　仏説過去世仏分衛経（一巻）……西晋　竺法護訳……四五二
縮—寅六、卍—一三・五
一八一　仏説九色鹿経（一巻）[No. 152(58)]……呉　支謙訳……四五二
縮—寅五、卍—一〇・五、南—三四・四六二、＊三四・四六三
仏説九色鹿経（一巻・別本）……呉　支謙訳……四五三
一八二　仏説鹿母経（一巻）……西晋　竺法護訳……四五四
縮—寅六、卍—一三・六
鹿母経（一巻・別本）……西晋　竺法護訳……四五五
一八三　一切智光明仙人慈心因縁不食肉経（一巻）……失訳……四五七
縮—黄五、卍—一一・七
一八四　修行本起経（二巻）……後漢　竺大力共康孟詳訳……四六一
縮—辰一〇、卍—一四・三
一八五　仏説太子瑞応本起経（二巻）……呉　支謙訳……四七二
縮—辰一〇、卍—一四・三
一八六　仏説普曜経（八巻）[No. 187]……西晋　竺法護訳……四八三
縮—宙四、卍—九・七〜八
一八七　方広大荘厳経（十二巻）[No. 186]……唐　地婆訶羅訳……五三九
縮—宙四、卍—九・七、国—本九
一八八　異出菩薩本起経（一巻）……西晋　聶道真訳……六一七
縮—辰一〇、卍—一三・六
一八九　過去現在因果経（四巻）……劉宋　求那跋陀羅訳……六二〇

縮—辰一〇、卍—一四・三、国—本四

一九〇 仏本行集経（六十巻）［cf. No. ］……隋 闍那崛多訳……六五五
縮—辰七〜九、卍—一四・八〜九、国—本二〜三

一九一 仏説衆許摩訶帝経（十三巻）……宋 法賢訳……九三二
縮—辰一〇、卍—一五・四、国—本四

第四巻　本縁部下

一九二 仏所行讃（五巻）……馬鳴菩薩造 北涼 曇無讖訳……一
縮—蔵七、卍—二六・七、国—本四〜五

一九三 仏本行経（七巻）……宋 釈宝雲訳……五四
縮—蔵七、卍—二六・四

一九四 僧伽羅刹所集経（三巻）……符秦 僧伽跋澄等訳……一一五
縮—蔵七、卍—二六・八、＊南—二八〜二九、国—本九

一九五 仏説十二遊経（一巻）……東晋 迦留陀伽訳……一四六
縮—蔵八、卍—二六・九、国—本六

一九六 中本起経（二巻）……後漢 曇果共康孟詳訳……一四七
縮—辰一〇、卍—一四・一、国—本六

一九七 仏説興起行経（二巻）……後漢 康孟詳訳……一六三
縮—辰一〇、卍—一五・一

一九八 仏説義足経（二巻）……呉 支謙訳……一七四
縮—宿五、卍—一四・三、南—二四・四

一九九 仏五百弟子自説本起経（一巻）……西晋 竺法護訳……一九〇

二〇〇 撰集百縁経（十巻）……呉 支謙訳……二〇三
縮—宿六、卍—一五・一、国—本六

二〇一 大荘厳論経（十五巻）……馬鳴菩薩造 後秦 鳩摩羅什訳……二五七
縮—宿一〇、卍—一六・四〜五、国—本五

二〇二 賢愚経（十三巻）……元魏 慧覚等訳……三四九
縮—暑四、卍—一二・六、国—本八

二〇三 雑宝蔵経（十巻）……元魏 吉迦夜共曇曜訳……四四七
縮—宿九、卍—一六・三〜四、＊南—二八〜三七、国—本七

二〇四 雑譬喩経（一巻）……後漢 支婁迦讖訳……四九九
縮—宿一〇、卍—一六・五〜六、＊南—二八〜三九、国—本一

二〇五 雑譬喩経（一巻）……失訳……五〇二
縮—暑七、卍—一六・九

二〇六 旧雑譬喩経（二巻）……呉 康僧会訳……五一〇
縮—暑七、卍—一六・九

二〇七 雑譬喩経（一巻）……道略集……五二二
暑七、卍—一六・九、＊南—二八〜三七

二〇八 衆経撰雑譬喩（二巻）……道略集 後秦 鳩摩羅什訳……五三一
縮—暑七、卍—一六・九

二〇九 百喩経（四巻）……僧伽斯那撰 蕭斉 求那毘地訳……五四三
縮—暑七、卍—一六・九、＊南—三〇〜三五

二一〇 法句経（二巻）……法救撰 呉 維祇難等訳……五五九
縮—蔵八、卍—一六・九、国—本七

二一一　法句譬喩経（四巻）……西晋　法炬共法立訳……五七五
縮—蔵六、卍—二六・九、南—三・法句

二一二　出曜経（三十巻）……姚秦　竺仏念訳……六〇九
縮—蔵六、卍—二六・八、国—本一二

二一三　法集要頌経（四巻）……法救集　宋　天息災訳……七七七
縮—蔵五〜六、卍—二六・二〜三、国—本一〇〜一二

二一四　仏説猘狗経（一巻）……呉　支謙訳……七九九
縮—蔵六、卍—一二七・二

二一五　仏説群牛譬経（一巻）……西晋　法炬訳……八〇〇
縮—宿八、卍—一四・一〇

二一六　仏説大魚事経（一巻）……東晋　竺曇無蘭訳……八〇〇
縮—宿八、卍—一五・一

二一七　仏説譬喩経（一巻）……唐　義浄訳……八〇一
縮—宿八、卍—一五・一

二一八　仏説灌頂王喩経（一巻）……宋　施護等訳……八〇一
縮—宿八、卍—一五・一

二一九　仏説医喩経（一巻）……宋　施護訳……八〇二
縮—宿八、卍—一五・七

第五巻　般若部一

二二〇　大般若波羅蜜多経（六百巻、第一巻—第二百巻）［cf. Nos. 221—244］……唐　玄奘訳……一

縮—洪、卍—二・一〜一〇、国—般一〜二
初　会(一—四〇〇)
(一)縁起品(一—二)……一
(二)学観品(三—四)……一一
(三)相応品(四—七)……二〇
(四)転生品(七—九)……三七
(五)讃勝徳品(一〇)……五〇
(六)現舌相品(一〇)……五三
(七)教誡教授品(一一—三六)……五六
(八)勧学品(三六)……一九九
(九)無住品(三六—三七)……二〇三
(一〇)般若行相品(三八—四一)……二一〇
(一一)譬喩品(四二—四五)……二三四
(一二)菩薩品(四五—四六)……二五五
(一三)摩訶薩品(四七—四九)……二六三
(一四)大乗鎧品(四九—五一)……二七六
(一五)辨大乗品(五一—五六)……二九〇
(一六)讃大乗品(五六—六一)……三一八
(一七)随順品(六一)……三四三
(一八)無所得品(六一—七〇)……三四四
(一九)観行品(七〇—七四)……三九六
(二〇)無生品(七四—七五)……四一八
(二一)浄道品(七五—七六)……四二四
(二二)天帝品(七七—八一)……四三一
(二三)諸天子品(八一—八二)……四五四
(二四)受教品(八二—八四)……四五八
(二五)散花品(八四)……四七一
(二六)学般若品(八五—八九)……四七三
(二七)求般若品(八九—九八)……四九七
(二八)歎衆徳品(九八—九九)……五四二
(二九)摂受品(九九—一〇三)……五五〇
(三〇)校量功徳品(一〇三—一六八)……五七〇
(三一)随喜廻向品(一六八—一七二)……九〇六
(三二)讃般若品(一七二—一八一)……九二四
(三三)謗般若品(一八一)……九七五
(三四)難信解品(一八二—二〇〇)……九七九

第六巻　般若部二

大般若波羅蜜多経(だいはんにゃはらみったきょう)（第二百一巻—第四百巻）……唐　玄　奘　訳……一

縮―荒、卍―三・一～五、国―般二～四

初会

(三四)難信解品(二〇一―二八四)……一
(三六)著不著相品(二八七―二九二)……四六三
(三八)波羅蜜多品(二九六―二九七)……五〇六
(四〇)魔事品(三〇三―三〇四)……五四一
(四二)不思議等品(三〇八―三一〇)……五七一
(四四)衆喩品(三一一―三一三)……五八六
(四六)趣智品(三一六―三一八)……六一四
(四八)菩薩住品(三二四―三二五)……六五七
(五〇)巧方便品(三二八―三三〇)……六七七
(五二)殑伽天品(三三一)……六九七
(五四)断分別品(三三五―三三六)……七一七
(五六)願喩品(三四一―三四二)……七五二
(五八)囑累品(三四六―三四七)……七七八
(六〇)相引摂品(三四九―三五〇)……七九一
(六二)実説品(三六三―三六五)……八七三
(六四)遍学道品(三六六―三七二)……八八九
(六六)無相無得品(三七三―三七八)……九二六
(六八)諸功徳相品(三七九―三八三)……九五八
(七〇)不可動品(三八六―三九〇)……九九六
(七二)厳浄仏土品(三九三―三九四)……一〇三二

(三五)讃清浄品(二八五―二八七)……四四八
(三七)説般若相品(二九二―二九六)……四八四
(三九)難聞功徳品(二九七―三〇二)……五〇九
(四一)仏母品(三〇五―三〇八)……五五二
(四三)辦事品(三一〇―三一一)……五八〇
(四五)真善友品(三一三―三一六)……五九七
(四七)真如品(三一八―三二四)……六二四
(四九)不退転品(三二五―三二七)……六六二
(五一)願行品(三三〇―三三一)……六九二
(五三)善学品(三三一―三三五)……六九八
(五五)巧便学品(三三七―三四一)……七二六
(五七)堅等讃品(三四二―三四六)……七五八
(五九)無尽品(三四七―三四八)……七八五
(六一)多問不二品(三五一―三六三)……八〇三
(六三)巧便行品(三六五―三六六)……八八二
(六五)三漸次品(三七二―三七三)……九一七
(六七)無雑法義品(三七八―三七九)……九五一
(六九)諸法平等品(三八三―三八六)……九八二
(七一)成熟有情品(三九〇―三九三)……一〇一九
(七三)浄土方便品(三九四―三九五)……一〇三八

(七四)無性自性品(三九五—三九六)……………一〇四四
(七五)勝義瑜伽品(三九六—三九七)……………一〇四九
(七六)無動法性品(三九七)……………………一〇五七
(七七)常啼菩薩品(三九八—三九九)……………一〇五九
(七八)法涌菩薩品(三九九—四〇〇)……………一〇六七
(七九)結勧品(四〇〇)…………………………一〇七三

第七巻　般若部三

大般若波羅蜜多経（だいはんにゃはらみったきょう）(第四百一巻—第六百巻)…………………………唐　玄　奘　訳…………一
縮—日、卍—四・一〇、国—般五〜六
第二会(四〇一—四七九)
[第一品—第二十四品、梵第一品]
(一)縁起品(四〇一)……………………………一
(二)歓喜品(四〇二)……………………………七
(三)観照品(四〇二—四〇五)…………………一一
(四)無等等品(四〇五)…………………………二七
(五)舌根相品(四〇五)…………………………二八
(六)善現品(四〇六—四〇八)…………………二八
(七)入離生品(四〇八)…………………………四三
(八)勝軍品(四〇八)……………………………四五
(九)行相品(四〇九—四一〇)…………………四九
(一〇)幻喩品(四一〇)…………………………五三
(一一)譬喩品(四一一)…………………………五七
(一二)断諸見品(四一一)………………………六一
(一三)六到彼岸品(四一一—四一二)…………六二
(一四)乗大乗品(四一二)………………………六七
(一五)無縛解品(四一三)………………………六八
(一六)三摩地品(四一三—四一四)……………七二
(一七)念住等品(四一四—四一五)……………七七
(一八)修治地品(四一五—四一六)……………八二
(一九)出住品(四一六—四一七)………………八八
(二〇)超勝品(四一七—四一八)………………九四
(二一)無所有品(四一八—四二〇)……………九七
(二二)随順品(四二〇)…………………………一一〇
(二三)無辺際品(四二〇—四二三)……………一一〇
(二四)遠離品(四二三—四二四)………………一二六
[第二十五品—第四十品中、梵第二品]
(二五)帝釈品(四二五—四二六)………………一三三
(二六)信受品(四二六)…………………………一三九

(二七)散花品(四二六—四二七)……一四一
(二九)摂受品(四二七—四二八)……一四七
(三一)福生品(四二九)……一五五
(三三)外道品(四二九)……一五七
(三五)設利羅品(四三〇)……一六一
(三七)随喜迴向品(四三二—四三三)……一七四
(三九)地獄品(四三四—四三五)……一八六
[第四十品中—第四十一品、梵第三品]
[第四十二品—第五十九品、梵第四品]
(四三)東北方品(四三八—四四〇)……二〇四
(四五)不和合品(四四〇—四四一)……二一八
(四七)示相品(四四二—四四三)……二三〇
(四九)船等喩品(四四四—四四五)……二四〇
(五一)調伏貪等品(四四六)……二四九
(五三)不退転品(四四八)……二六〇
(五五)甚深義品(四四九—四五〇)……二六八
(五七)願行品(四五一)……二七五
(五九)習近品(四五二)……二七九
(六〇)増上慢品(四五二—四五四)……二八三
(六二)同性品(四五五—四五六)……二九八
(六四)堅非堅品(四五六—四五七)……三〇五
(六六)無尽品(四五八)……三一五

(二八)授記品(四二七)……一四五
(三〇)窣堵波品(四二八)……一五〇
(三二)功徳品(四二九)……一五五
(三四)天来品(四二九—四三〇)……一五八
(三六)経文品(四三一—四三二)……一六六
(三八)大師品(四三四)……一八二
(四〇)清浄品(四三六)……一九二
(四一)無標幟品(四三六—四三七)……一九六
(四二)不可得品(四三七)……二〇二
(四四)摩事品(四四〇)……二一五
(四六)仏母品(四四一—四四二)……二二四
(四八)成辦品(四四四)……二三七
(五〇)初業品(四四五—四四六)……二四四
(五二)真如品(四四六—四四八)……二五一
(五四)転不転品(四四九)……二六四
(五六)夢行品(四五一)……二七四
(五八)殑伽天品(四五一)……二七八
[第六十品—第七十三品中、梵第五品]
(六一)同学品(四五四—四五五)……二九三
(六三)無分別品(四五六)……三〇一
(六五)実語品(四五七—四五八)……三一〇
(六七)相摂品(四五九)……三一六

(六八)巧便品(四六〇—四六三)……三二二
(七〇)菩薩行品(四六四)……三四三
(七二)遍学品(四六四—四六五)……三四六
[第七十三品中—第八十五品、梵第六品]
(七五)無雑品(四六七—四六八)……三六四
(七七)善達品(四七一—四七三)……三八四
(七九)無闕品(四七四—四七五)……四〇二
(八一)正定品(四七七)……四一四
(八三)無事品(四七八)……四二〇
(八五)空性品(四七八)……四二五
第三会(四七九—五三七)
(一)縁起品(四七九)……四二七
(三)善現品(四八二—四九八)……四四六
(五)現窣堵波品(五〇〇—五〇二)……五四六
(七)仏設利羅品(五〇三)……五六一
(九)随喜迴向品(五〇四—五〇五)……五七〇
(一一)歎浄品(五〇六—五〇七)……五八二
(一三)陀羅尼品(五〇八—五〇九)……五八九
(一五)現世間品(五一〇)……六〇一
(一七)譬喩品(五一一)……六〇八
(一九)真如品(五一三—五一四)……六一八
(二一)空相品(五一五—五一七)……六三四
(六九)樹喩品(四六三)……三三九
(七一)親近品(四六四)……三四五
(七三)漸次品(四六五—四六六)……三五三
(七四)無相品(四六六—四六七)……三五八
(七六)衆徳相品(四六八—四七一)……三六九
(七八)実際品(四七三—四七四)……三九四
(八〇)道士品(四七六)……四〇九
(八二)仏法品(四七七)……四一八
(八四)実説品(四七八)……四二二
(二)舎利子品(四七九—四八二)……四二九
(四)天帝品(四九八—五〇〇)……五三六
(六)称揚功徳品(五〇二—五〇三)……五五五
(八)福聚品(五〇三—五〇四)……五六三
(一〇)地獄品(五〇五—五〇六)……五七六
(一二)讃徳品(五〇七)……五八七
(一四)魔事品(五〇九)……五九六
(一六)不思議等品(五一一)……六〇七
(一八)善友品(五一二)……六一三
(二〇)不退相品(五一四—五一五)……六二五
(二二)殑伽天品(五一七)……六四四

(二三)巧便品(五一七—五二〇)……六四五
(二四)学時品(五二〇)……六六二
(二五)見不動品(五二一—五二三)……六六六
(二六)方便善巧品(五二三—五二六)……六七八
(二七)慧到彼岸品(五二七)……七〇二
(二八)妙相品(五二八—五三二)……七〇七
(二九)施等品(五三三—五三五)……七三〇
(三〇)仏国品(五三五—五三六)……七四八
(三一)宣化品(五三六—五三七)……七五一
第四会(五三八—五五五)
(一)妙行品(五三八—五三九)……七六三
(二)帝釈品(五三九)……七六九
(三)供養窣堵波品(五三九—五四一)……七七二
(四)称揚功徳品(五四一)……七八一
(五)福門品(五四一—五四二)……七八三
(六)随喜迴向品(五四三—五四四)……七九〇
(七)地獄品(五四四)……七九八
(八)清浄品(五四五)……八〇一
(九)讃歎品(五四五)……八〇四
(一〇)総持品(五四五—五四六)……八〇五
(一一)魔事品(五四六—五四七)……八一〇
(一二)現世間品(五四七)……八一四
(一三)不思議等品(五四七)……八一八
(一四)譬喩品(五四八)……八一八
(一五)天讃品(五四八)……八二〇
(一六)真如品(五四八—五四九)……八二三
(一七)不退相品(五四九)……八二五
(一八)空相品(五四九—五五〇)……八二九
(一九)深功徳品(五五〇)……八三一
(二〇)殑伽天品(五五〇)……八三三
(二一)覚魔事品(五五〇—五五一)……八三四
(二二)善友品(五五一—五五二)……八三九
(二三)天主品(五五二)……八四二
(二四)無雑無異品(五五二)……八四三
(二五)迅速品(五五二—五五三)……八四六
(二六)幻喩品(五五三)……八四八
(二七)堅固品(五五三—五五四)……八五一
(二八)散花品(五五四)……八五四
(二九)随順品(五五五)……八五九
第五会(五五六—五六五)

(一)善現品(五五六)……八六五
(二)天帝品(五五六)……八七〇
(三)窣堵波品(五五七)……八七二
(四)神呪品(五五七)……八七四
(五)設利羅品(五五八)……八七七
(六)経典品(五五八)……八七九
(七)迴向品(五五八)……八八〇
(八)地獄品(五五九)……八八三
(九)清浄品(五五九)……八八五
(一〇)不思議品(五五九—五六〇)……八八七
(一一)魔事品(五六〇)……八九〇
(一二)真如品(五六〇)……八九二
(一三)甚深相品(五六一)……八九四
(一四)船等喩品(五六一)……八九六
(一五)如来品(五六一—五六二)……八九七
(一六)不退品(五六二)……九〇〇
(一七)貪行品(五六二—五六三)……九〇三
(一八)姉妹品(五六三)……九〇六
(一九)夢行品(五六三)……九〇八
(二〇)勝意楽品(五六四)……九一〇
(二一)修学品(五六四)……九一二
(二二)根栽品(五六四—五六五)……九一三
(二三)付嘱品(五六五)……九一六
(二四)見不動仏品(五六五)……九一八
第六会(五六六—五七三)
(一)縁起品(五六六)……九二一
(二)通達品(五六六)……九二二
(三)顕相品(五六七)……九二六
(四)法界品(五六七—五六八)……九二九
(五)念住品(五六八)……九三三
(六)法性品(五六九)……九三六
(七)平等品(五七〇)……九四二
(八)現相品(五七〇)……九四四
(九)無所得品(五七一)……九四七
(一〇)証勧品(五七一)……九五〇
(一一)顕徳品(五七二)……九五三
(一二)現化品(五七二)……九五四
(一三)陀羅尼品(五七二)……九五六
(一四)勧誡品(五七二—五七三)……九五七
(一五)二行品(五七三)……九五九
(一六)讃歎品(五七三)……九六一
(一七)付嘱品(五七三)……九六三

第八巻　般若部四

第七会（五七四―五七五）
曼殊室利分……九六三
第八会（五七六）
那伽室利分……九七四
第九会（五七七）
能断金剛分……九七九
第十会（五七八）
般若理趣分……九八六
第十一会（五七九―五八三）
布施波羅蜜多分……九九一
第十二会（五八四―五八八）
浄戒波羅蜜多分……一〇一九
第十三会（五八九）
安忍波羅蜜多分……一〇四四
第十四会（五九〇）
精進波羅蜜多分……一〇四九
第十五会（五九一―五九二）
静慮波羅蜜多分……一〇五五
第十六会（五九三―六〇〇）
般若波羅蜜多分……一〇六五

二二一　放光般若経（二十巻）［Nos. 220(2), 222, 223］……西晋　無羅叉訳……一
縮―月一～二、卍―五・一～二
二二二　光讃経（十巻）［Nos. 220(2), 221, 223］……西晋　竺法護訳……一四七
二二三　摩訶般若波羅蜜経（二十七巻）［Nos. 220(2), 221, 222, cf. Nos. 1509, 1696, 1697］……後秦　鳩摩羅什訳……二一七
縮―月五、卍―五・四
二二四　道行般若経（十巻）［Nos. 220(4 or 5), 225―228 ; cf. No. 229］……後漢　支婁迦讖訳……四二五
縮―月三～四、卍―五・二～三
二二五　大明度経（六巻）［Nos. 220(4 or 5), 224, 226―228 ; cf. No. 229］……呉　支謙訳……四七八
縮―月六、卍―五・四～五
二二六　摩訶般若鈔経（五巻）［Nos. 220(4 or 5), 224, 225, 227, 228 ; cf. No. 229］……前秦　曇摩蜱共竺仏念訳……五〇八
縮―月八、卍―五・五～六
二二七　摩訶般若波羅蜜経（十巻）［Nos. 220(4 or 5), 224―226, 228 ; cf. No. 229］……後秦　鳩摩羅什訳……五三六
縮―月八、卍―五・五
二二八　仏説仏母出生三法蔵般若波羅蜜多経（二十五巻）［Nos. 220(4 or 5), 224―227 ; cf. No. 229］……宋　施護訳……五八七
縮―月六、卍―五・五
二二九　仏説仏母宝徳蔵般若波羅蜜経（三巻）［cf. No. 220(4 or 5), etc.］……宋　法賢訳……六七六
縮―月七、卍―五・六
二三〇　聖八千頌般若波羅蜜多一百八名真実円義陀羅尼経（一巻）……宋　施護等訳……六八四
縮―月八、卍―五・五、国―釈五下
二三一　勝天王般若波羅蜜経（七巻）［No. 220(6)］……陳　月婆首那訳……六八七
縮―成二、卍―六・一

二三二　文殊師利所説摩訶般若波羅蜜経（二巻）［Nos. 220(7), 233］……梁　曼陀羅仙訳……七二六
縮—月八、卍—一五・六
二三三　文殊師利所説般若波羅蜜経（一巻）［Nos. 220(7), 232］……梁　僧伽婆羅訳……七三二
縮—月九、卍—一五・六
二三四　仏説濡首菩薩無上清浄分衛経（二巻）［No. 220(8)］……宋　翔公訳……七四〇
縮—月九、卍—一五・六
二三五　金剛般若波羅蜜経（一巻）［Nos. 220(9), 236—239 ; cf. Nos. 1698—1703, 2201, 2732, 2733, 2735—2741］……姚秦　鳩摩羅什訳……七四八
縮—月九、卍—一五・六
二三六　金剛般若波羅蜜経（一巻）［Nos. 220(9), 235, 237—239 ; cf. No. 1704］……元魏　菩提流支訳……七五二
金剛般若波羅蜜経（一巻・別巻）……元魏　菩提流支訳……七五七
縮—月九、卍—一五・六
二三七　金剛般若波羅蜜経（一巻）［Nos. 220(9), 235, 236, 238, 239］……陳　真諦訳……七六二
縮—月九、卍—一五・六
二三八　金剛能断般若波羅蜜経（一巻）［Nos. 220(9), 235—237, 239］……隋　笈多訳……七六六
縮—月九、卍—一五・六
二三九　仏説能断金剛般若波羅蜜経（一巻）［Nos. 220(9), 235—238］……唐　義浄訳……七七一
縮—月九、卍—一五・六
二四〇　実相般若波羅蜜経（一巻）［Nos. 220(10), 241—244］……唐　菩提流志訳……七七六
縮—成三、卍—一五・六
二四一　金剛頂瑜伽理趣般若経（一巻）［Nos. 220(10), 240, 242—244］……唐　金剛智訳……七七八

二四二　仏説徧照般若波羅蜜経（一巻）〔Nos. 220(10), 240, 241, 243, 244〕……宋　施護訳……七八一
縮—閏八、卍—一六・六

二四三　大楽金剛不空真実三麽耶経（一巻）〔Nos. 220(10), 240—242, 244 ; cf. Nos. 2236—2239〕…唐　不空訳……七八四
縮—成三、卍—一五・四

二四四　仏説最上根本大楽金剛不空三昧大教王経（七巻）〔Nos. 220(10), 240—243, 1003〕……宋　法賢訳……七八六
縮—閏八、卍—一六・六

二四五　仏説仁王般若波羅蜜経（二巻）〔No. 246 ; cf. Nos. 1700, 1705—1708, 2744, 2745〕……姚秦　鳩摩羅什訳……八二五
縮—成三、卍—一六・六

二四六　仁王護国般若波羅蜜多経（二巻）〔No. 245 ; cf. Nos. 1709, 2200〕……唐　不空訳……八三四
縮—月九、卍—五・六、国—釈五下

二四七　仏説了義般若波羅蜜多経（一巻）……宋　施護訳……八四五
縮—閏七、卍—一五・九

二四八　仏説五十頌聖般若波羅蜜経（一巻）……宋　施護訳……八四五
縮—月九、卍—一五・一〇

二四九　仏説帝釈般若波羅蜜多心経（一巻）……宋　施護訳……八四六
縮—月九、卍—一五・一〇

二五〇　摩訶般若波羅蜜大明呪経（一巻）〔Nos. 251—255, 257〕……姚秦　鳩摩羅什訳……八四七
縮—閏八、卍—五・六

二五一　般若波羅蜜多心経（一巻）〔Nos. 250, 252—255, 257 ; cf. Nos. 1710—1714, 2202, 2746, 2747〕……唐　玄奘訳……八四八
縮—月九、卍—五・六、国—釈五下

二五二 普遍智蔵般若波羅蜜多心経（一巻）〔Nos. 250, 251, 253—255, 257〕……唐 法月重訳……八四九
縮—月九、続—一・二・四

二五三 般若波羅蜜多心経（一巻）〔Nos. 250—252, 254, 255, 257〕……唐 般若共利言等訳……八四九
縮—月九、続—一・二・四

二五四 般若波羅蜜多心経（一巻）〔Nos. 250—253, 255, 257 ; cf. No. 256〕……唐 智慧輪訳……八五〇
続—一・八七・四

二五五 般若波羅蜜多心経（一巻）〔燉煌石室本〕〔Nos. 250—254, 257 ; cf. No. 256〕……唐 法成訳……八五〇

二五六 唐梵翻対字音般若波羅蜜多心経（一巻并序）〔燉煌出 S. 700〕〔cf. Nos. 254, 255, 257〕……八五一

二五七 仏説聖仏母般若波羅蜜多経（一巻）〔Nos. 250—255 ; cf. No. 256〕……宋 施護訳……八五二
縮—月九、卍—一五・七

二五八 仏説聖仏母小字般若波羅蜜多経（一巻）……宋 天息災訳……八五二
縮—月八、卍—一五・二

二五九 仏説観想仏母般若波羅蜜多菩薩経（一巻）……宋 天息災訳……八五四
縮—成一二、卍—一五・三

二六〇 仏説開覚自性般若波羅蜜多経（四巻）……宋 惟浄等訳……八五四
縮—月九、続—一・二・四

二六一 大乗理趣六波羅蜜多経（十巻）……唐 般若訳……八六五
縮—閏一五、卍—一六・一

第九巻　法華部全・華厳部上

二六二 妙法蓮華経（七巻）〔Nos. 263, 264 ; cf. Nos. 265, 1715—1729, 2187—2192, 2195, 2748—2752〕……姚秦 鳩摩羅什訳……一

縮—盈一、卍—九・二、国—法

(一)序品(一)……一　(二)方便品(一)……五
(三)譬喩品(二)……一〇　(四)信解品(二)……一六
(五)薬草喩品(三)……一九　(六)授記品(三)……二〇
(七)化城喩品(三)……二二　(八)五百弟子受記品(四)……二七
(九)授学無学人記品(四)……二九　(一〇)法師品(四)……三〇
(一一)見宝塔品(四)……三二　(一二)提婆達多品(四)……三四
(一三)勧持品(四)……三五　(一四)安楽行品(四)……三七
(一五)従地涌出品(五)……三九　(一六)如来寿量品(五)……四二
(一七)分別功徳品(五)……四四　(一八)随喜功徳品(六)……四六
(一九)法師功徳品(六)……四七　(二〇)常不軽菩薩品(六)……五〇
(二一)如来神力品(六)……五一　(二二)嘱累品(六)……五二
(二三)薬王菩薩本事品(六)……五三　(二四)妙音菩薩品(七)……五五
(二五)観世音菩薩普門品(観音経)(七)……五六　(二六)陀羅尼品(七)……五八
(二七)妙荘厳王本事品(七)……五九　(二八)普賢菩薩勧発品(七)……六一

二六三　正法華経(しょうほっけきょう)（十巻）[Nos. 262, 264 ; cf. No. 265]……西晋　竺法護訳……六三
縮—盈二、卍—九・三

二六四　添品妙法蓮華経(てんぼんみょうほうれんげきょう)（七巻）[Nos. 262, 263 ; cf. No. 265]……隋　闍那崛多共笈多訳……一三四
縮—盈二、卍—九・三

二六五　薩曇分陀利経(さつどんふんだりきょう)（一巻）[Nos. 262(11, 12), 263(11), 264(11)]……失訳……一九七
妙法蓮華経観世音菩薩普門品経(みょうほうれんげきょうかんぜおんぼさつふもんぼんきょう)（一巻）……姚秦　鳩摩羅什訳長行　隋　闍那崛多訳重頌……一九八
縮—盈二、卍—九・二

二六六　仏説阿惟越致遮経（三巻）［Nos. 267, 268］……西晋　竺法護訳……一九八
縮―盈三、卍―九・五

二六七　不退転法輪経（四巻）［Nos. 266, 268］……失訳……二二六
縮―盈三、卍―九・六、国―法

二六八　仏説広博厳浄不退転輪経（六巻）［Nos. 266, 267］……劉宋　智厳訳……二五四
縮―盈三、卍―九・七

二六九　仏説法華三昧経（一巻）……劉宋　智厳訳……二八五
縮―盈二、卍―九・二

二七〇　大法鼓経（二巻）［No. 271］……劉宋　求那跋陀羅訳……二九〇
縮―盈四、卍―三・二、国―法

二七一　仏説菩薩行方便境界神通変化経（三巻）［No. 270］……劉宋　求那跋陀羅訳……三〇〇
縮―盈四、卍―一〇・一

二七二　大薩遮尼乾子所説経（十巻）……元魏　菩提流支訳……三一七
縮―盈四、卍―一〇・一

二七三　金剛三昧経（一巻）［cf. No. 1730］……失訳……三六五
縮―盈四、卍―一一・一〇

二七四　仏説済諸方等学経（一巻）［No. 275］……西晋　竺法護訳……三七四
縮―盈九、卍―一〇・六、国―法

二七五　大乗方広総持経（一巻）［No. 274］……隋　毘尼多流支訳……三七九
縮―盈九、卍―一〇・七

二七六　無量義経（一巻）［cf. Nos. 2193］……蕭斉　曇摩伽陀耶舎訳……三八三
縮―盈一、卍―九・二、国―法

二七七　仏説観普賢菩薩行法経（一巻）〔cf. No. 2194〕……劉宋　曇無蜜多訳……三八九
縮―盈四、卍―二・四、国―法
二七八　大方広仏華厳経（六十巻）〔No. 279 ; cf. Nos. 280—287, 289—297, 1731—1734, 2753, 2754, 2756, 2757〕……東晋　仏陀跋陀羅訳……三九五
縮―天七～九、卍―七・三～五

第十巻　華厳部下

二七九　大方広仏華厳経（八十巻）〔No. 278 ; cf. Nos. 280—297, 1735—1743, 2706A, 2755〕……唐　実叉難陀訳……一
縮―天一～四、卍―七・六～九、国―華一～四
二八〇　仏説兜沙経（一巻）〔Nos. 278(3, 5), 279(7, 9)〕……後漢　支婁迦讖訳……四四五
縮―天一〇、卍―八・三
二八一　仏説菩薩本業経（一巻）〔Nos. 278(7, 11), 279(1, 15), 282 ; cf. Nos. 283, 284〕……呉　支謙訳……四四六
縮―天一〇、卍―八・二、国―華四
二八二　諸菩薩求仏本業経（一巻）〔Nos. 278(7), 279(11), 281〕……西晋　聶道真訳……四五一
縮―天一〇、卍―八・四
二八三　菩薩十住行道品（一巻）〔Nos. 278(11), 279(15), 281(2), 284〕……西晋　竺法護訳……四五四
縮―天一〇、卍―八・四
二八四　仏説菩薩十住経（一巻）〔Nos. 278(11), 279(15), 281(2), 283〕……東晋　祇多蜜訳……四五六
縮―天一〇、卍―八・四
二八五　漸備一切智徳経（五巻）〔Nos. 278(22), 279(26), 286, 287〕……西晋　竺法護訳……四五八
縮―天一〇、卍―八・四
二八六　十住経（四巻）〔Nos. 278(22), 279(26), 285, 287〕……姚秦　鳩摩羅什訳……四九七

縮—天一〇、卍—八・三

二八七　仏説十地経（九巻）［Nos. 278(22), 279(26), 285, 286］……唐　尸羅達摩訳……五三五

縮—閏八、続—一・二・四

二八八　等目菩薩所問三昧経（三巻）［No. 279(27)］……西晋　竺法護訳……五七四

縮—天一〇、卍—八・四

二八九　顕無辺仏土功徳経（一巻）［Nos. 278(26), 279(31), 290］……唐　玄奘訳……五九一

縮—天一〇、卍—八・二

二九〇　仏説較量一切仏刹功徳経（一巻）［Nos. 278(26), 279(31), 289］……宋　法賢訳……五九二

縮—天一〇、卍—一五・五

二九一　仏説如来興顕経（四巻）［Nos. 278(32), 279(37)］……西晋　竺法護訳……五九二

縮—天一〇、卍—八・二

二九二　度世品経（六巻）［Nos. 278(33), 279(38)］……西晋　竺法護訳……六一七

縮—天一〇、卍—八・三

二九三　大方広仏華厳経（四十巻）［Fasc. 1—39=Nos. 278(34), 279(39)；Fasc. 40=Nos. 278(31), 279(36), 294—297；cf. No. 2206B］……唐　般若訳……六六一

縮—天五～六、卍—七・一～八・一

二九四　仏説羅摩伽経（三巻）［Nos. 278(34), 279(39), 293］……西秦　聖堅訳……八五一

縮—天一二、卍—八・四

二九五　大方広仏華厳経入法界品（一巻）［Nos. 278(34), 279(39), 293］……唐　地婆訶羅訳……八七六

縮—天一二、卍—八・三

二九六　文殊師利発願経（一巻）［No. 297；cf. Nos. 278(31), 279(36), 293(Fasc. 40)］……東晋　仏陀跋陀羅訳……八七八

縮—天一二、卍—二六・六

二九七　普賢菩薩行願讃（一巻）［No. 296 ; cf. Nos. 278(31), 279(36), 293(Fasc. 40)］……唐　不空訳……八八〇
縮—閏一五、卍—一九・七

二九八　大方広普賢所説経（一巻）……唐　実叉難陀訳……八八三
縮—天一一、卍—八・三

二九九　大方広総持宝光明経（五巻）……宋　法天訳……八八四
縮—天一一、卍—一五・二

三〇〇　大方広仏華厳経不思議仏境界分（一巻）［No. 301］……唐　提雲般若訳……九〇五
縮—天一一、卍—八・三、国—華四

三〇一　大方広如来不思議境界経（一巻）［No. 300］……唐　実叉難陀訳……九〇九
縮—天一一、卍—八・三

三〇二　度諸仏境界智光厳経（一巻）［Nos. 303, 304］……失訳……九一二
縮—天一一、卍—七・三

三〇三　仏華厳入如来徳智不思議境界経（二巻）［Nos. 302, 304］……隋　闍那崛多訳……九一七
縮—天一一、卍—八・三、国—華四

三〇四　大方広入如来智徳不思議経（一巻）［Nos. 302, 303］……唐　実叉難陀訳……九二四
縮—天一一、卍—八・三

三〇五　信力入印法門経（五巻）……元魏　曇摩流支訳……九二八
縮—天一一、卍—八・三

三〇六　大方広仏花厳経修慈分（一巻）……唐　提雲般若等訳……九五九
縮—天一一、卍—八・三

三〇七　仏説荘厳菩提心経（一巻）……姚秦　鳩摩羅什訳……九六一
縮—黄一〇、卍—八・三、国—華四

三〇八　仏説大方広菩薩十地経（一巻）……元魏　吉迦夜　訳……九六三
縮—黄一〇、卍—八・三

三〇九　最勝問菩薩十住除垢断結経（十巻）……姚秦　竺仏念　訳……九六六
縮—宇三、卍—二・三

第十一巻　宝積部上

三一〇　大宝積経（百二十巻）……唐　菩提流志訳并合……一
縮—地一〜六、卍—五・七〜六・三、国—宝一〜六

(一)三律儀会（一〜三）［No. 311］……唐　菩提流志　訳……二
(二)無辺荘厳会（四〜七）……唐　菩提流志　訳……二〇
(三)密迹金剛力士会（密迹金剛力士経七巻）（八〜一四）［No. 312］……西晋　竺法護　訳……四二
(四)浄居天子会（菩薩説夢経二巻）（一五〜一六）……西晋　竺法護　訳……八〇
(五)無量寿如来会（一七〜一八）［Nos. 360—364］……唐　菩提流志　訳……九一
(六)不動如来会（一九〜二〇）［No. 313］……唐　菩提流志　訳……一〇一
(七)被甲荘厳会（二一〜二五）……唐　菩提流志　訳……一一三
(八)法界体性無分別会（法界体性無分別経二巻）（二六〜二七）……梁　曼陀羅　訳……一四三
(九)大乗十法会（十法経一巻）（二八）［No. 314］……元魏　仏陀扇多　訳……一五一
(一〇)文殊師利普門会（二九）［No. 315］……唐　菩提流志　訳……一五八
(一一)出現光明会（三〇〜三四）……唐　菩提流志　訳……一六三
(一二)菩薩蔵会（大菩薩蔵経二十巻）（三五〜五四）［No. 316］……唐　玄奘　訳……一九五
(一三)仏為阿難説処胎会（仏為難陀説出家入胎経二巻）（五五）［No. 317］……唐　菩提流志　訳……三二二
(一四)仏説入胎蔵会（五六〜五七）……唐　義浄　訳……三二六

(一五)文殊師利授記会(文殊師利授記経)(五八～六〇)〔Nos. 318, 319〕……唐　実叉難陀訳……三三六
(一六)菩薩見実会(菩薩見実経)(六一～七六)〔No. 320〕……北斉　那連提耶舎訳……三五一
(一七)富楼那会(富楼那問経又名菩薩蔵経)(七七～七九)……後秦　鳩摩羅什訳……四三四
(一八)護国菩薩会(護国菩薩経)(八〇～八一)〔No. 321〕……隋　闍那崛多訳……四五七
(一九)郁伽長者会(郁伽羅越問菩薩経)(八二)〔Nos. 322, 323〕……曹魏　康僧鎧訳……四七二
(二〇)無尽伏蔵会(八三～八四)……四八三
(二一)授幻師跋陀羅記会(八五)〔No. 324〕……四八六
(二二)大神変会(八六～八七)……四九二
(二三)摩訶迦葉会(大迦葉経)(八八～八九)……元魏　月婆首那訳……五〇一
(二四)優波離会(九〇)〔Nos. 325, 326〕……五一四
(二五)発勝志楽会(九一～九二)〔No. 327〕……五一九
(二六)善臂菩薩会(善臂菩薩経)(九三～九四)……後秦　鳩摩羅什訳……五二八
(二七)善順菩薩会(九五)〔Nos. 328, 329〕……五三六
(二八)勤授長者会(九六)〔Nos. 330, 331〕……五四〇
(二九)優陀延王会(九七)〔Nos. 332, 333〕……五四三
(三〇)妙慧童女会(九八)〔Nos. 334—336〕……五四七
(三一)恒河上優婆夷会(九八)……五四九
(三二)無畏徳菩薩会(無畏徳女経)(九九)〔No. 337〕……元魏　仏陀扇多訳……五五〇
(三三)無垢施菩薩応辯会(無垢施菩薩分別応辯経)(一〇〇)〔Nos. 338, 339〕……西晋　聶道真訳……五五六
(三四)功徳宝花敷菩薩会(一〇一)……五六五
(三五)善徳天子会(一〇一)〔No. 340〕……五六六
(三六)善住意天子会(大方等善住意天子所問経)(一〇二～一〇五)〔Nos. 341, 342〕……隋　達摩笈多訳……五七一

(三七)阿闍世王子会(一〇六) [Nos. 343, 344] …… 五九三
(三八)大乗方便会(大乗方便経)(一〇六〜一〇八) [Nos. 345, 346] …… 東晋 竺難提 訳 …… 五九四
(三九)賢護長者会(移識経)(一〇九〜一一〇) [No. 347] …… 隋 闍那崛多 訳 …… 六〇八
(四〇)浄信童女会(一一一) …… 六二三
(四一)弥勒菩薩問八法会(一一一) [No. 348] …… 六二七
(四二)弥勒菩薩所問会(弥勒菩薩所問経) [No. 349] …… 六二八
(四三)普明菩薩会(古大宝積経)(一一二) [Nos. 350—352] …… 失 訳 …… 六三一
(四四)宝梁聚会(一一三〜一一四) …… 北涼 釈道龔 訳 …… 六三八
(四五)無尽慧菩薩会(一一五) …… 六四八
(四六)文殊説般若会(一一五〜一一六) …… 梁 曼陀羅仙 訳 …… 六五〇
(四七)宝髻菩薩会(一一七〜一一八) …… 西晋 竺法護 訳 …… 六五七
(四八)勝鬘夫人会(一一九) [No. 353] …… 唐 菩提流志 訳 …… 六七二
(四九)広博仙人会(一二〇) [Nos. 354] …… 唐 菩提流志 訳 …… 六七八
三一一 大方広三戒経 (三巻) [No. 410(1)] …… 北涼 曇無讖 訳 …… 六八七
縮—地七、卍—六・三
三一二 仏説如来不思議秘密大乗経 (二十巻) [No. 310(3)] …… 宋 法護等 訳 …… 七〇四
縮—地七、卍—一六・七〜八
三一三 阿閦仏国経 (二巻) [No. 310(6)] …… 後漢 支婁迦讖 訳 …… 七五一
縮—地八、卍—六・三、国—宝七
三一四 仏説大乗十法経 (一巻) [No. 310(9)] …… 梁 僧伽婆羅 訳 …… 七六四
縮—地八、卍—六・三
三一五 仏説普門品経 (一巻) [No. 310(10)] …… 西晋 竺法護 訳 …… 七七〇

仏説普門品経（一巻・別本）……西晋 竺法護訳……七七七
卍一六・三
三一六 仏説大乗菩薩蔵正法経（四十巻）［No. 310(12)］……宋 法護等訳……七八一
縮—地九、卍一六・一～二
三一七 仏説胞胎経（一巻）［No. 310(13)］……西晋 竺法護訳……八八六
縮—地一〇、卍一六・三
三一八 文殊師利仏土厳浄経（二巻）［Nos. 310(15), 319］……西晋 竺法護訳……八九〇
縮—地一〇、卍一六・三
三一九 大聖文殊師利菩薩仏刹功徳荘厳経（三巻）［Nos. 310(15), 318］……唐 不空訳……九〇二
縮—閏三、続一・三・五
三二〇 父子合集経（二十巻）［No. 310(16)］……宋 日称等訳……九一九
縮—地一〇、続一・一・二

第十二巻　宝積部下・涅槃部上

三二一 仏説護国尊者所問大乗経（四巻）［No. 310(18)］……宋 施護訳……一
縮—地一〇、卍一五・五
三二二 法鏡経（一巻）［Nos. 310(19), 323］……後漢 安玄訳……一五
縮—地一一、卍一六・四
三二三 郁迦羅越問菩薩行経（一巻）［Nos. 310(19), 322］……西晋 竺法護訳……二三
縮—地一〇、卍一六・四
三二四 仏説幻士仁賢経（一巻）［No. 310(21)］……西晋 竺法護訳……三一
縮—地一一、卍一六・四

三一五　仏説決定毘尼経（一巻）［Nos. 310(24), 326］……西晋　燉煌三蔵訳……三七
縮―地二、卍―六・四

三一六　仏説三十五仏名礼懺文（一巻）［Nos. 310(24), 325］……唐　不空訳……四二
縮―閏一五、卍―一五・一〇

三一七　発覚浄心経（二巻）［No. 310(25)］……隋　闍那崛多訳……四三
縮―地二、卍―六・四

三一八　仏説須頼経（一巻）［Nos. 310(27), 329］……曹魏　白延訳……五二
縮―地二、卍―六・四

三一九　仏説須頼経（一巻）［Nos. 310(27), 328］……前涼　支施崙訳……五七
縮―地二、卍―六・四

三二〇　仏説菩薩修行経（一巻）［Nos. 310(28), 331］……西晋　白法祖訳……六三
縮―地二、卍―六・四

三二一　仏説無畏授所問大乗経（三巻）［Nos. 310(28), 330］……宋　施護等訳……六六
縮―地二、卍―六・四

三二二　仏説優填王経（一巻）［Nos. 310(29), 333］……西晋　法炬訳……七〇
縮―地二、卍―六・四

三二三　仏説大乗日子王所問経（一巻）［Nos. 310(29), 332］……宋　法天訳……七二
縮―地二、卍―一五・二

三二四　仏説須摩提菩薩経（一巻）［Nos. 310(30), 335, 336］……西晋　竺法護訳……七六
縮―地二、卍―六・四、国―宝七

三二五　仏説須摩提菩薩経（一巻）［Nos. 310(30), 334, 336］……姚秦　鳩摩羅什訳……七八
縮―地二、卍―六・四

三三六　須摩提経（一巻）〔Nos. 310(30), 334, 335〕……唐　菩提流志訳……八一
縮—地二、続—一・二

三三七　仏説阿闍貰王女阿術達菩薩経（一巻）〔No. 310(32)〕……西晋　竺法護訳……八三
縮—地二、卍—六・四

三三八　仏説離垢施女経（一巻）〔Nos. 310(33), 339〕……西晋　竺法護訳……八九
縮—地二、卍—六・四

三三九　得無垢女経（一巻）〔Nos. 310(33), 338〕……元魏　瞿曇般若流支訳……九七
縮—地二、卍—六・四

三四〇　文殊師利所説不思議仏境界経（二巻）〔No. 310(35)〕……唐　菩提流志訳……一〇八
縮—地二、卍—六・四、国—宝七

三四一　聖善住意天子所問経（三巻）〔Nos. 310(36), 342〕……元魏　毘目智仙共般若流支訳……一一五
縮—地二、卍—六・五

三四二　仏説如幻三昧経（二巻）〔Nos. 310(36), 341〕……西晋　竺法護訳……一三四
縮—地二、卍—六・五

三四三　仏説太子刷護経（一巻）〔Nos. 310(37), 344〕……西晋　竺法護訳……一五三
縮—地三、卍—六・五

三四四　仏説太子和休経（一巻）〔Nos. 310(37), 343〕……失訳……一五五
縮—地三、卍—六・五

三四五　慧上菩薩問大善権経（二巻）〔Nos. 310(38), 346〕……西晋　竺法護訳……一五六
縮—地三、卍—六・五

三四六　仏説大方広善巧方便経（四巻）〔Nos. 310(38), 345〕……宋　施護訳……一六六
縮—地三、卍—一五・六

三四七 大乗顕識経（二巻）[No. 310(39)] ……唐 地婆訶羅訳……一七八
縮—地三、卍—六・五、国—宝七

三四八 仏説大乗方等要慧経（一巻）[No. 310(41)] ……後漢 安世高訳……一八六
縮—地三、卍—六・五

三四九 弥勒菩薩所問本願経（一巻）[No. 310(42)] ……西晋 竺法護訳……一八六
縮—地三、卍—六・五、国—宝七

三五〇 仏説遺日摩尼宝経（一巻）[Nos. 310(43), 351, 352] ……後漢 支婁迦讖訳……一八九
縮—地三、卍—六・五

三五一 仏説摩訶衍宝厳経（一巻）[Nos. 310(43), 350, 352] ……失訳……一九四
縮—地三、卍—六・五

三五二 仏説大迦葉問大宝積正法経（五巻）[Nos. 310(43), 350, 351] ……宋 施護訳……二〇〇
縮—地三、卍—一五・三

三五三 勝鬘師子吼一乗大方便方広経（一巻）[No. 310(48) ; cf. Nos. 1744, 2185, 2761—2763] ……劉宋 求那跋陀羅訳……二一七
縮—地三、卍—六・五、国—宝七

三五四 毘耶娑問経（二巻）[No. 310(49)] ……元魏 瞿曇般若流支訳……二二三
縮—地三、卍—六・五

三五五 入法界体性経（一巻）[No. 356] ……隋 闍那崛多訳……二三四
縮—地三、卍—六・五

三五六 仏説宝積三昧文殊師利菩薩問法身経（一巻）[No. 355] ……後漢 安世高訳……二三七
縮—地三、卍—一〇・六

三五七 如来荘厳智慧光明入一切仏境界経（二巻）[Nos. 358, 359] ……元魏 曇摩流支訳……二三九
縮—宇三、卍—一〇・六

三五八　度一切諸仏境界智厳経（一巻）［Nos. 357, 359］……梁　僧伽婆羅等訳……二五〇
縮—宇三、卍—六・五
三五九　仏説大乗入諸仏境界智光明荘厳経（五巻）［Nos. 357, 358］……宋　法護等訳……二五三
縮—宇三、卍—一六・二
三六〇　仏説無量寿経（二巻）［Nos. 310(5), 361—364 ; cf. Nos. 1745—1748, 2207, 2759］……曹魏　康僧鎧訳……二六五
縮—地八、卍—六・三、国—宝七
三六一　仏説無量清浄平等覚経（四巻）［Nos. 310(5), 360, 362—364］……後漢　支婁迦讖訳……二七九
縮—地八、卍—六・三
三六二　仏説阿弥陀三耶三仏薩楼仏檀過度人道経（二巻）［Nos. 310(5), 360, 361, 363, 364］……呉　支謙訳……三〇〇
縮—地八、卍—六・三
三六三　仏説大乗無量寿荘厳経（三巻）［Nos. 310(5), 360—362, 364］……宋　法賢訳……三一八
縮—地八、卍—五・五
三六四　仏説大阿弥陀経（二巻）［Nos. 310(5), 360—363］……宋　王日休校輯……三二六
縮—地八、卍—一〇・五
三六五　仏説観無量寿仏経（一巻）［cf. Nos. 1746—1754, 2207, 2760］……劉宋　畺良耶舎訳……三四〇
縮—地三、卍—一〇・四、国—宝七
三六六　仏説阿弥陀経（一巻）［No. 367 ; cf. Nos. 1755—1762, 2207, 2210］……姚秦　鳩摩羅什訳……三四六
縮—地三、卍—一〇・四、国—宝七
三六七　称讃浄土仏摂受経（一巻）［No. 366］……唐　玄奘訳……三四八
縮—地三、卍—一〇・四
三六八　抜一切業障根本得生浄土神呪（一巻）附、阿弥陀経不思議神力伝……劉宋　求那跋陀羅訳……三五一
縮—地三、卍—一〇・四、国—宝七

三六九 阿弥陀仏説呪（一巻）……三五二
縮—地三、続—一・一・一
三七〇 阿弥陀鼓音声王陀羅尼経（一巻）……失 訳……三五二
縮—地三、卍—三・五、国—宝七
三七一 観世音菩薩授記経（一巻）［No. 372］……宋 曇無竭 訳……三五三
縮—地三、卍—一一・四
三七二 仏説如幻三摩地無量印法門経（三巻）［No. 371］……宋 施護等 訳……三五七
縮—地三、卍—一五・一〇
三七三 後出阿弥陀仏偈（一巻）……失 訳……三六四
縮—地三、卍—一〇・四、国—宝七
三七四 大般涅槃経（四十巻）［cf. Nos. 376, 1764］……北涼 曇無讖 訳……三六五
縮—盈五〜六、卍—八・五〜六、国—涅一〜三
三七五 大般涅槃経（三十六巻）［cf. Nos. 376, 1763, 1765—1769, 2764, 2765］……宋 慧厳等依泥洹経加之……六〇五
縮—盈七〜八、卍—八・七〜八
三七六 仏説大般泥洹経（六巻）［Nos. 374(1—6), 375(1—18)］……東晋 法顕 訳……八五三
縮—盈九、卍—八・一〇
三七七 大般涅槃経後分（二巻）……唐 若那跋陀羅 訳……九〇〇
縮—盈九、卍—八・九
三七八 仏説方等般泥洹経（二巻）［No. 379］……西晋 竺法護 訳……九一二
縮—盈九、卍—八・九
三七九 四童子三昧経（三巻）［No. 378］……隋 闍那崛多 訳……九二八
縮—盈九、卍—八・一〇

三八〇 大悲経（五巻）……高斉 那連提耶舎訳……九四五
縮—盈九、卍—八・九

三八一 等集衆徳三昧経（三巻）[No. 382]……西晋 竺法護訳……九七三
縮—盈一〇、卍—九・二

三八二 集一切福徳三昧経（三巻）[No. 381]……姚秦 鳩摩羅什訳……九八八
縮—盈一〇、卍—九・一

三八三 摩訶摩耶経（二巻）……蕭斉 曇景訳……一〇〇五
縮—盈一〇、卍—九・四

三八四 菩薩従兜術天降神母胎説広普経（七巻）……姚秦 竺仏念訳……一〇一五
縮—盈一〇、卍—一三・一

三八五 中陰経（二巻）……姚秦 竺仏念訳……一〇五八
縮—盈一〇、卍—一三・五

三八六 蓮華面経（二巻）……隋 那連提耶舎訳……一〇七〇
縮—盈一〇、卍—一三・五

三八七 大方等無想経（六巻）……北涼 曇無讖訳……一〇七七
縮—盈一〇、卍—一〇・六

三八八 大雲無想経（巻第九）……姚秦 竺仏念訳……一一〇七
続—一乙・二三・四

三八九 仏垂般涅槃略説教誡経（一巻）……姚秦 鳩摩羅什訳……一一一〇
縮—辰一〇、卍—八・一〇、国—経三

三九〇 仏臨涅槃記法住経（一巻）……唐 玄奘訳……一一一二
縮—辰一〇、卍—八・一〇

三九一　般泥洹後灌臘経（一巻）……西晋　竺法護訳……一一四
縮―辰一〇、卍―八・一〇
三九二　仏滅度後棺斂葬送経（一巻）……失訳……一一四
縮―辰一〇、卍―八・一〇
三九三　迦葉赴仏般涅槃経（一巻）……東晋　竺曇無蘭訳……一一五
縮―辰一〇、卍―三六・六
三九四　仏入涅槃密迹金剛力士哀恋経（一巻）……失訳……一一六
縮―辰一〇、卍―三六・六
三九五　仏説当来変経（一巻）……西晋　竺法護訳……一一八
縮―辰一〇、卍―三・五
三九六　仏説法滅尽経（一巻）……失訳……一一八
縮―辰一〇、卍―三・五

第十三巻　大集部全

三九七　大方等大集経（六十巻）……隋　僧就合……一
縮―玄一〜四、卍―六・六〜八、国―大一〜四
(一)瓔珞品(一)［No. 398］……北涼　曇無讖訳……一
(二)陀羅尼自在王菩薩品(一―四)［No. 398］……北涼　曇無讖訳……五
(三)宝女品(五―六)［No. 399］……北涼　曇無讖訳……二八
(四)不眴菩薩品(七)……北涼　曇無讖訳……四〇
(五)海慧菩薩品(八―一一)［No. 400］……北涼　曇無讖訳……四六
(六)無言菩薩品(一二)［No. 401］……北涼　曇無讖訳……七四

(七)不可説菩薩品(一三)……北涼　曇無讖訳……八三
(八)虚空蔵品(一四—一八)［No. 404］……北涼　曇無讖訳……九三
(九)宝幢分(一九—二一)［No. 402］……北涼　曇無讖訳……一二九
(一〇)虚空目分(二二—二四)……北涼　曇無讖訳……一五四
(一一)宝髻菩薩品(二五—二六)……北涼　曇無讖訳……一七三
(一二)無尽意菩薩品(無尽意菩薩経六巻、亦名阿差末経、無尽意経)(二七—三〇)［No. 403］……宋　智厳共宝雲訳……一八四
(一三)日密分(三一—三三)……北涼　曇無讖訳……二一三
(一四)日蔵分(大乗大方等日蔵経十巻、亦名大方等大集日蔵経、大方等日蔵経)(三四—四五)……隋　那連提耶舎訳……二三三
(一五)月蔵分(大方等大集月蔵経十巻、亦名大集月蔵経、月蔵経)(四六—五六)……高斉　那連提耶舎訳……二九八
(一六)須弥蔵分(大乗大集経大集須弥蔵経二巻、亦名大集須弥蔵経、須弥蔵経)(五七—五八)……高斉　那連提耶舎訳……三八一
(一七)十方菩薩品(明度五十校計経二巻、亦名明度校計経、五十校計経)(五九—六〇)……高斉　那連提耶舎訳……三九四

三九八　大哀経(八巻)［No. 397(1—2)］……西晋　竺法護訳……四〇九
縮—玄五、卍—七・一

三九九　宝女所問経(四巻)［No. 397(3)］……西晋　竺法護訳……四五二
縮—玄五、卍—七・二

四〇〇　仏説海意菩薩所問浄印法門経(十八巻)［No. 397(5)］……宋　惟浄等訳……四七三
縮—玄六、卍—一五・九〜一〇

四〇一　仏説無言童子経(二巻)［No. 397(6)］……西晋　竺法護訳……五一二
縮—玄六、卍—七・二

四〇二　宝星陀羅尼経(十巻)［No. 397(9)］……唐　波羅頗蜜多羅訳……五三六
縮—玄六、卍—七・二

四〇三　阿差末菩薩経(七巻)［No. 397(12)］……西晋　竺法護訳……五八三

四〇四　大集大虚空蔵菩薩所問経（八巻）〔No. 397(8)〕……唐　不空訳……六一三
縮—玄五、卍—七・二
四〇五　虚空蔵菩薩経（一巻）〔Nos. 406—408〕……姚秦　仏陀耶舎訳……六四七
縮—閏九、続—一・二・五
四〇六　仏説虚空蔵菩薩神呪経（一巻）〔Nos. 405, 407, 408〕……失訳……六五六
縮—玄六、卍—六・九
四〇七　虚空蔵菩薩神呪経（一巻）〔Nos. 405, 406, 408〕……宋　曇摩蜜多訳……六六二
縮—玄六、卍—六・一〇
四〇八　虚空孕菩薩経（二巻）〔Nos. 405—407〕……隋　闍那崛多訳……六六七
縮—玄六、卍—六・九
四〇九　観虚空蔵菩薩経（一巻）……劉宋　曇摩蜜多訳……六七七
縮—玄六、卍—六・一〇
四一〇　大方広十輪経（八巻）〔No. 411〕……失訳……六八一
縮—玄七、卍—六・九
四一一　大乗大集地蔵十輪経（十巻）〔No. 410〕……唐　玄奘訳……七二一
縮—玄七、卍—六・九
四一二　地蔵菩薩本願経（二巻）……唐　実叉難陀訳……七七七
縮—閏一〇、卍—一六・一、国—大五
四一三　百千頌大集経地蔵菩薩請問法身讃（一巻）……唐　不空訳……七九〇
縮—閏一五、卍—二七・二、国—大五
四一四　菩薩念仏三昧経（五巻）〔No. 415〕……劉宋　功徳直訳……七九三
縮—玄八、卍—六・一〇

四一五　大方等大集経菩薩念仏三昧分（だいほうどうだいじっきょうぼさつねんぶつざんまいぶん）（十巻）［No. 414］……隋　達磨笈多訳……八三〇
縮―玄八、卍―六・一〇、国―大五

四一六　大方等大集経賢護分（だいほうどうだいじっきょうけんごぶん）（五巻）［Nos. 417―419］……隋　闍那崛多訳……八七二
縮―玄九、卍―七・一

四一七　仏説般舟三昧経（ぶっせつはんじゅざんまいきょう）（一巻）［Nos. 416, 418, 419］……後漢　支婁迦讖訳……八九七
縮―玄九、卍―六・一〇

四一八　般舟三昧経（はんじゅざんまいきょう）（三巻）［Nos. 416, 417, 419］……後漢　支婁迦讖訳……九〇二
縮―玄九、卍―六・一〇、国―大四

四一九　抜陂菩薩経（ばっぴぼさつきょう）（一巻）［Nos. 416―418］……失訳……九二〇
縮―玄九、卍―七・一

四二〇　自在王菩薩経（じざいおうぼさつきょう）（二巻）［No. 421］……姚秦　鳩摩羅什訳……九二四
縮―玄九、卍―七・二

四二一　奮迅王問経（ふんじんのうもんぎょう）（二巻）［No. 420］……元魏　瞿曇般若流支訳……九三五
縮―玄九、卍―七・二

四二二　大集譬喩王経（だいしゅうひゆおうきょう）（二巻）……隋　闍那崛多訳……九四八
縮―玄九、卍―七・一

四二三　僧伽吒経（そうぎゃたきょう）（四巻）［No. 424］……元魏　月婆首那訳……九五九
縮―玄九、卍―一三・四

四二四　仏説大集会正法経（ぶっせつだいしゅうえしょうぼうきょう）（五巻）［No. 423］……宋　施護訳……九七六
縮―玄九、卍―一五・九、国―大六

第十四巻　経集部一

四二五　賢劫経（八巻）……………………西晋　竺法護訳……一
縮―黄四、卍一―二・五、国―経一
四二六　仏説千仏因縁経（一巻）……………後秦　鳩摩羅什訳……六五
縮―黄三、卍一―三・六、国―経三
四二七　仏説八吉祥神呪経（一巻）〔Nos. 428―431〕……呉　支謙訳……七二
縮―黄四、卍一―一〇・七、国―経三
四二八　仏説八陽神呪経（一巻）〔Nos. 427, 429―431〕……西晋　竺法護訳……七三
縮―黄四、卍一―一〇・七
四二九　仏説八部仏名経（一巻）〔Nos. 427, 428, 430, 431〕……元魏　瞿曇般若流支訳……七四
縮―黄四、卍一―一一・七
四三〇　八吉祥経（一巻）〔Nos. 427―429, 431〕……梁　僧伽婆羅訳……七五
縮―黄四、卍一―一〇・七
四三一　八仏名号経（一巻）〔Nos. 427―430〕……隋　闍那崛多訳……七六
縮―黄四、卍一―一〇・七
四三二　仏説十吉祥経（一巻）……………………失訳……七七
縮―黄四、卍一―一一・七
四三三　仏説宝網経（一巻）……………………西晋　竺法護訳……七八
縮―黄四、卍一―一一・四、国―経三
四三四　仏説称揚諸仏功徳経（三巻）……………元魏　吉迦夜訳……八七
縮―黄四、卍一―一一・四、国―経三

四三五　仏説滅十方冥経（一巻）……西晋 竺法護訳……一〇五
縮—黄四、卍—一三・六

四三六　受持七仏名号所生功徳経（一巻）……唐 玄奘訳……一〇七
縮—黄四、卍—一三・六

四三七　大乗宝月童子問法経（一巻）……宋 施護訳……一〇八
縮—黄四、卍—一四・三

四三八　仏説大乗大方広仏冠経（二巻）……宋 法護等訳……一一〇
縮—黄四、卍—一五・九

四三九　仏説諸仏経（一巻）……宋 施護訳……一一二
縮—辰一〇、卍—一五・五

四四〇　仏説仏名経（十二巻）……元魏 菩提流支訳……一一四
縮—黄一、卍—一一・五

四四一　仏説仏名経（三十巻）……一八五
縮—黄二、続—一・二・一〜三

四四二　十方千五百仏名経（一巻）……失訳……三一二

四四三　五千五百仏名神呪除障滅罪経（八巻）……隋 闍那崛多訳……三一八
縮—黄三、卍—一一・六

四四四　仏説百仏名経（一巻）……隋 那連提耶舎訳……三五四
縮—黄三、卍—一一・七

四四五　仏説不思議功徳諸仏所護念経（二巻）……失訳……三五六
縮—黄三、卍—一一・七

四四六　過去荘厳劫千仏名経（一巻）……失訳……三六五

附巻首、三劫三千仏縁起……………………………………………………………………三六四
縮—黄三、卍—一一・六
過去荘厳劫千仏名経（一巻・別本）……………………………………………失　訳……三七一
四四七　現在賢劫千仏名経（一巻）……………………………………………………失　訳……三七六
縮—黄三、卍—一一・六
現在賢劫千仏名経（一巻・別本）……………………………………………失　訳……三八三
四四八　未来星宿劫千仏名経（一巻）……………………………………………………失　訳……三八八
縮—黄三、卍—一一・六
未来星宿劫千仏名経（一巻・別本）……………………………………………失　訳……三九三
四四九　仏説薬師如来本願経（一巻）［Nos. 450, 451, 1331 (Fasc. 12)；cf. No. 922］……隋　達磨笈多訳……四〇一
縮—黄四、卍—九・九
四五〇　薬師琉璃光如来本願功徳経（一巻）［Nos. 449, 451, 1331 (Fasc. 12)；cf. Nos. 922, 2976, 922, 1770］
……………………………………………………………………………………唐　玄　奘　訳……四〇四
縮—閏五、卍—九・九、国—経三
四五一　薬師琉璃光七仏本願功徳経（二巻）［Nos. 449, 450, 1331 (Fasc. 12)；cf. Nos. 922］……唐　義　浄　訳……四〇九
縮—余五、卍—一九・九
四五二　仏説観弥勒菩薩上生兜率天経（一巻）［cf. Nos. 1771—1774］……………劉宋　沮渠京声訳……四一八
縮—閏九、卍—一〇・五、国—経三
四五三　仏説弥勒下生経（一巻）［Nos. 454, 455］……………………………………西晋　竺　法　護　訳……四二一
縮—黄五、卍—一〇・五
四五四　仏説弥勒下生成仏経（一巻）［Nos. 453, 455；cf. No. 1744］……………………後秦　鳩摩羅什訳……四二三
閏九、卍—一〇・五、国—経三

四五五　仏説弥勒下生成仏経（一巻）［Nos. 453, 454］……唐　義浄訳……四二六
縮—黄五、卍—一〇・五

四五六　仏説弥勒大成仏経（一巻）［cf. No. 1774］……姚秦　鳩摩羅什訳……四二八
縮—黄九、卍—一〇・五、国—経二

四五七　仏説弥勒来時経（一巻）……失訳……四三四
縮—黄五、卍—一〇・五

四五八　文殊師利問菩薩署経（一巻）……後漢　支婁迦讖訳……四三五
縮—宙八、卍—一三・四

四五九　仏説文殊悔過経（一巻）……西晋　竺法護訳……四四一
縮—列二、卍—一七・二

四六〇　仏説文殊師利浄律経（一巻）［Nos. 1489, 1490］……西晋　竺法護訳……四四八
縮—列二、卍—一七・一、国—経一三

四六一　仏説文殊師利現宝蔵経（二巻）［No. 462］……西晋　竺法護訳……四五二
縮—宇一〇、卍—九・九、国—経一三

四六二　大方広宝篋経（三巻）［No. 461］……劉宋　求那跋陀羅訳……四六六
縮—宇一〇、卍—九・九

四六三　仏説文殊師利般涅槃経（一巻）……西晋　聶道真訳……四八〇
縮—黄五、卍—一三・六、国—経一五

四六四　文殊師利問菩提経（一巻）［Nos. 465—467］……姚秦　鳩摩羅什訳……四八一
縮—宙二、卍—一〇・六、国—経一五

四六五　伽耶山頂経（一巻）［Nos. 464, 466, 467］……元魏　菩提流支訳……四八三
縮—宙二、卍—一〇・六

四六六 仏説象頭精舎経（一巻）［Nos. 464, 465, 467］……隋　毘尼多流支訳……四八七
縮—宙二、卍—一〇・六

四六七 大乗伽耶山頂経（一巻）［Nos. 464, 465, 466］……唐　菩提流志訳……四八九

四六八 文殊師利問経（二巻）［cf. No. 469］……梁　僧伽婆羅訳……四九二
縮—宙二、卍—一〇・六

四六九 文殊問経字母品第十四（一巻）［No. 468 (14)］……唐　不空訳……五〇九
縮—列一、卍—一三・二

四七〇 仏説文殊師利巡行経（一巻）［No. 471］……元魏　菩提流支訳……五一〇
縮—閏一五、卍—一五・九

四七一 仏説文殊尸利行経（一巻）［No. 470］……隋　豆那掘多訳……五一二
縮—宙二、卍—一〇・七

四七二 仏説大乗善見変化文殊師利問法経（一巻）……宋　天息災訳……五一四
縮—宙二、卍—一〇・七、国—経一四

四七三 仏説妙吉祥菩薩所問大乗法螺経（一巻）……宋　法賢訳……五一六
縮—宙二、卍—一五・二

四七四 仏説維摩詰経（二巻）［Nos. 475, 476］……呉　支謙訳……五一九
縮—宙七、卍—一六・一

四七五 維摩詰所説経（三巻）［Nos. 474, 476 ; cf. Nos. 1775—1781, 2186, 2768—2774, 2777］……姚秦　鳩摩羅什訳……五三七
縮—黄七、卍—九・五

四七六 説無垢称経（六巻）［Nos. 474, 475 ; cf. No. 1782］……唐　玄奘訳……五五七
縮—黄七、卍—九・五、国—経六
縮—黄七、卍—九・五

四七七 仏説大方等頂王経（一巻）[Nos. 478, 479]……西晋 竺法護訳……五八八
縮―黄八、卍―九・五、国―経三

四七八 大乗頂王経（一巻）[Nos. 477, 479]……梁 月婆首那訳……五九七
縮―黄八、卍―九・五

四七九 善思童子経（二巻）[Nos. 477, 478]……隋 闍那崛多訳……六〇五
縮―黄八、卍―一〇・二

四八〇 仏説月上女経（二巻）……隋 闍那崛多訳……六一五
縮―黄八、卍―一三・二、国―経三

四八一 持人菩薩経（四巻）[No. 482]……西晋 竺法護訳……六二五
縮―宇一〇、卍―九・八

四八二 持世経（四巻）[No. 481]……姚秦 鳩摩羅什訳……六四二
縮―宇一〇、卍―九・九、国―経三

四八三 三曼陀跋陀羅菩薩経（一巻）……西晋 聶道真訳……六六六
縮―列二、卍―一七・二

四八四 不思議光菩薩所説経（一巻）……姚秦 鳩摩羅什訳……六六八
縮―黄一〇、卍―一一・四

四八五 無所有菩薩経（四巻）……隋 闍那崛多等訳……六七三
縮―黄一〇、卍―一三・二、国―経三

四八六 師子荘厳王菩薩請問経（一巻）……唐 那提訳……六九七
縮―黄五、卍―一三・五

四八七 離垢慧菩薩所問礼仏法経（一巻）……唐 那提訳……六九八
縮―黄五、卍―一三・六

四八八　宝授菩薩菩提行経（一巻）……宋　法賢　訳……七〇〇
縮—宙七、卍—一五・五

四八九　仏説除蓋障菩薩所問経（二十巻）……宋　法護等　訳……七〇四
縮—宇七、卍—一五・八、国—経三

四九〇　仏説八大菩薩経（一巻）……宋　法賢　訳……七五一
縮—黄五、卍—一六・一

四九一　六菩薩亦当誦持経（一巻）……失　訳……七五二
縮—黄五、卍—二六・六

四九二　仏説阿難問事仏吉凶経（一巻）……後漢　安世高　訳……七五三
縮—宿六、卍—一四・二

阿難問事仏吉凶経（一巻・別本）……後漢　安世高　訳……七五四

四九三　仏説阿難四事経（一巻）……呉　支謙　訳……七五六
縮—宿八、卍—一四・一〇

四九四　阿難七夢経（一巻）……東晋　竺曇無蘭　訳……七五八
縮—宿八、卍—一五・一

四九五　仏説阿難分別経（一巻）……乞伏秦　法堅　訳……七五八
縮—宿六、卍—一四・三

四九六　仏説大迦葉本経（一巻）……西晋　竺法護　訳……七六〇
縮—宿七、卍—一五・一

四九七　仏説摩訶迦葉度貧母経（一巻）……劉宋　求那跋陀羅　訳……七六一
縮—宿八、卍—一五・一

四九八　仏説初分説経（二巻）……宋　施護　訳……七六三

四九九　仏為阿支羅迦葉自化作苦経（一巻）……失　訳……七六八
縮―辰一〇、卍―一五・七

五〇〇　羅云忍辱経（一巻）……西晋　法炬　訳……七六九
縮―宿七、卍―一四・一〇

五〇一　仏説沙曷比丘功徳経（一巻）……西晋　法炬　訳……七七〇
縮―宿七、卍―一五・一

五〇二　仏為年少比丘説正事経（一巻）……西晋　法炬　訳……七七一
縮―宿七、卍―一五・一

五〇三　比丘避女悪名欲自殺経（一巻）……西晋　法炬　訳……七七一
縮―宿八、卍―一五・一

五〇四　比丘聴施経（一巻）……東晋　竺曇無蘭　訳……七七二
縮―宿八、卍―一五・一

五〇五　仏説随勇尊者経（一巻）……宋　施護等　訳……七七三
縮―宿八、卍―一五・一

五〇六　犍陀国王経（一巻）……後漢　安世高　訳……七七四
縮―宿七、続―一・二・四

五〇七　仏説未生寃経（一巻）……呉　支謙　訳……七七四
縮―宿七、卍―一四・一〇

五〇八　阿闍世王問五逆経（一巻）……西晋　法炬　訳……七七五
縮―宿七、卍―一四・一〇

五〇九　阿闍世王授決経（一巻）[No. 510]……西晋　法炬　訳……七七七
縮―宿七、卍―一四・一〇

五一〇　採花違王上仏授決号妙花経（一巻）［No. 509］……東晋　竺曇無蘭訳……七七八
縮—宙七、卍—一〇・七

五一一　仏説蓱沙王五願経（一巻）……呉　支謙訳……七七九
縮—宙七

五一二　仏説浄飯王般涅槃経（一巻）……劉宋　沮渠京声訳……七八一
縮—宿七、卍—一四・三

五一三　仏説琉璃王経（一巻）……西晋　竺法護訳……七八三
縮—宿八、卍—一五・一、国—経二

五一四　仏説諫王経（一巻）［Nos. 515, 516］……劉宋　沮渠京声訳……七八五
縮—宿七、卍—一四・三、国—経二

五一五　如来示教勝軍王経（一巻）［Nos. 514, 516］……唐　玄奘訳……七八六
縮—宙六、卍—一〇・六

五一六　仏説勝軍王所問経（一巻）［No. 514, 515］……宋　施護訳……七八九
縮—宙六、卍—一〇・六、国—経二

五一七　仏説末羅王経（一巻）……劉宋　沮渠京声訳……七九一
縮—宙六、卍—一五・一〇

五一八　仏説旃陀越国王経（一巻）……劉宋　沮渠京声訳……七九一
縮—宿七、卍—一五・一

五一九　仏説摩達国王経（一巻）……劉宋　沮渠京声訳……七九二
縮—宿七、卍—一五・一

五二〇　仏説薩羅国経（一巻）……失訳……七九三
縮—宿七、卍—一五・一

五二一　仏説梵摩難国王経（一巻）……失　訳……七九四
縮―宙六、卍―二・七

五二二　普達王経（一巻）……失　訳……七九四
縮―宿七、卍―一五・一

五二三　仏説五王経（一巻）……失　訳……七九五
縮―宿七、卍―一五・一

五二四　仏為優塡王説王法政論経（一巻）……唐　不空　訳……七九七
縮―宿七、卍―一五・一

五二五　仏説長者子懊悩三処経（一巻）……後漢　安世高　訳……八〇〇
縮―閏一五、卍―一六・二

五二六　仏説長者子制経（一巻）[Nos. 527, 528]……後漢　安世高　訳……八〇〇
縮―宿七、卍―一四・一〇

五二七　仏説逝童子経（一巻）[Nos. 526, 528]……西晋　支法度　訳……八〇一
縮―宙七、卍―一〇・五

五二八　仏説菩薩逝経（一巻）[Nos. 526, 527]……西晋　白法祖　訳……八〇三
縮―宙七、卍―一〇・五

五二九　仏説阿鳩留経（一巻）……失　訳……八〇四
縮―宙七、卍―一〇・五

五三〇　仏説須摩提長者経（一巻）……呉　支謙　訳……八〇五
縮―宿七、卍―一四・一〇

五三一　仏説長者音悅経（一巻）……呉　支謙　訳……八〇八
縮―宿七、卍―一四・一〇

五三二　私呵昧経（一巻）……呉　支謙訳……八〇九
縮—宿七、卍—一四・一〇

五三三　菩薩生地経（一巻）……呉　支謙訳……八一四
縮—宙七、卍—一一・三

五三四　仏説月光童子経（一巻）[Nos. 535, 536]……西晋　竺法護訳……八一五
縮—宙七、卍—一一・三

五三五　仏説申日経（一巻）[Nos. 534, 536]……西晋　竺法護訳……八一七
縮—宙六、卍—一〇・五

五三六　申日児本経（一巻）[Nos. 534, 535]……劉宋　求那跋陀羅訳……八一九
縮—宙六、卍—一〇・五

五三七　仏説越難経（一巻）……西晋　聶承遠訳……八二〇
縮—宙六、卍—一〇・五

五三八　仏説呵雕阿那鋡経（一巻）……東晋　竺曇無蘭訳……八二一
縮—宿八、卍—一四・一〇

五三九　盧至長者因縁経（一巻）……失訳……八二一
縮—宿七、卍—一五・一

五四〇　仏説樹提伽経（一巻）……劉宋　求那跋陀羅訳……八二五
縮—宿七、卍—一五・一

仏説樹提伽経（一巻・別本）……劉宋　求那跋陀羅訳……八二六
縮—宙七、卍—一三・四

五四一　仏説仏大僧大経（一巻）……劉宋　沮渠京声訳……八二六
縮—宿七、卍—一五・一

五四二　仏説耶祇経（一巻）……劉宋　沮渠京声訳……八二九
縮—宿七、卍—一五・一

五四三　仏説巨力長者所問大乗経（三巻）……劉宋　智吉祥等訳……八二九
縮—宙六、卍—一六・一

五四四　辯意長者子経（一巻）……後魏　法場訳……八三七
縮—宙六、卍—一五・一

五四五　仏説徳護長者経（二巻）……隋　那連提耶舎訳……八四〇
縮—宙八、卍—一五・一

五四六　仏説金耀童子経（一巻）……宋　天息災訳……八五〇
縮—宙六、卍—一〇・五

五四七　大花厳長者問仏那羅延力経（一巻）……唐　般若共利言訳……八五三
縮—宙七、卍—一五・二

五四八　仏説金光王童子経（一巻）……宋　法賢訳……八五三
縮—宇三、続—一・一・四

五四九　仏説光明童子因縁経（四巻）……宋　施護訳……八五四
縮—昃一〇、続—一・一・四

五五〇　金色童子因縁経（十二巻）……宋　惟浄等訳……八六五
縮—宿六、卍—一五・七

五五一　仏説摩鄧女経（一巻）［No. 552 ; cf. Nos. 1300, 1301］……後漢　安世高訳……八九五
縮—宿七、続—一・一・四

五五二　仏説摩登女解形中六事経（一巻）［No. 551 ; cf. Nos. 1300, 1301］……失訳……八九五
縮—宿六、卍—一四・二

五五三 仏説棕女祇域因縁経（一巻）［No. 554］……後漢 安世高 訳……八九六
縮—宿六、卍—一四・三

五五四 仏説柰女耆婆経（一巻）［No. 553］……後漢 安世高 訳……九〇二
縮—宿六、卍—一四・三

五五五 五母子経（一巻）……呉 支謙 訳……九〇六
縮—宿七、卍—一四・二
五母子経（一巻・別本）……呉 支謙 訳……九〇七

五五六 仏説七女経（一巻）……呉 支謙 訳……九〇七
縮—宙八、卍—一四・一〇

五五七 仏説龍施女経（一巻）［No. 558］……呉 支謙 訳……九〇九
縮—宙七、卍—一〇・七

五五八 仏説龍施菩薩本起経（一巻）［No. 557］……西晋 竺法護 訳……九一〇
縮—宙七、卍—一〇・七

五五九 仏説老女人経（一巻）［Nos. 560, 561］……呉 支謙 訳……九一一
縮—黄五、卍—一〇・五

五六〇 仏説老母女六英経（一巻）［Nos. 559, 561］……劉宋 求那跋陀羅 訳……九一二
縮—黄五、卍—一〇・五

五六一 仏説老母経（一巻）［Nos. 559, 560］……失 訳……九一二
縮—黄五、卍—一〇・五

五六二 仏説無垢賢女経（一巻）［Nos. 563, 564］……西晋 竺法護 訳……九一三
縮—宇九、卍—一〇・五

五六三 仏説腹中女聴経（一巻）［Nos. 562, 564］……北涼 曇無讖 訳……九一四

五六四　仏説転女身経（一巻）[Nos. 562, 563]……劉宋　曇摩蜜多訳……九一五
縮―宇九、卍―一〇・五

五六五　順権方便経（一巻）[No. 566]……西晋　竺法護訳……九二一
縮―宇九、卍―一〇・五

五六六　楽瓔珞荘厳方便品経（一巻）[No. 565]……姚秦　曇摩耶舎訳……九三〇
縮―宇一〇、卍―一〇・五

五六七　仏説梵志女首意経（一巻）[No. 568]……西晋　竺法護訳……九三九
縮―宇一〇、卍―一〇・五

五六八　有徳女所問大乗経（一巻）[No. 567]……唐　菩提流志訳……九四〇
縮―宙一、卍―一一・一

五六九　仏説心明経（一巻）……西晋　竺法護訳……九四二
縮―宇一、卍―一一・一

五七〇　仏説賢首経（一巻）……西秦　聖堅訳……九四三
縮―宙七、卍―一三・六

五七一　仏説婦人遇辜経（一巻）……乞伏秦　聖堅訳……九四四
縮―宙七、卍―一三・六

五七二　仏説長者法志妻経（一巻）……失訳……九四四
縮―宿七、卍―一五・一

五七三　差摩婆帝授記経（一巻）……元魏　菩提流支訳……九四五
縮―宙七、卍―一一・七

五七四　仏説堅固女経（一巻）……隋　那連提耶舎訳……九四六
縮―宙七、卍―一三・五

五七五　仏説大方等修多羅王経（一巻）〔Nos. 576, 577〕……
縮一宙七、卍一三・六 元魏　菩提流支訳……九四八
縮―宙七、卍―三・六
五七六　仏説転有経（一巻）〔Nos. 575, 576〕……元魏　仏陀扇多訳……九四九
縮―宙一、卍―一〇・七
五七七　仏説大乗流転諸有経（一巻）〔Nos. 575, 576〕……唐　義浄訳……九四九
縮―宙一、卍―一〇・七
五七八　無垢優婆夷問経（一巻）……後魏　瞿曇般若流支訳……九五〇
縮―宙一、卍―三・六
五七九　優婆夷浄行法門経（二巻）……失訳……九五一
縮―宿六、卍―一五・一
五八〇　仏説長者女菴提遮師子吼了義経（一巻）……
縮一宙七、卍一三・六 失訳……九六二
縮―宙七、卍―三・六
五八一　仏説八師経（一巻）……
縮一宙七、卍一二・七 呉　支謙訳……九六五
縮―宙一、卍―一一・七
五八二　仏説孫多耶致経（一巻）……呉　支謙訳……九六六
縮―宿七、卍―一四・一〇
五八三　仏説黒氏梵志経（一巻）……呉　支謙訳……九六七
縮―宿七、卍―一五・一
五八四　長爪梵志請問経（一巻）……唐　義浄訳……九六八
縮―宿七、卍―一四・一〇

第十五巻　経集部二

五八五　持心梵天所問経（四巻）[Nos. 586, 587]……西晋　竺法護訳……一
縮—宇一、卍一〇・四
五八六　思益梵天所問経（四巻）[Nos. 585, 587]……姚秦　鳩摩羅什訳……三三
縮—宇一、卍一〇・三
五八七　勝思惟梵天所問経（六巻）[Nos. 585, 586]……元魏　菩提流支訳……六二
縮—宇一、卍一〇・三
五八八　仏説須真天子経（四巻）……西晋　竺法護訳……九六
縮—宙三、卍一一・四
五八九　仏説魔逆経（一巻）……西晋　竺法護訳……一一二
縮—宙三、卍一三・六
五九〇　仏説四天王経（一巻）……劉宋　智厳共宝雲訳……一一八
縮—宿八、卍一五・一
五九一　商主天子所問経（一巻）……隋　闍那崛多訳……一一九
縮—宙三、卍一三・六
五九二　天請問経（一巻）[cf. No. 2786]……唐　玄奘訳……一二四
縮—宿七、卍一五・一
五九三　仏為勝光天子説王法経（一巻）……唐　義浄訳……一二五
縮—宙六、卍一〇・六
五九四　仏説大自在天子因地経（一巻）……宋　施護訳……一二七
縮—宙八、卍一五・三

五九五　仏説嗟韈曩法天子受三帰依獲免悪道経（一巻）……宋　法天　訳……一二九
縮―宿七、卍―一五・三

五九六　仏説天王太子辟羅経（一巻）……失　訳……一三〇
縮―宿八、卍―一三・五

五九七　龍王兄弟経（一巻）……呉　支謙　訳……一三一
縮―宿七、卍―一四・一〇

五九八　仏説海龍王経（四巻）……西晋　竺法護　訳……一三一
縮―宇九、卍―一三・五

五九九　仏為海龍王説法印経（一巻）……唐　義浄　訳……一五七
縮―宿八、卍―一三・五

六〇〇　十善業道経（一巻）……唐　実叉難陀　訳……一五七
縮―列一、卍―一七・二、国―経一三

六〇一　仏為娑伽羅龍王所説大乗経（一巻）……宋　施護　訳……一五九
縮―列一、卍―一五・四

六〇二　仏説大安般守意経（二巻）……後漢　安世高　訳……一六三
縮―宿五、卍―一四・一〇

六〇三　陰持入経（二巻）[cf. No. 1694]……後漢　安世高　訳……一七三
縮―宿六、卍―一五・二

六〇四　仏説禅行三十七品経（一巻）……後漢　安世高　訳……一八〇
縮―宿八、卍―一五・一

六〇五　禅行法想経（一巻）……後漢　安世高　訳……一八一
縮―宿八、卍―一四・一〇

六〇六　修行道地経（七巻）［Nos. 607, 608］……西晋　竺法護訳……一八一
縮—暑六、卍—二六・五、国—経四

六〇七　道地経（一巻）［Nos. 606, 608］……僧伽羅刹造　後漢　安世高訳……二三〇
縮—暑六、卍—二六・五

六〇八　小道地経（一巻）［Nos. 606, 607］……後漢　支曜訳……二三六
縮—暑六、卍—二六・六

六〇九　禅要経（一巻）……失訳……二三七
縮—暑六、卍—二六・九

六一〇　仏説内身観章句経（一巻）……失訳……二三九
縮—蔵八、卍—二六・九

六一一　法観経（一巻）……西晋　竺法護訳……二四〇
縮—蔵八、卍—二六・九

六一二　身観経（一巻）……西晋　竺法護訳……二四二
縮—宿八、卍—一五・一

六一三　禅秘要法経（三巻）……姚秦　鳩摩羅什等訳……二四二
縮—宿五、卍—一五・一、国—経四

六一四　坐禅三昧経（二巻）……姚秦　鳩摩羅什訳……二六九
縮—暑六、卍—二六・七、国—経四

六一五　菩薩訶色欲法経（一巻）……姚秦　鳩摩羅什訳……二八六
縮—暑六、卍—二七・一

六一六　禅法要解（二巻）……姚秦　鳩摩羅什訳……二八六
縮—暑六、卍—二六・六

六一七　思惟略要法（一巻）……………………姚秦　鳩摩羅什訳……二九七
縮—暑六、卍—二六・九、国—経四

六一八　達摩多羅禅経（二巻）……………………東晋　仏陀跋陀羅訳……三〇〇
縮—蔵八、卍—二六・六、国—経四

六一九　五門禅経要用法（一巻）……………………仏陀蜜多撰　劉宋　曇摩蜜多訳……三二五
縮—暑六、卍—二六・一〇

六二〇　治禅病秘要法（二巻）……………………劉宋　沮渠京声訳……三三三
縮—宿五、卍—一四・二

六二一　仏説仏印三昧経（一巻）……………………後漢　安世高訳……三四三
縮—宙八、卍—一三・四

六二二　仏説自誓三昧経（一巻）［No. 623］……………………後漢　安世高訳……三四三
縮—宙六、卍—一〇・七

六二三　仏説如来独証自誓三昧経（一巻）［No. 622］……………………西晋　竺法護訳……三四六
縮—宙六、卍—一〇・七

六二四　仏説伅真陀羅所問如来三昧経（三巻）［No. 625］……………………後漢　支婁迦讖訳……三四八
縮—宇九、卍—九・八

六二五　大樹緊那羅王所問経（四巻）［No. 624］……………………姚秦　鳩摩羅什訳……三六七
縮—宇九、卍—九・八、国—経六

六二六　仏説阿闍世王経（二巻）［Nos. 627—629］……………………後漢　支婁迦讖訳……三八九
縮—宇八、卍—九・一〇

六二七　文殊支利普超三昧経（三巻）［Nos. 626, 628, 629］……………………西晋　竺法護訳……四〇六
縮—宇八、卍—一〇・二、国—経二

六一八　仏説未曾有正法経（六巻）〔Nos. 626, 627, 629〕……宋　法天訳……四二八
縮—宇八、卍—一五・六

六一九　仏説放鉢経（一巻）〔Nos. 626—628〕……失訳……四四九
縮—宇八、卍—一〇・二

六二〇　仏説成具光明定意経（一巻）……後漢　支曜訳……四五一
縮—宙三、卍—一一・三、国—経一五

六二一　仏説法律三昧経（一巻）……呉　支謙訳……四五八
縮—列一、卍—一七・二、国—経一五

六二二　仏説慧印三昧経（一巻）〔Nos. 633, 634〕……呉　支謙訳……四六〇
縮—宙一、卍—一〇・七

六二三　仏説如来智印経（一巻）〔Nos. 632, 634〕……失訳……四六八
縮—宙一、卍—一〇・七

六二四　仏説大乗智印経（五巻）〔Nos. 632, 633〕……宋　智吉祥等訳……四七四
縮—宙一、卍—一〇・七

六二五　仏説弘道広顕三昧経（四巻）……西晋　竺法護訳……四八八
縮—宙一、卍—一六・二

六二六　無極宝三昧経（二巻）〔No. 637〕……西晋　竺法護訳……五〇七
縮—宇九、卍—一三・二、国—経二

六二七　仏説宝如来三昧経（二巻）〔No. 636〕……東晋　祇多蜜訳……五一八
縮—宙一、卍—一〇・七

六二八　仏説超日明三昧経（二巻）……西晋　聶承遠訳……五三一
縮—宙三、卍—一一・四

六三九　月燈三昧経（十巻）［cf. No. 640］……高斉　那連提耶舎訳……五四九
縮—玄一〇、卍—一〇·三、国—経一

六四〇　仏説月燈三昧経（一巻）［No. 639 (Fasc. 6)］……劉宋　先公訳……六二〇
縮—玄一〇、卍—一〇·四

六四一　仏説月燈三昧経（一巻）……劉宋　先公訳……六二三
縮—玄一〇、卍—一〇·四

六四二　仏説首楞厳三昧経（二巻）……姚秦　鳩摩羅什訳……六二九
縮—黄七、卍—一二·四、国—経七

六四三　仏説観仏三昧海経（十巻）……東晋　仏陀跋陀羅訳……六四五
縮—黄五、卍—一二·一〇

六四四　仏説金剛三昧本性清浄不壊不滅経（一巻）……失　訳……六九七
縮—宙三、卍—一二·七

六四五　不必定入定入印経（一巻）［No. 646］……元魏　瞿曇般若流支訳……六九九
縮—宙八、卍—九·二

六四六　入定不定印経（一巻）［No. 645］……唐　義浄訳……七〇六
縮—宙八、卍—九·二

六四七　力荘厳三昧経（三巻）……隋　那連提耶舎訳……七一一
縮—宙一、卍—一二·六

六四八　寂照神変三摩地経（一巻）……唐　玄奘訳……七二三
縮—宙三、卍—一三·六

六四九　観察諸法行経（四巻）……隋　闍那崛多訳……七二七
縮—宇八、卍—一一·九

六五〇　諸法無行経（二巻）［Nos. 651, 652］……姚秦　鳩摩羅什訳……七五〇
縮—宇二、卍—九・八、国—経三
六五一　仏説諸法本無経（三巻）［Nos. 650, 652］……隋　闍那崛多訳……七六一
縮—宇二、卍—九・八
六五二　仏説大乗　随転宣説諸法経（三巻）［Nos. 650, 651］……宋　紹徳等訳……七七四
縮—宇二、卍—一六・二
六五三　仏蔵経（三巻）……姚秦　鳩摩羅什訳……七八二
縮—列一、卍—一七・二、国—経三
六五四　仏説入無分別法門経（一巻）……宋　施護訳……八〇五
縮—宙一、卍—一五・七
六五五　仏説勝義空経（一巻）……宋　施護等訳……八〇六
続—一・一・四

第十六巻　経集部三

六五六　菩薩瓔珞経（十四巻）……姚秦　竺仏念訳……一
縮—宇四、卍—一三・三、国—経一六
六五七　仏説華手経（十巻）……姚秦　鳩摩羅什訳……一二七
縮—宇五、卍—一一・九、国—経一三
六五八　宝雲経（七巻）［No. 659］……梁　曼陀羅仙訳……二〇九
縮—宇六、卍—九・六
六五九　大乗　宝雲経（七巻）［No. 658］……梁　曼陀羅仙共僧伽婆羅訳……二四一
六六〇　仏説宝雨経（十巻）……唐　達摩流支訳……二八三

六六一　大乗百福相経（一巻）[No. 662]……唐　地婆訶羅訳……三二八
縮—宇六、卍—九・六

六六二　大乗百福荘厳相経（一巻）[No. 661]……唐　地婆訶羅再訳……三三〇
縮—宇七、卍—一〇・七、国—経一五

六六三　金光明経（四巻）[Nos. 664, 665 ; cf. Nos. 1783—1787]……北涼　曇無讖訳……三三五
縮—宙七、卍—一〇・七

六六四　合部金光明経（八巻）[Nos. 663, 665]……隋　釈宝貴合……三五九
縮—黄九、卍—九・二、国—経五

六六五　金光明最勝王経（十巻）[Nos. 663, 664 ; cf. Nos. 1788, 2196—2199]……唐　義浄訳……四〇三
縮—黄九、卍—九・三

六六六　大方等如来蔵経（一巻）[No. 667]……東晋　仏陀跋陀羅訳……四五七
縮—黄九、卍—九・一

六六七　大方広如来蔵経（一巻）[No. 666]……唐　不空訳……四六〇
縮—宇三、卍—一一・四、国—経六

六六八　仏説不増不減経（一巻）……元魏　菩提流支訳……四六六
縮—成六、続—一・三・四

六六九　仏説無上依経（二巻）……梁　真諦訳……四六八
縮—宙一、卍—一三・六、国—経六

六七〇　楞伽阿跋多羅宝経（四巻）[Nos. 671, 672 ; cf. No. 1789]……劉宋　求那跋陀羅訳……四七九
縮—宙七、卍—一〇・七、国—経六

六七一　入楞伽経（十巻）[Nos. 670, 672]……元魏　菩提留支訳……五一四
縮—黄六、卍—九・一〇

六七二 大乗入楞伽経（七巻）［Nos. 670, 671 ; cf. No. 1790, 1791］……唐　実叉難陀訳……五八七
縮—黄六、卍—九・一〇、国—経七

六七三 大乗同性経（二巻）［No. 674］……宇文周　闍那耶舎訳……六四〇
縮—黄六、卍—九・一〇

六七四 証契大乗経（二巻）［No. 673］……唐　地婆訶羅訳……六五三
縮—宇二、卍—一〇・四、国—経一二

六七五 深密解脱経（五巻）［Nos. 676—679］……元魏　菩提流支訳……六六五
縮—宇二、卍—一〇・四

六七六 解深密経（五巻）［Nos. 675, 677—679］……唐　玄奘訳……六八八
縮—黄八、卍—一〇・六

六七七 仏説解節経（一巻）［Nos. 675(2—5), 676(2)］……陳　真諦訳……七一一
縮—黄八、卍—一〇・六、国—経三

六七八 相続解脱地波羅蜜了義経（一巻）［Nos. 675(10), 676(7)］……劉宋　求那跋陀羅訳……七一四
縮—黄八、卍—九・六

六七九 相続解脱如来所作随順処了義経（一巻）［Nos. 675(11), 676(8)］……劉宋　求那跋陀羅訳……七一八
縮—黄八、卍—九・六

六八〇 仏説仏地経（一巻）……唐　玄奘訳……七二〇
縮—黄八、卍—九・六

六八一 大乗密厳経（三巻）［No. 682］……唐　地婆訶羅訳……七二三
縮—黄八、卍—一三・六、国—経一三

六八二 大乗密厳経（三巻）［No. 681］……唐　不空訳……七四七
縮—黄八、卍—一三・二

六八三　仏説諸徳福田経（一巻）……西晋　法立法炬共訳……七七七
縮—閏一五、卍—一五・九、国—経一六

六八四　仏説父母恩難報経（一巻）……後漢　安世高訳……七七八
縮—宿八、卍—一二・四、国—経一四

六八五　仏説盂蘭盆経（一巻）[No. 686 ; cf. Nos. 1792, 2781]……西晋　竺法護訳……七七九
縮—宿八、卍—一五・一

六八六　仏説報恩奉盆経（一巻）[No. 685]……失訳……七八〇
縮—宙六、卍—一〇・七、国—経一四

六八七　仏説孝子経（一巻）……失訳……七八〇
縮—宙六、卍—一〇・七

六八八　仏説未曾有経（一巻）[No. 689]……失訳……七八一
縮—宿八、卍—一四・一〇

六八九　甚希有経（一巻）[No. 688]……唐　玄奘訳……七八二
縮—宙七、卍—一〇・七、国—経一四

六九〇　仏説希有挍量功徳経（一巻）……隋　闍那崛多訳……七八三
縮—宙七、卍—一〇・七

六九一　最無比経（一巻）……唐　玄奘訳……七八五
縮—宙八、卍—一〇・七

六九二　仏説作仏形像経（一巻）[No. 693]……失訳……七八八
縮—宙八、卍—一〇・七

六九三　仏説造立形像福報経（一巻）[No. 692]……失訳……七八八
縮—宙七、卍—一〇・七、国—経一四

六九四　仏説大乗造像功徳経（二巻）……唐　提雲般若訳……七九〇
縮—宙七、卍—一〇・七

六九五　仏説灌洗仏形像経（一巻）[No. 696]……西晋　法炬訳……七九六
縮—宙七、卍—一〇・七

六九六　仏説摩訶刹頭経（一巻）[No. 695]……西秦　聖堅訳……七九七
縮—宙八、卍—一〇・七、国—経一四

六九七　仏説浴像功徳経（一巻）[No. 698]……唐　宝思惟訳……七九八
縮—宙八、卍—一〇・七

六九八　浴仏功徳経（一巻）[No. 697]……唐　義浄訳……七九九
縮—宙八、卍—一〇・七、国—経一四

六九九　仏説造塔功徳経（一巻）……唐　地婆訶羅訳……八〇〇
縮—宙八、卍—一〇・七

七〇〇　右繞仏塔功徳経（一巻）……唐　実叉難陀訳……八〇一
縮—宙七、卍—一三・六

七〇一　仏説温室洗浴衆僧経（一巻）[cf. Nos. 1793, 2780]……後漢　安世高訳……八〇二
縮—宙七、卍—一三・五、国—経一四

七〇二　仏説施燈功徳経（一巻）……高斉　那連提耶舎訳……八〇三
縮—宙八、卍—一二・四、国—経一四

七〇三　燈指因縁経（一巻）……姚秦　鳩摩羅什訳……八〇八
縮—宙八、卍—一二・一〇、国—経一四

七〇四　仏説楼閣正法甘露鼓経（一巻）……宋　天息災訳……八一一
縮—宿七、卍—一五・一

七〇五 仏説布施経（一巻）……宋 法賢 訳……八一二
縮—宙七、卍—一五・二

七〇六 仏説五大施経（一巻）……宋 施護等 訳……八一三
縮—宿八、卍—一五・三

七〇七 仏説出家功徳経（一巻）……失 訳……八一三
縮—宿八、卍—一六・二

七〇八 了本生死経（一巻）〔Nos. 709—712〕……呉 支謙 訳……八一五
縮—宿七、卍—一五・一

七〇九 仏説稲芉経（一巻）〔Nos. 708, 710—712〕……失 訳……八一六
縮—宙七、卍—一〇・七、国—経一四

七一〇 慈氏菩薩所説大乗縁生稲䕸喩経（一巻）〔Nos. 708, 709, 711, 712〕……唐 不空 訳……八一九
縮—宙七、卍—一〇・七、国—経一四

七一一 大乗舎黎娑担摩経（一巻）〔Nos. 708—710, 712〕……宋 施護 訳……八二一
縮—閏一五、卍—一五・八

七一二 仏説大乗稲芉経（一巻）〔Nos. 708—711 ; cf. No. 2782〕……失 訳……八二三
縮—宙七、卍—一五・五

七一三 貝多樹下思惟十二因縁経（一巻）〔Nos. 714, 715〕……呉 支謙 訳……八二六
縮—宙七、卍—一〇・七

七一四 縁起聖道経（一巻）〔Nos. 713, 715〕……唐 玄奘 訳……八二七
縮—宙七、卍—一〇・七、国—経一四

七一五 仏説旧城喩経（一巻）〔Nos. 713, 714〕……宋 法賢 訳……八二九
縮—宙七、卍—一五・五

七一六　縁生初勝分法本経（二巻）［No. 717］……隋　達磨笈多訳……八三〇
七一七　分別縁起初勝法門経（二巻）［No. 716］……唐　玄奘訳……八三七
縮─宙七、卍─九・四
七一八　仏説分別縁生経（一巻）……宋　法天訳……八四四
縮─宙七、卍─九・三、国─経一四
七一九　十二縁生祥瑞経（二巻）……宋　施護訳……八四五
縮─宿七、卍─一五・七
七二〇　無明羅刹集（三巻）……失訳……八五〇
縮─宿六、卍─一五・三
縮─蔵八、卍─二六・九

第十七巻　経集部四

七二一　正法念処経（七十巻）……元魏　瞿曇般若流支訳……一
縮─宿一～四、卍─一四・四～七、国─経八～一一
七二二　妙法聖念処経（八巻）……宋　法天訳……四一九
縮─宙五、卍─一五・三
七二三　分別業報略経（一巻）……大勇菩薩撰……劉宋　僧伽跋摩訳……四四六
縮─蔵八、卍─二六・七、国─経一四
七二四　仏説罪業応報教化地獄経（一巻）……後漢　安世高訳……四五〇
縮─宙八、卍─一四・一〇
七二五　仏説六道伽陀経（一巻）……宋　法天訳……四五二
縮─蔵九、卍─一五・三

七二六 六趣輪迴経（一巻）……馬鳴菩薩集…宋 日称等訳……四五五
縮―蔵九、続―一・二・一、国―経一四

七二七 十不善業道経（一巻）……馬鳴菩薩集…宋 日称等訳……四五七
縮―蔵八、卍―二六・九

七二八 諸法集要経（十巻）……観無畏尊者集…宋 日称等訳……四五八
縮―蔵九、続―一・二・一、国―経一四

七二九 仏説分別善悪所起経（一巻）……後漢 安世高訳……五一六
縮―宿六、卍―一四・一〇

七三〇 仏説処処経（一巻）……後漢 安世高訳……五二三
縮―宿六、卍―一四・一〇

七三一 仏説十八泥犁経（一巻）……後漢 安世高訳……五二八
縮―宿六、卍―一四・一〇

七三二 仏説罵意経（一巻）……後漢 安世高訳……五三〇
縮―宿八、卍―一四・一〇

七三三 仏説堅意経（一巻）……後漢 安世高訳……五三四
縮―宿八、卍―一五・一

七三四 仏説鬼問目連経（一巻）……後漢 安世高訳……五三五
縮―宿六、卍―一四・三、国―経一四

七三五 仏説四願経（一巻）……呉 支謙訳……五三六
縮―宿八、卍―一四・一〇、国―経一四

七三六 仏説四自侵経（一巻）……西晋 竺法護訳……五三八
縮―宿八、卍―一五・一

七三七　所欲致患経（一巻）……西晋　竺法護訳……五三九
縮—宿八、卍—一四・一〇
七三八　仏説分別経（一巻）……西晋　竺法護訳……五四一
縮—宿八、卍—一四・一〇
七三九　仏説慢法経（一巻）……西晋　法炬訳……五四二
縮—宿七、卍—一四・一二
七四〇　仏説頞多和多耆経（一巻）……失訳……五四三
縮—宿七、卍—一五・一
七四一　五苦章句経（一巻）……東晋　竺曇無蘭訳……五四三
縮—宿八、卍—一五・一、国—経一四
七四二　仏説自愛経（一巻）……東晋　竺曇無蘭訳……五四八
縮—宿八、卍—一五・一
七四三　仏説忠心経（一巻）……東晋　竺曇無蘭訳……五五〇
縮—宿八、卍—一五・一
七四四　仏説除恐災患経（一巻）……乞伏秦　聖堅訳……五五二
縮—宿八、卍—一一・四
七四五　仏説雑蔵経（一巻）……東晋　法顕訳……五五七
縮—宿六、卍—一四・三、国—経一四
七四六　餓鬼報応経（一巻）……失訳……五六〇
縮—宿六、卍—一四・三
七四七　仏説罪福報応経（一巻）……劉宋　求那跋陀羅訳……五六二
縮—宿六、卍—一五・一

七四八 仏説輪転五道罪福報応経（一巻・別本）……劉宋 求那跋陀羅訳……五六三
仏説護浄経（一巻）……失訳……五六四
縮—宿八、卍—一五・一
七四九 仏説因縁僧護経（一巻）……失訳……五六五
縮—宿八、卍—一五・二
七五〇 沙弥羅経（一巻）……失訳……五七二
縮—宿七、卍—一四・二
七五一 仏説五無反復経（一巻）[No. 752]……劉宋 沮渠京声訳……五七三
縮—宿七、卍—一五・一
七五二 仏説五無返復経（一巻・別本）……劉宋 沮渠京声訳……五七三
仏説五無返復経（一巻）[No. 751]……劉宋 沮渠京声訳……五七四
縮—宿七、卍—一五・一
七五三 十二品生死経（一巻）……劉宋 求那跋陀羅訳……五七五
縮—宿六、卍—一五・一
七五四 仏説未曾有因縁経（二巻）……蕭斉 曇景訳……五七五
縮—宿八、卍—二・四
七五五 仏説浄意優婆塞所問経（一巻）……宋 施護訳……五八八
縮—宿六、卍—一五・七
七五六 仏説八無暇有暇経（一巻）……唐 義浄訳……五九〇
縮—宿八、卍—一五・一
七五七 仏説身毛喜豎経（三巻）……宋 惟浄等訳……五九一
縮—宿七、卍—一五・七

七五八　仏説諸行有為経（一巻）……宋　法天訳……六〇〇
縮―宿八、卍―一五・二
七五九　仏説較量寿命経（一巻）……宋　天息災訳……六〇一
縮―宿六、卍―一五・三
七六〇　惟日雑難経（一巻）……呉　支謙訳……六〇五
縮―暑五、卍―二六・五
七六一　仏説法集経（六巻）……元魏　菩提流支訳……六〇九
縮―宇七、卍―一一・一〇
七六二　仏説決定義経（一巻）〔No. 763〕……宋　法賢訳……六五〇
縮―宿七、卍―一五・七
七六三　仏説法乗義決定経（三巻）〔No. 762〕……宋　金総持等訳……六五四
縮―宿七、卍―一六・三
七六四　仏説法集名数経（一巻）……宋　施護訳……六六〇
縮―暑五、卍―一五・三
七六五　本事経（七巻）……唐　玄奘訳……六六二
縮―辰六、卍―一四・一〇、南―一三、国―経一四
七六六　仏説法身経（一巻）……宋　法賢訳……六九九
縮―宙七、卍―一五・五、国―経一五
七六七　仏説三品弟子経（一巻）……呉　支謙訳……七〇〇
縮―宙八、卍―一三・五
七六八　三慧経（一巻）……失訳……七〇一
縮―蔵八、卍―二六・七

七六九　仏説四輩経（一巻）……西晋　竺法護訳……七〇五
縮―宙八、卍―一三・五、国―経一五

七七〇　仏説四不可得経（一巻）……西晋　竺法護訳……七〇六
縮―宙八、卍―一一・四

七七一　四品学法経（一巻）……劉宋　求那跋陀羅訳……七〇七
縮―蔵五、卍―二七・一

七七二　大乗四法経（一巻）……唐　地婆訶羅訳……七〇八
縮―宙七、卍―一〇・七

七七三　仏説菩薩修行四法経（一巻）……唐　地婆訶羅訳……七〇八
縮―宙七、卍―一〇・七

七七四　大乗四法経（一巻）……唐　実叉難陀訳……七〇九
縮―宙七、卍―一三・六

七七五　仏説四無所畏経（一巻）……宋　施護訳……七一一
縮―宿七、卍―一五・五、国―経一五

七七六　仏説四品法門経（一巻）……宋　法賢訳……七一二
縮―宿七、卍―一六・一

七七七　仏説賢者五福徳経（一巻）……西晋　白法祖訳……七一四
縮―宿八、卍―一五・一

七七八　仏説菩薩内習六波羅蜜経（一巻）……後漢　厳仏調訳……七一四
縮―蔵五、卍―一三・二

七七九　仏説八大人覚経（一巻）……後漢　安世高訳……七一五
縮―蔵五、卍―一三・六、国―経一五

七六〇 仏説十力経（一巻）[No. 781]……唐 勿提提犀魚訳……七一五
縮—閏一五、続—一・三・一、国—経一五
七六一 仏説仏十力経（一巻）[No. 780]……宋 施護等訳……七一八
縮—宿七、続—一・一・四、国—経一五
七六二 仏説十号経（一巻）……宋 天息災訳……七一九
縮—宙七、卍—一五・四
七六三 仏説十二頭陀経（一巻）……劉宋 求那跋陀羅訳……七二〇
縮—宙八、卍—一三・四
七六四 四十二章経（一巻）[cf. No. 1794]……後秦 迦葉摩騰共法蘭訳……七二二
縮—蔵五、卍—一四・三、国—経一三
七六五 得道梯橙錫杖経（一巻）……失訳……七二四
縮—宿七、卍—一四・一〇
附、又持錫杖法（一巻）……七二五
七六六 仏説木槵子経（一巻）……失訳……七二六
縮—宿八、卍—一五・一
七六七 曼殊室利呪蔵中校量数珠功徳経（一巻）[No. 788]……唐 義浄訳……七二六
縮—成一三、卍—一〇・七
七六八 仏説校量数珠功徳経（一巻）[No. 787]……唐 宝思惟訳……七二七
縮—成一三、卍—一〇・七、国—経一五
七六九 金剛頂瑜伽念珠経（一巻）……唐 不空訳……七二七
縮—閏一五、卍—一六・六
七七〇 仏説孛経抄（一巻）……呉 支謙訳……七二九

七九一　縮―宿八、卍―一一・三、国―経一五
仏説出家縁経（一巻）……後漢 安世高 訳……七三六

七九二　縮―宿八、卍―一四・一〇
仏説法受塵経（一巻）……後漢 安世高 訳……七三六

七九三　縮―宿八、卍―一四・一〇、国―経一三
仏説仏医経（一巻）……呉 竺律炎共支越 訳……七三七

七九四　縮―宿八、卍―二六・五
仏説時非時経（一巻）……西晋 若羅厳 訳……七三八

縮―宿八、卍―一五・一
仏説時非時経（一巻・別本）……西晋 若羅厳 訳……七三九

七九五　仏説治身経（一巻）……失訳……七三九

縮―宿八、卍―二六・六
七九六　仏説見正経（一巻）……東晋 竺曇無蘭 訳……七四〇

縮―宿八、卍―一五・一、国―経一五
七九七　仏説貧窮老公経（一巻）……劉宋 慧簡 訳……七四二

縮―宿七、卍―一四・一〇
仏説貧窮老公経（一巻・別本）……劉宋 慧簡 訳……七四三

七九八　仏説進学経（一巻）……劉宋 沮渠京声 訳……七四四

縮―宿八、卍―一四・一〇
七九九　仏説略教誡経（一巻）……唐 義浄 訳……七四四

縮―宿八、卍―一五・一、国―経一三
八〇〇　仏説無上処経（一巻）……失訳……七四五

八〇一　仏説無常経（一巻）……………………唐　義浄　訳……七四五
縮―宿七、卍―一五・一

八〇二　仏説信解智力経（一巻）……………………宋　法賢　訳……七四七
縮―宿七、卍―一五・一、国―経一三

八〇三　仏説清浄心経（一巻）……………………宋　施護等　訳……七四九
縮―宿七、卍―一五・五

八〇四　仏説解憂経（一巻）……………………宋　法天　訳……七四九
続―一・一・四

八〇五　仏説栴檀樹経（一巻）……………………失　訳……七五〇
縮―宿七、卍―一五・四

八〇六　仏説枯樹経（一巻）……………………失　訳……七五一
縮―宿七、卍―一五・一

八〇七　仏説内蔵百宝経（一巻）……………………後漢　支婁迦讖　訳……七五一
縮―昃四、卍―一四・二

八〇八　仏説犢子経（一巻）[No. 809]……………………呉　支謙　訳……七五四
縮―宙八、卍―一一・四、国―経一五

八〇九　仏説乳光仏経（一巻）[No. 808]……………………西晋　竺法護　訳……七五四
縮―宙七、卍―一〇・五

八一〇　諸仏要集経（二巻）……………………西晋　竺法護　訳……七五六
縮―宙七、卍―一〇・五

八一一　仏説決定総持経（一巻）……………………西晋　竺法護　訳……七七〇
縮―黄一〇、卍―一一・四、国―経一五

八一二　菩薩行五十縁身経（一巻）……西晋　竺法護訳……七七三
縮—宙八、卍—一〇・六、国—経一五

八一三　仏説無希望経（一巻）［No. 814］……西晋　竺法護訳……七七五
縮—宙八、卍—一一・四

八一四　仏説象腋経（一巻）［No. 813］……劉宋　曇摩蜜多訳……七八一
縮—宙八、卍—一〇・四

八一五　仏昇忉利天為母説法経（三巻）［No. 816］……西晋　竺法護訳……七八七
縮—宙八、卍—一〇・四、国—経一三

八一六　仏説道神足無極変化経（四巻）［No. 815］……西晋　安法欽訳……七九九
縮—宙六、卍—一一・四、国—経一三

八一七　仏説大浄法門経（一巻）［No. 818］……西晋　竺法護訳……八一七
縮—宙六、卍—九・五

八一八　大荘厳法門経（二巻）［No. 817］……隋　那連提耶舎訳……八二五
縮—宙一、卍—一〇・二

八一九　仏説法常住経（一巻）……
縮―寅一、卍―10・三、国―経三 失訳……八三三
縮—宙一、卍—一〇・二、国—経一三

八二〇　仏説演道俗業経（一巻）……乞伏秦　聖堅訳……八三四
縮—宙八、卍—一三・四

八二一　大方広如来秘密蔵経（二巻）……
縮―寅七、卍―二・七 失訳……八三七
縮—宙七、卍—一一・七

八二二　仏説諸法勇王経（一巻）［
縮―宇10、卍―二・三、国―経三 Nos. 823, 824］……劉宋　曇摩蜜多訳……八四六
縮—宇一〇、卍—一三・二、国—経一三

八二三　仏説一切法高王経（一巻）[Nos. 822, 824]……元魏　瞿曇般若流支訳……八五二
縮—寅八、卍—一〇・五、国—経一五

八二四　諸法最上王経（一巻）[Nos. 822, 823]……隋　闍那崛多訳……八五九
縮—寅八、卍—一〇・五

八二五　仏説甚深大迴向経（一巻）……失訳……八六七
縮—寅八、卍—一三・六

八二六　弟子死復生経（一巻）……劉宋　沮渠京声訳……八六八
縮—寅八、卍—一三・五

八二七　仏説懈怠耕者経（一巻）……劉宋　恵簡訳……八七〇
縮—寅八、卍—一五・一

八二八　無字宝篋経（一巻）[Nos. 829, 830]……元魏　菩提流支訳……八七〇
縮—寅八、卍—一五・一

八二九　大乗離文字普光明蔵経（一巻）[Nos. 828, 830]……唐　地婆訶羅訳……八七二
縮—宇三、卍—一〇・五

八三〇　大乗遍照光明蔵無字法門経（一巻）[Nos. 828, 829]……唐　地婆訶羅再訳……八七四
縮—宇三、卍—一〇・五、国—経一五

八三一　謗仏経（一巻）……元魏　菩提流支訳……八七六
縮—宇三、卍—一〇・五

八三二　仏語経（一巻）……元魏　菩提流支訳……八七八
縮—寅八、卍—一〇・六

八三三　第一義法勝経（一巻）[No. 834]……元魏　瞿曇般若流支訳……八七九
縮—寅八、卍—一一・四、国—経一五

八三四　大威燈光仙人問疑経（一巻）[No. 833]……隋　闍那崛多等訳……八八三
縮—宙一、卍—一〇・五、国—経一五

八三五　如来師子吼経（一巻）[No. 836]……元魏　仏陀扇多訳……八八八
縮—宙一、卍—一〇・五

八三六　大方広師子吼経（一巻）[No. 835]……唐　地婆訶羅訳……八九〇
縮—宙三、卍—一〇・七、国—経一五

八三七　仏説出生菩提心経（一巻）[No. 838]……隋　闍那崛多訳……八九一
縮—宙三、卍—一〇・七

八三八　仏説発菩提心破諸魔経（二巻）[No. 837]……宋　施護訳……八九六
縮—宙三、卍—一三・四、国—経一五

八三九　占察善悪業報経（二巻）……隋　菩提燈訳……九〇一
縮—宙三、卍—一五・七

八四〇　称讃大乗功徳経（一巻）[No. 841]……唐　玄奘訳……九一〇
縮—玄一〇、卍—一三・五、国—経一五

八四一　説妙法決定業障経（一巻）[No. 840]……唐　智厳訳……九一二
縮—宙七、卍—一〇・七、国—経一五

八四二　大方広円覚修多羅了義経（一巻）[cf. No. 1795]……唐　仏陀多羅訳……九一三
縮—宙七、卍—一〇・七

八四三　仏説大乗不思議神通境界経（三巻）……宋　施護訳……九二二
縮—天一一、卍—一一・一〇、国—経一五

八四四　仏説大方広未曾有経善巧方便品（一巻）……宋　施護訳……九三一
縮—宙三、卍—一五・七、国—経一五

八四五　仏説尊那経（一巻）……………………………………宋　法　賢　訳……九三二
縮—宙八、卍—一五・一〇

八四六　外道問聖大乗法無我義経（一巻）……………………宋　法　天　訳……九三四
縮—宙八、卍—一五・五

八四七　大乗修行菩薩行門諸経要集（三巻）…………………唐　智　厳　訳……九三五
縮—宙一、卍—一五・三、国—経一五
縮—蔵五、卍—一六・一〇

第十八巻　密教部一

八四八　大毘盧遮那成仏神変加持経（七巻）［cf. Nos. 849, 1797, 2212］……唐　善無畏・一行　訳……一
縮—閏一、卍—一二・六〜七、国—密一

八四九　大毘盧遮那仏説要略念誦経（一巻）［No. 848 (Fasc. 7)］……唐　菩提金剛　訳……五五
縮—閏一、続—一・二・三

八五〇　摂大毘盧遮那成仏神変加持経入蓮華胎蔵海会悲生曼荼攞広大念誦儀軌供養方便会（三巻）……唐　輸婆迦羅　訳……六五
縮—余六、続—一・三・四

八五一　大毘盧遮那経広大儀軌（三巻）……………………唐　善　無　畏　訳……九〇
縮—余六、続—一・三・三

八五二　大毘盧遮那成仏神変加持経蓮華胎蔵悲生曼荼羅広大成就儀軌供養方便会（二巻）……唐　法　全　集……一〇八
縮—余六、続—一・九・四

八五三　大毘盧舎那成仏神変加持経蓮華胎蔵悲生曼荼羅広大成就儀軌（二巻・別本）……………………一二七

八五三　大毘盧遮那成仏神変加持経蓮華胎蔵菩提幢標幟普通真言蔵広大成就瑜伽（三巻）……唐　法全　集……一四三
縮―余六、続―二・九・四、国―密三

八五四　胎蔵梵字真言（二巻）……失　訳……一六四

八五五　青龍寺軌記（一巻）……一七二
縮―余四、続―二・九・四

八五六　大毘盧遮那成仏神変加持経略示七支念誦随行法（一巻）……唐　不空　訳……一七四
縮―閏一、卍―二六・一〇、国―密三

八五七　大日経略摂念誦随行法（一巻）……唐　不空　訳……一七六
縮―閏一、卍―二六・一〇

八五八　大毘盧遮那略要速疾門五支念誦法（一巻）……失　訳……一七七
続―一・三・五

八五九　供養儀式（一巻）……失　訳……一七七
縮―閏一、続―一・二・三

八六〇　大日経持誦次第儀軌（一巻）……失　訳……一八一
縮―余一、続―一・三・一

八六一　毘盧遮那五字真言修習儀軌（一巻）……唐　不空　訳……一八八
縮―余一、続―一・三・一

八六二　阿闍梨大曼荼攞灌頂儀軌（一巻）……一八八
縮―余三、続―一・三・三、国―密三

八六三　大毘盧遮那経阿闍梨真実智品中阿闍梨住阿字観門（一巻）……唐　惟謹　述……一九三
続―二・九・四

八六四 A 大日如来剣印（一巻）……………………一九五
縮—余三、続—一・三・三
B 胎蔵金剛教法名号（一巻）……………………唐　義操集……二〇三
続—二・九・四
八六五 金剛頂一切如来真実摂大乗現証大教王経（三巻）[Nos. 866, 882(1) ; cf. Nos. 2221—2225]……………………唐　不空訳……二〇七
縮—閏二、卍—六・四、国—密二
八六六 金剛頂瑜伽中略出念誦経（四巻）[Nos. 865, 882 ; cf. No. 1798]……………………唐　金剛智訳……二二三
縮—閏一、卍—三・八、国—密一
八六七 金剛峯楼閣一切瑜伽瑜祇経（二巻）[cf. Nos. 2228, 2229]……………………唐　金剛智訳……二五三
縮—閏二、卍—六・七
八六八 諸仏境界摂真実経（三巻）……………………唐　般若訳……二七〇
縮—閏二、続—一・二・四、国—密二
八六九 金剛頂経瑜伽十八会指帰（一巻）……………………唐　不空訳……二八四
縮—閏二、卍—二七・二
八七〇 略述金剛頂瑜伽分別聖位修証法門（一巻）……………………唐　不空訳……二八七
縮—閏二、卍—二七・一、国—密三
八七一 金剛頂瑜伽略述三十七尊心要（一巻）……………………唐　不空訳……二九一
縮—閏二、続—一・二・四、国—密四
八七二 金剛頂瑜伽三十七尊出生義（一巻）……………………唐　不空訳……二九七
縮—閏二、続—一・二・四、国—密三
八七三 金剛頂蓮華部心念誦儀軌（一巻）[No. 874 ; cf. Nos. 875, 2232]……………………唐　不空訳……二九九

縮―閏二、卍―二七・一
八七四　金剛頂一切如来真実摂大乗現証大教王経（三巻）［No. 873 ; cf. No. 875］……唐　不空訳……三一〇

縮―閏三、卍―二六・八
八七五　蓮華部心念誦儀軌（一巻）［cf. Nos. 873, 874］……失訳……三二二

八七六　金剛頂瑜伽修習毘盧遮那三摩地法（一巻）……唐　金剛智訳……三二六

縮―閏三、卍―二七・一、国―密三
八七七　金剛頂経毘盧遮那一百八尊法身契印（一巻）……唐　善無畏　一行　訳……三三一

縮―閏三、続―一・二・三
八七八　金剛頂経金剛界大道場毘盧遮那如来自受用身内証智眷属法身異名仏最上乗秘密三摩地礼懺文（一巻）……唐　不空訳……三三五

縮―閏五、卍―二七・二
八七九　金剛頂瑜伽三十七尊礼（一巻）［cf. No. 878］……唐　不空訳……三三七

縮―閏五
八八〇　瑜伽金剛頂経釈字母品（一巻）……唐　不空訳……三三八

縮―閏五、卍―一六・九
八八一　賢劫十六尊（一巻）……三三九

縮―余四、続―一・三・三
八八二　仏説一切如来真実摂大乗現証三昧大教王経（三十巻）［cf. Nos. 865, 866, 2226］……宋　施護等訳……三四一

縮―成一～二、卍―一六・三
八八三　仏説秘密三昧大教王経（四巻）……宋　施護等訳……四四六

縮―成一〇、卍―一六・五

八八四　仏説秘密相経（三巻）……宋　施護等訳……四六三
縮―成三、卍―六・五
八八五　仏説一切如来金剛三業最上秘密大教王経（七巻）……宋　施護訳……四六九
縮―成二～三、卍―六・五、国―密四
八八六　仏説金剛場荘厳般若波羅蜜多教中一分（一巻）……宋　施護訳……五一一
縮―成三、卍―五・七
八八七　仏説無二平等最上瑜伽大教王経（六巻）……宋　施護訳……五一四
縮―成四、卍―六・六
八八八　一切秘密最上名義大教王儀軌（二巻）……宋　施護訳……五三六
縮―成二、卍―六・一〇
八八九　一切如来大秘密王未曾有最上微妙大曼拏羅経（五巻）……宋　天息災訳……五四一
縮―成二、卍―六・三
八九〇　仏説瑜伽大教王経（五巻）……宋　法賢訳……五五九
縮―成四、卍―六・四
八九一　仏説幻化網大瑜伽教十忿怒明王大明観想儀軌経（一巻）……宋　法賢訳……五八三
縮―成三、卍―六・一〇
八九二　仏説大悲空智金剛大教王儀軌経（五巻）……宋　法護訳……五八七
縮―成三、卍―六・一〇、国―密二
八九三　蘇悉地羯囉経（三巻）……唐　輸婆迦羅訳……六〇三
縮―閏三、卍―一二・七～八、国―密五
蘇悉地羯囉経（三巻・別本一）……唐　輸婆迦羅訳……六三三
蘇悉地羯羅経（三巻・別本二）［cf. No. 2232］……唐　輸婆迦羅訳……六六三

八九四　蘇悉地羯羅供養法（三巻）……唐　善無畏訳……六九二
　縮―閏三、卍―二七・一
八九五　蘇悉地羯羅供養法（三巻・別本）……唐　善無畏訳……七〇四
　縮―閏三、卍―二三・七、国―密二
　蘇婆呼童子請問経（三巻）[cf. No. 896]……唐　輸婆迦羅訳……七一九
八九六　蘇婆呼童子請問経（三巻・別本）……唐　輸婆迦羅訳……七三五
　妙臂菩薩所問経（四巻）[cf. No. 895]……宋　法天訳……七四六
　縮―成一一、卍―一五・三
八九七　蕤呬耶経（三巻）……唐　不空訳……七六〇
　縮―閏四、続―一・三・二、国―密二
八九八　仏説毘奈耶経（一巻）……七七三
　縮―閏四、続―一・二・四、国―密二
八九九　清浄法身毘盧遮那心地法門成就一切陀羅尼三種悉地（一巻）……七七六
　続―一・三・五、国―密三
九〇〇　十八契印（一巻）……唐　恵果造……七八一
　縮―余一、続―一・三・一
九〇一　陀羅尼集経（十二巻）[cf. Nos. 1034—1036, 1070—1072A, 1073, 1074, 1092]……唐　阿地瞿多訳……七八五
　縮―閏四～五、卍―一三・一～二
九〇二　総釈陀羅尼義讃（一巻）……唐　不空訳……八九八
　縮―余一
九〇三　都部陀羅尼目（一巻）……唐　不空訳……八九八
　縮―閏三、卍―二七・二、国―密二

九〇四 念誦結護法普通諸部（一巻）……唐 金剛智述……九〇〇
縮—余四、続—一・三・三、国—密二
九〇五 三種悉地破地獄転業障出三界秘密陀羅尼法（一巻）[cf. Nos. 906, 907]……唐 善無畏訳……九〇九
縮—余一、続—一・三・一、国—密三
九〇六 仏頂尊勝心破地獄転業障出三界秘密三身仏果三種悉地真言儀軌（一巻）
[cf. Nos. 905, 907]……唐 善無畏訳……九一二
縮—余三、続—一・三・三、国—密三
九〇七 仏頂尊勝心破地獄転業障出三界秘密陀羅尼（一巻）[cf. Nos. 905, 906]……唐 善無畏訳……九一四
縮—余三、続—一・三・三
九〇八 金剛頂瑜伽護摩儀軌（一巻）……唐 不空訳……九一六
縮—閏五、卍—二七・二、国—密二
九〇九 金剛頂瑜伽護摩儀軌（一巻）……唐 不空訳……九二〇
縮—余三
九一〇 梵天択地法（一巻）……九二四
縮—閏一五、続—二・九・三
九一一 建立曼荼羅及揀択地法（一巻）……唐 慧琳集……九二六
縮—閏一五、続—二・九・四、国—密三
九一二 建立曼荼羅護摩儀軌（一巻）……唐 法全集……九二九
縮—余一、続—二・九・四、国—密二
九一三 火吽供養儀軌（一巻）……九三四
縮—余一、続—二・九・四
九一四 火吽軌別録（一巻）……九三六

九一五　受菩提心戒儀（一巻）……唐　不空　訳……九四〇
縮—余二、続—二・九・三
九一六　受五戒八戒文（一巻）……九四一
縮—閏一、卍—二七・二、国—密三
九一七　無畏三蔵禅要（一巻）……九四二
縮—閏一
縮—閏一、続—二・九・三、国—密三

第十九巻　密教部二

九一八　諸仏心陀羅尼経（一巻）[cf. No. 919]……唐　玄奘　訳……一
縮—閏五、卍—三・五
九一九　諸仏心印陀羅尼経（一巻）[cf. No. 918]……宋　法天　訳……一
縮—成八、卍—一五・三
九二〇　仏心経（二巻）……唐　菩提流志　訳……二
縮—余三、続—一・三・三、国—密三
九二一　阿閦如来念誦供養法（一巻）……唐　不空　訳……一五
縮—閏五、卍—二七・一
九二二　薬師瑠璃光如来消災除難念誦儀軌（一巻）[cf. Nos. 449—451]……唐　一行　撰……二〇
縮—余一、続—一・三・一
九二三　薬師如来観行儀軌法（一巻）……唐　金剛智　訳……二二
縮—余三、続—一・三・一
九二四A　薬師如来念誦儀軌（一巻）……唐　不空　訳……二九

縮―余一、続―一・三・三
B 薬師如来念誦儀軌（一巻）……唐　不空　訳……三〇
縮―余一、続―一・三・三
C 薬師儀軌一具（一巻）……三〇
続―二・九・四
九二五 薬師琉璃光王七仏本願功徳経念誦儀軌（二巻）……元　沙囉巴　訳……三三
縮―成一二、続―一・三・四
九二六 薬師琉璃光王七仏本願功徳経念誦儀軌供養法（一巻）……元　沙囉巴　訳……四一
縮―成一二、続―一・三・四
九二七 薬師七仏供養儀軌如意王経（一巻）……清　工布査布　訳……四八
九二八 修薬師儀軌布壇法（一巻）……清　阿旺扎什補　訳……六二
九二九 浄瑠璃浄土摽（一巻）……六六
九三〇 無量寿如来観行供養儀軌（一巻）……唐　不空　訳……六七
縮―閏五、卍―二七・一
九三一 金剛頂経観自在王如来修行法（一巻）[cf. No. 932]……唐　不空　訳……七二
縮―閏五、卍―二七・一
九三二 金剛頂経瑜伽観自在王如来修行法（一巻）[cf. No. 931]……唐　金剛智　訳……七五
縮―閏五、卍―二七・一
九三三 九品往生阿弥陀三摩地集陀羅尼経（一巻）……唐　不空　訳……七九
縮―余三、続―一・三・三
九三四 仏説無量功徳陀羅尼経（一巻）……宋　法賢　訳……八〇
縮―成八、卍―一五・五

九三五　極楽願文（一巻）……………………………清　達喇嘛嘎卜楚薩木丹達爾吉訳……八〇

九三六　大乗無量寿経（一巻）［cf. No. 937］……………………失　訳……八二

九三七　仏説大乗聖無量寿決定光明王如来陀羅尼経（一巻）［cf. No. 936］……………宋　法　天　訳……八五

縮—成八、卍—一五・二

九三八　釈迦文尼仏金剛一乗修行儀軌法品（一巻）……………………………………八六

縮—余一、続—一・三・一

九三九　仏説大乗観想曼拏羅浄諸悪趣経（二巻）……………………宋　法　賢　訳……八八

縮—成三、卍—一六・九

九四〇　仏説帝釈巌秘密成就儀軌（一巻）……………………宋　施　護　訳……九五

縮—成六、卍—一六・一〇

九四一　釈迦牟尼仏成道在菩提樹降魔讃（一巻）……………………………………九七

縮—閏五、続—一・二・五

九四二　釈迦仏讃（一巻）……………………清　達喇嘛薩穆丹達爾吉訳……九七

九四三　仏説無能勝幡王如来荘厳陀羅尼経（一巻）……………………宋　施　護　訳……九八

縮—成八、卍—一五・二

九四四　A大仏頂如来放光悉怛多鉢怛囉陀羅尼（一巻）［cf. No. 2234］……………唐　不　空　訳……一〇〇

縮—閏六、続—一・二・四

B大仏頂大陀羅尼（一巻）［cf. No. 2235］……………………………………一〇二

九四五　大仏頂如来密因修証了義諸菩薩万行首楞厳経（十巻）［cf. Nos. 1799, 2233］……唐　般剌蜜帝　訳……一〇五

縮—成一、卍—一三・四

九四六　大仏頂広聚陀羅尼経（五巻）……………………………………失　訳……一五五

九四七　大仏頂如来放光悉怛多般怛羅大神力都摂一切呪王陀羅尼経大威徳最勝

九四八　金輪王仏頂要略念誦法（一巻）……唐　不空　訳……一八九
　金輪三昧呪品（一巻）……一八〇
九四九　奇特最勝金輪仏頂念誦儀軌法要（一巻）……失　訳……一九〇
　縮—閲六、卍—二六・一〇
九五〇　菩提場所説一字頂輪王経（五巻）[Nos. 951, 952 ; cf. No. 2230]……唐　不空　訳……一九三
　縮—閲六、卍—二六・四
九五一　一字仏頂輪王経（五巻）[Nos. 950, 952]……唐　菩提流志　訳……二二四
　縮—閲六、卍—二三・七
九五二　五仏頂三昧陀羅尼経（四巻）[Nos. 950, 951]……唐　菩提流志　訳……二六三
　縮—成四、国—密三
九五三　一字奇特仏頂経（三巻）……唐　不空　訳……二八五
　縮—閲五、卍—二六・四、国—密五
九五四A　一字頂輪王念誦儀軌（一巻）……唐　不空　訳……三〇七
　縮—閲五、卍—二七・一
B　一字頂輪王念誦儀軌（一巻）……三一〇
　縮—閲五
九五五　一字頂輪王瑜伽観行儀軌（一巻）……唐　不空　訳……三一三
　縮—閲六、卍—二六・六
九五六　大陀羅尼末法中一字心呪経（一巻）……唐　宝思惟　訳……三一五
　縮—閲六、卍—二三・八、国—密五
九五七　金剛頂経一字頂輪王瑜伽一切時処念誦成仏儀軌（一巻）……唐　不空　訳……三二〇
　縮—閲六、続—一・二・四、国—密五

九五八　金剛頂経一字頂輪王儀軌音義（一巻）……三二七
縮—余三
九五九　頂輪王大曼荼羅灌頂儀軌（一巻）……唐　習弘集……三二七
九六〇　一切如来説仏頂輪王一百八名讃（一巻）……宋　施護訳……三三〇
縮—成八、卍—六・一〇
九六一　如意宝珠転輪秘密現身成仏金輪呪王経（一巻）……唐　不空訳……三三〇
縮—余二、続—一・三・二
九六二　宝悉地成仏陀羅尼経（一巻）……唐　不空訳……三三五
縮—余二、続—一・三・二
九六三　仏説熾盛光大威徳消災吉祥陀羅尼経（一巻）［No. 964］……唐　不空訳……三三七
縮—閏六、卍—六・二
九六四　仏説大威徳金輪仏頂熾盛光如来消除一切災難陀羅尼経（一巻）［No. 963］……失訳……三三八
縮—閏六、卍—六・二
九六五　大妙金剛大甘露軍拏利焔鬘熾盛仏頂経（一巻）……唐　達磨栖那訳……三三九
縮—余一、続—一・三・一
九六六　大聖妙吉祥菩薩説除災教令法輪（一巻）……三四二
縮—余一、続—一・三・一
九六七　仏頂尊勝陀羅尼経（一巻）［Nos. 968—971 ; cf. Nos. 972—974, 1803］……唐　仏陀波利訳……三四九
縮—閏六、卍—一一・一
九六八　仏頂尊勝陀羅尼経（一巻）［Nos. 967, 969—971 ; cf. Nos. 972—974］……唐　杜行顗訳……三五三
縮—成五、卍—一一・一
九六九　仏頂最勝陀羅尼経（一巻）［Nos. 967, 968, 970, 971 ; cf. Nos. 972—974］……唐　地婆訶羅訳……三五五

九七〇　最勝仏頂陀羅尼浄除業障呪経（一巻）〔Nos. 967—969, 971 ; cf. Nos. 972—974〕……唐　地婆訶羅訳……三五七
縮—成五、卍—一二・一
九七一　仏説仏頂尊勝陀羅尼経（一巻）〔Nos. 967—970 ; cf. Nos. 972—974〕……唐　義浄訳……三六一
縮—閏六、卍—一二・一
九七二　仏頂尊勝陀羅尼念誦儀軌法（一巻）〔cf. Nos. 967—971〕……唐　不空訳……三六四
縮—成五、卍—一二・一
九七三　尊勝仏頂脩瑜伽法軌儀（二巻）〔cf. Nos. 967—971〕……唐　善無畏訳……三六八
縮—閏六、卍—一三・一
九七四A　最勝仏頂陀羅尼経（一巻）〔cf. Nos. 967—971〕……宋　法天訳……三八三
縮—余一、続—一・三・一
B　仏頂尊勝陀羅尼（一巻）……三八四
縮—成一〜二、卍—一五・三
C　加句霊験仏頂尊勝陀羅尼記（一巻）……唐　武徹述……三八六
続—二・九・四
D　仏頂尊勝陀羅尼注義（一巻）……唐　不空訳……三八八
続—二・九・四
E　仏頂尊勝陀羅尼真言（一巻）……三八九
続—一・三・四
F　仏頂尊勝陀羅尼別法（一巻）……唐　若那訳……三九六
続—一・三・四
九七五　白傘蓋大仏頂王最勝無比大威徳金剛無礙大道場陀羅尼念誦法要（一巻）……失訳……三九八
縮—余一、続—一・三・一

九七六　仏頂大白傘蓋陀羅尼経（一巻）〔No. 977〕……………元　沙囉巴訳……四〇一

縮—成六

九七七　仏説大白傘蓋総持陀羅尼経（一巻）〔No. 976〕……………元　真智等訳……四〇四

縮—成六、卍—一六・三

附、大白傘蓋仏母総讃歎禱祝偈……………四〇七

九七八　仏説一切如来烏瑟膩沙最勝総持経（一巻）〔cf. No. 979〕……………宋　法天訳……四〇七

縮—成六、卍—一五・五

九七九　于瑟抳沙毘左野陀囉尼（一巻）〔cf. No. 978〕……………高麗　指空訳……四一〇

九八〇　大勝金剛仏頂念誦儀軌（一巻）……………唐　金剛智訳……四一〇

九八一　大毘盧遮那仏眼修行儀軌（一巻）……………唐　一行述記……四一一

縮—余一、続—二・九・三

九八二　仏母大金曜孔雀明王経（三巻）〔Nos. 984, 985 ; cf. Nos. 983A, 2244〕……………唐　不空訳……四一五

縮—閏六、卍—一〇・八

九八三Ａ　仏説大孔雀明王画像壇場儀軌（一巻）〔cf. Nos. 982, 984, 985〕……………唐　不空訳……四三九

縮—閏六、卍—二六・一〇

Ｂ　孔雀経真言等梵本（三巻）……………四四一

九八四　孔雀王呪経（一巻）〔Nos. 982, 933, 985〕……………梁　僧伽婆羅訳……四四六

縮—成七、卍—一〇・八

九八五　仏説大孔雀呪王経（三巻）〔Nos. 982—984〕……………唐　義浄訳……四五九

縮—成七、卍—一〇・八

九八六　大金色孔雀王呪経（一巻）……………失訳……四七七

縮—成八、卍—一〇・八

九八七　仏説大金色孔雀王呪経（一巻）……失　訳……四七九
縮—成八、卍—一〇・八

九八八　孔雀王呪経（一巻）……姚秦　鳩摩羅什訳……四八一
縮—成八、卍—一〇・八

九八九　大雲輪請雨経（二巻）[Nos. 991—993]……唐　不　空　訳……四八四
縮—閏六、卍—一五・九

九九〇　大雲経祈雨壇法（一巻）……唐　不　空　訳……四九二
続—一・三・四

九九一　大雲輪請雨経（二巻）[Nos. 989, 992, 993]……隋　那連提耶舎訳……四九三
縮—成六、卍—一〇・三

九九二　大方等大雲経　請雨品第六十四（一巻）[Nos. 989, 991, 993]……北周　闍那耶舎訳……五〇〇
縮—成六、卍—一〇・二

九九三　大雲経　請雨品第六十四（一巻）[Nos. 989, 991, 992]……北周　闍那耶舎訳……五〇六
縮—成六、卍—一〇・二

九九四　仁王護国般若波羅蜜多経陀羅尼念誦儀軌（一巻）……唐　不　空　訳……五一三
縮—閏七、卍—二七・一

九九五　仁王般若念誦法（一巻）……唐　不　空　訳……五一九
縮—閏七、卍—二七・一

九九六　仁王般若陀羅尼釈（一巻）……唐　不　空　訳……五二二
縮—閏七、卍—二七・一

九九七　守護国界主陀羅尼経（十巻）……唐　般若共牟尼室利訳……五二五
縮—閏七、卍—一五・一〇、国—密四

九九八　仏説迴向輪経（一巻）……唐　尸羅達摩訳……五七七
縮―閏五、続―一・二・四
九九九　仏説守護大千国土経（三巻）……宋　施護訳……五七八
縮―成五、卍―一五・二
一〇〇〇　成就妙法蓮華経王瑜伽観智儀軌（一巻）……唐　不空訳……五九四
縮―閏七、卍―一六・一〇
一〇〇一　法華曼荼羅威儀形色法経（一巻）……唐　不空訳……六〇二
一〇〇二　不空羂索毘盧遮那仏大灌頂光真言（一巻）[cf. No. 2245]……唐　不空訳……六〇六
縮―閏七、卍―一六・一
一〇〇三　大楽金剛不空真実三昧耶経般若波羅蜜多理趣釈（二巻）[cf. Nos. 244, 2240, 2241]…唐　不空訳……六〇七
縮―閏八、卍―一七・一
一〇〇四　般若波羅蜜多理趣経大楽不空三昧真実金剛薩埵菩薩等一十七聖大曼荼羅義述（一巻）……唐　不空訳……六一七
一〇〇五　A　大宝広博楼閣善住秘密陀羅尼経（三巻）[Nos. 1006, 1007]……唐　不空訳……六一九
縮―閏八、卍―一七・二
B　宝楼閣経梵字真言（一巻）……失　訳……六三四
縮―閏七、卍―一六・五
一〇〇六　広大宝楼閣善住秘密陀羅尼経（三巻）[Nos. 1005A, 1007]……唐　菩提流志訳……六三六
縮―成五、卍―一三・八
一〇〇七　牟梨曼陀羅呪経（一巻）[Nos. 1005A, 1006]……失　訳……六五七
縮―成五、卍―一三・八
一〇〇八　菩提場荘厳陀羅尼経（一巻）……唐　不空訳……六六八

一〇〇九　出生無辺門陀羅尼経（一巻）〔Nos. 1011—1018〕……唐　不空訳……六七五
縮—閏八、卍—一六・五

一〇一〇　仏説出生無辺門陀羅尼儀軌（一巻）……唐　不空訳……六七九
縮—閏八、卍—一五・八

一〇一一　仏説無量門微密持経（一巻）〔Nos. 1009, 1012—1018〕……呉　支謙訳……六八〇
縮—閏八、続—一二・四

一〇一二　仏説出生無量門持経（一巻）〔Nos. 1009, 1011, 1013—1018〕……東晋　仏陀跋陀羅訳……六八二
縮—成九、卍—一二・一

一〇一三　阿難陀目佉尼呵離陀経（一巻）〔Nos. 1009, 1011, 1012, 1014—1018〕……劉宋　求那跋陀羅訳……六八五
縮—成九、卍—一二・一

一〇一四　無量門破魔陀羅尼経（一巻）〔Nos. 1009, 1011—1013, 1015—1018〕……劉宋　功徳直玄暢共訳……六八八
縮—成九、卍—一二・一

一〇一五　仏説阿難陀目佉尼呵離陀隣尼経（一巻）〔Nos. 1009, 1011—1014, 1016—1018〕……元魏　仏駄扇多訳……六九二
縮—成九、卍—一二・一

一〇一六　舎利弗陀羅尼経（一巻）〔Nos. 1009, 1011—1015, 1017, 1018〕……梁　僧伽婆羅訳……六九五
縮—成九、卍—一二・一

一〇一七　仏説一向出生菩薩経（一巻）〔Nos. 1009, 1011—1016, 1018〕……隋　闍那崛多訳……六九八
縮—成九、卍—一二・一

一〇一八　出生無辺門陀羅尼経（一巻）〔Nos. 1009, 1011—1017〕……唐　智厳訳……七〇二
縮—成九、卍—一二・一

一〇一九　大方広仏華厳経入法界品四十二字観門（一巻）……唐　不空訳……七〇七
縮—成九、卍—一二・一

縮—閏八、卍—二七・二
一〇二〇　大方広仏花厳経入法界品頓証毘盧遮那法身字輪瑜伽儀軌（一巻）……七〇九
縮—閏八、卍—二七・二
一〇二一　華厳経心陀羅尼（一巻）……失　訳……七〇九
縮—閏八、続—一・二・四
一〇二二　一切如来心秘密全身舎利宝篋印陀羅尼経（一巻）[No. 1023]……唐　不空　訳……七一〇
縮—閏八、余三、卍—一五・八
一〇二三　一切如来心秘密全身舎利宝篋印陀羅尼経（一巻・別本）……唐　不空　訳……七一二
一切如来正法秘密篋印心陀羅尼経（一巻）[No. 1022]……宋　施護　訳……七一五
縮—成七、卍—一五・二
一〇二四　無垢浄光大陀羅尼経（一巻）……唐　弥陀山　訳……七一七
縮—余五、卍—一・三
一〇二五　仏頂放無垢光明入普門観察一切如来心陀羅尼経（二巻）……宋　施護　訳……七二一
縮—成五、卍—一五・二
一〇二六　仏説造塔延命功徳経（一巻）……唐　般若　訳……七二六
縮—閏一五、続—一・三・五
一〇二七　金剛光焔止風雨陀羅尼経（一巻）……唐　菩提流志　訳……七二八
縮—閏八、卍—一三・六
金剛光焔止風雨陀羅尼経（一巻・別本）……唐　菩提流志　訳……七三五
一〇二八　A　仏説護諸童子陀羅尼経（一巻）……元魏　菩提流支　訳……七四一
縮—余五、卍—一三・五
B　童子経念誦法（一巻）……唐　善無畏　訳……七四二

一〇二九　仏説安宅陀羅尼呪経（一巻）［Nos. 1351—1355］……………………………………七四四
縮—成三〇、卍—一三・五

第二十巻　密教部三

一〇三〇　観自在大悲成就瑜伽蓮華部念誦法門（一巻）……………唐　不　空　訳……………一
縮—閏一〇、続—一・二・五
一〇三一　聖観自在菩薩心真言瑜伽観行儀軌（一巻）……………唐　不　空　訳……………四
縮—閏一〇、卍—一七・一
一〇三二　瑜伽蓮華部念誦法（一巻）……………………………唐　不　空　訳……………六
縮—閏一〇、卍—一七・一
一〇三三　金剛恐怖集会方広軌儀観自在菩薩三世最勝心明王経（一巻）……………唐　不　空　訳……………九
縮—閏一〇、卍—一六・八
一〇三四　呪五首（一巻）［Nos. 1035, 1036, 901 (Fasc. 5)］……………唐　玄　奘　訳……………一七
縮—閏一〇、卍—一一・一
一〇三五　千転陀羅尼観世音菩薩呪（一巻）［Nos. 1034, 1036, 901 (Fasc. 5)］……………唐　智　通　訳……………一七
縮—成一三、卍—一一・一
一〇三六　千転大明陀羅尼経（一巻）［Nos. 1034, 1035, 901 (Fasc. 5)］……………宋　施　護　訳……………一八
縮—成一三、卍—一五・四
一〇三七　観自在菩薩説普賢陀羅尼経（一巻）［No. 1038］……………唐　不　空　訳……………一九
縮—閏一〇、卍—一五・一〇
一〇三八　清浄観世音普賢陀羅尼経（一巻）［No. 1037］……………唐　智　通　訳……………二一
縮—成一〇、卍—一三・五

一〇三九 阿唎多羅陀羅尼阿嚕力経（一巻）……………………唐　不空　訳……一二三
縮—閏一〇、卍—一六・四
一〇四〇 金剛頂降三世大儀軌法王教中観自在菩薩心真言一切如来蓮花大曼拏攞品（一巻）
……………………………………………………唐　不空　訳……一三〇
縮—閏一〇、続—一・二・五
一〇四一 観自在菩薩心真言一印念誦法（一巻）……………………唐　不空　訳……一三二
縮—余一、続—一・三・一
一〇四二 観自在菩薩大悲智印周遍法界利益衆生薫真如法（一巻）……………唐　不空　訳……一三三
縮—余一、続—一・三・一
一〇四三 請観世音菩薩消伏毒害陀羅尼呪経（一巻）［cf. Nos. 1044, 1045, 1800, 1801］……東晋　難提　訳……一三四
縮—成一〇、卍—一〇・一〇、国—密五
一〇四四 仏説六字呪王経（一巻）［No. 1045 ; cf. No. 1043］……………………失　訳……一三八
縮—余五、卍—一二・一
一〇四五 仏説六字神呪王経（一巻）［No. 1044 ; cf. No. 1043］…………………失　訳……一三九
縮—余五、卍—一二・一
六字神呪王経（一巻・別本）……………………………………失　訳……一四一
一〇四六 六字大陀羅尼呪経（一巻）……………………………………失　訳……一四三
縮—成八、卍—一二・五
一〇四七 仏説聖六字大明王陀羅尼経（一巻）……………………………宋　施護　訳……一四四
縮—成八、卍—一五・四
一〇四八 仏説大護明大陀羅尼経（一巻）…………………………………宋　法天　訳……一四四
縮—成八、卍—一五・二

一〇四九　聖六字増寿大明陀羅尼経（一巻）……宋　施　護　訳……四六
縮—成八、卍—一五・五
一〇五〇　仏説大乗荘厳宝王経（四巻）……宋　天息災　訳……四七
縮—成一〇、卍—一五・二、国—密五
一〇五一　仏説一切仏摂相応大教王経聖観自在菩薩念誦儀軌（一巻）……宋　法　賢　訳……六四
縮—成一三、卍—一六・九
一〇五二　讃観世音菩薩頌（一巻）……唐　慧　智　訳……六七
縮—蔵九、卍—一六・一〇
一〇五三　聖観自在菩薩功徳讃（一巻）……宋　施　護　訳……六八
縮—蔵九、卍—一六・一〇
一〇五四　聖観自在菩薩一百八名経（一巻）……宋　天息災　訳……六九
縮—成八、卍—一五・三
一〇五五　仏説聖観自在菩薩梵讃（一巻）……宋　法　賢　訳……七〇
附巻首、大明太宗文皇帝御製観音讃……七〇
縮—成一三、卍—一六・一〇
一〇五六　金剛頂瑜伽千手千眼観自在菩薩修行儀軌経（二巻）［cf. Nos. 1060—1064］……唐　不　空　訳……七二
縮—閏一〇、卍—一六・一〇
一〇五七　千眼千臂観世音菩薩陀羅尼神呪経（二巻）［No. 1058 ; cf. Nos. 1060—1064］……唐　智　通　訳……八三
縮—余五、卍—一〇・一〇
千眼千臂観世音菩薩陀羅尼神呪経（二巻・別本）……唐　智　通　訳……九〇
一〇五八　千手千眼観世音菩薩姥陀羅尼身経（一巻）［No. 1057 ; cf. Nos. 1060—1064］……唐　菩提流志　訳……九六
縮—余五、卍—一〇・一〇

一〇五九 千手千眼観世音菩薩治病合薬経（一巻）……………………唐　伽梵達摩訳……一〇三
一〇六〇 千手千眼観世音菩薩広大円満無礙大悲心陀羅尼経（一巻）［cf. Nos. 1056—1058, 1061—1064, 2243］……唐　伽梵達摩訳……一〇五
縮―余三、続―一・三・二
一〇六一 千手千眼観自在菩薩広大円満無礙大悲心陀羅尼呪本（一巻）［cf. Nos. 1056—1058, 1060, 1062—1064］……唐　金剛智訳……一一二
縮―成一〇、卍―一〇・一〇
一〇六二A 千手千眼観世音菩薩大身呪本（一巻）［cf. Nos. 1056—1058, 1060, 1061, 1062B—1064］……唐　金剛智訳……一一三
縮―成一〇、続―一・三・四
B 世尊聖者千眼千首千足千舌千臂観自在菩提薩埵怛嚩広大円満無礙大悲心陀羅尼（一巻）［cf. Nos. 1056—1058, 1060—1062A, 1063, 1064］……一一四
縮―成一〇、続―一・三・四
一〇六三 番大悲神呪（一巻）［cf. Nos. 1056—1058, 1060—1062, 1064］……一一四
一〇六四 千手千眼観世音菩薩大悲心陀羅尼（一巻）［cf. Nos. 1056—1058, 1060—1063］……唐　不空訳……一一五
縮―成一二
一〇六五 千光眼観自在菩薩秘密法経（一巻）……唐　三昧蘇嚩羅訳……一一九
縮―余四、続―一・三・三
一〇六六 大悲心陀羅尼修行念誦略儀（一巻）……唐　不空訳……一二六
縮―余四、続―一・三・三
一〇六七 摂無礙大悲心大陀羅尼経計一法中出無量義南方満願補陀落海会五部諸尊等弘誓力方位及威儀形色執持三摩耶幖幟曼荼羅儀軌（一巻）……唐　不空訳……一二九
縮―成一〇、卍―一七・二

一〇六八　千手観音造次第法儀軌（一巻）……唐　善無畏訳……一三八
縮―余二、続―一・三・二

一〇六九　十一面観自在菩薩心密言念誦儀軌経（三巻）……唐　不空訳……一三九
縮―余四、続―一・三・三

一〇七〇　仏説十一面観世音神呪経（一巻）［No. 1071 ; cf. Nos. 901 (Fasc. 4), 1802］……北周　耶舎崛多訳……一四九
縮―閏一〇、卍―一六・九

一〇七一　十一面神呪心経（一巻）……唐　玄奘訳……一五二
縮―成一三、卍―一〇・一〇

一〇七二A　聖賀野紇哩縛大威怒王立成大神験供養念誦儀軌法品（二巻）［cf. No. 901 (Fasc. 6)］……唐　不空訳……一五五
縮―余五、卍―一〇・一〇

B　馬頭観音心陀羅尼（一巻）……一七〇
縮―余二、続―一・三・二

一〇七三　何耶掲唎婆像法（一巻）［cf. No. 901 (Fasc. 6)］……一七〇

一〇七四　何耶掲唎婆観世音菩薩受法壇（一巻）［cf. No. 901 (Fasc. 6)］……一七一
縮―余二、続―一・三・二

一〇七五　仏説七倶胝仏母准提大明陀羅尼経（一巻）［cf. Nos. 1076, 1077］……唐　金剛智訳……一七三
縮―余二、続―一・三・二

一〇七六　七倶胝仏母所説准提陀羅尼経（一巻）［cf. Nos. 1075, 1077］……唐　不空訳……一七八
縮―閏一〇、卍―一一・一

一〇七七　仏説七倶胝仏母心大准提陀羅尼経（一巻）［cf. Nos. 1075, 1076］……唐　地婆訶羅訳……一八五
縮―閏一〇、卍―一一・一、国―密五

一〇七八　七仏倶胝仏母心大准提陀羅尼法（一巻）……唐　善無畏訳……一八六
縮—余三、卍—二・一

一〇七九　七倶胝独部法（一巻）……唐　善無畏訳……一八七
縮—余三、続—一・三・三

一〇八〇　如意輪陀羅尼経（一巻）［Nos. 1081—1083］……唐　菩提流志訳……一八八
縮—余三、続—一・三・三

一〇八一　仏説観自在菩薩如意心陀羅尼呪経（一巻）［Nos. 1080, 1082, 1083］……唐　義浄訳……一九六
縮—余五、卍—一〇・一〇

一〇八二　観世音菩薩秘密蔵如意輪陀羅尼神呪経（一巻）［Nos. 1080, 1081, 1083］……唐　実叉難陀訳……一九七
縮—成一〇、卍—一〇・一〇

一〇八三　観世音菩薩如意摩尼陀羅尼経（一巻）［Nos. 1080—1082］……唐　宝思惟訳……二〇〇
縮—成一〇、卍—一〇・一〇

一〇八四　観世音菩薩如意摩尼輪陀羅尼念誦法（一巻）……唐　宝思惟訳……二〇二
縮—成一〇、卍—一〇・一〇

一〇八五　観自在菩薩如意輪念誦儀軌（一巻）……唐　不空訳……二〇三
縮—閏一〇、卍—二六・一〇

一〇八六　観自在菩薩如意輪瑜伽（一巻）［No. 1087］……唐　不空訳……二〇六
縮—閏一〇、卍—二六・一〇

一〇八七　観自在如意輪菩薩瑜伽法要（一巻）［No. 1086］……唐　金剛智訳……二一一
縮—成一三、卍—一三・八

一〇八八　如意輪菩薩観門義注秘訣（一巻）……失訳……二一五
縮—閏一〇、続—一・二・五

一〇八九　都表如意摩尼転輪聖王次第念誦秘密最要略法（一巻）……唐　解脱師子訳……二一七
縮—余二、続—一・三・一
一〇九〇　仏説如意輪蓮華心如来修行観門儀（一巻）……宋　慈賢訳……二二〇
縮—成三、卍—二七・三
一〇九一　七星如意輪秘密要経（一巻）……唐　不空訳……二二四
縮—余三、続—一・三・三
一〇九二　不空羂索神変真言経（三十巻）〔cf. Nos. 1093—1099, 901 (Fasc. 5)〕……唐　菩提流志訳……二二七
縮—閏一〜三、卍—一〇・九
一〇九三　不空羂索呪経（一巻）〔Nos. 1094, 1095, 1099 ; cf. No. 1092 (Fasc. 1)〕……隋　闍那崛多訳……三九九
縮—成一〇、卍—一〇・八
一〇九四　不空羂索神呪心経（一巻）〔Nos. 1093, 1095, 1099 ; cf. No. 1092 (Fasc. 1)〕……唐　玄奘訳……四〇二
縮—成一〇、卍—一〇・八
一〇九五　不空羂索呪心経（一巻）〔Nos. 1093, 1094, 1099 ; cf. No. 1092 (Fasc. 1)〕……唐　菩提流志訳……四〇六
縮—成一〇、卍—一〇・八
一〇九六　不空羂索陀羅尼経（一巻）〔Nos. 1097, 1098 ; cf. No. 1092 (Fasc. 1)〕……唐　李無諂訳……四〇九
縮—余五、卍—一〇・八
一〇九七　不空羂索陀羅尼自在王呪経（三巻）〔No. 1096 ; cf. No. 1092 (Fasc. 1)〕……唐　宝思惟訳……四二一
縮—成一三、卍—一〇・八、国—密五
一〇九八　仏説不空羂索陀羅尼儀軌経（二巻）〔No. 1096 ; cf. No. 1092 (Fasc. 1, 2)〕……唐　阿目佉訳……四三二
縮—余三、続—一・三・二
一〇九九　仏説聖観自在菩薩不空王秘密心陀羅尼経（一巻）〔Nos. 1093—1095 ; cf. No. 1092 (Fasc. 1)〕……宋　施護等訳……四四三

一一〇〇　葉衣観自在菩薩経（一巻）……唐　不空訳……四四七
縮—成一〇、卍—一五・一〇

一一〇一　仏説大方広曼殊室利経（一巻）……唐　不空訳……四五〇
縮—閏一二、卍—一五・九

一一〇二　金剛頂経多羅菩薩念誦法（一巻）……唐　不空訳……四五四
縮—閏一一、卍—一六・九

一一〇三　観自在菩薩随心呪経（一巻）……唐　智通訳……四五七
縮—閏一二、卍—一七・一

観自在菩薩怛嚩多唎随心陀羅尼経（一巻・別本）……唐　智通訳……四六三
縮—余五、卍—一〇・一〇

一一〇四　仏説聖多羅菩薩経（一巻）……宋　法賢訳……四七〇

一一〇五　聖多羅菩薩一百八名陀羅尼経（一巻）[cf. Nos. 1106, 1107]……宋　法天訳……四七二
縮—成八、卍—一五・五

一一〇六　讃揚聖徳多羅菩薩一百八名経（一巻）[cf. Nos. 1105, 1107]……宋　天息災訳……四七四
縮—成一一、卍—一五・三

一一〇七　聖多羅菩薩梵讃（一巻）[cf. Nos. 1105, 1106]……宋　施護訳……四七六
縮—成一三、卍—一五・三

一一〇八A　聖救度仏母二十一種礼讃経（一巻）……元　安蔵訳……四七八
縮—成一三、卍—一六・一〇

附巻首、御製救度仏母讃（一巻）……四七八

B　救度仏母二十一種礼讃経（一巻）……四七九
縮—成一三、卍—一六・一〇

一一〇九　白救度仏母讃（一巻）……清　阿旺扎什訳……四八四
一一一〇　仏説一髻尊陀羅尼経（一巻）……唐　不空訳……四八四
一一一一　青頸観自在菩薩心陀羅尼経（一巻）［cf. Nos. 1112, 1113］……唐　不空訳……四八九
縮—閏二、卍—一六・一
一一一二　金剛頂瑜伽青頸大悲王観自在念誦儀軌（一巻）［cf. Nos. 1111, 1113］……唐　金剛智訳……四九〇
縮—余三
一一一三A　観自在菩薩広大円満無礙大悲心大陀羅尼（一巻）［cf. Nos. 1111, 1112, 1113B］……高麗　指空校……四九七
縮—余三、続—一・三・二
B　大慈大悲救苦観世音自在王菩薩広大円満無礙自在青頸大悲心陀羅尼（一巻）
附、観世音菩薩施食（一巻）……高麗　指空訳……四九八
［cf. Nos. 1111—1113A］……唐　不空訳……四九八
一一一四　毘倶胝菩薩一百八名経（一巻）……宋　法天訳……五〇一
縮—余二、続—一・三・二
一一一五　観自在菩薩阿麼𪘨法（一巻）……失訳……五〇二
縮—成八、卍—一五・三
一一一六　広大蓮華荘厳曼拏羅滅一切罪陀羅尼経（一巻）……宋　施護訳……五〇三
一一一七　仏説観自在菩薩母陀羅尼経（一巻）……宋　法賢訳……五〇六
縮—成一〇、卍—一五・四
一一一八　仏説十八臂陀羅尼経（一巻）……宋　法賢訳……五〇七
縮—成一〇、卍—一五・五
一一一九　大楽金剛薩埵修行成就儀軌（一巻）……唐　不空訳……五〇九
縮—成八、卍—一五・五

縮—閏九、卍—二六・一〇

一二二〇A 金剛頂勝初瑜伽経中略出大楽金剛薩埵念誦儀（一巻）……唐 不空 訳……五一三

縮—閏九、続—一・二・五

B 勝初瑜伽儀軌真言（一巻）……五二〇

一二二一 金剛頂普賢瑜伽大教王経大楽不空金剛薩埵一切時方成就儀（一巻）……五二一

続—二・九・四

一二二二 金剛頂瑜伽他化自在天理趣会普賢修行念誦儀軌（一巻）……唐 不空 訳……五二三

縮—閏九、卍—二六・一〇

一二二三 金剛頂勝初瑜伽普賢菩薩念誦法（一巻）……唐 不空 訳……五二八

縮—閏九、卍—二七・一

一二二四 普賢金剛薩埵略瑜伽念誦儀軌（一巻）……唐 不空 訳……五三一

縮—閏九、卍—二七・二

一二二五 金剛頂瑜伽金剛薩埵五秘密修行念誦儀軌（一巻）……唐 不空 訳……五三五

縮—閏九、卍—二七・一

一二二六 仏説普賢曼拏羅経（一巻）……宋 施護 訳……五三九

縮—成六、卍—一五・四

一二二七 仏説普賢菩薩陀羅尼経（一巻）……宋 法天 訳……五四一

縮—成八、卍—一五・四

一二二八 最上大乗金剛大教宝王経（二巻）……宋 法天 訳……五四二

縮—成一一、卍—一五・五

一二二九 仏説金剛手菩薩降伏一切部多大教王経（三巻）……宋 法天 訳……五四八

縮—成一一、卍—一六・六

一一三〇 大乗金剛髻珠菩薩修行分（一巻）……唐　菩提流志訳……五六三

縮―成二、卍―七・二

一一三一 聖金剛手菩薩一百八名梵讃（一巻）……宋　法賢訳……五六九

縮―成三、卍―六・一〇

一一三二 金剛王菩薩秘密念誦儀軌（一巻）……唐　不空訳……五七〇

縮―閏一四、卍―二七・一

一一三三 金剛寿命陀羅尼念誦法（一巻）［cf. No. 1134］……唐　不空訳……五七五

縮―閏九、卍―二七・一〇

一一三四A 金剛寿命陀羅尼経法（一巻）［cf. Nos. 1133, 1134B］……唐　不空訳……五七六

縮―余三、続―一・三・三

B 金剛寿命陀羅尼経（一巻）［cf. Nos. 1133, 1134A］……唐　不空訳……五七七

一一三五 仏説一切如来金剛寿命陀羅尼経（一巻）［No. 1136］……唐　不空訳……五七八

縮―閏九、卍―一五・八

一一三六 仏説一切諸如来心光明加持普賢菩薩延命金剛最勝陀羅尼経（一巻）［No. 1135］…唐　不空訳……五七九

一一三七 仏説善法方便陀羅尼経（一巻）［Nos. 1138—1140］……失訳……五八〇

縮―成八、卍―一一・二

一一三八 金剛秘密善門陀羅尼呪経（一巻）［Nos. 1137, 1139, 1140］……失訳……五八一

縮―成八、卍―一一・二

金剛秘密善門陀羅尼経（一巻・別本）……失訳……五八三

一一三九 護命法門神呪経（一巻）［Nos. 1137, 1138, 1140］……唐　菩提流志訳……五八四

縮―余五、卍―一一・二

一一四〇 仏説延寿妙門陀羅尼経（一巻）［Nos. 1137—1139］……宋　法賢訳……五八七

縮—成八、卍—一五・五
一二四一　慈氏菩薩略修愈誐念誦法（一巻）……唐　善無畏訳……五九〇

縮—余一、続—一・三・一
一二四二　仏説慈氏菩薩陀羅尼（一巻）……宋　法賢訳……六〇〇

縮—成八、卍—一五・五
一二四三　仏説慈氏菩薩誓願陀羅尼経（一巻）……宋　法賢訳……六〇〇

縮—成八、卍—一五・五
一二四四　仏説弥勒菩薩発願王偈（一巻）……清　工布査布訳……六〇〇

一二四五　虚空蔵菩薩能満諸願最勝心陀羅尼求聞持法（一巻）……唐　善無畏訳……六〇一

縮—閏九、卍—一三・六
一二四六　大虚空蔵菩薩念誦法（一巻）……唐　不空訳……六〇三

縮—閏九、卍—一七・一
一二四七　聖虚空蔵菩薩陀羅尼経（一巻）[Nos. 1333, 1334]……宋　法天訳……六〇四

縮—成八、卍—一五・二
一二四八　仏説虚空蔵菩薩陀羅尼（一巻）……宋　法賢訳……六〇七

縮—成二、卍—一五・五
一二四九　五大虚空蔵菩薩速疾大神験秘密式経（一巻）……唐　金剛智訳……六〇七

縮—余三、続—一・三・三
一二五〇　転法輪菩薩摧魔怨敵法（一巻）……唐　不空訳……六〇九

縮—閏九、続—一・二・五
一二五一　修習般若波羅蜜菩薩観行念誦儀軌（一巻）……唐　不空訳……六一〇

縮—閏九、続—一・二・五

一一五二　仏説仏母般若波羅蜜多大明観想儀軌（一巻）……宋　施護訳……六一四
縮—成六、卍—一六・六

一一五三　普遍光明清浄熾盛如意宝印心無能勝大明王大随求陀羅尼経（二巻）
[cf. Nos. 1154, 2242]……唐　不空訳……六一六

一一五四　仏説随求即得大自在陀羅尼神呪経（一巻）[cf. No. 1153]……唐　宝思惟訳……六三七
縮—閏九、卍—一六・七

一一五五　金剛頂瑜伽最勝秘密成仏随求即得神変加持成就陀羅尼儀軌（一巻）……唐　不空訳……六四四
縮—成五、卍—一三・五

一一五六Ａ　大随求即得大陀羅尼明王懺悔法（一巻）……六四九
縮—余三、続—一・三・三

Ｂ　宗叡僧正於唐国師所口受（一巻）……六五〇

一一五七　香王菩薩陀羅尼呪経（一巻）……唐　義浄訳……六五一
縮—閏一〇、卍—一三・六

一一五八　地蔵菩薩儀軌（一巻）……唐　輸婆迦羅訳……六五二
縮—余一、続—一・三・一、国—大五

一一五九Ａ　埊⿴囗告大道心駆策法（一巻）……六五二
続—一・三・五

Ｂ　仏説地蔵菩薩陀羅尼経（一巻）……六五五
国—大五

一一六〇　日光菩薩月光菩薩陀羅尼（一巻）……六六〇
縮—閏一〇、続—一・二・五

一一六一　仏説観薬王薬上二菩薩経（一巻）……劉宋　畺良耶舎訳……六六〇

縮―閏一〇、卍―一〇・八
一一六二　持世陀羅尼経（一巻）［Nos. 1163―1165］……唐　玄奘訳……六六六
縮―成八、卍―一三・五
一一六三　仏説雨宝陀羅尼経（一巻）［Nos. 1162, 1164, 1165］……唐　不空訳……六六七
縮―閏八、卍―一五・八
一一六四　仏説大乗聖吉祥持世陀羅尼経（一巻）［Nos. 1162, 1163, 1165］……宋　法天訳……六六九
縮―成八、卍―一五・二
一一六五　聖持世陀羅尼経（一巻）［Nos. 1162―1164］……宋　施護訳……六七二
縮―成八、卍―一五・三
一一六六　馬鳴菩薩大神力無比験法念誦軌儀（一巻）……唐　金剛智訳……六七四
縮―余二、続―一・三・二
一一六七　八大菩薩曼荼羅経（一巻）［No. 1168］……唐　不空訳……六七五
縮―閏九、卍―一五・一〇
一一六八A　仏説大乗八大曼拏羅経（一巻）［No. 1167］……宋　法賢訳……六七六
縮―成八、卍―一五・五
B　八曼荼羅経（一巻）［No. 1167］……失訳……六七六
一一六九　仏説持明蔵瑜伽大教尊那菩薩大明成就儀軌経（四巻）……宋　法賢訳……六七七
縮―成一三、卍―一六・一〇
一一七〇　仏説金剛香菩薩大明成就儀軌経（三巻）……宋　施護訳……六九一
縮―成一一、卍―一六・一〇
一一七一　金剛頂経瑜伽文殊師利菩薩法一品（一巻）［cf. No. 1175］……唐　不空訳……七〇五
縮―閏一一、卍―一七・二

一一七二 金剛頂超勝三界経説文殊五字真言勝相（一巻）……唐 不空訳……七〇九
縮―閏三、卍―二七・二

一一七三 金剛頂経曼殊室利菩薩五字心陀羅尼品（一巻）……唐 金剛智訳……七一〇
縮―閏三、卍―三・八

一一七四 五字陀羅尼頌（一巻）……唐 不空訳……七一三
縮―閏三、卍―二七・一

一一七五 金剛頂経瑜伽文殊師利菩薩供養儀軌（一巻）〔cf. No. 1171〕……唐 不空訳……七一六
縮―閏三、卍―二七・一

一一七六 曼殊室利童子菩薩五字瑜伽法（一巻）……唐 不空訳……七二三
縮―閏三、卍―二六・一〇

一一七七A 大乗瑜伽金剛性海曼殊室利千臂千鉢大教王経（十巻）……唐 不空訳……七二四
縮―成三、卍―一六・八

一一七七B 千鉢文殊一百八名讃（一巻）……七七六

一一七八 文殊菩薩献仏陀羅尼名烏蘇吒（一巻）……失訳……七七八
縮―閏三、続―一・二・五

一一七九 文殊師利菩薩六字呪功能法経（一巻）……七七八
縮―余三

一一八〇 六字神呪経（一巻）……唐 菩提流志訳……七七九
縮―余五、卍―一一・二

一一八一 大方広菩薩蔵経中文殊師利根本一字陀羅尼経（一巻）〔No. 1182 ; cf. No. 1191〕……唐 宝思惟訳……七八〇
縮―閏三、卍―一一・一

一一八二 曼殊室利菩薩呪蔵中一字呪王経（一巻）〔No. 1181 ; cf. No. 1191〕……唐 義浄訳……七八一

一一八三　一髻文殊師利童子陀羅尼念誦儀軌（一巻）……唐　金剛福寿　訳……七八二
縮―成一〇、卍―一二・一

一一八四　大　聖　妙吉祥菩薩秘密八字陀羅尼修行曼荼羅次第儀軌法（一巻）……唐　菩　提　仙　訳……七八四

一一八五　A仏説文殊師利法宝蔵陀羅尼経（一巻）……唐　菩提流志　訳……七九一
縮―余一、続―一・二・五

B文殊師利宝蔵陀羅尼経（一巻）……唐　菩提流志　訳……七九八
縮―余五、卍―一三・四

一一八六　仏説妙　吉祥菩薩陀羅尼（一巻）……宋　法　賢　訳……八〇七

一一八七　仏説最　勝　妙吉祥根本智最上秘密一切名義三摩地分（二巻）……宋　施　護　訳……八〇八
縮―成一二、卍―一五・五

一一八八　文殊所説最　勝　名義経（二巻）［Nos. 1189, 1190］……宋　金総持等　訳……八一四
縮―成六、卍―一七・一

一一八九　仏説文殊菩薩最勝真実名義経（一巻）［Nos. 1188, 1190］……元　沙　囉　巴　訳……八二〇
縮―成一三、卍―一六・九

一一九〇　聖　妙　吉祥　真実　名　経（一巻）［Nos. 1188, 1189］……元　釈　智　訳……八二六
縮―成一三

一一九一　大方広菩薩蔵文殊師利根本儀軌経（二十巻）［Nos. 1181, 1182］……宋　天　息　災　訳……八三五
縮―成一三、卍―一六・六

一一九二　妙　吉　祥　平等秘密最上観門大教　王　経（五巻）……宋　慈　賢　訳……九〇五
縮―成九、卍―一六・九

一一九三　妙　吉　祥平等瑜伽秘密観身成仏儀軌（一巻）……宋　慈　賢　訳……九三〇
縮―成四、卍―一六・七

縮—成三、卍—二七・二

一二九四　妙吉祥平等観門大教王経略出護摩儀（一巻）……宋　慈賢訳……九三四
縮—成三、卍—二七・二

一二九五　大聖文殊師利菩薩讃仏法身礼（一巻）……唐　不空訳……九三六
縮—閏五、卍—二七・二

一二九六　曼殊室利菩薩吉祥伽陀（一巻）……宋　法賢訳……九三八
縮—成三、卍—一六・一〇

一二九七　仏説文殊師利一百八名梵讃（一巻）……宋　法天訳……九三八
縮—蔵九、卍—一六・一〇

一二九八　聖者文殊師利発菩提心願文（一巻）……元　智慧訳……九四〇
縮—蔵九、卍—一六・六

第二十一巻　密教部四

一二九九　金剛手光明灌頂経最勝立印聖無動尊大威怒王念誦儀軌法品（一巻）……唐　不空訳……一
縮—閏三、卍—二七・一

一三〇〇　底哩三昧耶不動尊威怒王使者念誦法（一巻）……唐　不空訳……七
縮—閏三、卍—一六・一〇

一三〇一　底哩三昧耶不動尊聖者念誦秘密法（三巻）……唐　不空訳……一三
縮—余一、続—一・三・一、国—密四

一三〇二　不動使者陀羅尼秘密法（一巻）……唐　金剛智訳……二三
縮—閏三、卍—二七・一

一三〇三　聖無動尊安鎮家国等法（一巻）……二七

縮―余四、続―一・三・三
一二〇四　聖無動尊一字出生八大童子秘要法品（一巻）……三一
縮―余一、続―二・九・三
一二〇五　勝軍不動明王四十八使者秘密成就儀軌（一巻）……唐　遍智集……三三
縮―余四、続―二・九・三
一二〇六　仏説倶利伽羅大龍勝外道伏陀羅尼経（一巻）……三七
縮―余二、続―一・三・二
一二〇七　説矩里迦龍王像法（一巻）……三八
縮―余一、続―一・三・一
一二〇八　倶力迦羅龍王儀軌（一巻）……唐　金剛智訳……三八
一二〇九　金剛頂瑜伽降三世成就極深密門（一巻）……唐　不空訳……三九
縮―閏三、卍―二六・一〇
一二一〇　降三世忿怒明王念誦儀軌（一巻）……唐　不空訳……四一
縮―余四、続―一・三・二
一二一一　甘露軍荼利菩薩供養念誦成就儀軌（一巻）……唐　不空訳……四二
縮―閏三、卍―二七・一
一二一二　西方陀羅尼蔵中金剛族阿蜜哩多軍吒利法（一巻）……四九
一二一三　千臂軍荼利梵字真言（一巻）……七二
一二一四　聖閻曼徳迦威怒王立成大神験念誦法（一巻）……唐　不空訳……七三
縮―閏三、卍―二七・一
一二一五　大乗方広曼殊室利菩薩華厳本教閻曼徳迦忿怒王真言大威徳儀軌品（一巻）……七六
縮―閏三、卍―二七・一

一二一六　大方広曼殊室利童真菩薩華厳本教讃閻曼徳迦忿怒王真言阿毘遮嚕迦儀軌品（一巻）……………………七七

縮—閏三、卍—二七・一

一二一七　仏説妙吉祥最勝根本大教経（三巻）……………………宋　法賢訳……八一

縮—成三、卍—二六・七

一二一八　文殊師利耶曼徳迦呪法（一巻）……………………九三

一二一九　曼殊室利焔曼徳迦万愛秘術如意法（一巻）……………………唐　一行撰……九七

続—二九・三

一二二〇　金剛薬叉瞋怒王息災大威神験念誦儀軌（一巻）……………………唐　金剛智訳……九八

縮—余二、続—一・三・二

一二二一　青色大金剛薬叉辟鬼魔法（一巻）……………………唐　空基述……九九

一二二二　聖迦柅忿怒金剛童子菩薩成就儀軌経（三巻）……………………唐　不空訳……一〇二

縮—閏四、卍—一六・一〇

聖迦柅忿怒金剛童子菩薩成就儀軌経（三巻・別本）……………………唐　不空訳……一一八

一二二三　仏説無量寿仏化身大忿迅倶摩羅金剛念誦瑜伽儀軌法（一巻）……………………唐　金剛智訳……一三〇

縮—余一、続—一・三・一

一二二四　金剛童子持念経（一巻）……………………失　訳……一三三

一二二五　大威怒烏芻渋麽儀軌経（一巻）……………………唐　不空訳……一三五

縮—閏三、卍—二六・一〇

一二二六　烏芻渋明王儀軌梵字（一巻）……………………一四一

一二二七　大威力烏枢瑟摩明王経（三巻）……………………唐　阿質達霰訳……一四二

縮—閏三、卍—二六・九

一二二八　穢跡金剛説神通大満陀羅尼法術霊要門（一巻）……………………唐　阿質達霰訳……一五八

一二二九　穢跡金剛禁百変法経（一巻）……唐　阿質達霰訳……一五九
縮―閏一三、卍―一五・九

一二三〇　仏説大輪金剛総持陀羅尼経（一巻）……失訳……一六一
縮―閏一三、卍―一五・九

一二三一　大輪金剛修行悉地成就及供養法（一巻）……一六六
縮―余二、続―一・三・一

一二三二　播般曩結使波金剛念誦儀（一巻）……一六九
縮―余二、続―一・三・一

一二三三　仏説無能勝大明王陀羅尼経（一巻）……宋　法天訳……一七一
縮―余二、続―一・三・二

一二三四　無能勝大明陀羅尼経（一巻）……宋　法天訳……一七三
縮―成一三

一二三五　無能勝大明心陀羅尼経（一巻）……宋　法天訳……一七六
縮―成一三、卍―一六・九

一二三六　聖無能勝金剛火陀羅尼経（一巻）……宋　法天訳……一七六
縮―成一三、卍―一六・九

一二三七　阿吒婆拘鬼神大将上仏陀羅尼神呪経（一巻）［No. 1238］……失訳……一七八
縮―成七、卍―一五・三

一二三八　阿吒婆𤘽鬼神大将上仏陀羅尼経（一巻）［No. 1237］……失訳……一七九
縮―閏一四、卍―一二・五

一二三九　阿吒薄倶元帥大将上仏陀羅尼経修行儀軌（三巻）……唐　善無畏訳……一八七
縮―余二

一二四〇　阿吒薄拘付嘱呪（一巻）　縮—閏一四、続—一・二・五 …… 二〇二

一二四一　伽駄金剛真言（一巻）　縮—余二、続—一・三・二 …… 二〇二

一二四二　仏説妙吉祥瑜伽大教金剛陪囉嚩輪観想成就儀軌経（一巻）　縮—閏一四、続—一・二・五 …… 宋　法　賢　訳 …… 二〇三

一二四三　仏説出生一切如来法眼遍照大力明王経（二巻）　縮—成一一、卍—一六・一〇 …… 宋　法　護　訳 …… 二〇七

一二四四　毘沙門天王経（一巻）　縮—成五、卍—一六・四 …… 唐　不　空　訳 …… 二一五

一二四五　仏説毘沙門天王経（一巻）　縮—閏一四、卍—一五・九 …… 宋　法　天　訳 …… 二一七

一二四六　摩訶吠室囉末那野提婆喝囉闍陀羅尼儀軌（一巻）　縮—成一三、卍—一五・四 …… 唐　般若斫羯囉訳 …… 二一九

一二四七　北方毘沙門天王随軍護法儀軌（一巻）　縮—閏一四、続—一・二・五 …… 唐　不　空　訳 …… 二二四

一二四八　北方毘沙門天王随軍護法真言（一巻）　縮—余二、続—一・三・二 …… 唐　不　空　訳 …… 二二五

一二四九　毘沙門儀軌（一巻）　縮—余四、続—一・三・三 …… 唐　不　空　訳 …… 二二七

一二五〇　北方毘沙門多聞宝蔵天王神妙陀羅尼別行儀軌（一巻）　縮—余四、続—一・三・三 …… 唐　不　空　訳 …… 二三〇

続—一・三・五
一二五一　吽迦陀野儀軌（三巻）……唐　金剛智訳……二三三
一二五二　仏説大吉祥天女十二名号経（一巻）……唐　不空訳……二五二
縮—閏一四、卍—一五・八
仏説大吉祥天女十二名号経（一巻・別本）……唐　不空訳……二五二
一二五三　大吉祥天女十二契一百八名無垢大乗経（一巻）……唐　不空訳……二五三
縮—閏一四、卍—一五・八
一二五四　末利支提婆華鬘経（一巻）……唐　不空訳……二五五
縮—閏一四、卍—一五・四
一二五五　仏説摩利支天菩薩陀羅尼経（一巻）……唐　不空訳……二五九
縮—閏一五、卍—一五・四
仏説摩利支天経（一巻・別本）……唐　不空訳……二六〇
一二五六　仏説摩利支天陀羅尼呪経（一巻）……失訳……二六一
縮—成二三、卍—一五・四
一二五七　仏説大摩里支菩薩経（七巻）……宋　天息災訳……二六二
縮—成二一、卍—一五・四
一二五八　摩利支菩薩略念誦法（一巻）……唐　不空訳……二八五
縮—余二、続—一・三・二
一二五九　摩利支天一印法（一巻）……二八五
縮—余二、続—一・三・二
一二六〇　大薬叉女歓喜母并愛子成就法（一巻）……唐　不空訳……二八六
縮—閏一四、卍—二六・一〇

一二六一　訶利帝母真言経（一巻）……唐　不空訳……二八九
縮—閏四、卍—二七・二

一二六二　仏説鬼子母経（一巻）……失訳……二九〇
縮—宿七、卍—一五・一

一二六三　氷掲羅天童子経（一巻）……唐　不空訳……二九一
縮—閏四、続—一・二・五

一二六四　観自在菩薩化身蘘麌哩曳童女銷伏毒害陀羅尼経（一巻）……唐　不空訳……二九二
縮—閏四、卍—一五・八
仏説穰麌梨童女経（一巻・別本）……唐　不空訳……二九三

一二六五　仏説常瞿利毒女陀羅尼呪経（一巻）……唐　瞿多訳……二九四

一二六六　大聖天歓喜双身毘那夜迦法（一巻）……唐　不空訳……二九六
縮—閏四、卍—一六・一〇

一二六七　使呪法経（一巻）[No. 1268]……唐　菩提流支訳……二九七
縮—閏四、続—一・二・五

一二六八　大使呪法経（一巻）[No. 1267]……唐　菩提流支訳……二九八
縮—余三、続—一・三・二

一二六九　仏説金色迦那鉢底陀羅尼経（一巻）……唐　金剛智訳……三〇三
縮—余一、続—一・三・一

一二七〇　大聖歓喜双身大自在天毘那夜迦王帰依念誦供養法（一巻）……唐　善無畏訳……三〇三
縮—余四、続—一・三・三

一二七一　摩訶毘盧遮那如来定恵均等入三昧耶身双身大聖歓喜天菩薩修行秘密法儀軌（一巻）……唐　不空訳……三〇五

続―一・三・五

一二七二　金剛薩埵説頻那夜迦天成就儀軌経（四巻）……宋　法賢訳……三〇六
縮―成一一、卍―一六・一〇

一二七三　毘那夜迦誐那鉢底瑜伽悉地品秘要（一巻）……唐　含光記……三一一
縮―余四、続―二・九・四

一二七四　大聖歓喜双身毘那夜迦天形像品儀軌（一巻）……唐　憬瑟集……三一三
縮―余四、続―二・九・四

一二七五　聖歓喜天式法（一巻）……唐　般若惹羯羅撰……三一四

一二七六　文殊師利菩薩根本大教王経金翅鳥王品（一巻）……唐　不空訳……三一五
縮―閏一四、卍―一六・九

一二七七　速疾立験魔醯首羅天説阿尾奢法（一巻）……唐　不空訳……三一九
縮―閏一四、卍―一六・一〇

一二七八　迦楼羅及諸天密言経（一巻）……唐　般若力訳……三三一

一二七九　摩醯首羅天法要（一巻）……三三九

一二八〇　摩醯首羅大自在天王神通化生伎芸天女念誦法（一巻）……三四〇
縮―余二、続―一・三・二

一二八一　那羅延天共阿修羅王闘戦法（一巻）……唐　宝思惟訳……三四二

一二八二　宝蔵天女陀羅尼法（一巻）……失訳……三四二
縮―余二、続―一・三・二

一二八三　仏説宝蔵神大明曼拏羅儀軌経（二巻）……宋　法天訳……三四三
縮―成一三、卍―一六・八

一二八四　仏説聖宝蔵神儀軌経（二巻）……宋　法天訳……三四九

一三八五 仏説宝賢陀羅尼経（一巻）……宋　法賢訳……二五三
縮—成三、卍—一六・八

一三八六 堅牢地天儀軌（一巻）……唐　善無畏訳……二五四
縮—成三、卍—一五・五

一三八七 大黒天神法（一巻）……唐　神愷記……二五五
縮—余一、続—一・三・一

一三八八 仏説最上秘密那拏天経（三巻）……宋　法賢訳……二五八
縮—余四、続—二・九・四

一三八九 仏説金毘羅童子威徳経（一巻）……唐　不空訳……二六七
縮—成三、卍—一六・七

一三九〇 焔羅王供行法次第（一巻）……唐　阿謨伽撰……二七四
縮—余三、続—一・三・二

一三九一 深沙大将儀軌（一巻）……唐　不空訳……二七六
縮—余三、続—二・九・三

一三九二 法華十羅刹法（一巻）……二七七
縮—余三、続—一・三・二

一三九三 般若守護十六善神王形体（一巻）……唐　金剛智訳……二七八
縮—余三、続—一・三・二

一三九四 施八方天儀則（一巻）……二七八
縮—余四、続—一・三・三

一三九五 供養護世八天法（一巻）……唐　法全集……二八〇
縮—余一、続—二・九・四

一二九六 十天儀軌（一巻）……三八二
一二九七 供養十二大威徳天報恩品（一巻）……唐 不空訳……三八三
縮―余三、続―一・三・二
一二九八 十二天供儀軌（一巻）……三八五
縮一・余四、続一・二・九・四 ……………………… 唐　不空　訳 ……… 三八五

縮―余四、続―二・九・四
一二九九 文殊師利菩薩及諸仙所説吉凶時日善悪宿曜経（二巻）……
縮一・閏四、卍一・六・八 唐 不空訳……三八七
縮―閏四、卍―二六・八
一三〇〇 摩登伽経（二巻）［No. 1301 ; cf. Nos. 551, 552］……呉 竺律炎・支謙共訳……三九九
縮―宿六、卍―一六・二
一三〇一 舎頭諫太子二十八宿経（一巻）［No. 1300 ; cf. Nos. 551, 552］……西晋 竺法護訳……四一〇
縮―宿六、卍―一四・二
一三〇二 諸星母陀羅尼経（一巻）［No. 1303］……唐 法成訳……四二〇
一三〇三 仏説聖曜母陀羅尼経（一巻）［No. 1302］……唐 法天訳……四二一
縮―成七、卍―一五・三
一三〇四 宿曜儀軌（一巻）……唐 一行撰……四二二
縮―余二、続―二・九・三
一三〇五 北斗七星念誦儀軌（一巻）……
縮一・余二、続一・二・九・三 唐 金剛智訳……四二三
縮―余一、続―一・三・一
一三〇六 北斗七星護摩秘要儀軌（一巻）……
縮一・余二、続一・二・九・三 唐 不空訳……四二四
縮―余一、続―二・九・三
一三〇七 仏説北斗七星延命経（一巻）……四二五
縮―余四、続―一・三・三

一三〇八　七曜攘災決（一巻）……唐　金倶吒撰……四二六
縮—余四、続—二・九・四

一三〇九　七曜星辰別行法（一巻）……唐　一行撰……四五二
縮—余四、続—二・九・三

一三一〇　北斗七星護摩法（一巻）……唐　一行撰……四五七
縮—余四、続—二・九・三

一三一一　梵天火羅九曜（一巻）……四五九
縮—余四、続—二・九・三

一三一二　難儞計湿嚩囉天説支輪経（一巻）……宋　法賢訳……四六三
縮—昃一〇、続—一・一・四

一三一三　仏説救抜焔口餓鬼陀羅尼経（一巻）[No. 1314]……唐　不空訳……四六四
縮—閏一四、卍—一五・一〇

一三一四　仏説救面然餓鬼陀羅尼神呪経（一巻）[cf. No. 1313]……唐　実叉難陀訳……四六五
縮—成八、卍—一三・八

一三一五　施諸餓鬼飲食及水法（一巻）……唐　不空訳……四六六
縮—閏一四、続—一・二・五

一三一六　仏説甘露経陀羅尼呪（一巻）……四六八
縮—成八、卍—一三・八

一三一七　甘露陀羅尼呪（一巻）……唐　実叉難陀訳……四六八
縮—成八、卍—一三・八

一三一八　瑜伽集要救阿難陀羅尼焔口軌儀経（一巻）……唐　不空訳……四六八
縮—成八、卍—一五・一〇

一三一九　瑜伽集要焔口施食起教阿難陀縁由（一巻）……唐　不空訳……四七二
縮―成三、卍―二七・二

一三二〇　瑜伽集要焔口施食儀（一巻）……四七三
縮―成三、卍―二七・二

一三二一　仏説施餓鬼甘露味大陀羅尼経（一巻）……唐　跋駄木阿訳……四八四

一三二二　新集浴像儀軌（一巻）……唐　慧琳述……四八八
縮―余一、続―二・九・四

一三二三　除一切疾病陀羅尼経（一巻）……唐　不空訳……四八九
縮―閏一五、卍―一五・一〇

一三二四　能浄一切眼疾病陀羅尼経（一巻）……唐　不空訳……四九〇
縮―閏一五、卍―一五・一〇

一三二五　仏説療痔病経（一巻）……唐　義浄訳……四九〇
縮―成八、卍―一五・一

一三二六　仏説呪時気病経（一巻）……東晋　竺曇無蘭訳……四九一
縮―成三、卍―一三・五

一三二七　仏説呪歯経（一巻）……東晋　竺曇無蘭訳……四九一
縮―成三、卍―一三・五

一三二八　仏説呪目経（一巻）……東晋　竺曇無蘭訳……四九一
縮―成三、卍―一三・五

一三二九　仏説呪小児経（一巻）……東晋　竺曇無蘭訳……四九一
縮―成三、卍―一三・五

一三三〇　囉嚩拏説救療小児疾病経（一巻）……宋　法賢訳……四九一

一三三一　縮—成一三、卍—一五・五
仏説灌頂七万二千神王護比丘呪経（十二巻）[cf. Nos. 450, 451 ; Fasc. 12＝cf. Nos. 449, 2766]……東晋　帛尸梨蜜多羅訳……四九五

一三三二　縮—成六、卍—九・九
七仏八菩薩所説大陀羅尼神呪経（四巻）……失　訳……五三六

一三三三　縮—成七、卍—一三・四
虚空蔵菩薩問七仏陀羅尼呪経（一巻）[Nos. 1147, 1334]……失　訳……五六一

一三三四　縮—成八、卍—一二・二
如来方便善巧呪経（一巻）[Nos. 1147, 1333]……隋　闍那崛多訳……五六五

一三三五　縮—成八、卍—一二・二
大吉義神呪経（四巻）……元魏　曇曜訳……五六八

一三三六　縮—成八、卍—一三・五
陀羅尼雑集（十巻）……未詳撰者……五八〇

一三三七　縮—成一四、卍—二七・八～九
種種雑呪経（一巻）……北周　闍那耶舎訳……六三七

一三三八　縮—余五、卍—一二・一
呪三首経（一巻）……唐　地婆訶羅訳……六四〇

一三三九　縮—成一三、卍—一二・一
大方等陀羅尼経（四巻）……北涼　法衆訳……六四一

一三四〇　縮—成五、卍—一二・七
大法炬陀羅尼経（二十巻）……隋　闍那崛多訳……六六一

縮—宙九、卍—一二・七～八

一三四一　大威徳陀羅尼経（二十巻）……………隋　闍那崛多訳……七五五
縮—宙一〇、卍—一一・八
一三四二　仏説無崖際総持法門経（一巻）……………西秦　聖堅訳……八三九
縮—宙一〇、卍—一一・二
一三四三　尊勝菩薩所問一切諸法入無量門陀羅尼経（一巻）……………北斉　万天懿訳……八四三
縮—宙一〇、卍—一一・三
一三四四　金剛上味陀羅尼経（一巻）［No. 1345］……………元魏　仏陀扇多訳……八五〇
縮—宙一〇、卍—一一・三
一三四五　金剛場陀羅尼経（一巻）［No. 1344］……………隋　闍那崛多訳……八五四
縮—宙一〇、卍—一一・二
一三四六　諸仏集会陀羅尼経（一巻）［No. 1347］……………唐　提雲般若等訳……八五八
縮—成七、卍—一三・五、続—一・三・四
一三四七　息除中夭陀羅尼経（一巻）［No. 1346］……………宋　施護訳……八六〇
縮—成七、卍—一五・二
一三四八　仏説十二仏名神呪校量功徳除障滅罪経（一巻）［No. 1349］……………隋　闍那崛多訳……八六〇
縮—成五、卍—一一・二
一三四九　仏説称讃如来功徳神呪経（一巻）［No. 1348］……………唐　義浄訳……八六三
縮—成五、卍—一一・二
一三五〇　仏説一切如来名号陀羅尼経（一巻）……………宋　法賢訳……八六四
縮—成一〇、卍—一五・五
一三五一　仏説持句神呪経（一巻）［Nos. 1029, 1352—1355］……………呉　支謙訳……八六四
縮—成七、卍—一一・二

一三五二　仏説陀隣尼鉢経（一巻）［Nos. 1029, 1351, 1352, 1354, 1355］……………東晋　竺曇無蘭訳……八六五

縮—成七、卍—一二・二

一三五三　東方最勝燈王陀羅尼経（一巻）［Nos. 1029, 1351, 1352, 1354, 1355］……………隋　闍那崛多訳……八六六

縮—成七、卍—一二・三

一三五四　東方最勝燈王如来経（一巻）［Nos. 1029, 1351—1353, 1355］……………隋　闍那崛多等訳……八六八

縮—成七、卍—一二・三

一三五五　仏説聖最上燈明如来陀羅尼経（一巻）［Nos. 1029, 1351—1354］……………宋　施護訳……八七二

縮—成七、卍—一五・二

一三五六　仏説華積陀羅尼神呪経（一巻）［Nos. 1357—1359］……………呉　支謙訳……八七四

縮—成七、卍—一二・二

一三五七　仏説師子奮迅菩薩所問経（一巻）［Nos. 1356, 1358, 1359］……………失訳……八七五

縮—成七、卍—一二・二

一三五八　仏説花聚陀羅尼呪経（一巻）［Nos. 1356, 1357, 1359］……………失訳……八七六

縮—成七、卍—一二・二

一三五九　仏説花積楼閣陀羅尼経（一巻）［Nos. 1356—1358］……………宋　施護訳……八七七

縮—成七、卍—一五・四

一三六〇　六門陀羅尼経（一巻）［cf. No. 1361］……………唐　玄奘訳……八七八

縮—成八、卍—一三・五

一三六一　六門陀羅尼経論（一巻）［cf. No. 1360］……………世親菩薩造……失訳……八七八

附、六門陀羅尼経論広釈（一巻）……………唐　智威造……八七八

一三六二　仏説善夜経（一巻）……………唐　義浄訳……八八一

縮—成八、卍—一三・六

一三六三　勝幢臂印陀羅尼経（一巻）［No. 1364］……唐　玄奘　訳……八八二
縮—成八、卍—二・一

一三六四　妙臂印幢陀羅尼経（一巻）［No. 1363］……唐　実叉難陀　訳……八八三
縮—成八、卍—二・一

一三六五　八名普密陀羅尼経（一巻）［No. 1366］……唐　玄奘　訳……八八三
縮—成八、卍—三・五

一三六六　仏説秘密八名陀羅尼経（一巻）［No. 1365］……宋　法賢　訳……八八四
縮—成八、卍—五・五

一三六七　仏説大普賢陀羅尼経（一巻）……失　訳……八八四
縮—成二、卍—三・五

一三六八　仏説大七宝陀羅尼経（一巻）……失　訳……八八五
縮—成八、卍—三・五

一三六九　百千印陀羅尼経（一巻）……唐　実叉難陀　訳……八八五
百千印陀羅尼経（一巻・別本）……唐　実叉難陀　訳……八八六
縮—成八、卍—三・六

一三七〇　仏説持明蔵八大総持王経（一巻）……宋　施護　訳……八八六
縮—成八、卍—五・三

一三七一　仏説聖大総持王経（一巻）……宋　施護　訳……八八八
縮—成八、卍—五・三

一三七二　増慧陀羅尼経（一巻）……宋　施護　訳……八八九
縮—成二、卍—五・五

一三七三　仏説施一切無畏陀羅尼経（一巻）……宋　施護等　訳……八八九

縮—成八、卍—六・一

一三七四　仏説一切功徳荘厳王経（一巻）……唐　義浄　訳……八九〇

縮—成八、卍—三・五

一三七五　仏説荘厳王陀羅尼呪経（一巻）……唐　義浄　訳……八九四

縮—成八、卍—三・六

一三七六　仏説聖荘厳陀羅尼経（二巻）……宋　施護　訳……八九五

縮—成八、卍—一五・四

一三七七　仏説宝帯陀羅尼経（一巻）……宋　施護　訳……八九八

縮—成八、卍—一五・七

一三七八　仏説玄師颰陀所説神呪経（一巻）……東晋　竺曇無蘭　訳……九〇一

縮—成三、卍—三・五

幻師颰陀神呪経（一巻・別本）……東晋　竺曇無蘭　訳……九〇二

一三七九　仏説大愛陀羅尼経（一巻）……宋　法賢　訳……九〇二

縮—成三、卍—三・五

一三八〇　仏説善楽長者経（一巻）……宋　法賢　訳……九〇二

縮—成八、卍—一五・五

一三八一　仏説大吉祥陀羅尼経（一巻）……宋　法賢　訳……九〇三

縮—成八、卍—一五・五

一三八二　仏説宿命智陀羅尼（一巻）……宋　法賢　訳……九〇四

縮—成三、卍—一五・五

一三八三　仏説宿命智陀羅尼経（一巻）……宋　法賢　訳……九〇四

縮—成八、卍—一五・五

一三八四　仏説鉢蘭那賒嚩哩大陀羅尼経（一巻）……宋　法賢訳……九〇四
縮—成八、卍—一五・五
一三八五　仏説倶枳羅陀羅尼経（一巻）……宋　法賢訳……九〇五
縮—成八、卍—一五・五
一三八六　仏説妙色陀羅尼経（一巻）……宋　法賢訳……九〇五
縮—成八、卍—一五・五
一三八七　仏説栴檀香身陀羅尼経（一巻）……宋　法賢訳……九〇六
縮—成八、卍—一五・五
一三八八　仏説無畏陀羅尼経（一巻）……宋　法賢訳……九〇六
縮—成八、卍—一六・二
一三八九　仏説無量寿大智陀羅尼（一巻）……宋　法賢訳……九〇七
縮—成三、卍—一五・五
一三九〇　仏説洛叉陀羅尼経（一巻）……宋　法賢訳……九〇七
縮—成八、卍—一五・五
一三九一　仏説檀特羅麻油述経（一巻）……東晋　竺曇無蘭訳……九〇八
縮—成三、卍—一三・五
一三九二　大寒林聖難拏陀羅尼経（一巻）……宋　法天訳……九〇八
縮—成三、卍—一五・二
一三九三　仏説摩尼羅亶経（一巻）……東晋　竺曇無蘭訳……九一〇
縮—成三、卍—一三・五
一三九四　仏説安宅神呪経（一巻）……失訳……九一一
縮—成三、卍—一三・五

一三九五　抜済苦難陀羅尼経（一巻）……唐　玄　奘　訳……九一二
縮―成七、卍―一二・五
一三九六　仏説抜除罪障　呪王経（一巻）……唐　義　浄　訳……九一三
縮―成八、卍―一二・五
一三九七　智炬陀羅尼経（一巻）……唐　提雲般若等　訳……九一三
縮―成七、卍―一二・五
一三九八　仏説智光滅一切業障陀羅尼経（一巻）……宋　施　護　訳……九一四
縮―成七、卍―一五・三
一三九九　仏説滅除五逆罪大陀羅尼経（一巻）……宋　法　賢　訳……九一五
縮―成一二、卍―一五・五
一四〇〇　仏説消　除一切災障宝髻陀羅尼経（一巻）……宋　法　賢　訳……九一六
縮―成一二、卍―一五・五
一四〇一　仏説大金剛香陀羅尼経（一巻）……宋　施　護　訳……九一七
縮―成七、卍―一五・五
一四〇二　消　除一切閃電障難随求如意陀羅尼経（一巻）……宋　施　護　訳……九一八
縮―成一二、卍―一五・二
一四〇三　仏説如意摩尼陀羅尼経（一巻）……宋　施　護　訳……九一九
縮―成一二、卍―一五・二
一四〇四　仏説如意宝総持王経（一巻）……宋　施　護　訳……九二〇
縮―成八、卍―一五・三
一四〇五　仏説息除賊難陀羅尼経（一巻）……宋　法　賢　訳……九二一
縮―成一二、卍―一五・五

一四〇六　仏説辟　除賊害呪経（一巻）……………………………………九二二
縮—成三、卍—一三・五
一四〇七　仏説辟除諸悪陀羅尼経（一巻）……………宋　法　賢　訳……九二三
縮—成三、卍—一五・五
一四〇八　仏説最上意陀羅尼経（一巻）……………宋　施　護　訳……九二三
縮—成一〇、卍—一五・三
一四〇九　仏説聖　最　勝陀羅尼経（一巻）……………宋　施　護　訳……九二四
縮—成一〇、卍—一五・五
一四一〇　仏説勝幡瓔珞陀羅尼経（一巻）……………宋　施　護　訳……九二五
縮—成一〇、卍—一五・四
一四一一　仏説蓮華眼陀羅尼経（一巻）……………宋　施　護　訳……九二六
縮—成八、卍—一五・三
一四一二　仏説宝生陀羅尼経（一巻）……………宋　施　護　訳……九二六
縮—成八、卍—一五・四
一四一三　仏説尊勝　大　明王経（一巻）……………宋　施　護　訳……九二七
縮—成八、卍—一五・三
一四一四　仏説金身陀羅尼経（一巻）……………宋　施　護　訳……九二八
縮—成八、卍—一五・七
一四一五　大金剛妙高山楼閣陀羅尼（一巻）……………宋　施　護　訳……九二八
縮—成三、卍—一五・四
一四一六　金剛摧砕陀羅尼（一巻）……………宋　慈　賢　訳……九三一
縮—成三、卍—一六・一

一四一七　仏説壊相金剛陀羅尼経（一巻）……元　沙囉巴訳……九三二
一四一八　仏説一切如来安像三昧儀軌経（一巻）……宋　施護訳……九三三
縮―成二、続―一・三・四
一四一九　仏説造像量度経解（一巻）……清　工布査布訳解……九三六
縮―成六、卍―一六・九
附、造像量度経続補（一巻）……清　工布査布述……九四五
一四二〇　龍樹五明論（二巻）……九五六
続―一・八七・四

第二十二巻　律部一

一四二一　弥沙塞部和醯五分律（三十巻）［cf. Nos. 1422―1424］……劉宋　仏陀什共竺道生等訳……一
縮―張一～二、卍―一八・九～一〇、国―律一三～一四
一四二二　弥沙塞五分戒本（一巻）［cf. No. 1421］……劉宋　仏陀什等訳……一九四
五分戒本（一巻・別本）……劉宋　仏陀什等訳……二〇〇
縮―張二、卍―一九・八
一四二三　五分比丘尼戒本（一巻）［cf. No. 1421］……梁　明徽集……二〇六
一四二四　弥沙塞羯磨本（一巻）［cf. No. 1421］……唐　愛同録……二一四
縮―張二、卍―一九・八
一四二五　摩訶僧祇律（四十巻）［cf. Nos. 1426, 1427］……東晋　仏陀跋陀羅共法顕訳……二二七
縮―張二、卍―一九・八
一四二六　摩訶僧祇律大比丘戒本（一巻）［cf. No. 1425］……東晋　仏陀跋陀羅訳……五四九
縮―列八～一〇、卍―一八・四～六、国―律八～一一

縮—列一〇、卍—一九・八

一四二七　摩訶僧祇比丘尼戒本（一巻）〔cf. No. 1425〕……東晋　法顕共覚賢訳……五五六

縮—列一〇、卍—一九・七

一四二八　四分律（六十巻）〔cf. Nos. 1429—1434, 1804, 1805〕……姚秦　仏陀耶舎共竺仏念等訳……五六七

縮—列三〜六、卍—一七・八〜一八・一、国—律一〜四

一四二九　四分律比丘戒本（一巻）〔No. 1430 ; cf. Nos. 1428, 1806, 1807〕……後秦　仏陀耶舎訳……一〇一五

縮—列七、卍—一九・八

一四三〇　四分僧戒本（一巻）〔No. 1429 ; cf. No. 1428〕……後秦　仏陀耶舎訳……一〇二三

縮—列七、卍—一九・八

一四三一　四分比丘尼戒本（一巻）〔cf. No. 1428〕……後秦　仏陀耶舎訳……一〇三〇

縮—列七、卍—一九・八

一四三二　曇無徳律部雑羯磨（一巻）〔Nos. 1433, 1434 ; cf. Nos. 1428, 1808—1810〕……曹魏　康僧鎧訳……一〇四一

縮—列七、卍—一九・八

一四三三　羯磨（一巻）〔Nos. 1432, 1434 ; cf. Nos. 1428, 1808, 1809〕……曹魏　曇諦訳……一〇五一

縮—列七、卍—一九・七、国—律一二

一四三四　四分比丘尼羯磨法（一巻）〔Nos. 1432, 1433 ; cf. Nos. 1428, 1808, 1810〕……劉宋　求那跋摩訳……一〇六五

縮—列七、卍—一九・四

第二十三巻　律　部二

一四三五　十誦律（六十一巻）……後秦　弗若多羅共羅什訳……一

縮—張三〜七、卍—一七・四〜七、国—律五〜七

一四三六　十誦比丘波羅提木叉戒本（一巻）……姚秦　鳩摩羅什訳……四七〇

一四三七　十誦比丘尼波羅提木叉戒本（一巻）……劉宋　法顕集出……四七九
縮—張七、卍—一九・八

一四三八　大沙門百一羯磨法（一巻）……四八九
縮—張七、卍—一九・八

一四三九　十誦羯磨比丘要用（一巻）……劉宋　僧璩撰出……四九六
縮—張七、卍—一九・八

一四四〇　薩婆多毘尼毘婆沙（九巻）……失　訳……五〇三
縮—寒七、卍—一九・六、国—律一五～一六

一四四一　薩婆多部毘尼摩得勒伽（十巻）……劉宋　僧伽跋摩訳……五六四
縮—寒七、卍—一九・五、国—律一六

一四四二　根本説一切有部毘奈耶（五十巻）……唐　義浄訳……六二七
縮—張八～九、卍—一八・二～三、国—律一九～二一

一四四三　根本説一切有部苾芻尼毘奈耶（二十巻）……唐　義浄訳……九〇七
縮—張一〇、卍—一九・一、国—律二三

一四四四　根本説一切有部毘奈耶出家事（四巻）……唐　義浄訳……一〇二〇
縮—寒四、続—一・二・一、国—律二三

一四四五　根本説一切有部毘奈耶安居事（一巻）……唐　義浄訳……一〇四一
縮—寒四、続—一・二・一、国—律二三

一四四六　根本説一切有部毘奈耶随意事（一巻）……唐　義浄訳……一〇四四
縮—寒四、続—一・二・一、国—律二三

一四四七　根本説一切有部毘奈耶皮革事（二巻）……唐　義浄訳……一〇四八

縮―寒四、続―一・三・一、国―律三

第二十四巻　律　部　三

一四四八　根本説一切有部毘奈耶薬事（十八巻）……唐　義　浄　訳……一
縮―寒四、続―一・二・五、国―律三
一四四九　根本説一切有部毘奈耶羯恥那衣事（一巻）……唐　義　浄　訳……九七
縮―寒四、続―一・三・一、国―律三
一四五〇　根本説一切有部毘奈耶破僧事（二十巻）……唐　義　浄　訳……九九
縮―寒三、卍―一八・一〇～一九・一、国―律二四
一四五一　根本説一切有部毘奈耶雑事（四十巻）……唐　義　浄　訳……二〇七
縮―寒一～二、卍―一八・七～八、国―律二五～二六
一四五二　根本説一切有部尼陀那目得迦（十巻）……唐　義　浄　訳……四一五
縮―寒五、卍―一九・五
一四五三　根本説一切有部百一羯磨（十巻）……唐　義　浄　訳……四五五
縮―寒五、卍―一九・四
一四五四　根本説一切有部戒経（一巻）……唐　義　浄　訳……五〇〇
縮―寒五、卍―一七・三
一四五五　根本説一切有部苾芻尼戒経（一巻）……唐　義　浄　訳……五〇八
縮―寒五、卍―一九・七
一四五六　根本説一切有部毘奈耶尼陀那目得迦摂頌（一巻）……唐　義　浄　訳……五一七
縮―寒五、卍―一九・七
一四五七　根本説一切有部略毘奈耶雑事摂頌（一巻）……唐　義　浄　訳……五二〇

縮—寒五、卍—一九・七

一四五八　根本薩婆多部律摂（十四巻）……尊者勝友集…唐　義浄　訳……五二五

縮—寒六、卍—一九・三、国—律一七

一四五九　根本説一切有部毘奈耶頌（三巻）……尊者毘舎佉造…唐　義浄　訳……六一七

縮—寒六、卍—一九・七

一四六〇　解脱戒経（一巻）……元魏　般若流支　訳……六五九

縮—寒一〇、卍—一七・三、国—律一一

一四六一　律二十二明了論（一巻）……弗若多羅多造…陳　真諦　訳……六六五

縮—寒九、卍—一九・七、国—律一一

一四六二　善見律毘婆沙（十八巻）……蕭斉　僧伽跋陀羅　訳……六七三

縮—寒八、卍—一九・二、国—律一八

一四六三　毘尼母経（八巻）……失　訳……八〇一

縮—寒九、卍—一九・六、国—律一五

一四六四　鼻奈耶（十巻）……姚秦　竺　仏　念　訳……八五一

縮—寒九、卍—一九・四

一四六五　舎利弗問経（一巻）……失　訳……八九九

縮—寒一〇、卍—一九・八

一四六六　優波離問仏経（一巻）……宋　求那跋摩　訳……九〇三

縮—寒一〇、卍—一七・三

一四六七　仏説犯戒罪報軽重経（一巻）……後漢　安　世　高　訳……九一〇

縮—寒一〇、卍—一七・三

一四六七　仏説犯戒罪報軽重経（一巻・別本）……九一一

一四六八 仏説目連所問経（一巻）……宋　法天　訳……九一一
縮―寒一〇、卍―一五・三

一四六九 仏説迦葉禁戒経（一巻）……宋　沮渠京声　訳……九一二
縮―寒一〇、卍―一七・三

一四七〇 大比丘三千威儀（二巻）……後漢　安世高　訳……九一二
縮―寒一〇、卍―一七・三

一四七一 沙弥十戒法并威儀（一巻）……失　訳……九二六
縮―寒一〇、卍―一九・三

一四七二 沙弥威儀（一巻）……宋　求那跋摩　訳……九三二
縮―寒一〇、卍―一九・七

一四七三 仏説沙弥十戒儀則経（一巻）……宋　施護　訳……九三五
縮―寒一〇、卍―一九・八

一四七四 沙弥尼戒経（一巻）……失　訳……九三七
縮―寒一〇、卍―一五・三

一四七五 沙弥尼離戒文（一巻）……失　訳……九三八
縮―寒一〇、卍―一九・八

一四七六 仏説優婆塞五戒相経（一巻）……宋　求那跋摩　訳……九三九
縮―寒一〇、卍―一九・八

一四七七 仏説戒消災経（一巻）……呉　支謙　訳……九四四
縮―寒一〇、卍―一八・三

一四七八 大愛道比丘尼経（二巻）……失　訳……九四五
縮―寒一〇、卍―一七・三
縮―寒一〇、卍―一九・七

一四七九　仏説苾芻五法経（一巻）……宋　法天訳……九五五
縮―寒一〇、卍―一五・三

一四八〇　仏説苾芻迦尸迦十法経（一巻）……宋　法天訳……九五六
縮―寒一〇、卍―一五・三

一四八一　仏説五恐怖世経（一巻）……宋　沮渠京声訳……九五七
縮―寒一〇、卍―一五・一

一四八二　仏阿毘曇経出家相品（一巻）……陳　真諦訳……九五八
縮―寒一〇、卍―一七・三

一四八三　仏説目連問戒律中五百軽重事（一巻）……失訳……九七二
縮―寒一〇、卍―一九・七
仏説目連問戒律中五百軽重事経（二巻・別本）……失訳……九八三

一四八四　梵網経盧舎那仏説菩薩心地戒品第十（二巻）[cf. Nos. 1811—1815, 2246, 2797]……後秦　鳩摩羅什訳……九九七
縮―列一、卍―一七・一、国―律一二

一四八五　菩薩瓔珞本業経（二巻）[cf. No. 2798]……姚秦　竺仏念訳……一〇一〇
縮―列一、卍―一七・二、国―律一二

一四八六　受十善戒経（一巻）……失訳……一〇二三
縮―列一、卍―一七・二

一四八七　仏説菩薩内戒経（一巻）……宋　求那跋摩訳……一〇二八
縮―列一、卍―一七・一、国―律一二

一四八八　優婆塞戒経（七巻）……北涼　曇無讖訳……一〇三四
縮―列二、卍―一七・二、国―律一二

一四八九　清浄毘尼方広経（一巻）[Nos. 460, 1490]……後秦　鳩摩羅什訳……一〇七五

一四九〇　寂調音所問経（一巻）［Nos. 460, 1489］……宋　法海　訳……一〇八一
縮―列二、卍―一七・二、国―律三

一四九一　菩薩蔵経（一巻）……梁　僧伽婆羅　訳……一〇八六
縮―列二、卍―一七・二

一四九二　仏説舎利弗悔過経（一巻）……後漢　安世高　訳……一〇九〇
縮―列二、卍―一七・二、国―律三

一四九三　大乗三聚懺悔経（一巻）……隋　闍那崛多共笈多等訳……一〇九一
縮―列二、卍―一七・二、国―律三

一四九四　仏説浄業障経（一巻）……失　訳……一〇九五
縮―列二、卍―一七・二、国―律三

一四九五　善恭敬経（一巻）……隋　闍那崛多　訳……一一〇〇
縮―列二、卍―一七・二

一四九六　仏説正恭敬経（一巻）……元魏　仏陀扇多　訳……一一〇二
縮―列二、卍―一〇・七、国―律三

一四九七　仏説大乗戒経（一巻）……宋　施護　訳……一一〇四
縮―列二、卍―一〇・七

一四九八　仏説八種長養功徳経（一巻）……宋　法護等　訳……一一〇四
縮―列二、卍―一五・五、国―律三

一四九九　菩薩戒羯磨文（一巻）［cf. No. 1583］……弥勒菩薩説……唐　玄奘　訳……一一〇四
縮―列二、卍―一五・九

一五〇〇　菩薩戒本（一巻）［cf. No. 1583］……慈氏菩薩説……北涼　曇無讖　訳……一一〇七
縮―列二、卍―一七・二、国―律三

縮—列三、卍—一七・三

一五〇一　菩薩戒本（一巻）……弥勒菩薩説…唐　玄奘　訳……一一〇

縮—列三、卍—一七・三

一五〇二　菩薩受斎経（一巻）……西晋　聶道真　訳……一一五

縮—列三、卍—一七・三、国—律一三

一五〇三　優婆塞五戒威儀経（一巻）……宋　求那跋摩　訳……一一六

縮—列三、卍—一七・一

一五〇四　菩薩五法懺悔文（一巻）……失　訳……一二一

縮—列三、卍—一七・二

第二十五巻　釈経論部上

一五〇五　四阿鋡暮抄解（二巻）[No. 1506]……婆素跋陀撰…符秦　鳩摩羅仏提等訳……一

縮—蔵四、卍—二六・一〇

一五〇六　三法度論（三巻）[No. 1505]……尊者山賢造…東晋　僧伽提婆　訳……一五

縮—蔵四、卍—二四・七

一五〇七　分別功徳論（五巻）……失　訳……三〇

縮—蔵四、卍—二五・六、国—釈八

一五〇八　阿含口解十二因縁経（一巻）……後漢　安玄共厳仏調訳……五三

縮—蔵四、卍—二六・六

一五〇九　大智度論（百巻）[cf. No. 223]……龍樹菩薩造…後秦　鳩摩羅什　訳……五七

縮—往一〜五、卍—一九・九〜二〇・四、国—釈一〜五

一五一〇　金剛般若論（二巻）[cf. No. 1817]……無著菩薩造…隋　達磨笈多　訳……七五七

縮—往六、卍—一九・九
金剛般若波羅蜜経論（三巻・別本）……無著菩薩造…隋 達磨笈多訳……七六六

一五一一 金剛般若波羅蜜経論（三巻）［No. 1513 ; cf. Nos. 1512, 1514, 1816, 1817］……天親菩薩造…元魏 菩提流支訳……七八一
縮—往六、卍—一九・九

一五一二 金剛仙論（十巻）［cf. Nos. 1511, 1513, 1514, 1817］……世親菩薩造…金剛仙論師釈…元魏 菩提流支訳……七九八
続—一・二・三

一五一三 能断金剛般若波羅蜜多経論釈（三巻）［No. 1511 ; cf. Nos. 1512, 1514, 1817］……無著菩薩造…世親菩薩造…唐 義浄訳……八七五
縮—往六、卍—一三・三

一五一四 能断金剛般若波羅蜜多経論頌（一巻）［cf. Nos. 1511—1513, 1817］……無著菩薩造…唐 義浄訳……八八五
縮—往六、卍—一三・二

一五一五 金剛般若波羅蜜経破取著不壊仮名論（二巻）……功徳施菩薩造…唐 地婆訶羅等訳……八八七
縮—往六、卍—一三・八

一五一六 聖仏母般若波羅蜜多九頌精義論（二巻）……勝徳赤衣菩薩造…宋 法護等訳……八九八
縮—暑二、卍—一六・一、国—釈八

一五一七 仏母般若波羅蜜多円集要義釈論（四巻）［cf. No. 1518］……三宝尊菩薩造…大域龍菩薩造本論…宋 施護等訳……九〇〇
縮—往一〇、卍—一五・一〇、国—釈八

一五一八 仏母般若波羅蜜多円集要義論（一巻）［cf. No. 1517］……大域龍菩薩造…宋 施護等訳……九一二
縮—暑二、卍—一五・一〇、国—釈八

第二十六巻　釈経論部下・毘曇部一

一五一九　妙法蓮華経憂波提舎（二巻）［No. 1520 ; cf. No. 1818］……大乗論師婆藪槃豆釈…後魏　菩提留支共曇林等訳……一
縮―往六、卍―三三・三

一五二〇　妙法蓮華経論優波提舎（一巻）［No. 1519］……婆藪槃豆菩薩造…元魏　勒那摩提共僧朗等訳……一〇
縮―往六、卍―三三・三

一五二一　十住毘婆沙論（十七巻）……聖者龍樹造…後秦　鳩摩羅什訳……二〇
縮―暑八、卍―三三・五、国―釈七

一五二二　十地経論（十二巻）［cf. Nos. 2758, 2799］……天親菩薩造…後魏　菩提流支等訳……一二三
縮―暑九、卍―三三・九、国―釈六

一五二三　大宝積経論（四巻）……後魏　菩提流支訳……二〇四
縮―暑一〇、卍―三三・三

一五二四　無量寿経優波提舎願生偈（一巻）［cf. No. 1819］……婆藪槃豆菩薩造…元魏　菩提流支訳……二三〇
縮―暑一一、卍―三三・一

一五二五　弥勒菩薩所問経論（九巻）……後魏　菩提流支訳……二三三
縮―暑一〇、卍―三三・一、国―釈八

一五二六　宝髻経四法憂波提舎（一巻）……天親菩薩造…元魏　毘目智仙訳……二七三
縮―暑一一、卍―三三・四、国―釈八

一五二七　涅槃論（一巻）……婆藪槃豆作…元魏　達磨菩提訳……二七七
縮―往六、卍―二七・一、国―釈八

一五二八　涅槃経本有今無偈論（一巻）……天親菩薩造…陳　真諦訳……二八一
縮―往六、卍―三三・一、国―釈八

一五二九　遺教経論（一巻）［cf. No. 1820］……天親菩薩造…陳　真諦訳……二八三
縮―往六、卍―三三・一

一五三〇　仏地経論（七巻）……………………………………………親光菩薩等造…唐　玄　奘　訳……二九一
　縮—暑二、卍—二一・九

一五三一　文殊師利菩薩問菩提経論（二巻）…………………………天親菩薩造…元魏　菩　提　流　支　訳……三二八
　縮—暑二、卍—二一・八

一五三二　勝思惟梵天所問経論（四巻）………………………………天親菩薩造…後魏　菩　提　流　支　訳……三三七
　縮—暑二、卍—二一・八

一五三三　転法輪経憂波提舎（一巻）…………………………………天親菩薩造…元魏　毘　目　智　仙　訳……三五五
　縮—暑二、卍—二三・一、国—釈八

一五三四　三具足経憂波提舎（一巻）…………………………………元魏　毘　目　智　仙　等　訳……三五九
　縮—暑二、卍—二一・九、国—釈八

一五三五　大乗四法経釈（一巻）［cf. No. 2784］……………………………………………………………………三六四

一五三六　阿毘達磨集異門足論（二十巻）……………………………尊者舎利子説…唐　玄　奘　訳……三六七
　縮—秋一、卍—二五・一、国—毘一〜二

一五三七　阿毘達磨法蘊足論（十二巻）………………………………尊者大目乾連造…唐　玄　奘　訳……四五三
　縮—秋四、卍—二五・八、国—毘三

一五三八　施設論（七巻）……………………………………………………宋　法　護　等　訳……五一四
　縮—秋四、卍—二六・一、国—毘三

一五三九　阿毘達磨識身足論（十六巻）………………………………提婆設連造…唐　玄　奘　訳……五三一
　縮—冬九、卍—二五・三〜四、国—毘四

一五四〇　阿毘達磨界身足論（三巻）…………………………………尊者世友造…唐　玄　奘　訳……六一四
　縮—冬一〇、卍—二五・四、国—毘五

一五四一　衆事分阿毘曇論（十二巻）［No. 1542］………………………尊者世友造…劉宋　求那跋陀羅共菩提耶舎訳……六二七

縮—冬一一、卍—二五・六〜七

一五四二 阿毘達磨品類足論（十八巻）［No. 1541］……尊者世友造…唐　玄　奘　訳……六九二

縮—冬一〇、卍—二五・一〜二、国—毘五

一五四三 阿毘曇八犍度論（三十巻）［Nos. 1544, 1545］……迦旃延子造…符秦　僧伽提婆共竺仏念訳……七七一

縮—秋六、卍—二四・七〜八、国—毘一七〜一八

一五四四 阿毘達磨発智論（二十巻）［Nos. 1543, 1545］……迦多衍尼子造…唐　玄　奘　訳……九一八

縮—秋五、卍—二四・一〇

第二十七巻　毘曇部二

一五四五 阿毘達磨大毘婆沙論（二百巻）［No. 1546 ; cf. Nos. 1543, 1544, 1547］…五百大阿羅漢等造…唐　玄　奘　訳……一

縮—収一〜八、卍—二二・六〜二三・三、国—毘七〜一七

第二十八巻　毘曇部三

一五四六 阿毘曇毘婆沙論（六十巻）［No. 1545 ; cf. Nos. 1543, 1544, 1547］……迦旃延子造…五百羅漢釈…北涼　浮陀跋摩共道泰等訳……一

縮—秋七〜一〇、卍—二三・四〜七

一五四七 鞞婆沙論（十四巻）［cf. Nos. 1543—1546］……尸陀槃尼撰…符秦　僧　伽　跋　澄　訳……四一六

縮—収九、卍—二五・二〜三

一五四八 舎利弗阿毘曇論（三十巻）……姚秦　曇摩耶舎共曇摩崛多等訳……五二五

縮—秋二〜三、卍—二四・四〜五、国—毘一九、二三

一五四九 尊婆須蜜菩薩所集論（十巻）……尊婆須蜜造…符秦　僧伽跋澄等訳……七二一

縮—蔵一、卍—二五・五〜六、国—毘六

一五五〇 阿毘曇心論（四巻）［cf. Nos. 1551, 1552］……尊者法勝造…晋　僧伽提婆共慧遠訳……八〇九
縮—冬二一、卍—二五・五、国—毘二一
一五五一 阿毘曇心論経（六巻）［cf. Nos. 1550, 1552］……法勝論…優波扇多釈…高斉　那連提耶舎訳……八三三
縮—冬二一〜二三、卍—二五・七〜八、国—毘二一
一五五二 雑阿毘曇心論（十一巻）［cf. Nos. 1550, 1551］……尊者法救造…劉宋　僧伽跋摩等訳……八六九
縮—冬二三、卍—二五・四〜五、国—毘二〇〜二二
一五五三 阿毘曇甘露味論（二巻）……尊者瞿沙造……失　訳……九六六
縮—蔵一、卍—二五・二、国—論二
一五五四 入阿毘達磨論（二巻）……塞建陀羅造…唐　玄　奘　訳……九八〇
縮—蔵一、卍—二五・六、国—論二
一五五五 五事毘婆沙論（二巻）［No. 1556］……尊者法救造…唐　玄　奘　訳……九八九
縮—蔵一、卍—二五・四
一五五六 薩婆多宗五事論（一巻）［No. 1555］……唐　法　成　訳……九九五
一五五七 阿毘曇五法行経（一巻）……後漢　安　世　高　訳……九九八
縮—蔵一、卍—二六・七

第二十九巻　毘曇部四

一五五八 阿毘達磨倶舎論（三十巻）［No. 1559 ; cf. Nos. 1560, 1561, 1821—1823, 2249—2252］……尊者世親造…唐　玄　奘　訳……一
縮—収九〜一〇、卍—二四・二〜三、国—毘二五〜二六下
一五五九 阿毘達磨倶舎釈論（二十二巻）［No. 1558 ; cf. Nos. 1560, 1561］……婆藪盤豆造…陳　真　諦　訳……一六一
縮—冬一〜二、卍—二四・五〜六

一五六〇　阿毘達磨倶舎論本頌（一巻）〔cf. Nos. 1558, 1559, 1561, 1823〕……世親菩薩造……唐　玄奘　訳……三一〇
縮—冬二、卍—二四・七
一五六一　倶舎論実義疏（五巻）〔cf. Nos. 1558—1560〕……尊者安恵造……三二五
一五六二　阿毘達磨順正理論（八十巻）……尊者衆賢造……唐　玄奘　訳……三二九
縮—冬三〜六、卍—三三・七〜一〇、国—毘二七〜三〇
一五六三　阿毘達磨蔵顕宗論（四十巻）……尊者衆賢造……唐　玄奘　訳……七七七
縮—冬七〜八、卍—二四・一〜二、国—毘二三〜二四

第三十巻　中観部全・瑜伽部上

一五六四　中論（四巻）〔cf. Nos. 1565—1567, 1824, 2256〕……龍樹菩薩造　梵志青目釈……姚秦　鳩摩羅什訳……一
縮—暑一、卍—二二・四、国—中一
一五六五　順中論義入大般若波羅蜜経初品法門（二巻）〔cf. Nos. 1564, 1566, 1567〕……龍樹菩薩造　無著菩薩釈……元魏　瞿曇般若流支訳……三九
縮—暑二、卍—二三・四
一五六六　般若燈論釈（十五巻）〔cf. Nos. 1564, 1565, 1567〕……偈本龍樹菩薩　釈論分別明菩薩……唐　波羅頗蜜多羅訳……五一
縮—暑一、卍—二二・七、国—中二
一五六七　大乗中観釈論（九巻）〔cf. Nos. 1564—1566〕……安慧菩薩造……宋　惟浄等撰……一三六
縮—暑二、卍—二六・一
一五六八　十二門論（一巻）〔cf. Nos. 1825, 1826〕……龍樹菩薩造……姚秦　鳩摩羅什訳……一五九
縮—来一〇、卍—二二・七、国—中一
一五六九　百論（二巻）〔cf. Nos. 1570, 1571, 1827〕……提婆菩薩造　婆藪開士釈……姚秦　鳩摩羅什訳……一六八
縮—暑二、卍—二二・七、国—中一
一五七〇　広百論本（一巻）〔cf. Nos. 1569, 1571〕……聖天菩薩造……唐　玄奘　訳……一八二

縮―暑二、卍―二・七、国―中三

一五七一　大乗広百論釈論（十巻）[cf. Nos. 1569, 1570, 2800]……聖天菩薩本 護法菩薩釈…唐　玄　奘　訳……一八七
縮―往一〇、卍―二・一〇、国―中三

一五七二　百字論（一巻）……提婆菩薩造…後魏　菩提流支訳……二五〇
縮―暑二、卍―三・五、国―中三

一五七三　壹輸盧迦論（一巻）……龍樹菩薩造…後魏　瞿曇般若留支訳……二五三
縮―暑一、卍―三・二、国―中三

一五七四　大乗破有論（一巻）……龍樹菩薩造…宋　施　護　訳……二五四
縮―暑一、卍―一五・一〇、国―中三

一五七五　六十頌如理論（一巻）……龍樹菩薩造…宋　施　護　訳……二五四
縮―暑一、卍―一五・一〇、国―中三

一五七六　大乗二十頌論（一巻）……龍樹菩薩造…宋　施　護　訳……二五六
縮―暑一、卍―一五・一〇、国―中三

一五七七　大丈夫論（二巻）……提婆羅菩薩造…北涼　道　泰　訳……二五六
縮―暑五、卍―三・四、国―中三

一五七八　大乗掌珍論（二巻）[cf. No. 2258]……清辯菩薩造…唐　玄　奘　訳……二六八
縮―暑五、卍―三・四、国―中三

一五七九　瑜伽師地論（百巻）[cf. Nos. 1580―1584, 1828, 1829, 2801, 2802]……弥勒菩薩造…唐　玄　奘　訳……二七九
縮―来一～五、卍―一〇・五～九、国―瑜一～六

一五八〇　瑜伽師地論釈（一巻）[cf. No. 1579]……最勝子等造…唐　玄　奘　訳……八八三
縮―往一、卍―三・一、国―瑜六

一五八一　菩薩地持経（十巻）[cf. Nos. 1579 (I, 15), 1582, 2803]……北涼　曇　無　讖　訳……八八八

縮—来六、卍—一七・一

一五八二　菩薩善戒経(ぼさつぜんかいきょう)（九巻）〔cf. Nos. 1579 (I, 15), 1581〕……劉宋 求那跋摩訳……九六〇
縮—列一、卍—一七・一

一五八三　菩薩善戒経(ぼさつぜんかいきょう)（一巻）〔cf. Nos. 1579 (I, 15, j), 1581 (10), 1582 (11), 1499—1501〕……劉宋 求那跋摩訳……一〇一三
縮—列一、卍—一七・一

一五八四　決定蔵論(けつじょうぞうろん)（三巻）〔cf. No. 1579 (II, 1)〕……梁 真諦訳……一〇一八
縮—来六、卍—一七・三

第三十一巻　瑜伽部下

一五八五　成唯識論(じょうゆいしきろん)（十巻）〔Nos. 1586, 1587, 1830—1833, 2262—2267, 2804〕……護法等菩薩造……唐 玄奘訳……一
縮—往一〇、卍—三・一〇、国—瑜七

一五八六　唯識三十論頌(ゆいしきさんじゅうろんじゅ)（一巻）〔No. 1587 ; cf. Nos. 1585, 2268, 2804〕……世親菩薩造……唐 玄奘訳……六〇
縮—来九、卍—三・二

一五八七　転識論(てんじきろん)（一巻）〔No. 1586 ; cf. No. 1585〕……陳 真諦訳……六一
縮—来一〇、卍—三・二、国—瑜二

一五八八　唯識論(ゆいしきろん)（一巻）〔Nos. 1589, 1590 ; cf. No. 1591〕……天親菩薩造……後魏 瞿曇般若流支訳……六三
縮—来九、卍—三・四

一五八九　大乗唯識論(だいじょうゆいしきろん)（一巻）〔Nos. 1588, 1590 ; cf. No. 1591〕……天親菩薩造……陳 真諦訳……七〇
縮—来九、卍—三・四

一五九〇　唯識二十論(ゆいしきにじゅうろん)（一巻）〔Nos. 1588, 1589 ; cf. Nos. 1591, 1834〕……世親菩薩造……唐 玄奘訳……七四
縮—来九、卍—三・四、国—瑜七

一五九一　成唯識宝生論(じょうゆいしきほうしょうろん)（五巻）〔cf. Nos. 1588—1590〕……護法菩薩造……唐 義浄訳……七七

一五九二　摂大乗論（しょうだいじょうろん）（二巻）〔Nos. 1593, 1594 ; cf. Nos. 1595—1598〕……………阿僧伽作…後魏　仏陀扇多訳……九七
　縮—往一〇、卍—三三・二、国—瑜七

一五九三　摂大乗論（しょうだいじょうろん）（三巻）〔Nos. 1592, 1594 ; cf. Nos. 1595—1598〕……………無著菩薩造…陳　真　諦　訳……一一三
　縮—来九、卍—二二・六

一五九四　摂大乗論本（しょうだいじょうろんぽん）（三巻）〔Nos. 1592, 1593 ; cf. Nos. 1595—1598〕……………無著菩薩造…唐　玄　奘　訳……一三二
　縮—来九、卍—二二・六

一五九五　摂大乗論釈（しょうだいじょうろんしゃく）（十五巻）〔Nos. 1596—1598 ; cf. Nos. 1592—1594, 2269, 2805〕…世親菩薩釈…陳　真　諦　訳……一五二
　縮—来九、卍—三三・五

一五九六　摂大乗論釈論（しょうだいじょうろんしゃくろん）（十巻）〔Nos. 1595, 1597 ; cf. Nos. 1592—1594, 1598〕……………世親菩薩造…隋　笈多共行矩等訳……二七一
　縮—往八、卍—二〇・一〇〜二二・一、国—瑜九

一五九七　摂大乗論釈（しょうだいじょうろんしゃく）（十巻）〔Nos. 1595, 1596 ; cf. Nos. 1592—1594, 1598〕……………世親菩薩造…唐　玄　奘　訳……三二一
　縮—往九、卍—二二・一〜二

一五九八　摂大乗論釈（しょうだいじょうろんしゃく）（十巻）〔cf. Nos. 1592—1597〕……………無性菩薩造…唐　玄　奘　訳……三八〇
　縮—往七、卍—二二・二、国—瑜八

一五九九　中辺分別論（ちゅうへんふんべつろん）（二巻）〔No. 1600 ; cf. No. 1601〕……………天親菩薩造…陳　真　諦　訳……四五一
　縮—往九、卍—二〇・一〇、国—瑜八

一六〇〇　辯中辺論（べんちゅうへんろん）（三巻）〔No. 1599 ; cf. Nos. 1601, 1835〕……………世親菩薩造…唐　玄　奘　訳……四六四
　縮—来九、卍—三三・五

一六〇一　辯中辺論頌（べんちゅうへんろんじゅ）（一巻）〔cf. Nos. 1599, 1600〕……………弥勒菩薩造…唐　玄　奘　訳……四七七
　縮—来九、卍—三三・四、国—瑜三

一六〇二　顕揚聖教論（けんようしょうぎょうろん）（二十巻）〔cf. No. 1603〕……………無著菩薩造…唐　玄　奘　訳……四八〇
　縮—来九、卍—三三・四

一六〇三　顕揚聖教論頌（けんようしょうぎょうろんじゅ）（一巻）［cf. No. 1602］……………無著菩薩造…唐　玄　奘　訳……五八三
縮—来七、卍—二一・三

一六〇四　大乗荘厳経論（だいじょうしょうごんぎょうろん）（十三巻）［cf. No. 1602］……………無著菩薩造…唐　波羅頗蜜多羅訳……五八九
縮—来七、卍—二一・一

一六〇五　大乗阿毘達磨集論（だいじょうあびだつましゅうろん）（七巻）［cf. No. 1606］……………無著菩薩造…唐　玄　奘　訳……六六三
縮—暑四、卍—二一・八、国—瑜三

一六〇六　大乗阿毘達磨雑集論（だいじょうあびだつまぞうじゅうろん）（十六巻）［cf. No. 1605］……………安慧菩薩造…唐　玄　奘　訳……六九四
縮—来八、卍—二一・一

一六〇七　六門教授習定論（ろくもんきょうじゅしゅうじょうろん）（一巻）……………無著菩薩本…世親菩薩釈…唐　義　浄　訳……七七四
縮—来八、卍—二一・四、国—瑜一〇

一六〇八　業成就論（ごうじょうじゅろん）（一巻）［cf. No. 1609］……………天親菩薩造…元魏　毘目智仙訳……七七七
縮—暑三、卍—二一・三

一六〇九　大乗成業論（だいじょうじょうごうろん）（一巻）［cf. No. 1608］……………世親菩薩造…唐　玄　奘　訳……七八一
縮—来九、卍—二一・二

一六一〇　仏性論（ぶっしょうろん）（四巻）……………天親菩薩造…陳　真　諦　訳……七八七
縮—来九、卍—二一・二、国—論二

一六一一　究竟一乗宝性論（くきょういちじょうほうしょうろん）（四巻）……………後魏　勒那摩提訳……八一三
縮—暑二、卍—二一・二、国—瑜一

一六一二　大乗五蘊論（だいじょうごうんろん）（一巻）［cf. No. 1613］……………世親菩薩造…唐　玄　奘　訳……八四八
縮—暑二、卍—二一・四

一六一三　大乗広五蘊論（だいじょうこうごうんろん）（一巻）［cf. No. 1612］……………安慧菩薩造…唐　地婆訶羅訳……八五〇
縮—来九、卍—二一・二

一六一四　大乗百法明門論（一巻）[cf. Nos. 1836, 1837, 2810]……天親菩薩造…唐　玄奘訳……八五五
縮—往一〇、卍—二二・二

一六一五　王法正理論（一巻）……弥勒菩薩造…唐　玄奘訳……八五五
縮—来一〇、卍—三三・二

一六一六　十八空論（一巻）……龍樹菩薩造…陳　真諦訳……八六一
縮—来六、卍—三三・一

一六一七　三無性論（二巻）……陳　真諦訳……八六七
縮—来三、卍—二二・七、国—瑜三

一六一八　顕識論（一巻）……陳　真諦訳……八七八
縮—来一〇、卍—三三・二、国—瑜三

一六一九　無相思塵論（一巻）……陳那菩薩造…陳　真諦訳……八八二
縮—来一〇、卍—三三・二、国—瑜三

一六二〇　解捲論（一巻）……陳那菩薩造…陳　真諦訳……八八三
縮—来一〇、卍—二二・二

一六二一　掌中論（一巻）……陳那菩薩造…唐　義浄訳……八八四
縮—暑二、卍—三三・五

一六二二　取因仮設論（一巻）……陳那菩薩造…唐　義浄訳……八八五
縮—暑二、卍—三三・五、国—瑜三

一六二三　観総相論頌（一巻）……陳那菩薩造…唐　義浄訳……八八七
縮—暑二、卍—三三・三

一六二四　観所縁縁論（一巻）[cf. No. 1625]……陳那菩薩造…唐　玄奘訳……八八八
縮—暑二、卍—三三・三

一六二五　観所縁論釈（一巻）［cf. No. 1624］……護法菩薩造…唐　義浄訳……八八九
縮―来一〇、卍―二三・二
一六二六　大乗法界無差別論（一巻）［cf. Nos. 1627, 1838］……堅慧菩薩等造…唐　提雲般若等訳……八九二
縮―往一〇、卍―二三・二
一六二七　大乗法界無差別論（一巻）［cf. No. 1626］……堅慧菩薩造…唐　提雲般若訳……八九四
縮―暑一、卍―二三・五、国―論二
縮―暑一、卍―二六・一

第三十二巻　論集部全

一六二八　因明正理門論本（一巻）［No. 1629 ; cf. No. 1839］……大域龍菩薩造…唐　玄奘訳……一
縮―来一〇、卍―二三・二、国―論一
一六二九　因明正理門論（一巻）［No. 1628］……大域龍菩薩造…唐　義浄訳……六
縮―来一〇、卍―二三・二
一六三〇　因明入正理論（一巻）［cf. Nos. 1840―1842］……商羯羅主菩薩造…唐　玄奘訳……一一
縮―来一〇、卍―二三・三、国―論一
一六三一　廻諍論（一巻）……龍樹菩薩造…後魏　毘目智仙共瞿曇流支訳……一三
縮―暑一、卍―二三・五、国―論二
一六三二　方便心論（一巻）……後魏　吉迦夜訳……二三
縮―暑一、卍―二三・五、国―論一
一六三三　如実論（一巻）……陳　真諦訳……二八
縮―暑二、卍―二三・五、国―論二
一六三四　入大乗論（二巻）……堅意菩薩造…北涼　道泰等訳……三六

一六三五　大乗宝要義論（十巻）……宋　法護等訳……四九
縮—暑二、卍—三・四

一六三六　大乗集菩薩学論（二十五巻）……法称菩薩造……宋　法護等訳……七五
縮—暑三、卍—二五・一〇、国—論二

一六三七　集大乗相論（二巻）……覚吉祥智菩薩造……宋　施護訳……一四五
縮—暑三、卍—二五・九、国—瑜一

一六三八　集諸法宝最上義論（二巻）……善寂菩薩造……宋　施護訳……一五〇
縮—暑三、卍—二五・一〇、国—論四

一六三九　提婆菩薩破楞伽経中外道小乗四宗論（一巻）……提婆菩薩造……後魏　菩提流支訳……一五五
縮—暑三、卍—二五・一〇、国—論四

一六四〇　提婆菩薩釈楞伽経中外道小乗涅槃論（一巻）……提婆菩薩造……後魏　菩提流支訳……一五六
縮—暑五、卍—三・五、国—論二

一六四一　随相論（解十六諦義）（一巻）……徳慧法師造……陳　真諦訳……一五八
縮—暑五、卍—三・五、国—論二

一六四二　金剛針論（一巻）……法称菩薩造……宋　法天訳……一六九
縮—蔵三、卍—二五・三、国—論四

一六四三　尼乾子問無我義経（一巻）……馬鳴菩薩集……宋　日称等訳……一七二
縮—蔵四、卍—二五・一〇、国—論六

一六四四　仏説立世阿毘曇論（十巻）……陳　真諦訳……一七三
縮—蔵九、続—一・二・一、国—論二

一六四五　彰所知論（二巻）……発合思巴造……元　沙羅巴訳……二二六
縮—秋一、卍—二五・八〜九、国—論一

一六四六 成実論（十六巻）……訶梨跋摩造…姚秦 鳩摩羅什訳……二三九
縮—蔵四、卍—二六・一

一六四七 四諦論（四巻）……婆藪跋摩造…陳 真諦訳……三七五
縮—蔵二、卍—二四・八～九、国—論三

一六四八 解脱道論（十二巻）……優波底沙造…梁 僧伽婆羅訳……三九九
縮—蔵三、卍—三・六

一六四九 三弥底部論（三巻）……失訳……四六二
縮—蔵三、卍—二五・七、国—論七

一六五〇 辟支仏因縁論（二巻）……失訳……四七三
縮—蔵四、卍—二四・七、国—毘六

一六五一 十二因縁論（一巻）……浄意菩薩造…後魏 菩提流支訳……四八〇
縮—蔵四、卍—三・六、国—論六

一六五二 縁生論（一巻）[cf. No. 1653]……欝楞迦造…隋 達磨笈多訳……四八二
縮—蔵三、卍—三・二、国—論六

一六五三 大乗縁生論（一巻）[cf. No. 1652]……欝楞迦造…唐 不空訳……四八六
縮—蔵三、卍—三・三、国—論六

一六五四 因縁心論頌、因縁心論釈（一巻）[cf. No. 2816]……龍猛菩薩造……四九〇
縮—閏一五、卍—二六・一七

一六五五 止観門論頌（一巻）……世親菩薩造…唐 義浄訳……四九一
縮—蔵四、卍—三・二、国—論六

一六五六 宝行王正論（一巻）……陳 真諦訳……四九三
縮—暑五、卍—三・五、国—論六

一六五七　手杖論（一巻）……釈迦称造…唐　義浄　訳……五〇五
縮―暑五、卍―三・二、国―論四

一六五八　諸教決定名義論（一巻）……慈氏菩薩造…宋　施護　訳……五〇七
縮―成一四、卍―二六・一、国―論四

一六五九　発菩提心経論（二巻）……天親菩薩造…後秦　鳩摩羅什　訳……五〇八
縮―来一〇、卍―三・二、国―論六

一六六〇　菩提資糧論（六巻）……龍樹本…自在比丘釈…隋　達磨笈多　訳……五一七
縮―来一〇、卍―二・五、国―論五

一六六一　菩提心離相論（一巻）……龍樹菩薩造…宋　施護　訳……五四一
縮―来一〇、卍―二五・一〇、国―論六

一六六二　菩提行経（四巻）……龍樹菩薩集頌…宋　天息災　訳……五四三
縮―暑七、卍―二六・八、国―論六

一六六三　菩提心観釈（一巻）……宋　法天　訳……五六二
縮―来一〇、卍―一五・五

一六六四　広釈菩提心論（四巻）……蓮華戒菩薩造…宋　施護　訳……五六三
縮―成一四、卍―二五・一〇

一六六五　金剛頂瑜伽中発阿耨多羅三藐三菩提心論（一巻）［cf. Nos. 2291—2295］……唐　不空　訳……五七二
縮―閏一、卍―二六・一

一六六六　大乗起信論（一巻）［No. 1667 ; cf. Nos. 1843—1849, 2283］……馬鳴菩薩造…梁　真諦　訳……五七五
縮―来一〇、卍―三・五、国―論五

一六六七　大乗起信論（二巻）［No. 1666 ; cf. Nos. 1850, 2813—2815］……馬鳴菩薩造…唐　実叉難陀　訳……五八三
縮―来一〇、卍―三・五

一六六八 釈摩訶衍論（十巻）[cf. Nos. 2284—2290]……龍樹菩薩造…姚秦 筏提摩多訳……五九一
縮—余九、続—一・二・三、国—論四

一六六九 大宗地玄文本論（二十巻）……馬鳴菩薩造…陳 真諦訳……六六八
縮—来一〇、卍—三五・九〜一〇

一六七〇A 那先比丘経（二巻）……失訳……六九四
B 那先比丘経（三巻・別本）……失訳……七〇三
縮—蔵八、卍—二六・九、＊南—五九、国—論二

一六七一 福蓋正行所集経（十二巻）……龍樹菩薩集…宋 日称等訳……七一九

一六七二 龍樹菩薩為禅陀迦王説法要偈（一巻）[Nos. 1673, 1674]……宋 求那跋摩訳……七四五
縮—蔵九、続—一・二・一〜二、国—論六

一六七三 勧発諸王要偈（一巻）[Nos. 1672, 1674]……龍樹菩薩撰…宋 僧伽跋摩訳……七四八
縮—蔵八、卍—二七・二

一六七四 龍樹菩薩勧誡王頌（一巻）[Nos. 1672, 1673]……唐 義浄訳……七五一
縮—蔵八、卍—二七・二

一六七五 讃法界頌（一巻）……龍樹菩薩造…宋 施護訳……七五四
縮—蔵八、卍—二七・二

一六七六 広大発願頌（一巻）……龍樹菩薩造…宋 施護等訳……七五六
縮—蔵九、卍—一六・一〇、国—論五

一六七七 三身梵讃（一巻）……宋 法賢訳……七五七
縮—蔵九、卍—二六・九、国—論五

一六七八 仏三身讃（一巻）……西土賢聖撰…宋 法賢訳……七五七
縮—蔵九、卍—一六・一〇

一六七九　仏一百八名讃（一巻）……宋　法天訳……七五七
縮―成一三、卍―一六・一〇、国―論五

一六八〇　一百五十讃仏頌（一巻）……摩咥里利制吒造……唐　義浄訳……七五八
縮―蔵九、卍―一六・一〇

一六八一　仏吉祥徳讃（三巻）……寂友尊者造……宋　施護訳……七六二
縮―蔵九、卍―一七・二、国―論五

一六八二　七仏讃唄伽他（一巻）……宋　法天訳……七六九
縮―蔵九、卍―一七・二、国―論五

一六八三　揵稚梵讃（一巻）……宋　法賢訳……七七〇
縮―成一三、卍―一六・一〇

一六八四　八大霊塔梵讃（一巻）……西天戒日王製……宋　法賢訳……七七二
縮―成一三、卍―一六・一〇

一六八五　仏説八大霊塔名号経（一巻）……宋　法賢訳……七七三
縮―成一三、卍―一六・一〇

一六八六　賢聖集伽陀一百頌（一巻）……宋　天息災訳……七七三
縮―宿八、卍―一五・五、国―論五

一六八七　事師法五十頌（一巻）……馬鳴菩薩集……宋　日称等訳……七七五
縮―蔵九、卍―一六・九、国―論五

一六八八　密跡力士大権神王経偈頌（一巻）……元　管主八撰……七七七
縮―成一四、卍―一六・一〇、国―論五

一六八九　請賓頭盧法（一巻）……劉宋　慧簡訳……七八四
縮―蔵八、卍―二六・一〇、国―論五

縮―蔵八、卍―二六・七、国―論五

一六九〇 賓頭盧突羅闍為優陀延王説法経（一巻）……劉宋 求那跋陀羅訳……七八四

縮―宿八、卍―二六・七、国―論五

一六九一 迦葉仙人説医女人経（一巻）……宋 法賢訳……七八七

縮―蔵九、卍―一五・五、国―論五

一六九二 勝軍化世百瑜伽他経（一巻）……宋 天息災訳……七八八

縮―蔵九、卍―一五・三、国―論五

第三十三巻　経疏部一

一六九三 人本欲生経註（一巻）［cf. No. 14］……東晋 道安撰……一

＊南―七・一五

一六九四 陰持入経註（二巻）［cf. No. 603］……呉 陳慧撰……九

一六九五 大般若波羅蜜多経般若理趣分述讃（三巻）［cf. No. 220(10)］……唐 窺基撰……二五

続―一・三八・二

一六九六 大品遊意（一巻）［cf. No. 223］……隋 吉蔵撰……六三

続―一・三八・一

一六九七 大慧度経宗要（一巻）［cf. No. 223］……新羅 元暁撰……六八

続―一・三八・二

一六九八 金剛般若経疏（一巻）［cf. No. 235］……隋 智顗説……七五

縮―呂七、卍―三三・一

一六九九 金剛般若疏（四巻）［cf. No. 235］……隋 吉蔵撰……八四

続―一・三八・三

一七〇〇 金剛般若経賛述（二巻）[cf. No. 235] ……唐 窺基撰……一二四
続—一・三八・四
一七〇一 金剛般若経疏論纂要（二巻）[cf. Nos. 235, 1702] ……唐 宗密述・宋 子璿治定……一五四
縮—呂七、続—一・三八・五
一七〇二 金剛経纂要刊定記（七巻）[cf. Nos. 235, 1701] ……宋 子璿録……一七〇
縮—呂七、続—一・三九・五
一七〇三 金剛般若波羅蜜経註解（一巻）[cf. No. 235] ……明 宗泐・如玘同註……二一八
縮—呂八、卍—三五・六
一七〇四 仏説金剛般若波羅蜜経略疏（二巻）[cf. No. 236] ……唐 智儼述……二三九
続—一・三八・三
一七〇五 仁王護国般若経疏（五巻）[cf. Nos. 245, 1706] ……隋 智顗説・灌頂記……二五三
縮—呂八、卍—三三・四
一七〇六 仏説仁王護国般若波羅蜜経疏神宝記（四巻）[cf. Nos. 245, 1705] ……宋 善月述……二八六
縮—呂八、卍—三三・五
一七〇七 仁王般若経疏（六巻）[cf. No. 245] ……隋 吉蔵撰……三一四
続—一・四〇・三
一七〇八 仁王経疏（六巻）[cf. No. 245] ……唐 円測撰……三五九
続—一・四〇・三〜四
一七〇九 仁王護国般若波羅蜜多経疏（七巻）[cf. No. 246] ……唐 良賁述……四二九
一七一〇 般若波羅蜜多心経幽賛（二巻）[cf. No. 251] ……唐 窺基撰……五二三
続—一・四一・三
一七一一 仏説般若波羅蜜多心経賛（一巻）[cf. No. 251] ……唐 円測撰……五四二

一七一二　般若波羅蜜多心経略疏（一巻）[cf. Nos. 251, 1713]……唐　法蔵　述……五五二
続―一・四一・四

一七一三　般若心経　略疏連珠記（二巻）[cf. Nos. 251, 1712]……宋　師会　述……五五五
縮―呂八、卍―二四・一〇

一七一四　般若波羅蜜多心経註解（一巻）[cf. No. 251]……明　宗泐・如玘同註……五六九
縮―呂八、卍―二四・一〇

一七一五　法華義記（八巻）[cf. No. 262]……梁　法雲　撰……五七二
縮―呂八、卍―二五・六

一七一六　妙法蓮華経玄義（二十巻）[cf. Nos. 262, 1717]……隋　智顗　説……六八一
続―一・四二・二

一七一七　法華玄義釈籤（二十巻）[cf. Nos. 262, 1716]……唐　湛然　述……八一五
縮―呂九、国―経疏一

第三十四巻　経疏部二

縮―呂一〇、卍―三一・八～一〇

一七一八　妙法蓮華経文句（二十巻）[cf. Nos. 262, 1719]……隋　智顗　説……一

一七一九　法華文句記（三十巻）[cf. Nos. 262, 1718]……唐　湛然　述……一五一
縮―調一、卍―三一・一～四、国―経疏二

一七二〇　法華玄論（十巻）[cf. No. 262]……隋　吉蔵　撰……三六一
縮―調二～三、卍―三一・一～四

一七二一　法華義疏（十二巻）[cf. No. 262]……隋　吉蔵　撰……四五一
続―一・四二・三

続—一・四二・四〜五、国—経疏三、五

一七二二　法華遊意（一巻）[cf. No. 262]……隋　吉蔵　造……六三三

続—一・四二・四

一七二三　妙法蓮華経玄賛（二十巻）[cf. Nos. 262, 1724]……唐　窺基　撰……六五一

続—一・五三・四〜五、国—経疏四〜五

一七二四　法華玄賛義決（一巻）[cf. Nos. 262, 1723]……唐　慧沼　撰……八五四

続—一・五三・一

一七二五　法華宗要（一巻）[cf. No. 262]……新羅　元暁　撰……八七〇

一七二六　観音玄義（二巻）[cf. Nos. 262 (25), 1727]……隋　智顗説・灌頂記……八七七

縮—調五、卍—三三・二

一七二七　観音玄義記（四巻）[cf. Nos. 262 (25), 1726]……宋　知礼　述……八九二

縮—調五、卍—三三・三、続—一・五五・一

一七二八　観音義疏（二巻）[cf. Nos. 262 (25), 1729]……隋　智顗説・灌頂記……九二一

縮—調五、続—一・五五・一

一七二九　観音義疏記（四巻）[cf. Nos. 262 (25), 1728]……宋　知礼　述……九三六

縮—調五、卍—三三・三、続—一・五五・一

一七三〇　金剛三昧経論（三巻）[cf. No. 273]……新羅　元暁　述……九六一

第三十五巻　経疏部三

一七三一　華厳遊意（一巻）[cf. No. 278]……隋　吉蔵　撰……一

続—一・三・五

一七三二　大方広仏華厳経捜玄分斉通智方規（十巻）[cf. No. 278]……唐　智儼　述……一三

続―一・三・五

一七三三 華厳経探玄記（二十巻）[cf. No. 278]……唐 法蔵 述……一〇七

続―一・四・一～五、国―経疏六～一〇

一七三四 花厳経文義綱目（一巻）[cf. No. 278]……唐 法蔵 撰……四九二

続―一・三・五

一七三五 大方広仏華厳経疏（六十巻）[cf. Nos. 279, 1736]……唐 澄観 撰……五〇三

縮―歳一～四、卍―三・一〇～三四・三

第三十六巻　経疏部四

一七三六 大方広仏華厳経随疏演義鈔（九十巻）[cf. Nos. 279, 1735, 2205]……唐 澄観 述……一

縮―歳五～一〇、卍―三四・四～九

一七三七 大華厳経略策（一巻）[cf. No. 279]……唐 澄観 述……七〇一

続―一・四・五

一七三八 新訳華厳経七処九会頌釈章（一巻）[cf. No. 279]……唐 澄観 述……七〇九

続―一・四・五

一七三九 新華厳経論（四十巻）[cf. No. 279]……唐 李通玄 撰……七二一

縮―律六～八、続―一・五・五

一七四〇 大方広仏華厳経中巻巻大意略叙（一巻）[cf. No. 279]……唐 李通玄 造……一〇〇八

続―一・五・四

一七四一 略釈 新華厳経修行次第決疑論（四巻）[cf. No. 279]……唐 李通玄 撰……一〇一一

続―一・七・二

一七四二 大方広仏華厳経願行観門骨目（二巻）[cf. No. 279]……唐 湛然 撰……一〇四九

続—一・四・五

一七四三　皇帝降誕日於麟徳殿講大方広仏華厳経玄義一部（一巻）〔cf. No. 279〕……唐　静居　撰……一〇六四

続—一・八八・二

第三十七巻　経疏部五

一七四四　勝鬘宝窟（六巻）〔cf. No. 353〕……隋　吉蔵　撰……一

続—一・三〇・三、国—経疏二

一七四五　無量寿経義疏（二巻）〔cf. No. 360〕……隋　慧遠　撰……九一

続—一・三二・四

一七四六　無量寿経義疏（一巻）〔cf. No. 360〕……隋　吉蔵　撰……一一六

続—一・三二・四

一七四七　両巻無量寿経宗要（一巻）〔cf. No. 360〕……新羅　元暁　撰……一二五

一七四八　無量寿経連義述文賛（三巻）〔cf. No. 360〕……新羅　璟興　撰……一三一

続—一・三二・三

一七四九　観無量寿経義疏（二巻）〔cf. No. 365〕……隋　慧遠　撰……一七三

続—一・三二・四

一七五〇　仏説観無量寿仏経疏（一巻）〔cf. Nos. 365, 1751〕……隋　智顗　説……一八六

縮—呂一、卍—三二・三

一七五一　観無量寿経疏妙宗鈔（六巻）〔cf. Nos. 365, 1750〕……宋　知礼　述……一九五

縮—呂一、卍—三二・三

一七五二　観無量寿経義疏（一巻）〔cf. No. 365〕……隋　吉蔵　撰……二三三

続—一・三二・四

一七五三　観無量寿仏経疏（四巻）〔cf. No. 365, 2208A, 2209〕……唐　善導集記……二四五
続—一・三・四、国—経疏一一
一七五四　観無量寿仏経義疏（三巻）〔cf. No. 365〕……宋　元照述……二七九
続—一・三・五
一七五五　阿弥陀経義記（一巻）〔cf. No. 366〕……隋　智顗説……三〇六
続—一・三・一
一七五六　阿弥陀経義述（一巻）〔cf. No. 366〕……唐　慧浄述……三〇七
続—一・三・二
一七五七　阿弥陀経疏（一巻）〔cf. No. 366〕……唐　窺基撰……三一〇
続—一・三・二
一七五八　阿弥陀経通賛疏（三巻）〔cf. No. 366〕……唐　窺基撰……三二九
続—一・三・一
一七五九　仏説阿弥陀経疏（一巻）〔cf. No. 366〕……新羅　元暁述……三四八
縮—呂一、卍—三四・一〇
一七六〇　仏説阿弥陀経疏（一巻）〔cf. No. 366〕……宋　智円述……三五〇
続—一・三・二
一七六一　仏説阿弥陀経義疏（一巻）〔cf. No. 366〕……宋　元照述……三五六
続—一・三・二
一七六二　仏説阿弥陀経要解（一巻）〔cf. No. 366〕……明　智旭解……三六三
続—一・三・四
一七六三　大般涅槃経集解（七十一巻）〔cf. No. 375〕……梁　宝亮等集……三七七
続—一・四四・二〜四

一七六四　大般涅槃経義記（十巻）[cf. No. 374]……隋　慧遠　述……六一三
続—一・五五・四〜五六・一

第三十八巻　経疏部六

一七六五　大般涅槃経玄義（二巻）[cf. Nos. 375, 1766, 1767]……隋　灌頂　撰……一
縮—調六、卍—三・九、国—経疏二

一七六六　涅槃玄義発源機要（四巻）[cf. Nos. 375, 1765, 1767]……宋　智円　述……一五
縮—調六、卍—三・一

一七六七　大般涅槃経疏（三十三巻）[cf. Nos. 375, 1765, 1766]……隋　灌頂　撰……四一
縮—調六〜七、卍—三・九〜一〇、国—経疏二〜三

一七六八　涅槃経遊意（一巻）[cf. No. 375]……隋　吉蔵　撰……二三〇
続—一・五六・二

一七六九　涅槃宗要（一巻）[cf. No. 375]……新羅　元暁　撰……二三九

一七七〇　本願薬師経古迹（二巻）[cf. No. 450]……新羅　太賢　撰……二五七

一七七一　弥勒経遊意（一巻）[cf. No. 452]……隋　吉蔵　撰……二六三
続—一・三五・四

一七七二　観弥勒上生兜率天経賛（二巻）[cf. No. 452]……唐　窺基　撰……二七二
続—一・三五・四

一七七三　弥勒上生経宗要（一巻）[cf. No. 452]……新羅　元暁　撰……二九九
続—一・三五・四、国—経疏三

一七七四　三弥勒経疏（一巻）[cf. Nos. 452, 454, 456]……新羅　憬興　撰……三〇三
続—一・三五・五

一七七五　注維摩詰経（十巻）［cf. Nos. 475, 2776］……後秦　僧　肇　撰……三二七
縮—呂二、続—一・二七・三
一七七六　維摩義記（八巻）［cf. No. 475］……隋　慧　遠　撰……四二一
続—一・二七・四
一七七七　維摩経玄疏（六巻）［cf. Nos. 475, 1778, 1779］……隋　智　顗　撰……五一九
続—一・二七・五
一七七八　維摩経略疏（十巻）［cf. Nos. 475, 1777, 1779］……唐　智顗説・湛然略……五六二
続—一・二八・三〜四
一七七九　維摩経略疏垂裕記（十巻）［cf. Nos. 475, 1777, 1778］……宋　智　円　述……七一一
続—一・二九・四〜五
一七八〇　浄名玄論（八巻）［cf. Nos. 475, 1781］……隋　吉　蔵　造……八五三
続—一・二八・五
一七八一　維摩経義疏（六巻）［cf. Nos. 475, 1780］……隋　吉　蔵　撰……九〇八
続—一・二九・二
一七八二　説無垢称経疏（十二巻）［cf. No. 476］……唐　窺　基　撰……九九三
続—一・二九・三

第三十九巻　経疏部七

一七八三　金光明経玄義（二巻）［cf. Nos. 663, 1784］……隋　智顗説・灌頂録……一
縮—呂二、卍—三・一
一七八四　金光明経玄義拾遺記（六巻）［cf. Nos. 663, 1783］……宋　知　礼　述……一二
縮—呂二、卍—三・一、続—一・三〇・五

一七八五　金光明経文句（六巻）[cf. Nos. 663, 1786]……隋　智顗説・灌頂録……四六
縮—呂三、卍—三一・一、続—一・三一・一

一七八六　金光明経文句記（十二巻）[cf. Nos. 663, 1785]……宋　知礼述……八三
縮—呂三、卍—三一・二、続—一・三一・一〜二

一七八七　金光明経疏（一巻）[cf. No. 663]……隋　吉蔵撰……一六〇
続—一・三〇・五

一七八八　金光明最勝王経疏（十巻）[cf. No. 665]……唐　慧沼撰……一七五
続—一・三一・五〜三二・二

一七八九　楞伽阿跋多羅宝経註解（八巻）[cf. No. 670]……明　宗泐・如玘同註……三四三
縮—呂一、卍—三五・六

一七九〇　入楞伽心玄義（一巻）[cf. No. 672]……唐　法蔵撰……四二五
続—一・二五・三

一七九一　注大乗入楞伽経（十巻）[cf. No. 672]……宋　宝臣述……四三三
続—一・二五・三、一・九一・三

一七九二　仏説盂蘭盆経疏（二巻）[cf. No. 685]……唐　宗密述……五〇五
縮—呂四、卍—三四・一〇、続—一・三五・二

一七九三　温室経義記（一巻）[cf. No. 701]……隋　慧遠撰……五一二
続—一・五九・一

一七九四　註四十二章経（一巻）[cf. No. 784]……宋　真宗皇帝註……五一六
続—一・五九・一

一七九五　大方広円覚修多羅了義経略疏註（四巻）[cf. No. 842]……唐　宗密述……五二四
縮—律九、続—一・一五・一、国—経疏三

一七九六　大毘盧遮那成仏経疏（二巻）［cf. Nos. 348, 2213—2220］……唐　一行記……五七九
縮―余七～八、続―一・三六・一～三、国―経疏一四～一五
一七九七　大毘盧遮那経供養次第法疏（二十巻）［cf. Nos. 848 (Fasc. 7), 2220］……唐　不可思議撰……七九〇
縮―余八、続―一・三七・二
一七九八　金剛頂経大瑜伽秘密心地法門義訣（二巻）［cf. No. 866］……唐　不空撰……八〇八
続―一・三七・二
一七九九　首楞厳義疏注経（二十巻）［cf. No. 945］……宋　子璿集……八二三
続―一・一六・三
一八〇〇　請観音経疏（一巻）［cf. Nos. 1043, 1801］……隋　智顗説・灌頂記……九六八
縮―呂七、卍―三・四
一八〇一　請観音経疏闡義鈔（四巻）［cf. Nos. 1043, 1800］……宋　智円述……九七七
縮―呂七、卍―三・四
一八〇二　十一面神呪心経義疏（一巻）［cf. No. 1071］……唐　慧沼撰……一〇〇四
続―一・三七・二
一八〇三　仏頂尊勝陀羅尼経教跡義記（二巻）［cf. No. 967］……唐　法崇述……一〇一二
続―一・三七・三

第四十巻　律疏部全・論疏部一

一八〇四　四分律刪繁補闕行事鈔（十二巻）［cf. Nos. 1428, 1805, 1808, 2248］……唐　道宣撰……一
続―一・六九・一～七〇・一、国―律疏一～二
一八〇五　四分律行事鈔資持記（十六巻）［cf. Nos. 1428, 1804, 2248］……宋　元照撰……一五七
続―一・六九・一～七〇・一

一八〇六　四分律比丘含注戒本（三巻）［cf. Nos. 1429, 1430］……唐　道宣述……四二九
続—一・六二・一

一八〇七　四分律戒本疏（二巻）［cf. Nos. 1429, 1430］……唐　定宝撰……四六三
続—一・六二・一

一八〇八　四分律刪補随機羯磨（二巻）［cf. Nos. 1432—1434, 1804, 1809, 1810］……唐　道宣集……四九二
縮—列七、卍—一八・七

一八〇九　僧羯磨（三巻）［cf. Nos. 1432, 1808］……唐　懐素集……五一一
縮—列七、卍—一九・三

一八一〇　尼羯磨（三巻）［cf. Nos. 1434, 1808］……唐　懐素集……五三八
縮—列七、卍—一七・三

一八一一　菩薩戒義疏（二巻）［cf. No. 1484］……隋　智顗説・灌頂記……五六三
縮—調七、卍—三三・二、続—一・五九・三、国—律疏二

一八一二　天台菩薩戒疏（三巻）［cf. No. 1484］……唐　明曠刪補……五八〇

一八一三　梵網経菩薩戒本疏（一巻）［cf. Nos. 1484, 2247］……唐　法蔵撰……六〇二
続—一・六〇・一、国—律疏二

一八一四　菩薩戒本疏（三巻）［cf. No. 1484］……新羅　義寂述……六五六
続—一・六〇・一

一八一五　梵網経古述記（三巻）［cf. No. 1484］……新羅　太賢集……六八九
続—一・六〇・三

一八一六　金剛般若論会釈（三巻）［cf. No. 1510］……唐　窺基撰……七一九
続—一・七四・三

一八一七　略明般若末後一頌讃述（一巻）［cf. Nos. 1510—1514］……唐　義浄述……七八三

一八一八　法華論疏（三巻）〔cf. No. 1519〕……隋　吉蔵撰……七八五
縮―往六、卍―三三・三
一八一九　無量寿経優婆提舎願生偈婆藪槃頭菩薩造幷註（二巻）〔cf. No. 1524〕……北魏　曇鸞註解……八二六
続―一・七四・二
一八二〇　仏遺教経論疏節要（一巻）〔cf. Nos. 389, 1529〕……宋　浄源節要　明　袾宏補註……八四四
続―一・七一・二、国―諸宗五
縮―調九、卍―三四・一〇

第四十一巻　論疏部二

一八二一　倶舎論記（三十巻）〔cf. No. 1558〕……唐　普光述……一
続―一・八四・一～五、国―論疏一～五
一八二二　倶舎論疏（三十巻）〔cf. No. 1558〕……唐　法宝撰……四五三
続―一・八五・一～五
一八二三　倶舎論頌疏論本（三十巻）〔cf. Nos. 1558, 1560, 2253, 2254〕……唐　円暉述……八一三
続―一・八五・五～八六・三、続―一・八六・一・一・九五・四

第四十二巻　論疏部三

一八二四　中観論疏（二十巻）〔cf. Nos. 1564, 2255〕……隋　吉蔵撰……一
続―一・七三・三～四、国―論疏六～七
一八二五　十二門論疏（六巻）〔cf. Nos. 1568, 1826, 2257〕……隋　吉蔵撰……一七一
続―一・七三・五、国―論疏七
一八二六　十二門論宗致義記（二巻）〔cf. Nos. 1568, 1825〕……唐　法蔵述……二一二

続―一・七三・五

一八二七 百論疏（九巻）[cf. No. 1569] …… 隋 吉蔵 撰 …… 二三二
続―一・七三・五、続―一・八七・二、国―論疏八

一八二八 瑜伽論記（四十八巻）[cf. Nos. 1579, 1829] …… 唐 遁倫集 撰 …… 三一一
続―一・七五・四〜七六・四、国―論疏九〜一二

第四十三巻　論疏部四

一八二九 瑜伽師地論略纂（十六巻）[cf. No. 1579] …… 唐 窺基 撰 …… 一
続―一・七五・一〜三

一八三〇 成唯識論述記（二十巻）[cf. Nos. 1585, 1832, 1833, 2260, 2266] …… 唐 窺基 撰 …… 二二九
続―一・七七・一〜五、国―論疏一三〜一六

一八三一 成唯識論掌中枢要（四巻）[cf. No. 1585] …… 唐 窺基 撰 …… 六〇七
続―一・七八・一、国―論疏一七

一八三二 成唯識論了義燈（十三巻）[cf. Nos. 1585, 1830, 2261] …… 唐 恵沼 述 …… 六五九
続―一・七八・一〜二、国―論疏一九〜二〇

一八三三 成唯識論演秘（十四巻）[cf. No. 1830] …… 唐 智周 撰 …… 八一一
続―一・七八・三〜四、国―論疏一七〜一八

一八三四 唯識二十論述記（二巻）[cf. No. 1590] …… 唐 窺基 撰 …… 九七八
続―一・八三・二、国―論疏一六

第四十四巻　論疏部五・諸宗部一

一八三五 辯中辺論述記（三巻）[cf. No. 1600] …… 唐 窺基 撰 …… 一

一八三六 続―一・七五・一 大乗百法明門論解（だいじょうひゃっぽうみょうもんろんげ）（二巻）[cf. No. 1614] ……唐 窺基註解 明 普泰増修……四六
一八三七 縮―調九、続―一・七六・五 大乗百法明門論疏（だいじょうひゃっぽうみょうもんろんしょ）（二巻）[cf. No. 1614] ……唐 大乗光撰……五二
一八三八 続―一・七六・五 大乗法界無差別論疏并序（だいじょうほっかいむしゃべつろんしょへいじょ）（一巻）[cf. No. 1626] ……唐 法蔵撰……六一
一八三九 続―一・七四・二 理門論述記（りもんろんじゅっき）（一巻）[cf. No. 1628] ……唐 神泰撰……七七
一八四〇 続―一・八四・四 因明入正理論疏（いんみょうにっしょうりろんしょ）（三巻）[cf. Nos. 1630, 2270] ……唐 窺基撰……九一
一八四一 続―一・八六・四、国―論疏三 因明義断（いんみょうぎだん）（一巻）[cf. No. 1630] ……唐 慧沼撰……一四三
一八四二 続―一・八六・五 因明入正理論義纂要（いんみょうにっしょうりろんぎさんよう）（一巻）[cf. Nos. 1630, 2279] ……唐 慧沼撰……一五八
一八四三 続―一・八六・五 大乗起信論義疏（だいじょうきしんろんぎしょ）（四巻）[cf. No. 1666] ……隋 慧遠撰……一七五
一八四四 続―一・七一・四 起信論疏（きしんろんしょ）（二巻）[cf. Nos. 1666, 1845] ……新羅 元暁撰……二〇二
一八四五 続―一・七一・四 大乗起信論別記（だいじょうきしんろんべっき）（二巻）[cf. Nos. 1666, 1844] ……新羅 元暁撰……二二六
一八四六 続―一・七一・四 大乗起信論義記（だいじょうきしんろんぎき）（五巻）[cf. Nos. 1666, 1847, 1848] ……唐 法蔵撰……二四〇

縮—調八、続—一・七一・五、国—諸宗四

一八四七　大乗起信論別記（一巻）［cf. Nos. 1666, 1846, 1848］……唐　法蔵撰……二八七

一八四八　起信論疏筆削記（二十巻）［cf. Nos. 1666, 1846, 1847］……宋　子璿録……二九七

続—一・七一・五

一八四九　大乗起信論内義略探記（一巻）［cf. No.1666］……新羅　太賢作……四〇九

縮—調八〜九、続—一・七三・二〜三

一八五〇　大乗起信論裂網疏（六巻）［cf. No. 1667］……明　智旭述……四二二

続—一・七一・四

一八五一　大乗義章（二十六巻）［Fasc. 3＝cf. No. 2305］……隋　慧遠撰……四六五

続—一・七二・四

続—二・一・四〜二・三、国—諸宗一〇〜一三

第四十五巻　諸宗部二

一八五二　三論玄義（一巻）［cf. Nos. 2300—2302］……隋　吉蔵撰……一

続—一・七三・三、国—諸宗一

一八五三　大乗玄論（五巻）［cf. No. 2303 Fasc. 3＝cf. No. 2304］……隋　吉蔵撰……一五

続—二・二・四、国—諸宗一

一八五四　二諦義（三巻）……隋　吉蔵撰……七七

続—二・二・三

一八五五　三論遊意義（一巻）……隋　磧法師撰……一一六

続—一・七三・三

一八五六　鳩摩羅什法師大義（三巻）……東晋　慧遠問・羅什答……一二二

続―二・一・一

一八五七　宝蔵論（ほうぞうろん）（一巻）……後秦　僧　肇　著……一四三
縮―陽一、続―二・一・一

一八五八　肇論（じょうろん）（一巻）〔cf. Nos. 1859, 1860〕……後秦　僧　肇　作……一五〇
続―二・一・一、国―諸宗一
(一)宗本義……一五〇
(二)物不遷論第一……一五一
(三)不真空論第二……一五二
(四)般若無知論第三……一五三
(五)劉遺民書問附……一五四
(六)答劉遺民書……一五五
(七)涅槃無名論第四……一五七
(八)九折十演者……一五七

一八五九　肇論疏（じょうろんしょ）（三巻）〔cf. No. 1858〕……唐　元　康　撰……一六一
続―二・一・一

一八六〇　肇論新疏（じょうろんしんしょ）（三巻）〔cf. No. 1858〕……元　文　才　述……二〇一
縮―陽一、続―二・一・一

一八六一　大乗法苑義林章（だいじょうほうおんぎりんじょう）（七巻）〔Fasc. 2. 4. 7. 8. 9. 11＝cf. No. 2317 ; 2＝cf. No. 2318 ; 3＝cf. No. 2319 ; 17＝cf. No. 2320 ; cf. No. 2323〕……唐　窺　基　撰……二四五
続―二・二・五、国―諸宗三

一八六二　勧発菩提心集（かんぼつぼだいしんしゅう）（三巻）……唐　慧　沼　撰……三七五
続―二・三・二

一八六三　能顕中辺慧日論（のうけんちゅうべんえにちろん）（四巻）……唐　慧　沼　撰……四〇八
続―二・三・二

一八六四　大乗入道次第（だいじょうにゅうどうしだい）（一巻）〔cf. No. 2823〕……唐　智　周　撰……四四九
続―二・三・二

一八六五　八識規矩補註（二巻）……明　普泰補註……四六七
縮—陽二、続—二・三・三

一八六六　華厳一乗教義分斉章（四巻）［cf. Nos. 2337—2345］……唐　法蔵述……四七七
縮—陽二、卍—三四・一〇、国—諸宗四

一八六七　華厳五教止観（一巻）……隋　杜順説……五〇九
続—二・七・五

一八六八　華厳一乗十玄門（一巻）……隋　杜順説・唐　智儼撰……五一四
続—二・七・五、国—諸宗四

一八六九　華厳五十要問答（二巻）……唐　智儼集……五一九
続—二・七・五

一八七〇　華厳経内章門等雑孔目章（四巻）……唐　智儼集……五三六
続—二・七・五

一八七一　華厳経旨帰（一巻）……唐　法蔵述……五八九
縮—陽二、卍—三四・一〇

一八七二　華厳策林（一巻）……唐　法蔵述……五九七
続—一・四・五

一八七三　華厳経問答（二巻）……唐　法蔵述……五九八
続—二・八・一

一八七四　華厳経明法品内立三宝章（二巻）……唐　法蔵述……六一三
縮—陽三、卍—三四・一〇

一八七五　華厳経義海百門（一巻）……唐　法蔵述……六二七
続—二・八・一

一八七六　修華厳奥旨妄尽還源観（一巻）……唐　法蔵　述……六三七
縮—陽三、卍—三四・一〇、国—諸宗四
一八七七　華厳遊心法界記（一巻）……唐　法蔵　撰……六四一
続—二・八・二
一八七八　華厳発菩提心章（一巻）……唐　法蔵　述……六五〇
続—二・八・一
一八七九　華厳経関脈義記（一巻）……唐　法蔵　撰……六五六
華厳関脈義記（一巻・別本）……六五九
続—二・八・一
一八八〇　金師子章雲間類解（一巻）〔cf. No. 1881〕……唐　法蔵撰・宋　浄源述……六六三
縮—陽三、卍—三四・一〇
一八八一　大方広仏華厳経金師子章（一巻）……唐　法蔵撰・宋　承遷註……六六七
続—二・八・二
一八八二　三聖円融観門（一巻）……唐　澄観　述……六七一
続—二・八・四
一八八三　華厳法界玄鏡（二巻）……唐　澄観　述……六七二
縮—陽三、卍—三四・一〇
一八八四　注華厳法界観門（一巻）……唐　宗密　註……六八三
縮—陽三、卍—三四・一〇
一八八五　註華厳経題法界観門頌（二巻）……宋　本崇述・琮湛註……六九二
続—二・八・四
一八八六　原人論（一巻）……唐　宗密　述……七〇七

縮—陽三、卍—三四·一〇、国—諸宗四
一八八七A 華厳一乗法界図（一巻）[cf. No. 1887B]……新羅 義湘撰……七一一
続—二·八·四、国—諸宗四
B 法界図記叢髄録（四巻）[cf. No. 1887A]……七一六
一八八八 解迷顕智成悲十明論（一巻）……唐 李通玄撰……七六七
続—二·八·四
一八八九 海印三昧論（一巻）……新羅 明晶述……七七三
続—二·八·四
一八九〇 華厳一乗成仏妙義（一巻）……新羅 見登之集……七七五
続—二·八·四
一八九一 文殊指南図讃（一巻）……宋 惟白述……七九三
続—二·八·五
一八九二 関中創立戒壇図経 并序（一巻）……唐 道宣撰……八〇七
続—二·一〇·一
一八九三 浄心誡観法（二巻）……唐 道宣撰……八一九
続—二·一〇·二、国—諸宗二
一八九四 釈門章服儀（一巻）……唐 道宣述……八三四
続—二·一〇·三
一八九五 量処軽重儀（二巻）……唐 道宣緝……八三九
一八九六 釈門帰敬儀（二巻）……唐 道宣述……八五四
続—二·一〇·二
一八九七 教誡新学比丘行護律儀（一巻）……唐 道宣述……八六九

一八九八　律相感通伝（りっそうかんつうでん）（一巻）…… 続一・二〇・一、国一諸宗・四 唐　道宣撰……八七四
続—二・一〇・一、国—諸宗一四

一八九九　中天竺舎衛国祇洹寺図経（ちゅうてんじくしゃえこくぎおんじずきょう）（一巻）……唐　道宣撰……八八二
続—二・一〇・一

一九〇〇　仏制比丘六物図（ぶっせいびくろくもつず）（一巻）……唐　元照撰……八九六
続—二・一〇・一

一九〇一　護命放生軌儀法（ごみょうほうしょうきぎほう）（一巻）…… 続一・二〇・三、国一諸宗・四 唐　義浄撰……九〇二
続—二・一〇・三、国—諸宗一四

一九〇二　受用三水要行法（じゅゆうさんすいようぎょうほう）（一巻）…… 縮一・寒六、卍一三〇・八 唐　義浄撰……九〇二
縮—寒六、卍—三〇・八

一九〇三　説罪要行法（せつざいようぎょうほう）（一巻）…… 縮一・寒六、卍一三〇・八 唐　義浄撰……九〇三
縮—寒六、卍—三〇・八

一九〇四　根本説一切有部出家授近円羯磨儀範（こんぽんせついっさいうぶしゅっけじゅこんえんこんまぎはん）（一巻）…… 縮一・寒六、卍一三〇・八 元　抜合思巴集……九〇五
縮—寒六、卍—三〇・八

一九〇五　根本説一切有部苾芻習学略法（こんぽんせついっさいうぶびっしゅしゅうがくりゃくほう）（一巻）……元　抜合思巴集……九一二
縮—寒六、卍—一九・六

一九〇六　菩薩戒本宗要（ぼさつかいほんしゅうよう）（一巻）……新羅　太賢撰……九一五
縮—寒六、卍—一九・六

一九〇七　菩薩戒本持犯要記（ぼさつかいほんじぼんようき）（一巻）……新羅　元暁述……九一八
続—一・九・二

一九〇八　大乗六情懺悔（だいじょうろくじょうさんげ）（一巻）……新羅　元暁撰……九二一
続—一・六一・三

一九〇九　慈悲道場懺法（十巻）…… 縮―調10、卍―30・8 梁　諸大法師集撰……九二二
縮―調一〇、卍―三〇・八
一九一〇　慈悲水懺法（三巻）……九六七
縮―調一〇、卍―三〇・八

第四十六巻　諸宗部三

一九一一　摩訶止観（二十巻）[cf. No. 1912]…… 縮―陽5〜6、卍―13・5〜8、国―諸宗3 隋　智顗説……一
縮―陽四～五、卍―三二・五～八、国―諸宗三
一九一二　止観輔行伝弘決（四十巻）[cf. No. 1911]…… 縮―陽5〜7、卍―13・5〜8 唐　湛然述……一四一
縮―陽五～七、卍―三二・五～八
一九一三　止観義例（二巻）……唐　湛然述……四四七
縮―陽七、卍―三二・九
一九一四　止観大意（一巻）……唐　湛然述……四五九
縮―陽七、卍―三三・七
一九一五　修習止観坐禅法要（一巻）……隋　智顗述……四六二
縮―陽八、卍―三二・八、国―諸宗一七
一九一六　釈禅波羅蜜次第法門（十二巻）……隋　智顗説……四七五
縮―陽八、卍―三三・六
一九一七　六妙法門（一巻）……隋　智顗説……五四九
縮―陽八、続―二・四・一
一九一八　四念処（四巻）……隋　智顗説……五五五
縮―陽八、卍―三三・四

一九一九 天台智者大師禅門口訣（一巻）……隋　智顗説……五八一
縮—陽九、卍—三三・四

一九二〇 観心論（一巻）[cf. No. 1921]……隋　智顗述……五八四

一九二一 観心論疏（五巻）[cf. No. 1920]……隋　灌頂撰……五八七
縮—陽九、続—二・四・一

一九二二 釈摩訶般若波羅蜜経覚意三昧（一巻）……隋　智顗説……六二一
縮—陽九、卍—三三・七

一九二三 諸法無諍三昧法門（二巻）……陳　慧思撰……六二七
縮—陽九、卍—三三・四、仏全—二四

一九二四 大乗止観法門（四巻）……陳　慧思説……六四一
縮—陽四、卍—三三・九

一九二五 法界次第初門（六巻）……隋　智顗撰……六六四
縮—陽四、卍—三三・九

一九二六 法華経安楽行義（一巻）……陳　慧思説……六九七
縮—陽九、卍—三三・六

一九二七 十不二門（一巻）[cf. No. 1928]……唐　湛然述……七〇二
縮—陽四、卍—三三・一、仏全—二四

一九二八 十不二門指要鈔（二巻）[cf. No. 1927]……宋　知礼述……七〇四
縮—陽一〇、卍—三三・七

一九二九 四教義（十二巻）……隋　智顗撰……七二一
縮—陽一〇、卍—三三・七、国—諸宗一四
縮—陽八、卍—三三・五

一九三〇　天台八教大意（一巻）……隋　灌頂撰……七六九
縮—陽一〇、卍—三三・五

一九三一　天台四教儀（一巻）……高麗　諦観録……七七三
縮—陽一〇、卍—三三・一、国—諸宗一四

一九三二　金剛錍（一巻）……唐　湛然述……七八一

一九三三　南嶽思大禅師立誓願文（一巻）……陳　慧思撰……七八六
縮—陽一〇、卍—三三・七、国—諸宗一四

一九三四　国清百録（四巻）……隋　灌頂纂……七九三
縮—陽四、卍—三三・七

一九三五　法智遺編観心二百問（一巻）……宋　継忠集……八二四
縮—陽一一、卍—三三・五

一九三六　四明十義書（二巻）……宋　知礼撰……八三一
縮—陽一一、卍—三三・七

一九三七　四明尊者教行録（七巻）……宋　宗暁編……八五六
続—二・六・一、国—諸宗一四

一九三八　天台伝仏心印記（一巻）……元　懐則述……九三四
続—二・五・五

一九三九　教観綱宗（一巻）……明　智旭述……九三六
縮—陽一〇、卍—三三・七

一九四〇　方等三昧行法（一巻）……隋　智顗説……九四三
続—二・六・五、国—諸宗一四
縮—調一〇、卍—三三・六

一九四一 法華三昧懺儀（一巻）〔cf. Nos. 1942—1944〕……隋　智顗撰……九四九
縮―調一〇、卍―三〇・八

一九四二 法華三昧行事運想補助儀（一巻）〔cf. Nos. 1941, 1943, 1944〕……唐　湛然撰……九五五
縮―調一〇、卍―三〇・八

一九四三 略法華三昧補助儀（一巻）〔cf. Nos. 1941, 1942, 1944〕……九五六

一九四四 礼法華経儀式（一巻）〔cf. Nos. 1941—1943〕……九五六
縮―調一〇、卍―三〇・八

一九四五 金光明懺法補助儀（一巻）〔cf. No. 1946〕……宋　遵式集……九五七
縮―調一〇、卍―三〇・八

一九四六 金光明最勝懺儀（一巻）〔cf. No. 1945〕……宋　知礼集……九六一
縮―調一〇、卍―三〇・八

一九四七 釈迦如来涅槃礼讃文（一巻）……宋　仁岳撰……九六三
縮―調一〇、卍―三〇・八、続―二・乙・三・一

一九四八 天台智者大師斎忌礼讃文（一巻）……宋　遵式述……九六六
縮―調一〇、卍―三〇・八、続―二・乙・三・一

一九四九 請観世音菩薩消伏毒害陀羅尼三昧儀（一巻）……宋　遵式集……九六八
縮―成一四、卍―三〇・八

一九五〇 千手千眼大悲心呪行法（一巻）……宋　知礼集……九七三
縮―成一四、卍―三〇・八、国―史伝一〇

一九五一 熾盛光道場念誦儀（一巻）……宋　遵式撰……九七八
縮―成一四、卍―三〇・八

一九五二 観自在菩薩如意輪呪課法（一巻）……九八三

縮—成一四、卍—三〇・八
一九五三 菩提心義（一巻）……九八七
縮—閏一、続—二・九・四
一九五四 明仏法根本碑（一巻）……唐 智慧論述……九八八
仏全—一一六
一九五五 顕密円通成仏心要集（二巻）……遼 道㲀集……九八九
縮—成一四、卍—二七・一〇
一九五六 密呪円因往生集（一巻）……夏 知広等集……一〇〇七
縮—成一四、卍—二七・一〇

第四十七巻　諸宗部四

一九五七 略論安楽浄土義（一巻）……後魏 曇鸞撰……一
続—二・一三・三
一九五八 安楽集（二巻）……唐 道綽撰……四
続—二・一三・三、国—諸宗五
一九五九 観念阿弥陀仏相海三昧功徳法門（一巻）……唐 善導集記……二二
続—二・一三・四
一九六〇 釈浄土群疑論（七巻）……唐 懐感撰……三〇
続—二・一三・三、国—諸宗五
一九六一 浄土十疑論（一巻）……隋 智顗説……七七
縮—陽一一、卍—三三・六
一九六二 五方便念仏門（一巻）……隋 智顗撰……八一

一九六三　浄土論（三巻）……唐　迦才撰……八三
続—二・一三・三

一九六四　西方要決釈疑通規（一巻）……唐　基撰……一〇四
続—二・一三・三

一九六五　遊心安楽道（一巻）……新羅　元暁撰……一一〇
続—二・一三・四

一九六六　念仏鏡（二巻）……唐　道鏡・善道共集……一二〇
続—二・一三・四

一九六七　念仏三昧宝王論（三巻）……唐　飛錫撰……一三四
続—二・一三・四

一九六八　往生浄土決疑行願二門（一巻）……宋　遵式撰……一四四
縮—陽二、卍—三〇・八

一九六九　A楽邦文類（五巻）……宋　宗暁編……一四八
続—二・一三・五、国—諸宗七

B楽邦遺稿（二巻）……宋　宗暁編……二三一
続—二・一三・五

一九七〇　龍舒増広浄土文（十二巻）……宋　王日休撰……二五一
続—二・一三・四

一九七一　浄土境観要門（一巻）……元　懐則述……二八九
縮—陽二、卍—三三・七

一九七二　浄土或問（一巻）……元　天如則著……二九二

一九七三　廬山蓮宗宝鑑（十巻）……元　普度編……三〇二

一九七四　宝王三昧念仏直指（二巻）……………明　妙叶集……三五四
縮―陽二、続―二・三・一
一九七五　浄土生無生論（一巻）……………明　伝燈撰……三八一
続―二・三・四
一九七六　西方合論（十巻）……………明　袁宏道撰……三八五
続―二・三・五
一九七七　浄土疑辨（一巻）……………明　袾宏撰……四一九
続―二・三・三
一九七八　讃阿弥陀仏偈（一巻）……………後魏　曇鸞撰……四二〇
続―二・乙・一
一九七九　転経行道願往生浄土法事讃（二巻）……………唐　善導集記……四二四
続―二・乙・一
一九八〇　往生礼讃偈（一巻）……………唐　善導集記……四三八
続―二・乙・一
一九八一　依観経等明般舟三昧行道往生讃（一巻）……………唐　善導撰……四四八
続―二・乙・一
一九八二　集諸経礼懺儀（二巻）……………唐　智昇撰……四五六
続―二・乙・一
一九八三　浄土五会念仏略法事儀讃（二巻）……………唐　法照述……四七四
縮―調一〇、卍―三〇・八、国―諸宗七
一九八四　往生浄土懺願儀（一巻）……………宋　遵式撰……四九〇
縮―陽一一、卍―三〇・八、国―諸宗七

一九八五　鎮州臨済慧照禅師語録（一巻）……宋　慧　然　集……四九五
続一二・四・五、国―諸宗八
一九八六A　筠州洞山悟本禅師語録（一巻）……日本　慧　印　校……五〇七
続一二・四・五
B　瑞州　洞山良价禅師語録（一巻）……明　語風円信　郭凝之　編……五一九
続一二・四・五
一九八七A　撫州曹山元証禅師語録（一巻）……日本　慧　印　校……五二六
続一二・四・五
B　撫州曹山本寂禅師語録（二巻）……日本　玄　契　編……五三五
続一二・四・五
一九八八　雲門匡真禅師広録（三巻）……宋　守　堅　集……五四四
続一二・四・五
一九八九　潭州潙山霊祐禅師語録（一巻）……明　語風円信　郭凝之　編……五七七
続一二・三・二〜三
一九九〇　袁州　仰山慧寂禅師語録（一巻）……明　語風円信　郭凝之　編……五八二
続一二・四・五
一九九一　金陵　清　涼　院文益禅師語録（一巻）……明　語風円信　郭凝之　編……五八八
続一二・四・五
一九九二　汾陽無徳禅師語録（三巻）……宋　楚　円　集……五九四
続一二・四・五
一九九三　黄龍慧南禅師語録（一巻）……宋　恵　泉　集……六二九
続一二・五・一
附、黄龍慧南禅師語録続補（一巻）……日本　東　晙　輯……六三六

続―二・二五・二
一九九四A 楊岐方会和尚語録（一巻）……宋　仁勇等編……六四〇
縮―騰四～六、続―二・二三・三
B 楊岐方会和尚後録（一巻）……六四六
一九九五 法演禅師語録（三巻）……宋　才良等編……六四九
続―二・二五・二
一九九六 明覚禅師語録（六巻）……宋　惟蓋竺編……六六九
縮―騰四～六、続―二・二三・二～四
附、明州雪竇山資聖寺第六祖明覚大師塔銘（一巻）……宋　呂夏卿撰……七一二
一九九七 円悟仏果禅師語録（二十巻）……宋　紹隆等編……七一三
縮―騰七、卍―三二・二
一九九八A 大慧普覚禅師語録（三十巻）……宋　蘊聞編……八一一
縮―騰七、卍―三一・三～四
B 大慧普覚禅師宗門武庫（一巻）……宋　道謙編……九四三
縮―騰八、卍―三一・四～六
一九九九 密菴和尚語録（一巻）……宋　崇岳・了悟等編……九五七
縮―騰八、続―二・乙・一五・五
二〇〇〇 虚堂和尚語録（十巻）……宋　妙源編……九八四
続―二・二四・一、二・二六・三
続―二・二六・四

第四十八巻　諸宗部五

二〇〇一　宏智禅師広録（九巻）……宋　侍者等編……一
続—二・二九・四〜五
二〇〇二A　如浄和尚語録（二巻）……宋　文素編……一二一
続—二・二九・五
B　天童山景徳寺如浄禅師続語録（一巻）……宋　義遠編……一三三
続—二・二九・五
二〇〇三　仏果圜悟禅師碧巌録（十巻）……宋　重顕頌古　克勤評唱……一三九
続—二・二三・二、国—諸宗八
二〇〇四　万松老人評唱天童覚和尚頌古従容庵録（六巻）……宋　正覚頌古　元　行秀評唱……二二六
続—二・二二・四、国—諸宗六
二〇〇五　無門関（一巻）……宋　宗紹編……二九二
続—二・二四・二、国—諸宗六
二〇〇六　人天眼目（六巻）……宋　智昭集……三〇〇
続—二・一八・五、国—諸宗六
二〇〇七　南宗頓教最上大乗摩訶般若波羅蜜経六祖慧能大師於韶州大梵寺施法壇経（一巻）……唐　法海集……三三七
二〇〇八　六祖大師法宝壇経（一巻）……元　宗宝編……三四五
附、六祖大師縁記外記（一巻）……唐　法海等集……三六二
縮—騰四、卍—三・一、国—諸宗九
二〇〇九　小室六門（一巻）……三六五
続—二・一八・五
二〇一〇　信心銘（一巻）……隋　僧璨作……三七六

卍—三〇・一〇、国—諸宗六

二〇一一　最上乗論（一巻）……唐　弘忍述……三七七
続—二・一五・五

二〇一二A　黄檗山断際禅師伝心法要（一巻）……唐　裴休集……三七九
縮—騰四、続—二・二四・五、国—諸宗八

B　黄檗断際禅師宛陵録（一巻）……唐　裴休集……三八四
縮—騰四、続—二・二四・五

二〇一三　禅宗永嘉集（一巻）……唐　玄覚撰……三八七
縮—騰四、卍—三三・七、国—諸宗六

二〇一四　永嘉証道歌（一巻）……唐　玄覚撰……三九五
附、無相大師行状（一巻）……三九七
縮—騰四、卍—三三・七

二〇一五　禅源諸詮集都序（四巻）……唐　宗密述……三九七
縮—陽三、続—二・八・四

二〇一六　宗鏡録（百巻）……宋　延寿集……四一五
縮—雲一～四、卍—二九・五～九

二〇一七　万善同帰集（三巻）……唐　延寿述……九五七
縮—騰四、続—二・一五・五、国—諸宗九

二〇一八　永明智覚禅師唯心訣（一巻）……宋　延寿撰……九九三
縮—騰四、続—二・一五・五

二〇一九A　真心直説（一巻）……高麗　知訥撰……九九九
縮—騰一〇、続—二・一八・五

二〇二〇 B 誡初心学人文（一巻）……高麗 知訥撰……一〇〇四

二〇二〇 高麗国普照禅師修心訣（一巻）……高麗 知訥撰……一〇〇五

縮—騰一〇、続—二・一八・五

二〇二一 禅宗決疑集（一巻）……元 智徹述……一〇〇九

縮—騰一〇、続—二・一八・五

二〇二二 禅林宝訓（四巻）……宋 浄善重集……一〇一六

縮—騰一〇、続—二・一八・二

二〇二三 緇門警訓（十巻）……明 如巹続集……一〇四〇

縮—騰一一

二〇二四 禅関策進（一巻）……明 袾宏輯……一〇九七

続—二・一九・四、国—諸宗九

二〇二五 勅修百丈清規（十巻）……元 徳輝重編……一一〇九

縮—騰一〇、続—二・一六・三、国—諸宗九

第四十九巻　史伝部一

二〇二六 撰集三蔵及雑蔵伝（一巻）……失訳……一

縮—蔵八、卍—二七・二

二〇二七 迦葉結経（一巻）……後漢 安世高訳……四

縮—蔵八、卍—二六・九

二〇二八 迦丁比丘説当来変経（一巻）……失訳……七

縮—蔵八、卍—二六・九

二〇二九 仏使比丘迦旃延説法没尽偈百二十章（一巻）……失訳……九

二〇三〇　大阿羅漢難提蜜多羅所説法住記（一巻）……唐　玄　奘　訳……一二
縮―蔵八、卍―二六・六

二〇三一　異部宗輪論（一巻）［cf. Nos. 2032, 2033］……世友菩薩造……唐　玄　奘　訳……一五
縮―蔵四、卍―二五・四

二〇三二　十八部論（一巻）［cf. Nos. 2031, 2033］……陳　真　諦　訳……一七
縮―蔵四、卍―二五・四

二〇三三　部執異論（一巻）［cf. Nos. 2031, 2032］……天友菩薩造……陳　真　諦　訳……二〇
縮―蔵四、卍―二五・四

二〇三四　歴代三宝紀（十五巻）……隋　費　長　房　撰……二二
縮―致六、卍―三〇・七

二〇三五　仏祖統紀（五十四巻）……宋　志　磐　撰……一二九
縮―致八～九、続―二・乙・四・一～四、国―史伝二～三、五

二〇三六　仏祖歴代通載（二十二巻）……元　念　常　集……四七七
縮―致一〇～一一、続―二・乙・五・二～四

二〇三七　釈氏稽古略（四巻）……元　覚　岸　編……七三七
続―二・乙・五・五～六・一、国―史伝四

二〇三八　釈鑑稽古略続集（三巻）……明　幻　輪　編……九〇三
続―二・乙・六・二、国―史伝五

二〇三九　三国遺事（五巻）……高麗　一　然　撰……九五三
続―二・乙・二三・三、国―史伝一〇

第五十巻　史伝部二

二〇四〇　釈迦譜（五巻）……………………梁　僧祐撰……一
縮—致一、卍—二七・三、国—史伝六

二〇四一　釈迦氏譜（一巻）……………………唐　道宣撰……八四
縮—致一、卍—二七・三

二〇四二　阿育王伝（七巻）……………………西晋　安法欽訳……九九
縮—蔵一〇、卍—二七・二

二〇四三　阿育王経（十巻）……………………梁　僧伽婆羅訳……一三一
縮—蔵一〇、卍—二六・六〜七、国—史伝六

二〇四四　天尊説阿育王譬喩経（一巻）……………………失　訳……一七〇
縮—蔵八、卍—二六・七

二〇四五　阿育王息壊目因縁経（一巻）……………………符秦　曇摩難提訳……一七二
縮—蔵一〇

二〇四六　馬鳴菩薩伝（一巻）……………………後秦　鳩摩羅什訳……一八三
縮—蔵九、卍—二七・二、国—史伝六

二〇四七　龍樹菩薩伝（一巻）……………………姚秦　鳩摩羅什訳……一八四
縮—蔵九、卍—二七・二、国—史伝六

龍樹菩薩伝（一巻・別本）……………………姚秦　鳩摩羅什訳……一八五

二〇四八　提婆菩薩伝（一巻）……………………姚秦　鳩摩羅什訳……一八六
縮—蔵九、卍—二七・二、国—史伝六

二〇四九　婆藪槃豆法師伝（一巻）……………………陳　真諦訳……一八八

縮—蔵九、卍—二七・二、国—史伝六

二〇五〇　隋天台智者大師別伝（一巻）……隋　灌頂撰……一九一
縮—陽二、卍—三三・七

二〇五一　唐護法沙門法琳別伝（三巻）……唐　彦琮撰……一九八
縮—致八、続—二・乙・三・一

二〇五二　大唐故三蔵玄奘法師行状（一巻）……唐　冥詳撰……二一四
続—二・乙・三・一

二〇五三　大慈恩寺三蔵法師伝（十巻）……唐　慧立本・彦悰箋……二二〇
縮—陽二、卍—三〇・三、国—史伝一一

二〇五四　唐大薦福寺故寺主翻経大徳法蔵和尚伝（一巻）……新羅　崔致遠撰……二八〇
続—二・乙・七・三、国—史伝一〇

二〇五五　玄宗朝翻経三蔵善無畏贈鴻臚卿行状（一巻）……唐　李華撰……二九〇
附、大唐東都大聖善寺故中天竺国善無畏三蔵和尚碑銘并序……唐　李華撰……二九〇
続—二・乙・三・一、国—史伝一〇

二〇五六　大唐故大徳贈司空大辨正広智不空三蔵行状（一巻）……唐　逍遷撰……二九二
続—二・乙・三・一、国—史伝一〇

二〇五七　大唐青龍寺三朝供奉大徳行状（一巻）……二九四
続—二・乙・三・一

二〇五八　付法蔵因縁伝（六巻）……元魏　吉迦夜共曇曜訳……二九七
縮—蔵九、卍—二六・六

二〇五九　高僧伝（十四巻）……梁　慧皎撰……三二二
縮—致二、卍—二九・一〇、国—史伝七

二〇六〇　続高僧伝（三十巻）……唐　道宣撰……四二五
縮—致二〜四、卍—三〇・一〜二、国—史伝八〜一〇

二〇六一　宋高僧伝（三十巻）……宋　賛寧等撰……七〇九
縮—致四〜五、卍—三〇・三〜五、国—史伝一二〜一三

二〇六二　大明高僧伝（八巻）……明　如惺撰……九〇一
続—二・乙・七・三、国—史伝一〇

二〇六三　比丘尼伝（四巻）……梁　宝唱撰……九三四
縮—致二、卍—三〇・五

二〇六四　神僧伝（九巻）……九四八
縮—致二、卍—三〇・五

二〇六五　海東高僧伝（二巻）……高麗　覚訓撰……一〇一五

第五十一巻　史伝部三

二〇六六　大唐西域求法高僧伝（二巻）……唐　義浄撰……一
縮—致七、卍—二九・一、国—史伝一三

二〇六七　弘賛法華伝（十巻）……唐　恵詳撰……一二
続—二・乙・二三・一、国—史伝一七

二〇六八　法華伝記（十巻）……唐　僧詳撰……四八
続—二・乙・七・四

二〇六九　天台九祖伝（一巻）……宋　士衡編……九七
続—二・乙・七・四

二〇七〇　往生西方浄土瑞応伝（一巻）……一〇四

二〇七一　浄土往生伝（三巻）……宋　戒珠　叙……一〇八
続―二・乙・八・一、国―史伝一三

二〇七二　往生集（三巻）……明　袾宏　輯……一二六
続―二・乙・八・一

二〇七三　華厳経伝記（五巻）……唐　法蔵　集……一五三
続―二・乙・八・一

二〇七四　大方広仏華厳経感応伝（一巻）……唐　恵英　撰　胡幽貞　纂……一七三
続―二・乙・七・三、国―史伝一三

二〇七五　歴代法宝記（一巻）……一七九
続―二・乙・七・三

二〇七六　景徳伝燈録（三十巻）……宋　道原　纂……一九六
縮―雲五～六、卍―三〇・九～一〇、国―史伝一四～一五

二〇七七　続伝燈録（三十六巻）……四六九
縮―雲七～八、続―二・乙・一五・二～四

二〇七八　伝法正宗記（九巻）……宋　契嵩　編……七一五
縮―雲九、卍―三二・三

二〇七九　伝法正宗定祖図（一巻）……宋　契嵩　撰……七六八
縮―雲九、卍―三二・三

二〇八〇　伝法正宗論（二巻）……宋　契嵩　著……七七三
縮―雲九、卍―三二・二

二〇八一　両部大法相承師資付法記（二巻）……唐　海雲　記……七八三
仏全―一一六

二〇八二　冥報記（みょうほうき）（三巻）……唐　唐臨撰……七八七
続―二・乙・二三・一
二〇八三　釈門自鏡録（しゃくもんじきょうろく）（二巻）……唐　懐信述……八〇二
続―二・乙・二三・二
二〇八四　三宝感応要略録（さんぽうかんのうようりゃくろく）（三巻）……宋　非濁集……八二六
続―二・乙・二三・三、国―史伝二〇
二〇八五　高僧法顕伝（こうそうほっけんでん）（一巻）……東晋　法顕記……八五七
縮―致六、卍―三〇・五、国―史伝一六
二〇八六　北魏僧恵生使西域記（ほくぎそうえしょうしさいいきき）（一巻）……八六六
二〇八七　大唐西域記（だいとうさいいきき）（十二巻）……唐　玄奘訳　辯機撰……八六七
縮―致七、卍―三〇・六、国―史伝一六
二〇八八　釈迦方志（しゃかほうし）（二巻）……唐　道宣撰……九四八
縮―致一、卍―二七・三
二〇八九　遊方記抄（ゆうほうきしょう）（一巻）……九七五
(一)往五天竺国伝……新羅　慧超記……九七五
(二)悟空入竺記……唐　円照撰……九七九
(三)継業西域行程……宋　范成大撰……九八一
(四)楚僧指空禅師伝考……九八二
(五)西域僧鎖喃嚷結伝……九八五
(六)南天竺婆羅門僧正碑……日本　修栄撰……九八七
(七)唐大和上東征伝……日本　元開撰……九八八

国―史伝一八
(八)唐王玄策中天竺行記并唐百官撰西域志逸文……九九五
二〇九〇 (九)唐常愍遊天竺記逸文……九九五
釈迦牟尼如来像法滅尽之記（一巻）……唐 法成 訳……九九六
二〇九一 燉煌録（一巻）……九九七
二〇九二 洛陽伽藍記（五巻）……元魏 楊衒之 撰……九九九
仏全―一二六
二〇九三 寺塔記（一巻）……唐 段成式 撰……一〇二二
国―史伝一七
二〇九四 梁京寺記（一巻）……一〇二四
二〇九五 盧山記（五巻）……宋 陳舜兪 撰……一〇二四
国―史伝一七
二〇九六 天台山記（一巻）……唐 徐霊府 撰……一〇五二
二〇九七 南嶽総勝集（三巻）……宋 陳田夫 撰……一〇五五
国―史伝一八
二〇九八 古清涼伝（二巻）……唐 慧詳 撰……一〇九二
二〇九九 広清涼伝（三巻）……宋 延一 編……一一〇一
続―二・乙・二三・二、国―史伝一八
二一〇〇 続清涼伝（二巻）……宋 張商英 述……一一二七
続―二・乙・二三・二、国―史伝一八
二一〇一 補陀洛迦山伝（一巻）……元 盛熙明 述……一一三五
続―二・乙・二三・二

続—二・乙・三・三

第五十二巻　史伝部四

二〇二　弘明集（十四巻）……梁　僧祐撰……一

縮—露四、卍—二七・一〇〜二八・一、国—護教一

序（一）……一
(一)牟子理惑論（一）……一
(二)正誣論（一）……七
(三)明仏論（宗炳）（三）……九
(四)孫綽喩道論（三）……一六
(五)宗居士炳答何承天書難白黒論（三）……一七
(六)達性論（何承天）（四）……二一
(七)釈何衡陽達性論（顔延之）（四）……二二
(八)更生論（羅君章）（五）……二七
(九)神不滅論（鄭道子）（五）……二七
(一〇)沙門不敬王者論（遠法師）（五）……二九
(一一)沙門袒服論（遠法師）（五）……三二
(一二)答桓玄明報応論（遠法師）（五）……三三
(一三)三報論（遠法師）（五）……三四
(一四)釈駁論（道恒）（六）……三五
(一五)正二教論（明僧紹）（六）……三七
(一六)張融門律（周顒難）（六）……三八
(一七)与顧道士析夷夏論（謝鎮之）（六）……四一
(一八)難顧道士夷夏論（朱昭之）（七）……四三
(一九)疑夷夏論諮顧道士（朱広之）（七）……四四
(二〇)駁顧道士夷夏論（恵通）（七）……四五
(二一)戒華論析顧道士夷夏論（僧敏）（七）……四七
(二二)辯惑論（玄光）（八）……四八
(二三)滅惑論（劉勰）（八）……四九
(二四)析三破論（僧順）（八）……五一
(二五)大梁皇帝立神明成仏義記（九）……五四
(二六)難神滅論（蕭琛）（九）……五四
(二七)難神滅論（曹思文）（九）……五八
(二八)大梁皇帝勅答臣下神滅論（一〇）……六〇
(二九)与公王朝貴書（法雲）（一〇）……六〇
(三〇)何令尚之答宋文皇帝讃揚仏教事（一一）……六九
(三一)高明二法師答李交州淼難仏不見形事（一一）……七〇

(三一)文宣王書与中承孔稚珪釈疑惑(一)……七二
(三三)道恒道標二法師答偽秦主姚略勧罷道書(并姚主書)(一)……七三
(三四)僧碧僧遷鳩摩耆婆三法師答姚主書停恒標奏(并姚主書)(一)……七四
(三五)慧遠法師答桓玄勧罷道書(并桓玄書)(一)……七五
(三六)僧巌法師辞青州刺史劉善明挙其秀才書(并劉善明答)(一)……七五
僧祐序(一)……七六
(三七)与釈道安書(習鑿歯)(一)……七六
(三八)譙王書論孔釈(張新安答)(一)……七七
(三九)与禅師書論踞食(鄭道子)(一)……七七
(四〇)与王司徒諸人書論道人踞食(范伯倫)(一)……七七
(四一)釈慧義答范伯倫書(一)……七八
(四二)范伯倫与生観二法師書(一)……七八
(四三)論抛食表(范伯倫)(一)……七八
(四四)尚書令何充奏沙門不応尽敬(一)……七九
(四五)桓玄与八座書論道人敬事(一)……八〇
(四六)桓玄与王令書論敬王事(一)……八〇
(四七)盧山慧遠法師答桓玄書沙門不応敬王者事(并桓玄書二首)(一)……八三
(四八)桓楚許道人不致礼詔(一)……八四
(四九)盧山慧遠法師与桓玄論料簡沙門書(一)……八五
(五〇)遠法師与桓太尉論料簡沙門書(一)……八五
(五一)支道林法師与桓玄論州符求沙門名籍書(一)……八五
(五二)天保寺釈道盛啓斉武皇帝論検試僧事(一)……八五
(五三)奉法要(郗嘉賓)(一)……八六
(五四)庭誥二章(顔延之)(一)……八九
(五五)日燭(王該)(一)……八九
(五六)竺道爽檄太山文(一)……九一
(五七)檄魔文(釈智静)(一)……九二
(五八)破魔露布文(釈宝林)(一)……九三
弘明論後序(釈僧祐)(一)……九五

二〇三　広弘明集(こうぐみょうしゅう)(三十巻)……唐　道　宣　撰……九七

縮―露五～六、卍―六二～三、国―護教一～三
〔帰正篇〕(一―四)……九八
(一)商太宰問孔子聖人(一)……九八
(二)子書中以仏為師(一)……九八
(三)漢法本内伝(一)……九八
(四)後漢郊祀志(一)……九八
(五)呉主孫権論仏化三宗(一)……九八
(六)宋文集朝宰叙仏教(一)……一〇〇
(七)元魏孝明述仏先後(一)……一〇〇
(八)元魏書釈老志(三)……一〇一
(九)高斉書述仏志(三)……一〇六
(一〇)遂古篇(江淹)(三)……一〇六
(一一)帰心篇(顔之推)(三)……一〇七
(一二)七録序(阮孝緒)(三)……一〇八
(一三)捨事李老道法詔(梁武帝)(四)……一一一
(一四)廃李老道法詔(斉文宣帝)(四)……一一三
(一五)通極論(彦琮)(四)……一一三
〔辯惑篇〕(五―一四)……一一七
(一)辯道論(曹植)(五)……一一八
(二)聖賢同軌老聃非大賢論(孫盛)(五)……一一九
(三)老子疑問反訊(孫盛)(五)……一二〇
(四)均聖論(沈約)(五)……一二一
(五)列代王臣滞惑解(六―七)……一二三
(六)撃像焚経坑僧詔(魏大武帝)(八)……一三五
(七)周滅仏法集道俗議事(周武帝)(八)……一三五
(八)二教論(道安)(八)……一三六
(九)笑道論(甄鸞)(九)……一四三
(一〇)周祖廃二教立通道観詔(周帝宇文邕)(一〇)……一五三
(一一)周祖平斉召僧叙廃立抗拒事(恵遠)(一〇)……一五三
(一二)周祖巡鄴請開仏法事(道林)(一〇)……一五四
(一三)周祖天元立対衛元嵩上事(王明広)(一〇)……一五七
(一四)唐上廃省仏僧表(傅奕)(一一)……一六〇
(一五)唐廃省仏僧箴(法琳)(一一)……一六〇
(一六)唐破邪論(法琳)(一一)……一六一
(一七)決対傅奕廃仏法僧事(明槩)(一三)……一六八
(一八)辯正論十喩九箴篇(法琳)(一三)……一七五
(一九)内徳論(李師政)(一四)……一八七

〔仏徳篇〕（一五―一七）……一九五
（一）仏釈迦文菩薩等像讃（支道林）（一五）……一九五
（二）仏影銘（慧遠）（一五）……一九七
（三）仏法銘讃（謝霊運）（一五）……一九九
（四）仏記序（沈約）（一五）……二〇〇
（五）仏僧瑞集（道宣）（一五）……二〇二
（六）出育王舎利詔（梁武帝）（一五）……二〇三
（七）菩提樹頌（蕭綱）（一五）……二〇四
（八）梁唱導文（蕭綱）（一五）……二〇五
（九）帰仏発願誓文（王僧孺）（一五）……二〇五
（一〇）謝述仏法事書啓（梁簡文帝）（一六）……二〇九
（一一）寺刹像等銘（沈約等）（一六）……二一一
（一二）隋国立舎利塔詔（隋高祖）（一七）……二一三
（一三）舎利感応記（王邵）（一七）……二一三
（一四）慶舎利感応表（一七）……二一六
〔法義篇〕（一八―二三）……二二一
（一）釈疑論（戴安）（一八）……二二一
（二）与遠法師書（戴安）（一八）……二二二
（三）難釈疑論（道祖）（一八）……二二二
（四）重与遠法師書（戴安）（一八）……二二三
（五）報応問（何承天）（一八）……二二四
（六）辯宗論（謝霊運）（一八）……二二四
（七）述仏法諸深義（姚興）（一八）……二二八
（八）析疑論（慧浄）（一八）……二三〇
（九）内典序（沈約）（一九）……二三一
（一〇）斉皇太子解講疏（沈約）（一九）……二三二
（一一）斉竟陵王発講疏（沈約）（一九）……二三二
（一二）斉竟陵王解講疏（沈約）（一九）……二三二
（一三）与荊州隠士劉虬書（竟陵王）（一九）……二三三
（一四）請梁祖講金字波若啓（梁皇太子綱）（一九）……二三四
（一五）述御講波若序（陸雲）（一九）……二三五
（一六）叙御講波若義（蕭子顕）（一九）……二三六
（一七）謝御講波若竟啓（梁皇太子）（一九）……二四〇
（一八）上大法頌（梁皇太子）（二〇）……二四〇
（一九）上太子玄圃講頌（晋安王綱）（二〇）……二四二
（二〇）涅槃経疏序（梁武帝）（二〇）……二四二
（二一）法宝聯壁序（湘東王繹）（二〇）……二四二
（二二）成実論疏序（梁皇太子綱）（二〇）……二四四
（二三）内典碑銘集林序（梁元帝）（二〇）……二四四
（二四）禅林妙記集序（玄則）（二〇）……二四五

(二五)法苑珠林序(李儼)(二〇)……二四六
(二七)昭明謝勅賚水犀如意啓(二一)……二四七
(二九)南澗寺釈慧超論諮二諦義(二一)……二四七
(三一)招提寺釈慧琰諮二諦義(二一)……二四八
(三三)中郎王規諮二諦義旨(二一)……二四八
(三五)羅平侯蕭正立諮二諦義旨(二一)……二四八
(三七)中興寺釈僧懐諮二諦義(二一)……二四九
(三九)呉平王世子蕭励諮二諦義旨(二一)……二四九
(四一)始興王第五男蕭曄諮二諦義旨(二一)……二四九
(四三)程卿侯蕭祇諮二諦義旨(二一)……二四九
(四五)霊根寺釈慧令諮二諦義(二一)……二四九
(四七)荘厳寺釈僧旻諮二諦義(二一)……二五〇
(四九)建業寺釈僧愍諮二諦義(二一)……二五〇
(五一)昭明太子解法身義(二一)……二五〇
(五三)光宅寺法雲諮法身義(二一)……二五〇
(五五)宣武寺釈法寵諮法身義(二一)……二五一
(五七)霊味寺釈静安諮法身義(二一)……二五一
(五九)謝勅問解講啓(二一)……二五一
(六一)謝勅賚制旨大集経講疏啓(二一)……二五一
(六三)晋安王与広信侯書重述内教(二一)……二五二
(六五)衆生仏不相異義(沈約)(二一)……二五二
(二六)梁昭明太子答雲法師請講書三首(二一)……二四七
(二八)昭明太子解二諦義章(二一)……二四七
(三〇)晋安王綱諮二諦義旨(二一)……二四八
(三二)栖玄寺釈雲宗諮二諦義(二一)……二四八
(三四)霊根寺釈僧遷諮二諦義(二一)……二四八
(三六)衡山侯蕭恭諮二諦義旨(二一)……二四八
(三八)始興王第四男蕭映諮二諦義旨(二一)……二四九
(四〇)宋熙寺釈慧令諮二諦義(二一)……二四九
(四二)興皇寺釈法宣諮二諦義(二一)……二四九
(四四)光宅寺釈法雲諮二諦義(二一)……二四九
(四六)湘宮寺釈慧興諮二諦義(二一)……二五〇
(四八)宣武寺釈法寵諮二諦義(二一)……二五〇
(五〇)光宅寺釈敬脱諮二諦義(二一)……二五〇
(五二)招提寺釈慧琰諮法身義(二一)……二五〇
(五四)荘厳寺釈僧旻諮法身義(二一)……二五一
(五六)霊根寺釈慧令諮法身義(二一)……二五一
(五八)謝勅遣主書看講啓(梁昭明皇太子)(二一)……二五一
(六〇)謝勅賚制旨大涅槃経講疏啓(二一)……二五一
(六二)晋安王与広信侯書述聴講事(二一)……二五二
(六四)広信侯蕭映答王心要(二一)……二五二
(六六)六道相続作仏義(沈約)(二一)……二五二

(六七)因縁義(沈約)(二二)……二五三
(六八)形神義(沈約)(二二)……二五三
(六九)神不滅義(沈約)(二二)……二五三
(七〇)難范縝神滅義(沈約)(二二)……二五三
(七一)因縁無性論(真観)(二二)……二五四
(七二)性法自然論(朱世卿)(二二)……二五四
(七三)北斉三部一切経願文(魏収)(二二)……二五七
(七四)周経蔵願文(王褒)(二二)……二五七
(七五)宝臺経蔵願文(隋煬帝)(二二)……二五七
(七六)三蔵聖教序(唐太宗)(二二)……二五八
(七七)述三蔵聖教序(皇太子治)(二二)……二五九
(七八)述注般若経序(褚亮)(二二)……二五九
(七九)金剛般若経集注序(李儼)(二二)……二五九
(八〇)与翻経諸僧書(柳宣)(二二)……二六〇
〔僧行篇〕(二三―二五)……二六二
(一)支曇諦(丘道護)(二三)……二六三
(二)竺羅什(僧肇)(二三)……二六四
(三)釈法綱(慧琳)(二三)……二六五
(四)竺道生(慧琳)(二三)……二六五
(五)釈曇隆(謝霊運)(二三)……二六六
(六)釈慧遠(謝霊運)(二三)……二六七
(七)釈玄敬(張暢)(二三)……二六七
(八)釈玄運(慧琳)(二三)……二六八
(九)釈智称(二三)……二六八
(一〇)釈玄景(虞羲)(二三)……二六九
(一一)釈浄秀(沈約)(二三)……二七〇
(一二)沙汰僧徒詔(宋武帝)(二四)……二七二
(一三)褒揚僧徳詔(元魏孝文帝)(二四)……二七二
(一四)述僧中食論(沈約)(二四)……二七三
(一五)述僧設会論(沈約)(二四)……二七三
(一六)議沙汰僧詔(北斉文宣帝)(二四)……二七三
(一七)弔道澄法師亡書(梁簡文帝)(二四)……二七四
(一八)与東陽盛法師書(王筠)(二四)……二七四
(一九)与汝南周顒書(智林)(二四)……二七四
(二〇)与挙法師書(劉孝標)(二四)……二七四
(二一)与皎法師書(王曼頴)(二四)……二七五
(二二)弔震法師亡書(劉之遴)(二四)……二七五
(二三)与震兄李敬胐書(劉之遴)(二四)……二七五
(二四)弔僧正京法師亡書(劉之遴)(二四)……二七五
(二五)東陽金華山栖志(劉孝標)(二四)……二七六
(二六)与徐僕射述役僧書(真観)(二四)……二七七
(二七)山深法師罷道書(徐陵)(二四)……二七八
(二八)諫周祖沙汰僧表(曇積)(二四)……二七九

(二九)戴逵貽書仙城命禅師(二四)……二七九
(三〇)幽林沙門恵命詶書北斉戴先生(二四)……二八〇
(三一)弔延法師亡書(薛道衡)(二四)……二八〇
(三二)福田論(彦琮)(二五)……二八〇
(三三)問出家損益詔(唐高祖)(二五)……二八三
(三四)出沙汰仏道詔(唐高祖)(二五)……二八三
(三五)令道士在僧前詔(唐太宗)(二五)……二八三
(三六)議沙門敬三大詔(唐高宗)(二五)……二八四
〔慈済篇〕(二六)……二九二
(一)究竟慈悲論(沈約)(二六)……二九二
(二)与何胤書論止殺(周顒)(二六)……二九三
(三)断殺絶宗廟犠牲詔(梁武帝)(二六)……二九三
(四)誡殺家訓(顔之推)(二六)……二九四
(五)断酒肉文(梁武帝)(二六)……二九四
〔戒功篇〕(二七)……三〇三
(一)晋沙門釈慧遠与劉遺民書(二七)……三〇四
(二)梁元帝与蕭諮議等書(二七)……三〇四
(三)梁簡文与湘東王書(二七)……三〇四
(四)陳律師曇瑗与朝士書(二七)……三〇五
(五)陳沙門釈慧津与瑗律師書(二七)……三〇五
(六)隋煬帝与智者顗禅師書……三〇五
(七)隋煬帝受菩薩大戒文(二七)……三〇五
(八)隋智者大師与煬帝書……三〇五
(九)唐終南山釈氏統略斉文宣浄行法門(二七)……三〇六
〔啓福篇〕(二八)……三一一
(一)北代南晋前秦前燕南燕後秦諸帝与太山朗法師書(二八)……三一一
(二)与林法師書(王洽)(二八)……三一三
(三)南斉皇太子礼仏願疏(沈約)(二八)……三一三
(四)捨身願疏(沈約)(二八)……三一三
(五)南斉南郡王捨身疏(沈約)(二八)……三一三
(六)依諸経中行懺悔願文(梁高祖)(二八)……三一四
(七)千僧会願文(沈約)(二八)……三一四
(八)四月八日度人出家願文(梁簡文)(二八)……三一四
(九)八関斎制序(梁簡文)(二八)……三一四
(一〇)為人造寺疏(梁簡文)(二八)……三一四

(一一)謝勅賚袈裟啓(梁簡文)(二八)……三二一五
(一二)為諸寺作檀越願疏(梁簡文)(二八)……三二一五
(一三)設無礙福会教(蕭綸)(二八)……三二一五
(一四)答湘東王書(梁簡文)(二八)……三二一五
(一五)与琰法師書(梁簡文)(二八)……三二一五
(一六)与劉智蔵書(梁元帝)(二八)……三二一六
(一七)与約法師書(沈約)(二八)……三二一六
(一八)与印闍梨書(劉之遴)(二八)……三二一六
(一九)与雲僧正書(王筠)(二八)……三二一六
(二〇)与長沙王別書(王筠)(二八)……三二一六
(二一)答雲法師書(劉孝綽)(二八)……三二一六
(二二)北斉遼陽山寺願文(盧思道)(二八)……三二一七
(二三)北斉武成帝以三臺為寺詔(魏収)(二八)……三二一七
(二四)周明帝立陟屺陟岵二寺詔(二八)……三二一七
(二五)隋高祖為太祖造寺碑詔(李徳林)(二八)……三二一八
(二六)隋高祖於相州戦場立寺詔(二八)……三二一八
(二七)隋煬帝行道度人天下勅(二八)……三二一八
(二八)唐太宗於行陣所立七寺詔(二八)……三二一八
(二九)唐太宗為戦亡人設斎行道詔(二八)……三二一九
(三〇)唐太宗度僧於天下詔(二八)……三二一九
(三一)唐太宗捨旧宅為寺詔(二八)……三二一九
(三二)唐太宗断売仏像勅(二八)……三二一九
(三三)与暹律師等書(褚亮)(二八)……三二一九
(三四)唐太宗造興聖寺詔(二八)……三二一九
(三五)唐太宗為穆后追福手疏(二八)……三二一九
(三六)周武帝二教鐘銘(二八)……三二一九
(三七)唐太宗大興善寺鐘銘(二八)……三二二〇
(三八)唐東宮皇太子西明寺鐘銘(二八)……三二二〇
〔悔罪篇〕(二八)……三二二〇
(一)謝勅為建涅槃懺啓(梁簡文)(二八)……三二二〇
(二)六根懺文(梁簡文)(二八)……三二二〇
(三)悔高慢文(梁簡文)(二八)……三二二一
(四)懺悔文(沈約)(二八)……三二二一
(五)陳群臣請隋武帝懺文(江総)(二八)……三二二一
(六)梁陳皇帝依経悔過文(二八)……三二二二
〔統帰篇〕(二九―三〇)……三二二五
(一)梁高祖浄業賦(二九)……三二二五
(二)梁高祖孝思賦(二九)……三二二六
(三)梁宣帝遊七山寺賦(二九)……三二二八
(四)梁王錫宿山寺賦(二九)……三二二九
(五)魏高允鹿苑賦(二九)……三二二九
(六)魏李顒大乗賦(二九)……三二二九

(七)梁仙城釈慧命詳玄賦(二九)……二四〇
(八)梁蕭子雲玄圃苑講賦(二九)……二四〇
(九)夢賦(真観)(二九)……二四一
(一〇)梁江淹傷弱子賦(二九)……二四二
(一一)無為論(二九)……二四二
(一二)伐魔詔(懿法師)(二九)……二四三
(一三)奏平心露布(二九)……二四八
(一四)晋沙門支道林讃仏詩(三〇)……二四九
(一五)晋沙門支遁詠懐大徳禅思山居詩(三〇)……二五一
(一六)晋沙門釈慧遠念仏三昧詩序(三〇)……二五一
(一七)晋王斉之念仏三昧詩(三〇)……二五一
(一八)斉王元長法楽歌詞(三〇)……二五二
(一九)梁武帝述三教詩(三〇)……二五二
(二〇)梁昭明開善寺法会詩(三〇)……二五二
(二一)梁簡文望同泰寺浮図詩(三〇)……二五三
(二二)梁簡文詠五陰識支(三〇)……二五三
(二三)梁劉孝綽百論捨罪福詩(三〇)……二五三
(二四)梁簡文蒙華林園戒詩(三〇)……二五三
(二五)梁簡文預懺直疏詩(三〇)……二五三
(二六)梁昭明講訖賦三十韻詩(三〇)……二五四
(二七)梁簡文出興業寺講詩(三〇)……二五四
(二八)梁元帝和五明集詩(三〇)……二五四
(二九)梁昭明鐘山解講諸人和詩(三〇)……二五四
(三〇)梁皇太子八関斎夜述四城門詩(三〇)……二五四
(三一)梁簡文遊光宅寺詩(三〇)……二五五
(三二)梁簡文被幽述志詩(三〇)……二五五
(三三)宋謝霊運臨終詩(三〇)……二五六
(三四)梁沈隠侯臨終遺上表(三〇)……二五六
(三五)陳沙門釈智愷臨終詩(三〇)……二五六
(三六)陳何処士遊山寺并雑詩(三〇)……二五六
(三七)陳尚書令江総遊摂山寺詩(三〇)……二五六
(三八)陳江令遊武屈山寺詩(三〇)……二五七
(三九)北斉盧思道従駕大慈照寺詩(三〇)……二五八
(四〇)周沙門釈亡名五苦詩(三〇)……二五八
(四一)陳姚察遊明慶寺帳然懐古(三〇)……二五八
(四二)陳張君祖雑詩(三〇)……二五九
(四三)隋煬帝遊方山霊厳寺詩(三〇)……二六〇
(四四)隋煬帝昇樓望春燈詩(三〇)……二六〇
(四五)隋著作王冑述浄名詩(三〇)……二六〇
(四六)隋薛道衡入鳳林寺詩(三〇)……二六〇
(四七)唐文帝暮冬過寺(三〇)……二六〇
(四八)唐文帝遊并州大興国寺詩(三〇)……二六〇
(四九)唐常州宣法師詠高僧(三〇)……二六〇
(五〇)唐宣法師遊東山尋殊曇二法師(三〇)……二六〇

(五一)今上遊京師大慈恩寺詩(三〇)……………三六一

二一〇四　集古今仏道論衡（四巻）……唐　道　宣　撰……三六三
縮—露七、卍—二七・四、国—護教四

二一〇五　続集古今仏道論衡（一巻）……唐　智　昇　撰……三九七
縮—露七、卍—二七・四、国—護教四

二一〇六　集神州三宝感通録（三巻）……唐　道　宣　撰……四〇四
縮—露七、卍—二九・二、国—護教五

二一〇七　道宣律師感通録（一巻）……唐　道　宣　撰……四三五
縮—露七

二一〇八　集沙門不応拝俗等事（六巻）……唐　彦悰纂録……四四三
縮—露七、卍—二八・一

二一〇九　破邪論（二巻）……唐　法　琳　撰……四七四
縮—露八、卍—三〇・五、国—護教四

二一一〇　辯正論（八巻）……唐　法　琳　撰……四八九
縮—露八、卍—三〇・五〜六、国—護教四

二一一一　十門辯惑論（三巻）……唐　復　礼　撰……五五一
縮—露八、卍—三〇・五

二一一二　甄正論（三巻）……唐　玄　嶷　撰……五五九
縮—露八、卍—三〇・五

二一一三　北山録（十巻）……唐　神清撰・慧宝注……五七三

二一一四　護法論（一巻）……宋　張　商　英　述……六三七
縮—露八、卍—三〇・六

二一一五 鐔津文集（十九巻）……宋 契嵩撰……六四六
縮―露一〇～一一
二一一六 辯偽録（五巻）……元 祥邁撰……七五一
縮―露一一、卍―三三・四
二一一七 三教平心論（二巻）……元 劉謐撰……七八一
縮―露一一
二一一八 折疑論（五巻）……元 子成撰（師子比丘述註）……七九四
縮―露一一
二一一九 寺沙門玄奘上表記（一巻）……八一八
二一二〇 代宗朝贈司空大辯正広智三蔵和上表制集（六巻）……唐 円照集……八二六
続―二・九・三、国―護教五

第五十三巻　事彙部上

二一二一 経律異相（五十巻）……梁 宝唱等集……一
縮―雨二～四、卍―二七・四～六
二一二二 法苑珠林（百巻）……唐 道世撰……二六九
縮―雨五～一〇、卍―二六・四～一〇
序（一）……二六九
(一)劫量篇（一）……二六九
(二)三界篇（二―三）……二七七
(三)日月篇（四）……二九三
(四)六道篇（五―六）……三〇一
(五)千仏篇（八―一二）……三三三
(六)敬仏篇（一三―一七）……三八一
(七)敬法篇（一七―一八）……四一一
(八)教僧篇（一九）……四二二
(九)致敬篇（二〇）……四二九

(一〇)福田篇(一二)……四三六
(一二)士女篇(一二)……四四一
(一四)慚愧篇(一三)……四五三
(一六)説聴篇(一三—一四)……四五九
(一八)宿命篇(七)(一六)……四七五
(二〇)神異篇(一八)……四八七
(二二)住持篇(二〇)……五〇五
(二四)妖怪篇(二二)……五二一
(二六)眠夢篇(二二)……五三三
(二八)摂念篇(二四)……五四八
(三〇)法服篇(二五)……五五六
(三二)懸幡篇(二六)……五六八
(三四)唄讃篇(二六)……五七四
(三六)伽藍篇(二九)……五九一
(三八)供養篇(四一)……六〇五
(四〇)輪王篇(四三)……六一七
(四二)納諫篇(四五)……六二九
(四四)思慎篇(四六)……六三五
(四六)懲過篇(四七)……六四二
(四八)誡勗篇(四八)……六四九
(五〇)不孝篇(四九)……六五九
(五二)背恩篇(五〇)……六六五
(一一)帰信篇(一二)……四三八
(一三)入道篇(一三)……四四七
(一五)奨導篇(一三)……四五七
(一七)見解篇(一五)……四六八
(一九)至誠篇(一七)……四八一
(二一)感通篇(一九)……四九六
(二三)潜遁篇(二一)……五一五
(二五)変化篇(二二)……五二七
(二七)興福篇(二三)……五三七
(二九)発願篇(二四)……五五二
(三一)然燈篇(二五)……五六三
(三三)華香篇(二六)……五六九
(三五)敬塔篇(二七—二八)……五七八
(三七)舎利篇(四〇)……五九八
(三九)受請篇(四一—四二)……六〇七
(四一)君臣篇(四四)……六二三
(四三)審察篇(四五)……六三一
(四五)倹約篇(四六)……六四一
(四七)和順篇(四七)……六四六
(四九)忠孝篇(四九)……六五四
(五一)報恩篇(五〇)……六六三
(五三)善友篇(五一)……六六八

(五四)悪友篇(五一)……六七〇
(五六)眷属篇(五二)……六七三
(五八)機辯篇(五三)……六八一
(六〇)詐偽篇(五四)……六八八
(六二)破邪篇(五五)……六九五
(六四)貧賤篇(五六)……七一三
(六六)諍訟篇(五七)……七二二
(六八)呪術篇(六〇—六一)……七三四
(七〇)占相篇(六二)……七五八
(七二)園果篇(六三)……七六六
(七四)慈悲篇(六四)……七七四
(七六)救厄篇(六五)……七八二
(七八)業因篇(六八)……七九九
(八〇)罪福篇(七一)……八二二
(八二)四生篇(七二)……八二九
(八四)十悪篇(七三—七九)……八三七
(八六)懺悔篇(八六)……九一二
(八八)破戒篇(九〇)……九四七
(九〇)破斎篇(九一)……九五六
(九二)利害篇(九二)……九六三
(九四)穢濁篇(九四)……九八一
(九六)捨身篇(九六)……九八九
(五五)択交篇(五一)……六七一
(五七)校量篇(五二)……六七八
(五九)愚戇篇(五三)……六八五
(六一)惰慢篇(五四)……六九三
(六三)富貴篇(五六)……七〇九
(六五)債負篇(五七)……七一七
(六七)謀謗篇(五八—五九)……七二四
(六九)祭祠篇(六二)……七五〇
(七一)祈雨篇(六三)……七六一
(七三)漁猟篇(六四)……七七〇
(七五)放生篇(六五)……七八〇
(七七)怨苦篇(六六—六七)……七八九
(七九)受報篇(六九—七〇)……八〇七
(八一)欲蓋篇(七一)……八二五
(八三)十使篇(七二)……八三四
(八五)六度篇(八〇—八五)……八七七
(八七)受戒篇(八七—八九)……九二一
(八九)受斎篇(九一)……九五四
(九一)賞罰篇(九一)……九五九
(九三)酒肉篇(九三—九四)……九七〇
(九五)病苦篇(九五)……九八四
(九七)送終篇(九七)……九九七

（九八）法滅篇（九八）……一〇〇五
（九九）雑要篇（九九）……一〇一三
（一〇〇）伝記篇（一〇〇）……一〇一九
感応縁（一〇〇）……一〇二九

第五十四巻　事彙部下・外教部全

二一二三　諸経要集（二十巻）……唐　道世集……一
縮―雨一〜二、卍―二七・七〜八
二一二四　法門名義集（一巻）……唐　李師政撰……一九五
二一二五　南海寄帰内法伝（四巻）……唐　義浄撰……二〇四
縮―致七、卍―三九・一〇、国―史伝一六
二一二六　大宋僧史略（三巻）……宋　賛寧撰……二三四
附、紹興朝旨改正僧道班文字一集（一巻）……二五五
続―二・乙・三・二、国―史伝一三
二一二七　釈氏要覧（三巻）……宋　道誠集……二五七
国―目録事彙二
二一二八　一切経音義（百巻）……唐　慧琳撰……三一一
縮―為八〜一〇
二一二九　続一切経音義（十巻）……宋　希麟集……九三四
縮―為八
二一三〇　翻梵語（十巻）……九八一
二一三一　翻訳名義集（七巻）……宋　法雲編……一〇五五
縮―雨一一
二一三二　悉曇字記（一巻）……唐　智広撰……一一八六

二一三三 梵語千字文（一巻）……唐 義浄撰……一一九〇
縮—閏一五
梵語千字文（一巻・別本）……唐 義浄撰……一一九七
二一三四 唐梵文字（一巻）……唐 全真集……一二一六
二一三五 梵語雑名（一巻）……唐 礼言集……一二二三
二一三六 唐梵両語双対集（一巻）……唐 僧怛多蘖多 波羅瞿那弥捨沙集……一二四一
二一三七 金七十論（三巻）……陳 真諦訳……一二四五
縮—蔵一〇、卍—二五・一〇
二一三八 勝宗十句義論（一巻）……慧月造 唐 玄奘訳……一二六二
縮—蔵一〇、卍—二五・八
二一三九 老子化胡経（第一・第十）……一二六六
二一四〇 摩尼教下部讃（一巻）……一二七〇
二一四一 A 摩尼光仏教法儀略（一巻）……唐 払多誕訳……一二七九
B 波斯教 残経（一巻）……一二八一
二一四二 序 聴迷詩所経（一巻）……一二八六
二一四三 景教三威蒙度讃（一巻）……一二八八
二一四四 大秦景教 流 行中国碑頌（一巻）……唐 景浄述……一二八九

第五十五巻　目録部全

二一四五 出三蔵記集（十五巻）……梁 僧祐撰……一
縮—結一、卍—二七・九～一〇、国—史伝一
巻一……一

序……一
(一)集三蔵縁記……一
(二)十誦律五百羅漢出三蔵記……四
(三)菩薩処胎経出八蔵記……四
(四)胡漢訳経音義同異記……四
(五)前後出経異記……五
巻二……五
(一)新集経論録……五
(二)新集異出経録……一三
巻三……一五
(一)新集安公古異経録……一五
(二)新集安公失訳経録……一六
(三)新集安公涼土異経録……一八
(四)新集安公関中異経録……一九
(五)新集律分為五部記録……一九
(六)新集律分為十八部記録……二〇
(七)新集律来漢地四部序録……二〇
巻四……二一
(一)新集続撰失訳雑経録……二一
巻五……三七
(一)新集抄経録……三七
(二)新集安公疑経録(安法師造)……三八
(三)新集疑経偽撰雑録……三八
(四)新集安公注経及雑経志録……三九
(五)小乗迷学竺法度造異儀記……四〇
(六)喩　疑(叡法師撰)……四一
巻六……四二
(一)四十二章経序(未詳作者)……四二
(二)安般守意経序(康僧会撰)……四二
(三)安般注序(道安撰)……四三
(四)安般守意経序(謝敷作)……四三
(五)陰持入経序(道安撰)……四四
(六)人本欲生経序(道安撰)……四五
(七)了本生死経序(道安撰)……四五
(八)十二門経序(道安撰)……四五
(九)大十二門経序(道安撰)……四六
(一〇)法鏡経序(康僧会撰)……四六

巻七……四六
(一)道行経序(道安作)……四七
(二)道行経後記(未詳作者)……四七
(三)放光経記……四七
(四)合放光光讃略解序(道安作)……四七
(五)須真天子経記(未詳作者)……四八
(六)普曜経記(未詳作者)……四八
(七)出賢劫経記(未詳作者)……四八
(八)般舟三昧経記(未詳作者)……四八
(九)首楞厳三昧経注序(未詳作者)……四八
(一〇)合首楞厳経記(支慜度作)……四九
(一一)首楞厳後記(未詳作者)……四九
(一二)新出首楞厳経序(弘充作)……四九
(一三)法句経序(未詳作者)……四九
(一四)阿維越遮致経記(出経後記)……五〇
(一五)魔逆経記(出経後記)……五〇
(一六)慧印三昧及済方等学二経序讃(王僧孺撰)……五〇
(一七)聖法印経記(出経後記)……五一
(一八)文殊師利浄律経記……五一
(一九)王子法益壊目因縁経序(竺仏念造)……五一
(二〇)合微密持経記(支恭明作)……五一
巻八……五二
(一)摩訶鉢羅若波羅蜜経抄序(道安撰)……五二
(二)大品経序(僧叡撰)……五二
(三)注解大品序(大梁皇帝撰)……五三
(四)小品経序(僧叡作)……五四
(五)大小品対比要抄序(支道林作)……五五
(六)正法華経記(出経後記)……五六
(七)正法華経後記(未詳作者)……五六
(八)法華宗要序(慧観撰)……五七
(九)法華経後序(僧叡撰)……五七
(一〇)持心経記(出経後記)……五七
(一一)思益経序(僧叡撰)……五七
(一二)維摩詰経序(僧肇撰)……五八
(一三)合維摩詰経序(支慜度作)……五八
(一四)毘摩羅詰堤経義疏序(僧叡撰)……五八
(一五)自在王経後序(僧叡撰)……五九
(一六)大涅槃経序(道朗作)……五九
(一七)大涅槃経記(未詳作者)……六〇
(一八)六巻泥洹記(出経後記)……六〇

(一九)二十巻泥洹記(出智猛遊外国伝)……六〇
巻九……六〇
(一)華厳経記(出経後記)……六〇
(二)十住経含注序(僧衛作)……六一
(三)漸備経十住胡名并書叙(未詳作者)……六二
(四)菩薩善戒菩薩地持二経記(僧祐撰)……六二
(五)大集虚空蔵無尽意三経記(僧祐撰)……六三
(六)如来大哀経記(未詳作者)……六三
(七)長阿含経序(僧肇作)……六三
(八)中阿鋡経序(道慈撰)……六三
(九)増一阿含序(道安作)……六四
(一〇)四阿鋡暮抄序(未詳作者)……六四
(一一)優婆塞戒経記(出経後記)……六四
(一二)菩提経注序(僧馥撰)……六五
(一三)関中出禅経序(僧叡撰)……六五
(一四)盧山出修行方便禅経統序(慧遠撰)……六五
(一五)禅要秘密治病経記(出経後記)……六六
(一六)修行地不浄観経序(慧観作)……六六
(一七)勝鬘経序(慧観作)……六七
(一八)勝鬘経序(慈法師撰)……六七
(一九)文殊師利発願経記(出経後記)……六七
(二〇)賢愚経記(僧祐新撰)……六七
(二一)八吉祥経記(出経後記)……六八
(二二)無量義経序(荊州隠士劉虬作)……六八
(二三)譬喩経序(康法邃造)……六八
(二四)百句譬喩経記(出経前記)……六八
巻十……六九
(一)道地経序(道安撰)……六九
(二)沙弥十慧章句序(厳阿祇梨浮調所造)……六九
(三)十法句義経序(道安撰)……七〇
(四)三十七品経序(竺曇無蘭撰)……七〇
(五)舎利弗阿毘曇序(道摽)……七〇
(六)僧伽羅刹経序(未詳作者)……七一
(七)僧伽羅刹集経後記(未詳作者)……七一
(八)婆須蜜集序(未詳作者)……七一
(九)阿毘曇序(道安撰)……七二
(一〇)阿毘曇心序(未詳作者)……七二
(一一)阿毘曇心序(慧遠作)……七二
(一二)三法度序(慧遠作)……七三
(一三)三法度経記(出経後記)……七三
(一四)八揵度阿毘曇根揵度後別記(未詳作者)

……七三
(一五)鞞婆沙序(道安作)……七三
(一六)毘婆沙経序(道梃作)……七三
(一七)雑阿毘曇心序(未詳作者)……七四
(一八)後出雑心序(焦鏡作)……七四
(一九)大智釈論序(僧叡作)……七四
(二〇)大智論記(出論後)……七五
(二一)大智論抄序(慧遠作)……七五
巻十一……七六
(一)中論序(僧叡作)……七六
(二)中論序(影法師作)……七七
(三)百論序(僧肇作)……七七
(四)十二門論序(僧叡作)……七七
(五)成実論記(出論後)……七八
(六)略成実論記(新撰)……七八
(七)抄成実論序(周顒作)……七八
(八)訶梨跋摩伝序(玄暢作)……七八
(九)菩薩波羅提木叉後記(未詳作者)……七九
(一〇)比丘尼戒本所出本末序……七九
(一一)比丘大戒序(道安作)……八〇
(一二)大比丘二百六十戒三部合異序(竺曇無蘭作)……八〇
(一三)関中近出尼二種壇文夏坐雑十二事并雑事
共巻前中後三記……八一
(一四)摩得勒伽記(出経後記)……八二
(一五)善見律毘婆沙記(出律前記)……八二
(一六)千仏名号序(竺曇無蘭抄)……八二
巻十二……八二
雑録序……八二
(一)宋明帝勅中書侍郎陸澄撰法論目録序……八二
(二)斉太宰竟陵文宣王法集録序……八五
(三)釈僧祐法集総目録序……八七
(四)釈迦譜目録序(僧祐撰)……八七
(五)世界記目録序(僧祐撰)……八八
(六)薩婆多部記目録序(僧祐撰)……八八
(七)法苑雑縁原始集目録序(僧祐撰)……九〇
(八)弘明集目録序(僧祐撰)……九三
(九)十誦義記目録序(僧祐撰)……九四

(一〇)法集雑記銘目録序(僧祐撰)……九四
巻十三……九四
(一)安世高伝……九五
(二)支讖伝……九五
(三)安玄伝……九六
(四)康僧会伝……九六
(五)朱士行伝……九七
(六)支謙伝……九七
(七)竺法護伝……九七
(八)竺叔蘭伝……九八
(九)尸梨蜜伝……九八
(一〇)僧伽跋澄伝……九九
(一一)曇摩難提伝……九九
(一二)僧伽提婆伝……九九
巻十四……一〇〇
(一)鳩摩羅什伝……一〇〇
(二)仏陀耶舎伝……一〇二
(三)曇無讖伝……一〇二
(四)仏大跋陀伝……一〇二
(五)求那跋摩伝……一〇四
(六)僧伽跋摩伝……一〇四
(七)曇摩蜜多伝……一〇四
(八)求那跋陀羅伝……一〇五
(九)沮渠安陽侯伝……一〇六
(一〇)求那毘地伝……一〇六
巻十五……一〇七
(一)法祖法師伝……一〇七
(二)道安法師伝……一〇七
(三)慧遠法師伝……一〇九
(四)道生法師伝……一一〇
(五)仏念法師伝……一一一
(六)法顕法師伝……一一一
(七)智厳法師伝……一一二
(八)宝雲法師伝……一一三
(九)智猛法師伝……一一三
(一〇)法勇法師伝……一一三

二四六　衆経目録(しゅうきょうもくろく)(七巻)……隋　法経等撰……一一五

縮―結一、卍―三五・三〜四

二一四七　衆経目録（五巻）……隋　彦琮　撰……一五〇
縮―結二、卍―三五・三

二一四八　衆経目録（五巻）……唐　静泰　撰……一八〇
縮―結二、卍―三五・三

二一四九　大唐内典録（十巻）……唐　道宣　撰……二一九
縮―結二、卍―二九・一

序（一）……二一九
(一)歴代衆経伝訳所従録（一―五）……二一九
(二)歴代翻本単重人代存亡録（六―七）……二八四
(三)歴代衆経見入蔵録（八）……三〇二
(四)歴代衆経挙要転読録（九）……三一二
(五)歴代衆経有目闕本録（一〇）……三二六
(六)歴代道俗述作注解録（一〇）……三二六
(七)歴代諸経支流陳化録（一〇）……三三三
(八)歴代所出疑偽経論録（一〇）……三三三
(九)歴代所出衆経録目（一〇）……三三六
(一〇)歴代衆経応感興敬録（一〇）……三三八

二一五〇　続大唐内典録（一巻）……唐　道宣　撰……三四二
縮―結二、卍―二九・一

二一五一　古今訳経図紀（四巻）……唐　靖邁　撰……三四八
縮―結三、卍―二九・四

二一五二　続古今訳経図紀（一巻）……唐　智昇　撰……三六七
縮―結三、卍―二九・四

二一五三　大周刊定衆経目録（十五巻）……唐　明佺等　撰……三七二
縮―結三、卍―三五・四

二一五四　開元釈教録（二十巻）……唐　智昇　撰……四七七
縮―結四〜五、卍―二九・二〜四

附、入蔵目録（二巻）……………………七〇〇

二一五五　開元釈教録略出（四巻）……………唐　智　昇　撰……七二四

縮—結五、卍—二九・四

二一五六　大唐貞元続開元釈教録（三巻）………唐　円　照　集……七四八

縮—結五

二一五七　貞元新定釈教目録（三十巻）…………唐　円　照　撰……七七一

縮—結六〜七

二一五八　大唐保大乙巳歳続貞元釈教録（一巻）…南唐　恒　安　集……一〇四八

縮—結七

二一五九　伝教大師将来台州録（一巻）…………日本　最　澄　撰……一〇五五

仏全—二

二一六〇　伝教大師将来越州録（一巻）…………日本　最　澄　撰……一〇五八

仏全—二

二一六一　御請来目録（一巻）……………………日本　空　海　撰……一〇六〇

仏全—二

二一六二　根本大和尚真跡策子等目録（一巻）…………………………一〇六六

仏全—二

二一六三　常暁和尚請来目録（一巻）……………日本　常　暁　撰……一〇六八

仏全—二

二一六四　霊巌寺和尚請来法門道具等目録（一巻）…日本　円　行　撰……一〇七一

仏全—二

二一六五　日本国承和五年入唐求法目録（一巻）……日本　円　仁　撰……一〇七四

二一六六　慈覚大師在唐送進録（一巻）……日本　円仁撰……一〇七六
仏全—二
二一六七　入唐新求聖教目録（一巻）……日本　円仁撰……一〇七八
仏全—二
二一六八A　恵運禅師将来教法目録（一巻）……日本　恵運撰……一〇八七
仏全—二
B　恵運律師書目録（一巻）……日本　恵運撰……一〇八九
二一六九　開元寺求得経疏記等目録（一巻）……日本　円珍撰……一〇九二
二一七〇　福州　温州　台州　求得経律論疏記外書等目録（一巻）……日本　円珍撰……一〇九二
二一七一　青龍寺求法目録（一巻）……日本　円珍撰……一〇九五
二一七二　日本比丘円珍入唐求法目録（一巻）……日本　円珍撰……一〇九七
二一七三　智証大師請来目録（一巻）……日本　円珍撰……一一〇二
仏全—二
二一七四A　新書写請来法門等目録（一巻）……日本　宗叡撰……一一〇八
仏全—二
B　禅林寺宗叡僧正目録（一巻）……一一一一
仏全—二
二一七五　録外経等目録（一巻）……一一一二
仏全—二
二一七六　諸阿闍梨真言密教部類総録（二巻）……日本　安然集……一一一三
仏全—二
二一七七　華厳宗章　疏并　因明　録（一巻）……日本　円超録……一一三二
仏全—一

二一七八　天台宗章疏（一巻）……日本　玄日録……一一三五
仏全—一
二一七九　三論宗章疏（一巻）……日本　安遠録……一一三七
仏全—一
二一八〇　法相宗章疏（一巻）……日本　平祚録……一一三八
仏全—一
二一八一　注進法相宗章疏（一巻）……日本　蔵俊撰……一一四〇
仏全—一
二一八二　律宗章疏（一巻）……日本　栄穏録……一一四四
仏全—一
二一八三　東域伝燈目録（一巻）……日本　永超集……一一四五
仏全—一
二一八四　新編諸宗教蔵総録（三巻）……高麗　義天録……一一六五
仏全—一

第五十六巻　続経疏部一

二一八五　勝鬘経義疏（一巻）[cf. No. 353]……日本　聖徳太子撰……一
仏全—四、国—経疏一六
二一八六　維摩経義疏（五巻）[cf. No. 475]……日本　聖徳太子撰……二〇
仏全—五、国—経疏一六
㈠仏国品（上）……二〇
㈡方便品（上）……二九
㈢弟子品（中一—二）……三一
㈣菩薩品（中二）……四一

(五)文殊問疾品(下一)……四七
(六)不思議品(下二)……五五
(七)観衆生品(下二)……五六
(八)仏道品(下二)……五八
(九)入不二法門品(下二)……五九
(一〇)香積仏品(下二)……六〇
(一一)菩薩行品(下二)……六一
(一二)見阿閦仏品(下二)……六二
(一三)法供養品(下二)……六三
(一四)嘱累品(下二)……六四

二八七　法華義疏（ほっけぎしょ）（四巻）[cf. No. 262]……日本　聖徳太子撰……六四
仏全—五、国—経疏一六
(一)序　品(一)……六五
(二)方便品(一)……七〇
(三)譬喩品(二)……八〇
(四)信解品(三)……九七
(五)薬草喩品(三)……一〇七
(六)授記品(三)……一〇九
(七)化城喩品(三)……一〇九
(八)五百弟子受記品(四)……一一三
(九)授学無学人記品(四)……一一五
(一〇)法師品(四)……一一五
(一一)見宝塔品(四)……一一六
(一二)持　品(四)……一一七
(一三)安楽行品(四)……一一七
(一四)従地涌出品(四)……一一九
(一五)寿量品(四)……一二一
(一六)分別功徳品(四)……一二四
(一七)随喜功徳品(四)……一二五
(一八)法師功徳品(四)……一二五
(一九)常不軽菩薩品(四)……一二五
(二〇)如来神力品(四)……一二五
(二一)嘱累品(四)……一二五
(二二)薬王本事品(四)……一二五
(二三)妙音品(四)……一二六
(二四)観世音品(四)……一二六
(二五)陀羅尼品(四)……一二七
(二六)妙荘厳王本事品(四)……一二七
(二七)普賢勧発品(四)……一二七

二八八　法華略抄（ほっけりゃくしょう）（一巻）[cf. No. 262]……日本　明　一　撰……一二九

首　欠
(一)授記品……一三一
(二)化城喩品……一三一
(三)五百弟子受記品……一三五
(四)授学無学人記品……一三七
(五)法師品……一三七
(六)見宝塔品……一三九
(七)提婆達多品……一四〇
(八)持　品……一四〇
(九)安楽行品……一四一
(一〇)従地涌出品……一四一
(一一)如来寿量品……一四一
(一二)分別功徳品……一四一
(一三)随喜功徳品……一四一
(一四)法師功徳品……一四二
(一五)常不軽菩薩品……一四二
(一六)如来神力品……一四二
(一七)嘱累品……一四二
(一八)薬王菩薩本事品……一四二
(一九)妙音菩薩品……一四三
(二〇)観世音菩薩普門品……一四三
(二一)陀羅尼品……一四三
(二二)妙荘厳王本事品……一四三
(二三)普賢菩薩勧発品……一四三
尾　欠

二八九　妙法蓮華経釈文(みょうほうれんげきょうしゃくもん)（三巻）[cf. No. 262]……日本　中　算　撰……一四四

(一)序　品(上)……一四四
(二)方便品(上)……一五一
(三)譬喩品(中)……一五四
(四)信解品(中)……一六〇
(五)薬草喩品(中)……一六二
(六)授記品(中)……一六二
(七)化城喩品(中)……一六三
(八)五百弟子受記品(下)……一六四
(九)授学無学人記品(下)……一六四
(一〇)法師品(下)……一六四
(一一)見宝塔品(下)……一六四
(一二)提婆達多品(下)……一六五
(一三)持　品(下)……一六六
(一四)安楽行品(下)……一六六
(一五)従地涌出品(下)……一六六
(一六)如来寿量品(下)……一六七

(一七)分別功徳品(下)……一六七
(一八)随喜功徳品(下)……一六七
(一九)法師功徳品(下)……一六八
(二〇)常不軽菩薩品(下)……一六八
(二一)如来神力品(下)……一六八
(二二)嘱累品(下)……一六八
(二三)薬王菩薩本事品(下)……一六八
(二四)妙音菩薩品(下)……一六九
(二五)観世音菩薩普門品(下)……一六九
(二六)陀羅尼品(下)……一七〇
(二七)妙荘厳王本事品(下)……一七一
(二八)普賢菩薩勧発品(下)……一七一

二二九〇　法華経開題（一巻）[cf. No. 262]……日本　空海　撰……一七二
法華経開題（一巻・異本一）……日本　遍昭闍梨　記……一七五
法華経釈（一巻・異本二）……日本　空海　撰……一七七
法華経開題（一巻・異本三）……日本　空海　撰……一七九
法華経密号（一巻・異本四）……日本　空海　撰……一八二
法華略秘釈（一巻・異本五）……日本　空海　撰……一八三
法華開題（一巻・異本六）……日本　空海　撰……一八三

二二九一　法華経秘釈（一巻）[cf. No. 262]……日本　覚鑁　撰……一八四
(一)浅略趣(顕)……一八四
(二)深秘門(密)……一八五

二二九二　入真言門住如実見講演法華略儀（二巻）[cf. No. 262]……日本　円珍　撰……一八九
仏全―二六
(附)無量義経徳行品(上)……一九〇
(一)序　品(上)……一九二
(二)方便品(上)……一九四
(三)譬喩品(上)……一九四
(四)信解品(上)……一九六
(五)薬草喩品(下)……一九六
(六)授記品(下)……一九七
(七)釈化城喩品(下)……一九七
(八)五百弟子受記品(下)……一九七
(九)授学無学人記品(下)……一九八

(一〇)釈法師品(下)……一九八
(一一)見宝塔品(下)……一九八
(一二)提婆達多品(下)……一九八
(一三)勧持品(下)……一九八
(一四)安楽行品(下)……一九八
(一五)従地湧出品(下)……一九八
(一六)如来寿量品(下)……一九八
(一七)分別功徳品(下)……一九八
(一八)随喜功徳品(下)……一九九
(一九)法師功徳品(下)……一九九
(二〇)常不軽菩薩品(下)……一九九
(二一)如来神力品(下)……一九九
(二二)嘱累品(下)……一九九
(二三)薬王品(下)……二〇〇
(二四)妙音菩薩品(下)……二〇〇
(二五)観世音菩薩普門品(下)……二〇〇
(二六)陀羅尼品(下)……二〇〇
(二七)妙荘厳王本事品(下)……二〇〇
(二八)普賢菩薩勧発品(下)……二〇〇
(附)仏説観普賢菩薩行法経(下)……二〇〇

二二九三　註無量義経（ちゅうむりょうぎきょう）（三巻）[cf. No. 276]……日本　最澄　撰……二〇三
(一)徳行品(一)……二〇三
(二)説法品(二)……二一二
(三)十功徳品(三)……二二一

二二九四　仏説観普賢菩薩行法経記（ぶっせつかんふげんぼさつぎょうぼうきょうき）（二巻）[cf. No. 277]……日本　円珍　撰……二二六
仏全—二六

二二九五　法華開示抄（ほっけかいじしょう）（二十八巻）[cf. No. 262]……日本　貞慶　撰……二五五
仏全—一九
(一)序　品(一—三)……二五五
(二)方便品(四—五)……二八一
(三)譬喩品(六—七)……三〇二
(四)信解品(八)……三二二
(五)薬草喩品(九)……三二七
(六)授記品(一〇)……三三五
(七)化城喩品(一一—一三)……三四一
(八)弟子品(一三)……三五九
(九)人記品(一四)……三六七
(一〇)法師品(一五)……三七二

(一一)宝塔品(一六)……三七八
(一二)提婆品(一七)……三八七
(一三)勧持品(一八)……三九五
(一四)安楽行品(一八)……三九八
(一五)涌出品(一九)……四〇二
(一六)寿量品(二〇)……四〇七
(一七)分別功徳品(二一)……四一七
(一八)随喜功徳品(二一)……四二〇
(一九)法師功徳品(二二)……四二三
(二〇)不軽品(二三)……四三二
(二一)神力品(二三)……四三九
(二二)嘱累品(二四)……四四三
(二三)薬王品(二四)……四四八
(二四)妙音品(二五)……四五四
(二五)普門品(二六)……四六〇
(二六)陀羅尼品(二七)……四六八
(二七)厳王品(二七)……四七一
(二八)勧発品(二八)……四七五
附、無量義経開示抄(一巻)……四八〇
普賢経開示抄(一巻)……四八一

二一九六　金光明最勝王経玄枢(十巻) [cf. No. 665]……日本　願暁等集……四八三

〔一〕教興因(一)……四八三
〔二〕顕宗体(一)……四八六
〔三〕明摂教(一)……四八八
〔四〕釈名義(一)……四九二
〔五〕解本文(一)……四九六
(一)序　品(一―三)……四九九
(二)寿量品(三―四)……五三三
(三)分別三身品(四―五)……五六一
(四)夢見懺悔品(五)……五八七
(五)滅業障品(六)……五九六
(六)浄地品(六―七)……六〇五
(七)蓮華喩讃品(七)……六四〇
(八)金勝陀羅尼品(八)……六四三
(九)顕空性品(八)……六四三
(一〇)依空満願品(八)……六四七
(一一)四天王観察人天品(八)……六六三
(一二)四天王護国品(九)……六六五
(一三)無染著陀羅尼品(九)……六七四
(一四)如意宝珠品(九)……六七七
(一五)大辯才天女品(九)……六七八

(一六)大吉祥天女品(九)……六八二
(一七)増長財物品(九)……六八二
(一八)堅牢地神品(九)……六八三
(一九)大将品(九)……六八五
(二〇)王法正論品(九)……六八七
(二一)善生王品(一〇)……六九〇
(二二)諸天薬叉護持品(一〇)……六九一
(二三)授記品(一〇)……六九四
(二四)除病品(一〇)……六九七
(二五)長者子流水品(一〇)……七〇一
(二六)捨身品(一〇)……七〇四
(二七)十方菩薩讃嘆品(一〇)……七〇九
(二八)妙幢菩薩讃嘆品(一〇)……七一一
(二九)菩提樹神讃嘆品(一〇)……七一一
(三〇)大辯才天女讃嘆品(一〇)……七一二
(三一)付嘱品(一〇)……七一三

二二九七　金光明最勝王経註釈(こんこうみょうさいしょうおうぎょうちゅうしゃく)（十巻）[cf. No. 665]……日本　明一　集……七一七

(一)序　品(一)……七一七
(三)如来寿量品(一)……七二三
(三)分別三身品(二)……七二九
(四)夢見懺悔品(三)……七三八
(五)滅業障品(三)……七四二
(六)最浄地陀羅尼品(四)……七四九
(七)蓮華喩讃品(五)……七五七
(八)金勝陀羅尼品(五)……七五九
(九)重顕空性品(五)……七六〇
(一〇)依空満願品(五)……七六二
(一一)四天王観察人天品(五)……七六六
(一二)四天王護国品(六)……七六七
(一三)無染著陀羅尼品(七)……七七四
(一四)如意宝珠品(七)……七七六
(一五)大辯才天女品(七—八)……七七七
(一六)大吉祥天女品(八)……七八三
(一七)大吉祥天女増長財物品(八)……七八四
(一八)堅牢地神品(八)……七八五
(一九)僧慎爾耶薬叉大将品(八)……七八六
(二〇)王法正論品(八)……七八七
(二一)善生王品(九)……七九〇
(二二)諸天薬叉護持品(九)……七九一
(二三)授記品(九)……七九三
(二四)除病品(九)……七九四
(二五)長者子流水品(九)……七九六
(二六)捨身品(一〇)……七九九

(二七) 十方菩薩讃歎品(一〇) ……八〇三
(二八) 妙幢菩薩讃歎品(一〇) ……八〇四
(二九) 菩提樹神讃歎品(一〇) ……八〇五
(三〇) 大辯才天女讃歎品(一〇) ……八〇五
(三一) 付嘱品(一〇) ……八〇六
二一九八 最勝王経羽足 (一巻) [cf. No. 665] ……日本 平備撰……八〇七
二一九九 最勝王経開題 (一巻) [cf. No. 665] ……日本 空海撰……八二四
附、金勝王経秘密伽陀 (一巻) ……八二五
二二〇〇 仁王経開題 (一巻) [cf. No. 246] ……日本 空海撰……八二七

第五十七巻　続経疏部二

二二〇一 金剛般若波羅蜜経開題 (一巻) [cf. No. 235] ……日本 空海撰……一
二二〇二 般若心経述義 (一巻) [cf. No. 251] ……日本 智光撰……三
仏全一六
二二〇三 A 般若心経秘鍵 (一巻) [cf. No. 2204] ……日本 空海撰……一一
国―経疏一七
B 秘鍵略註 (一巻) ……日本 覚鑁記……一三
二二〇四 般若心経秘鍵開門訣 (三巻) [cf. No. 2203A] ……日本 済暹撰……一八
二二〇五 演義鈔纂釈 (三十八巻) [cf. No. 1736] ……日本 湛叡撰……四九
二二〇六 A 新訳華厳経音義 (一巻) [cf. No. 279] ……日本 喜海撰……三六七
B 貞元華厳経音義 (一巻) [cf. No. 293] ……日本 喜海撰……三七七
二二〇七 浄土三部経音義集 (四巻) [cf. Nos. 360, 365, 366] ……日本 信瑞纂……三八三
二二〇八 A 浄土疑端 (四巻) [cf. No. 1753] ……日本 顕意述……四三九
B 観経義賢問愚答鈔 (一巻) ……日本 証忍記……四七二

三二〇九　C観経義拙疑巧答研覈鈔（一巻）……日本　顕意述……四八三
三二一〇　観経疏伝通記（十五巻）［cf. No. 1753］……日本　良忠述……四九七
阿弥陀経略記（一巻）［cf. No. 366］……日本　源信撰……六七三
仏全—三一

第五十八巻　続経疏部三

三二一一　大日経開題（一巻）［cf. No. 848］……日本　空海撰……一
大日経開題（一巻・異本一）……日本　空海撰……三
大日経略開題（一巻・異本二）……日本　空海撰……四
大日経開題（一巻・異本三）……日本　空海撰……六
大日経開題（一巻・異本四）……日本　空海撰……七
大日経開題（一巻・異本五）……日本　空海撰……一〇
大日経開題（一巻・異本六）……日本　空海撰……一一
三二一二　大毘盧舎那経指帰（一巻）［cf. No. 848］……日本　円珍撰……一二
仏全—二六
大毘盧舎那成道経心目（一巻）［cf. No. 848］……日本　円珍撰……二一
仏全—二六
三二一三　妙印鈔（八十巻）［cf. Nos. 1796, 2214］……日本　宥範記……二五
三二一四　大日経疏妙印鈔口伝（十巻）［cf. Nos. 1796, 2213］……日本　宥範撰……六三九
三二一五　大日経住心品疏私記（十六巻）［cf. No. 1796］……日本　済暹撰……六八五

第五十九巻　続経疏部四

二三一六　大日経疏演奥鈔（六十巻）［cf. No. 1796］……日本　杲宝撰……一
二三一七　大日経疏指心鈔（十六巻）［cf. No. 1796］……日本　頼瑜撰……五七一

第六十巻　続経疏部五

二三一八　大日経疏鈔（八十五巻）［cf. No.1796］……日本　宥快撰……一
二三一九　大日経住心品疏私記（二十巻）［cf. No. 1796］……日本　曇寂撰……三五九
二三二〇　大日経供養次第法疏私記（八巻）［cf. No. 1797］……日本　宥範撰……七一九

第六十一巻　続経疏部六

二三二一　金剛頂経開題（一巻）［cf. Nos. 865, 2222―2225］……日本　空海撰……一
二三二二　教王経開題（一巻）［cf. Nos. 865, 2221, 2223―2225］……日本　空海撰……五
二三二三　金剛頂大教王経疏（七巻）［cf. Nos. 865, 2221, 2222, 2224, 2225］……日本　円仁撰……七
仏全―四三、経疏一七
二三二四　金剛頂経偈釈（一巻）［cf. Nos. 865, 2221―2223, 2225］……日本　頼尊撰……一一四
二三二五　金剛頂大教王経私記（十九巻）［cf. Nos. 865, 2221―2224］……日本　曇寂撰……一一七
二三二六　三十巻教王経文次第（二巻）［cf. No. 882］……日本　杲宝撰……三七一
二三二七　蘇悉地羯羅経略疏（七巻）［cf. No. 893 別本 2］……日本　円仁撰……三八九
仏全―四三、経疏一八
二三二八　金剛峰楼閣一切瑜伽瑜祇経修行法（三巻）［cf. Nos. 867, 2229］……日本　安然述……四八五
二三二九　瑜祇総行私記（一巻）［cf. Nos. 867, 2228］……日本　真寂撰……五〇四
二三三〇　菩提場経略義釈（五巻）［cf. No. 950］……日本　円珍撰……五一三
二三三一　蓮華胎蔵界儀軌解釈（三巻）［cf. No. 853］……日本　真興集……五六五

三三二　梵嚩日羅駄観私記（一巻）［cf. No.873］……日本　真興　述……五九〇
三三三　大仏頂経開題（一巻）［cf. No. 945］……日本　空海　撰……六〇一
三三四　註大仏頂真言（一巻）［cf. No. 994A］……日本　南忠　撰……六〇二
三三五　大仏頂如来放光悉怛他鉢怛囉陀羅尼勘註（一巻）［cf. No. 944B］……日本　明覚　撰……六〇六
三三六　理趣経開題（一巻）［cf. Nos. 243, 2237—2239］……日本　空海　撰……六一一
理趣経開題（一巻・異本一）……日本　空海　撰……六一一
理趣経開題（一巻・異本二）……日本　空海　撰……六一二
三三七　真実経文句（一巻）［cf. Nos. 243, 2231, 2238, 2239］……日本　空海　撰……六一二
三三八　理趣経種子釈（一巻）［cf. Nos. 243, 2236, 2237, 2239］……日本　覚鑁　撰……六一五
三三九　大楽経顕義抄（三巻）［cf. Nos. 243, 2236—2238］……日本　済暹　撰……六一七
三四〇　理趣釈重釈記（一巻）［cf. Nos. 1003, 2241］……六四〇
三四一　理趣釈秘要鈔（十二巻）［cf. Nos. 1003, 2240］……日本　杲宝説・賢宝記……六五七
三四二　大随求陀羅尼勘註（一巻）［cf. No. 1153］……日本　明覚　撰……七四七
三四三　十百手陀羅尼守護者名号略釈（一巻）［cf. No. 1060］……日本　定深　撰……七四九
三四四　孔雀経音義（三巻）［cf. No. 982］……日本　観静　撰……七五五
三四五　不空羂索毘盧遮那仏大灌頂光明真言句義釈（一巻）［cf. No. 1002］……日本　高辯　撰……八〇九

第六十二巻　続律疏部全

三四六　梵網経開題（一巻）［cf. No. 1484］……日本　空海　撰……一
三四七　梵網戒本疏日珠鈔（五十巻）［cf. No. 1813］……日本　凝然　述……四
三四八　資行鈔（二十八巻）［cf. Nos. 1804, 1805］……日本　照遠　撰……二六三

第六十三巻　続論疏部一

二二四九　倶舎論本義抄（四十八巻）〔cf. Nos. 1558, 2250—2252〕……日本　宗性撰……一

仏全—八六～八八

二二五〇　阿毘達磨倶舎論指要鈔（三十巻）〔cf. Nos. 1558, 2249, 2251, 2252〕……日本　湛慧撰……八〇七

第六十四巻　続論疏部二

二二五一　阿毘達磨倶舎論法義（三十巻）〔cf. Nos. 1558, 2249, 2250, 2252〕……日本　快道撰……一

仏全—九〇～九一

二二五二　阿毘達磨倶舎論稽古（二巻）〔cf. Nos. 1558, 2249—2251〕……日本　法幢撰……四四〇

二二五三　倶舎論頌疏正文（一巻）〔cf. Nos. 1823, 2254〕……日本　源信撰……四六七

二二五四　倶舎論頌疏抄（二十九巻）〔cf. Nos. 1823, 2253〕……日本　英憲撰……四七七

第六十五巻　続論疏部三

二二五五　中論疏記（八巻）〔cf. No. 1824〕……日本　安澄撰……一

二二五六　中観論二十七品別釈（一巻）〔cf. No. 1564〕……日本　快憲撰……二四八

二二五七　十二門論疏聞思記（一巻）〔cf. No. 1825〕……日本　蔵海撰……二五七

二二五八　掌珍量噵（一巻）〔cf. No. 1578〕……日本　秀法師撰……二六六

仏全—八〇

二二五九　瑜伽論問答（七巻）〔cf. No. 1579〕……日本　増賀造……二六九

二二六〇　成唯識論述記序釈（一巻）〔cf. No. 1830〕……日本　善珠集……三一八

仏全—八〇

二二六一　唯識義燈増明記（四巻）〔cf. No. 1832〕……日本　善珠　述……三二七
二二六二　成唯識論本文抄（四十五巻）〔cf. Nos. 1585, 2263―2265, 2267〕……四〇三

第六十六巻　続論疏部四

二二六三　唯識論同学鈔（六十八巻）〔cf. Nos. 1585, 2262, 2264, 2265, 2267〕……日本　良算　抄……一
仏全―七六～七七
二二六四　唯識論聞書（二十七巻）〔cf. Nos. 1585, 2261, 2262, 2265, 2267〕……日本　光胤　記……五九七
二二六五　唯識論訓論日記（一巻）〔cf. Nos. 1585, 2262―2264, 2267〕……日本　光胤　草……九一六

第六十七巻　続論疏部五

二二六六　成唯識論述記集成編（四十五巻）〔cf. No. 1830〕……日本　湛慧　撰……一

第六十八巻　続論疏部六

二二六七　成唯識論略疏（六巻）〔cf. Nos. 1585, 2262―2265〕……日本　普寂　撰……一
二二六八　注三十頌（一巻）〔cf. No. 1586〕……日本　貞慶　撰……一一四
仏全―七八
二二六九　摂大乗論釈略疏（五巻）〔cf. No. 1595〕……日本　普寂　撰……一二〇
二二七〇　因明論疏明燈鈔（十二巻）〔cf. Nos. 1840, 2271―2274〕……日本　善珠　撰……二〇一
仏全―八三、国―論疏二～三
二二七一　因明大疏抄（四十一巻）〔cf. Nos. 1840, 2270, 2272―2274〕……日本　蔵俊　撰……四三七

第六十九巻　続論疏部七

二二七二 因明入正理論疏智解融貫鈔（九巻）[cf. Nos. 1840, 2270, 2271, 2273, 2274] ……日本　基辯撰……一

二二七三 因明大疏導（三巻）[cf. Nos. 1840, 2270—2272, 2274] ……日本　明詮撰……一五一

二二七四 因明大疏裏書（六巻）[cf. Nos. 1840, 2270—2273] ……日本　明詮著……一六七

二二七五 四種相違私記（三巻）[cf. No. 1840 ; Fasc. 3, Nos. 2276—2278] ……日本　観理記……二四二

二二七六 因明論疏四相違略註釈（三巻）[cf. No. 1840 ; Fasc. 3, Nos. 2275, 2277, 2278] ……日本　源信撰……二九一

仏全―三

二二七七 四種相違略私記（二巻）[cf. No. 1840 ; Fasc. 3, Nos. 2275, 2276, 2278] ……日本　真興集……三三九

二二七八 四種相違断略記（一巻）……日本　真興集……三七五

二二七九 因明纂要略記（一巻）[cf. No. 1842] ……日本　真興集……三九三

二二八〇 因明疏四種相違抄（一巻）[cf. No. 1840 ; Fasc. 3] ……日本　珍海記……四〇二

二二八一 明本抄（十三巻）[cf. No. 1840 ; Fasc. 3] ……日本　貞慶撰……四一七

仏全―八四

二二八二 明要抄（五巻）[cf. No. 1840 ; Fasc. 3] ……日本　貞慶撰……五〇八

仏全―八四

二二八三 起信論抄出（二巻）[cf. No. 1666] ……日本　尊辯撰……五三五

二二八四 釈論指事（二巻）[cf. Nos. 1668, 2285—2290] ……日本　空海撰……五六一

二二八五 釈摩訶衍論指事（一巻）[cf. Nos. 1668, 2284, 2286—2290] ……日本　覚鑁撰……五六四

二二八六 釈摩訶衍論決疑破難会釈抄（一巻）[cf. Nos. 1668, 2284, 2285, 2287—2290] ……日本　済暹撰……五七〇

二二八七 釈論立義分釈（一巻）[cf. Nos. 1668, 2284—2286, 2288—2290] ……日本　済暹撰……五七七

二二八八 釈摩訶衍論応教鈔（一巻）[cf. Nos. 1668, 2284—2287, 2289, 2290] ……日本　道範記……五八四

二二八九 釈摩訶衍論私記（一巻）[cf. Nos. 1668, 2284—2288, 2290] ……日本　信堅記……五九三

二二九〇 釈論勘注（二十四巻）[cf. Nos. 1668, 2284—2289] ……日本　頼宝撰……六〇三

第七十巻　続論疏部八・続諸宗部一

二二九一　金剛頂瑜伽中発阿耨多羅三藐三菩提心論秘釈（一巻）〔cf. Nos. 1665, 2292—2295〕……日本　覚鑁撰……一
二二九二　金剛頂発菩提心論私抄（四巻）〔cf. Nos. 1665, 2291, 2293—2295〕……日本　済暹撰……五
二二九三　金剛頂宗菩提心論口決（一巻）〔cf. Nos. 1665, 2291, 2292, 2294, 2295〕……日本　栄西記……二九
二二九四　菩提心論見聞（四巻）〔cf. Nos. 1665, 2291—2293, 2295〕……三三
二二九五　菩提心論異本（一巻）〔cf. No. 1665〕……日本　尊通撰……一一六
附、菩提心論愚疑（一巻）〔cf. No. 1665〕……一一七
二二九六　大乗三論大義鈔（四巻）……日本　玄叡集……一一九
二二九七　一乗仏性慧日抄（一巻）……日本　宗法師撰……一七三
仏全—七五、国—諸宗一四
二二九八　大乗正観略私記（一巻）……日本　珍海記……一九五
二二九九　三論玄疏文義要（十巻）……日本　珍海撰……一九九
仏全—七五
二三〇〇　三論玄義検幽集（七巻）〔cf. Nos. 1852, 2301, 2302〕……日本　証禅撰……三七九
二三〇一　三論玄義鈔（三巻）〔cf. Nos. 1852, 2300, 2302〕……日本　貞海撰……四九九
二三〇二　三論玄義誘蒙（三巻）〔cf. Nos. 1852, 2300, 2301〕……日本　聞証撰……五三二
二三〇三　大乗玄問答（十二巻）〔cf. Nos. 1853, 2304〕……日本　珍海抄……五六九
二三〇四　一乗義私記（一巻）〔cf. No. 1853；Fasc. 3, No. 2303〕……日本　珍海撰……六三七
二三〇五　八識義章研習抄（三巻）〔cf. No. 1851；Fasc. 3〕……日本　珍海記……六四九
二三〇六　名教抄（十五巻）……日本　珍海撰……六九三
二三〇七A　三論興縁（一巻）……日本　聖守撰……八三三

B 三論宗濫觴（一巻）……八三八
二三〇八 三論宗初心初学鈔（一巻）……日本 実慶撰……八三九

第七十一巻　続諸宗部二

二三〇九 大乗法相研神章（五巻）……日本 護命撰……一
仏全―八〇、国―諸宗一五
二三一〇 法相燈明記（一巻）……日本 慚安集……四八
仏全―八〇
二三一一 心要鈔（一巻）……日本 貞慶撰……五〇
二三一二 観心覚夢鈔（三巻）……日本 良遍撰……六五
仏全―八〇、国―諸宗一五
二三一三 真心要決（三巻）……日本 良遍撰……八九
二三一四 二巻鈔（二巻）……日本 良遍撰……一〇九
二三一五 略述法相義（三巻）……日本 聞証撰……一二一
国―諸宗一五
二三一六 大乗一切法相玄論（二巻）……日本 基辯撰……一五一
二三一七 法苑義鏡（六巻）[cf. Nos. 1861(2, 4, 7—9, 11), 2318, 2320, 2323]……日本 善珠述……一六五
仏全―八一
二三一八 五心義略記（二巻）[cf. Nos. 1861(2), 2317(1), 2323]……日本 清範抄……二七二
二三一九 唯識義私記（十二巻）[cf. Nos. 1861(3), 2323]……日本 真興撰……二九八
二三二〇 法相宗賢聖義略問答巻第四（一巻）[cf. Nos. 1861(7), 2317(3), 2323]……日本 仲算撰……四一九
二三二一 唯識分量決（一巻）……日本 善珠撰……四四〇

仏全―八〇
二三二二　四分義極略私記（二巻）……日本　忠算撰……四五四
仏全―八〇
二三二三　大乗法苑義林章師子吼鈔（二十二巻）［cf. Nos. 1861, 2317―2320］……日本　基辯撰……四七三
二三二四　七十五法名目（一巻）……八八八
二三二五　有宗七十五法記（三巻）……日本　宗禎撰……八九五

第七十二巻　続諸宗部三

二三二六　華厳宗一乗開心論（六巻）……日本　普機撰……一
仏全―一三
二三二七　華厳一乗義私記（一巻）……日本　増春撰……一四
二三二八　華厳宗種性義抄（一巻）……日本　親円撰……四六
二三二九　華厳論草（一巻）……日本　景雅撰……六二
二三三〇　華厳信種義（一巻）……日本　高辯記……六九
二三三一　華厳修禅観照入解脱門義（二巻）……日本　高辯述……七四
国―諸宗一六
二三三二　華厳仏光三昧観秘宝蔵（二巻）……日本　高辯集……八七
二三三三　華厳宗香薫抄（七巻）……日本　宗性撰……一〇〇
二三三四　華厳宗大要抄（一巻）……日本　実弘撰……一八九
二三三五　華厳宗要義（一巻）……日本　凝然述……一九〇
仏全―一三、国―諸宗一六
二三三六　華厳宗所立五教十宗大意略抄（一巻）……一九七

二三三七　華厳五教章指事（六巻）［cf. Nos. 1866, 2338—2345］……日本　寿霊　述……二〇一
二三三八　華厳五教章名目（三巻）［cf. Nos. 1866, 2337, 2339—2345］……二八〇
仏全—一〇
二三三九　五教章通路記（五十二巻）［cf. Nos. 1866, 2337, 2338, 2340—2345］……日本　凝然　述……二九五
仏全—九～一〇
二三四〇　華厳五教章問答抄（十五巻）［cf. Nos. 1866, 2337—2339, 2341—2345］……日本　審乗　撰……六一七

第七十三巻　続諸宗部四

二三四一　華厳五教章深意鈔（十巻）［cf. Nos. 1866, 2337—2340, 2342—2345］……日本　聖詮　撰……一
二三四二　五教章見聞鈔（八巻）［cf. Nos. 1866, 2337—2341, 2343—2345］……日本　霊波　記……七五
二三四三　五教章不審（二十巻）［cf. Nos. 1866, 2337—2342, 2344, 2345］……日本　実英　撰……一七七
二三四四　華厳一乗教分記輔宗匡真鈔（十巻）［cf. Nos. 1866, 2337—2343, 2345］……日本　鳳潭　撰……三〇一
二三四五　華厳五教章衍秘鈔（五巻）［cf. Nos. 1866, 2337—2344］……日本　普寂　撰……六二三
附、華厳五教章科（一巻）［cf. No. 1866］……七一二
二三四六　金師子章勘文（一巻）……日本　景雅　撰……七一五

第七十四巻　続諸宗部五

二三四七　戒律伝来記（三巻）……日本　豊安　撰……一
仏全—一〇五
二三四八　律宗綱要（二巻）……日本　凝然　述……五
国—諸宗四
二三四九　東大寺授戒方軌（一巻）……日本　法進　撰……二一

二三五〇　東大寺戒壇院受戒式（一巻）……日本　実範撰……二六
二三五一　唐招提寺戒壇別受戒式（一巻）……日本　恵光撰……三二
二三五二　菩薩戒本宗要雑文集（一巻）［cf. Nos. 1906, 2356］……日本　覚盛撰……四〇
二三五三　菩薩戒通受遣疑鈔（一巻）……日本　覚盛撰……四八
二三五四　菩薩戒通別二受鈔（一巻）……日本　覚盛撰……五三
二三五五　通受比丘懺悔両寺不同記（一巻）……日本　凝然述……五八
二三五六　菩薩戒本宗要輔行文集（二巻）［cf. Nos. 1906, 2352］……日本　叡尊撰……六三
国—諸宗一六
二三五七　応理宗戒図釈文鈔（一巻）……日本　叡尊撰……八一
二三五八　A　菩薩戒問答洞義鈔（一巻）……日本　英心述……八七
B　菩薩戒綱要鈔（一巻）……九八
二三五九　律宗行事目心鈔（三巻）……日本　忍仙撰……一〇七
二三六〇　大乗円戒顕正論（一巻）……日本　宗覚編……一三〇
二三六一　願文（一巻）……日本　最澄撰……一三五
二三六二　守護国界章（九巻）……日本　最澄撰……一三五
国—諸宗一七
二三六三　長講法華経先分発願文（一巻）……日本　最澄撰……二四七
二三六四　長講金光明経会式（一巻）……日本　最澄撰……二五六
二三六五　長講仁王般若経会式（一巻）……日本　最澄撰……二五九
二三六六　天台法華宗義集（一巻）……日本　義真撰……二六三
仏全—二四、国—諸宗一六
二三六七　授決集（二巻）……日本　円珍述……二八一

仏全—二六、国—諸宗一六
二三六八 諸家教相同異集（一巻）……日本 円珍 撰……三一〇
仏全—二六
二三六九 定宗論（一巻）……日本 蓮剛 撰……三一三
二三七〇 一乗要決（三巻）……日本 源信 撰……三二七
仏全—三三、国—諸宗一八
二三七一 漢光類聚（一巻）……日本 忠尋 記……三七三
仏全—一七
二三七二 天台真言二宗同異章（一巻）……日本 証真 撰……四一七
国—諸宗一八
二三七三 円密二教名目（一巻）……日本 恵鎮 撰……四二三
二三七四 宗要柏原案立（六巻）……日本 貞舜 撰……四四〇
国—諸宗一九
二三七五 天台円宗四教五時西谷名目（二巻）……五六五
二三七六 顕戒論（三巻）……日本 最澄 撰……五八九
国—諸宗一六
二三七七 山家学生式（一巻）……日本 最澄 撰……六二三
国—諸宗一六
二三七八 授菩薩戒儀（一巻）……日本 最澄 撰 円珍 註……六二五
二三七九 伝述一心戒文（三巻）……日本 光定 撰……六三四
二三八〇 顕揚大戒論（八巻）……日本 円仁 撰……六六一
二三八一 普通授菩薩戒広釈（三巻）……日本 安然 撰……七五七

二三八二　新学菩薩行要鈔（一巻）……日本　仁空撰……七七九
二三八三　菩薩円頓授戒灌頂記（一巻）……日本　惟賢撰……七八七
二三八四　円戒指掌（三巻）……日本　敬光述……七九八

第七十五巻　続諸宗部六

二三八五　胎蔵界虚心記（二巻）……日本　円仁撰……一
二三八六　金剛界浄地記（一巻）……日本　円仁撰……二三
二三八七　蘇悉地妙心大（一巻）……日本　円仁撰……三九
二三八八　妙成就記（一巻）……日本　円仁撰……四九
二三八九　真言所立三身問答（一巻）……日本　円仁撰……五三
二三九〇　胎蔵界大法対受記（七巻）……日本　安然記……五四
二三九一　金剛界大法対受記（八巻）……日本　安然記……一一六
二三九二　蘇悉地対受記（一巻）……日本　安然撰……二〇〇
二三九三　観中院撰定事業灌頂具足支分（十巻）……日本　安然撰……二一三
二三九四　大日経供養持誦不同（七巻）……日本　安然撰……二九九
二三九五　A 教時諍（一巻）……日本　安然撰……三五五
　　　　　B 教時諍論（一巻）……日本　安然撰……三六二
二三九六　真言宗教時義（四巻）……日本　安然作……三七四
国—諸宗一八
二三九七　胎蔵金剛菩提心義略問答抄（五巻）……日本　安然抄……四五一
二三九八　胎蔵三密抄（五巻）……日本　覚超撰……五六一
二三九九　三密抄料簡（二巻）……日本　覚超撰……六三三

二四〇〇　金剛三密抄（五巻）……日本　覚超撰……六五八
二四〇一　東曼荼羅抄（三巻）……日本　覚超撰……七一八
二四〇二　西曼荼羅集（一巻）……日本　覚超撰……七六七
二四〇三　五相成身私記（一巻）……日本　覚超記……七八三
二四〇四　胎蔵界生起（一巻）……日本　覚超記……七九九
二四〇五　秘密壇都法大阿闍梨常念誦生起（一巻）……八〇七
二四〇六　金剛界次第生起（一巻）……日本　最円撰……八〇九
附、謹答金剛界疑問総来十條（一巻）……八一一
二四〇七　随要記（二巻）……日本　皇慶撰……八一二
二四〇八　四十帖決（十五巻）……日本　長宴記……八二五

第七十六巻　続諸宗部七

二四〇九　行林抄（八十二巻）……日本　静然撰……一
二四一〇　渓嵐拾葉集（百十六巻）……日本　光宗撰……五〇三

第七十七巻　続諸宗部八

二四一一　三昧流口伝集（二巻）……日本　良祐撰……一
二四一二　総持抄（十巻）……日本　澄豪撰……五三
二四一三　授法日記（四巻）……日本　厳豪口　源豪記……九五
二四一四　了因決（四十八巻）……日本　良恵撰……一三九
二四一五　灌頂私見聞（一巻）……日本　了翁撰……一八五

二四一六　遮那業安立草（十三巻）……日本　仁空撰……一九五
二四一七　法華懺法（一巻）……二六五
二四一八　例時作法（一巻）……二六九
二四一九　遮那業学則（一巻）……日本　覚千撰……二七三
仏全―三四
二四二〇　奏進法語（一巻）……日本　真盛撰……二七九
二四二一　念仏三昧法語（一巻）……日本　真盛撰……二七九
二四二二　真迢上人法語（一巻）……二八〇
二四二三　真荷上人法語（一巻）……三〇一
二四二四　真朗上人法語（一巻）……三〇一
二四二五　秘密漫荼羅十住心論（十巻）[Fasc. 3—10=cf. No. 2442, Nos. 2443, 2444, 2454]……日本　空海撰……三〇三
国―諸宗二〇
二四二六　秘蔵宝鑰（三巻）……日本　空海撰……三六三
国―諸宗二〇
二四二七　辨顕密二教論（二巻）[cf. No. 2434]……日本　空海撰……三七四
国―諸宗二〇
二四二八　即身成仏義（一巻）……日本　空海撰……三八一
国―諸宗二〇
真言宗即身成仏義問答（一巻・異本一）……日本　空海撰……三八四
即身成仏義（一巻・異本二）……日本　空海撰……三八五
真言宗即身成仏義（一巻・異本三）……日本　空海撰……三八七
即身成仏義（一巻・異本四）……日本　空海撰……三九一

二四二九　即身成仏義（一巻・異本五）……日本　空海撰……三九五
真言宗即身成仏義問答（一巻・異本六）……日本　空海撰……三九九
声字実相義（一巻）……日本　空海撰……四〇一
国―諸宗二〇
二四三〇　吽字義（一巻）……日本　空海撰……四〇四
国―諸宗二〇
二四三一　御遺告（一巻）……日本　空海撰……四〇八
二四三二　阿字観用心口決（一巻）……日本　実慧撰……四一五
二四三三　真言付法纂要抄（一巻）……日本　成尊撰……四一六
仏全―一〇六
二四三四　辨顕密二教論懸鏡抄（六巻）[cf. No. 2427]……日本　済暹撰……四二一
二四三五　顕密差別問答（二巻）……日本　済暹撰……四七七
二四三六　四種法身義（一巻）……日本　済暹撰……五〇二
二四三七　住心決疑抄（一巻）……日本　信証撰……五一二
二四三八　阿字義（三巻）……日本　実範撰……五二一
二四三九　阿字要略観（一巻）……日本　実範撰……五五一
二四四〇　大経要義抄注解（一巻）……五五三
二四四一　秘宗教相鈔（十巻）……日本　重誉撰……五六一
二四四二　十住心論鈔（三巻）[cf. Nos. 2425, 2443, 2444]……日本　重誉撰……六四八
二四四三　十住心論打聞集（一巻）[cf. Nos. 2425, 2442, 2444]……六七三
二四四四　十住遮難抄（一巻）[cf. Nos. 2425, 2442, 2443]……六八五
二四四五　真言教主問答抄（一巻）……日本　経尋撰……六九一

二四四六　千輻輪相顕密集（一巻）……日本　興然撰……六九五
二四四七　貞応抄（三巻）……日本　道範撰……六九七
二四四八　諸法分別抄（一巻）……日本　頼宝記……七一四
二四四九　真言名目（一巻）……日本　頼宝述……七三〇
二四五〇　開心抄（三巻）……日本　杲宝撰……七三六
二四五一　金剛頂宗綱概（一巻）……日本　杲宝撰……七六六
二四五二　大日経教主本地加持分別（一巻）……日本　杲宝撰……七七三
二四五三　宝冊鈔（十巻）……日本　杲宝記・賢宝補……七八六
二四五四　十住心義林（一巻）……日本　宥快撰……八三七
二四五五　大日経教主異義事（一巻）……日本　宥快記……八四六
二四五六　宝鏡鈔（一巻）……日本　宥快記……八四七
二四五七　大日経教主義（一巻）……日本　曇寂撰……八五一
二四五八　真言宗未決文（一巻）[cf. No. 2459]……日本　徳一撰……八六二
二四五九　未決答釈（一巻）[cf. No. 2458]……日本　房覚記……八六五
二四六〇　徳一未決答釈（一巻）……日本　杲宝撰……八七三

第七十八巻　続諸宗部九

二四六一　大和尚奉為平安城太上天皇灌頂文（一巻）……日本　空海撰……一
二四六二　三昧耶戒序（一巻）……日本　空海撰……四
二四六三　秘密三昧耶仏戒儀（一巻）……日本　空海撰……六
二四六四　五部陀羅尼問答偈讃宗秘論（一巻）……日本　空海撰……九
二四六五　桧尾口訣（一巻）……日本　実慧撰……二四

二四六六　高雄口訣（一巻）……日本　真済　撰……三二

二四六七　五部肝心記（一巻）……日本　真済　撰……三七

二四六八　要尊道場観（二巻）……日本　淳祐　撰……三九

二四六九　不灌鈴等記（一巻）……日本　真寂親王　撰……六五

二四七〇　具支灌頂儀式（一巻）……日本　元杲　撰……六六

二四七一　金剛界九会密記（一巻）……日本　元杲　撰……七一

二四七二　胎蔵界三部秘釈（一巻）……日本　元杲　撰……七四

二四七三　小野六帖（七巻）……日本　仁海　撰……七六

二四七四　五相成身義問答抄（一巻）……日本　済暹　撰……一〇四

二四七五　十八契印義釈生起（一巻）……日本　定深　撰……一一五

二四七六　別行（七巻）……日本　寛助　撰……一二五

二四七七　柿袋（一巻）……日本　真誉　撰……一八七

二四七八　要尊法（一巻）……日本　永厳　撰……一九二

二四七九　勝語集（二巻）……日本　恵什　撰……二〇九

二四八〇　事相料簡（一巻）……日本　覚印　記……二二〇

二四八一　転非命業抄（一巻）……日本　賢覚　抄……二二二

二四八二　伝受集（四巻）……日本　寛信　撰……二二四

二四八三　厚造紙（一巻）……日本　元海　記……二五八

二四八四　諸尊要抄（十五巻）……日本　実運　撰……二八九

二四八五　秘蔵金宝鈔（十巻）……日本　実運　撰……三三九

二四八六　玄秘抄（四巻）……日本　実運　撰……三七六

二四八七　治承記（一巻）……日本　勝賢　撰……四一四

二四八八 沢鈔（十巻）……日本 覚成記・守覚親王輯……四二三
二四八九 秘鈔（十八巻）[cf. No. 2536]……日本 勝賢記・守覚親王輯……四八三
二四九〇 異尊抄（二巻）……日本 守覚親王撰……五八四
二四九一 右記（一巻）……日本 守覚親王撰……六〇一
二四九二 左記（一巻）……日本 守覚親王撰……六〇七
二四九三 御記（一巻）……日本 守覚親王撰……六一〇
二四九四 追記（一巻）……日本 守覚親王撰……六一七
二四九五 薄双紙（十六巻）[cf. No. 2535]……日本 成賢撰……六二〇
二四九六 遍口鈔（六巻）……日本 成賢口・道教記……六九一
二四九七 実帰鈔（一巻）……日本 深賢集……七〇二
二四九八 幸心鈔（五巻）……日本 憲深口・親快記……七一七
二四九九 伝法灌頂私記（三巻）……日本 教舜記……七五三
二五〇〇 四巻（四巻）……日本 興然撰……七六九
二五〇一 師口（四巻）……日本 栄然撰……八二九
二五〇二 行法肝葉鈔（三巻）……日本 道範記……八七九
二五〇三 授宝性院宥快記（一巻）……日本 興雅記……八九二
二五〇四 中院流四度口伝（四巻）……日本 宥快撰……八九五
二五〇五 中院流事（一巻）……日本 宥快口・成雄記……九〇九
二五〇六 中院流大事聞書（一巻）……日本 宥快口・成雄記……九一一
二五〇七 伝屍病口伝（一巻）……九一二
二五〇八 伝屍病灸治（一巻）……九一五
二五〇九 偽書論（一巻）……日本 恭畏述……九一五

第七十九巻　続諸宗部十

二五一〇　顕密不同頌（一巻）……日本 覚鑁 撰……一

二五一一　真言宗即身成仏義章（一巻）……日本 覚鑁 撰……一

二五一二　𑖀字秘釈（一巻）……日本 覚鑁 撰……八

二五一三　𑖪𑖽字義（一巻）……日本 覚鑁 撰……九

二五一四　五輪九字明秘密釈（一巻）……日本 覚鑁 撰……一一

国―諸宗二〇

二五一五　密厳浄土略観（一巻）……日本 覚鑁 撰……二二

二五一六　秘密荘厳伝法灌頂一異義（一巻）……日本 覚鑁 撰……二四

二五一七　十八道沙汰（一巻）……日本 覚鑁 撰……二五

二五一八　金剛頂経蓮花部心念誦次第沙汰（一巻）……日本 覚鑁 撰……二七

二五一九　胎蔵界沙汰（一巻）……日本 覚鑁 撰……三三

二五二〇　心月輪秘釈（一巻）……日本 覚鑁 撰……三五

二五二一　真言浄菩提心私記（一巻）……日本 覚鑁 撰……四二

二五二二　阿弥陀秘釈（一巻）……日本 覚鑁 撰……四八

二五二三　真言宗義（一巻）……日本 覚鑁 撰……四九

二五二四　秘密荘厳不二義章（一巻）……日本 覚鑁 撰……五〇

二五二五　真言三密修行問答（一巻）……日本 覚鑁 撰……五二

二五二六　勧発頌（一巻）……日本 覚鑁 撰……五三

二五二七　密厳院発露懺悔文（一巻）……日本 覚鑁 撰……五三

二五二八　諸宗教理同異釈（一巻）……日本 頼瑜 撰……五五

国—諸宗二五
二五二九　十八道口決（一巻）……日本　頼瑜撰……六一
二五三〇　野金口決鈔（一巻）……日本　頼瑜撰……七二
二五三一　野胎口決鈔（二巻）……日本　頼瑜撰……七九
二五三二　護摩口決（一巻）……日本　頼瑜撰……八九
二五三三　金界発恵抄（三巻）……日本　頼瑜記……九八
二五三四　胎蔵入理鈔（三巻）……日本　頼瑜記……一四五
二五三五　薄草子口決（二十一巻）……日本　頼瑜撰……一七五
二五三六　秘鈔問答（二十二巻）……日本　頼瑜撰……三〇一
二五三七　釈摩訶衍論第十広短冊（一巻）……日本　順継撰……五九一
二五三八　大疏百條第三重（十巻）……日本　聖憲撰……六〇四
二五三九　自証説法（一巻）……日本　聖憲撰……七六二
二五四〇　大疏談義（十巻）……日本　運敞撰……七七六
国—諸宗二五
二五四一　秘密因縁管絃相成義（二巻）……日本　法住記……八〇四
二五四二　読書二十二則（一巻）……日本　戒定撰……八一九

第八十巻　続諸宗部十一

二五四三　興禅護国論（三巻）……日本　栄西撰……一
縮—霜八、国—諸宗三
二五四四　聖一国師語録（一巻）……日本　円爾辯円語・嗣孫嗣錬纂……一七
仏全—九五

二五四五　宝覚禅師語録（一巻）……日本　東山湛照語……二一三
二五四六　仏照禅師語録（二巻）……日本　白雲慧暁語・嗣法希白等編……二一七
二五四七　大覚禅師語録（三巻）……日本　蘭渓道隆語・侍者円顕等編……四六
仏全―九五
二五四八　円通大応国師語録（二巻）……日本　南浦紹明語・侍者祖照等編……九四
国―諸宗三
二五四九　仏光国師語録（十巻）……日本　子元祖元語・侍者一真等編……一二九
二五五〇　円鑑禅師語録（一巻）……日本　蔵山順空語・侍者編……二五〇
二五五一　仏国禅師語録（二巻）……日本　高峰顕日語・侍者妙環等編……二五七
二五五二　南院国師語録（三巻）……日本　規庵祖円語・侍者慧真等編……二八五
二五五三　一山国師語録（二巻）……日本　一山一寧語・侍者了真等編……三一一
仏全―九五
二五五四　竺僊和尚語録（四巻）……日本　竺僊梵仙語・侍者裔尭等編……三三四
二五五五　夢窓国師語録（三巻）……日本　夢窓疎石語・侍者本元等編……四四九
二五五六　義堂和尚語録（四巻）……日本　義堂周信語・門人中円等編……五〇八
二五五七　閻浮集（一巻）……日本　鉄舟徳済撰……五四四
二五五八　塩山抜隊和尚語録（六巻）……日本　抜隊得勝語……五六三
二五五九　無文禅師語録（一巻）……日本　無文元選語……六一五
二五六〇　智覚普明国師語録（八巻）……日本　春屋妙葩語・侍者周佐等編……六三三
二五六一　絶海和尚語録（二巻）……日本　絶海中津語・小師俊承等編……七三一

第八十一巻　続諸宗部十二

二五六二　常光国師語録（二巻）……日本　空谷明応語・侍者編……一
二五六三　大通禅師語録（六巻）……日本　愚中周及語・侍者某甲編……四六
二五六四　永源寂室和尚語録（二巻）……日本　寂室玄光語……一〇一
二五六五　仏頂国師語録（五巻）……日本　一絲文守語・文光編……一三六
二五六六　大燈国師語録（三巻）……日本　宗峯妙超語・侍者性智等編……一九一
二五六七　徹翁和尚語録（二巻）……日本　徹翁義亨語・遠孫禅興編……二四二
二五六八　雪江和尚語録（一巻）……日本　雪江宗深語・遠孫禅悦輯……二七一
二五六九　景川和尚語録（二巻）……日本　景川宗隆語・侍者某等編……二八六
二五七〇　虎穴録（二巻）……日本　悟渓宗頓語・門人某等編……三一三
二五七一　少林無孔笛（六巻）……日本　東陽栄朝語・侍者某等編……三四七
二五七二　見桃録（四巻）……日本　大休宗林語・遠孫比丘衆等重編……四一二
二五七三　西源特芳和尚語録（三巻）……日本　特芳禅傑語・遠孫宗怡重編……四七九
二五七四　槐安国語（七巻）……日本　白隠慧鶴語……五一一
二五七五　宗門無尽燈論（二巻）……日本　東嶺円慈撰……五八一
二五七六　五家参詳要路門（五巻）……日本　東嶺円慈編……六〇五
二五七七　大鑑清規（一巻）……日本　清拙正澄撰……六一九
二五七八　諸回向清規式（五巻）……日本　天倫楓隠撰……六二四
二五七九　小叢林略清規（三巻）……日本　無著道忠撰……六八八

第八十二巻　続諸宗部十三

二五八〇　普勧坐禅儀（一巻）……日本　道元撰……一
国—諸宗三
普勧坐禅儀（一巻・異本）……日本　道元撰……一
二五八一　学道用心集（一巻）……日本　道元撰……二
国—諸宗三
二五八二　正法眼蔵（九十五巻）……日本　道元撰……七
二五八三　永平元和尚頌古（一巻）……日本　道元語・侍者詮慧等編……三一一
二五八四　永平清規（二巻）……日本　道元撰……三一九
国—諸宗三
二五八五　伝光録（一巻）……日本　瑩山紹瑾語・侍者編……三四三
二五八六　坐禅用心記（一巻）……日本　瑩山紹瑾撰……四一二
国—諸宗三
二五八七　信心銘拈提（一巻）……日本　瑩山紹瑾撰……四一四
二五八八　十種勅問奏対集（一巻）……日本　瑩山紹瑾語・侍者編……四二二
二五八九　瑩山清規（二巻）……日本　瑩山紹瑾撰……四二三
二五九〇　光明蔵三昧（一巻）……日本　孤雲懐奘記……四五三
二五九一　義雲和尚語録（二巻）……日本　義雲語・侍者円宗等編……四六〇
二五九二　通幻霊禅師漫録（二巻）……日本　通幻寂霊語・門人普済編……四七八
二五九三　実峰禅師語録（一巻）……日本　実峯良秀語・門人慈恩等編……四八七
二五九四　普済禅師語録（三巻）……日本　普済善救語・門人禅雄等編……四九八
二五九五　月坡禅師語録（四巻）……日本　月坡道印語・侍者元湛等編……五二一
二五九六　月舟和尚遺録（二巻）……日本　月舟宗胡語・侍者曹源編……五四九

二五九七 独庵独語（一巻）……日本 独庵玄光撰……五五九
二五九八 東林語録（四巻）……日本 卍山道白語・門人湛堂等編……五七一
二五九九 禅戒訣（一巻）……日本 卍山道白語・門人白龍編……六一五
二六〇〇 報恩編（三巻）……日本 天桂伝尊語・侍者記……六一八
二六〇一 禅戒鈔（一巻）……日本 万仭道坦輯……六四六
二六〇二 心学典論（四巻）……日本 無隠道費撰……六五六
二六〇三 荒田随筆（四巻）……日本 指月慧印撰……六八五
二六〇四 建康普説（一巻）……日本 面山瑞芳語・門人本猛等編……七二一
二六〇五 普照国師語録（三巻）[cf. No. 2606]……日本 隠元隆琦語・門人性瑫等編……七三九
二六〇六 普照国師法語（二巻）[cf. No. 2605]……日本 隠元隆琦語・門人性杲等編……七五五
国―諸宗三
二六〇七 黄檗清規（一巻）……日本 隠元隆琦語・法孫性潡等編……七六六

第八十三巻　続諸宗部十四

二六〇八 選択本願念仏集（一巻）[cf. Nos. 2609, 2610, 2620]……日本 源空撰……一
縮―霜七、国―諸宗三
二六〇九 徹選択本願念仏集（二巻）[cf. Nos. 2608, 2610]……日本 辯阿聖光撰……二〇
二六一〇 選択伝弘決疑鈔（五巻）[cf. Nos. 2608, 2609]……日本 良忠述……三四
二六一一 黒谷上人語燈録（十五巻）[cf. No. 2612]……日本 源空撰・了恵道光輯……一〇五
縮―蔵七
（一）漢語燈録（一―一〇）……一〇五
（二）和語燈録（一一―一五）……一七一
二六一二 拾遺黒谷上人語燈録（三巻）[cf. No. 2611]……日本 源空撰・了恵道光輯……二三九

二六一三 末代念仏授手印（一巻）……日本 辯阿聖光撰……二六九
二六一四 浄土二蔵二教略頌（一巻）……日本 了誉聖冏撰……二七四
二六一五 帰命本願抄（三巻）［cf. Nos. 2616, 2617］……日本 向阿証賢撰……二七八
二六一六 西要抄（二巻）［cf. No. 2615, 2617］……日本 向阿証賢撰……二九二
二六一七 父子相迎（二巻）［cf. Nos. 2615, 2616］……日本 向阿証賢撰……三〇四
二六一八 大原談義聞書鈔（一巻）……三一四
二六一九 蓮門学則（一巻）……日本 大玄撰……三一九
二六二〇 選択密要決（五巻）……日本 証空記……三二九
仏全—六三
二六二一 修業要決（一巻）……日本 証空記……三七一
仏全—六三
二六二二 当麻曼荼羅供式（一巻）……日本 証空記……三八一
仏全—六三
二六二三 曼荼羅八講論義抄（一巻）……日本 証空撰……三八三
仏全—六三
二六二四 女院御書（二巻）……日本 証空撰……三九五
二六二五 鎮勧用心（一巻）……日本 証空撰……四〇五
二六二六 流祖上人箇條名目（一巻）……日本 証空撰……四〇五
二六二七 観経名目証拠十七箇條（一巻）……日本 浄音撰……四一〇
二六二八 西山口決伝密鈔（一巻）……日本 浄音記……四一四
二六二九 浄土宗要集（三巻）……日本 道教顕意撰……四二五
二六三〇 竹林鈔（二巻）……日本 道教顕意撰……四六二

二六三一　菩薩蔵頓教一乗海義要決（一巻）……日本　道教顕意　述……四七九
二六三二　難易二道血脈図論（一巻）……日本　道教顕意　記……四八八
二六三三　華山院家四十八問答（一巻）……日本　道教顕意　撰……四九〇
二六三四　観経四品知識義（一巻）……日本　道教顕意　述……四九五
二六三五　仙洞三心義問答記（一巻）……日本　道教顕意　撰……四九八
二六三六　浄土宗建立私記（一巻）……日本　道教顕意　撰……五〇七
二六三七　浄土童蒙指帰名目（一巻）……日本　行観覚融　撰……五〇九
二六三八　浄土宗法門大図（一巻）……日本　行観覚融　撰……五一二
二六三九　浄土宗法門大図名目（一巻）……日本　行観覚融　撰……五一四
二六四〇　浄土口決集（一巻）……日本　行観覚融　撰……五二〇
二六四一　座右鈔（一巻）……日本　実道恵仁　撰……五二八
二六四二　初心行護鈔（一巻）……日本　実道恵仁　撰……五三二
二六四三　講院学堂通規（一巻）……日本　実道恵仁　撰……五三四
二六四四　愚要鈔（三巻）……日本　光雲明秀　撰……五三五
二六四五　西山復古篇（一巻）……日本　後鳳妙瑞　記……五七六
二六四六　顕浄土真実教行証文類（六巻）……日本　親鸞　撰……五八九
縮—霜九、国—諸宗三
二六四七　浄土文類聚鈔（一巻）……日本　親鸞　撰……六四四
二六四八　愚禿鈔（一巻）……日本　親鸞　撰……六四七
二六四九　入出二門偈頌（一巻）……日本　親鸞　撰……六五四
二六五〇　浄土和讃（一巻）……日本　親鸞　撰……六五五
二六五一　浄土高僧和讃（一巻）……日本　親鸞　撰……六六〇

二六五二　正像末法和讃（一巻）……日本　親鸞撰……六六四

二六五三　皇太子聖徳奉讃（一巻）……日本　親鸞撰……六六九

皇太子聖徳奉讃（一巻・異本）……日本　親鸞撰……六六九

二六五四　浄土三経往生文類（一巻）……日本　親鸞撰……六七二

浄土三経往生文類（一巻・異本）……日本　親鸞撰……六七四

二六五五　如来二種廻向文（一巻）……日本　親鸞撰……六七七

往相廻向還相廻向文類（一巻・異本）……日本　親鸞撰……六七八

二六五六　尊号真像銘文（二巻）……日本　親鸞撰……六七九

尊号真像銘文（一巻・異本）……日本　親鸞撰……六八八

二六五七　一念多念文意（一巻）[cf. No. 2677]……日本　親鸞撰……六九四

二六五八　唯心鈔文意（一巻）[cf. No. 2675]……日本　親鸞撰……六九九

唯心鈔文意（一巻・異本）……日本　親鸞撰……七〇五

二六五九　末燈鈔（二巻）……日本　従覚編……七一一

二六六〇　親鸞聖人御消息集（一巻）……七二二

二六六一　歎異抄（一巻）……七二八

二六六二　執持鈔（一巻）……日本　覚如宗昭撰……七三五

二六六三　口伝鈔（三巻）……日本　覚如宗昭撰……七三八

二六六四　本願寺聖人親鸞伝絵（二巻）……日本　覚如宗昭撰……七五〇

二六六五　報恩講式（一巻）……日本　覚如宗昭撰……七五五

二六六六　歎徳文（一巻）……日本　存覚光玄撰……七五七

二六六七　浄土真要鈔（二巻）……日本　存覚光玄撰……七五八

二六六八　蓮如上人御文（五巻）……日本　円如光融編……七七一

二六六九　蓮如上人御一代記聞書（一巻）……八〇九
二六七〇　御俗姓御文（一巻）……日本　蓮如兼寿撰……八三二
二六七一　大名目（一巻）……日本　顕智撰……八三三
二六七二　自要集（一巻）……日本　定専撰……八三九
二六七三　顕正流義鈔（二巻）……日本　真慧撰……八四一
二六七四　西方指南鈔（六巻）……八四七
二六七五　唯信鈔（一巻）[cf. No. 2658]……日本　聖覚撰……九一〇
二六七六　後世物語聞書（一巻）……九一六
二六七七　一念多念分別事（一巻）……日本　隆寛作……九一九
二六七八　自力他力事（一巻）[cf. No. 2657]……日本　隆寛作……九二〇
二六七九　安心決定鈔（二巻）……九二一

第八十四巻　続諸宗部十五・悉曇部全

二六八〇　融通円門章（一巻）……日本　融観述……一
縮—霜一〇、仏全—六七、国—諸宗一五
二六八一　器朴論（三巻）……日本　託何述……六
縮—霜一〇、仏全—六七、国—諸宗一三
二六八二　往生要集（三巻）……日本　源信撰……三三
仏全—三一、国—諸宗一四
二六八三　往生拾因（一巻）……日本　永観集……九一
国—諸宗一五
二六八四　決定往生集（一巻）……日本　珍海撰……一〇二

二六八五　安養知足相対抄（一巻）……日本　珍海　撰……一一六
二六八六　安養抄（八巻）……一一九
二六八七　浄土法門源流章（一巻）……日本　凝然　述……一九二
国―史伝二四
二六八八　立正安国論（一巻）……日本　日蓮　撰……二〇三
国―諸宗二五
二六八九　開目抄（二巻）……日本　日蓮　撰……二〇八
二六九〇　撰時抄（一巻）……日本　日蓮　述……二三三
二六九一　報恩抄（二巻）……日本　日蓮　撰……二五三
二六九二　観心本尊抄（一巻）……日本　日蓮　撰……二七二
国―諸宗二五
二六九三　法華取要抄（一巻）……日本　日蓮　述……二七八
国―諸宗二五
二六九四　太田禅門許御書（二巻）……日本　日蓮　撰……二八〇
二六九五　三大秘法抄（一巻）……日本　日蓮　撰……二八六
二六九六　四信五品鈔（一巻）……日本　日蓮　撰……二八七
国―諸宗二五
二六九七　如説修行抄（一巻）……日本　日蓮　撰……二八九
二六九八　種種御振舞御書（一巻）……日本　日蓮　撰……二九一
二六九九　御義口伝鈔（一巻）……日本　日興　撰……三〇一
二七〇〇　御講聞書（一巻）……日本　日向　撰……三四〇
二七〇一　梵字悉曇字母釈義（一巻）……日本　空海　撰……三六一

二七〇二　悉曇蔵（八巻）……日本　安然撰……三六五
仏全―三〇
二七〇三　悉曇十二例（一巻）……日本　安然撰……四六二
二七〇四　悉曇略記（一巻）……日本　玄昭撰……四六七
二七〇五　悉曇集記（三巻）……日本　淳祐撰……四七六
二七〇六　悉曇要訣（四巻）……日本　明覚撰……五〇一
二七〇七　多羅葉記（三巻）……日本　心覚撰……五六九
二七〇八　悉曇秘伝記（一巻）……日本　信範撰……六四三
二七〇九　悉曇輪略図抄（十巻）……日本　了尊撰……六五三
二七一〇　𑖭𑖰𑖟𑖿𑖠𑖽三密鈔（七巻）……日本　浄厳撰……七一五
二七一一　梵学津梁総目録（一巻）……日本　慈雲飲光撰……八一〇
二七一二　魚山声明集（一巻）……八一三
二七一三　魚山私鈔（二巻）……日本　長恵撰……八二五
二七一四　魚山目録（二巻）……日本　宗快撰……八四三
二七一五　大原声明博士図（一巻）……八四九
二七一六　音律菁花集（一巻）……日本　頼験撰……八五三
二七一七　声明口伝（一巻）……日本　聖尊撰……八五七
二七一八　大阿闍梨声明系図（一巻）……八五九
二七一九　十二調子事（一巻）……八六〇
二七二〇　声明源流記（一巻）……日本　凝然述……八六四
仏全―一一二
二七二一　音曲秘要抄（一巻）……日本　凝然述……八六五

二七二二　薬師如来講式（一巻）……日本　最澄　作……八七五
二七二三　横川首楞厳院二十五三昧式（一巻）……日本　源信　撰……八七六
仏全―三二
二七二四　横川首楞厳院二十五三昧起請（一巻）……日本　源信　撰……八七八
仏全―七〇
二七二五　往生講式（一巻）……日本　永観　撰……八八〇
国―諸宗五
二七二六　愛染王講式（一巻）……日本　覚鑁　撰……八八三
二七二七　求聞持表白（一巻）……日本　覚鑁　撰……八八五
二七二八　観音講式（一巻）……日本　貞慶　撰……八八六
二七二九　弥勒講式（一巻）……日本　貞慶　撰……八八七
二七三〇　如法経現修作法（一巻）……日本　宗快　撰……八九〇
二七三一　四座講式（一巻）……日本　高辯　撰……八九八
(一)涅槃講式……八九八　(二)十六羅漢講式……九〇〇
(三)遺跡講式……九〇二　(四)舎利講式……九〇四

第八十五巻　古逸部全・疑似部全

二七三二　梁朝傅大師頌金剛経（一巻）［原-S. 1846］［cf. Nos. 235, 2733―2741］……一
二七三三　御注金剛般若波羅蜜経宣演（二巻）［原-巻上 P. 2173, 巻下 P. 2132］［cf. Nos. 235, 2734―2741］……唐　道氤　撰……八
二七三四　金剛暎（巻上）（一巻）［cf. No. 2733］……唐　宝達　集……五二
二七三五　金剛般若経旨賛（二巻）［原-巻上 S. 2744(別本 S. 2782), 巻下 S. 2437(別本 S. 721)］［cf. No. 235］……唐　曇曠　撰……六六

二七三六　金剛般若経依天親菩薩論賛略釈秦本義記（巻上）（一巻）〔原–P. 2159〕〔cf. No. 235〕……唐　知恩撰……一〇九

二七三七　金剛経疏（一巻）〔原–S. 2047〕〔cf. No. 235〕……一二〇

二七三八　金剛経疏（一巻）〔原–S. 2050〕〔cf. No. 235〕……一二九

二七三九　金剛般若経挟註（一巻）〔原–S. 2068〕〔cf. No. 235〕……一三二

二七四〇　金剛般若義記（一巻）〔原–S. 1087〕〔cf. No. 235〕……一三七

二七四一　金剛般若経疏（一巻）〔原–P. 2330〕〔cf. No. 235〕……一四一

二七四二　金剛般若波羅蜜経伝外伝（巻下）（一巻）〔原–S. 2670〕……一五四

二七四三　持誦金剛経霊験功徳記（一巻）〔原–P. 2094〕……一五六

二七四四　仁王経　般若実相論（巻第二）（一巻）〔cf. No. 245〕……一六〇

二七四五　仁王経疏（一巻）〔原–S. 2502〕〔cf. No. 245〕……一六六

二七四六　般若波羅蜜多心経還源述（一巻）〔原–S. 3019〕〔cf. No. 251〕……一六七

二七四七　挟註　波羅蜜多心経（一巻）〔原–S. 2121〕〔cf. No. 251〕……一六九

二七四八　法華義記（巻第三）（一巻）〔原–S. 2733（別本 S. 37）〕〔cf. No. 262〕……一七〇

二七四九　法華経疏（一巻）〔原–S. 520〕〔cf. No. 262〕……一八〇

二七五〇　法華経疏（一巻）〔原–S. 2463〕〔cf. No. 262〕……一八九

二七五一　法華経疏（一巻）〔原–S. 2439〕〔cf. No. 262〕……一九四

二七五二　法華問答（一巻）〔原–S. 2662〕〔cf. No. 262〕……一九九

二七五三　華厳経章（一巻）〔原–S. 2466〕〔cf. No. 278〕……二〇五

二七五四　華厳略疏（巻第三）（一巻）〔原–S. 2694〕〔cf. No. 278〕……二〇七

二七五五　華厳経疏（一巻）〔原–S. 2721〕〔cf. No. 279〕……二一七

二七五六　花厳経義記（巻第一）（一巻）〔cf. No. 278〕……後魏　慧光撰……二三四

二七五七　花厳経疏（巻第三）（一巻）〔cf. No. 278〕……新羅　元暁撰……二三四

二七五八　十地義記（巻第一）（一巻）［cf. No. 1522］……二三六
二七五九　無量寿経義記（巻下）（一巻）［原–S. 91（別本 S. 2422）］［cf. No. 360］……二三九
二七六〇　無量寿観経義記（一巻）［原–S. 327］［cf. No. 365］……二四九
二七六一　勝鬘義記（一巻）［原–S. 2660］［cf. Nos. 353, 2762, 2763］……二五三
二七六二　勝鬘経疏（一巻）［原–S. 524］［cf. Nos. 353, 2761, 2763］……昭法師撰……二六一
二七六三　挟注勝鬘経（一巻）［原–S. 1649］［cf. Nos. 353, 2761, 2762］……二七八
二七六四　A 涅槃経義記（一巻）［原–S. 2735］［cf. No. 375］……二八〇
B 大涅槃経義記（巻第四）（一巻）［cf. Nos. 375, 2765］……二九四
二七六五　涅槃経疏（一巻）［原–S. 2430］［cf. Nos. 375, 2764B］……三〇四
二七六六　薬師経疏（一巻）［原–S. 2512］［cf. No. 1331, Fasc. 12］……三〇六
二七六七　薬師経疏（一巻）［原–S. 2551］［cf. No. 449］……三一〇
二七六八　維摩義記（一巻）［原–S. 2106］［cf. Nos. 475, 2769］……三二九
二七六九　維摩経義記（巻第四）（一巻）［原–S. 2732］［cf. Nos. 475, 2768］……三三九
二七七〇　維摩経疏（一巻）［原–S. 2688］［cf. No. 475］……三五五
二七七一　維摩経疏（一巻）［cf. No. 475］……三六四
二七七二　維摩経疏（巻第三・巻第六）（二巻）［原–巻第三 P. 2049, 巻第六 P.2040］［cf. No. 475］……三七五
二七七三　維摩経抄（一巻）［原–P. 2275］［cf. No. 475］……四一三
二七七四　維摩経疏（一巻）［cf. No. 475］……四三三
二七七五　維摩疏釈前小序抄（一巻）［原–P. 2149（別本 S. 1347）］［cf. No. 2777］……四三四
二七七六　釈肇序（一巻）［原–S. 2496］［cf. No. 1775］……唐　体請記……四三八
二七七七　浄名経集解関中疏（二巻）［原–巻上 P. 2188（別本 S. 1412, S. 3475, S. 2071, P. 2222），巻下 P. 219（別本 S. 2670, S. 1813）］［cf. Nos. 475, 2775, 2778］……唐　道液撰……四四〇

二七七八　浄名経関中釈抄（二巻）〔原–巻上 P. 2580（別本 S. 2584, S. 2739, P. 2079), 巻下 P. 2154〕[cf. No. 2777] ……唐　道液撰……五〇一
二七七九　仏説楞伽経禅門悉談章（一巻）〔原–P. 2212（別本 P.2204)〕……五三六
二七八〇　温室経疏（一巻）〔原–S. 2497〕〔cf. No. 701〕……唐　慧浄撰……五三六
二七八一　盂蘭盆経讃述（一巻）〔原–P. 2269〕〔cf. No. 685〕……唐　慧浄撰……五四〇
二七八二　大乗稲芉経随聴疏（一巻）〔原–P. 2284（別本 S. 1080, P. 2303)〕〔cf. Nos. 712, 2783〕……唐　法成集……五四三
二七八三　大乗稲芉経随聴疏決（一巻）〔原–P. 2328〕〔cf. No. 2782〕……五五六
二七八四　大乗四法経釈抄（一巻）〔原–P. 2461〕〔cf. No. 1535〕……五五七
二七八五　大乗四法経論広釈開決記（一巻）〔原–S. 216〕……五五九
二七八六　天請問経疏（一巻）〔cf. No. 592〕……五六二
二七八七　四分戒本疏（巻第一・巻第二・巻第三）（三巻）〔原–巻第一 P. 2064, 巻第二 S. 2501（別本 S. 13), 巻第三 P. 2245〕〔cf. Nos. 1429, 1806〕……五六七
二七八八　律戒本疏（一巻）……六一六
二七八九　律戒本疏（一巻）〔原–S. 2664〕……六四四
二七九〇　律雑抄（一巻）〔原–P. 2064〕……六五三
二七九一　宗四分比丘随門要略行儀（一巻）〔原–S. 3040〕……六五四
二七九二　毘尼心（一巻）〔原–S. 490（別本 P. 2148)〕……六五九
二七九三　三部律抄（一巻）〔原–S. 2535〕……六七二
二七九四　律抄（一巻）……六八三
二七九五　四部律并論要用抄（二巻）〔原–P. 2100（別本 S. 2050)〕……六九一
二七九六　律抄第三巻手決（一巻）〔原–S. 3001〕……七一九
二七九七　梵網経述記（巻第一）（一巻）〔原–P. 2286〕〔cf. No. 1484〕……七二七

二七九八　本業瓔珞経疏（一巻）〔原–S. 2748〕〔cf. No. 1485〕……七四五

二七九九　十地論義疏（巻第一・巻第三）（二巻）〔原–巻第一 S. 2741, 巻第三 P. 2104〕〔cf. No. 1522〕……北周 法上撰……七六一

二八〇〇　広百論疏（巻第一）（一巻）〔原–P. 2101〕〔cf. No. 1571〕……唐 文軌撰……七八二

二八〇一　瑜伽師地論分門記（六巻）〔cf. No. 1579〕……唐 法成撰 智慧山記……八〇四

本地分前十二地〔原–P. 2035（別本 S. 2552）〕……八〇四

本地分声聞地〔原–P. 2053〕……八五一

本地分独覚地〔原–P. 2053〕……八八五

本地分菩薩地巻第二、巻第三〔原–巻第二 P. 2190, 巻第三 P. 2080〕……八八六

摂決択分巻第二〔原–P. 2093〕……九一六

二八〇二　瑜伽論手記（四巻）〔原–S. 463〕〔cf. No. 1579〕……唐 法成述 福慧記……九三七

二八〇三　地持義記（巻第四）（一巻）〔原–P. 2141〕〔cf. No. 1581〕……九四七

二八〇四　唯識三十論要釈（一巻）〔原–S. 396〕〔cf. Nos. 1585, 1586〕……九六三

二八〇五　摂大乗論疏（巻第五・巻第七）（二巻）〔原–S. 274〕〔cf No. 1595〕……九八二

二八〇六　摂大乗論抄（一巻）……九九九

二八〇七　摂大乗論章（巻第一）（一巻）〔原–S. 2435〕……一〇一一

二八〇八　摂論章（巻第一）（一巻）〔原–S .2048〕……一〇二二

二八〇九　摂大乗義章（巻第四）（一巻）……一〇三六

二八一〇　大乗百法明門論開宗義記（一巻）〔原–P. 2180（別本 S. 1923, S. 2651, P. 2161）〕
〔cf. Nos. 1614, 2811, 2812〕……唐 曇曠撰……一〇四六

二八一一　大乗百法明門論開宗義記序釈（一巻）〔原–S. 1313〕〔cf. No. 2810〕……一〇六五

二八一二　大乗百法明門論開宗義決（一巻）〔原–P. 2077（別本 S. 2720, S. 2732, P. 2576）〕

［cf. No. 2810］……唐　曇曠　撰……一〇六八

二八一三　大乗起信論略述（二巻）［原–巻上 P. 2141（別本 S. 2436），巻下 P. 2051］［cf. No. 1776］…唐　曇曠　撰…一〇八九

二八一四　大乗起信論広釈（巻第三・巻第四・巻第五）（三巻）［原–巻第三 S. 2554（別本 S. 2367），
巻第四 S. 2721］［cf. No. 1667］……唐　曇曠　撰…一一二一

二八一五　起信論註（一巻）［原–S. 2587］［cf. No. 1667］……一一七四

二八一六　因縁心釈論開決記（一巻）［原–S. 269］［cf. No. 1654］……一一七八

二八一七　大乗経纂要義（一巻）［原–P. 2298（別本 S. 62）］……一一八三

二八一八　大乗二十二問本（一巻）［原–S. 2674］……一一八四

二八一九　諸経要抄（一巻）……一一九二

二八二〇　菩薩蔵修道衆経抄（巻第十二）（一巻）……一一九七

二八二一　諸経要略文（一巻）［原–S. 779］……一二〇四

二八二二　大乗要語（一巻）［原–S. 985］……一二〇五

二八二三　大乗入道次第開決（一巻）［原–S. 2463（別本 P. 2202）］［cf. No. 1864］……唐　曇曠　撰…一二〇六

二八二四　天台分門図（一巻）［原–P. 2131］……一二一三

二八二五　真言要決（巻第一・巻第三）（二巻）［原–巻第三 P. 2044（別本 S. 2695）］……一二一五

二八二六　略諸経論念仏法門往生浄土集（巻上）（一巻）……唐　慧日　撰…一二三六

二八二七　浄土五会念仏誦経観行儀（巻中・巻下）（二巻）［原–巻中 P. 2066,
巻下 P. 2250（別本 P. 2963）］……唐　法照　撰…一二四二

二八二八　大乗浄土讃（一巻）［原–S. 382］……一二六六

二八二九　持斎念仏懺悔礼文（一巻）［原–S. 2443］……一二六六

二八三〇 A　道安法師念仏讃（一巻）［原–S. 2985］……一二六八

B　道安法師念仏讃文（一巻）［原–S. 2985］……一二六九

二八三一　無心論（一巻）〔原―S. 296〕……一二六九
二八三二　南天竺国菩提達摩禅師観門（一巻）〔原―S. 2583〕……一二七〇
二八三三　観心論（一巻）〔原―S. 2595〕……一二七〇
二八三四　大乗無生方便門（一巻）〔原―S. 2503〕……一二七三
二八三五　大乗開心顕性頓悟真宗論（一巻）〔原―P. 2162〕……唐　慧光釈……一二七八
二八三六　大乗北宗論（一巻）……一二八一
二八三七　楞伽師資記（一巻）〔原―S. 2054〕……唐　浄覚集……一二八三
二八三八　伝法宝紀（一巻）〔原―P. 2634〕……唐　杜胐撰……一二九一
二八三九　讃禅門詩（一巻）〔原―P. 2503〕……一二九一
二八四〇　三界図（一巻）〔原―S. 2313〕……一二九三
二八四一　大仏略懺（一巻）〔原―S. 345〕……一二九三
二八四二　印沙仏文（一巻）〔原―S. 663〕……一二九五
二八四三　大悲敬請（一巻）〔原―S. 2560〕……一二九五
二八四四　文殊師利菩薩無相十礼（一巻）〔原―P. 2212〕……一二九六
二八四五　押座文類（一巻）〔原―S. 2440（別本 S. 2440）〕……一二九七
二八四六　祈願文（一巻）〔原―S. 1181〕……一二九八
二八四七　祈願文（一巻）〔原―S. 1181〕……一二九八
二八四八　廻向文（一巻）〔原―S. 1164〕……一二九九
二八四九　大乗四斎日（一巻）〔原―S. 2567〕……一二九九
二八五〇　地蔵菩薩十斎日（一巻）〔原―S. 2568〕……一三〇〇
二八五一　和菩薩戒文（一巻）……一三〇〇
二八五二　入布薩堂説偈文等（一巻）〔原―S. 2580〕……一三〇一

二八五三　布薩文等（一巻）〔原—S. 2146〕……一三〇一
二八五四　礼懺文（一巻）……一三〇三
二八五五　礼懺文（一巻）……一三〇四
二八五六　礼懺文（一巻）〔原—S. 2354〕……一三〇五
二八五七　索法号義辯諷誦文（一巻）〔原—S. 530〕……一三〇六
二八五八　大目乾連冥間救母変文 并 図（一巻）〔原—S.2614〕……一三〇七
二八五九　恵遠外伝（一巻）〔原—S. 2401〕……一三一四
二八六〇　府君存恵伝（一巻）〔原—S. 289〕……一三二〇
二八六一　泉州千仏新著諸祖師頌（一巻）〔原—S. 1635〕……一三二〇
二八六二　大蕃沙洲 釈 門 教法和尚洪辯修功徳記（一巻）〔原—S. 779〕……一三二二
二八六三　王梵志詩集（一巻）〔原—S. 778〕……一三二三
二八六四　進 旨（一巻）……一三二四
二八六五　護身命経（一巻）〔原—P. 2340〕〔cf. No. 2866〕……一三二五
二八六六　護身命経（一巻）〔cf. No. 2865〕……一三二六
二八六七　慈仁問八十種好経（一巻）……一三二七
二八六八　決罪福経（二巻）……一三二八
二八六九　妙 好宝車経（一巻）……一三三三
二八七〇　像法決疑経（一巻）……一三三五
二八七一　大通方広懺悔滅罪荘厳成 仏 経（三巻）〔巻第三（別本 S. 1847）〕……一三三八
二八七二　妙法蓮華経度量天地品第二十九（一巻）〔原—S. 1298〕……一三五五
二八七三　首羅比丘経（一巻）〔原—S. 2697〕……一三五六
二八七四　小 法滅尽経（一巻）〔原—S. 2109〕〔cf. No. 396〕……一三五八

二八七五　大方広華厳十悪品経（一巻）〔原–S. 1320〕……一三五九
二八七六　天公経（一巻）〔原–S. 2714〕……一三六一
二八七七　如来在金棺囑累清浄荘厳敬福経（一巻）〔原–S. 208〕……一三六一
二八七八　救疾経（一巻）〔原–S. 2467（別本 S. 1198）〕……一三六一
二八七九　普賢菩薩説証明経（一巻）〔原–P. 2186（別本 P. 2136, S. 1552）〕……一三六二
二八八〇　究竟大悲経（巻第二・巻第三・巻第四）（三巻）〔原–巻第二 S. 2224, 巻第三 S. 2499〕……一三六八
二八八一　善悪因果経（一巻）……一三八〇
二八八二　呪魅経（一巻）〔原–S. 418（別本 S. 2517）〕……一三八三
二八八三　法王経（一巻）〔原–S. 2692〕……一三八四
二八八四　大威儀請問（一巻）〔原–S. 1032〕……一三九〇
二八八五　仏性海蔵智慧解脱破心相経（巻第一・巻下）（二巻）〔原–巻第一 S. 2169, 巻下 S. 438（別本 S. 104）〕……一三九一
二八八六　仏為心王菩薩説投陀経（巻上）（一巻）〔原–S. 2474〕……一四〇一
二八八七　父母恩重経（一巻）〔原–S. 2034（別本 S. 190）〕……一四〇三
二八八八　延寿命経（一巻）〔原–S. 2428〕……一四〇四
二八八九　続命経（一巻）〔原–S. 1215〕……一四〇五
二八九〇　如来成道経（一巻）〔原–S. 1032〕……一四〇五
二八九一　山海慧菩薩経（一巻）〔原–S. 2538〕……一四〇五
二八九二　現報当受経（一巻）〔原–S. 2076〕……一四〇九
二八九三　大辯邪正経（一巻）〔原–P. 2263〕……一四一〇
二八九四　三厨経（一巻）〔原–S. 2673, S. 2680〕……一四一三
二八九五　要行捨身経（一巻）〔（別本 S. 2044）〕……一四一四
二八九六　示所犯者瑜伽法鏡経（一巻）〔原–S. 2423〕……一四一六

二八九七　天地八陽神呪経（一巻）〔(別本 S. 127)〕……一四二二
二八九八　高王観世音経（一巻）……一四二五
二八九九　妙法蓮華経馬明菩薩品第三十（一巻）〔原–S. 2734〕……一四二六
二九〇〇　斎法清浄経（一巻）……一四三一
二九〇一　法句経（一巻）〔(別本 S. 2021)〕〔cf. No. 2902〕……一四三二
二九〇二　法句経疏（一巻）〔原–P. 2325〕〔cf. No. 2901〕……一四三五
二九〇三　無量大慈教経（一巻）〔原–S. 1627〕……一四四五
二九〇四　七千仏神符経（一巻）〔原–S. 2708〕……一四四六
二九〇五　現在十方千五百仏名並雑仏同号（一巻）〔原–S. 2180〕……一四四六
二九〇六　三万仏同根本神秘之印並法龍種上尊王仏法（一巻）〔原–S. 2438〕……一四四九
二九〇七　普賢菩薩行願王経（一巻）〔原–S. 2361(別本 S. 2324)〕……一四五二
二九〇八　大方広仏花厳経普賢菩薩行願王品（一巻）〔原–S. 2384〕……一四五四
二九〇九　地蔵菩薩経（一巻）〔原–S. 197〕……一四五五
二九一〇　金有陀羅尼経（一巻）〔原–S. 494〕……一四五五
二九一一　讃僧功徳経（一巻）〔原–S. 652〕……一四五六
二九一二　無常三啓経（一巻）〔原–S. 153〕……一四五八
二九一三　七女観経（一巻）〔原–S. 1548〕……一四五九
二九一四　観経（一巻）〔原–S. 2585〕……一四五九
二九一五　救諸衆生一切苦難経（一巻）〔原–S. 136〕……一四六一
二九一六　勧善経（一巻）〔原–S. 417〕……一四六二
二九一七　A 新菩薩経（一巻）〔原–S. 136〕……一四六二
　　　　　B 新菩薩経（一巻）〔原–S. 622〕……一四六二

二九一八　釈家観化還愚経（一巻）〔原–S. 1638〕……一四六二
二九一九　仏母経（一巻）〔原–S. 2084〕……一四六三
二九二〇　僧伽和尚欲入涅槃説六度経（一巻）〔原–S. 2754〕……一四六三

別巻　昭和法宝総目録

第一巻

一　大正新脩大蔵経総目録……一
二　大正新脩大蔵経一覧……一四九
三　大正新脩大蔵経勘同目録……一五三
四　大正新脩大蔵経著訳目録……六五七
附、印度諸論師著作目録……六九一
五　大正新脩大蔵経索引目録……六九九
六　宮内省図書寮一切経目録（一巻）……七五九
七　東寺経蔵一切経目録（一巻）……七九一
八　南禅寺経蔵一切経目録（一巻）……八二四
九　上醍醐寺蔵一切経目録（二巻）……八五三
一〇　知恩院一切経目録（一巻）……八八一
一一　安吉州思渓法宝資福禅寺大蔵経目録（二巻）〔南宋版〕……九〇八
一二　平江府磧砂延聖院新雕蔵経律論等目録（二巻）〔南宋版〕……九二七
一三　正倉院御物聖語蔵一切経目録（二巻）……九四六
一四　石山寺一切経目録（二巻）……九八一
一五　東寺一切経目録（二巻）……一〇〇一
一六　神護寺五大堂一切経目録（一巻）……一〇一七

一七　御訳大蔵経目録（一巻）……一〇二七
一八　如来大蔵経総目録（一巻）……一〇三七
一九　燉煌本古逸経論章疏并古写経目録（一巻）……一〇五五
二〇　日本奈良時代古写経目録（一巻）……一〇六九

第二巻

二一　縁山三大蔵総目録（三巻）……日本　随天編……一
二二　大蔵目録（三巻）〔高麗版〕……九三
二三　唐本一切経目録（三巻）〔北宋版〕……一一九
二四　三縁山輪蔵目録（二巻）〔南宋版〕……一五〇
二五　至元法宝勘同総録（十巻）……元　慶吉祥等集……一七九
二六　杭州路余杭県白雲宗南山大普寧寺大蔵経目録（四巻）〔元版〕……元　如瑩撰……二三九
二七　大明三蔵聖教北蔵目録（四巻）〔明版〕……二七一
二八　蔵版経直画一目録（一巻）……三〇〇
二九　大明三蔵聖教南蔵目録（一巻）……三三一
三〇　大清三蔵聖教目録（五巻）〔龍蔵〕……三六〇
三一　日本武州江戸東叡山寛永寺一切経新刊印行目録（五巻）〔天海版・寛永寺版〕……三九一
三二　黄檗蔵目録〔黄檗版〕……四三六
三三　大日本校訂縮刻大蔵経目録（一巻）〔縮冊〕……四三九
三四　大日本校訂蔵経目録（一巻）〔卍字版〕……四七四
三五　大日本続蔵経目録（四巻）〔続蔵〕……五〇九
三六　扶桑蔵外現存目録（一巻）……日本　鳳潭録……五六一

三七 大蔵経綱目指要録（十三巻）……宋 惟白 集……五七一
三八 大蔵聖教法宝標目（十巻）……宋 王古 撰 元 管主八 続集……七七三

第三巻

三九 続大正新脩大蔵経総目録……一
四〇 大正新脩大蔵経全覧……八〇
四一 続大正新脩大蔵経勘同目録……八七
四二 続大正新脩大蔵経著訳目録……五四五
四三 大正新脩大蔵経書目総索引……五六一
四四 大日本仏教全書総目録（一巻）……六三七
四五 日本大蔵経総目録（一巻）……六五五
四六 湖州思溪円覚禅院新雕大蔵経目録（一巻）……六六七
四七 福州東禅大蔵経目録（一巻）……六八六
四八 唐本一切経目録（三巻）〔福州本蔵〕……六九一
四九 紀州天野山丹生社宋本大蔵録（一巻）……七一三
五〇 神護寺経蔵一切経目録（二巻）……七二六
五一 豊山勧学院宋本大蔵目録（一巻）……七四一
五二 禅林寺入蔵目録（一巻）……七五五
五三 山王院蔵（二巻）……七六二
五四 山門蔵本目録（一巻）〔又名天海蔵〕……七七七
五五 東寺一切経蔵之内請来録内儀軌等五函目録（一巻）……七八七

五六 東寺観智院聖教目録（一巻）……七九〇
五七 東寺観智院本目録（一巻）……八〇四
五八 東寺宝菩提院経蔵諸儀軌目録（一巻）……八〇六
五九 石山普賢院内供淳祐筆跡目録（三巻）……八一二
六〇 石山寺蔵中聖教目録（一巻）……八一五
六一 御室御本御聖教目録（一巻）……八二九
六二 仁和寺経蔵聖教目録（一巻）……八三三
六三 仁和寺御経蔵聖教目録（三巻）……八四二
六四 仁和寺輪蔵箱銘用意（一巻）……八七六
六五 勧修寺大経蔵聖教目録（一巻）……八七九
六六 勧修寺慈尊院聖教目録（一巻）……九〇〇
六七 高山寺聖教目録（二巻）……九一一
六八 高山寺経蔵内真言書目録（一巻）……九二五
六九 高山寺方便智院聖教目録（一巻）……九三三
七〇 高山寺法鼓台聖教目録（三巻）……九四七
七一 東福寺普門院経論章疏語録儒書等目録（一巻）……九六八
七二 建仁寺両足院蔵書目録（一巻）……九七三
七三 南都西京薬師寺経蔵聖教目録（一巻）……一〇〇〇
七四 閲蔵知津（四十八巻）……明　智　旭　撰……一〇〇七
七五 大蔵一覧集（十一巻）……宋　陳　実　撰……一二五三
七六 大蔵摺本考（一巻）……一四一六
七七 御製大蔵経序跋集（一巻）……一四一八

（付録）別巻　図像部目録

圖像部　第一巻

二九二一　秘蔵記（二巻）京都高山寺蔵本……一
二九二二　大悲胎蔵普通大曼荼羅中諸尊種子標幟形相聖位諸説不同記（十巻）日本 真寂撰　嘉応元年写・京都東寺観智院蔵本……一七
二九二三　胎蔵界曼荼羅七十四問（一巻）日本 真寂撰　観応二年写・京都東寺観智院蔵本……一三五
二九二四　石山七集（四巻）日本 淳祐撰　高野山宝寿院蔵本……一三七
二九二五　金剛界七集（二巻）日本 淳祐撰　元禄五年写・高野山金剛三昧院蔵本……一九一
二九二六　[illegible]抄（一巻）日本 仁海撰　仁安二年写・京都高山寺蔵本……二〇五
二九二七　胎蔵三部記（一巻）日本 真興撰　久安二年写・京都東寺宝菩提院蔵本……二一一
二九二八　胎蔵要義（一巻）日本 定深撰　京都高山寺蔵本……二二一
二九二九　両部曼荼羅対辨抄（二巻）日本 済暹撰　大治四年写・京都高山寺蔵本……二二五
二九三〇　胎蔵界四重曼荼羅略問答（一巻）日本 済暹撰　寿永二年写・京都東寺観智院蔵本……二四七
二九三一　九会秘要抄（一巻）京都高山寺蔵本……二五七
二九三二　両部曼荼羅功徳略抄（一巻）日本 覚鑁撰　仁平元年写・京都高山寺蔵本……二六三
二九三三　大悲胎蔵曼荼羅説現図所伝決明鈔（二巻未完）日本 隆誉撰　京都東寺観智院蔵本……二六七
二九三四　[illegible]七集（二巻）日本 興然撰　養和二年著者自筆・京都東寺観智院蔵本……三四九
二九三五　現図曼荼羅四角八葉事（一巻）日本 興然撰　建仁二年写・京都東寺宝菩提院蔵本……四二五
二九三六　胎金曼荼羅図（一巻）日本 蓮恵撰　延慶元年写・高野山金剛三昧院蔵本……四三五

二九三七　胎蔵界尊号　複金剛界尊号（一巻）日本　行宴集　承久元年写・京都仁和寺蔵本……四四五
二九三八　胎蔵界大曼荼羅図　複金剛界大曼荼羅図（一巻）建久四年写・滋賀石山寺蔵本……四六一
二九三九　胎蔵界大曼荼羅（一巻）建久五年写・滋賀石山寺蔵本……五〇三
二九四〇　二界図曼荼羅（一巻）京都東寺宝菩提院蔵本……五二五
二九四一　胎蔵界大曼荼羅図（一巻）応永二十一年写・高野山真別処円通寺蔵本……五三一
二九四二　金剛界大曼荼羅図（一巻）高野山真別処円通寺蔵本……五五三
二九四三　胎蔵界大曼荼羅図（一巻）応永二十一年写・京都東寺宝菩提院蔵本……五七三
二九四四　金剛界大曼荼羅図（一巻）京都東寺宝菩提院蔵本……五七九
二九四五　金剛界九会曼荼羅図集（一巻）寛喜二年写・高野山龍光院蔵本……五八七
二九四六　秘密曼荼羅品図尊分私記（二巻）日本　杲宝撰　文和五年著者自筆・京都東寺観智院蔵本……五九七
二九四七　秘密曼荼羅品図尊分附図（一巻）日本　杲宝集　京都東寺観智院蔵本……六二五
二九四八　大悲胎蔵大曼荼羅　仁和寺版……六二七
二九四九　大悲胎蔵大曼荼羅　長谷寺版（一紙）……（別紙一・袋入）
二九五〇　大悲胎蔵大曼荼羅　石山寺版（一紙）……（別紙二・袋入）
二九五一　大悲胎蔵大曼荼羅（一紙）滋賀石山寺蔵本……（別紙三・袋入）
二九五二　大悲胎蔵大曼荼羅　高野山勧学院版（一紙）……（別紙四・袋入）
二九五三　大悲胎蔵三昧耶略曼荼羅（二紙）滋賀石山寺蔵本……（別紙五・六・袋入）
二九五四　胎蔵大曼荼羅図位（二紙）京都東寺宝菩提院蔵本……八一六―八一七（別紙七・八）
二九五五　疏曼荼羅（一紙）京都東寺観智院蔵本……（別紙九・袋入）
二九五六　胎蔵界曼荼羅（一紙）京都東寺観智院蔵本……（別紙一〇・袋入）
二九五七　四種護摩本尊並眷属図像　智泉本（一巻）建暦三年宗実書写・京都醍醐寺蔵本（国宝↓重文）……八一七
二九五八　金剛界九会大曼荼羅　仁和寺版……八八七

二九五九　金剛界九会大曼荼羅　長谷寺版……………………………………（別紙一一・袋入）
二九六〇　金剛界九会大曼荼羅　石山寺版……………………………………（別紙一二・袋入）
二九六一　金剛界八十一尊大曼荼羅（一紙）滋賀石山寺蔵本……………（別紙一三・袋入）
二九六二　金剛界九会大曼荼羅　高野山勧学院版…………………………（別紙一四・袋入）
二九六三　金剛界曼荼羅　成身会・羯磨会（一巻）京都醍醐寺蔵本（国宝）……………一〇〇五
二九六四　金剛界三昧耶曼荼羅図（一巻）滋賀石山寺蔵本…………………………一〇二七
二九六五　三十七尊賢劫十六尊外金剛二十天図像（一巻）文治四年写・京都醍醐寺蔵本（国宝）……………一〇八五
二九六六　三摩耶形法輪院本（一巻）寛喜三年写・京都醍醐寺蔵本（国宝）……………一一〇九
二九六七　御筆四種護摩壇三十七尊賢劫三昧耶形（一巻）承安二年写・京都醍醐寺蔵本（国宝）……………一一四五
二九六八　三昧耶形御筆第三伝本（一巻）徳治二年写・京都醍醐寺蔵本（国宝）……………一一六七
二九六九　金剛三昧耶形（一紙）東京丹治竹次郎氏蔵本………………………一一八八―（別紙一五）
二九七〇　金剛界曼荼羅（一紙）東京丹治竹次郎氏蔵本………………………一一八八―（別紙一六）
二九七一　金剛界曼荼羅（一紙）京都東寺観智院蔵本…………………………一一八八―（別紙一七）
二九七二　両界種子曼荼羅（一紙）元応元年写・奈良唐招提寺蔵本……………一一八八―（別紙一八）

圖像部　第三巻

二九七三　六種曼荼羅略釈（二巻）長承元年写・京都青蓮院蔵本……………………………一
二九七四　哩多僧蘖囉五部心観（一巻）徳川時代写・滋賀三井法明院蔵本……………七三
二九七五　哩多僧蘖囉五部心観（一巻）建久五年写・鎌倉武藤山治氏蔵本……………一四九
二九七六　哩多僧蘖囉五部心観（一紙）（天保八年伊勢西来寺宗淵刊阿叉羅帖巻第五）……………一九〇―一九一（別紙一）
二九七七　胎蔵図像（二巻）建久五年写・京都熊谷直之氏蔵本……………………一九一
二九七八　胎蔵図像（上巻）（首欠）文永十一年写・京都帝国大学久原文庫蔵本……………三〇三

二九七九　大悲胎蔵三昧耶曼荼羅図（一巻）永万元年写・滋賀石山寺蔵本……三二九
二九八〇　大悲胎蔵三昧耶曼荼羅図（一巻）寛仁三年写・京都醍醐寺蔵本（国宝）……四二一
二九八一　胎蔵旧図様（一巻）建久四年写・鎌倉武藤山治氏蔵本……四七七
二九八二　叡山本大悲胎蔵大曼荼羅（二巻）（胎曼会中図像三巻之内上中二巻）京都醍醐寺蔵本……五六七
二九八三　叡山本金剛界大曼荼羅（一巻）（胎曼会中図像三巻之内下巻）京都醍醐寺蔵本……六八九
二九八四　胎蔵界曼荼羅（一紙）京都妙法院蔵版……（別紙 二・袋入）
二九八五　金剛界曼荼羅（一紙）京都妙法院蔵版……（別紙 三・袋入）
二九八六　両界種子曼荼羅（一紙）嘉永五年刊・京都高山寺蔵版……七一四―七一五（別紙 四）
二九八七　両界種子曼荼羅（一紙）（天保八年伊勢西来寺宗淵刊阿叉羅帖巻第五）……七一四―七一五（別紙 五）
二九八八　護摩壇様　并　三十七尊三昧耶形（一巻）（伝智証大師請来本）鎌倉武藤山治氏蔵本……七一五
二九八九　胎蔵縁起（一巻）日本　最澄撰　京都青蓮院蔵本……七三五
二九九〇　胎蔵諸尊種子（複金剛界）（一巻）日本　安然撰　京都東寺観智院蔵本……七三七
二九九一　大悲胎蔵悲生曼荼羅第三重釈迦眷属及諸天印明種子梵号名位不同（二巻）日本　安然撰　京都青蓮院蔵本……七五五
二九九二　調定曼荼羅図（一巻）京都東寺観智院蔵本……七七七
二九九三　調定曼荼羅図附裏書（一巻）京都東寺観智院蔵本……七九七
二九九四　両界図位（一巻）日本　明達撰　寛治四年写・京都東寺観智院蔵本……八二七
二九九五　理界私記（三巻）日本　明達撰　長久三年写・京都青蓮院蔵本……八五一
二九九六　智界私記（二巻）日本　明達撰　京都青蓮院蔵本……九〇一
二九九七　東曼荼羅抄別巻（一巻）日本　覚超撰　京都青蓮院蔵本……九三五
二九九八　胎蔵尊位　并　梵漢密号種子三昧耶形色手印等略記（一巻）日本　覚超撰　長承二年写・京都東寺観智院蔵本……九五三
二九九九　胎蔵界略図次第（一巻）久安元年写・京都東寺観智院蔵本……九七九
三〇〇〇　胎蔵界略図次第（一巻）保延四年写・奈良唐招提寺蔵本……九八九

圖像部　第三巻

三〇〇一　両界二十四不審（一巻）保安二年写・京都青蓮院蔵本……九九九
三〇〇二　胎蔵界尊位密号（一巻）治暦二年写・京都青蓮院蔵本……一〇〇五
三〇〇三　両部曼荼羅私抄（二巻）日本　澄舜撰　滋賀叡山文庫蔵本……一〇〇九
三〇〇四　胎蔵界曼荼羅尊位現図抄私（七巻）日本　亮憲撰　滋賀叡山文庫蔵本……一〇二九
三〇〇五　金剛界曼荼羅尊位現図抄私（三巻）日本　亮憲撰　滋賀叡山文庫蔵本……一一一七

圖像部　第三巻

三〇〇六　図像抄（十巻）永厳撰或恵什抄　延慶二～三年印玄写・高野山真別処円通寺蔵本（参考：醍醐寺本）……一
三〇〇七　別尊雑記（五十七巻）日本　心覚抄　京都仁和寺蔵本（国宝）……五七
三〇〇八　諸尊図像（二巻）日本　心覚集　京都東寺観智院蔵本……六七五
三〇〇九　四家鈔図像（三巻）京都醍醐寺蔵本（国宝）……七四九

圖像部　第四巻

三〇一〇　唐本曼荼羅（金剛界五仏等）（一巻）京都仁和寺蔵本……一
三〇一一　唐本曼荼羅（千臂軍荼利等）（一巻）京都仁和寺蔵本……九
三〇一二　醍醐本図像（仏眼等）（一巻）京都醍醐寺蔵本（国宝）……一五
三〇一三　醍醐本図像（祈雨法懸曼荼羅等）（一巻）京都醍醐寺蔵本（国宝）……三五
三〇一四　醍醐本図像（馬頭等）（一巻）京都醍醐寺蔵本……四五
三〇一五　醍醐本諸尊図像（東安本）（一巻）京都醍醐寺蔵本（国宝）……五一
三〇一六　久原本図像（一巻）京都帝国大学久原文庫蔵本（国宝）……六五
三〇一七　梵文熾盛光仏頂陀羅尼諸尊図会　高麗　指空集　明徳八年写・京都東寺宝菩提院蔵本……八一
三〇一八　曼荼羅集（三巻）日本　興然集　京都大通寺蔵本（参考：甲本＝延徳二年写・高野山金剛三昧院蔵本・

乙本＝上中二巻鎌倉時代写・京都仁和寺蔵本・丙本＝下巻高野山光明院蔵本）……一六三
三〇一九　玄証筆曼荼羅集（一巻）日本　玄証筆　京都帝国大学久原文庫蔵本……二七七
三〇二〇　図像集（七巻）日本　興然集　康暦永徳年間写・京都東寺観智院蔵本……三〇三
三〇二一　覚禅筆仁王経法（一巻）日本　覚禅筆　京都東寺宝菩提院蔵本……三六五
三〇二二　覚禅鈔（巻第一〜第五十六）日本　覚禅集　京都勧修寺蔵本（参考：甲本＝高野山釈迦文院蔵本・乙本＝高野山宝亀院蔵本・丙本＝高野山宝寿院蔵本・丁本＝東京増上寺蔵本）……三八七

圖像部　第五巻

三〇二二　覚禅鈔（巻第五十七〜第百三十六）日本　覚禅集　京都勧修寺蔵本（参考：甲本＝高野山釈迦文院蔵本・乙本＝高野山宝亀院蔵本・丙本＝高野山宝寿院蔵本・丁本＝東京増上寺蔵本）……一
三〇二三　曼荼羅集　種子（一巻）京都仁和寺蔵本……六九三
三〇二四　三十日秘仏図（一巻）（第六巻金剛童子図像同巻）京都東寺観智院蔵本……七四五
三〇二五　阿弥陀（一紙）京都仁和寺蔵本……七六〇—七六一（別紙 一）
三〇二六　阿弥陀（一紙）京都仁和寺蔵本……七六〇—七六一（別紙 二）
三〇二七　阿弥陀 并 薬師八大菩薩（一巻）京都東寺観智院蔵本……七六一
三〇二八　大日金輪（一紙）東京丹治竹次郎氏蔵本……七六八—七六九（別紙 三）
三〇二九　仏眼曼荼羅　種子（一紙）滋賀石山寺蔵本……七六八—七六九（別紙 四）
三〇三〇　仏眼曼荼羅　種子（一紙）京都教王護国寺蔵本……七六八—七六九（別紙 五）
三〇三一　仏眼曼荼羅　種子（一紙）永正十六年摺写・京都仁和寺蔵本……七六八—七六九（別紙 六）
三〇三二　尊勝仏頂曼荼羅（一紙）京都醍醐寺蔵本（国宝）……七六八—七六九（別紙 七）
三〇三三　尊勝仏頂曼荼羅（一紙）東京丹治竹次郎氏蔵本……七六八—七六九（別紙 八）
三〇三四　尊勝仏頂曼荼羅　種子（一紙）京都教王護国寺蔵本……七六八—七六九（別紙 九）

三〇三五　尊勝仏頂曼荼羅　種子（一紙）京都東寺観智院蔵本……七六八—七六九（別紙一〇）
三〇三六　尊勝仏頂曼荼羅　種子（一紙）京都東寺観智院蔵本……七六八—七六九（別紙一一）
三〇三七　大勝金剛曼荼羅（一紙）京都教王護国寺蔵本……七六八—七六九（別紙一二）
三〇三八　法華法本尊（二紙）建久十年写・京都東寺観智院蔵本……七六八—七六九（別紙一三、一四）
三〇三九　仁王経敷曼荼羅（一紙）東京丹治竹次郎氏蔵本……七六八—七六九（別紙一五）
三〇四〇　仁王経曼荼羅（一紙）京都東寺観智院蔵本……七六八—七六九（別紙一六）
三〇四一　五方諸尊図（五幅）京都醍醐寺蔵本（国宝）……七六九
三〇四二　五方諸尊図ノ内（一紙）高野山光明院蔵本……七七四—七七五（別紙一七）
三〇四三　五大力（八幅）（一紙）東京丹治竹次郎氏蔵本……七七四—七七五（別紙一八）
三〇四四　理趣経十八会曼荼羅（一巻）安貞二年写・京都醍醐寺蔵本（国宝）……七七五
三〇四五　理趣経曼荼羅（一巻）高野山真別処円通寺蔵本……七九九
三〇四六　理趣経曼荼羅図（一巻）貞和五年写・京都東寺観智院蔵本……八一七
三〇四七　薦福寺金泥曼荼羅　種子（一紙）高野山金剛三昧院蔵本……八四〇—八四一（別紙一九）
三〇四八　請雨経曼荼羅（一紙）京都東寺観智院蔵本……八四〇—八四一（別紙二〇）
三〇四九　請雨経曼荼羅（一紙）京都教王護国寺蔵本……八四〇—八四一（別紙二一）
三〇五〇　請雨経曼荼羅　二本（一紙）京都東寺観智院蔵本……八四〇—八四一（別紙二二）
三〇五一　請雨経曼荼羅（一紙）京都高山寺蔵本……八四〇—八四一（別紙二三）
三〇五二　宝楼閣曼荼羅（一巻）京都東寺観智院蔵本……八四一
三〇五三　孔雀明王（一紙）京都醍醐寺蔵本（国宝）……八五四—（別紙二四）
三〇五四　六字明王（一紙）京都東寺観智院蔵本……八五四—（別紙二五）
三〇五五　六字経曼荼羅　種子（一紙）京都東寺観智院蔵本……八五四—（別紙二六）
三〇五六　摩尼珠像（一紙）京都仁和寺蔵本……八五四—（別紙二七）

圖像部　第六巻

三〇五七 八大菩薩像（八幅）京都醍醐寺蔵本（国宝）……一

三〇五八 唐本二十五菩薩像（別項金剛童子図像同巻）京都東寺観智院蔵本……一一

三〇五九 図像法華経法（観音応化身像）（一巻）高野山光明院蔵本……二五

三〇六〇 千手観音（一紙）東京丹治竹次郎氏蔵本……二六—二七（別紙一）

三〇六一 如意輪観音（十二臂）（一紙）京都仁和寺蔵本……二六—二七（別紙二）

三〇六二 如意輪観音（十臂）（一紙）日本 玄証筆　京都仁和寺蔵本……二六—二七（別紙三）

三〇六三 応現観音（玄証本）（一紙）日本 玄証筆　京都帝国大学久原文庫蔵本……二六—二七（別紙四）

三〇六四 弥勒菩薩画像集（一巻）日本 寛暁作　京都仁和寺蔵本……二七

三〇六五 弥勒菩薩像集（一巻）正和元年 日本 双珠写・京都帝国大学久原文庫蔵本……五三

三〇六六 求聞持虚空蔵菩薩（一紙）京都醍醐寺蔵本（国宝）……六二—六三（別紙五）

三〇六七 虚空蔵菩薩（玄証本）（一紙）日本 玄証筆　京都帝国大学久原文庫蔵本……六二—六三（別紙六）

三〇六八 五大虚空蔵（一紙）京都高山寺蔵本……六二—六三（別紙七）

三〇六九 五大虚空蔵（三形）（一紙）保元元年 日本 智海写・京都高山寺蔵本……六二—六三（別紙八）

三〇七〇 五大虚空蔵図像（一巻）承久二年 日本 定真写・京都高山寺蔵本……六三

三〇七一 五大虚空蔵座居図像（一巻）京都醍醐寺蔵本（国宝）……六九

三〇七二 五大虚空蔵様（一巻）永和二年 日本 賢宝写・京都東寺観智院蔵本……八一

三〇七三 普賢延命菩薩（一紙）治承二年写・京都東寺観智院蔵本……九四—九五（別紙九）

三〇七四 普賢延命菩薩（一紙）建久七年写・京都醍醐寺蔵本（国宝）……九四—九五（別紙一〇）

三〇七五 五秘密菩薩（一紙）建久七年写・京都高山寺蔵本……九四—九五（別紙一一）

三〇七六 諸文殊図像（一巻）京都醍醐寺蔵本（国宝）……九五

三〇七七　文殊曼荼羅（種子）（一紙）京都東寺観智院蔵本……一一四―一一五（別紙一二）
三〇七八　文殊曼荼羅（種子）（一紙）京都教王護国寺蔵本……一一四―一一五（別紙一三）
三〇七九　金色地蔵曼荼羅（一紙）京都仁和寺蔵本……一一四―一一五（別紙一四）
三〇八〇　六地蔵（安祥寺本・法三御子説・別項金剛童子図像同巻）長寛元年写・京都東寺観智院蔵本……一一五
三〇八一　地蔵曼荼羅（種子）（一紙）京都東寺観智院蔵本……一二二―一二三（別紙一五）
三〇八二　唐本密菩薩（一紙）京都仁和寺蔵本……一二二―一二三（別紙一六）
三〇八三　五大尊像（弘法大師御筆様）（一巻）建長二年 日本 幸厳写・京都醍醐寺蔵本（国宝）……一二三
三〇八四　五大尊図像（甲乙二本）京都醍醐寺蔵本（国宝）……一三一
三〇八五　五菩薩五忿怒像（一巻）建久五年 日本 良慶写・東京丹治竹次郎氏蔵本……一四七
三〇八六　八大明王図像（宗実本）（一巻）文治四年 日本 宗実写・京都醍醐寺蔵本（国宝）……一五七
三〇八七　八大明王図像（良慶本）（一巻）京都醍醐寺蔵本（国宝）……一六九
三〇八八　不動御面（一紙）仁安二年 日本 朗澄写・滋賀石山寺蔵本……一七八―一七九（別紙色刷）
三〇八九　無動三尊（一紙）滋賀石山寺蔵本……一七八―一七九（別紙一七）
三〇九〇　倶力迦羅（三童子・附部分図）（一紙）滋賀石山寺蔵本……一七八―一七九（別紙一八、一九）
三〇九一　不動明王（一紙）京都仁和寺蔵本……一七八―一七九（別紙二〇）
三〇九二　不動明王（一紙）京都仁和寺蔵本……一七八―一七九（別紙二一）
三〇九三　不動明王（一幅）日本 鳥羽僧正筆　京都醍醐寺蔵本（国宝）……一七八―一七九（別紙二二）
三〇九四　不動明王（一幅）建久六年 日本 円心筆・京都醍醐寺蔵本（国宝）……一七八―一七九（別紙二三）
三〇九五　不動明王（一幅）建久六年 日本 良秀筆・京都醍醐寺蔵本（国宝）……一七八―一七九（別紙二四）
三〇九六　不動明王（一幅）弘安五年 日本 信禀筆・京都醍醐寺蔵本（国宝）……一七八―一七九（別紙二五）
三〇九七　醍醐本不動明王図像（一巻）京都醍醐寺蔵本（国宝）……一七九
三〇九八　不動曼荼羅（別項金剛童子図像同巻）長寛元年写・京都東寺観智院蔵本……二〇一

三〇九九　東寺本不動明王図像（一巻）正応五年　日本　頼尊写・京都東寺観智院蔵本……二〇五

三一〇〇　明王部図像（降三世・軍荼利・大威徳・金剛夜叉）（一巻）京都醍醐寺蔵本（国宝）……二四一

三一〇一　軍荼利明王？（金剛童子？）（一紙）京都教王護国寺蔵本……二七六—二七七（別紙一六）

三一〇二　烏枢瑟摩明王図像（一巻）京都東寺観智院蔵本……二七七

三一〇三　金剛童子図像（一巻）長寛元年写・京都東寺観智院蔵本……二九七

三一〇四　金剛童子（一幅）京都醍醐寺蔵本（国宝）……三〇二—三〇三（別紙一七）

三一〇五　迅疾金剛童子（一紙）京都仁和寺蔵本……三〇二—三〇三（別紙一八）

三一〇六　愛染明王（一紙）京都仁和寺蔵本……三〇二—三〇三（別紙一九）

三一〇七　小野僧正—本尊愛染王厨子図（二紙）京都高山寺蔵本……三〇二—三〇三（別紙二〇）

三一〇八　十六大護（一紙）京都高山寺蔵本……三〇二—三〇三（別紙二一）

三一〇九　十六大護（一紙）京都高山寺蔵本……三〇二—三〇三（別紙二二）

三一一〇　十六大護（一紙）東京丹治竹次郎氏蔵本……三〇三

三一一一　太元明王（六面八臂像）（心覚本）（一紙）京都教王護国寺蔵本……三〇八—三〇九（別紙二三）

三一一二　太元明王（六面八臂像）（一紙）京都教王護国寺蔵本……三〇八—三〇九（別紙二四）

三一一三　太元明王（四面八臂像）（一紙）京都教王護国寺蔵本……三〇八—三〇九（別紙二五）

三一一四　太元曼荼羅（中尊四面八臂像）（一紙）京都教王護国寺蔵本……三〇八—三〇九（別紙二六）

三一一五　太元曼荼羅（中尊十八面三十六臂像）（一紙）京都教王護国寺蔵本……三〇八—三〇九（別紙二七）

三一一六　東寺本太元明王図像（一巻）京都東寺宝菩提院蔵本……三〇九

三一一七　醍醐本太元明王図像（一巻）京都醍醐寺蔵本（国宝）……三三三

三一一八　太元明王（四面八臂像）（一紙）東京丹治竹次郎氏蔵本……三四二—三四三（別紙二八）

三一一九　白宝口抄（巻第一～第九十五）高野山金剛三昧院蔵本（参考：智山専門学校蔵本）……三四三

圖像部　第七巻

三一九　白宝口抄（巻第九十六～第百六十七）高野山金剛三昧院蔵本（参考：智山専門学校蔵本）……一
三二〇　薬師十二神将図（一巻）仁安三年写・京都仁和寺蔵本……三八五
三二一　醍醐本薬師十二神将図（二巻）嘉禄三年写・京都醍醐寺蔵本（国宝）……四〇五
三二二　二十八部衆形像（一巻）永保三年写・京都東寺観智院蔵本……四七三
三二三　二十八部衆 并 十二神将図（一巻）正平十四年写・高野山金剛三昧院蔵本……四七九
三二四　唐本四天王像（一巻）京都仁和寺蔵本……五二三
三二五　四天王像（四紙）京都高山寺蔵本……五二九
三二六　戒壇院扉絵梵釈四王像（二紙）京都高山寺蔵本……五三五
三二七　戒壇院扉絵梵釈四王像（二紙）奈良玉林要之輔氏蔵本……五三八―五三九（別紙一、二）
三二八　毘沙門天像（一幅）京都醍醐寺蔵本（国宝）……五三八―五三九（別紙三）
三二九　唐本毘沙門天像（一紙）京都仁和寺蔵本……五三八―五三九（別紙四）
三三〇　毗沙門天王曼荼羅私記（一紙）複毗沙門天王要抄一巻　京都東寺観智院蔵本……五三九
三三一　毘沙門天王二十八使者図像（一巻）京都仁和寺蔵本……五五一
三三二　唐本那吒太子像？（一紙）京都仁和寺蔵本……五六六―五六七（別紙五）
三三三　毘楼勒叉天王像（一幅）京都醍醐寺蔵本（国宝）……五六六―五六七（別紙六）
三三四　大黒天像（一紙）京都東寺教王護国寺蔵本……五六六―五六七（別紙七）
三三五　善女龍王像（一紙）京都醍醐寺蔵本（国宝）……五六六―五六七（別紙八）
三三六　執金剛神像（一幅）奈良中村雅真氏蔵本……五六六―五六七（別紙九）
三三七　十天形像（一巻）京都醍醐寺蔵本（国宝）……五六七
三三八　十二天形像（一巻）京都高山寺蔵本……五八一

三三九　天部形像（一巻）京都醍醐寺蔵本（国宝）……五九一
三四〇　大日経十二火神像（一巻）京都東寺観智院蔵本……六二七
三四一　火天部尊像（一巻）京都醍醐寺蔵本（国宝）……六二九
三四二　焔魔天曼荼羅（一紙）京都仁和寺蔵本……六四四―六四五（別紙色刷）
三四三　預修十王生七経（一巻）高野山宝寿院蔵本……六四五
三四四　伎芸天像（一紙）京都東寺観智院蔵本……六六二―六六三（別紙一〇）
三四五　𑖮𑖨𑖰𑖝𑖱像（一紙）京都醍醐寺蔵本（国宝）……六六二―六六三（別紙一一）
三四六　加利帝像（一紙）京都醍醐寺蔵本（国宝）……六六二―六六三（別紙一二）
三四七　嚢麌利毒女像（一紙）京都仁和寺蔵本……六六二―六六三（別紙色刷）
三四八　聖天像（一紙）京都教王護国寺蔵本……六六二―六六三（別紙一三）
三四九　忿怒金翅鳥大輪明王像（一幅）京都醍醐寺蔵本（国宝）……六六二―六六三（別紙一四）
三五〇　妙見菩薩像（二巻）京都醍醐寺蔵本（国宝）……六六三
三五一　妙見菩薩図像（一巻）東京丹治竹次郎氏蔵本……六八七
三五二　妙見曼荼羅（一幅）東京丹治竹次郎氏蔵本……六九二―六九三（別紙一五）
三五三　北斗曼荼羅（一紙）京都仁和寺蔵本……六九二―六九三（別紙色刷）
三五四　唐本北斗曼荼羅（一幅）東京美術学校蔵本……六九二―六九三（別紙一六）
三五五　火羅図（一紙）京都教王護国寺蔵本……六九三
三五六　梵天火羅九曜（一巻）京都高山寺蔵本……七〇五
三五七　九曜等図像（一巻）京都東寺観智院蔵本……七三七
三五八　九曜星図像（一巻）京都醍醐寺蔵本（国宝）……七四九
三五九　九曜尊像（一巻）高野山金剛三昧院蔵本……七六一
三六〇　九曜秘暦（一巻）京都東寺観智院蔵本……七六九

三六一 二十八宿図像（一巻）京都東寺観智院蔵本……七七五

三六一　二十八宿圖像（一卷）京都東寺觀智院藏

三六二 超際仙人護摩祀火法（一巻）京都東寺観智院蔵本……八〇一
三六三 護摩炉壇様（一巻）京都東寺観智院蔵本……八一五

圖像部　第八巻

三六四 蘇悉地儀軌契印（一巻）唐 咸通五年写・京都教王護国寺蔵本……一
三六五 蘇悉地手契図（一巻）平治元年写・滋賀石山寺蔵本……二七
三六六 仏説大毘盧遮那成仏神変加持経 修真言行 大悲胎蔵生大曼拏羅王普通念誦儀軌（三巻）
宋 日称等訳 滋賀石山寺蔵本……五九
三六七 胎蔵印図（二巻）京都仁和寺蔵本……一七九
三六八 金剛界印図（二巻）京都仁和寺蔵本……二〇一
三六九 印図（一巻）京都高山寺蔵本……二四五
三七〇 印図（一巻）文久二年写・京都高山寺蔵本……二七一
三七一 十指異名（一紙）建久九年写・京都高山寺蔵本……二九八―二九九（別紙）
三七二 胎金護十八印図（二巻）（附・四度法要集）安永八年刊本……二九九
三七三 不動立印像画図（一巻）享和元年写・東京田島徳音氏蔵本……三二一
三七四 手印図（二巻）寛文九年刊本……三二五
三七五 四種壇法（一巻）延長七年写・滋賀石山寺蔵本……三六七
三七六 護摩炉図（一巻）永久元年 日本 宗範写・京都東寺観智院蔵本……三七三
三七七 法勝寺円堂壇様（一紙）久安六年写・滋賀石山寺蔵本……三八四―三八五（別紙）
三七八 諸壇図（一巻）京都高山寺蔵本……三八五
三七九 四種軍荼図（一巻）滋賀石山寺蔵本……三九五

三八〇 大日経護摩壇様（石山寺本）（一巻）日本 皇慶撰　仁平二年写・滋賀石山寺蔵本……四一九
三八一 護摩壇様抄（観智院本）（一巻）（表紙云 □□寺 遍照金剛新撰）日本 皇慶抄　京都東寺観智院蔵本……四四一
三八二 大日経護摩壇様（高山寺本）（一巻）日本 皇慶撰　京都高山寺蔵本……四五九
三八三 護摩壇図様（一巻）日本 覚源撰　京都高山寺蔵本……四六七
三八四 息災調伏延命壇図様（一巻）京都高山寺蔵本……四八五
三八五 護摩壇様（一巻）建仁二年 日本 覚□写・京都高山寺蔵本……五〇三
三八六 軍荼事（一巻）滋賀石山寺蔵本……五三三
三八七 炉形事（一巻）滋賀石山寺蔵本……五五五
三八八 護摩壇図（一巻）文和三年 日本 賢宝写・京都東寺観智院蔵本……五七三
三八九 成菩提集（七巻）日本 永範類聚　滋賀叡山文庫浄土院蔵本……五八九
三九〇 阿娑縛抄（巻第一～第五十三）日本 承澄撰　原本：一＝滋賀叡山文庫天海蔵本・二＝同毘沙門堂蔵本・三＝東京浅草寺蔵本（校本：大日本仏教全書本）……七四三

圖像部　第九巻

三九〇 阿娑縛抄（巻第五十四～第二百二十七）日本 承澄撰　原本：一＝滋賀叡山文庫天海蔵本・二＝同毘沙門堂蔵本・三＝東京浅草寺蔵本（校本：大日本仏教全書本）……一

圖像部　第十巻

三九一 白宝抄（百五十一巻）日本 澄円集　原本：一＝京都醍醐寺蔵本・二＝滋賀叡山文庫毘沙門堂蔵本・三＝京都大通寺蔵本……一
三九二 大唐袈裟図（一巻）京都東寺観智院蔵本……一一七
三九三 袈裟等図（一巻）文和二年写・京都東寺観智院蔵本……一二一
三九四 醍醐寺三宝院并遍智院灌頂道具絵様寸尺等（一巻）原本：一＝東京大蔵出版株式会社蔵本・

二＝滋賀木本学樹氏蔵本……一二四一
三一九五　灌頂道具本記（一巻）日本 良奝集　永仁六年性恵写・京都東寺観智院蔵本……一二五九
三一九六　醍醐三宝院灌頂堂図（一巻）京都東寺観智院蔵本……一二六八―一二六九（別紙 一）
三一九七　数珠図（一紙）滋賀石山寺蔵本……一二六八―一二六九（別紙 二）
三一九八　三宝物具鈔（十一巻）日本 宗淵輯・貫昭写　東京浅草寺伝法院蔵本……一二六九
三一九九　先徳図像（抄出）日本 玄証筆　東京帝室博物館蔵本……一三八一
三二〇〇　三国祖師影（一巻）京都仁和寺蔵本……一三八七
三二〇一　伝法正宗定祖図（一巻）仁平四年写・京都東寺観智院蔵本……一四〇九
三二〇二　六祖像（一紙）京都高山寺蔵本……一四三五
三二〇三　高僧影（一巻）京都高山寺蔵本……一四四三

圖像部　第十一巻

三二〇四　高祖像（二巻）長寛元年 日本 観祐写・甲巻＝京都仁和寺蔵本・乙巻＝京都帝国大学久原文庫蔵本……一
三二〇五　香要抄（二巻）（観祐本）日本 亮阿闍梨兼意筆　滋賀石山寺蔵本……七一
三二〇六　薬種抄（一巻）（観祐本）日本 亮阿闍梨兼意筆　滋賀石山寺蔵本……一七七
三二〇七　香薬字抄（三巻）滋賀石山寺蔵本……二三一
三二〇八　香字抄（一巻）京都帝国大学久原文庫蔵本……三〇九
三二〇九　薬字鈔（一巻）永万二年写・京都帝国大学蔵本……三三一
三二一〇　諸香薬功能形体等（一巻）仁安二年写・滋賀石山寺蔵本……三四七
三二一一　香薬抄（一巻）（阿娑縛抄巻第百九十八）建武四年写・京都猪熊信男氏蔵本……三六一
三二一二　香要抄（一巻）建久三年写・滋賀石山寺蔵本……三八三
三二一三　香要記（一巻）建久三年写・滋賀石山寺蔵本……三九一

三二一四　香抄（一巻）正嘉元年 日本 親快抄写・京都大通寺蔵本……三九九
三二一五　薬抄（一巻）親快抄写　京都大通寺蔵本……四一一
三二一六　門葉記（巻第一～第八十九）京都青蓮院蔵本……四一七

圖像部　第十二巻

三二一六　門葉記（巻第九十～第百八十四）京都青蓮院蔵本……一
三二一七　胎蔵界曼荼羅（小島寺本）……（別紙附録）
三二一八　金剛界曼荼羅（小島寺本）……（別紙附録）
三二一九　大悲胎蔵漫荼羅尊位 并 梵号漢号密号種子（亦名胎蔵図曼荼羅抄）（一巻）滋賀石山寺蔵本……六九三
三二二〇　胎蔵界曼荼羅図（一巻）天養二年写・東京岩崎文庫蔵本……七二三
三二二一　智曼荼羅図（一巻）滋賀石山寺蔵本……七四七
三二二二　種子曼荼羅集（一巻）承安二年写・滋賀石山寺蔵本……七六九
三二二三　仏菩薩等図像（諸本抄出次第不同）京都東寺観智院蔵本……八二一
三二二四　諸尊図像集（二巻）神奈川金沢文庫蔵本……八三三
三二二五　釈迦像（常禅房兼西様）（一紙）滋賀石山寺蔵本……九三六―九三七（別紙一）
三二二六　薬師八大菩薩像（一紙）奈良中村雅真氏蔵本……九三六―九三七（別紙二）
三二二七　優曇鉢羅花殊勝王仏（一幅）兵庫武藤金太氏蔵本……九三六―九三七（別紙三）
三二二八　大日金輪（一幅）兵庫武藤金太氏蔵本……九三六―九三七（別紙四）
三二二九　金輪曼荼羅（一紙）滋賀石山寺蔵本……九三六―九三七（別紙五）
三二三〇　五方諸尊図（心覚本ノ内）京都東寺観智院蔵本……九三七
三二三一　仁王経五方曼荼羅（五紙）京都教王護国寺蔵本……九四一
三二三二　五大力（五幅）高野山普賢院蔵本……九四七

三三三　仁王経敷曼荼羅（一紙）滋賀石山寺蔵本……九五二―九五三（別紙六）
三三四　仁王壇様（一紙）滋賀石山寺蔵本……九五二―九五三（別紙七）
三三五　仁王曼荼羅（一紙）滋賀石山寺蔵本……九五二―九五三（別紙八）
三三六　仁王曼荼羅（一紙）滋賀石山寺蔵本……九五二―九五三（別紙九）
三三七　仁王曼荼羅（一紙）滋賀石山寺蔵本……九五二―九五三（別紙一〇）
三三八　五忍曼荼羅（一紙）滋賀石山寺蔵本……九五二―九五三（別紙一一）
三三九　唐本理趣経曼荼羅（一紙）唐　咸通五年写・滋賀石山寺蔵本……九五三
三四〇　理趣経曼荼羅十八幀（一巻）東京岩崎文庫蔵本……九七三
三四一　請雨経曼荼羅（一紙）兵庫武藤金太氏蔵本……九九六―九九七（別紙一二）
三四二　請雨経曼荼羅（一紙）兵庫武藤金太氏蔵本……九九六―九九七（別紙一三）
三四三　請雨経曼荼羅（一紙）兵庫武藤金太氏蔵本……九九六―九九七（別紙一四）
三四四　請雨経曼荼羅（一紙）兵庫武藤金太氏蔵本……九九六―九九七（別紙一五）
三四五　請雨経曼荼羅（一紙）兵庫武藤金太氏蔵本……九九六―九九七（別紙一六）
三四六　請雨経曼荼羅（一紙）兵庫武藤金太氏蔵本……九九六―九九七（別紙一七）
三四七　大孔雀明王像（一紙）日本　玄証筆　東京安田善次郎氏蔵本……九九六―九九七（別紙一八）
三四八　諸観音図像（一巻）承暦二年写・京都田中忠三郎氏蔵本……九九七
三四九　胎蔵六観音灌頂（一紙）兵庫武藤金太氏蔵本……一〇四六―一〇四七（別紙一九）
三五〇　十一面観音諸像（類秘抄十一面ノ巻ヨリ抄出）承久二年　日本　定真写・京都田中忠三郎氏蔵本……一〇四七
三五一　聖観音像（一幅）兵庫武藤金太氏蔵本……一〇五六―一〇五七（別紙二〇）
三五二　不空羂索観音像（一幅）兵庫武藤金太氏蔵本……一〇五六―一〇五七（別紙二一）
三五三　文殊菩薩像（一紙）東京美術学校蔵本……一〇五六―一〇五七（別紙二二）
三五四　文殊菩薩像（一紙）兵庫武藤金太氏蔵本……一〇五六―一〇五七（別紙二三）

三五五　普賢延命像（一幅）兵庫武藤金太氏蔵本……一〇五六―一〇五七（別紙二四）
三五六　馬鳴菩薩像（行林抄ノ内）建久二年写・滋賀石山寺蔵本……一〇五六―一〇五七（別紙二五）
三五七　不動儀軌（一巻）寛元三年　日本　兼胤写・京都田中忠三郎氏蔵本……一〇五七
三五八　不動三尊像（附部分図）（一紙）日本　玄朝様・定智筆　滋賀石山寺蔵本……一一〇八―一一〇九（別紙二六、二七）
三五九　不動三尊像（附部分図）（一紙）滋賀石山寺蔵本、……一一〇八―一一〇九（別紙二八、二九）
三六〇　不動三尊像（一紙）東京美術学校蔵本……一一〇八―一一〇九（別紙三〇）
三六一　不動明王像（一紙）東京美術学校蔵本……一一〇八―一一〇九（別紙三一）
三六二　不動明王像（一紙）兵庫武藤金太氏蔵本……一一〇八―一一〇九（別紙三二）
三六三　制吒迦童子像（一紙）兵庫武藤金太氏蔵本……一一〇八―一一〇九（別紙三三）
三六四　降三世明王像集（一巻）東京美術学校蔵本……一一〇九
三六五　[illegible]明王像（一巻）兵庫武藤金太氏蔵本……一一三〇―一一三一（別紙三四）
三六六　大心要形像（愛染明王）（一紙）（偽形也今不用之）兵庫武藤金太氏蔵本……一一三〇―一一三一（別紙三五）
三六七　厄神明王像（愛染不動合体）（一紙）兵庫武藤金太氏蔵本……一一三〇―一一三一（別紙三六）
三六八　三面愛染明王曼荼羅（一紙）兵庫武藤金太氏蔵本……一一三〇―一一三一（別紙三七）
三六九　太元明王像　東京美術学校蔵本……一一三〇―一一三一（別紙三八）
三七〇　太元明王像（二像合一紙）東京美術学校蔵本……一一三〇―一一三一（別紙三九）
三七一　双身毘沙門天像（一紙）兵庫武藤金太氏蔵本……一一三〇―一一三一（別紙四〇）
三七二　帝釈天像（一紙）兵庫武藤金太氏蔵本……一一三〇―一一三一（別紙四一）
三七三　焔摩天曼荼羅（一幅）東京益田孝氏蔵本……一一三〇―一一三一（別紙四二）
三七四　清滝権現像（一幅）兵庫武藤金太氏蔵本……一一三〇―一一三一（別紙四三）
三七五　十界曼荼羅（一紙）東京美術学校蔵本……一一三〇―一一三一（別紙四四）
三七六　仏足跡図（一紙）京都東寺観智院蔵本……一一三〇―一一三一（別紙四五）

三七七　仏足跡図（ぶっそくせきず）（一紙）東京丹治竹次郎氏蔵本……一一三〇—一一三一（別紙四六）

三七八　阿（あ）　字（じ）（一紙）東京美術学校蔵本……一一三〇—一一三一（別紙四七）

三七九　道場観想図（どうじょうかんそうず）（一紙）東京丹治竹次郎氏蔵本……一一三〇—一一三一（別紙四八）

三八〇　行者　観行曼荼羅（ぎょうじゃかんぎょうまんだら）（法華法？）（一紙）兵庫武藤金太氏蔵本……一一三〇—一一三一（別紙四九）

三八一　法身三密観図（ほっしんさんみつかんず）（一巻）天養元年写・滋賀石山寺蔵本……一一三一

三八二　印仏塔法造功徳釈迦諸伝（いんぶっとうぼうぞうくどくしゃかしょでん）（一巻）日本　行基撰　保安四年写・京都高山寺蔵本……一一三九

三八三　画像要集（がぞうようしゅう）（一巻）京都東寺観智院蔵本……一一四九

大正新脩大蔵経書目索引

ア A

𑖀 阿愛厚敦安菴頞

𑖀字秘釈（一巻）日本 覚鑁撰 No.2512 ……〔七九・八〕
阿育王経（十巻）梁 僧伽婆羅訳 No.2043 ……〔五〇・一三一〕
阿育王子法益壊目因縁経 No.2045
阿育王息壊目因縁経（一巻）符秦 曇摩難提訳
No.2045 ……〔五〇・一七二〕
阿育王伝（七巻）西晋 安法欽訳 No.2042 ……〔五〇・九九〕
阿育王譬喩経 No.2044
阿鳩留経（一巻）失訳 No.529 ……〔一四・八〇四〕
阿含口解 No.1508
阿含口解十二因縁経（一巻）後漢 安玄共厳仏調訳
No.1508 ……〔二五・五三〕
阿含正行経（一巻）後漢 安世高訳 No.151 ……〔二・八八三〕
阿鋡暮抄解 No.1505
阿差末経 No.397(12)
阿差末経 No.403
阿差末菩薩経（七巻）西晋 竺法護訳 No.403 ……〔一三・五八三〕
阿差末菩薩品 No.403
阿字観用心口決（一巻）日本 実慧撰 No.2432 ……〔七七・四一五〕
阿字義（三巻）日本 実範撰 No.2438 ……〔七七・五二一〕
阿字要略観（一巻）日本 実範撰 No.2439 ……〔七七・五五一〕
阿遮曇摩文図 No.103
阿闍世王経（二巻）後漢 支婁迦讖訳 No.626 ……〔一五・三八九〕
阿闍世王経 No.627
阿闍世王受決経 No.509
阿闍世王授決経（一巻）西晋 法炬訳 No.509 ……〔一四・七七七〕
阿闍世王問五逆経（一巻）西晋 法炬訳 No.508 ……〔一四・七七五〕
阿闍世受決経 No.509
阿闍貰王女阿術達菩薩経（一巻）西晋 竺法護訳
No.337 ……〔一二・八三〕
阿闍貰王女経 No.337
阿闍貰女経 No.337
阿闍梨灌頂儀軌 No.862
阿闍梨大曼荼攞灌頂儀軌（一巻）No.862 ……〔一八・一八八〕
阿閦供養法 No.921
阿閦如来念誦供養法（一巻）唐 不空訳 No.921 ……〔一九・一五〕
阿閦如来念誦法 No.921
阿閦仏経 No.313
阿閦仏国経（二巻）後漢 支婁迦讖訳 No.313 ……〔一一・七五一〕
阿閦仏刹諸菩薩学成品経 No.313
阿閦仏刹菩薩学成経 No.313
阿術達経 No.337
阿術達女経 No.337
阿術達菩薩経 No.337
阿遬達経（一巻）劉宋 求那跋陀羅訳 No.141 ……〔二・八六三〕
阿吒婆拘鬼神大将上仏陀羅尼神呪経（一巻）失訳

No.1237 ……〔二一・一七八〕
阿吒婆拘呪経 No.1237
阿吒婆拘陀羅尼経 No.1237
阿吒婆拘鬼神大将上仏陀羅尼経（一巻） 失訳
No.1238 ……〔二一・一七九〕
阿吒婆拘呪経 No.1238
阿吒薄拘付嘱呪（一巻） No.1240 ……〔二一・二〇二〕
阿吒薄倶元帥修行儀軌 No.1239
阿吒薄倶元帥大将上仏陀羅尼経修行儀軌（三巻）
唐 善無畏訳 No.1239 ……〔二一・一八七〕
阿那邠祁化七子経 No.140
阿那邠邸化七子経（一巻） 後漢 安世高訳 No.140 ……〔二・八六二〕
阿那律八念経（一巻） 後漢 支曜訳 No.46 ……〔一・八三五〕
阿難為蠱道女説経 No.551
阿難為蠱道女惑経 No.551
阿難四事経（一巻） 呉 支謙訳 No.493 ……〔一四・七五六〕
阿難七夢経（一巻） 東晋 竺曇無蘭訳 No.494 ……〔一四・七五八〕
阿難陀呵離陀経 No.1013
阿難陀呵離陀隣尼経 No.1015
阿難陀目佉尼呵離陀経（一巻） 劉宋 求那跋陀羅訳
No.1013 ……〔一九・六八五〕
阿難多目佉尼訶離陀羅尼経 No.1015
阿難陀目佉尼呵離陀隣尼経（一巻） 元魏 仏駄扇多訳
No.1015 ……〔一九・六九二〕
阿難同学経（一巻） 後漢 安世高訳 No.149 ……〔二・八七四〕
阿難分別経（一巻） 乞伏秦 法堅訳 No.495 ……〔一四・七五八〕
阿難問事吉凶経 No.492
阿難問事経 No.492
阿難問事仏吉凶経（一巻） 後漢 安世高訳 No.492 ……〔一四・七五三〕
阿難問事仏吉凶経（一巻・別本） 後漢 安世高訳
No.492 ……〔一四・七五四〕
阿難問事仏経 No.492
阿耨達経 No.635
阿耨達請仏経 No.635
阿耨達秘王経 No.635
阿耨達龍王所問決諸狐疑清浄経 No.635
阿耨風経（一巻） 東晋 竺曇無蘭訳 No.58 ……〔一・八五三〕
阿耨颰経 No.568
阿抜経 No.20
阿颰摩納経 No.20
阿毘遮嚕迦儀軌品 No.1215
阿毘達磨界身足論（三巻） 尊者世友造・唐 玄奘訳
No.1540 ……〔二六・六一四〕
阿毘達磨倶舎釈論（二十二巻） 婆藪盤豆造・陳 真諦訳
No.1559 ……〔二九・一六一〕
阿毘達磨倶舎論（三十巻） 尊者世親造・唐 玄奘訳
No.1558 ……〔二九・一〕
阿毘達磨倶舎論稽古（二巻） 日本 法幢撰 No.2252 ……〔六四・四四〇〕

阿毘達磨倶舎論指要鈔（三十巻）日本 湛慧撰
No.2250 ……〔六三・八〇七〕
阿毘達磨倶舎論頌疏正文 No.2253
阿毘達磨倶舎論法義（三十巻）日本 快道撰 No.2251……〔六四・一〕
阿毘達磨倶舎論本義抄 No.2249
阿毘達磨倶舎論本頌（一巻）世親菩薩造・唐 玄奘訳
No.1560 ……〔二九・三一〇〕
阿毘達磨識身足論（十六巻）提婆設連造・唐 玄奘訳
No.1539 ……〔二六・五三一〕
阿毘達磨集異門足論（二十巻）尊者舎利子説・
唐 玄奘訳 No.1536……〔二六・三六七〕
阿毘達磨集論 No.1605
阿毘達磨順正理論（八十巻）尊者衆賢造・唐 玄奘訳
No.1562 ……〔二九・三二九〕
阿毘達磨雑集論 No.1606
阿毘達磨蔵顕宗論（四十巻）尊者衆賢造・唐 玄奘訳
No.1563 ……〔二九・七七七〕
阿毘達磨大毘婆沙論（二百巻）五百大阿羅漢等造・
唐 玄奘訳 No.1545……〔二七・一〕
阿毘達磨法蘊足論（十二巻）尊者大目乾連造・
唐 玄奘訳 No.1537……〔二六・四五三〕
阿毘達磨発智論（二十巻）迦多衍尼子造・唐 玄奘訳
No.1544 ……〔二六・九一八〕
阿毘達磨品類足論（十八巻）尊者世友造・唐 玄奘訳
No.1542 ……〔二六・六九二〕
阿毘曇甘露味論（二巻）尊者瞿沙造・失訳 No.1553……〔二八・九六六〕
阿毘曇経八犍度論 No.1543
阿毘曇苦慧経 No.1557
阿毘曇犍度 No.1543
阿毘曇五法経 No.1557
阿毘曇五法行経（一巻）後漢 安世高訳 No.1557 ……〔二八・九九八〕
阿毘曇心 No.1550
阿毘曇心論（四巻）尊者法勝造・晋 僧伽提婆共慧遠訳
No.1550 ……〔二八・八〇九〕
阿毘曇心論経（六巻）法勝論・優波扇多釈・
高斉 那連提耶舎訳 No.1551……〔二八・八三三〕
阿毘曇八犍度 No.1543
阿毘曇八犍度論（三十巻）迦旃延子造・
符秦 僧伽提婆共竺仏念訳 No.1543……〔二六・七七一〕
阿毘曇毘婆沙 No.1546
阿毘曇毘婆沙 No.1547
阿毘曇毘婆沙論（六十巻）迦旃延子造・五百羅漢釈・
北涼 浮陀跋摩共道泰等訳 No.1546……〔二八・一〕
阿弥陀経 No.362
阿弥陀経（一巻）姚秦 鳩摩羅什訳 No.366……〔一二・三四六〕
阿弥陀経義記（一巻）隋 智顗説 No.1755……〔三七・三〇六〕
阿弥陀経義述（一巻）唐 慧浄述 No.1756……〔三七・三〇七〕
阿弥陀経義疏（一巻）宋 元照述 No.1761……〔三七・三五六〕

阿弥陀経疏（一巻）唐　窺基撰　No.1757 ……〔三七・三一〇〕
阿弥陀経疏（一巻）新羅　元暁述　No.1759 ……〔三七・三四八〕
阿弥陀経疏（一巻）宋　智円述　No.1760 ……〔三七・三五〇〕
阿弥陀経通賛疏（三巻）唐　窺基撰　No.1758 ……〔三七・三二九〕
阿弥陀経不思議神力伝　No.368 附
阿弥陀経要解（一巻）明　智旭解　No.1762 ……〔三七・三六三〕
阿弥陀経略記（一巻）日本　源信撰　No.2210 ……〔五七・六七三〕
阿弥陀鼓音声王陀羅尼経（一巻）失訳　No.370 ……〔一二・三五二〕
阿弥陀三耶三仏薩楼仏檀過度人道経（二巻）
呉　支謙訳　No.362 ……〔一二・三〇〇〕
阿弥陀秘釈（一巻）日本　覚鑁撰　No.2522 ……〔七九・四八〕
阿弥陀仏覚諸大衆観身経　No.2891
阿弥陀仏説呪（一巻）No.369 ……〔一二・三五二〕
阿蜜哩多軍荼利法　No.1211
阿惟越致経　No.266
阿惟越致遮経（三巻）西晋　竺法護訳　No.266 ……〔九・一九八〕
阿羅漢具徳経（一巻）宋　法賢訳　No.126 ……〔二・八三一〕
阿蘭若習禅法　No.614
阿唎多羅阿嚕力経　No.1039
阿唎多羅陀羅尼阿嚕力経（一巻）唐　不空訳　No.1039 …〔二〇・二三〕
阿唎多羅陀羅尼阿嚕力品第十四　No.1039
阿嚕力経　No.1039
愛染王講式（一巻）日本　覚鑁撰　No.2726 ……〔八四・八八三〕
厚造紙（一巻）日本　元海記　No.2483 ……〔七八・二五八〕
敦造紙　No.2483
安侯口解　No.1508
安心決定鈔（二巻）No.2679 ……〔八三・九二一〕
安像三昧儀軌経　No.1418
安宅呪　No.1394
安宅神呪経（一巻）失訳　No.1394 ……〔二一・九一一〕
安宅陀羅尼呪経（一巻）No.1029 ……〔一九・七四四〕
安宅法　No.1394
安養抄（八巻）No.2686 ……〔八四・一一九〕
安養知足相対抄（一巻）日本　珍海撰　No.2685 ……〔八四・一一六〕
安般経　No.602
安般守意経　No.602
安楽行義　No.1926
安楽集（二巻）唐　道綽撰　No.1958 ……〔四七・四〕
菴提遮経　No.580
頞多和多耆経（一巻）失訳　No.740 ……〔一七・五四三〕

イ　I

伊　医　威　為　異　移　意　溈　郁
石　一(いち)　壹　一(いっ)　印　因　筠

伊迦輪迦論　No.1573
伊迦輪盧迦論　No.1573
医喩経（一巻）宋　施護等訳　No.219 ……〔四・八〇二〕
威儀形式経　No.1001

威施長者問観身経 No.330
威施長者問観身行経 No.330
威徳陀羅尼経 No.1341
威徳陀羅尼中説経 No.1496
威怒王使者念誦法 No.1200
威怒王念誦法 No.1214
為母説法経 No.815
異出菩薩本起経（一巻）西晋 聶道真訳 No.188 ……〔三・六一七〕
異出菩薩本経 No.188
異 尊 No.2490
異尊抄（二巻）日本 守覚親王撰 No.2490 ……〔七八・五八四〕
異部宗輪論（一巻）世友菩薩造・唐 玄奘訳 No.2031……〔四九・一五〕
移識経（二巻）隋 闍那崛多訳 No.310(39) ……〔一一・六〇八〕
移山経 No.135
意 経（一巻）西晋 竺法護訳 No.82 ……〔一・九〇一〕
潙仰録 cf. Nos.1989, 1990
潙山霊祐禅師語録 No.1989
郁伽長者経 No.323
郁伽羅越問経 No.323
郁伽羅越問菩薩経（一巻）曹魏 康僧鎧訳
No.310(19) ……〔一一・四七二〕
郁迦羅越問菩薩行経（一巻）西晋 竺法護訳 No.323……〔一二・二三〕
石山集記 No.2705
一字奇特仏頂経（三巻）唐 不空訳 No.953 ……〔一九・二八五〕
一字経義釈 No.2230
一字金輪念誦法 No.948
一字金輪王仏頂要略念誦法 No.948
一字心呪経 No.956
一字頂輪王念誦儀軌（一巻）唐 不空訳 No.954A ……〔一九・三〇七〕
一字頂輪王念誦儀軌（一巻）No.954B……〔一九・三一〇〕
一字頂輪王瑜伽一切時処念誦成仏儀軌 No.957
一字頂輪王瑜伽観行儀軌（一巻）唐 不空訳 No.955 …〔一九・三一三〕
一字頂輪王瑜伽経 No.955
一字仏頂輪王儀軌 No.954A
一字仏頂輪王経（五巻）唐 菩提流志訳 No.951 ……〔一九・二二四〕
一字仏頂輪王念誦儀軌 No.954A
一乗海義決 No.2631
一乗海義要決 No.2631
一乗開心論 No.2326
一乗義私記（一巻）日本 珍海撰 No.2304 ……〔七〇・六三七〕
一乗義私記 No.2327
一乗教分記 No.1866
一乗比丘戒儀 No.2378
一乗仏性慧日抄（一巻）日本 宗法師撰 No.2297 ……〔七〇・一七三〕
一乗仏性究竟抄 No.2297
一乗仏性抄 No.2297
一乗宝性論 No.1611
一乗要決（三巻）日本 源信撰 No.2370 ……〔七四・三三七〕

一代時教権実綱要図 No.1939
一念多念証文 No.2657
一念多念分別事（一巻）日本　隆寛作 No.2677 ……〔八三・九一九〕
一念多念文意（一巻）日本　親鸞撰 No.2657 ……〔八三・六九四〕
壹輸盧迦論（一巻）龍樹菩薩造・後魏　瞿曇般若留支訳 No.1573 ……〔三〇・二五三〕
一髻尊経 No.1110
一髻尊陀羅尼経（一巻）唐　不空訳 No.1110 ……〔二〇・四八四〕
一髻文殊師利童子陀羅尼念誦儀軌（一巻）唐　金剛福寿訳 No.1183 ……〔二〇・七八二〕
一向出生菩薩経（一巻）隋　闍那崛多訳 No.1017 ……〔一九・六九八〕
一切経音義（百巻）唐　慧琳撰 No.2128 ……〔五四・三一一〕
一切功徳荘厳王経（一巻）唐　義浄訳 No.1374 ……〔二一・八九〇〕
一切諸如来心光明加持普賢菩薩延命金剛最勝陀羅尼経（一巻）唐　不空訳 No.1136 ……〔二〇・五七九〕
一切智光明仙人慈心因縁不食肉経（一巻）失訳 No.183 ……〔三・四五七〕
一切智光明仙人不食肉経 No.183
一切如来安像三昧儀軌経（一巻）宋　施護訳 No.1418 ……〔二一・九三三〕
一切如来烏瑟膩沙最勝総持経（一巻）宋　法天訳 No.978 ……〔一九・四〇七〕
一切如来金剛三業最上秘密大教王経（七巻）宋　施護訳 No.885 ……〔一八・四六九〕
一切如来金剛寿命陀羅尼経 No.1134A
一切如来金剛寿命陀羅尼経（一巻）唐　不空訳 No.1135 ……〔二〇・五七八〕
一切如来正法秘密篋印心陀羅尼経（一巻）宋　施護訳 No.1023 ……〔一九・七一五〕
一切如来心秘密全身舎利宝篋印陀羅尼経（一巻）唐　不空訳 No.1022 ……〔一九・七一〇〕
一切如来心秘密全身舎利宝篋印陀羅尼経（一巻・別本）唐　不空訳 No.1022 ……〔一九・七一二〕
一切如来真実摂大乗現証三昧大教王経（三十巻）宋　施護等訳 No.882 ……〔一八・三四一〕
一切如来説仏頂輪王一百八名讃（一巻）宋　施護訳 No.960 ……〔一九・三三〇〕
一切如来大秘密王未曾有最上微妙大曼拏羅経（五巻）宋　天息災訳 No.889 ……〔一八・五四一〕
一切如来頂輪王一百八名讃経 No.960
一切如来名号陀羅尼経（一巻）宋　法賢訳 No.1350 ……〔二一・八六四〕
一切秘密最上名義大教王儀軌（二巻）宋　施護訳 No.888 ……〔一八・五三六〕
一切仏行入智毘盧遮那蔵説経 No.673
一切仏摂相応大教王経聖観自在菩薩念誦儀軌（一巻）宋　法賢訳 No.1051 ……〔二〇・六四〕
一切法義王経 No.823
一切法功徳荘厳王経 No.1374

一切法高王経（一巻）元魏　瞿曇般若流支訳 No.823……〔一七・八五二〕
一切名義三摩地分 No.1187
一切流経 No.31
一切流摂経 No.31
一切流摂守因経（一巻）後漢　安世高訳 No.31 ……〔一・八一三〕
一切流摂守因縁経 No.31
一切流摂守経 No.31
一山国師語録（二巻）日本　一山一寧語・侍者了真等編
No.2553 ……〔八〇・三一一〕
一山録 No.2553
一絲和尚語録 No.2565
一多証文 No.2657
一百五十讃仏頌（一巻）摩咥里利制吒造・唐　義浄訳
No.1680 ……〔三二・七五八〕
一百八名陀羅尼経 No.1105
一百八名梵讃 No.1131
一百八尊法身契印 No.877
印沙仏文（一巻）No.2842 ……〔八五・一二九五〕
因果経 No.189
因縁心釈論開決記（一巻）No.2816 ……〔八五・一一七八〕
因縁心論頌、因縁心論釈（一巻）龍猛菩薩造
No.1654 ……〔三二・四九〇〕
因縁僧護経（一巻）失訳 No.749 ……〔一七・五六五〕
因明義断（一巻）唐　慧沼撰 No.1841 ……〔四四・一四三〕
因明纂要略記（一巻）日本　真興集 No.2279 ……〔六九・三九三〕
因明四種相違私記 No.2275
因明四種相違略私記 No.2277
因明四相違疏註釈 No.2276
因明疏四種相違抄（一巻）日本　珍海記 No.2280……〔六九・四〇二〕
因明正理門論 No.1628
因明正理門論（一巻）大域龍菩薩造・唐　義浄訳
No.1629 ……〔三二・六〕
因明正理門論本（一巻）大域龍菩薩造・唐　玄奘訳
No.1628 ……〔三二・一〕
因明大疏裏書（六巻）日本　明詮著 No.2274 ……〔六九・一六七〕
因明大疏四種相違抄 No.2280
因明大疏抄（四十一巻）日本　蔵俊撰 No.2271 ……〔六八・四三七〕
因明大疏導（三巻）日本　明詮撰 No.2273 ……〔六九・一五一〕
因明大疏融貫鈔 No.2272
因明入正理論疏智解融貫鈔（九巻）日本　基辯撰
No.2272 ……〔六九・一〕
因明入正理門論 No.1630
因明入正理論（一巻）商羯羅主菩薩造・唐　玄奘訳
No.1630 ……〔三二・一一〕
因明入正理論義纂要（一巻）唐　慧沼撰 No.1842……〔四四・一五八〕
因明入正理論義纂要略記 No.2279
因明入正理論四種相違私記 No.2277
因明入正理論四相違東南私記 No.2275

因明入正理論述記 No.1839
因明入正理論疏（三巻）唐 窺基撰 No.1840 ……〔四四・九一〕
因明入正理論疏裏書 No.2274
因明入正理論大疏道 No.2273
因明明燈抄 No.2270
因明論疏四種相違略註釈 No.2276
因明論疏四相違略註釈（三巻）日本 源信撰
No.2276 ……〔六九・二九一〕
因明論疏明燈抄（十二巻）日本 善珠撰 No.2270 ……〔六八・二〇一〕
因明論大疏裏書 No.2274
筠州洞山悟本禅師語録（一巻）日本 慧印校
No.1986A ……〔四七・五〇七〕

ウ

于 右 有 盂 雨 烏 優 鷗 薄 吽 雲

于瑟抳沙毘左野陀囉尼（一巻）高麗 指空訳 No.979 …〔一九・四一〇〕
于闐王作仏形像経 No.692
右　記（一巻）日本 守覚親王撰 No.2491 ……〔七八・六〇二〕
右繞仏塔功徳経（一巻）唐 実叉難陀訳 No.700 ……〔一六・八〇一〕
有為経 No.758
有宗七十五法記（三巻）日本 宗禎撰 No.2325 ……〔七一・八九五〕
有徳女所問経阿耨颰経 No.568
有徳女所問大乗経（一巻）唐 菩提流志訳 No.568 ……〔一四・九四〇〕
有部尼陀那 No.1452
有部目得迦 No.1452
有部律摂 No.1458
盂蘭経 No.685
盂蘭盆経（一巻）西晋 竺法護訳 No.685 ……〔一六・七七九〕
盂蘭盆経讃述（一巻）唐 慧浄撰 No.2781 ……〔八五・五四〇〕
盂蘭盆経疏（二巻）唐 宗密述 No.1792 ……〔三九・五〇五〕
雨宝経 No.1162
雨宝陀羅尼経（一巻）唐 不空訳 No.1163 ……〔二〇・六六七〕
烏瑟膩沙最勝総持経 No.978
烏瑟膩沙総持経 No.978
烏枢瑟摩明王経 No.1227
烏芻渋麼儀軌 No.1225
烏芻渋麼明王経 No.1225
烏芻渋摩儀軌 No.1226
烏芻渋摩経 No.1227
烏芻渋明王儀軌梵字（一巻）No.1226 ……〔二一・一四二〕
優塡王経（一巻）西晋 法炬訳 No.332 ……〔一二・七〇〕
優陂夷堕舎迦経（一巻）失訳 No.88 ……〔一・九一二〕
優婆夷行経 No.579
優婆夷浄行法門経（二巻）失訳 No.579 ……〔一四・九五一〕
優婆塞戒経（七巻）北涼 曇無讖訳 No.1488 ……〔二四・一〇三四〕
優婆塞戒本 No.1488
優婆塞五戒威儀経（一巻）宋 求那跋摩訳 No.1503 …〔二四・一一一六〕
優婆塞五戒儀経 No.1503

優婆塞五戒相経（一巻）宋　求那跋摩訳　No.1476 ……〔二四・九三九〕
優波離問経　No.1466
優波離問仏経（一巻）宋　求那跋摩訳　No.1466 ……〔二四・九〇三〕
優波離問菩薩受戒法　No.1583
優波離律　No.1466
齲歯経　No.1327
薄双紙（十六巻）日本　成賢撰　No.2495 ……〔七八・六二〇〕
薄草口決　No.2535
薄草子口決（二十一巻）日本　頼瑜撰　No.2535 ……〔七九・一七五〕
吽迦陀野儀軌（三巻）唐　金剛智訳　No.1251 ……〔二一・二三三〕
吽字義（一巻）日本　空海撰　No.2430 ……〔七七・四〇四〕
雲間類解　No.1880
雲門匡真禅師広録（三巻）宋　守堅集　No.1988 ……〔四七・五四四〕
雲門禅師語録　No.1988
雲門録　No.1988

エ E

会 依 恵 迴 慧 壊 穢 永 曰
円 宛 延 袁 塩 焰 演 縁 閻

会諸仏前経　No.530
会正法経　No.424
依観経等明般舟三昧行道往生讃（一巻）唐　善導撰　No.1981 ……〔四七・四四八〕
恵運禅師将来教法目録（一巻）日本　恵運撰　No.2168A ……〔五五・一〇八七〕
恵運律師書目録（一巻）日本　恵運撰　No.2168B ……〔五五・一〇八九〕
恵遠外伝（一巻）No.2859 ……〔八五・一三二四〕
恵果行状　No.2057
迴向文（一巻）No.2848 ……〔八五・一二九九〕
迴向輪経（一巻）唐　尸羅達摩訳　No.998 ……〔一九・五七七〕
迴諍論（一巻）龍樹菩薩造・後魏　毘目智仙共瞿曇流支訳　No.1631 ……〔三二・一三〕
慧印経　No.103
慧印経　No.632
慧印三昧経（一巻）呉　支謙訳　No.632 ……〔一五・四六〇〕
慧遠外伝　No.2859
慧光大円禅師語録　No.2558
慧照禅師語録　No.1985
慧上菩薩経　No.345
慧上菩薩問大善権経（二巻）西晋　竺法護訳　No.345 ……〔一二・一五六〕
慧琳音義　No.2128
壊相金剛陀羅尼経（一巻）元　沙囉巴訳　No.1417 ……〔二一・九三三〕
穢跡金剛禁百変経　No.1229
穢跡金剛禁百変法経（一巻）唐　阿質達霰訳　No.1229 ……〔二一・一五九〕
穢跡金剛神通法術　No.1228
穢跡金剛説神通大満陀羅尼法術霊要門（一巻）唐　阿質達霰訳　No.1228 ……〔二一・一五八〕

穢跡金剛説法術霊要門 No.1228
穢跡金剛法禁百変法 No.1229
穢跡金剛霊要門 No.1228
穢跡百変法門経 No.1229
永源寂室和尚語録（二巻）日本 寂室玄光語 No.2564 …〔八一・一〇二〕
永平元和尚頌古（一巻）日本 道元語・侍者詮慧等編
　No.2583 ……〔八二・三二一〕
永平清規（二巻）日本 道元撰 No.2584 ……〔八二・三一九〕
曰難長者経 No.537
円応禅師語録 No.2564
円応録 No.2564
円戒指掌（三巻）日本 敬光述 No.2384 ……〔七四・七九八〕
円覚経 No.842
円覚経略疏 No.1795
円覚修多羅了義経 No.842
円鑑禅師語録（一巻）日本 蔵山順空語・侍者編
　No.2550 ……〔八〇・二五〇〕
円悟仏果禅師語録（二十巻）宋 紹隆等編 No.1997……〔四七・七一三〕
円集要義釈論 No.1517
円集要義論 No.1518
円通大応国師語録（二巻）日本 南浦紹明語・
　侍者祖照等編 No.2548 ……〔八〇・九四〕
円満本光国師見桃録 No.2572
円密宗二教名目 No.2373
円密二教名目（一巻）日本 恵鎮撰 No.2373 ……〔七四・四三〕
宛陵録 No.2012B
延寿経 No.1140
延寿妙門陀羅尼経（一巻）宋 法賢訳 No.1140……〔二〇・五八七〕
延寿命経（一巻）No.2888 ……〔八五・一四〇四〕
袁州仰山慧寂禅師語録（一巻）明 語風円信・
　郭凝之編 No.1990 ……〔四七・五八二〕
塩山抜隊和尚語録（六巻）日本 抜隊得勝語 No.2558 …〔八〇・五六三〕
塩山録 No.2558
焔口餓鬼経 No.1313
焔口餓鬼陀羅尼経 No.1313
焔口軌儀経 No.1318
焔口施食儀 No.1320
焔曼徳迦万愛如意法 No.1219
焔羅王供行法次第（一巻）唐 阿謨伽撰 No.1290……〔二一・三七四〕
焔羅供次第 No.1290
演義鈔 No.1736
演義鈔纂釈（三十八巻）日本 湛叡撰 No.2205……〔五七・四九〕
演道俗業経（一巻）乞伏秦 聖堅訳 No.820……〔一七・八三四〕
演奥鈔 No.2216
演　秘 No.1833
縁起経（一巻）唐 玄奘訳 No.124 ……〔二・五四七〕
縁起聖道経（一巻）唐 玄奘訳 No.714……〔一六・八二七〕
縁生経 No.716

縁生初勝分法本経（二巻）隋　達磨笈多訳 No.716 ……〔一六・八三〇〕
縁生論（一巻）欝楞迦造・隋　達磨笈多訳 No.1652 ……〔三二・四八二〕
縁生論 No.1653
縁本致経（一巻）失訳 No.37……〔一・八二〇〕
閻浮集（一巻）日本　鉄舟徳済 撰 No.2557 ……〔八〇・五四四〕
閻曼徳迦念誦法 No.1214
閻羅王五天使者経（一巻）劉宋　慧簡訳 No.43 ……〔一・八二八〕

オ O

小 王 央 応 往 押 黄 鴦 懊
鸚 大 太 越 音 陰 御 温 園

小野簒要抄 No.2433
小野小双紙 No.2473
小野双紙 No.2473
小野六帖（七巻）日本　仁海撰 No.2473 ……〔七八・七六〕
王法正理論（一巻）弥勒菩薩造・唐　玄奘訳 No.1615 …〔三一・八五五〕
王梵志詩集（一巻）No.2863 ……〔八五・一三二三〕
央掘経 No.120
央掘魔羅経（四巻）劉宋　求那跋陀羅訳 No.120 ……〔二・五一二〕
応恭経 No.1496
応法経（一巻）西晋　竺法護訳 No.83 ……〔一・九〇二〕
応理宗戒図釈文鈔（一巻）日本　叡尊撰 No.2357 ……〔七四・八一〕
往還迴向文類 No.2655
往五天竺国伝　新羅　慧超記 No.2089(1) ……〔五一・九七五〕
往生講式（一巻）日本　永観撰 No.2725 ……〔八四・八八〇〕
往生西方浄土瑞応伝（一巻）No.2070 ……〔五一・一〇四〕
往生集（三巻）明　袾宏輯 No.2072 ……〔五一・一二六〕
往生拾因（一巻）日本　永観集 No.2683 ……〔八四・九一〕
往生浄土決疑行願二門（一巻）宋　遵式撰 No.1968 …〔四七・一四四〕
往生浄土懺願儀（一巻）宋　遵式撰 No.1984 ……〔四七・四九〇〕
往生要集（三巻）日本　源信撰 No.2682 ……〔八四・三三〕
往生礼讃 No.1980
往生礼讃偈（一巻）唐　善導集記 No.1980 ……〔四七・四三八〕
往生論 No.1524
往生論註 No.1819
往相迴向還相迴向文類（一巻・異本）日本　親鸞撰
No.2655 ……〔八三・六七八〕
押座文類（一巻）No.2845 ……〔八五・一二九七〕
黄檗山断際禅師伝心法要（一巻）唐　裴休集
No.2012A ……〔四八・三七九〕
黄檗清規（一巻）日本　隠元隆琦語・法孫性激等編
No.2607 ……〔八二・七六六〕
黄檗断際禅師宛陵録（一巻）唐　裴休集 No.2012B ……〔四八・三八四〕
黄龍慧南禅師語録（一巻）宋　恵泉集 No.1993 ……〔四七・六二九〕
黄龍慧南禅師語録続補（一巻）日本　東晙輯
No.1993 附 ……〔四七・六三六〕
鴦崛髻経（一巻）西晋　法炬訳 No.119 ……〔二・五一〇〕
鴦掘摩経（一巻）西晋　竺法護訳 No.118 ……〔二・五〇八〕

鴦掘魔経 No.118
鴦掘魔羅経 No.118
鴦掘鬘経 No.119
懊悩三処経 No.525
鸚鵡経（一巻）劉宋 求那跋陀羅訳 No.79……〔一・八八八〕
大原声明博士図（一巻）No.2715……〔八四・八四九〕
大原談義聞書鈔（一巻）No.2618……〔八三・三一四〕
大原問答 No.2618
太田禅門許御書（一巻）日本 日蓮撰 No.2694……〔八四・二八〇〕
越難経（一巻）西晋 聶承遠訳 No.537……〔一四・八二〇〕
音曲秘要抄（一巻）日本 凝然述 No.2721……〔八四・八六五〕
音悦経 No.531
音律肝要抄 No.2716
音律菁花集（一巻）日本 頼験撰 No.2716……〔八四・八五三〕
陰持入経（一巻）後漢 安世高訳 No.603……〔一五・一七三〕
陰持入経註（一巻）呉 陳慧撰 No.1694……〔三三・九〕
御義口伝 No.2699
御義口伝鈔（一巻）日本 日興撰 No.2699……〔八四・三〇一〕
御　文 No.2668
温室経 No.701
温室経義記（一巻）隋 慧遠撰 No.1793……〔三九・五一二〕
温室経疏（一巻）唐 慧浄撰 No.2780……〔八五・五三六〕
温室洗浴衆僧経（一巻）後漢 安世高訳 No.701……〔一六・八〇二〕
園生樹経（一巻）宋 施護訳 No.28……〔一・八一〇〕

カ Ka ガ Ga

火加伽か何呵河迦荷過訶伽が餓戒
海界開槐誡柿覚学月がっ月がっ甘寒
棺勧感漢管関歓諌観灌鹹元願

火吽軌別録（一巻）No.914……〔一八・九三六〕
火許供養儀軌（一巻）No.913……〔一八・九三四〕
火陀羅尼経 No.1236
加句霊験仏頂尊勝陀羅尼記（一巻）唐 武徹述 No.974C……〔一九・三八六〕
伽駄金剛真言（一巻）No.1241……〔二一・二〇二〕
何耶掲唎婆観世音菩薩受法壇（一巻）No.1074……〔二〇・一七一〕
何耶掲唎婆像法（一巻）No.1073……〔二〇・一七〇〕
呵雕阿那鋡経（一巻）東晋 竺曇無蘭訳 No.538……〔一四・八三二〕
河中大聚沫経 No.106
迦尸迦十法経 No.1480
迦葉結経（一巻）後漢 安世高訳 No.2027……〔四九・四〕
迦葉禁戒経（一巻）宋 沮渠京声訳 No.1469……〔二四・九一二〕
迦葉仙人説医女人経（一巻）宋 法賢訳 No.1691……〔三二・七八七〕
迦葉赴仏般涅槃経（一巻）東晋 竺曇無蘭訳 No.393……〔一二・一一一五〕
迦葉本経 No.496
迦旃延阿毘曇 No.1543
迦旃延説法没尽経 No.2029
迦丁比丘経 No.2028

迦丁比丘説当来変経（一巻）失訳 No.2028 ……〔四九・七〕
迦楼羅及諸天密言経（一巻）唐 般若力訳 No.1278……〔二一・三三一〕
荷離阿那含経 No.538
過現因果経 No.189
過去現在因果経（四巻）劉宋 求那跋陀羅訳 No.189 ……〔三・六二〇〕
過去光世音大勢至授決経 No.180
過去荘厳劫千仏名経（一巻）失訳 No.446 ……〔一四・三六五〕
過去荘厳劫千仏名経（一巻・別本）失訳 No.446……〔一四・三七一〕
過去世仏分衛経（一巻）西晋 竺法護訳 No.180 ……〔三・四五二〕
過去仏分衛経 No.180
過世仏分衛経 No.180
過度人道経 No.362
訶利帝母経 No.1261
訶利帝母真言経（一巻）唐 不空訳 No.1261 ……〔二一・二八九〕
訶利帝母真言法 No.1261
訶利帝母法 No.1261
訶哩底母経 No.1260
訶哩底母法 No.1260
伽耶山頂経 No.464
伽耶山頂経（一巻）元魏 菩提流支訳 No.465……〔一四・四八三〕
伽耶山頂経論 No.1531
伽耶頂経 No.465
伽耶頂経論 No.465
伽耶頂経論 No.1531

餓鬼報応経（一巻）失訳 No.746 ……〔一七・五六〇〕
戒因縁経 No.1464
戒果因縁経 No.1464
戒 経 No.1454
戒香経（一巻）宋 法賢訳 No.117 ……〔二・五〇八〕
戒 疏 No.1811
戒 序 No.2462
戒消災経（一巻）呉 支謙訳 No.1477 ……〔二四・九四四〕
戒消伏災経 No.1477
戒徳経 No.116
戒徳香経（一巻）東晋 竺曇無蘭訳 No.116 ……〔二・五〇七〕
戒本宗要 No.2352
戒本宗要文集 No.2356
戒律伝来記（三巻）日本 豊安撰 No.2347 ……〔七四・一〕
戒律伝来宗旨問答 No.2347
海意菩薩所問経 No.400
海意菩薩所問浄印法門経（十八巻）宋 惟浄等訳 No.400 ……〔一三・四七三〕
海印三昧論（一巻）新羅 明晶述 No.1889 ……〔四五・七七三〕
海東高僧伝（二巻）高麗 覚訓撰 No.2065 ……〔五〇・一〇一五〕
海八徳経（一巻）後秦 鳩摩羅什訳 No.35 ……〔一・八一九〕
海龍王経（四巻）西晋 竺法護訳 No.598 ……〔一五・一三一〕
界身足論 No.1540
界身論 No.1540

開覚自性般若波羅蜜多経（四巻）宋 惟浄等訳 No.260 ……〔八・八五四〕
開甘露門集 No.2368
開元寺求得経疏記等目録（一巻）日本 円珍撰 No.2169 ……〔五五・一〇九二〕
開元釈教録（二十巻）唐 智昇撰 No.2154 ……〔五五・四七七〕
開元釈教録略出（四巻）唐 智昇撰 No.2155 ……〔五五・七二四〕
開元録 No.2154
開皇三宝録 No.2034
開心抄（三巻）日本 杲宝撰 No.2450 ……〔七七・七三六〕
開目抄（二巻）日本 日蓮撰 No.2689 ……〔八四・二〇八〕
槐安国語（七巻）日本 白隠慧鶴語 No.2574 ……〔八一・五一一〕
誡因縁経 No.1464
誡初心学人文（一巻）高麗 知訥撰 No.2019B ……〔四八・一〇〇四〕
柿経袋 No.2477
柿 袋（一巻）日本 真誉撰 No.2477 ……〔七八・一八七〕
覚夢鈔 No.2312
学道用心集（一巻）日本 道元撰 No.2581 ……〔八二・一〕
月光童子経（一巻）西晋 竺法護訳 No.534 ……〔一四・八一五〕
月光童子経 No.535
月光菩薩経（一巻）宋 法賢訳 No.166 ……〔三・四〇六〕
月 抄 No.2497
月燈三昧経（十巻）高斉 那連提耶舎訳 No.639 ……〔一五・五四九〕
月燈三昧経（一巻）劉宋 先公訳 No.640 ……〔一五・六二〇〕
月燈三昧経（一巻）劉宋 先公訳 No.641 ……〔一五・六二三〕
月上女経（二巻）隋 闍那崛多訳 No.480 ……〔一四・六一五〕
月蔵経 No.397(15)
月明童子経 No.169
月明童子経 No.534
月明童子経 No.535
月明童男経 No.169
月明菩薩経（一巻）呉 支謙訳 No.169 ……〔三・四一一〕
月明菩薩三昧経 No.169
月喩経（一巻）宋 施護訳 No.121 ……〔二・五四四〕
甘露経 No.1316
甘露経陀羅尼 No.1316
甘露経陀羅尼呪（一巻）No.1316 ……〔二一・四六八〕
甘露鼓経 No.704
甘露軍吒利儀軌 No.1211
甘露軍荼利菩薩供養念誦成就儀軌（一巻）唐 不空訳 No.1211 ……〔二一・四二〕
甘露軍吒利瑜伽念誦法 No.1211
甘露集 No.2368
甘露陀羅尼呪（一巻）唐 実叉難陀訳 No.1317 ……〔二一・四六八〕
甘露味阿毘曇 No.1553
甘露味経 No.1553
甘露味論 No.1553
寒林経 No.1392

棺斂葬送経 No.392
勧誡王頌 No.1674
勧進学道経 No.798
勧善経（一巻）No.2916 ……〔八五・一四六二〕
勧発頌（一巻）日本 覚鑁撰 No.2526 ……〔七九・五三〕
勧発諸王要偈（一巻）龍樹菩薩撰・宋 僧伽跋摩訳
No.1673 ……〔三二・七四八〕
勧発菩提心集（三巻）唐 慧沼撰 No.1862 ……〔四五・三七五〕
勧劣向勝不退門広短冊 No.2537
感通伝 No.1898
感通録 No.2107
漢語燈 No.2611
漢語燈捨遺 No.2612
漢光類聚（一巻）日本 忠尋記 No.2371 ……〔七四・三七三〕
漢光類聚鈔 No.2371
管絃相成義 No.2541
関中創立戒壇図経并序（一巻）唐 道宣撰 No.1892 …〔四五・八〇七〕
歓喜双身大自在天毘奈夜迦王帰依念誦供養法 No.1270
歓喜双身毘奈耶迦天形像品儀軌 No.1274
歓喜双身毘奈耶夜迦法 No.1266
歓喜母愛子成就法 No.1260
諫王経（一巻）劉宋 沮渠京声訳 No.514 ……〔一四・七八五〕
観行儀軌 No.955
観 経 No.365
観 経（一巻）No.2914 ……〔八五・一四五九〕
観経義賢問愚答鈔（一巻）日本 証忍記 No.2208B ……〔五七・四七二〕
観経義拙疑巧答研覈鈔（一巻）日本 顕意述
No.2208C ……〔五七・四八三〕
観経四品知識義（一巻）日本 道教顕意述 No.2634 ……〔八三・四九五〕
観経疏伝通記（十五巻）日本 良忠述 No.2209 ……〔五七・四九七〕
観経名目証拠十七箇條（一巻）日本 浄音撰
No.2627 ……〔八三・四一〇〕
観経妙宗鈔 No.1751
観虚空蔵経 No.409
観虚空蔵菩薩経（一巻）劉宋 曇摩蜜多訳 No.409 ……〔一三・六七七〕
観察諸法行経（四巻）隋 闍那崛多訳 No.649 ……〔一五・七二七〕
観自在一百八名経 No.1054
観自在王修行法 No.932
観自在王如来修行法 No.931
観自在功徳讃 No.1053
観自在授記経 No.1101
観自在説普賢経 No.1037
観自在多羅菩薩儀軌経 No.1101
観自在多羅菩薩経 No.1101
観自在多羅菩薩念誦法 No.1102
観自在多羅瑜伽念誦法 No.1102
観自在大悲成就瑜伽蓮華部念誦法門（一巻）
唐 不空訳 No.1030 ……〔二〇・一〕

観自在如意法要 No.1087
観自在如意輪菩薩念誦法 No.1085
観自在如意輪菩薩瑜伽法要（一巻）唐 金剛智訳 No.1087 ……〔二〇・二一一〕
観自在菩薩阿麼䨲法（一巻）失訳 No.1115 ……〔二〇・五〇二〕
観自在菩薩儀軌経 No.1101
観自在菩薩功徳讃 No.1053
観自在菩薩化身蘘麌哩曳童女銷伏毒害陀羅尼経（一巻）唐 不空訳 No.1264 ……〔二一・二九二〕
観自在菩薩広大円満無礙大悲心大陀羅尼（一巻）高麗 指空校 No.1113A ……〔二〇・四九七〕
観自在菩薩最勝明王心経 No.1033
観自在菩薩三世最勝心明王経 No.1033
観自在菩薩心真言一印念誦法（一巻）唐 不空訳 No.1041 ……〔二〇・三二〕
観自在菩薩随心呪経（一巻）唐 智通訳 No.1103 ……〔二〇・四五七〕
観自在菩薩説普賢陀羅尼経（一巻）唐 不空訳 No.1037 ……〔二〇・一九〕
観自在菩薩怛嚩多唎随心陀羅尼経（一巻・別本）唐 智通訳 No.1103 ……〔二〇・四六三〕
観自在菩薩大悲智印周遍法界利益衆生薫真如法（一巻）唐 不空訳 No.1042 ……〔二〇・三二〕
観自在菩薩如意心陀羅尼呪経（一巻）唐 義浄訳 No.1081 ……〔二〇・一九六〕
観自在菩薩如意輪呪課法（一巻）No.1952 ……〔四六・九八三〕
観自在菩薩如意輪念誦儀軌（一巻）唐 不空訳 No.1085 ……〔二〇・二〇三〕
観自在菩薩如意輪瑜伽（一巻）唐 不空訳 No.1086 ……〔二〇・二〇六〕
観自在菩薩如意輪瑜伽念誦法 No.1086
観自在菩薩母陀羅尼経（一巻）宋 法賢訳 No.1117 ……〔二〇・五〇六〕
観自在母経 No.1117
観所縁釈 No.1625
観所縁縁論（一巻）陳那菩薩造・唐 玄奘訳 No.1624 ……〔三一・八八八〕
観所縁縁論釈 No.1625
観所縁論釈（一巻）護法菩薩造・唐 義浄訳 No.1625 ……〔三一・八八九〕
観心覚夢鈔（三巻）日本 良遍撰 No.2312 ……〔七一・六五〕
観心本尊抄（一巻）日本 日蓮撰 No.2692 ……〔八四・二七二〕
観心論（一巻）隋 智顗述 No.1920 ……〔四六・五八四〕
観心論（一巻）No.2833 ……〔八五・一二七〇〕
観心論疏（五巻）隋 灌頂撰 No.1921 ……〔四六・五八七〕
観身成仏儀軌 No.1193
観世音受記経 No.371
観世音受決経 No.371
観世音授記経 No.180
観世音菩薩授記経（一巻）宋 曇無竭訳 No.371 ……〔一二・三五三〕
観世音菩薩施食（一巻）No.1113A 附 ……〔二〇・四九八〕
観世音菩薩得大勢至菩薩受記経 No.371
観世音菩薩如意摩尼陀羅尼経（一巻）唐 宝思惟訳

No.1083 ……〔二〇・二〇〇〕
観世音菩薩如意摩尼輪陀羅尼念誦法（一巻）
唐 宝思惟訳 No.1084 ……〔二〇・二〇二〕
観世音菩薩秘密蔵神呪経 No.1082
観世音菩薩秘密蔵如意輪陀羅尼神呪経（一巻）
唐 実叉難陀訳 No.1082 ……〔二〇・一九七〕
観総相論頌（一巻）陳那菩薩造・唐 義浄訳 No.1623 …〔三一・八八七〕
観想仏母般若経 No.259
観想仏母般若波羅蜜多菩薩経（一巻）宋 天息災訳
No.259 ……〔八・八五四〕
観想曼拏羅浄諸悪趣経 No.939
観中院撰定事業灌頂具足支分（十巻）日本 安然撰
No.2393 ……〔七五・二二三〕
観念阿弥陀仏相海三昧功徳法門（一巻）唐 善導集記
No.1959 ……〔四七・二二〕
観念法門 No.1959
観音義疏（二巻）隋 智顗説・灌頂記 No.1728 ……〔三四・九二一〕
観音義疏記（四巻）宋 知礼述 No.1729 ……〔三四・九三六〕
観音経 No.262(25)
観音玄 No.1726
観音玄義（二巻）隋 智顗説・灌頂記 No.1726 ……〔三四・八七七〕
観音玄義記（四巻）宋 知礼述 No.1727 ……〔三四・八九二〕
観音講式（一巻）日本 貞慶撰 No.2728 ……〔八四・八八六〕
観音受記経 No.371
観音説普賢真言経 No.1037
観音瑜伽観行儀軌 No.1031
観普賢経記 No.2194
観普賢菩薩経 No.277
観普賢菩薩行法経（一巻）劉宋 曇無蜜多訳 No.277 ……〔九・三八九〕
観普賢菩薩行法経記（二巻）日本 円珍撰 No.2194 ……〔五六・二三六〕
観普賢菩薩法経 No.277
観仏三昧海経（十巻）東晋 仏陀跋陀羅訳 No.643 ……〔一五・六四五〕
観仏三昧経 No.643
観弥勒下生経 No.453
観弥勒上生 No.452
観弥勒上生経 No.452
観弥勒上生兜率天経賛（二巻）唐 窺基撰 No.1772 …〔三八・二七二〕
観弥勒菩薩下生経 No.453
観弥勒菩薩上生兜率天経（一巻）劉宋 沮渠京声訳
No.452 ……〔一四・四一八〕
観無量寿経 No.365
観無量寿経義疏（二巻）隋 慧遠撰 No.1749 ……〔三七・一七三〕
観無量寿経義疏（一巻）隋 吉蔵撰 No.1752 ……〔三七・二三三〕
観無量寿経疏妙宗鈔（六巻）宋 知礼述 No.1751 ……〔三七・一九五〕
観無量寿仏経（一巻）劉宋 畺良耶舎訳 No.365 ……〔一二・三四〇〕
観無量寿仏経義疏（三巻）宋 元照述 No.1754 ……〔三七・二七九〕
観無量寿仏経疏（一巻）隋 智顗説 No.1750 ……〔三七・一八六〕
観無量寿仏経疏（四巻）唐 善導集記 No.1753 ……〔三七・二四五〕

観薬王薬上二菩薩経（一巻）劉宋　畺良耶舎訳
No.1161 ……〔二〇・六六〇〕
灌　経 No.695
灌頂王喩経（一巻）宋　施護等訳 No.218 ……〔四・八〇二〕
灌頂教舜記 No.2499
灌頂経 No.1331
灌頂私記 No.2499
灌頂私見聞（一巻）日本　了翁撰 No.2415 ……〔七七・一八五〕
灌頂七万二千神王護比丘呪経（十二巻）
東晋　帛戸梨蜜多羅訳 No.1331 ……〔二一・四九五〕
灌頂手鑑 No.2499
灌頂播抄 No.2499
灌頂秘要記鈔 No.2415
灌洗仏経 No.695
灌洗仏形像経（一巻）西晋　法炬訳 No.695 ……〔一六・七九六〕
灌仏経 No.695
灌仏経 No.696
灌仏形像経 No.696
灌臘経 No.391
鹹水喩経（一巻）失訳 No.29 ……〔一・八一一〕
元証大師語録 No.1987B
願　文（一巻）日本　最澄撰 No.2361 ……〔七四・一三五〕

キ　Ki　ギ　Gi

奇祈帰記起鬼寄規虚（き）器伎祇
偽義蟻吉給獲求虚（きょ）魚御仰匡
挟校教経較行玉金謹銀

奇特最勝金輪仏頂念誦儀軌法要（一巻）失訳
No.949 ……〔一九・一九〇〕
奇特仏頂経 No.953
祈願文（一巻）No.2846 ……〔八五・一三九八〕
祈願文（一巻）No.2847 ……〔八五・一三九八〕
帰命本願抄（三巻）日本　向阿証賢撰 No.2615 ……〔八三・二七八〕
記法住経 No.390
起信裂網疏 No.1850
起信論 No.1666
起信論義記 No.1846
起信論義疏 No.1843
起信論広釈 No.2814
起信論疏（二巻）新羅　元暁撰 No.1844 ……〔四四・二〇二〕
起信論疏 No.1846
起信論抄出（二巻）日本　尊辯撰 No.2283 ……〔六九・五三五〕
起信論疏記会閲 No.1848
起信論疏筆削記（二十巻）宋　子璿録 No.1848 ……〔四四・二九七〕
起信論註（一巻）No.2815 ……〔八五・一一七四〕
起信論別記 No.1845

起信論別記 No.1847
起信論略述 No.2813
起世因本経（十巻）隋 達摩笈多訳 No.25……〔一・三六五〕
起世経（十巻）隋 闍那崛多等訳 No.24……〔一・三一〇〕
起世経 No.25
鬼子母経（一巻）失訳 No.1262……〔二一・二九〇〕
鬼問目連経（一巻）後漢 安世高訳 No.734……〔一七・五三五〕
寄帰伝 No.2125
規庵語録 No.2552
規庵録 No.2552
虚堂和尚語録（十巻）宋 妙源編 No.2000……〔四七・九八四〕
虚堂智愚禅師語録 No.2000
虚堂録 No.2000
器朴論（三巻）日本 託何述 No.2681……〔八四・六〕
伎芸天女念誦法 No.1280
祇域因縁経 No.553
祇洹寺図経 No.1899
偽書論（一巻）日本 恭畏述 No.2509……〔七八・九一五〕
義雲和尚語録（二巻）日本 義雲語・侍者円宗等編 No.2591……〔八二・四六〇〕
義雲語録 No.2591
義足経（二巻）呉 支謙訳 No.198……〔四・一七四〕
義 断 No.1841
義 燈 No.1832
義堂和尚語録（四巻）日本 義堂周信語・門人中円等編 No.2556……〔八〇・五〇八〕
義堂録 No.2556
義林章 No.1861
蟻喩経（一巻）宋 施護訳 No.95……〔一・九一八〕
吉祥伽陀 No.1196
吉祥経 No.427
吉祥持世経 No.1162
吉祥天一百八名経 No.1253
吉祥天女十二契一百八名経 No.1253
吉祥天女十二名号経 No.1252
給孤長者女得度因縁経（三巻）宋 施護訳 No.130……〔二・八四五〕
給孤長者女得度経 No.130
獲免悪道経 No.595
求欲経（一巻）西晋 法炬訳 No.49……〔一・八三九〕
虚心記 No.2385
虚心記 No.2386
魚山顕密声明集略本 No.2712
魚山私鈔（二巻）日本 長恵撰 No.2713……〔八四・八二五〕
魚山集 No.2713
魚山声明集（一巻）No.2712……〔八四・八一三〕
魚山蠆芥集 No.2713
魚山目録（二巻）日本 宗快撰 No.2714……〔八四・八四三〕
魚山目録博士図 No.2714

魚山六巻帖 No.2712
御　記（一巻）日本　守覚親王撰 No.2493 ……〔七八・六二〇〕
御製救度仏母讃 No.1108A 附巻首……〔二〇・四七八〕
御注金剛般若波羅蜜経宣演（二巻）唐　道氤撰
　No.2733 ……〔八五・八〕
仰山寂禅師語録 No.1990
匡真鈔 No.2344
挟注勝鬘経（一巻）No.2763 ……〔八五・二七八〕
挟註波羅蜜多心経（一巻）No.2747 ……〔八五・一六九〕
校量功徳経 No.690
校量数珠功徳経 No.787
校量数珠功徳経（一巻）唐　宝思惟訳 No.788 ……〔一七・七二七〕
教誡新学比丘行護律儀（一巻）道宣述 No.1897 ……〔四五・八六九〕
教誡律儀 No.1897
教観綱宗（一巻）明　智旭述 No.1939 ……〔四六・九三六〕
教行信証 No.2646
教化地獄経 No.724
教時義 No.2396
教時諍（一巻）日本　安然撰 No.2395A……〔七五・三五五〕
教時諍論 No.2395A
教時諍論（一巻）日本　安然撰 No.2395B……〔七五・三六二〕
教主問答抄 No.2445
経王経開題（一巻）日本　空海撰 No.2222 ……〔六一・五〕
経律異相（五十巻）梁　宝唱等集 No.2121 ……〔五三・一〕
較量一切仏刹功徳経（一巻）宋　法賢訳 No.290 ……〔一〇・五九二〕
較量寿命経（一巻）宋　天息災訳 No.759……〔一七・六〇一〕
較量仏刹功徳経 No.290
行事鈔 No.1804
行事鈔資行鈔 No.2248
行事鈔資持記 No.1805
行法肝葉鈔（三巻）日本　道範記 No.2502 ……〔七八・八七九〕
行林抄（八十二巻）日本　静然撰 No.2409 ……〔七六・一〕
玉呬耶経 No.897
玉呬耶怛多羅経 No.897
玉耶経 No.142
玉耶経（一巻）東晋　竺曇無蘭訳 No.143 ……〔二・八六五〕
玉耶女経（一巻）失訳 No.142 ……〔二・八六三〕
玉耶女経（一巻・別本）失訳 No.142 ……〔二・八六四〕
玉耶女経No.143
金七十論（三巻）陳　真諦訳 No.2137……〔五四・一二四五〕
金陵清涼院文益禅師語録（一巻）明　語風円信・
　郭凝之編 No.1991 ……〔四七・五八八〕
謹答金剛界疑問総来十條（一巻）No.2406 附 ……〔七五・八一一〕
銀色女経（一巻）元魏　仏陀扇多訳 No.179 ……〔三・四五〇〕

ク　Ku　グ　Gu

九 口 孔 旧 究 供 苦 倶 矩 救
鳩 鼓 瞿 弘 求 具 愚 黒 軍 群

九会密記 No.2471
九横経（一巻）後漢 安世高訳 No.150B ……………〔二・八八三〕
九色鹿経（一巻）呉 支謙訳 No.181 ……………〔三・四五二〕
九色鹿経（一巻・別本）呉 支謙訳 No.181 ……………〔三・四五三〕
九頌精義論 No.1516
九品往生阿弥陀三摩地集陀羅尼経（一巻）唐 不空訳
No.933 ……………〔一九・七九〕
口疏宥快鈔 No.2218
口伝鈔（三巻）日本 覚如宗昭撰 No.2663 ……………〔八三・七三八〕
孔雀王呪経（一巻）梁 僧伽婆羅訳 No.984 ……………〔一九・四四六〕
孔雀王呪経（一巻）姚秦 鳩摩羅什訳 No.988 ……………〔一九・四八一〕
孔雀王陀羅尼経 No.984
孔雀経 No.982
孔雀経音義（三巻）日本 観静撰 No.2244 ……………〔六一・七五五〕
孔雀経真言等梵本（三巻）No.983B ……………〔一九・四四一〕
孔雀明王経 No.982
孔雀明王儀軌 No.983A
孔雀明王陀羅尼経 No.984
孔雀明王陀羅尼経 No.988
孔目章 No.1870
功徳施論 No.1515
功徳荘厳王経 No.1374
旧城喩経（一巻）宋 法賢訳 No.715 ……………〔一六・八二九〕
旧雑譬喩経（二巻）呉 康僧会訳 No.206 ……………〔四・五一〇〕
旧雑譬喩集経 No.206
究竟一乗宝性論（四巻）後魏 勒那摩提訳 No.1611 ……〔三一・八一三〕
究竟大悲経（巻第二・巻第三・巻第四）（三巻）
No.2880 ……………〔八五・一三六八〕
供養儀式（一巻）失訳 No.859 ……………〔一八・一七七〕
供養護世八天法（一巻）唐 法全集 No.1295 ……………〔二一・三八〇〕
供養十二大威徳天報恩品（一巻）唐 不空訳
No.1297 ……………〔二一・三八三〕
供養法私記 No.2220
苦陰因事経（一巻）西晋 法炬訳 No.55 ……………〔一・八四九〕
苦陰経（一巻）失訳 No.53 ……………〔一・八四六〕
倶枳羅経 No.1385
倶枳羅陀羅尼経（一巻）宋 法賢訳 No.1385 ……………〔二一・九〇五〕
倶舎光記 No.1821
倶舎釈論 No.1559
倶舎正文 No.2253
倶舎雹論 No.1562
倶舎宝疏 No.1822
倶舎論 No.1558
倶舎論記（三十巻）唐 普光述 No.1821 ……………〔四一・一〕
倶舎論稽古 No.2252
倶舎論指要鈔 No.2250
倶舎論実義疏（五巻）尊者安恵造 No.1561 ……………〔二九・三二五〕
倶舎論頌 No.1560

倶舎論頌疏 No.1823
倶舎論頌疏抄（二十九巻）日本 英憲撰 No.2254 ……〔六四・四七七〕
倶舎論頌疏正文（一巻）日本 源信撰 No.2253 ……〔六四・四六七〕
倶舎論頌疏論本（三十巻）唐 円暉述 No.1823 ……〔四一・八一三〕
倶舎論疏（三十巻）唐 法宝撰 No.1822 ……〔四一・四五三〕
倶舎論法義 No.2251
倶舎論本義抄（四十八巻）日本 宗性撰 No.2249 ……〔六三・一〕
倶舎論明思鈔 No.2249
倶力迦羅龍王儀軌（一巻）唐 金剛智訳 No.1208 ……〔二一・三八〕
倶利伽羅大龍勝外道伏陀羅尼経（一巻）No.1206 ……〔二一・三七〕
倶利伽羅龍王陀羅尼経 No.1206
矩里迦龍王像法 No.1207
救焔口餓鬼陀羅尼経 No.1313
救護身命経 No.2865
救疾経（一巻）No.2878 ……〔八五・一三六一〕
救諸衆生一切苦難経（一巻）No.2915 ……〔八五・一四六一〕
救度仏母二十一種礼讃経（一巻）No.1108B ……〔二〇・四七九〕
救抜焔口餓鬼陀羅尼経（一巻）唐 不空訳 No.1313 ……〔二一・四六四〕
救面然餓鬼陀羅尼神呪経（一巻）唐 実叉難陀訳
No.1314 ……〔二一・四六五〕
救療小児疾病経 No.1330
鳩摩羅什法師大義（三巻）東晋 慧遠問・羅什答
No.1856 ……〔四五・一二二〕
鼓音声王経 No.370
瞿醯経 No.897
瞿醯壇跢羅経 No.897
瞿曇弥記果経（一巻）劉宋 慧簡訳 No.60 ……〔一・八五六〕
弘賛法華伝（十巻）唐 恵詳撰 No.2067 ……〔五一・一二〕
弘道広顕三昧経（四巻）西晋 竺法護訳 No.635 ……〔一五・四八八〕
弘明集（十四巻）梁 僧祐撰 No.2102 ……〔五二・一〕
求那摩底随相論 No.1641
求仏本業経 No.282
求法高僧伝 No.2066
求聞持儀軌 No.1145
求聞持経 No.1145
求聞持表白（一巻）日本 覚鑁撰 No.2727 ……〔八四・八八五〕
具支灌頂 No.2393
具支灌頂儀式（一巻）日本 元杲撰 No.2470 ……〔七八・六六〕
具支灌頂私記 No.2470
具徳経 No.126
具法行経 No.98
愚禿鈔（一巻）日本 親鸞撰 No.2648 ……〔八三・六四七〕
愚要鈔（三巻）日本 光雲明秀撰 No.2644 ……〔八三・五三五〕
黒谷上人語燈録（十五巻）日本 源空撰・
了恵道光輯 No.2611 ……〔八三・一〇五〕
軍荼利儀軌 No.1211
群疑論 No.1960
群牛譬経（一巻）西晋 法炬訳 No.215 ……〔四・八〇〇〕

ケ　Ke　ゲ　Ge

化希花悔華下外解懈啓景溪
継詣稽瑩髻決月見建堅揵楗
甄賢顕懸幻玄彦原眼現

化七子経 No.140
希有挍量功徳経（一巻）隋 闍那崛多訳 No.690 ……〔一六・七八三〕
希有希有校量功徳経 No.690
花厳経義記（巻第一）（一巻）後魏 慧光撰 No.2756……〔八五・二三四〕
花厳経疏（巻第三）（一巻）新羅 元暁撰 No.2757……〔八五・二三四〕
花厳経入法界品頓証毘盧遮那法身字輪瑜伽儀軌 No.1020
花厳経文義綱目（一巻）唐 法蔵撰 No.1734……〔三五・四九二〕
花積経 No.1359
花積楼閣陀羅尼経（一巻）宋 施護訳 No.1359……〔二一・八七七〕
花聚陀羅尼呪経（一巻）失訳 No.1358……〔二一・八七六〕
悔過経 No.1492
華厳一乗義私記（一巻）日本 増春撰 No.2327……〔七二・一四〕
華厳一乗教義分斉章（四巻）唐 法蔵述 No.1866……〔四五・四七七〕
華厳一乗教分記 No.1866
華厳一乗教分記輔宗匡真鈔（十巻）日本 鳳潭撰 No.2344……〔七三・三〇一〕
華厳一乗十玄門（一巻）隋 杜順説・唐 智儼撰 No.1868……〔四五・五一四〕
華厳一乗成仏妙義（一巻）新羅 見登之集 No.1890……〔四五・七七五〕
華厳一乗法界図（一巻）新羅 義湘撰 No.1887A……〔四五・七一一〕
華厳演義鈔纂釈 No.2205
華厳海印三昧論 No.1889
華厳関脈義記 No.1879
華厳関脈義記（一巻・別本）No.1879……〔四五・六五九〕
華厳経 No.278
華厳経 No.279
華厳経 No.293
華厳経音義 No.2206A
華厳経関脈義記（一巻）唐 法蔵撰 No.1879……〔四五・六五六〕
華厳経義海百門（一巻）唐 法蔵述 No.1875……〔四五・六二七〕
華厳経儀軌 No.1020
華厳経孔目章 No.1870
華厳経決疑論 No.1741
華厳経玄談纂釈 No.2205
華厳経骨目 No.1742
華厳経金師子章註 No.1881
華厳経旨帰（一巻）唐 法蔵述 No.1871……〔四五・五八九〕
華厳経字輪儀軌 No.1020
華厳経十明論 No.1888
華厳経疏（一巻）No.2755……〔八五・二一七〕
華厳経章（一巻）No.2753……〔八五・二〇五〕
華厳経浄行品 No.281

華厳経心陀羅尼（一巻）失訳 No.1021……〔一九・七〇九〕
華厳経随疏演義鈔 No.1736
華厳経捜玄記 No.1732
華厳経大意 No.1740
華厳経探玄記（二十巻）唐 法蔵述 No.1733……〔三五・一〇七〕
華厳経中一乗五教分斉義 No.1866
華厳経伝記（五巻）唐 法蔵集 No.2073……〔五一・一五三〕
華厳経内章門等雑孔目章（四巻）唐 智儼集
No.1870……〔四五・五三六〕
華厳経入法界品 No.295
華厳経入法界品四十二字観門 No.1019
華厳経不思議仏境界分 No.300
華厳経明法品内立三宝章（二巻）唐 法蔵述
No.1874……〔四五・六一三〕
華厳経問答（二巻）唐 法蔵述 No.1873……〔四五・五九八〕
華厳還源観 No.1876
華厳五教止観（一巻）隋 杜順説 No.1867……〔四五・五〇九〕
華厳五教章 No.1866
華厳五教章衍秘鈔（五巻）日本 普寂撰 No.2345……〔七三・六二三〕
華厳五教章科（一巻）No.2345 附……〔七三・七一二〕
華厳五教章匡真鈔 No.2344
華厳五教章見聞鈔 No.2342
華厳五教章指事（六巻）日本 寿霊述 No.2337……〔七二・二〇一〕
華厳五教章指事記 No.2337
華厳五教章深意鈔（十巻）日本 聖詮撰 No.2341……〔七三・一〕
華厳五教章不審 No.2343
華厳五教章名目（三巻）No.2338……〔七二・二八〇〕
華厳五教章問答抄（十五巻）日本 審乗撰 No.2340……〔七二・六一七〕
華厳五十要問答（二巻）唐 智儼集 No.1869……〔四五・五一九〕
華厳骨目 No.1742
華厳金師子章 No.1880
華厳金師子章雲間類解 No.1880
華厳金師子章註 No.1881
華厳策林（一巻）唐 法蔵述 No.1872……〔四五・五九七〕
華厳修禅観照入解脱門義（二巻）日本 高辯述
No.2331……〔七二・七四〕
華厳宗一乗開心論（六巻）日本 普機撰 No.2326……〔七二・一〕
華厳宗香薫抄（七巻）日本 宗性撰 No.2333……〔七二・一〇〇〕
華厳宗種性義抄（一巻）日本 親円撰 No.2328……〔七二・四六〕
華厳宗章疏并因明録（一巻）日本 円超録 No.2177…〔五五・一一三二〕
華厳宗所立五教十宗大意略抄（一巻）No.2336……〔七二・一九七〕
華厳宗大要抄（一巻）日本 実弘撰 No.2334……〔七二・一八九〕
華厳宗要義（一巻）日本 凝然述 No.2335……〔七二・一九〇〕
華厳十住経 No.284
華厳信種義（一巻）日本 高辯記 No.2330……〔七二・六九〕
華厳大疏鈔 No.1736
華厳入法界四十二字観門 No.1019
華厳仏光三昧観秘宝蔵（二巻）日本 高辯集 No.2332…〔七二・八七〕

華厳法界玄鏡（二巻）唐　澄観述 No.1883 ……〔四五・六七二〕
華厳発菩提心章（一巻）唐　法蔵述 No.1878 ……〔四五・六五〇〕
華厳遊意（一巻）隋　吉蔵撰 No.1731 ……〔三五・一〕
華厳遊心法界記（一巻）唐　法蔵撰 No.1877 ……〔四五・六四一〕
華厳略疏（巻第三）（一巻）No.2754 ……〔八五・一〇七〕
華厳論草（一巻）日本　景雅撰 No.2329 ……〔七二・六二〕
華山院家四十八問答（一巻）日本　道教顕意撰
No.2633 ……〔八三・四九〇〕
華積経 No.1356
華積陀羅尼呪経 No.1356
華積陀羅尼神呪経（一巻）呉　支謙訳 No.1356 ……〔二一・八七四〕
華手経（十巻）姚秦　鳩摩羅什訳 No.657 ……〔一六・一二七〕
華首経 No.657
華聚経 No.1358
華胥大夏中天竺舎衛国祇洹図経 No.1899
下生経 No.453
下生成仏経 No.454
下部讃 No.2140
外道小乗四宗論 No.1639
外道小乗涅槃論 No.1640
外道問聖大乗法無我義経（一巻）宋　法天訳 No.846 …〔一七・九三四〕
外道問大乗経 No.846
解憂経（一巻）宋　法天訳 No.804 ……〔一七・七四九〕
解形中六事経 No.552
解夏経（一巻）宋　法賢訳 No.63 ……〔一・八六一〕
解捲論（一巻）陳那菩薩造・陳　真諦訳 No.1620 ……〔三一・八八三〕
解深密経（五巻）唐　玄奘訳 No.676 ……〔一六・六八八〕
解節経（一巻）陳　真諦訳 No.677 ……〔一六・七一一〕
解脱戒経（一巻）元魏　般若流支訳 No.1460 ……〔二四・六五九〕
解脱道論（十二巻）優波底沙造・梁　僧伽婆羅訳
No.1648 ……〔三二・三九九〕
解脱了義経 No.678
解梵志阿颰経 No.20
解迷顕智成悲十明論（一巻）唐　李通玄撰 No.1888 ……〔四五・七六七〕
懈怠耕児経 No.827
懈怠耕者経（一巻）劉宋　恵簡訳 No.827 ……〔一七・八七〇〕
啓運慈悲道場懺法 No.1909
景教三威蒙度讃（一巻）No.2143 ……〔五四・一二八八〕
景教碑 No.2144
景教流行中国碑 No.2144
景川和尚語録（二巻）日本　景川宗隆語・侍者某等編
No.2569 ……〔八一・二八六〕
景徳伝燈録（三十巻）宋　道原纂 No.2076 ……〔五一・一九六〕
渓嵐拾葉集（百十六巻）日本　光宗撰 No.2410 ……〔七六・五〇三〕
継業西域行程　宋　范成大撰 No.2089(3) ……〔五一・九八一〕
詣仏供養経 No.133
稽古略 No.2037
瑩山和尚語録 No.2585

瑩山清規（一巻）日本 瑩山紹瑾撰 No.2589 ……〔八二・四二三〕
瑩山伝光録 No.2585
髻珠経 No.1130
決疑業障経 No.841
決疑集 No.2021
決疑鈔 No.2610
決罪福経（二巻） No.2868 ……〔八五・一三二八〕
決定往生集（一巻）日本 珍海撰 No.2684 ……〔八四・一〇二〕
決定義経（一巻）宋 法賢訳 No.762 ……〔一七・六五〇〕
決定光明王経 No.937
決定総経 No.811
決定総持経（一巻）西晋 竺法護訳 No.811 ……〔一七・七七〇〕
決定蔵論（三巻）梁 真諦訳 No.1584 ……〔三〇・一〇一八〕
決定毘尼経（一巻）西晋 燉煌三蔵訳 No.325 ……〔一二・三七〕
決総持経 No.811
決了諸法如幻化三昧経 No.234
決了諸法如幻三昧経 No.234
決了如幻三昧経 No.234
月舟寿桂和尚建仁語録 No.2596
月舟和尚遺録（二巻）日本 月舟宗胡語・侍者曹源編
No.2596 ……〔八二・五四九〕
月坡禅師語録（四巻）日本 月坡道印語・
侍者元湛等編 No.2595 ……〔八二・五二一〕
見正経（一巻）東晋 竺曇無蘭訳 No.796 ……〔一七・七四〇〕
見桃録（四巻）日本 大休宗林語・遠孫比丘衆等重編
No.2572 ……〔八一・四一二〕
建康普説（一巻）日本 面山瑞芳語・門人本猛等編
No.2604 ……〔八二・七二一〕
建慧三昧経 No.640
堅 経 No.733
堅固女経（一巻）隋 那連提耶舎訳 No.574 ……〔一四・九四六〕
堅心経 No.733
堅心正意経 No.733
堅意経（一巻）後漢 安世高訳 No.733 ……〔一七・五三四〕
堅牢地天儀軌（一巻）唐 善無畏訳 No.1286 ……〔二一・三五四〕
揵稚梵讃（一巻）宋 法賢訳 No.1683 ……〔三二・七七〇〕
犍陀王経 No.506
犍陀国王経（一巻）後漢 安世高訳 No.506 ……〔一四・七七四〕
甄正論（三巻）唐 玄嶷撰 No.2112 ……〔五二・五五九〕
賢愚因縁経 No.202
賢愚経（十三巻）元魏 慧覚等訳 No.202 ……〔四・三四九〕
賢護菩薩経 No.416
賢劫経（八巻）西晋 竺法護訳 No.425 ……〔一四・一〕
賢劫十六尊（一巻） No.881 ……〔一八・三三九〕
賢劫定意経 No.425
賢劫千仏名経 No.447
賢者五福経 No.777
賢者五福徳経（一巻）西晋 白法祖訳 No.777 ……〔一七・七一四〕

賢首経（一巻）西秦　聖堅訳 No.570 ……〔一四・九四三〕
賢首夫人経 No.570
賢聖義私記 No.2320
賢聖集伽陀一百頌（一巻）宋　天息災訳 No.1686……〔三二・七七三〕
顕戒論（三巻）日本　最澄撰 No.2376 ……〔七四・五八九〕
顕識経 No.347
顕識品 No.1618
顕識論（一巻）陳　真諦訳 No.1618 ……〔三一・八七八〕
顕授不退転菩薩記 No.660
顕宗論 No.1563
顕浄土真実教行証文類（六巻）日本　親鸞撰
No.2646 ……〔八三・五八九〕
顕正流義鈔（二巻）日本　真慧撰 No.2673 ……〔八三・八四一〕
顕密円通成仏心要集（二巻）遼　道殿集 No.1955……〔四六・九八九〕
顕密差別頌 No.2510
顕密差別問答（二巻）日本　済暹撰 No.2435 ……〔七七・四七七〕
顕密相対頌 No.2510
顕密二教論 No.2427
顕密二教論懸鏡抄 No.2434
顕密不同頌（一巻）日本　覚鑁撰 No.2510 ……〔七九・一〕
顕無辺仏土経 No.289
顕無辺仏土功徳経（一巻）唐　玄奘訳 No.289 ……〔一〇・五九一〕
顕揚聖教論（二十巻）無著菩薩造・唐　玄奘訳
No.1602 ……〔三一・四八〇〕
顕揚聖教論頌（一巻）無著菩薩造・唐　玄奘訳
No.1603 ……〔三一・五八三〕
顕揚大戒論（八巻）日本　円仁撰 No.2380 ……〔七四・六六一〕
懸鏡抄 No.2434
幻化網大瑜伽教十忿怒明王大明観想儀軌経（一巻）
宋　法賢訳 No.891 ……〔一八・五八三〕
幻士仁賢経（一巻）西晋　竺法護訳 No.324 ……〔一二・三一〕
幻師跋陀神呪経 No.1378
幻師颰陀神呪経（一巻・別本）東晋　竺曇無蘭訳
No.1378 ……〔二一・九〇二〕
幻王颰陀経 No.1378
玄　軌 No.852
玄　義 No.1716
玄　賛 No.1723
玄師颰陀所説神呪経（一巻）東晋　竺曇無蘭訳
No.1378 ……〔二一・九〇一〕
玄師颰陀神呪経 No.1378
玄宗朝翻経三蔵善無畏贈鴻臚卿行状（一巻）
唐　李華撰 No.2055……〔五〇・二九〇〕
玄秘抄（四巻）日本　実運撰 No.2486 ……〔七八・三七六〕
玄法軌 No.852
玄法寺儀軌 No.852
彦琮録 No.2147
原人論（一巻）唐　宗密述 No.1886 ……〔四五・七〇七〕

眼疾病陀羅尼経 No.1324
現在賢劫千仏名経（一巻）失訳 No.447 ……〔一四・三七六〕
現在賢劫千仏名経（一巻・別本）失訳 No.447 ……〔一四・三八三〕
現在十方千五百仏名並雑仏同号（一巻）No.2905……〔八五・一四四六〕
現在仏名経 No.434
現在報経 No.656
現証三昧大教王経 No.882
現証三昧大教王経文次第 No.2226
現報当受経（一巻）No.2892……〔八五・一四〇九〕

コ Ko　ゴ Go

小　古　巨　虎　枯　虚　五　後　悟　御　護　広　光
孝　幸　皇　荒　香　降(こう)　高　興　講　合　恒　降(ごう)
業　国　黒　極　金　建　根　羯　禁　厳

小嶋私記 No.2319
古今仏道論 No.2104
古今訳経図紀（四巻）唐　靖邁撰 No.2151 ……〔五五・三四八〕
古清涼伝（二巻）唐　慧詳撰 No.2098……〔五一・一〇九二〕
古大宝積経（一巻）失訳 No.310(43) ……〔一一・六三一〕
古品遺日説般若経 No.350
古品日遺日説般若経 No.350
古来世時経（一巻）失訳 No.44 ……〔一・八二九〕
巨力長者所問経 No.543
巨力長者所問大乗経（三巻）劉宋　智吉祥等訳 No.543 ……〔一四・八二九〕
虎穴録（二巻）日本　悟溪宗頓語・門人某等編 No.2570 ……〔八一・三一三〕
虎耳意経 No.1301
虎耳経 No.1301
枯樹経（一巻）失訳 No.806……〔一七・七五一〕
虚往実帰鈔 No.2497
虚空蔵観経 No.409
虚空蔵経 No.405
虚空蔵経 No.1147
虚空蔵求聞持法 No.1145
虚空蔵神呪経 No.407
虚空蔵陀羅尼経 No.1148
虚空蔵念誦法 No.1146
虚空蔵菩薩観経 No.409
虚空蔵菩薩経 No.404
虚空蔵菩薩経（一巻）姚秦　仏陀耶舎訳 No.405……〔一三・六四七〕
虚空蔵菩薩経 No.409
虚空蔵菩薩求聞持法 No.1145
虚空蔵菩薩神呪経 No.405
虚空蔵菩薩神呪経（一巻）失訳 No.406 ……〔一三・六五六〕
虚空蔵菩薩神呪経（一巻）宋　曇摩蜜多訳 No.407 ……〔一三・六六二〕
虚空蔵菩薩陀羅尼（一巻）宋　法賢訳 No.1148……〔二〇・六〇七〕
虚空蔵菩薩陀羅尼経 No.1147

虚空蔵菩薩能満諸願最勝心陀羅尼求聞持法（一巻）
唐 善無畏訳 No.1145……〔二〇・六〇一〕
虚空蔵菩薩能満諸願最勝心陀羅尼求聞持法経 No.1145
虚空蔵菩薩問七仏陀羅尼呪経（一巻）失訳 No.1333…〔二一・五六一〕
虚空蔵問七仏陀羅尼呪経 No.1333
虚空孕経 No.408
虚空孕菩薩経（二巻）隋 闍那崛多訳 No.408 ……〔一三・六六七〕
五蘊皆空経（一巻）唐 義浄訳 No.102 ……〔二・四九九〕
五蘊論 No.1612
五会法事賛 No.1983
五王経（一巻）失訳 No.523……〔一四・七九五〕
五陰因事経 No.54
五陰譬喩経（一巻）後漢 安世高訳 No.105 ……〔二・五〇一〕
五陰喩経 No.105
五戒威儀経 No.1503
五戒相経 No.1476
五逆経 No.508
五教止観 No.1867
五教十宗大意略抄 No.2336
五教章 No.1866
五教章伊賀抄 No.2340
五教章衍秘 No.2345
五教章衍秘鈔 No.2345
五教章科 No.2345 附
五教章金沢見聞 No.2342
五教章匡真鈔 No.2344
五教章見聞鈔（八巻）日本 霊波記 No.2342……〔七三・七五〕
五教章見聞鈔 No.2345
五教章指事 No.2337
五教章寿霊疏 No.2337
五教章深意鈔 No.2341
五教章通路記（五十二巻）日本 凝然述 No.2339 ……〔七二・二九五〕
五教章不審（二十巻）日本 実英撰 No.2343 ……〔七三・一七〕
五教章名目 No.2338
五教章問答抄 No.2340
五教名目 No.2338
五苦経 No.741
五苦章句経（一巻）東晋 竺曇無蘭訳 No.741……〔一七・五四三〕
五恐怖経 No.1481
五恐怖世経（一巻）宋 沮渠京声訳 No.1481 ……〔一四・九五七〕
五家参詳要路門（五巻）日本 東嶺円慈編 No.2576 ……〔八一・六〇五〕
五支略念誦要行法 No.857
五字呪法 No.1171
五字陀羅尼頌（一巻）唐 不空訳 No.1174 ……〔二〇・七一三〕
五事毘婆沙論（二巻）尊者法救造・唐 玄奘訳
No.1555 ……〔二八・九八九〕
五事論 No.1555
五十校計経 No.397(17)

五十縁身経 No.812
五十頌経 No.248
五十頌聖般若波羅蜜経（一巻）宋 施護訳 No.248 ……〔八・八四五〕
五心義略記（二巻）日本 清範抄 No.2318 ……〔七一・二七二〕
五千五百仏名経 No.443
五千五百仏名神呪経 No.443
五千五百仏名神呪除障滅罪経（八巻）隋 闍那崛多訳 No.443 ……〔一四・三一八〕
五祖録 No.1995
五相成身義問答抄（一巻）日本 済暹撰 No.2474 ……〔七八・一〇四〕
五相成身私記（一巻）日本 覚超記 No.2403 ……〔七五・七八三〕
五大虚空蔵菩薩速疾大神験秘密式経（一巻）唐 金剛智訳 No.1149 ……〔二〇・六〇七〕
五大施経（一巻）宋 施護等訳 No.706 ……〔一六・八一三〕
五天使経 No.43
五道章句経 No.741
五道輪経 No.747b
五道輪転経 No.747b
五秘密軌 No.1125
五秘密儀軌 No.1125
五百弟子自説本起経 No.199
五百弟子自説本末経 No.199
五百弟子説本末経 No.199
五百弟子本起経 No.199
五百問経 No.1483
五部肝心記（一巻）日本 真済撰 No.2467 ……〔七八・三七〕
五部宗秘論 No.2464
五部陀羅尼宗秘論 No.2464
五部陀羅尼問答偈讃宗秘論（一巻）日本 空海撰 No.2464 ……〔七八・九〕
五福徳経 No.777
五仏頂経 No.951
五仏頂三昧陀羅尼経（四巻）唐 菩提流志訳 No.952 …〔一九・二六三〕
五分戒本 No.1422
五分戒本（一巻・別本）劉宋 仏陀什等訳 No.1422 ……〔二二・二〇〇〕
五分羯磨 No.1424
五分比丘戒本 No.1422
五分比丘尼戒本（一巻）梁 明徽集 No.1423 ……〔二二・二〇六〕
五分律 No.1421
五方便念仏門（一巻）隋 智顗撰 No.1962 ……〔四七・八一〕
五法懺悔文 No.1504
五反覆大義経 No.751
五無反復経（一巻）劉宋 沮渠京声訳 No.751 ……〔一七・五七三〕
五無返復経（一巻・別本）劉宋 沮渠京声訳 No.751 ……〔一七・五七三〕
五無返復経（一巻）劉宋 沮渠京声訳 No.752 ……〔一七・五七四〕
五無返覆大義経 No.752
五母子経（一巻）呉 支謙訳 No.555 ……〔一四・九〇六〕
五母子経（一巻・別本）呉 支謙訳 No.555 ……〔一四・九〇七〕

五門禅経要用法（一巻）仏陀蜜多撰・劉宋 曇摩蜜多訳 No.619 ……〔一五・三二五〕
五門禅要法 No.619
五輪九字明秘密釈（一巻）日本 覚鑁撰 No.2514 ……〔七九・一一〕
後出阿弥陀仏偈（一巻）失訳 No.373 ……〔一二・三六四〕
後世語聞書 No.2676
後世物語 No.2676
後世物語聞書（一巻）No.2676 ……〔八三・九一六〕
後　分 No.377
悟空入竺記 唐 円照撰 No.2089(2) ……〔五一・九七九〕
悟渓和尚語録 No.2570
悟本大師語録 No.1986B
御一代記聞書 No.2669
御絵伝 No.2664
御講聞書（一巻）日本 日向撰 No.2700 ……〔八四・三四〇〕
御消息集 No.2660
御請来目録（一巻）日本 空海撰 No.2161 ……〔五五・一〇六〇〕
御俗姓御文（一巻）日本 蓮如兼寿 撰 No.2670 ……〔八三・八三二〕
御伝鈔 No.2664
御文章 No.2668
御本書 No.2646
御本典 No.2646
御遺告（一巻）日本 空海撰 No.2431 ……〔七七・四〇八〕
護国経（一巻）宋 法賢訳 No.69 ……〔一・八七二〕
護国尊者所問経 No.321
護国尊者所問大乗経（四巻）宋 施護訳 No.321 ……〔一二・一〕
護国菩薩経（二巻）隋 闍那崛多訳 No.310(18) ……〔一一・四五七〕
護諸童子経 No.1028A
護諸童子請求男女陀羅尼経 No.1028A
護諸童子陀羅尼経（一巻）元魏 菩提流支訳 No.1028A ……〔一九・七四一〕
護諸童子陀羅尼呪経 No.1028A
護浄経（一巻）失訳 No.748 ……〔一七・五六四〕
護身命経（一巻）No.2865 ……〔八五・一三二五〕
護身命経（一巻）No.2866 ……〔八五・一三二六〕
護法論（一巻）宋 張商英述 No.2114 ……〔五二・六三七〕
護摩口決（一巻）日本 頼瑜撰 No.2532 ……〔七九・八九〕
護命神呪経 No.1139
護命放生軌儀法（一巻）唐 義浄撰 No.1901 ……〔四五・九〇二〕
護命法門神呪経（一巻）唐 菩提流志訳 No.1139 ……〔二〇・五八四〕
広義法門経（一巻）陳 真諦訳 No.97 ……〔一・九一九〕
広弘明集（三十巻）唐 道宣撰 No.2103 ……〔五二・九七〕
広顕定意経 No.635
広五蘊論 No.1613
広済衆生神呪 No.1332
広釈菩提心論（四巻）蓮華戒菩薩造・宋 施護訳 No.1664 ……〔三二・五六三〕
広清涼伝（三巻）宋 延一編 No.2099 ……〔五一・一一〇一〕

広大軌　No.851
広大儀軌　No.851
広大宝楼閣善住秘密陀羅尼経（三巻）唐　菩提流志訳　No.1006……〔一九・六三六〕
広大発願頌（一巻）龍樹菩薩造・宋　施護等訳　No.1676……〔三二・七五六〕
広大蓮華荘厳曼拏羅滅一切罪陀羅尼経（一巻）宋　施護訳　No.1116……〔二〇・五〇三〕
広博厳浄経　No.268
広博厳浄不退転経　No.268
広博厳浄不退転輪経（六巻）劉宋　智厳訳　No.268……〔九・二五四〕
広百論　No.1571
広百論釈論　No.1571
広百論頌　No.1570
広百論疏（巻第一）（一巻）唐　文軌撰　No.2800……〔八五・七八二〕
広百論抄　No.2800
広百論本（一巻）聖天菩薩造・唐　玄奘訳　No.1570……〔三〇・一八二〕
光　記　No.1821
光讃経（十巻）西晋　竺法護訳　No.222……〔八・一四七〕
光讃般若経　No.222
光讃般若波羅蜜経　No.222
光讃摩訶般若経　No.222
光徳太子経　No.170
光般若波羅蜜経　No.221
光明真言経　No.1002
光明真言句義釈　No.2245
光明蔵三昧（一巻）日本　孤雲懐奘記　No.2590……〔八二・四五三〕
光明童子因縁経（四巻）宋　施護訳　No.549……〔一四・八五四〕
光明童子経　No.549
孝子隠経　No.175
孝子経（一巻）失訳　No.687……〔一六・七八〇〕
孝子睒経　No.175
孝道国字鈔　No.2314
幸心鈔（五巻）日本　憲深口・親快記　No.2498……〔七八・七一七〕
皇太子聖徳奉讃（一巻）日本　親鸞撰　No.2653……〔八三・六六九〕
皇太子聖徳奉讃（一巻・異本）日本　親鸞撰　No.2653……〔八三・六六九〕
皇帝降誕日於麟徳殿講大方広仏華厳経玄義一部（一巻）唐　静居撰　No.1743……〔三六・一〇六四〕
荒田随筆（四巻）日本　指月慧印撰　No.2603……〔八二・六八五〕
香王経　No.1157
香王菩薩陀羅尼呪経（一巻）唐　義浄訳　No.1157……〔二〇・六五一〕
香火本国経　No.2879
香陀羅尼経　No.1401
降龍王経　No.597
高王観世音経（一巻）No.2898……〔八五・一四二五〕
高僧伝（十四巻）梁　慧皎撰　No.2059……〔五〇・三二二〕
高僧法顕伝（一巻）東晋　法顕記　No.2085……〔五一・八五七〕
高僧和讃　No.2651

高麗国普照禅師修心訣（一巻）高麗 知訥撰
No.2020 ……………………〔四八・一〇〇五〕
興起行経（二巻）後漢 康孟詳訳 No.197 ……………〔四・一六三〕
興顕経 No.291
興顕如幻経 No.291
興禅護国論（三巻）日本 栄西撰 No.2543 ……………〔八〇・一〕
講院学堂通規（一巻）日本 実道恵仁撰 No.2643 ………〔八三・五三四〕
講演法華儀 No.2192
合道神足経 No.816
合部金光明経（八巻）隋 釈宝貴合 No.664 ……………〔一六・三五九〕
恒河踰経 No.33
恒水経（一巻）西晋 法炬訳 No.33 ……………〔一・八一七〕
降三世儀軌 No.1210
降三世念誦儀軌 No.1210
降三世忿怒明王念誦儀軌（一巻）唐 不空訳 No.1210 …〔二一・四一〕
降伏部多経 No.1129
業成就論（一巻）天親菩薩造・元魏 毘目智仙訳
No.1608 ……………………〔三一・七七七〕
業報差別経 No.80
業報略経 No.723
国王不梨先泥十夢経（一巻）東晋 竺曇無蘭訳 No.148 …〔二・八七三〕
国王不犁先尼十夢経 No.148
国王不黎先泥十夢経 No.148
国清百録（四巻）隋 灌頂纂 No.1934 ……………〔四六・七九三〕
黒氏梵志経（一巻）呉 支謙訳 No.583 ……………〔一四・九六七〕
極楽願文（一巻）清 達喇嘛嘎卜楚薩木丹達爾吉訳
No.935 ……………………〔一九・八〇〕
金有陀羅尼経（一巻）No.2910 ……………〔八五・一四五五〕
金界発恵抄（三巻）日本 頼瑜記 No.2533 ……………〔七九・九八〕
金光王童子経（一巻）宋 法賢訳 No.548 ……………〔一四・八五三〕
金光明会式 No.2364
金光明経（四巻）北涼 曇無讖訳 No.663 ……………〔一六・三三五〕
金光明経玄義（一巻）隋 智顗説・灌頂録 No.1783 ………〔三九・一〕
金光明経玄義拾遺記（六巻）宋 知礼述 No.1784 ………〔三九・一二〕
金光明経玄枢 No.2196
金光明経疏（一巻）隋 吉蔵撰 No.1787 ……………〔三九・一六〇〕
金光明経文句（六巻）隋 智顗説・灌頂録 No.1785 ………〔三九・四六〕
金光明経文句記（十二巻）宋 知礼述 No.1786 ………〔三九・八三〕
金光明最勝王経（十巻）唐 義浄訳 No.665 ……………〔一六・四〇三〕
金光明最勝王経玄枢（十巻）日本 願暁等集 No.2196 …〔五六・四八三〕
金光明最勝王経疏（十巻）唐 慧沼撰 No.1788 ……………〔三九・一七五〕
金光明最勝王経註釈（十巻）日本 明一集 No.2197 ……〔五六・七一七〕
金光明最勝懺儀（一巻）宋 知礼集 No.1946 ……………〔四六・九六一〕
金光明最勝懺儀 No.1949
金光明懺 No.1945
金光明懺法補助儀（一巻）宋 遵式集 No.1945 ……………〔四六・九五七〕
金剛一乗修行儀軌法品 No.938
金剛暎（巻上）（一巻）唐 宝達集 No.2734 ……………〔八五・五二〕

金剛王念誦儀軌 No.1132
金剛王菩薩念誦法 No.1132
金剛王菩薩秘密念誦儀軌（一巻）唐 不空訳 No.1132 ……〔二〇・五七〇〕
金剛界記浄地記 No.2386
金剛界九会密記（一巻）日本 元杲撰 No.2471 ……〔七八・七二〕
金剛界沙汰 No.2518
金剛界次第生起（一巻）日本 最円撰 No.2406 ……〔七五・八〇九〕
金剛界浄地記（一巻）日本 円仁撰 No.2386 ……〔七五・二三〕
金剛界対受記 No.2391
金剛界大道場毘盧遮那如来自受用身内証智眷属法身異名仏最上乗秘密三摩地礼懺文 No.878
金剛界大法対受記（八巻）日本 安然記 No.2391 ……〔七五・一二六〕
金剛界発恵抄 No.2533
金剛界曼荼羅次第法 No.2466
金剛経 No.235
金剛経 No.236
金剛経 No.237
金剛経 No.273
金剛経暎 No.2734
金剛経開題 No.2201
金剛経義暎 No.2734
金剛経纂要刊定記（七巻）宋 子璿録 No.1702 ……〔三三・一七〇〕
金剛経疏（一巻）No.2737 ……〔八五・一二〇〕
金剛経疏（一巻）No.2738 ……〔八五・一二九〕
金剛経疏論纂要 No.1701
金剛恐怖集会方広軌儀 No.1227
金剛恐怖集会方広軌儀観自在菩薩三世最勝心明王経（一巻）唐 不空訳 No.1033 ……〔二〇・九〕
金剛恐怖集会方広軌儀観自在菩薩三世最勝心明王大威力烏枢瑟摩明王経 No.1227
金剛髻菩薩加行品 No.1130
金剛光焰止風雨陀羅尼経（一巻）唐 菩提流志訳 No.1027 ……〔一九・七二八〕
金剛光焰止風雨陀羅尼経（一巻・別本）唐 菩提流志訳 No.1027 ……〔一九・七三五〕
金剛香儀軌経 No.1170
金剛香菩薩大明成就儀軌経（三巻）宋 施護訳 No.1170 ……〔二〇・六九一〕
金剛薩埵説頻那夜迦天成就儀軌経（四巻）宋 法賢訳 No.1272 ……〔二一・三〇六〕
金剛三業経 No.885
金剛三昧経（一巻）失訳 No.273 ……〔九・三六五〕
金剛三昧経 No.644
金剛三昧経論（三巻）新羅 元暁撰 No.1730 ……〔三四・九六一〕
金剛三昧陀羅尼経 No.1344
金剛三昧本性清浄不壊不滅経（一巻）失訳 No.644 …〔一五・六九七〕
金剛三密抄（五巻）日本 覚超撰 No.2400 ……〔七五・六五八〕

金剛手光明灌頂経最勝立印聖無動尊大威怒王
念誦儀軌法品（一巻）唐 不空訳 No.1199 ……〔二一・二〕
金剛手菩薩降伏一切部多大教王経（三巻）
宋 法天訳 No.1129 ……〔二〇・五四八〕
金剛寿命陀羅尼経（一巻）唐 不空訳 No.1134B ……〔二〇・五七七〕
金剛寿命陀羅尼経 No.1135
金剛寿命陀羅尼経法（一巻）唐 不空訳 No.1134A ……〔二〇・五七六〕
金剛寿命陀羅尼念誦法（一巻）唐 不空訳 No.1133 ……〔二〇・五七五〕
金剛寿命念誦法 No.1133
金剛清浄経 No.644
金剛上味経 No.1344
金剛上味陀羅尼経（一巻）元魏 仏陀扇多訳 No.1344 ……〔二一・八五〇〕
金剛場荘厳般若一分 No.886
金剛場荘厳般若波羅蜜多教中一分（一巻）
宋 施護訳 No.886 ……〔八・五一二〕
金剛場陀羅尼経（一巻）隋 闍那崛多訳 No.1345 ……〔二一・八五四〕
金剛針論（一巻）法称菩薩造・宋 法天訳 No.1642 ……〔三二・一六九〕
金剛摧砕陀羅尼（一巻）宋 慈賢訳 No.1416 ……〔二一・九三二〕
金剛仙論（十巻）世親菩薩造・金剛仙論師釈・
元魏 菩提流支訳 No.1512 ……〔二五・七九八〕
金剛陀羅尼経 No.1345
金剛胎蔵総行五部肝心記 No.2467
金剛頂一切如来真実摂大乗現証大教王経（三巻）
唐 不空訳 No.865 ……〔一八・二〇七〕
金剛頂一切如来真実摂大乗現証大教王経（二巻）
唐 不空訳 No.874 ……〔一八・三一〇〕
金剛頂一切如来真実摂大乗現証大教王経開題 No.2221
金剛頂義訣 No.1798
金剛頂経 No.865
金剛頂経一字頂輪王儀軌音義（一巻）No.958 ……〔一九・三二七〕
金剛頂経一字頂輪王瑜伽一切時処念誦成仏儀軌
（一巻）唐 不空訳 No.957 ……〔一九・三二〇〕
金剛頂経開題（一巻）日本 空海撰 No.2221 ……〔六一・一〕
金剛頂経観自在王如来修行法（一巻）唐 不空訳
No.931 ……〔一九・七二〕
金剛頂経偈釈（一巻）日本 頼尊撰 No.2224 ……〔六一・一一四〕
金剛頂経金剛界大道場毘盧遮那如来自受用身
内証智眷属法身異名仏最上乗三摩地礼懺文 No.879
金剛頂経金剛界大道場毘盧遮那如来自受用身
内証智眷属法身異名仏最上乗秘密三摩地礼懺文
（一巻）唐 不空訳 No.878 ……〔一八・三三五〕
金剛頂経釈字母品 No.880
金剛頂経私記 No.2225
金剛頂経疏 No.2223
金剛頂経多羅菩薩念誦法（一巻）唐 不空訳
No.1102 ……〔二〇・四五四〕
金剛頂経大瑜伽秘密心地法門義訣（一巻）
唐 不空撰 No.1798 ……〔三九・八〇八〕

金剛頂経毘盧遮那一百八尊法身契印（一巻）
唐　善無畏・一行同訳　No.877 ……〔一八・三三一〕
金剛頂経曼殊室利菩薩五字心陀羅尼品（一巻）
唐　金剛智訳　No.1173 ……〔二〇・七一〇〕
金剛頂経瑜伽観自在王如来修行法（一巻）
唐　金剛智訳　No.932 ……〔一九・七五〕
金剛頂経瑜伽十八会指帰（一巻）唐　不空訳　No.869 …〔一八・二八四〕
金剛頂経瑜伽文殊師利菩薩儀軌供養法　No.1175
金剛頂経瑜伽文殊師利菩薩供養儀軌（一巻）
唐　不空訳　No.1175 ……〔二〇・七一六〕
金剛頂経瑜伽文殊師利菩薩法一品（一巻）
唐　不空訳　No.1171 ……〔二〇・七〇五〕
金剛頂経蓮花部心念誦次第沙汰（一巻）
日本　覚鑁撰　No.2518 ……〔七九・二七〕
金剛頂降三世大儀軌　No.1040
金剛頂降三世大儀軌法　No.1040
金剛頂降三世大儀軌法王教中観自在菩薩心真言一切
如来蓮花大曼拏攞品（一巻）唐　不空訳　No.1040 ……〔二〇・三〇〕
金剛頂護摩儀軌　No.909
金剛頂宗綱概（一巻）日本　杲宝撰　No.2451 ……〔七七・七六六〕
金剛頂宗菩提心論口決（一巻）日本　栄西記
No.2293 ……〔七〇・二九〕
金剛頂勝初瑜伽経中略出大楽金剛薩埵念誦儀
（一巻）唐　不空訳　No.1120A ……〔二〇・五一三〕
金剛頂勝初瑜伽普賢菩薩念誦法（一巻）唐　不空訳
No.1123 ……〔二〇・五二八〕
金剛頂大教王経開題　No.2221
金剛頂大教王経私記（十九巻）日本　曇寂撰　No.2225 …〔六一・一一七〕
金剛頂大教王経疏（七巻）日本　円仁撰　No.2223 ……〔六一・七〕
金剛頂超勝三界経説文殊五字真言勝相（一巻）
唐　不空訳　No.1172 ……〔二〇・七〇九〕
金剛頂普賢瑜伽大教王経大楽不空金剛薩埵
一切時方成就儀（一巻）No.1121 ……〔二〇・五二一〕
金剛頂発菩提心論　No.1665
金剛頂発菩提心論私抄（四巻）日本　済暹撰　No.2292 ……〔七〇・五〕
金剛頂瑜伽経文殊師利菩薩儀軌供養法　No.1175
金剛頂瑜伽五秘密修行儀軌　No.1125
金剛頂瑜伽護摩儀軌（一巻）唐　不空訳　No.908 ……〔一八・九一六〕
金剛頂瑜伽護摩儀軌（一巻）唐　不空訳　No.909 ……〔一八・九二〇〕
金剛頂瑜伽降三世成就極深密門（一巻）唐　不空訳
No.1209 ……〔二一・三九〕
金剛頂瑜伽金剛薩埵五秘密修行念誦儀軌（一巻）
唐　不空訳　No.1125 ……〔二〇・五三五〕
金剛頂瑜伽最勝秘密成仏随求即得神変加持成就
陀羅尼儀軌（一巻）唐　不空訳　No.1155 ……〔二〇・六四四〕
金剛頂瑜伽三十七尊出生義（一巻）唐　不空訳
No.872 ……〔一八・二九七〕
金剛頂瑜伽三十七尊礼　No.878

金剛頂瑜伽三十七尊礼（一巻）唐 不空訳 No.879……〔一八・三三七〕
金剛頂瑜伽指帰 No.869
金剛頂瑜伽修習毘盧遮那三摩地法（一巻）
唐 金剛智訳 No.876……〔一八・三二六〕
金剛頂瑜伽十八会指帰 No.869
金剛頂瑜伽青頸大悲王観自在念誦儀軌（一巻）
唐 金剛智訳 No.1112……〔二〇・四九〇〕
金剛頂瑜伽真実大教王経 No.865
金剛頂瑜伽千手千眼観自在菩薩修行儀軌経（二巻）
唐 不空訳 No.1056……〔二〇・七二〕
金剛頂瑜伽他化自在天理趣会普賢修行念誦儀軌
（一巻）唐 不空訳 No.1122……〔二〇・五二三〕
金剛頂瑜伽中発阿耨多羅三藐三菩提心論（一巻）
唐 不空訳 No.1665……〔三二・五七二〕
金剛頂瑜伽中発阿耨多羅三藐三菩提心論秘釈
（一巻）日本 覚鑁撰 No.2291……〔七〇・一〕
金剛頂瑜伽中略出念誦経（四巻）唐 金剛智訳
No.866……〔一八・二二三〕
金剛頂瑜伽念珠経（一巻）唐 不空訳 No.789……〔一七・七二七〕
金剛頂瑜伽般若理趣経 No.243
金剛頂瑜伽文殊師利菩薩経 No.1171
金剛頂瑜伽理趣般若経（一巻）唐 金剛智訳 No.241…〔八・七七八〕
金剛頂瑜伽略述三十七尊心要（一巻）唐 不空訳
No.871……〔一八・二九一〕
金剛頂理趣経 No.241
金剛頂略出念誦経 No.866
金剛頂蓮華部心念誦儀軌（一巻）唐 不空訳 No.873…〔一八・二九九〕
金剛頂蓮華部心念誦儀軌私記 No.2232
金剛童子儀軌 No.1222
金剛童子持念経（一巻）失訳 No.1224……〔二一・一三三〕
金剛能断経 No.238
金剛能断般若波羅蜜経（一巻）隋 笈多訳 No.238……〔八・七六六〕
金剛般若義記（一巻）No.2740……〔八五・一三七〕
金剛般若経 No.235
金剛般若経 No.237
金剛般若経依天親菩薩論賛略釈秦本義記（巻上）
（一巻）唐 知恩撰 No.2736……〔八五・一〇九〕
金剛般若経開題 No.2201
金剛般若経挟註（一巻）No.2739……〔八五・一三二〕
金剛般若経賛述（二巻）唐 窺基撰 No.1700……〔三三・一二四〕
金剛般若経旨賛（二巻）唐 曇曠撰 No.2735……〔八五・六六〕
金剛般若経疏（一巻）隋 智顗説 No.1698……〔三三・七五〕
金剛般若経疏（一巻）No.2741……〔八五・一四一〕
金剛般若経疏論纂要（二巻）唐 宗密述・
宋 子璿治定 No.1701……〔三三・一五四〕
金剛般若経論 No.1511
金剛般若疏（四巻）隋 吉蔵撰 No.1699……〔三三・八四〕
金剛般若宣演 No.2733

金剛般若波羅蜜経（一巻）姚秦 鳩摩羅什訳 No.235……〔八・七四八〕
金剛般若波羅蜜経（一巻）元魏 菩提流支訳 No.236……〔八・七五二〕
金剛般若波羅蜜経（一巻・別巻）元魏 菩提流支訳 No.236……〔八・七五七〕
金剛般若波羅蜜経（一巻）陳 真諦訳 No.237……〔八・七六二〕
金剛般若波羅蜜経開題（一巻）日本 空海撰 No.2201……〔五七・一〕
金剛般若波羅蜜経註解（一巻）明 宗泐・如玘同註 No.1703……〔三三・二二八〕
金剛般若波羅蜜経伝外伝（巻下）（一巻）No.2742……〔八五・一五四〕
金剛般若波羅蜜経破取著不壊仮名論（二巻）功徳施菩薩造・唐 地婆訶羅等訳 No.1515……〔二五・八八七〕
金剛般若波羅蜜経略疏（二巻）唐 智儼述 No.1704……〔三三・二三九〕
金剛般若波羅蜜経論 No.1510
金剛般若波羅蜜経論（三巻・別本）無著菩薩造・隋 達磨笈多訳 No.1510……〔二五・七六六〕
金剛般若波羅蜜経論（三巻）天親菩薩造・元魏 菩提流支訳 No.1511……〔二五・七八一〕
金剛般若論（二巻）無著菩薩造・隋 達磨笈多訳 No.1510……〔二五・七五七〕
金剛般若論 No.1511
金剛般若論会釈（三巻）唐 窺基撰 No.1816……〔四〇・七一九〕
金剛秘密善門陀羅尼経 No.1138
金剛秘密善門陀羅尼経（一巻・別本）失訳 No.1138……〔二〇・五八三〕
金剛秘密善門陀羅尼呪経（一巻）失訳 No.1138……〔二〇・五八一〕
金剛峯楼閣一切瑜伽瑜祇経（二巻）唐 金剛智訳 No.867……〔一八・二五三〕
金剛峰楼閣一切瑜伽瑜祇経修行法（三巻）日本 安然述 No.2228……〔六一・四八五〕
金剛錍（一巻）唐 湛然述 No.1932……〔四六・七八一〕
金剛錍論 No.1932
金剛菩薩五字秘密修行念誦儀軌 No.1125
金剛発恵抄 No.2533
金剛鬘菩薩加行品 No.1130
金剛門定意経 No.635
金剛薬叉瞋怒王息災大威神験念誦儀軌（一巻）唐 金剛智訳 No.1220……〔二一・九八〕
金剛輪総持陀羅尼経 No.1230
金師子章 No.1880
金師子章雲間類解（一巻）唐 法蔵撰・宋 浄源述 No.1880……〔四五・六六三〕
金師子章勘文（一巻）日本 景雅撰 No.2346……〔七三・七一五〕
金翅鳥王経 No.1276
金色王経（一巻）東魏 瞿曇般若流支訳 No.162……〔三・三八八〕
金色迦那鉢底陀羅尼経（一巻）唐 金剛智訳 No.1269……〔二一・三〇三〕
金色童子因縁経（十二巻）宋 惟浄等訳 No.550……〔一四・八六五〕
金色那鉢底経 No.1269
金色鹿王経 No.162

金勝王経秘密伽陀（一巻）No.2199 附……〔五六・八二五〕
金身経 No.1414
金身陀羅尼経（一巻）宋 施護訳 No.1414……〔二一・九二八〕
金毘羅童子威徳経（一巻）唐 不空訳 No.1289……〔二一・三六七〕
金 錍 No.1932
金宝鈔 No.2485
金耀童子経（一巻）宋 天息災訳 No.546……〔一四・八五〇〕
金輪時処儀軌 No.957
金輪王仏頂要略念誦法（一巻）唐 不空訳 No.948……〔一九・一八九〕
金輪王仏頂略念誦法 No.948
建立曼荼羅及揀択地法（一巻）唐 慧琳集 No.911……〔一八・九二六〕
建立曼荼羅護摩儀軌（一巻）唐 法全集 No.912……〔一八・九二九〕
根本薩婆多部律摂（十四巻）尊者勝友集・
唐 義浄訳 No.1458……〔二四・五二五〕
根本説一切有部戒経（一巻）唐 義浄訳 No.1454……〔二四・五〇〇〕
根本説一切有部出家授近円羯磨儀範（一巻）
元 抜合思巴集 No.1904……〔四五・九〇五〕
根本説一切有部尼陀那 No.1452
根本説一切有部尼陀那目得迦（十巻）唐 義浄訳
No.1452……〔二四・四一五〕
根本説一切有部尼陀那目得迦摂頌 No.1456
根本説一切有部尼陀目得迦摂頌 No.1456
根本説一切有部毘奈耶（五十巻）唐 義浄訳
No.1442……〔二三・六二七〕
根本説一切有部毘奈耶安居事（一巻）唐 義浄訳
No.1445……〔二三・一〇四一〕
根本説一切有部毘奈耶羯恥那衣事（一巻）
唐 義浄訳 No.1449……〔二四・九七〕
根本説一切有部毘奈耶頌（三巻）尊者毘舎佉造・
唐 義浄訳 No.1459……〔二四・六一七〕
根本説一切有部毘奈耶出家事（四巻）唐 義浄訳
No.1444……〔二三・一〇二〇〕
根本説一切有部毘奈耶随意事（一巻）唐 義浄訳
No.1446……〔二三・一〇四四〕
根本説一切有部毘奈耶雑事（四十巻）唐 義浄訳
No.1451……〔二四・二〇七〕
根本説一切有部毘奈耶雑事摂頌 No.1457
根本説一切有部毘奈耶尼陀那目得迦摂頌（一巻）
唐 義浄訳 No.1456……〔二四・五一七〕
根本説一切有部毘奈耶破僧事（二十巻）
唐 義浄訳 No.1450……〔二四・九九〕
根本説一切有部毘奈耶皮革事（二巻）唐 義浄訳
No.1447……〔二三・一〇四八〕
根本説一切有部毘奈耶薬事（十八巻）唐 義浄訳
No.1448……〔二四・一〕
根本説一切有部苾芻習学略法（一巻）
元 抜合思巴集 No.1905……〔四五・九一二〕
根本説一切有部苾芻尼戒経（一巻）唐 義浄訳

No.1455 ……〔二四・五〇八〕
根本説一切有部苾芻尼毘奈耶（二十巻）
唐 義浄訳 No.1443 ……〔二三・九〇七〕
根本説一切有部百一羯磨（十巻）唐 義浄訳
No.1453 ……〔二四・四五五〕
根本説一切有部略毘奈耶雑事摂頌（一巻）
唐 義浄訳 No.1457 ……〔二四・五二〇〕
根本大楽経 No.244
根本大和尚真跡策子等目録（一巻）No.2162 ……〔五五・一〇六六〕
羯磨（一巻）曹魏 曇諦訳 No.1433 ……〔二二・一〇五一〕
禁戒経 No.1469
厳誡宿縁経 No.197
厳浄仏土経 No.318

サ Sa ザ Za

左 作 坐 座 西 斎 採 済 最 罪
索 薩さっ 薩さっ 三 山 纂 讃

左記（一巻）日本 守覚親王撰 No.2492 ……〔七八・六〇七〕
作像因縁経 No.692
作仏形像経（一巻）失訳 No.692 ……〔一六・七八八〕
坐禅儀 No.2580
坐禅三昧経（二巻）姚秦 鳩摩羅什等訳 No.614 ……〔一五・二六九〕
坐禅三昧法門経 No.614
坐禅法要 No.1915
坐禅用心記（一巻）日本 瑩山紹瑾撰 No.2586 ……〔八二・四一二〕
座右鈔（一巻）日本 実道恵仁撰 No.2641 ……〔八三・五二八〕
西域記 No.2087
西域僧鎖喃嚷結伝 No.2089(5) ……〔五一・九八五〕
西方陀羅尼蔵中金剛族阿蜜哩多軍吒利法（一巻）
No.1212 ……〔二一・四九〕
西方要決 No.1964
西方要決釈疑通規（一巻）唐 基撰 No.1964 ……〔四七・一〇四〕
西要抄（二巻）日本 向阿証賢撰 No.2616 ……〔八三・二九二〕
斎経（一巻）呉 支謙訳 No.87 ……〔一・九一〇〕
斎法清浄経（一巻）No.2900 ……〔八五・一四三二〕
採花違王上仏授決経 No.510
採花違王上仏授決号妙花経（一巻）東晋 竺曇無蘭訳
No.510 ……〔一四・七七八〕
採花授決経 No.510
採蓮華違王経 No.510
採蓮華違王上仏授決号妙華経 No.510
採蓮華王経 No.510
採蓮華王上仏授決号妙華経 No.510
済諸方等学経（一巻）西晋 竺法護訳 No.274 ……〔九・三七四〕
済諸方等経 No.274
最勝羽足 No.2198
最勝王経 No.665
最勝王経羽足（一巻）日本 平備撰 No.2198 ……〔五六・八〇七〕

最勝王経開題（一巻）日本 空海撰 No.2199 ……〔五六・八二四〕
最勝王経玄枢 No.2196
最勝王経注釈 No.2197
最勝王経秘密伽陀 No.2199 附
最勝経 No.969
最勝陀羅尼経 No.969
最勝燈王神呪経 No.1354
最勝仏頂陀羅尼経（一巻）宋 法天訳 No.974A ……〔一九・三八三〕
最勝仏頂陀羅尼浄除業障呪経（一巻）
唐 地婆訶羅訳 No.970 ……〔一九・三五七〕
最勝妙吉祥根本智最上秘密一切名義三摩地分
（二巻）宋 施護訳 No.1187 ……〔二〇・八〇八〕
最勝問菩薩十住除垢断結経（十巻）姚秦 竺仏念訳
No.309 ……〔一〇・九六六〕
最勝立印聖無動尊大威怒王念誦儀軌法品 No.1199
最上意経 No.1408
最上意陀羅尼経（一巻）宋 施護訳 No.1408 ……〔二一・九二三〕
最上根本大楽金剛不空三昧大教王経（七巻）
宋 法賢訳 No.244 ……〔八・七八六〕
最上乗教受戒懺悔文普賢菩薩阿闍梨集処 No.915
最上乗頓悟法門 No.2075
最上乗論（一巻）唐 弘忍述 No.2011 ……〔四八・三七七〕
最上大乗金剛大教宝王経（二巻）宋 法天訳
No.1128 ……〔二〇・五四二〕
最上秘密那拏天経（三巻）宋 法賢訳 No.1288 ……〔二一・三五八〕
最無比経（一巻）唐 玄奘訳 No.691 ……〔一六・七八五〕
罪業応報教化地獄経（一巻）後漢 安世高訳 No.724 …〔一七・四五〇〕
罪福報応経（一巻）劉宋 求那跋陀羅訳 No.747 ……〔一七・五六二〕
索法号義習諷誦文（一巻）No.2857 ……〔八五・一三〇六〕
薩遮尼乾子経 No.272
薩遮尼乾子所説経 No.272
薩曇分陀利経（一巻）失訳 No.265 ……〔九・一九七〕
薩婆多宗五事論（一巻）唐 法成訳 No.1556 ……〔二八・九九五〕
薩鉢多酥哩踰捺野経（一巻）宋 法賢訳 No.30 ……〔一・八一一〕
薩婆多毘尼 No.1440
薩婆多毘尼 No.1441
薩婆多毘尼毘婆沙（九巻）失訳 No.1440 ……〔二三・五〇三〕
薩婆多部毘尼摩得勒伽（十巻）劉宋 僧伽跋摩訳
No.1441 ……〔二三・五六四〕
薩婆多摩徳勒伽毘尼 No.1441
薩羅国王経 No.520
薩羅国経（一巻）失訳 No.520 ……〔一四・七九三〕
三戒経 No.311
三界図（一巻）No.2840 ……〔八五・一二九三〕
三帰五戒功徳経 No.72
三帰五戒慈心厭離功徳経（一巻）失訳 No.72 ……〔一・八七八〕
三教平心論（二巻）元 劉謐撰 No.2117 ……〔五二・七八一〕
三経往生文類 No.2654

三具足経憂波提舎（一巻）元魏 毘目智仙等訳
No.1534 ……〔二六・三五九〕
三具足経論 No.1534
三啓経 No.801
三劫三千仏縁起 No.446附 ……〔一四・三六四〕
三国遺事（五巻）高麗 一然撰 No.2039 ……〔四九・九五三〕
三十巻教王経文次第（二巻）日本 杲宝撰 No.2226 ……〔六一・三七一〕
三種悉地破地獄転業障出三界秘密陀羅尼法（一巻）
唐 善無畏訳 No.905 ……〔一八・九〇九〕
三十五仏名礼懺文（一巻）唐 不空訳 No.326 ……〔一二・四二〕
三十七尊出生義 No.872
三十七尊礼 No.879
三十七尊礼懺文 No.878
三十七品経 No.604
三十頌 No.1586
三十論 No.1586
三重布字成身曼荼羅観行 No.863
三処経 No.525
三処悩経 No.525
三聖円融観門（一巻）唐 澄観述 No.1882 ……〔四五・六七一〕
三身梵讃（一巻）宋 法賢訳 No.1677 ……〔三二・七五七〕
三世最勝心明王経 No.1033
三千威儀 No.1470
三大秘法抄（一巻）日本 日蓮撰 No.2695 ……〔八四・二八六〕
三大秘法禀承事 No.2695
三厨経（一巻）No.2894 ……〔八五・一四一三〕
三転法輪経（一巻）唐 義浄訳 No.110 ……〔二・五〇四〕
三慧経（一巻）失訳 No.768 ……〔一七・七〇一〕
三部仮名抄 Nos.2615, 2616, 2617
三部経音義 No.2207
三部秘釈 No.2472
三部律抄（一巻）No.2793 ……〔八五・六七二〕
三法蔵経 No.228
三法度経論 No.1506
三法度論（三巻）尊者山賢造・東晋 僧伽提婆訳
No.1506 ……〔二五・一五〕
三宝院伝法灌頂私記 No.2487
三宝感通録 No.2106
三宝感応要略録（三巻）宋 非濁集 No.2084 ……〔五一・八二六〕
三宝章 No.1874
三宝録 No.2034
三品弟子経 No.635
三品弟子経（一巻）呉 支謙訳 No.767 ……〔一七・七〇〇〕
三昧耶戒序（一巻）日本 空海撰 No.2462 ……〔七八・四〕
三昧耶仏戒儀 No.2463
三摩竭経（一巻）呉 竺律炎訳 No.129 ……〔二・八四三〕
三昧流口伝集（二巻）日本 良祐撰 No.2411 ……〔七七・一〕
三万仏同根本神秘之印並法龍種上尊王仏法

（一巻）No.2906 ……〔八五・一四四九〕
三曼陀跋陀羅菩薩経（一巻）西晋 聶道真訳 No.483 …〔一四・六六六〕
三弥底部論（三巻）失訳 No.1649 ……〔三二・四六二〕
三弥底論 No.1649
三弥勒経疏（一巻）新羅 憬興撰 No.1774 ……〔三八・三〇三〕
三密修行問答 No.2525
三密抄 No.2710
三密抄料簡（二巻）日本 覚超撰 No.2399 ……〔七五・六三三〕
三無性論（二巻）陳 真諦訳 No.1617 ……〔三一・八六七〕
三論玄 No.1852
三論玄義（一巻）隋 吉蔵撰 No.1852 ……〔四五・一〕
三論玄義桂宮鈔 No.2301
三論玄義検幽集（七巻）日本 証禅撰 No.2300 ……〔七〇・三七九〕
三論玄義鈔（三巻）日本 貞海撰 No.2301 ……〔七〇・四九九〕
三論玄義誘蒙（三巻）日本 聞証撰 No.2302 ……〔七〇・五三三〕
三論玄疏文義要（十巻）日本 珍海撰 No.2299 ……〔七〇・一九九〕
三論興縁（一巻）日本 聖守撰 No.2307A ……〔七〇・八三三〕
三論宗濫觴（一巻）No.2307B ……〔七〇・八三八〕
三論宗初心初学鈔（一巻）日本 実慶撰 No.2308 ……〔七〇・八三九〕
三論宗章疏（一巻）日本 安遠録 No.2179 ……〔五五・一一三七〕
三論大義鈔 No.2296
三論名教抄 No.2306
三論遊意義（一巻）隋 磧法師撰 No.1855 ……〔四五・一一六〕
山海慧菩薩経（一巻）No.2891 ……〔八五・一四〇五〕
山家学生式（一巻）日本 最澄撰 No.2377 ……〔七四・六二三〕
纂要 No.1842
讃阿弥陀仏偈（一巻）後魏 曇鸞撰 No.1978 ……〔四七・四二〇〕
讃観世音頌 No.1052
讃観世音菩薩頌（一巻）唐 慧智訳 No.1052 ……〔二〇・六七〕
讃禅門詩（一巻）No.2839 ……〔八五・一二九一〕
讃僧功徳経（一巻）No.2911 ……〔八五・一四五六〕
讃法界頌（一巻）龍樹菩薩造・宋 施護訳 No.1675 ……〔三二・七五四〕
讃揚聖徳多羅菩薩一百八名経（一巻）宋 天息災訳 No.1106 ……〔二〇・四七四〕
讃揚多羅一百八名経 No.1106

シ Si　ジ Ji

尸 止 四 死 私 使 思 指 師 獅 試 資 緇 熾
示 地 字 寺 自 事 坐 治 持 時 痔 慈 識 食
七(しち) [illegible] 七(しっ) 悉 十(じっ) 実 沙 舎 差 遮 釈(しゃ)
嗟 邪 闍 折 釈(しゃく) 錫 寂 釈(しゃっ) 手 守 取 首
修(しゅ) 須 数(しゅ) 種 寿 受 呪 授 数(じゅ) 頌 聚 樹
濡 宗 拾 修(しゅう) 執 習 衆 集(しゅう) 十(じゅう) 住 集(じゅう)
宿 出(しゅっ) 出(しゅつ) 十(じゅっ) 述 春 准 順 処 初 所 署
諸 序 恕 除 小 少 正 生 声 青 政 星 荘 従
消 称 商 紹 清 勝 掌 証 鈔 摂 聖 彰 請 上
成 定 帖 長 浄 常 静 肇 穣 嚢 心 申 身 信
神(しん) 真 進 新 親 鐔 仁 神(じん) 甚 深

尸迦羅越六向拝経 No.16
尸迦羅越六方拝経 No.16
尸迦羅越六方礼経（一巻）後漢 安世高訳 No.16 ……〔一・二五〇〕
尸利崛多長者経 No.545
止　観 No.1911
止観義例（二巻）唐 湛然述 No.1913 ……〔四六・四四七〕
止観大意（一巻）唐 湛然述 No.1914 ……〔四六・四五九〕
止観輔行 No.1912
止観輔行伝弘決（四十巻）唐 湛然述 No.1912 ……〔四六・一四一〕
止観門論頌（一巻）世親菩薩造・唐 義浄訳 No.1655 …〔三二・四九一〕
止風雨経 No.1027
止風雨陀羅尼経 No.1027
四阿含暮抄 No.1505
四阿含暮抄経 No.1505
四阿鋡暮抄解（二巻）婆素跋陀撰・
符秦 鳩摩羅仏提等訳 No.1505 ……〔二五・一〕
四月八日灌経 No.695
四　巻（四巻）日本 興然撰 No.2500 ……〔七八・七六九〕
四巻書 No.2500
四願経（一巻）呉 支謙訳 No.735 ……〔一七・五三六〕
四教義（十二巻）隋 智顗撰 No.1929 ……〔四六・七二一〕
四教儀 No.1931
四座講式（一巻）日本 高辯撰 No.2731 ……〔八四・八九八〕
四紙経 No.366
四自侵経（一巻）西晋 竺法護訳 No.736 ……〔一七・五三八〕
四事経 No.493
四種相違私記（三巻）日本 観理記 No.2275 ……〔六九・二四二〕
四種相違抄 No.2280
四種相違断略記（一巻）日本 真興集 No.2278 ……〔六九・三七五〕
四種相違略私記（二巻）日本 真興集 No.2277 ……〔六九・三三九〕
四種相違略註釈 No.2276
四種法身義（一巻）日本 済暹撰 No.2436 ……〔七七・五〇二〕
四十帖口決 No.2408
四十帖決（十五巻）日本 長宴記 No.2408 ……〔七五・八二五〕
四十二章経（一巻）後秦 迦葉摩騰共法蘭訳 No.784 …〔一七・七二二〕
四重字輪曼荼羅成身観 No.863
四信五品鈔（一巻）日本 日蓮撰 No.2696 ……〔八四・二八七〕
四相違断略記 No.2278
四諦経（一巻）後漢 安世高訳 No.32 ……〔一・八一四〕
四諦論（四巻）婆藪跋摩造・陳 真諦訳 No.1647 ……〔三二・三七五〕
四大泥犁経 No.139
四帖疏 No.1753
四天王経（一巻）劉宋 智厳共宝雲訳 No.590 ……〔一五・一一八〕
四度授法日記 No.2413
四童子経 No.379
四童子三昧経（三巻）隋 闍那崛多訳 No.379 ……〔一二・九二八〕
四人出現経 No.127
四人出現世間経（一巻）劉宋 求那跋陀羅訳 No.127 ……〔二・八三四〕

四泥犂経（一巻）東晋 竺曇無蘭訳 No.139 ……〔二・八六二〕
四念処（四巻）隋 智顗説 No.1918 ……〔四六・五五五〕
四輩学経 No.769
四輩経（一巻）西晋 竺法護訳 No.769 ……〔一七・七〇五〕
四輩弟子経 No.769
四不可得経（一巻）西晋 竺法護訳 No.770……〔一七・七〇六〕
四不得経 No.770
四部僧始起経 No.196
四部律并論要用抄（二巻）No.2795 ……〔八五・六九一〕
四分戒本 No.1430
四分戒本疏（巻第一・巻第二・巻第三）（三巻）
No.2787 ……〔八五・五六七〕
四分義 No.2321
四分義極略私記（二巻）日本 忠算撰 No.2322 ……〔七一・四五四〕
四分羯磨 No.1434
四分僧戒本（一巻）後秦 仏陀耶舎訳 No.1430……〔二二・一〇二三〕
四分僧羯磨 No.1809
四分雑羯磨 No.1432
四分尼羯磨 No.1434
四分比丘尼戒本（一巻）後秦 仏陀耶舎訳 No.1431 …〔二二・一〇三〇〕
四分比丘尼羯磨法（一巻）劉宋 求那跋摩訳
No.1434 ……〔二二・一〇六五〕
四分律（六十巻）姚秦 仏陀耶舎共竺仏念等訳
No.1428 ……〔二二・五六七〕
四分律戒本疏（二巻）唐 定宝撰 No.1807 ……〔四〇・四六三〕
四分律行事鈔資持記（十六巻）宋 元照撰 No.1805……〔四〇・一五七〕
四分律行事鈔資持記資行鈔 No.2248
四分律刪繁補闕行事鈔（十二巻）唐 道宣撰 No.1804 …〔四〇・一〕
四分律刪補随機羯磨（二巻）唐 道宣集 No.1808……〔四〇・四九二〕
四分律并論要抄 No.2795
四分律比丘戒本（一巻）後秦 仏陀耶舎訳 No.1429 …〔二二・一〇一五〕
四分律比丘含注戒本（三巻）唐 道宣述 No.1806……〔四〇・四二九〕
四法経 No.772
四法経 No.774
四品覚法経 No.771
四品学法 No.771
四品学法経（一巻）劉宋 求那跋陀羅訳 No.771……〔一七・七〇七〕
四品法門経（一巻）宋 法賢訳 No.776……〔一七・七一二〕
四未有経 No.136
四未曾有経 No.136
四未曾有法経（一巻）西晋 竺法護訳 No.136 ……〔二・八五九〕
四無所畏経（一巻）宋 施護訳 No.775……〔一七・七一二〕
四明十義書（二巻）宋 知礼撰 No.1936 ……〔四六・八三一〕
四明尊者教行録（七巻）宋 宗暁編 No.1937 ……〔四六・八五六〕
死亡更生経 No.826
私阿昧経 No.532
私呵昧経（一巻）呉 支謙訳 No.532 ……〔一四・八〇九〕
私呵末経 No.532

私訶三昧経 No.532
使呪法経（一巻）唐 菩提流支訳 No.1267 ……………〔二一・二九七〕
思　経 No.617
思塵論 No.1619
思益義経 No.586
思益経 No.586
思益梵天所問経（四巻）姚秦 鳩摩羅什訳 No.586 ………〔一五・三三〕
思益梵天問経 No.586
思惟経 No.617
思惟要経 No.617
思惟要略法 No.617
思惟要略法経 No.617
思惟略要法（一巻）姚秦 鳩摩羅什等訳 No.617…………〔一五・二九七〕
指髻経 No.118
指月録 No.1998A
指心鈔 No.2217
指鬘経 No.118
指要鈔 No.1928
指要鈔 No.2250
師　口（四巻）日本 栄然撰 No.2501 …………………〔七八・八二九〕
師子月仏本生経（一巻）失訳 No.176……………………〔三・四四三〕
師子吼経 No.836
師子吼鈔 No.2323
師子荘厳王所問経 No.486
師子荘厳王菩薩請問経（一巻）唐 那提訳 No.486 ……〔一四・六九七〕
師子素駄娑王断肉経（一巻）唐 智厳訳 No.164…………〔三・三九二〕
師子奮迅菩薩所問経（一巻）失訳 No.1357 ……………〔二一・八七五〕
師資衆脈伝 No.2075
師資衆脈伝定是非摧邪顕正破壊一切心伝 No.2075
師比丘経 No.392
斯那所撰本縁経 No.153
獅子吼集 No.2596
試因縁経 No.1464
資行鈔（二十八巻）日本 照遠撰 No.2248 ……………〔六二・二六三〕
資持記 No.1805
緇門警訓（十巻）明 如巹続集 No.2023……………………〔四八・一〇四〇〕
熾盛光大威徳消災吉祥陀羅尼経（一巻）唐 不空訳
No.963 ……………………………………………………〔一九・三三七〕
熾盛光道場念誦儀（一巻）宋 遵式撰 No.1951…………〔四六・九七八〕
熾盛光仏頂儀軌 No.966
示教勝軍王経 No.515
示所犯者瑜伽法鏡経（一巻）No.2896 …………………〔八五・一四一六〕
地獄報応経 No.724
地持義記（巻第四）（一巻）No.2803 ……………………〔八五・九四七〕
地持経 No.1581
地蔵十輪経 No.411
地蔵菩薩儀軌（一巻）唐 輸婆迦羅訳 No.1158 …………〔二〇・六五二〕
地蔵菩薩経 No.839

地蔵菩薩経（一巻）No.2909……〔八五・一四五五〕
地蔵菩薩業報経 No.839
地蔵菩薩十斎日（一巻）No.2850……〔八五・一三〇〇〕
地蔵菩薩陀羅尼経（一巻）No.1159B……〔二〇・六五五〕
地蔵菩薩本願経（二巻）唐 実叉難陀訳 No.412……〔一三・七七七〕
地蔵本願経 No.412
地蔵本門法身讃 No.413
字母品 No.469
寺月抄 No.2477
寺沙門玄奘上表記（一巻）No.2119……〔五二・八一八〕
寺塔記（一巻）唐 段成式撰 No.2093……〔五一・一〇二二〕
自愛経（一巻）東晋 竺曇無蘭訳 No.742……〔一七・五四八〕
自愛不自愛経 No.742
自鏡録 No.2083
自化作苦経 No.499
自在王経 No.420
自在王菩薩経（二巻）姚秦 鳩摩羅什訳 No.420……〔一三・九二四〕
自守経 No.107
自証説法（一巻）日本 聖憲撰 No.2539……〔七九・七六二〕
自誓三昧経（一巻）後漢 安世高訳 No.622……〔一五・三四三〕
自要集（一巻）日本 定専撰 No.2672……〔八三・八三九〕
自力他力事（一巻）日本 隆寛作 No.2678……〔八三・九二〇〕
自力他力文 No.2678
自力他力分別 No.2678
事師法五十頌（一巻）馬鳴菩薩集・宋 日称等訳 No.1687……〔三二・七七五〕
事相料簡（一巻）日本 覚印記 No.2480……〔七八・二二〇〕
事仏吉凶経 No.492
峚𡇴大道心駆策法（一巻）No.1159A……〔二〇・六五二〕
治承記（一巻）日本 勝賢撰 No.2487……〔七八・四一四〕
治身経 No.795
治禅病秘法 No.620
治禅病秘要経 No.620
治禅病秘要法（二巻）劉宋 沮渠京声訳 No.620……〔一五・三三三〕
治禅病秘要法経 No.620
持句神呪経（一巻）呉 支謙訳 No.1351……〔二一・八六四〕
持斎経 No.87
持斎念仏懺悔礼文（一巻）No.2829……〔八五・一二六六〕
持誦金剛経霊験功徳記（一巻）No.2743……〔八五・一五六〕
持誦不同 No.2394
持心経 No.585
持心居士八城人経 No.585
持心梵天経 No.585
持心梵天所問経（四巻）西晋 竺法護訳 No.585……〔一五・一〕
持世経（四巻）姚秦 鳩摩羅什訳 No.482……〔一四・六四二〕
持世経 No.1162
持世陀羅尼経（一巻）唐 玄奘訳 No.1162……〔二〇・六六六〕
持人経 No.481

持人菩薩経（四巻）西晋 竺法護訳 No.481……〔一四・六二五〕
持人菩薩所問陰種諸入以了道慧経 No.481
持人菩薩所問経 No.481
持明院口伝 No.2477
持明蔵尊那儀軌経 No.1169
持明蔵八大総持王経（一巻）宋 施護訳 No.1370……〔二一・八八六〕
持明蔵瑜伽大教尊那菩薩大明成就儀軌経（四巻）
宋 法賢訳 No.1169……〔二〇・六七七〕
時 経 No.794
時処軌 No.957
時非時経（一巻）西晋 若羅厳訳 No.794……〔一七・七三八〕
時非時経（一巻・別本）西晋 若羅厳訳 No.794……〔一七・七三九〕
痔瘻経 No.1325
慈恩寺三蔵法師伝 No.2053
慈恩伝 No.2053
慈覚大師在唐送進録（一巻）日本 円行撰 No.2166 …〔五五・一〇七六〕
慈氏所説稲芉喩経 No.710
慈氏誓願経 No.1143
慈氏菩薩儀軌 No.1141
慈氏菩薩所説大乗縁生稲芉喩経（一巻）唐 不空訳
No.710……〔一六・八一九〕
慈氏菩薩誓願陀羅尼経（一巻）宋 法賢訳 No.1143 …〔二〇・六〇〇〕
慈氏菩薩陀羅尼（一巻）宋 法賢訳 No.1142……〔二〇・六〇〇〕
慈氏菩薩念誦法 No.1141
慈氏菩薩略修愈誐念誦法（一巻）唐 善無畏訳
No.1141……〔二〇・五九〇〕
慈仁問八十種好経（一巻）No.2867 ……〔八五・一三三七〕
慈悲集 No.2826
慈悲水懺法（三巻）No.1910 ……〔四五・九六七〕
慈悲道場懺法（十巻）梁 諸大法師集撰 No.1909 ……〔四五・九二二〕
識身足論 No.1539
識身論 No.1539
食施獲五福報経（一巻）失訳 No.132……〔二・八五四〕
七倶胝独部法（一巻）唐 善無畏訳 No.1079 ……〔二〇・一八七〕
七倶胝仏大心准提陀羅尼経 No.1077
七倶胝仏母准提大明陀羅尼経（一巻）唐 金剛智訳
No.1075……〔二〇・一七三〕
七倶胝仏母所説准提陀羅尼経（一巻）唐 不空訳
No.1076……〔二〇・一七八〕
七倶胝仏母心大准提陀羅尼経（一巻）唐 地婆訶羅訳
No.1077……〔二〇・一八五〕
七倶胝仏母陀羅尼経 No.1076
七支念誦随行法 No.856
七支念誦法 No.856
七十五法記 No.2325
七十五法名目（一巻）No.2324 ……〔七一・八八八〕
七処三観経（一巻・四七経）後漢 安世高訳 No.150A …〔二・八七五〕
七星如意輪秘密要経（一巻）唐 不空訳 No.1091……〔二〇・二二四〕

七千仏神符経（一巻）No.2904……………………〔八五・一四四六〕
七知経（一巻）呉　支謙訳　No.27……………………〔一・八一〇〕
七智経　No.27
七女観経（一巻）No.2913……………………〔八五・一四五九〕
七女経（一巻）呉　支謙訳　No.556……………………〔一四・九〇七〕
七女本経　No.556
七仏経（一巻）宋　法天訳　No.2……………………〔一・一五〇〕
七仏倶胝仏母心大准提陀羅尼法（一巻）唐　善無畏訳
　No.1078……………………〔二〇・一八六〕
七仏讃唄伽他（一巻）宋　法天訳　No.1682……………………〔三二・七六九〕
七仏所説神呪経　No.1332
七仏八菩薩所説大陀羅尼神呪経（四巻）失訳
　No.1332……………………〔二一・五三六〕
七仏八菩薩大陀羅尼神呪経広済諸衆生　No.1332
七仏父母経　No.4
七仏父母姓字経（一巻）失訳　No.4……………………〔一・一五九〕
七仏名号功徳経　No.436
七夢経　No.494
七曜星辰別行法（一巻）唐　一行撰　No.1309……………………〔二一・四五二〕
七曜攘災決（一巻）唐　金倶吒撰　No.1308……………………〔二一・四二六〕
𑖭𑖰𑖟𑖿𑖠𑖽三密鈔（七巻）日本　浄厳撰　No.2710……………………〔八四・七一五〕
七宝経　No.38
悉曇三密鈔　No.2710
悉曇字記（一巻）唐　智広撰　No.2132……………………〔五四・一一八六〕
悉曇字母釈　No.2701
悉曇集記（三巻）日本　淳祐撰　No.2705……………………〔八四・四七六〕
悉曇十二例（一巻）日本　安然撰　No.2703……………………〔八四・四六二〕
悉曇十二例記　No.2703
悉曇章　No.2703
悉曇蔵（八巻）日本　安然撰　No.2702……………………〔八四・三六五〕
悉曇秘伝記（一巻）日本　信範撰　No.2708……………………〔八四・六四三〕
悉曇要訣（四巻）日本　明覚撰　No.2706……………………〔八四・五〇一〕
悉曇略記（一巻）日本　玄昭撰　No.2704……………………〔八四・四六七〕
悉曇輪略図抄（十巻）日本　了尊撰　No.2709……………………〔八四・六五三〕
十戒儀則経　No.1473
十戒法并威儀　No.1471
十巻鈔　No.2488
十支経　No.92
十支居士八城人経（一巻）後漢　安世高訳　No.92……………………〔一・九一六〕
十種勅問奏対集（一巻）日本　瑩山紹瑾語・侍者編
　No.2588……………………〔八二・四二三〕
十千日光三昧定経　No.309
十天儀軌（一巻）No.1296……………………〔二一・三八二〕
十不二門（一巻）唐　湛然述　No.1927……………………〔四六・七〇二〕
十不二門指要鈔（二巻）宋　知礼述　No.1928……………………〔四六・七〇四〕
十方現在仏悉在前立定経　No.418
十方現在仏悉在前立定経　No.632
十方千五百仏名経（一巻）失訳　No.442……………………〔一四・三一二〕

十方冥経　No.435
十法経（一巻）元魏　仏陀扇多訳　No.310(9)　……〔一一・二五二〕
十法経　No.314
十法経　No.1480
実帰鈔（一巻）日本　深賢集　No.2497　……〔七八・七〇二〕
実相般若経　No.240
実相般若波羅蜜経（一巻）唐　菩提流志訳　No.240……〔八・七七六〕
実峰禅師語録（一巻）日本　実峯良秀語・門人慈恩等編　No.2593　……〔八二・四八七〕
実峰良秀禅師語録　No.2593
沙曷比丘功徳経（一巻）西晋　法炬訳　No.501　……〔一四・七七〇〕
沙弥威儀（一巻）宋　求那跋摩訳　No.1472　……〔二四・九三二〕
沙弥威儀戒本　No.1471
沙弥威儀経　No.1472
沙弥戒経　No.1473
沙弥十戒儀則経（一巻）宋　施護訳　No.1473　……〔二四・九三五〕
沙弥十戒法并威儀（一巻）失訳　No.1471　……〔二四・九二六〕
沙弥尼戒経（一巻）失訳　No.1474　……〔二四・九三七〕
沙弥尼戒経　No.1475
沙弥尼離戒文（一巻）失訳　No.1475　……〔二四・九三八〕
沙弥羅経（一巻）失訳　No.750　……〔一七・五七二〕
沙門頭陀経　No.783
舎衛国王十夢経（一巻）失訳　No.147　……〔二・八七二〕
舎衛国王夢見十事経（一巻）失訳　No.146　……〔二・八七〇〕
舎頭諫経　No.1301
舎頭諫太子二十八宿経（一巻）西晋　竺法護訳　No.1301　……〔二一・四一〇〕
舎利講式　No.2731(4)
舎利弗阿毘曇　No.1548
舎利弗阿毘曇論（三十巻）姚秦　曇摩耶舎共曇摩崛多等訳　No.1548　……〔二八・五二五〕
舎利弗悔過経（一巻）後漢　安世高訳　No.1492……〔二四・一〇九〇〕
舎利弗陀羅尼経（一巻）梁　僧伽婆羅訳　No.1016　……〔一九・六九五〕
舎利弗毘曇　No.1548
舎利弗普法義経　No.98
舎利弗摩訶目連遊四衢経（一巻）後漢　康孟詳訳　No.137　……〔二・八六〇〕
舎利弗摩訶目揵連遊四衢経　No.137
舎利弗目連遊四衢経　No.137
舎利弗問経（一巻）失訳　No.1465　……〔二四・八九九〕
舎黎娑担摩経　No.711
差摩竭経　No.533
差摩波帝受記経　No.573
差摩婆帝授記経（一巻）元魏　菩提流支訳　No.573　……〔一四・九四五〕
遮那業安立草（十三巻）日本　仁空撰　No.2416　……〔七七・一九五〕
遮那業学則（一巻）日本　覚千撰　No.2419　……〔七七・二七三〕
釈迦氏譜（一巻）唐　道宣撰　No.2041　……〔五〇・八四〕
釈迦如来涅槃礼讃文（一巻）宋　仁岳撰　No.1947……〔四六・九六三〕

釈迦譜（五巻）梁 僧祐撰 No.2040 ……〔五〇・一〕
釈迦仏讃（一巻）清 達喇嘛薩穆丹達爾吉訳 No.942 ……〔一九・九七〕
釈迦方志（二巻）唐 道宣撰 No.2088 ……〔五一・九四八〕
釈迦牟尼如来像法滅尽之記（一巻）唐 法成訳 No.2090 ……〔五一・九九六〕
釈迦牟尼仏成道在菩提樹降魔讃（一巻）No.941 ……〔一九・九七〕
釈迦文尼仏金剛一乗修行儀軌法品（一巻）No.938 ……〔一九・八六〕
嗟韈曩天子受三帰依経 No.595
嗟韈曩法天子受三帰依獲免悪道経（一巻）宋 法天訳 No.595 ……〔一五・一二九〕
邪見経（一巻）失訳 No.93 ……〔一・九一七〕
闍維分 No.377
折疑論（五巻）元 子成撰（師子比丘述註）No.2118 ……〔五二・七九四〕
釈華厳十明論 No.1888
釈外道小乗涅槃論 No.1640
釈金剛経刊定記 No.1702
釈氏稽古略（四巻）元 覚岸編 No.2037 ……〔四九・七三七〕
釈氏要覧（三巻）宋 道誠集 No.2127 ……〔五四・二五七〕
釈浄土群疑論（七巻）唐 懐感撰 No.1960 ……〔四七・三〇〕
釈　籤 No.1717
釈禅波羅蜜次第法門（十二巻）隋 智顗説 No.1916 ……〔四六・四七五〕
釈肇序（一巻）唐 体請記 No.2776 ……〔八五・四三八〕
釈摩訶衍論（十巻）龍樹菩薩造・姚秦 筏提摩多訳 No.1668 ……〔三二・五九一〕
釈摩訶衍論応教鈔（一巻）日本 道範記 No.2288 ……〔六九・五八四〕
釈摩訶衍論勘注 No.2290
釈摩訶衍論決疑破難会釈抄（一巻）日本 済暹撰 No.2286 ……〔六九・五七〇〕
釈摩訶衍論広短冊 No.2537
釈摩訶衍論私記（一巻）日本 信堅記 No.2289 ……〔六九・五九三〕
釈摩訶衍論指事 No.2284
釈摩訶衍論指事（一巻）日本 覚鑁撰 No.2285 ……〔六九・五六四〕
釈摩訶衍論第十広短冊（一巻）日本 順継撰 No.2537 ……〔七九・五九一〕
釈摩訶衍論立義分略釈 No.2287
釈摩訶般若波羅蜜経覚意三昧（一巻）隋 智顗説 No.1922 ……〔四六・六二一〕
釈摩男経 No.54
釈摩男本経 No.54
釈摩男本四子経（一巻）呉 支謙訳 No.54 ……〔一・八四八〕
釈弥勒所問経 No.1525
釈門帰敬儀（二巻）道宣述 No.1896 ……〔四五・八五四〕
釈門自鏡録（二巻）唐 懐信述 No.2083 ……〔五一・八〇二〕
釈門章服儀（一巻）唐 道宣述 No.1894 ……〔四五・八三四〕
釈論勘注（二十四巻）日本 頼宝撰 No.2290 ……〔六九・六〇三〕
釈論決疑鈔 No.2286
釈論私記 No.2287
釈論指事（二巻）日本 空海撰 No.2284 ……〔六九・五六一〕

釈論短冊 No.2537
釈論立義分釈（一巻）日本 済暹撰 No.2287 ……〔六九・五七七〕
釈論立義分略釈 No.2287
錫杖経 No.785
寂志果経（一巻）東晋 竺曇無蘭訳 No.22 ……〔一・二七〇〕
寂室和尚語録 No.2564
寂室録 No.2564
寂照神変経 No.648
寂照神変三摩地経（一巻）唐 玄奘訳 No.648 ……〔一五・七二三〕
寂調音所問経（一巻）宋 法海訳 No.1490 ……〔二四・一〇八一〕
釈鑑稽古略続集（三巻）明 幻輪編 No.2038 ……〔四九・九〇三〕
釈家観化還愚経（一巻）No.2918 ……〔八五・一四六二〕
手杖論（一巻）釈迦称造・唐 義浄訳 No.1657 ……〔三二・五〇五〕
守意経 No.602
守護国界主経 No.997
守護国界主陀羅尼経（十巻）唐 般若共牟尼室利訳
No.997 ……〔一九・五二五〕
守護国界章（九巻）日本 最澄撰 No.2362 ……〔七四・一三五〕
守護大千国土経（三巻）宋 施護訳 No.999 ……〔一九・五七八〕
取因仮設論（一巻）陳那菩薩造・唐 義浄訳 No.1622 ……〔三一・八八五〕
首意経 No.567
首意女経 No.567
首羅比丘経（一巻）No.2873 ……〔八五・一三五六〕
首楞厳義疏注経（二十巻）宋 子璿集 No.1799 ……〔三九・八二三〕
首楞厳経 No.642
首楞厳経 No.945
首楞厳三昧経（二巻）姚秦 鳩摩羅什訳 No.642 ……〔一五・六二九〕
修観行供養儀軌 No.930
修行経 No.606
修行道経 No.618
修行道地経（七巻）西晋 竺法護訳 No.606 ……〔一五・一八一〕
修行道地経 No.618
修行方便禅経 No.618
修行本起経（二巻）後漢 竺大力共康孟詳訳 No.184 ……〔三・四六一〕
修業要決（一巻）日本 証空記 No.2621 ……〔八三・三七一〕
修習止観坐禅法要（一巻）隋 智顗述 No.1915 ……〔四六・四六二〕
修習般若波羅蜜菩薩観行念誦儀軌（一巻）唐 不空訳
No.1151 ……〔二〇・六一〇〕
修善覚夢鈔 No.2450
修多羅王経 No.575
修薬師儀軌布壇法（一巻）清 阿旺扎什補訳 No.928 ……〔一九・六二〕
須真天子経（四巻）西晋 竺法護訳 No.588 ……〔一五・九六〕
須達経（一巻）蕭斉 求那毘地訳 No.73 ……〔一・八七九〕
須達長者経 No.73
須菩提品 No.226
須摩経 No.334
須摩提経 No.334
須摩提経（一巻）唐 菩提流志訳 No.336 ……〔一二・八一〕

須摩提長者経（一巻）呉　支謙訳　No.530 ……〔一四・八〇五〕
須摩提女経（一巻）呉　支謙訳　No.128 ……〔二・八三五〕
須摩提女経（一巻・別本）呉　支謙訳　No.128 ……〔二・八三七〕
須摩提女経　No.129
須摩提菩薩経（一巻）西晋　竺法護訳　No.334 ……〔一二・七六〕
須摩提菩薩経（一巻）姚秦　鳩摩羅什訳　No.335 ……〔一二・七八〕
須弥蔵経　No.397(16)
須頼経（一巻）曹魏　白延訳　No.328 ……〔一二・五二〕
須頼経（一巻）前涼　支施崙訳　No.329 ……〔一二・五七〕
数　経（一巻）西晋　法炬訳　No.70 ……〔一・八七五〕
種種御振舞御書（一巻）日本　日蓮撰　No.2698 ……〔八四・二九一〕
種種雑呪　No.1337
種種雑呪経（一巻）北周　闍那耶舎訳　No.1337 ……〔二一・六三七〕
寿命陀羅尼経　No.1135
受五戒八戒文（一巻）No.916 ……〔一八・九四一〕
受斎経　No.1502
受歳経（一巻）西晋　竺法護訳　No.50 ……〔一・八四二〕
受歳経　No.61
受持七仏名号所生功徳経（一巻）唐　玄奘訳　No.436 …〔一四・一〇七〕
受十善戒経（一巻）失訳　No.1486 ……〔二四・一〇二三〕
受新歳経（一巻）西晋　竺法護訳　No.61 ……〔一・八五八〕
受菩提心戒儀（一巻）唐　不空訳　No.915 ……〔一八・九四〇〕
受用三水要行法（一巻）唐　義浄撰　No.1902 ……〔四五・九〇二〕
受用三水要法　No.1902

呪五首（一巻）唐　玄奘訳　No.1034 ……〔二〇・一七〕
呪五首経　No.1034
呪三首経（一巻）唐　地婆訶羅訳　No.1338 ……〔二一・六四〇〕
呪歯経（一巻）東晋　竺曇無蘭訳　No.1327 ……〔二一・四九一〕
呪歯痛経　No.1327
呪時気病経（一巻）東晋　竺曇無蘭訳　No.1326 ……〔二一・四九一〕
呪小児経（一巻）東晋　竺曇無蘭訳　No.1329 ……〔二一・四九一〕
呪魅経（一巻）No.2882 ……〔八五・一三八三〕
呪目経（一巻）東晋　竺曇無蘭訳　No.1328 ……〔二一・四九一〕
授決集（二巻）日本　円珍述　No.2367 ……〔七四・二八一〕
授手印　No.2613
授菩薩戒儀（一巻）日本　最澄撰・円珍註　No.2378 ……〔七四・六二五〕
授宝性院宥快記（一巻）日本　興雅記　No.2503 ……〔七八・八九二〕
授法日記（四巻）日本　厳豪口・源豪記　No.2413 ……〔七七・九五〕
数珠功徳経　No.787
数珠功徳経　No.788
頌義略頌　No.2614
頌　疏　No.1823
頌疏英憲抄　No.2254
聚戒経　No.1500
聚沫譬経　No.106
樹下思惟十二因縁経　No.713
樹提伽経（一巻）劉宋　求那跋陀羅訳　No.540 ……〔一四・八二五〕
樹提伽経（一巻・別本）劉宋　求那跋陀羅訳　No.540 ……〔一四・八二六〕

濡首分衛経 No.234
濡首菩薩無上清浄分衛経（二巻）宋 翔公訳 No.234 …〔八・七四〇〕
宗叡僧正於唐国師所口受（一巻）No.1156B……〔二〇・六五〇〕
宗四分比丘随門要略行儀（一巻）No.2791……〔八五・六五四〕
宗門武庫 No.1998B
宗門無尽燈論（二巻）日本 東嶺円慈撰 No.2575 ……〔八一・五八一〕
宗要柏原案立（六巻）日本 禎舜撰 No.2374 ……〔七四・四四〇〕
宗輪論 No.2031
拾遺黒谷上人語燈録（三巻）日本 源空撰・
了恵道光輯 No.2612 ……〔八三・二三九〕
拾遺法然上人語燈録 No.2612
修華厳奥旨妄尽還源観（一巻）唐 法蔵述 No.1876 …〔四五・六三七〕
修慈分 No.306
修心訣 No.2020
執持鈔（一巻）日本 覚如宗昭撰 No.2662 ……〔八三・七三五〕
習定論 No.1607
衆経撰雑譬喩（二巻）道略集・後秦 鳩摩羅什訳
No.208 ……〔四・五三一〕
衆経目録（七巻）隋 法経等撰 No.2146 ……〔五五・一一五〕
衆経目録（五巻）隋 彦琮撰 No.2147 ……〔五五・一五〇〕
衆経目録（五巻）唐 静泰撰 No.2148 ……〔五五・一八〇〕
衆許摩訶帝経（十三巻）宋 法賢訳 No.191 ……〔三・九三二〕
衆許摩訶帝釈経 No.191
衆事毘曇 No.1541
衆事分阿毘曇 No.1541
衆事分阿毘曇論（十二巻）尊者世友造・
劉宋 求那跋陀羅共菩提耶舎訳 No.1541 ……〔二六・六二七〕
集異門足論 No.1536
集異門論 No.1536
集一切福徳三昧経 No.381
集一切福徳三昧経（三巻）姚秦 鳩摩羅什訳 No.382 …〔一二・九八八〕
集華経 No.434
集古今仏道論衡（四巻）唐 道宣撰 No.2104 ……〔五二・三六三〕
集古今仏道論衡実録 No.2104
集沙門不応拝俗等事（六巻）唐 彦悰纂録 No.2108……〔五二・四四三〕
集諸経礼懺儀（二巻）唐 智昇撰 No.1982 ……〔四七・四五六〕
集諸経礼懺文 No.1982
集諸経礼懺偈文儀 No.1982
集諸仏華経 No.434
集諸仏大功徳山経 No.446
集諸仏大功徳山経 No.447
集諸仏大功徳山経 No.448
集諸法宝最上義論（二巻）善寂菩薩造・宋 施護訳
No.1638 ……〔三二・一五〇〕
集神州三宝感通録（三巻）唐 道宣撰 No.2106……〔五二・四〇四〕
集神州寺塔三宝感通録 No.2106
集大乗相論（二巻）覚吉祥智菩薩造・宋 施護訳
No.1637 ……〔三二・一四五〕

集菩薩学論 No.1636
集　論 No.1605
十一思惟念如来経 No.138
十一想経 No.138
十一想思念如来経（一巻）劉宋 求那跋陀羅訳 No.138 …〔二・八六一〕
十一面観自在菩薩経 No.1069
十一面観自在菩薩心密言念誦儀軌経（三巻） 唐 不空訳 No.1069……〔二〇・一三九〕
十一面観世音呪并功徳経 No.1070
十一面観世音神呪経（一巻）北周 耶舎崛多訳 No.1070……〔二〇・一四九〕
十一面観音儀軌 No.1069
十一面神呪経 No.1070
十一面神呪心経（一巻）唐 玄奘訳 No.1071……〔二〇・一五二〕
十一面神呪心経義疏（一巻）唐 慧沼撰 No.1802 ……〔三九・一〇〇四〕
十一面念誦儀軌経 No.1069
十一縁経 No.197
十一疑論 No.1961
十吉祥経（一巻）失訳 No.432 ……〔一四・七七〕
十九人異義 No.2455
十号経（一巻）宋 天息災訳 No.782 ……〔一七・七一九〕
十地義記（巻第一）（一巻） No.2758 ……〔八五・二三六〕
十地経（九巻）唐 尸羅達摩訳 No.287 ……〔一〇・五三五〕
十地経論（十二巻）天親菩薩造・後魏 菩提流支等訳 No.1522 ……〔二六・一二三〕
十地断結経 No.309
十地論 No.1522
十地論義疏（巻第一・巻第三）（二巻）北周 法上撰 No.2799 ……〔八五・七六一〕
十事経 No.146
十七尊釈 No.1004
十誦羯磨比丘要用（一巻）劉宋 僧璩撰出 No.1439 ……〔二三・四九六〕
十誦僧尼要事羯磨 No.1439
十誦波羅提木叉戒 No.1436
十誦比丘戒本 No.1436
十誦比丘尼大戒 No.1437
十誦比丘尼波羅提木叉戒本（一巻）劉宋 法顕集出 No.1437 ……〔二三・四七九〕
十誦比丘波羅提木叉戒本（一巻）姚秦 鳩摩羅什訳 No.1436 ……〔二三・四七〇〕
十誦比丘要用 No.1439
十誦律（六十一巻）後秦 弗若多羅共羅什訳 No.1435 ……〔二三・一〕
十誦律比丘戒本 No.1436
十誦律比丘尼戒本 No.1437
十住経 No.284
十住経 No.285
十住経（四巻）姚秦 鳩摩羅什訳 No.286 ……〔一〇・四九七〕
十住行道品経 No.283

十住遮難抄（一巻）No.2444 ……〔七七・六八五〕
十住除苦断結経 No.309
十住心義林（一巻）日本 宥快撰 No.2454 ……〔七七・八三七〕
十住心論 No.2425
十住心論義林 No.2454
十住心論鈔（三巻）日本 重誉撰 No.2442 ……〔七七・六四八〕
十住心論打聞集（一巻）No.2443 ……〔七七・六七三〕
十住断結経 No.309
十住毘婆沙論（十七巻）聖者龍樹造・後秦 鳩摩羅什訳 No.1521 ……〔二六・二〇〕
十住論 No.1521
十善戒経 No.1486
十善業道経（一巻）唐 実叉難陀訳 No.600 ……〔一五・一五七〕
十二因縁経 No.713
十二因縁論（一巻）浄意菩薩造・後魏 菩提流支訳 No.1651 ……〔三二・四八〇〕
十二縁生祥瑞経（二巻）宋 施護訳 No.719 ……〔一六・八四五〕
十二頭陀経（一巻）劉宋 求那跋陀羅訳 No.783 ……〔一七・七二〇〕
十二調子事（一巻）No.2719 ……〔八四・八六〇〕
十二天儀軌 No.1297
十二天供儀軌（一巻）No.1298 ……〔二一・三八五〕
十二仏名神呪校量功徳除障滅罪経（一巻）隋 闍那崛多訳 No.1348 ……〔二一・八六〇〕
十二仏名神呪経 No.1348
十二仏名神呪除障滅罪経 No.1348
十二品生死経（一巻）劉宋 求那跋陀羅訳 No.753 ……〔一七・五七五〕
十二門儀式 No.2378
十二門論（一巻）龍樹菩薩造・姚秦 鳩摩羅什訳 No.1568 ……〔三〇・一五九〕
十二門論宗致義記（二巻）唐 法蔵述 No.1826 ……〔四二・二一二〕
十二門論疏（六巻）隋 吉蔵撰 No.1825 ……〔四二・一七一〕
十二門論疏聞思記（一巻）日本 蔵海撰 No.2257 ……〔六五・二五七〕
十二遊経（一巻）東晋 迦留陀伽訳 No.195 ……〔四・一四六〕
十八会指帰 No.869
十八契印（一巻）唐 恵果造 No.900 ……〔一八・七八一〕
十八契印義釈生起（一巻）日本 定深撰 No.2475 ……〔七八・一一五〕
十八空論（一巻）龍樹菩薩造・陳 真諦訳 No.1616 ……〔三一・八六一〕
十八地獄経 No.731
十八道義釈 No.2475
十八道口決（二巻）日本 頼瑜撰 No.2529 ……〔七九・六一〕
十八道沙汰（一巻）日本 覚鑁撰 No.2517 ……〔七九・一五〕
十八道面受口決鈔 No.2529
十八泥犁経（一巻）後漢 安世高訳 No.731 ……〔一七・五二八〕
十八部論（一巻）陳 真諦訳 No.2032 ……〔四九・一七〕
十八臂陀羅尼経（一巻）宋 法賢訳 No.1118 ……〔二〇・五〇七〕
十百手陀羅尼守護者名号略釈（一巻）日本 定深撰 No.2243 ……〔六一・七四九〕
十不善業道経（一巻）馬鳴菩薩集・宋 日称等訳

No.727 ……〔一七・四五七〕
十忿怒明王大明観想儀軌経 No.891
十報経 No.13
十報法経 No.13
十夢経 No.147
十夢経 No.148
十門辯惑論（三巻）唐 復礼撰 No.2111 ……〔五二・五五一〕
十力経（一巻）唐 勿提提犀魚訳 No.780 ……〔一七・七一五〕
十輪経 No.410
十六善神王形体 No.1293
十六羅漢講式 No.2731(2)
住心決疑抄（一巻）日本 信証撰 No.2437 ……〔七七・五一二〕
住心品私記（済暹） No.2215
住心品私記（曇寂） No.2219
集成編 No.2266
宿行本起経 No.184
宿命智経 No.1383
宿命智陀羅尼（一巻）宋 法賢訳 No.1382 ……〔二一・九〇四〕
宿命智陀羅尼経（一巻）宋 法賢訳 No.1383 ……〔二一・九〇四〕
宿曜儀軌（一巻）唐 一行撰 No.1304 ……〔二一・四二二〕
宿曜経 No.1299
出家因縁経 No.791
出家縁経（一巻）後漢 安世高訳 No.791 ……〔一七・七三六〕
出家功徳経（一巻）失訳 No.707 ……〔一六・八一三〕
出家授近円羯磨儀範 No.1904
出生一切如来法眼遍照大力明王経（二巻）宋 法護訳
No.1243 ……〔二一・二〇七〕
出生義 No.872
出生菩薩経 No.837
出生菩提経 No.837
出生菩提心経（一巻）隋 闍那崛多訳 No.837 ……〔一七・八九一〕
出生無辺門経 No.1009
出生無辺門陀羅尼儀軌（一巻）唐 不空訳 No.1010 …〔一九・六七九〕
出生無辺門陀羅尼経（一巻）唐 不空訳 No.1009……〔一九・六七五〕
出生無辺門陀羅尼経（一巻）唐 智厳訳 No.1018……〔一九・七〇二〕
出生無量門持経（一巻）東晋 仏陀跋陀羅訳 No.1012 …〔一九・六八二〕
出三蔵記 No.2145
出三蔵記集（十五巻）梁 僧祐撰 No.2145 ……〔五五・一〕
出塵功徳経 No.277
出無量門持経 No.1013
出曜経（三十巻）姚秦 竺仏念訳 No.212 ……〔四・六〇九〕
出曜論 No.212
十金胎沙汰 No.2518
述 記 No.1830
述記集成編 No.2266
春屋妙葩和尚語録 No.2560
准提経 No.1076
准提陀羅尼経 No.1076

准提陀羅尼経 No.1077
准提陀羅尼経 No.1078
准提大明陀羅尼経 No.1075
順権女経 No.565
順権方便経（一巻）西晋 竺法護訳 No.565 ……〔一四・九二一〕
順正理論 No.1562
順中論 No.1565
順中論義入大般若波羅蜜経初品法門（二巻）龍樹菩薩造・
無著菩薩釈・元魏 瞿曇般若流支訳 No.1565 ……〔三〇・三九〕
処処経（一巻）後漢 安世高訳 No.730 ……〔一七・五二三〕
処胎経 No.384
初勝分経 No.716
初勝分法本経 No.716
初勝法門経 No.717
初心行護鈔（一巻）日本 実道恵仁撰 No.2642 ……〔八三・五三二〕
初比丘僧戒経 No.1425
初分説経（二巻）宋 施護訳 No.498 ……〔一四・七六三〕
所欲致患経（一巻）西晋 竺法護訳 No.737 ……〔一七・五三九〕
署 経 No.458
諸阿闍梨真言密教部類総録（二巻）日本 安然集
No.2176 ……〔五五・一一一三〕
諸回向清規 No.2578
諸回向清規式（五巻）日本 天倫楓隠撰 No.2578 ……〔八一・六二四〕
諸教決定名義論（一巻）慈氏菩薩造・宋 施護訳
No.1658 ……〔三二・五〇七〕
諸経要集（二十巻）唐 道世集 No.2123 ……〔五四・一〕
諸経要抄（一巻）No.2819 ……〔八五・一一九二〕
諸経要略文（一巻）No.2821 ……〔八五・一二〇四〕
諸行有為経（一巻）宋 法天訳 No.758 ……〔一七・六〇〇〕
諸家教相同異集（一巻）日本 円珍撰 No.2368 ……〔七四・三一〇〕
諸家教相同異略集 No.2368
諸宗教理同異釈（一巻）日本 頼瑜撰 No.2528 ……〔七九・五五〕
諸星母陀羅尼経（一巻）唐 法成訳 No.1302 ……〔二一・四二〇〕
諸尊要抄（十五巻）日本 実運撰 No.2484 ……〔七八・二八九〕
諸天五苦経 No.741
諸徳福田経（一巻）西晋 法立法炬共訳 No.683 ……〔一六・七七七〕
諸部要目 No.903
諸福田経 No.683
諸仏慧法身経 No.633
諸仏経（一巻）宋 施護訳 No.439 ……〔一四・一一二〕
諸仏境界摂真実経（三巻）唐 般若訳 No.868 ……〔一八・二七〇〕
諸仏境界摂真実経文句 No.2237
諸仏華経 No.434
諸仏集会陀羅尼経（一巻）唐 提雲般若等訳 No.1346 ……〔二一・八五八〕
諸仏心印経 No.918
諸仏心印経 No.919
諸仏心印陀羅尼経（一巻）宋 法天訳 No.919 ……〔一九・一〕
諸仏心経 No.918

諸仏心陀羅尼経（一巻）唐　玄奘訳 No.918 ……〔一九・一〕
諸仏法普入方便慧分別焰明持経 No.588
諸仏母経 No.257
諸仏要集経（二巻）西晋　竺法護訳 No.810 ……〔一七・七五六〕
諸菩薩求仏本業経（一巻）西晋　聶道真訳 No.282 ……〔一〇・四五一〕
諸法最上王経（一巻）隋　闍那崛多訳 No.824 ……〔一七・八五九〕
諸法集要経（十巻）観無畏尊者集・宋　日称等訳
No.728 ……〔一七・四五八〕
諸法分別抄（一巻）日本　頼宝記 No.2448 ……〔七七・七一四〕
諸法本経（一巻）呉　支謙訳 No.59 ……〔一・八五五〕
諸法本無経（三巻）隋　闍那崛多訳 No.651 ……〔一五・七六一〕
諸法無行経（二巻）姚秦　鳩摩羅什等訳 No.650 ……〔一五・七五〇〕
諸法無諍三昧法門（二巻）陳　慧思撰 No.1923 ……〔四六・六二七〕
諸法勇王経（一巻）劉宋　曇摩蜜多訳 No.822 ……〔一七・八四六〕
序聴迷詩所経（一巻）No.2142 ……〔五四・一二八六〕
恕檀王経 No.129
除一切疾病陀羅尼経（一巻）唐　不空訳 No.1323 ……〔二一・四八九〕
除蓋障所問経 No.489
除蓋障菩薩所問経（二十巻）宋　法護等訳 No.489 ……〔一四・七〇四〕
除恐災患経（一巻）乞伏秦　聖堅訳 No.744 ……〔一七・五五二〕
除病経 No.1323
小　経 No.366
小止観 No.1915
小叢林清規 No.2579

小叢林略清規（三巻）日本　無著道忠撰 No.2579 ……〔八一・六八八〕
小道地経（一巻）後漢　支曜訳 No.608 ……〔一五・二三六〕
小法滅尽経（一巻）No.2874 ……〔八五・一三五八〕
小品経 No.227
小品般若波羅蜜経 No.227
小品摩訶般若波羅蜜経 No.227
小無量寿経 No.366
小室六門（一巻）No.2009 ……〔四八・三六五〕
少室六門 No.2009
少室六門集 No.2009
少林無孔笛（六巻）日本　東陽栄朝語・侍者某等編
No.2571 ……〔八一・三四七〕
正意経 No.151
正観大意 No.2298
正恭敬経（一巻）元魏　仏陀扇多訳 No.1496 ……〔二四・一一〇二〕
正事経 No.502
正宗記 No.2078
正像末法和讃（一巻）日本　親鸞撰 No.2652 ……〔八三・六六四〕
正像末和讃 No.2652
正法経 No.316
正法経 No.352
正法恭敬経 No.1496
正法眼蔵（九十五巻）日本　道元撰 No.2582 ……〔八二・七〕
正法正理論 No.1615

正法念経 No.729
正法念処経（七十巻）元魏 瞿曇般若流支訳 No.721……〔一七・一〕
正法華経（十巻）西晋 竺法護訳 No.263……〔九・六三〕
正　理 No.1562
正理門論 No.1629
正理門論本 No.1628
生　経（五巻）西晋 竺法護訳 No.154……〔三・七〇〕
生死変識経 No.796
生地経 No.533
声字実相義（一巻）日本 空海撰 No.2429……〔七七・四〇一〕
声明口伝（一巻）日本 聖尊撰 No.2717……〔八四・八五七〕
声明口伝集 No.2713
声明源流記（一巻）日本 凝然述 No.2720……〔八四・八六四〕
青色大金剛薬叉辟鬼魔法（一巻）唐 空碁述 No.1221…〔二一・九九〕
青頸観自在菩薩心陀羅尼経（一巻）唐 不空訳
No.1111……〔二〇・四八九〕
青頸大悲念誦儀軌 No.1112
政論経 No.524
星宿劫千仏名経 No.448
荘厳王陀羅尼呪経（一巻）唐 義浄訳 No.1375……〔二一・八九四〕
荘厳仏法経 No.585
荘厳仏法諸義経 No.585
荘厳菩提心経（一巻）姚秦 鳩摩羅什訳 No.307……〔一〇・九六一〕
従容録 No.2004
消災吉祥経 No.963
消除一切災障宝髻陀羅尼経（一巻）宋 法賢訳
No.1400……〔二一・九一六〕
消除一切閃電障難随求如意陀羅尼経（一巻）
宋 施護訳 No.1402……〔二一・九一八〕
消除災難経 No.964
消伏毒害経 No.1043
称讃七仏名号功徳経 No.436
称讃浄土経 No.367
称讃浄土仏摂受経（一巻）唐 玄奘訳 No.367……〔一二・三四八〕
称讃大乗功徳経（一巻）唐 玄奘訳 No.840……〔一七・九一〇〕
称讃如来功徳神呪経（一巻）唐 義浄訳 No.1349……〔二一・八六三〕
称揚諸仏経 No.434
称揚諸仏功徳経（三巻）元魏 吉迦夜訳 No.434……〔一四・八七〕
商主天子経 No.591
商主天子所問経（一巻）隋 闍那崛多訳 No.591……〔一五・一一九〕
商主天子問経 No.591
紹興朝旨改正僧道班文字一集（一巻）No.2126 附……〔五四・二五五〕
清浄観世音普賢経 No.1038
清浄観世音普賢陀羅尼経（一巻）唐 智通訳 No.1038…〔二〇・二一〕
清浄心経（一巻）宋 施護等訳 No.803……〔一七・七四九〕
清浄毘尼方広経（一巻）後秦 鳩摩羅什訳 No.1489…〔二四・一〇七五〕
清浄法身毘盧遮那心地法門成就一切陀羅尼三種悉地
（一巻）No.899……〔一八・七七六〕

勝義空経（一巻）宋 施護訳 No.655……〔一五・八〇六〕
勝軍化世百瑜伽他経（一巻）宋 天息災訳 No.1692……〔三二・七八八〕
勝軍王所問経（一巻）宋 施護訳 No.516……〔一四・七八九〕
勝軍百瑜経 No.1692
勝軍不動明王四十八使者秘密成就儀軌（一巻）
唐 遍智集 No.1205……〔二一・三三〕
勝語集（二巻）日本 恵什撰 No.2479……〔七八・二〇九〕
勝金花明徳女経 No.818
勝金色光明徳女経 No.818
勝思惟経 No.587
勝思惟梵天所問経（六巻）元魏 菩提流支訳 No.587……〔一五・六二〕
勝思惟梵天所問経論（四巻）天親菩薩造・
後魏 菩提流支訳 No.1532……〔二六・三三七〕
勝思惟問経論 No.1532
勝宗十句義論（一巻）慧月造・唐 玄奘訳 No.2138…〔五四・一二六二〕
勝初瑜伽軌 No.1120A
勝初瑜伽儀軌真言（一巻）No.1120B……〔二〇・五二〇〕
勝初瑜伽普賢念誦法経 No.1123
勝天王経 No.231
勝天王般若経 No.231
勝天王般若波羅蜜経（七巻）陳 月婆首那訳 No.231……〔八・六八七〕
勝幢臂印陀羅尼経（一巻）唐 玄奘訳 No.1363……〔二一・八八二〕
勝幡瓔珞陀羅尼経（一巻）宋 施護訳 No.1410……〔二一・九二五〕
勝奮怒王真言 No.1202
勝鬘義記（一巻）No.2761……〔八五・二五三〕
勝鬘経 No.353
勝鬘経義疏（一巻）日本 聖徳太子撰 No.2185……〔五六・一〕
勝鬘経疏 No.2185
勝鬘経疏（一巻）昭法師撰 No.2762……〔八五・二六一〕
勝鬘師子吼一乗大方便経 No.353
勝鬘師子吼一乗大方便方広経（一巻）
劉宋 求那跋陀羅訳 No.353……〔一二・二一七〕
勝鬘上宮疏 No.2185
勝鬘宝窟（六巻）隋 吉蔵撰 No.1744……〔三七・一〕
掌中論 No.1578
掌中論（一巻）陳那菩薩造・唐 義浄訳 No.1621……〔三一・八八四〕
掌珍比量 No.2321
掌珍量導（一巻）日本 秀法師撰 No.2258……〔六五・二六六〕
掌珍論 No.1578
証契大乗経（二巻）唐 地婆訶羅訳 No.674……〔一六・六五三〕
証香火本因経 No.2879
証道歌 No.2014
鈔 経 No.226
摂諸善根経 No.657
摂諸福徳経 No.657
摂真実経 No.868
摂善根経 No.657
摂大儀軌 No.850

摂大乗義章（巻第四）（一巻）No.2809 ……〔八五・一〇三六〕
摂大乗現証経 No.865
摂大乗現証経 No.874
摂大乗本論 No.1594
摂大乗論（二巻）阿僧伽作・後魏 仏陀扇多訳 No.1592 …〔三一・九七〕
摂大乗論（三巻）無著菩薩造・陳 真諦訳 No.1593 ……〔三一・一一三〕
摂大乗論釈（十五巻）世親菩薩釈・陳 真諦訳
No.1595 ……〔三一・一五二〕
摂大乗論釈 No.1596
摂大乗論釈（十巻）世親菩薩造・唐 玄奘訳 No.1597 …〔三一・三二一〕
摂大乗論釈（十巻）無性菩薩造・唐 玄奘訳 No.1598 …〔三一・三八〇〕
摂大乗論釈略疏（五巻）日本 普寂撰 No.2269 ……〔六八・一二〇〕
摂大乗論釈論 No.1595
摂大乗論釈論（十巻）世親菩薩造・隋 笈多共行矩等訳
No.1596 ……〔三一・二七一〕
摂大乗論疏（巻第五・巻第七）（二巻）No.2805 ……〔八五・九八二〕
摂大乗論抄（一巻）No.2806 ……〔八五・九九九〕
摂大乗論章（巻第一）（一巻）No.2807 ……〔八五・一〇一一〕
摂大乗論世親釈 No.1597
摂大乗論本 No.1593
摂大乗論本（三巻）無著菩薩造・唐 玄奘訳 No.1594 …〔三一・一三二〕
摂大乗論無性釈 No.1598
摂大毘盧遮那成仏神変加持経入蓮華胎蔵海会
悲生曼荼攞広大念誦儀軌供養方便会（三巻）
唐 輸婆迦羅訳 No.850 ……〔一八・六五〕
摂福徳経 No.657
摂無礙大悲心大陀羅尼経計一法中出無量義南方満願
補陀落海会五部諸尊等弘誓力方位及威儀形色執持三
摩耶幖幟曼荼羅儀軌（一巻）唐 不空訳 No.1067 …〔二〇・一二九〕
摂論章（巻第一）（一巻）No.2808 ……〔八五・一〇二三〕
聖位経 No.870
聖一国師語録（一巻）日本 円爾辯円語・嗣孫嗣錬纂
No.2544 ……〔八〇・一七〕
聖一国師住東福禅寺語録 No.2544
聖印経 No.103
聖閻曼徳迦威王立成大神験念誦法 No.1072A
聖閻曼徳迦威怒王立成大神験念誦法（一巻）唐 不空訳
No.1214 ……〔二一・七三〕
聖迦柅忿怒儀軌経 No.1222
聖迦柅忿怒金剛童子菩薩成就儀軌経（三巻）唐 不空訳
No.1222 ……〔二一・一〇二〕
聖迦柅忿怒金剛童子菩薩成就儀軌経（三巻・別本）
唐 不空訳 No.1222 ……〔二一・一一八〕
聖賀野紇哩縛大威怒王立成大神験供養
念誦儀軌法品（二巻）唐 不空訳 No.1072A ……〔二〇・一五五〕
聖歓喜天式法（一巻）唐 般若惹羯羅撰 No.1275 ……〔二一・三二四〕
聖観自在儀軌 No.1031
聖観自在秘密心陀羅尼経 No.1099

聖観自在菩薩一百八名経（一巻）宋 天息災訳
No.1054 ……〔二〇・六九〕
聖観自在菩薩功徳讃（一巻）宋 施護訳 No.1053 ……〔二〇・六八〕
聖観自在菩薩心真言瑜伽観行儀軌（一巻）唐 不空訳
No.1031 ……〔二〇・四〕
聖観自在菩薩念誦儀軌 No.1051
聖観自在菩薩不空王秘密心陀羅尼経（一巻）
宋 施護等訳 No.1099 ……〔二〇・四四三〕
聖観自在菩薩梵讃（一巻）宋 法賢訳 No.1055 ……〔二〇・七〇〕
聖観自在梵讃 No.1055
聖吉祥持世経 No.1164
聖吉祥持世陀羅尼経 No.1164
聖教八要 No.2311
聖救度仏母二十一種礼讃経（一巻）元 安蔵訳
No.1108A ……〔二〇・四七八〕
聖虚空蔵菩薩陀羅尼経（一巻）宋 法天訳 No.1147 ……〔二〇・六〇四〕
聖金剛手菩薩一百八名梵讃（一巻）宋 法賢訳
No.1131 ……〔二〇・五六九〕
聖最勝陀羅尼経（一巻）宋 施護訳 No.1409 ……〔二一・九一四〕
聖最上燈明陀羅尼経 No.1355
聖最上燈明如来陀羅尼経（一巻）宋 施護訳
No.1355 ……〔二一・八七二〕
聖持世経 No.1165
聖持世陀羅尼経（一巻）宋 施護訳 No.1165 ……〔二〇・六七二〕
聖者文殊師利発菩提心願文（一巻）元 智慧訳
No.1198 ……〔二〇・九四〇〕
聖荘厳経 No.1376
聖荘厳陀羅尼経（二巻）宋 施護訳 No.1376 ……〔二一・八九五〕
聖善住意天子所問経（三巻）元魏 毘目智仙共
般若流支訳 No.341 ……〔一二・一一五〕
聖多羅一百八名経 No.1105
聖多羅経 No.1104
聖多羅菩薩一百八名陀羅尼経（一巻）宋 法天訳
No.1105 ……〔二〇・四七二〕
聖多羅菩薩経（一巻）宋 法賢訳 No.1104 ……〔二〇・四七〇〕
聖多羅菩薩梵讃（一巻）宋 施護訳 No.1107 ……〔二〇・四七六〕
聖多羅梵讃 No.1107
聖大総持王経（一巻）宋 施護訳 No.1371 ……〔二一・八八八〕
聖徳太子和讃 No.2653
聖八千頌般若一百八名経 No.230
聖八千頌般若波羅蜜多一百八名真実円義陀羅尼経
（一巻）宋 施護等訳 No.230 ……〔八・六八四〕
聖仏母小字般若波羅蜜多経（一巻）宋 天息災訳
No.258 ……〔八・八五二〕
聖仏母般若波羅蜜多経（一巻）宋 施護訳 No.257 ……〔八・八五二〕
聖仏母般若波羅蜜多九頌精義論（二巻）
勝徳赤衣菩薩造・宋 法護等訳 No.1516 ……〔二五・八九八〕

聖宝蔵神儀軌経（二巻）宋 法天訳 No.1284……〔二一・三四九〕
聖法印経（一巻）西晋 竺法護訳 No.103……〔二・五〇〇〕
聖妙吉祥真実名経（一巻）元 釈智訳 No.1190……〔二〇・八二六〕
聖無動威怒王立印儀軌 No.1199
聖無動尊安鎮家国等法（一巻）No.1203……〔二一・二七〕
聖無動尊一字出生八大童子秘要法品（一巻）
No.1204……〔二一・三一〕
聖無動尊八大童子秘要法 No.1204
聖無動尊大威忿怒王念誦 No.1199
聖無能勝金剛火陀羅尼経（一巻）宋 法天訳
No.1236……〔二一・一七六〕
聖曜母陀羅尼経（一巻）唐 法天訳 No.1303……〔二一・四二一〕
聖六字増寿経 No.1049
聖六字大明王陀羅尼経（一巻）宋 施護訳 No.1047……〔二〇・四四〕
聖六字大明王経 No.1047
聖六字増寿大明陀羅尼経（一巻）宋 施護訳 No.1049……〔二〇・四六〕
彰所知論（二巻）発合思巴造・元 沙羅巴訳 No.1645……〔三二・二二六〕
請雨経 No.989
請観世音経 No.1043
請観世音消伏毒害陀羅尼経 No.1043
請観世音菩薩消伏毒害陀羅尼三昧儀（一巻）
宋 遵式集 No.1949……〔四六・九六八〕
請観世音菩薩消伏毒害陀羅尼呪経（一巻）
東晋 難提訳 No.1043……〔二〇・三四〕
請観音経疏（一巻）隋 智顗説・灌頂記 No.1800……〔三九・九六八〕
請観音経疏闡義鈔（四巻）宋 智円述 No.1801……〔三九・九七七〕
請賓頭盧経 No.1689
請賓頭盧法（一巻）劉宋 慧簡訳 No.1689……〔三二・七八四〕
請賓頭盧法経 No.1689
上金光首女所問経 No.1342
上生経 No.452
成具光三昧経 No.630
成具光明経 No.630
成具光明三昧経 No.630
成具光明定意経（一巻）後漢 支曜訳 No.630……〔一五・四五一〕
成業論 No.1609
成実論（十六巻）訶梨跋摩造・姚秦 鳩摩羅什訳
No.1646……〔三二・二三九〕
成就法華儀軌 No.1000
成就妙法蓮華経王瑜伽観智儀軌（一巻）唐 不空訳
No.1000……〔一九・五九四〕
成道降魔得一切智経 No.1011
成道降魔得一切智経 No.1012
成唯識宝生論（五巻）護法菩薩造・唐 義浄訳
No.1591……〔三一・七七〕
成唯識論（十巻）護法等菩薩造・唐 玄奘訳 No.1585……〔三一・一〕
成唯識論演秘（十四巻）唐 智周撰 No.1833……〔四三・八一一〕
成唯識論訓論日記 No.2265

成唯識論述記（二十巻）唐　窺基撰　No.1830 ……〔四三・二二九〕
成唯識論述記集成編（四十五巻）日本　湛慧撰　No.2266 …〔六七・一〕
成唯識論述記序釈（一巻）日本　善珠集　No.2260 ……〔六五・三一八〕
成唯識論掌中枢要（四巻）唐　窺基撰　No.1831 ……〔四三・六〇七〕
成唯識論枢要　No.1831
成唯識論本文抄（四十五巻）No.2262 ……〔六五・四〇三〕
成唯識論略疏（六巻）日本　普寂撰　No.2267 ……〔六八・一〕
成唯識論了義燈（十三巻）唐　恵沼述　No.1832 ……〔四三・六五九〕
成唯識論了義燈増明記　No.2261
定宗論（一巻）日本　蓮剛撰　No.2369 ……〔七四・三一三〕
定是非摧邪顕正破壊一切心伝　No.2075
帖　決　No.2408
長阿含経（二十二巻）後秦　仏陀耶舎共竺仏念訳　No.1 ……〔一・一〕
長阿含十報法経（二巻）後漢　安世高訳　No.13 ……〔一・二三三〕
浄意優婆塞所問経（一巻）宋　施護訳　No.755 ……〔一七・五八八〕
浄意問経　No.755
浄印法門経　No.400
浄　経　No.460
浄行品　No.579
浄行品経　No.281
浄業部経　No.1494
浄業障経（一巻）失訳　No.1494 ……〔二四・一〇九五〕
浄除業障経　No.1494
浄除罪蓋娯楽仏法経　No.741

浄心誡観法（二巻）唐　道宣撰　No.1893 ……〔四五・八一九〕
浄土往生伝（三巻）宋　戒珠叙　No.2071 ……〔五一・一〇八〕
浄土疑端（四巻）日本　顕意述　No.2208A ……〔五七・四三九〕
浄土疑辨（一巻）明　袾宏撰　No.1977 ……〔四七・四一九〕
浄土境観要門（一巻）元　懐則述　No.1971 ……〔四七・二八九〕
浄土口決集（一巻）日本　行観覚融撰　No.2640 ……〔八三・五二〇〕
浄土五会念仏誦経観行儀（巻中・巻下）（二巻）
唐　法照撰　No.2827 ……〔八五・一二四二〕
浄土五会念仏略法事儀讃（二巻）唐　法照述
No.1983 ……〔四七・四七四〕
浄土高僧和讃（一巻）日本　親鸞撰　No.2651 ……〔八三・六六〇〕
浄土三経往生文類（一巻）日本　親鸞撰　No.2654 ……〔八三・六七二〕
浄土三経往生文類（一巻・異本）日本　親鸞撰
No.2654 ……〔八三・六七四〕
浄土三部経音義集（四巻）日本　信瑞纂　No.2207 ……〔五七・三八三〕
浄土慈悲集　No.2826
浄土宗建立私記（一巻）日本　道教顕意撰　No.2636 ……〔八三・五〇七〕
浄土宗法門大図（一巻）日本　行観覚融撰　No.2638 ……〔八三・五一二〕
浄土宗法門大図名目（一巻）日本　行観覚融撰
No.2639 ……〔八三・五一四〕
浄土宗要集（三巻）日本　道教顕意撰　No.2629 ……〔八三・四二五〕
浄土十疑論（一巻）隋　智顗説　No.1961 ……〔四七・七七〕
浄土生無生論（一巻）明　伝燈撰　No.1975 ……〔四七・三八一〕
浄土真要鈔（二巻）日本　存覚光玄撰　No.2667 ……〔八三・七五八〕

浄土瑞応伝　No.2070
浄土童蒙指帰名目（一巻）日本　行観覚融撰　No.2637 …〔八三・五〇九〕
浄土二蔵二教略頌（一巻）日本　了誉聖冏撰　No.2614 …〔八三・二七四〕
浄土平等覚経　No.361
浄土法門源流章（一巻）日本　凝然述　No.2687 ……〔八四・一九二〕
浄土文類聚鈔（一巻）日本　親鸞撰　No.2647 ……〔八三・六四四〕
浄土論　No.1524
浄土論（三巻）唐　迦才撰　No.1963 ……〔四七・八三〕
浄土和讃（一巻）日本　親鸞撰　No.2650 ……〔八三・六五五〕
浄土或問（一巻）元　天如則著　No.1972 ……〔四七・二九二〕
浄菩提心私記　No.2521
浄飯王涅槃経　No.512
浄飯王般涅槃経（一巻）劉宋　沮渠京声訳　No.512 ……〔一四・七八一〕
浄名関中釈抄　No.2778
浄名経関中釈抄（二巻）唐　道液撰　No.2778 ……〔八五・五〇一〕
浄名経集解関中疏（二巻）唐　道液撰　No.2777 ……〔八五・四四〇〕
浄名玄疏　No.1777
浄名玄論（八巻）隋　吉蔵造　No.1780 ……〔三八・八五三〕
浄名疏　No.2777
浄律経　No.460
浄瑠璃浄土摽（一巻）No.929 ……〔一九・六六〕
常暁和尚請来目録（一巻）日本　常暁撰　No.2163 ……〔五五・一〇六八〕
常光国師語録（二巻）日本　空谷明応語・侍者編
No.2562 ……〔八一・一〕
常瞿利毒女陀羅尼呪経（一巻）唐　瞿多訳　No.1265 …〔二一・二九四〕
静泰録　No.2148
肇論（一巻）後秦　僧肇作　No.1858 ……〔四五・一五〇〕
肇論疏（三巻）唐　元康撰　No.1859 ……〔四五・一六一〕
肇論新疏（三巻）元　文才述　No.1860 ……〔四五・二〇一〕
穣麌梨童女経　No.1264
穣麌梨童女経（一巻・別本）唐　不空訳　No.1264 ……〔二一・二九三〕
蘘麌哩童女経　No.1264
心学典論（四巻）日本　無隠道費撰　No.2602 ……〔八二・六五六〕
心月輪秘釈（一巻）日本　覚鑁撰　No.2520 ……〔七九・一五〕
心経　No.250
心経　No.251
心経　No.253
心経　No.254
心経　No.255
心経述義　No.2202
心経秘鍵　No.2203A
心経秘鍵開門訣　No.2204
心経幽賛　No.1710
心経略註　No.2203B
心経連珠記　No.1713
心地観経　No.159
心明経（一巻）西晋　竺法護訳　No.569 ……〔一四・九四二〕
心明女梵志婦飯汁施経　No.569

心要鈔（一巻）日本 貞慶撰 No.2311 ……〔七一・五〇〕
申兜本経 No.536
申日経 No.534
申日経（一巻）西晋 竺法護訳 No.535 ……〔一四・八一七〕
申日経 No.536
申日兜本経 No.536
申日児本経（一巻）劉宋 求那跋陀羅訳 No.536……〔一四・八一九〕
申児本経 No.536
身観経（一巻）西晋 竺法護訳 No.612 ……〔一五・二四二〕
身毛喜豎経（三巻）宋 惟浄等訳 No.757……〔一七・五九一〕
信解智力経（一巻）宋 法賢訳 No.802……〔一七・七四七〕
信心銘（一巻）隋 僧璨作 No.2010 ……〔四八・三七六〕
信心銘拈提（一巻）日本 瑩山紹瑾撰 No.2587 ……〔八二・四一四〕
信仏功徳経（一巻）宋 法賢訳 No.18……〔一・二五五〕
信力入印法門経（五巻）元魏 曇摩流支訳 No.305 ……〔一〇・九二八〕
信力入印門経 No.305
神僧伝（九巻）No.2064……〔五〇・九四八〕
真荷上人法語（一巻）No.2423 ……〔七七・三〇一〕
真偽沙門経 No.1469
真言教時義問答 No.2396
真言教主問答抄（一巻）日本 経尋撰 No.2445 ……〔七七・六九一〕
真言三密修行問答（一巻）日本 覚鑁撰 No.2525 ……〔七九・五二〕
真言宗義（一巻）日本 覚鑁撰 No.2523 ……〔七九・四九〕
真言宗教時義（四巻）日本 安然作 No.2396 ……〔七五・三七四〕
真言宗即身成仏義（一巻・異本三）No.2428 ……〔七七・三八七〕
真言宗即身成仏義章（一巻）日本 覚鑁撰 No.2511……〔七九・一〕
真言宗即身成仏義問答（一巻・異本一）No.2428……〔七七・三八四〕
真言宗即身成仏義問答（一巻・異本六）No.2428……〔七七・三九九〕
真言宗未決文（一巻）日本 徳一撰 No.2458 ……〔七七・八六二〕
真言集 No.2501
真言所学釈摩訶衍論指事 No.2285
真言所立三身問答（一巻）日本 円仁撰 No.2389 ……〔七五・五三〕
真言浄菩提心私記（一巻）日本 覚鑁撰 No.2521 ……〔七九・四二〕
真言付法纂要抄（一巻）日本 成尊撰 No.2433 ……〔七七・四一六〕
真言名目（一巻）日本 頼宝述 No.2449 ……〔七七・七三〇〕
真言要決（巻第一・巻第三）（一巻）No.2825 ……〔八五・一二二五〕
真実経 No.868
真実経文句（一巻）日本 空海撰 No.2237 ……〔六一・六一二〕
真心直説（一巻）高麗 知訥撰 No.2019A……〔四八・九九九〕
真心要決（三巻）日本 良遍撰 No.2313 ……〔七一・八九〕
真諦摂論 No.1595
真迢上人法語（一巻）No.2422 ……〔七七・二八〇〕
真朗上人法語（一巻）No.2424 ……〔七七・三〇一〕
進学経（一巻）劉宋 沮渠京声訳 No.798 ……〔一七・七四四〕
進旨（一巻）No.2864 ……〔八五・一三三四〕
新学行要鈔 No.2382
新学菩薩行要鈔（一巻）日本 仁空撰 No.2382 ……〔七四・七七九〕
新華厳経論（四十巻）唐 李通玄撰 No.1739 ……〔三六・七二一〕

新歳経（一巻）東晋　竺曇無蘭訳 No.62 ……〔一・八五九〕
新師口 No.2501
新首楞厳経 No.642
新集浴像儀軌（一巻）唐　慧琳述 No.1322 ……〔二一・四八八〕
新書写請来法門等目録（一巻）日本　宗叡撰 No.2174A ……〔五五・一一〇八〕
新小品経 No.227
新譬喩経 No.204
新編諸宗教蔵総録（三巻）高麗　義天録 No.2184 ……〔五五・一一六五〕
新法華経 No.262
新菩薩経（一巻）No.2917A ……〔八五・一四六二〕
新菩薩経（一巻）No.2917B ……〔八五・一四六二〕
新微密持経 No.1012
新訳華厳経音義（一巻）日本　喜海撰 No.2206A ……〔五七・三六九〕
新訳華厳経七処九会頌釈章（一巻）唐　澄観述 No.1738 ……〔三六・七〇九〕
新訳仁王経 No.246
親鸞聖人御消息集（一巻）No.2660 ……〔八三・七二三〕
鐔津文集（十九巻）宋　契嵩撰 No.2115 ……〔五二・六四六〕
仁寿録 No.2147
神通遊戯経 No.187
甚希有経（一巻）唐　玄奘訳 No.689 ……〔一六・七八二〕
甚希有経 No.843
甚深大迴向経（一巻）失訳 No.825 ……〔一七・八六七〕
深沙大将儀軌（一巻）唐　不空訳 No.1291 ……〔二一・三七六〕
深密解脱経（五巻）元魏　菩提流支訳 No.675 ……〔一六・六六五〕
深密経 No.675

ス Su ズ Zu

宗水推蕤随隋瑞枢

宗鏡録（百巻）宋　延寿集 No.2016 ……〔四八・四一五〕
水沫所漂経 No.105
水沫所漂経（一巻）東晋　竺曇無蘭訳 No.106 ……〔二・五〇一〕
推権方便経 No.565
蕤呬耶経（三巻）唐　不空訳 No.897 ……〔一八・七六〇〕
随求経 No.1153
随求経 No.1154
随求即得大自在陀羅尼神呪経（一巻）唐　宝思惟訳 No.1154 ……〔二〇・六三七〕
随求陀羅尼勘註 No.2242
随求陀羅尼経 No.1153
随求如意経 No.1402
随権女経 No.565
随相論（解十六諦義）（一巻）徳慧法師造・陳　真諦訳 No.1641 ……〔三二・一五八〕
随聞記 No.2479
随勇尊者経（一巻）宋　施護等訳 No.505 ……〔一四・七七三〕
随要記（二巻）日本　皇慶撰 No.2407 ……〔七五・八一二〕

随要私記 No.2407
隋衆経目録 No.2146
隋天台智者大師別伝（一巻）隋 灌頂撰 No.2050……〔五〇・一九一〕
瑞応経 No.185
瑞応伝 No.2070
瑞応本起経 No.185
瑞州洞山良价禅師語録（一巻）明 語風円信・
　郭凝之編 No.1986B……〔四七・五一九〕
枢　要 No.1831

セ Se ゼ Ze

世施是西制青星逝清猘誓石
雪刷説絶千仙占泉旃栴菁煎
睒撰箭選瞻全前善漸禅

世時経 No.44
世親摂論 No.1596
世親摂論 No.1597
世親伝 No.2049
世尊聖者千眼千首千足千舌千臂観自在菩提薩埵怛嚩
　広大円満無礙大悲心陀羅尼（一巻）No.1062B……〔二〇・一二四〕
施一切無畏陀羅尼経（一巻）宋 施護等訳 No.1373……〔二一・八八九〕
施焰口餓鬼陀羅尼経 No.1313
施餓鬼甘露味大陀羅尼経（一巻）唐 跋駄木阿訳
　No.1321……〔二一・四八四〕
施餓鬼飯食儀軌 No.1315
施色力経 No.132
施食儀起教縁由 No.1319
施食獲五福経 No.132
施食獲五福報経（一巻・別本）失訳 No.132……〔二・八五五〕
施食五福報経 No.132
施諸餓鬼飲食及水儀軌 No.1315
施諸餓鬼飲食及水法（一巻）唐 不空訳 No.1315……〔二一・四六六〕
施燋面餓鬼一切鬼神陀羅尼経要決 No.1315
施設論（七巻）宋 法護等訳 No.1538……〔二六・五一四〕
施燈功徳経（一巻）高斉 那連提耶舎訳 No.702……〔一六・八〇三〕
施然燈功徳経 No.702
施八方天儀則（一巻）No.1294……〔二一・三七八〕
施報経 No.74
是法非法経（一巻）後漢 安世高訳 No.48……〔一・八三七〕
西源特芳和尚語録（三巻）日本 特芳禅傑語・
　遠孫宗怡重編 No.2573……〔八一・四七九〕
西源録 No.2573
西山口決伝密鈔（一巻）日本 浄音記 No.2628……〔八三・四一四〕
西山復古篇（一巻）日本 後鳳妙瑞記 No.2645……〔八三・五七六〕
西方合論（十巻）明 袁宏道撰 No.1976……〔四七・三八五〕
西方指南鈔（六巻）No.2674……〔八三・八四七〕
西曼荼羅集（一巻）日本 覚超撰 No.2402……〔七五・七六七〕
制　経 No.526

制　経 No.527
青龍軌 No.853
青龍寺軌記（一巻）No.855 ……………………〔一八・一七二〕
青龍寺儀軌 No.853
青龍寺求法目録（一巻）日本　円珍撰 No.2171 ………〔五五・一〇九五〕
星下書 No.2698
逝　経 No.527
逝　経 No.528
逝童子経（一巻）西晋　支法度訳 No.527 ………〔一四・八〇二〕
清拙大鑑清規 No.2577
猘狗経（一巻）呉　支謙訳 No.214 ……………〔四・七九九〕
誓童子経 No.527
誓童子経 No.528
石　記 No.2705
雪江和尚語録（一巻）日本　雪江宗深語・遠孫禅悦輯
No.2568 ……………………………〔八一・二七二〕
雪江録 No.2568
刷護経 No.343
説矩里迦龍王像法（一巻）No.1207 ……………〔二一・三八〕
説罪要行法（一巻）唐　義浄撰 No.1903 ………〔四五・九〇三〕
説不可思議品 No.625
説妙法決定業障経（一巻）唐　智厳訳 No.841 ………〔一七・九一二〕
説無垢称経（六巻）唐　玄奘訳 No.476……………〔一四・五五七〕
説無垢称経疏（十二巻）唐　窺基撰 No.1782 …………〔三八・九九三〕
絶海和尚語録（二巻）日本　絶海中津語・小師俊承等編
No.2561 ……………………………〔八〇・七三二〕
絶海国師語録 No.2561
絶海録 No.2561
千眼観音陀羅尼神呪経 No.1057
千眼千臂観世音菩薩陀羅尼神呪経（二巻）唐　智通訳
No.1057 ……………………………〔二〇・八三〕
千眼千臂観世音菩薩陀羅尼神呪経（二巻・別本）
唐　智通訳 No.1057 ……………………〔二〇・九〇〕
千光眼観自在菩薩秘密法経（一巻）唐　三昧蘇嚩羅訳
No.1065 ……………………………〔二〇・一一九〕
千光眼経 No.1065
千光眼秘密法 No.1065
千手観音治病合薬経 No.1059
千手観音修行儀軌経 No.1056
千手観音造次第法儀軌（一巻）唐　善無畏訳
No.1068 ……………………………〔二〇・一三八〕
千手観音大悲心陀羅尼経 No.1060
千手観音二十八部衆形像名号秘釈 No.2243
千手観音姥陀羅尼身経 No.1058
千手経二十八部衆釈 No.2243
千手千眼観自在菩薩広大円満無礙大悲心陀羅尼呪本
（一巻）唐　金剛智訳 No.1061 ………………〔二〇・一一三〕
千手千眼観自在菩薩修行儀軌経 No.1056

千手千眼観世音菩薩広大円満無礙大悲心陀羅尼経（一巻）唐 伽梵達摩訳 No.1060 ……〔二〇・一〇五〕
千手千眼観世音菩薩治病合薬経（一巻）唐 伽梵達摩訳 No.1059……〔二〇・一〇三〕
千手千眼観世音菩薩大身呪本（一巻）唐 金剛智訳 No.1062A ……〔二〇・一一三〕
千手千眼観世音菩薩大悲心陀羅尼（一巻）唐 不空訳 No.1064 ……〔二〇・一一五〕
千手千眼観世音菩薩姥陀羅尼身経（一巻）唐 菩提流志訳 No.1058 ……〔二〇・九六〕
千手千眼儀軌経 No.1056
千手千眼大悲心経 No.1060
千手千眼大悲心呪行法（一巻）宋 知礼集 No.1950 …〔四六・九七三〕
千手千眼姥陀羅尼身経 No.1058
千転観世音呪経 No.1035
千転経 No.1036
千転陀羅尼観世音菩薩呪（一巻）唐 智通訳 No.1035…〔二〇・一七〕
千転陀羅尼観世音菩薩呪経 No.1035
千転大明陀羅尼経（一巻）宋 施護訳 No.1036 ……〔二〇・一八〕
千鉢経 No.1177A
千鉢文殊一百八名讃（一巻）No.1177B ……〔二〇・七七六〕
千臂軍荼利梵字真言（一巻）No.1213 ……〔二一・七二〕
千臂千鉢大教王経 No.1177A
千輻輪相顕密集（一巻）日本 興然撰 No.2446 ……〔七七・六九五〕
千仏因縁経（一巻）後秦 鳩摩羅什訳 No.426 ……〔一四・六五〕
仙洞三心義問答記（一巻）日本 道教顕意撰 No.2635 …〔八三・四九八〕
占察経 No.839
占察善悪業報経（二巻）隋 菩提燈訳 No.839 ……〔一七・九〇一〕
泉州千仏新著諸祖師頌（一巻）No.2861 ……〔八五・一三二〇〕
旃陀越経 No.518
旃陀越国王経（一巻）劉宋 沮渠京声訳 No.518……〔一四・七九一〕
栴檀香身経 No.1387
栴檀香身陀羅尼経（一巻）宋 法賢訳 No.1387……〔二一・九〇六〕
栴檀樹経（一巻）失訳 No.805……〔一七・七五〇〕
菁花集 No.2716
煎乳論 No.1920
睒 経 No.175
睒子経 No.174
睒子経（一巻）西秦 聖堅訳 No.175 ……〔三・四三八〕
睒子経（一巻・別本一）乞伏秦 聖堅訳 No.175……〔三・四四〇〕
睒子経（一巻・別本二）姚秦 聖堅訳 No.175 ……〔三・四四二〕
睒本経 No.175
撰三蔵及雑蔵伝 No.2026
撰時抄（一巻）日本 日蓮述 No.2690 ……〔八四・二三三〕
撰集三蔵及雑蔵伝（一巻）失訳 No.2026 ……〔四九・一〕
撰集百縁経（十巻）呉 支謙訳 No.200 ……〔四・二〇三〕
箭喩経（一巻）失訳 No.94……〔一・九一七〕
選択諸法経 No.653

選択集 No.2608
選択集密要決 No.2620
選択伝弘決疑鈔（五巻） 日本 良忠述 No.2610 ……〔八三・三四〕
選択本願念仏集（一巻） 日本 源空撰 No.2608 ……〔八三・一〕
選択密要決（五巻） 日本 証空記 No.2620 ……〔八三・三一九〕
瞻婆比丘経（一巻） 西晋 法炬訳 No.64 ……〔一・八六二〕
全身金剛三昧耶 No.1239
前世三転経（一巻） 西晋 法炬訳 No.178 ……〔三・四四七〕
善戒経 No.1582
善戒経 No.1583
善敬経 No.1496
善巧方便経 No.346
善恭敬経（一巻） 隋 闍那崛多訳 No.1495 ……〔二四・一一〇〇〕
善恭敬師経 No.1495
善見毘婆沙律 No.1462
善見変化文殊師利問法経 No.472
善見変化文殊問法経 No.472
善見律 No.1462
善見律毘婆沙（十八巻） 蕭斉 僧伽跋陀羅訳 No.1462 …〔二四・六七三〕
善見論 No.1462
善権方便経 No.345
善権方便所度無極経 No.345
善思童子経 No.477
善思童子経（二巻） 隋 闍那崛多訳 No.479 ……〔一四・六〇五〕
善住意天子所問経 No.341
善住秘密経 No.1006
善生子経（一巻） 宋 支法度訳 No.17 ……〔一・二五二〕
善導観経疏 No.1753
善悪因果経（一巻） No.2881 ……〔八五・一三八〇〕
善悪所起経 No.729
善悪報応経 No.81
善臂菩薩経（二巻） 後秦 鳩摩羅什訳 No.310(26) ……〔一一・五二八〕
善方便経 No.1137
善法方便陀羅尼経（一巻） 失訳 No.1137 ……〔二〇・五八〇〕
善法方便陀羅尼呪経 No.1137
善無畏行状 No.2055
善馬有三相経 No.114
善夜経（一巻） 唐 義浄訳 No.1362 ……〔二一・八八一〕
善楽長者経（一巻） 宋 法賢訳 No.1380 ……〔二一・九〇二〕
漸備一切智徳経（五巻） 西晋 竺法護訳 No.285 ……〔一〇・四五八〕
禅戒訣（一巻） 日本 卍山道白語・門人白龍編
No.2599 ……〔八二・六一五〕
禅戒鈔（一巻） 日本 万仭道坦輯 No.2601 ……〔八二・六四六〕
禅関策進（一巻） 明 袾宏輯 No.2024 ……〔四八・一〇九七〕
禅 経 No.614
禅経秘要法 No.613
禅経要用法 No.619
禅行検意経 No.46

禅行三十七経 No.604
禅行三十七品経（一巻）後漢 安世高訳 No.604 ……〔一五・一八〇〕
禅行法想経（一巻）後漢 安世高訳 No.605……〔一五・一八一〕
禅行斂意経 No.46
禅源諸詮集 No.2015
禅源諸詮集都序（四巻）唐 宗密述 No.2015……〔四八・三九七〕
禅宗決疑集（一巻）元 智徹述 No.2021……〔四八・一〇〇九〕
禅宗無門関 No.2005
禅宗永嘉集（一巻）唐 玄覚撰 No.2013 ……〔四八・三八七〕
禅那理行諸詮集 No.2015
禅秘要法 No.613
禅秘要法経（三巻）姚秦 鳩摩羅什等訳 No.613……〔一五・二四二〕
禅法要解（二巻）姚秦 鳩摩羅什等訳 No.616……〔一五・二八六〕
禅法要解経 No.616
禅門口訣 No.1919
禅門宝訓 No.2022
禅要訶欲経 No.609
禅要経（一巻）失訳 No.609……〔一五・二三七〕
禅要経 No.616
禅要経訶欲品 No.609
禅要秘密治経 No.620
禅要秘密治病経 No.620
禅林寺宗叡僧正目録（一巻）No.2174B……〔五五・一一一一〕
禅林宝訓（四巻）宋 浄善重集 No.2022……〔四八・一〇一六〕

ソ So　ゾ Zo

楚 蘇 双 艸 宋 奏 相 曹 捜 僧 総 造
象 像 増 雑 蔵 即 息 速 敕 続 孫 尊

楚僧指空禅師伝考 No.2089(4)……〔五一・九八二〕
蘇悉地羯磨対受記 No.2392
蘇悉地羯羅経（三巻・別本二）唐 輸婆迦羅訳 No.893……〔一八・六〇三〕
蘇悉地羯羅経略疏（七巻）日本 円仁撰 No.2227……〔六一・三八九〕
蘇悉地羯羅供養法（三巻）唐 善無畏訳 No.894 ……〔一八・六九二〕
蘇悉地羯羅供養法（二巻・別本）唐 善無畏訳 No.894……〔一八・七〇四〕
蘇悉地羯囉経（三巻）唐 輸婆迦羅訳 No.893 ……〔一八・六〇三〕
蘇悉地羯囉経（三巻・別本一）唐 輸婆迦羅訳 No.893……〔一八・六三三〕
蘇悉地経 No.893
蘇悉地経略疏 No.2227
蘇悉地供養法 No.894
蘇悉地対受記（一巻）日本 安然撰 No.2392 ……〔七五・二〇〇〕
蘇悉地妙心大（一巻）日本 円仁撰 No.2387……〔七五・三九〕
蘇婆呼童子経 No.895
蘇婆呼童子請問経（三巻）唐 輸婆迦羅訳 No.895 ……〔一八・七一九〕
蘇婆呼童子請問経（二巻・別本）唐 輸婆迦羅訳 No.895 ……〔一八・七三五〕

蘇婆呼律 No.895
蘇磨呼童子請問経 No.895
双身大聖天菩薩修行秘密法儀軌 No.1271
双身毘奈夜迦法 No.1266
艸余集 No.2563
宋高僧伝（三十巻）宋 賛寧等撰 No.2061 ……〔五〇・七〇九〕
宋 伝 No.2061
奏進法語（一巻）日本 真盛撰 No.2420 ……〔七七・二七九〕
相応相可経（一巻）西晋 法炬訳 No.111 ……〔二・五〇四〕
相続解脱経 No.678
相続解脱経 No.679
相続解脱地波羅蜜了義経（一巻）劉宋 求那跋陀羅訳 No.678 ……〔一六・七一四〕
相続解脱如来所作随順処了義経 No.678
相続解脱如来所作随順処了義経（一巻）劉宋 求那跋陀羅訳 No.679 ……〔一六・七一八〕
相続解脱了義経 No.678
曹山本寂禅師語録 No.1987A
曹山本寂禅師語録 No.1987B
曹山録 No.1987A
曹洞二師録 cf. Nos.1986, 1987
捜 玄 No.1732
捜玄記 No.1732
僧威儀経 No.1470
僧祇戒本 No.1426
僧祇大比丘戒本 No.1426
僧祇尼戒本 No.1427
僧祇比丘戒本 No.1426
僧祇比丘尼戒本 No.1427
僧祇律 No.1425
僧伽和尚経 No.2920
僧伽和尚欲入涅槃説六度経（一巻）No.2920 ……〔八五・一四六三〕
僧伽吒経（四巻）元魏 月婆首那訳 No.423 ……〔一三・九五九〕
僧伽羅刹集経 No.194
僧伽羅刹所集経（三巻）符秦 僧伽跋澄等訳 No.194 ……〔四・一一五〕
僧伽羅刹所集仏行経 No.194
僧護因縁経 No.749
僧護経 No.749
僧羯磨（三巻）唐 懐素集 No.1809 ……〔四〇・五一一〕
僧史略 No.2126
僧祐録 No.2145
総持経 No.275
総持抄（十巻）日本 澄豪撰 No.2412 ……〔七七・五三〕
総持宝光明経 No.299
総釈陀羅尼義讃（一巻）唐 不空訳 No.902 ……〔一八・八九八〕
総陀羅尼義経 No.902
造像功徳経 No.694
造像量度経 No.1419

造像量度経解（一巻）清 工布査布訳解 No.1419 ……〔二一・九三六〕
造像量度経続補（一巻）清 工布査布述 No.1419 附 …〔二一・九四五〕
造塔延命功徳経（一巻）唐 般若訳 No.1026 ……〔一九・七二六〕
造塔功徳経（一巻）唐 地婆訶羅訳 No.699……〔一六・八〇〇〕
造立形像経 No.693
造立形像福報経（一巻）失訳 No.693 ……〔一六・七八八〕
象頭精舎経（一巻）隋 毘尼多流支訳 No.466……〔一四・四八七〕
象歩経 No.813
象腋経 No.813
象腋経（一巻）劉宋 曇摩蜜多訳 No.814 ……〔一七・七八一〕
像法決疑経（一巻）No.2870 ……〔八五・一三三五〕
増一阿含経（五十一巻）東晋 瞿曇僧伽提婆訳 No.125 …〔二・五四九〕
増慧経 No.1372
増慧陀羅尼経（一巻）宋 施護訳 No.1372 ……〔二一・八八九〕
増明記 No.2261
雑阿含経（五十巻・一三六二経）劉宋 求那跋陀羅訳
No.99 ……〔二・一〕
雑阿含経（一巻・二七経）失訳 No.101 ……〔二・四九三〕
雑阿毘曇経 No.1552
雑阿毘曇心論（十一巻）尊者法救造・劉宋 僧伽跋摩等訳
No.1552 ……〔二八・八六九〕
雑阿毘曇婆沙 No.1552
雑阿毘曇毘婆沙 No.1552
雑羯磨 No.1434
雑集論 No.1606
雑心論 No.1552
雑蔵経（一巻）東晋 法顕訳 No.745 ……〔一七・五五七〕
雑譬経 No.206
雑譬集経 No.206
雑譬喩経（一巻）後漢 支婁迦讖訳 No.204 ……〔四・四九九〕
雑譬喩経（一巻）失訳 No.205 ……〔四・五〇二〕
雑譬喩経 No.206
雑譬喩経（一巻）後秦 道略集 No.207 ……〔四・五二二〕
雑譬喩経 No.208
雑譬喩集経 No.206
雑宝蔵経（十巻）元魏 吉迦夜共曇曜訳 No.203 ……〔四・四四七〕
雑法蔵経 No.203
雑無極経 No.152
蔵山和尚語録 No.2550
即身成仏義（一巻）日本 空海撰 No.2428 ……〔七七・三八一〕
即身成仏義（一巻・異本二）No.2428 ……〔七七・三八五〕
即身成仏義（一巻・異本四）No.2428 ……〔七七・三九一〕
即身成仏義（一巻・異本五）No.2428 ……〔七七・三九五〕
即身成仏義章 No.2511
即身成仏義問答 No.2428
即身成仏品 No.2428
息除賊難経 No.1405
息除賊難陀羅尼経（一巻）宋 法賢訳 No.1405……〔二一・九一二〕

息除中夭経 No.1347
息除中夭陀羅尼経（一巻）宋 施護訳 No.1347……〔二一・八六〇〕
息諍因縁経（一巻）宋 施護訳 No.85……〔一・九〇四〕
速疾立験魔醯首羅天説阿尾奢法（一巻）唐 不空訳
No.1277……〔二一・三二九〕
速疾立験魔醯首羅天説迦婁羅阿尾奢法 No.1277
敕吒和羅所問徳光太子経 No.170
続一切経音義（十巻）宋 希麟集 No.2129……〔五四・九三四〕
続稽古略 No.2038
続古今訳経図紀（一巻）唐 智昇撰 No.2152……〔五五・三六七〕
続高僧伝（三十巻）唐 道宣撰 No.2060……〔五〇・四二五〕
続集古今仏道論衡（一巻）唐 智昇撰 No.2105……〔五二・三九七〕
続清涼伝（二巻）宋 張商英述 No.2100……〔五一・一一二七〕
続大唐内典録（一巻）唐 道宣撰 No.2150……〔五五・三四二〕
続貞元釈教録 No.2158
続伝燈録（三十六巻）No.2077……〔五一・四六九〕
続入法界品 No.295
続命経（一巻）No.2889……〔八五・一四〇五〕
孫多耶致経（一巻）呉 支謙訳 No.582……〔一四・九六六〕
尊号真像銘文（二巻）日本 親鸞撰 No.2656……〔八三・六七九〕
尊号真像銘文（一巻・異本）日本 親鸞撰 No.2656……〔八三・六八八〕
尊者婆須蜜所集論 No.1549
尊勝儀軌 No.973
尊勝経 No.971
尊勝経疏 No.1803
尊勝陀羅尼 No.967
尊勝陀羅尼 No.971
尊勝陀羅尼儀軌 No.972
尊勝陀羅尼経 No.967
尊勝陀羅尼経 No.971
尊勝陀羅尼念誦儀軌 No.972
尊勝大明王経（一巻）宋 施護訳 No.1413……〔二一・九二七〕
尊勝仏頂脩瑜伽法 No.973
尊勝仏頂脩瑜伽法軌儀（二巻）唐 善無畏訳 No.973…〔一九・三六八〕
尊勝仏頂真言脩瑜伽法軌儀 No.973
尊勝菩薩所問一切諸法入無量法門陀羅尼経 No.1343
尊勝菩薩所問一切諸法入無量門陀羅尼経（一巻）
北斉 万天懿訳 No.1343……〔二一・八四三〕
尊勝菩薩所問経 No.1343
尊勝問一切諸法入無量法門陀羅尼経 No.1343
尊上経（一巻）西晋 竺法護訳 No.77……〔一・八八六〕
尊大威怒王念誦儀軌法品 No.1199
尊那経（一巻）宋 法賢訳 No.845……〔一七・九二三〕
尊婆須蜜菩薩所集論（十巻）尊婆須蜜造・
符秦 僧伽跋澄等訳 No.1549……〔二八・七二一〕

タ Ta ダ Da

他多怛陀堕太当対帝胎逮大

代第提高沢達探歎潭断壇檀

他化普賢念誦儀 No.1122
多増道章経 No.13
多聞天陀羅尼儀軌 No.1246
多羅菩薩儀軌経 No.1101
多羅菩薩念誦法 No.1102
多羅葉記（三巻）日本 心覚撰 No.2707 ……〔八四・五六九〕
多羅葉鈔 No.2707
多羅瑜伽念誦法 No.1102
多唎心経 No.1103
怛嚩多唎随心経 No.1103
陀隣尼鉢経（一巻）東晋 竺曇無蘭訳 No.1352 ……〔二一・八六五〕
陀隣尼鉢呪経 No.1352
陀隣鉢呪経 No.1352
陀羅尼句経 No.1351
陀羅尼集経（十二巻）唐 阿地瞿多訳 No.901……〔一八・七八五〕
陀羅尼雑集（十巻）未詳撰者 No.1336……〔二一・五八〇〕
陀羅尼門諸部要目 No.903
堕舎迦経 No.88
太子須大拏経（一巻）西秦 聖堅訳 No.171 ……〔三・四一八〕
太子須達拏経 No.171
太子瑞応本起経（二巻）呉 支謙訳 No.185……〔三・四七二〕
太子刷護経（一巻）西晋 竺法護訳 No.343……〔一二・一五三〕
太子中本起経 No.196
太子二十八宿経 No.1301
太子辟羅経 No.596
太子奉讃 No.2653
太子墓魄経（一巻）西晋 竺法護訳 No.168 ……〔三・四一〇〕
太子慕魄経（一巻）後漢 安世高訳 No.167 ……〔三・四〇八〕
太子暮魄経 No.168
太子本起経 No.196
太子本起瑞応経 No.185
太子沐魄経 No.167
太子沐魄経 No.168
太子和休経（一巻）失訳 No.344 ……〔一二・一五五〕
太子和讃 No.2653
当麻曼荼羅供式（一巻）日本 証空記 No.2622 ……〔八三・三八一〕
対受記 No.2390
対受記 No.2391
対受記 No.2393
対法論 No.1605
対法論 No.1606
帝釈巌秘密成就儀軌（一巻）宋 施護訳 No.940……〔一九・九五〕
帝釈所問経（一巻）宋 法賢訳 No.15……〔一・二四六〕
帝釈心経 No.249
帝釈般若波羅蜜多心経（一巻）宋 施護訳 No.249 ……〔八・八四六〕
胎 経 No.384
胎金三密抄料簡 No.2399

胎三密抄料簡 No.2399
胎蔵界虚心記（二巻）日本 円仁撰 No.2385 ……〔七五・一〕
胎蔵界沙汰（一巻）日本 覚鑁撰 No.2519……〔七九・三〕
胎蔵界三部秘釈（一巻）日本 元杲撰 No.2472 ……〔七八・七四〕
胎蔵界三部密記 No.2472
胎蔵界生起（一巻）日本 覚超記 No.2404 ……〔七五・七九九〕
胎蔵界大法対受記（七巻）日本 安然記 No.2390 ……〔七五・五四〕
胎蔵経 No.562
胎蔵具支灌頂記 No.2393
胎蔵金剛教法名号（一巻）唐 義操集 No.864B……〔一八・二〇三〕
胎蔵金剛菩提心義略問答抄（五巻）日本 安然抄
No.2397 ……〔七五・四五一〕
胎蔵三密抄（五巻）日本 覚超撰 No.2398 ……〔七五・五六一〕
胎蔵生起 No.2404
胎蔵入理鈔（三巻）日本 頼瑜記 No.2534 ……〔七九・一四五〕
胎蔵梵字真言（二巻）失訳 No.854 ……〔一八・一六四〕
胎対受記 No.2390
逮慧三昧経 No.640
大阿育王経 No.2043
大阿育王伝 No.2042
大阿闍梨声明系図（一巻）No.2718 ……〔八四・八五九〕
大阿弥陀経 No.362
大阿弥陀経（二巻）宋 王日休校輯 No.364……〔一二・三二六〕
大阿羅漢難提蜜多羅所説法住記（一巻）唐 玄奘訳
No.2030 ……〔四九・一二〕
大哀経（八巻）西晋 竺法護訳 No.398 ……〔一三・四〇九〕
大愛陀羅尼経（一巻）宋 法賢訳 No.1379 ……〔二一・九〇二〕
大愛道尼経 No.1478
大愛道般泥洹経（一巻）西晋 白法祖訳 No.144 ……〔二・八六七〕
大愛道般涅槃経 No.144
大愛道比丘尼経（二巻）失訳 No.1478……〔二四・九四五〕
大安般経 No.602
大安般守意経（二巻）後漢 安世高訳 No.602……〔一五・一六三〕
大威儀請問（一巻）No.2884……〔八五・一三九〇〕
大威燈光仙人問疑経（一巻）隋 闍那崛多等訳
No.834 ……〔一七・八八三〕
大威燈光仙人問経 No.834
大威燈仙人問疑経 No.834
大威徳儀軌品 No.1215
大威徳金輪仏頂熾盛光如来消除一切災難陀羅尼経
（一巻）失訳 No.964 ……〔一九・三三八〕
大威徳消災吉祥陀羅尼経 No.963
大威徳陀羅尼経（二十巻）隋 闍那崛多訳 No.1341 ……〔二一・七五五〕
大威徳万愛法 No.1219
大威怒烏芻渋麼儀軌経（一巻）唐 不空訳 No.1225 ……〔二一・一三五〕
大威怒烏芻渋摩成就儀軌 No.1225
大威力烏枢瑟摩明王経（三巻）唐 阿質達霰訳
No.1227 ……〔二一・一四二〕

大意経（一巻）劉宋 求那跋陀羅訳 No.177 ……〔三・四四六〕
大意杼海経 No.177
大郁迦経 No.323
大雲経 No.387
大雲経祈雨壇法（一巻）唐 不空訳 No.990 ……〔一九・四九二〕
大雲経請雨品第六十四（一巻）北周 闍那耶舎訳 No.993 ……〔一九・五〇六〕
大雲請雨経 No.989
大雲請雨経 No.992
大雲請雨経 No.993
大雲蜜蔵経 No.387
大雲無相経 No.387
大雲無想経（巻第九）姚秦 竺仏念訳 No.388 ……〔一二・一〇七〕
大雲輪請雨経（二巻）唐 不空訳 No.989 ……〔一九・四八四〕
大雲輪請雨経（二巻）隋 那連提耶舎訳 No.991 ……〔一九・四九三〕
大雲録 No.2553
大慧語録 No.1998A
大慧光三昧経 No.285
大慧度経宗要（一巻）新羅 元暁撰 No.1697……〔三三・六八〕
大慧度経集要 No.1509
大慧普覚禅師語録（三十巻）宋 蘊聞編 No.1998A ……〔四七・八一一〕
大慧普覚禅師宗門武庫（一巻）宋 道謙編 No.1998B …〔四七・九四三〕
大慧武庫 No.1998B
大慧録 No.1998A
大円禅師語録 No.1989
大応和尚語録 No.2548
大迦葉経（二巻）元魏 月婆首那訳 No.310(23) ……〔一一・五〇一〕
大迦葉本経（一巻）西晋 竺法護訳 No.496 ……〔一四・七六〇〕
大迦葉品 No.351
大迦葉問大宝積経 No.352
大迦葉問大宝積正法経（五巻）宋 施護訳 No.352 ……〔一二・二〇〇〕
大覚禅師語録（三巻）日本 蘭溪道隆語・侍者円顕等編 No.2547 ……〔八〇・四六〕
大覚録 No.2547
大寒林聖難拏陀羅尼経（一巻）宋 法天訳 No.1392 …〔二一・九〇八〕
大灌頂経 No.1331
大灌頂光真言 No.1002
大灌頂神呪経 No.1331
大鑑清規（一巻）日本 清拙正澄撰 No.2577 ……〔八一・六一九〕
大亀録 No.2569
大吉義神呪経（四巻）元魏 曇曜訳 No.1335 ……〔二一・五六八〕
大吉祥経 No.1381
大吉祥陀羅尼経（一巻）宋 法賢訳 No.1381 ……〔二一・九〇三〕
大吉祥天一百八名経 No.1253
大吉祥天女経 No.1253
大吉祥天女十二契一百八名無垢大乗経（一巻）唐 不空訳 No.1253 ……〔二一・二五三〕
大吉祥天女十二名号経（一巻）唐 不空訳 No.1252 …〔二一・二五二〕

大吉祥天女十二名号経（一巻・別本）唐 不空訳
No.1252 ……〔二一・二五二〕
大魚事経（一巻）東晋 竺曇無蘭訳 No.216 ……〔四・八〇〇〕
大教王経 No.865
大教王経 No.874
大　経 No.360
大経要義抄注解（一巻）No.2440 ……〔七七・五五三〕
大孔雀王神呪経 No.987
大孔雀王雑神呪経 No.987
大孔雀呪王経（三巻）唐 義浄訳 No.985 ……〔一九・四五九〕
大孔雀明王画像壇場儀軌（一巻）唐 不空訳
No.983A ……〔一九・四三九〕
大孔雀明王経 No.982
大花厳長者問仏那羅延力経（一巻）唐 般若共利言訳
No.547 ……〔一四・八五三〕
大華厳経略策（一巻）唐 澄観述 No.1737 ……〔三六・七〇一〕
大堅固婆羅門縁起経（二巻）宋 施護等訳 No.8 ……〔一・二〇七〕
大幻化普通儀軌三十一分中略出二無我法 No.892
大枯樹経 No.806
大虚空蔵菩薩念誦儀軌法 No.1146
大虚空蔵菩薩念誦法（一巻）唐 不空訳 No.1146 ……〔二〇・六〇三〕
大護明経 No.1048
大護明大陀羅尼経（一巻）宋 法天訳 No.1048 ……〔二〇・四〕
大興心宗仏徳広通国師虎穴録 No.2570
大黒天神法（一巻）唐 神愷記 No.1287 ……〔二一・三五五〕
大金剛香陀羅尼経（一巻）宋 施護訳 No.1401 ……〔二一・九一七〕
大金剛妙高山楼閣陀羅尼（一巻）宋 施護訳
No.1415 ……〔二一・九二八〕
大金色孔雀王経 No.988
大金色孔雀王呪経（一巻）失訳 No.986 ……〔一九・四七七〕
大金色孔雀王呪経（一巻）失訳 No.987 ……〔一九・四七九〕
大権神王経偈頌 No.1688
大薩遮尼乾子受記経 No.272
大薩遮尼乾子授記経 No.272
大薩遮尼乾子所説経（十巻）元魏 菩提流支訳 No.272 …〔九・三一七〕
大三摩惹経（一巻）宋 法天訳 No.19 ……〔一・二五八〕
大使呪法経（一巻）唐 菩提流支訳 No.1268 ……〔二一・二九八〕
大自在天子因地経（一巻）宋 施護訳 No.594 ……〔一五・一二七〕
大慈恩寺三蔵法師伝（十巻）唐 慧立本・彦悰箋
No.2053 ……〔五〇・二二〇〕
大慈大悲救苦観世音自在王菩薩広大円満無礙自在
青頸大悲心陀羅尼（一巻）唐 不空訳 No.1113B ……〔二〇・四九八〕
大七宝経 No.1368
大七宝陀羅尼経（一巻）失訳 No.1368 ……〔二一・八八五〕
大集月蔵経 No.397(15)
大集経 No.397
大集経賢護分 No.416
大集経地蔵菩薩請問法身讃百千頌 No.1680

大集経菩薩念仏三昧分 No.415
大集須弥蔵経 No.397(16)
大沙門羯磨法十誦律 No.1438
大沙門百一羯磨法（一巻）No.1438 ……〔二三・四八九〕
大樹緊那羅王所問経（四巻）姚秦 鳩摩羅什等訳
No.625 ……〔一五・三六七〕
大樹緊那羅王問経 No.625
大樹緊那羅経 No.625
大周刊定衆経目録（十五巻）唐 明佺等撰 No.2153……〔五五・三七二〕
大周経玄義 No.1743
大周録 No.2153
大宗地玄文本論（二十巻）馬鳴菩薩造・陳 真諦訳
No.1669 ……〔三二・六六八〕
大集会正法経（五巻）宋 施護訳 No.424 ……〔一三・九七六〕
大集賢護菩薩経 No.416
大集大虚空蔵菩薩所問経（八巻）唐 不空訳 No.404…〔一三・六一三〕
大集譬喩王経（二巻）隋 闍那崛多訳 No.422 ……〔一三・九四八〕
大集宝星経 No.402
大集法門経（二巻）宋 施護訳 No.12……〔一・二二六〕
大准提経 No.1077
大 疏 No.1796
大疏演奥鈔 No.2216
大疏私記 No.2215
大疏指心鈔 No.2217
大疏自証説法十八段 No.2539
大疏鈔 No.2215
大疏第三重 No.2538
大疏談義（十巻）日本 運敞撰 No.2540 ……〔七九・七七六〕
大疏百條第三重（十巻）日本 聖憲撰 No.2538 ……〔七九・六〇四〕
大小諫王経 No.514
大正句王経（二巻）宋 法賢訳 No.45……〔一・八三一〕
大生義経（一巻）宋 施護訳 No.52……〔一・八四四〕
大荘厳経 No.187
大荘厳経 No.201
大荘厳経論 No.201
大荘厳法門経（二巻）隋 那連提耶舎訳 No.818 ……〔一七・八二五〕
大荘厳論 No.201
大荘厳論経（十五巻）馬鳴菩薩造・後秦 鳩摩羅什訳
No.201 ……〔四・二五七〕
大勝金剛仏頂念誦儀軌（一巻）唐 金剛智訳 No.980 …〔一九・四一〇〕
大聖歓喜自在天法 No.1270
大聖歓喜双身大自在天毘那夜迦王帰依念誦供養法
（一巻）唐 善無畏訳 No.1270 ……〔二一・三〇三〕
大聖歓喜双身毘那夜迦天形像品儀軌（一巻）
唐 憬瑟集 No.1274……〔二一・三二三〕
大聖歓喜天秘密法要 No.1273
大聖歓喜天法 No.1266
大聖天歓喜双身毘那夜迦法（一巻）唐 不空訳

No.1266 ……〔二一・二九六〕
大聖曼殊室利童子五字瑜伽法 No.1176
大聖妙吉祥菩薩説除災教令法輪（一巻）No.966 ……〔一九・三四二〕
大聖妙吉祥菩薩秘密八字陀羅尼修行曼荼羅次第
儀軌法（一巻）唐 菩提仙訳 No.1184 ……〔二〇・七八四〕
大聖文殊師利讃法身礼 No.1195
大聖文殊師利菩薩讃仏法身礼（一巻）唐 不空訳
No.1195 ……〔二〇・九三六〕
大聖文殊師利菩薩仏刹功徳荘厳経（三巻）
唐 不空訳 No.319 ……〔一一・九〇二〕
大丈夫論（二巻）提婆羅菩薩造・北涼 道泰訳
No.1577 ……〔三〇・二五六〕
大乗阿毘達磨集論（七巻）無著菩薩造・唐 玄奘訳
No.1605 ……〔三一・六六三〕
大乗阿毘達磨雑集論（十六巻）安慧菩薩造・
唐 玄奘訳 No.1606 ……〔三一・六九四〕
大乗一切法相玄論（二巻）日本 基辯撰 No.2316 ……〔七一・一五一〕
大乗円戒顕正論（一巻）日本 宗覚編 No.2360 ……〔七四・一三〇〕
大乗縁生論（一巻）鬱楞迦造・唐 不空訳 No.1653 ……〔三二・四八六〕
大乗伽耶山頂経（一巻）唐 菩提流志訳 No.467 ……〔一四・四八九〕
大乗戒経（一巻）宋 施護訳 No.1497 ……〔二四・一一〇四〕
大乗開心顕解脱論 No.2835
大乗開心顕性頓悟真宗論（一巻）唐 慧光釈
No.2835 ……〔八五・一二七八〕
大乗観想曼拏羅浄諸悪趣経（二巻）宋 法賢訳
No.939 ……〔一九・八八〕
大乗起信論（一巻）馬鳴菩薩造・梁 真諦訳 No.1666 …〔三二・五七五〕
大乗起信論（二巻）馬鳴菩薩造・唐 実叉難陀訳
No.1667 ……〔三二・五八三〕
大乗起信論義記（五巻）唐 法蔵撰 No.1846 ……〔四四・二四〇〕
大乗起信論義記別記 No.1847
大乗起信論義疏（四巻）隋 慧遠撰 No.1843 ……〔四四・一七五〕
大乗起信論広釈（巻第三・巻第四・巻第五）（三巻）
唐 曇曠撰 No.2814 ……〔八五・一一二一〕
大乗起信論疏 No.1846
大乗起信論内義略探記（一巻）新羅 太賢作
No.1849 ……〔四四・四〇九〕
大乗起信論別記（二巻）新羅 元暁撰 No.1845 ……〔四四・二二六〕
大乗起信論別記（一巻）唐 法蔵撰 No.1847 ……〔四四・二八七〕
大乗起信論略述（二巻）唐 曇曠撰 No.2813 ……〔八五・一〇八九〕
大乗起信論裂網疏（六巻）明 智旭述 No.1850 ……〔四四・四二二〕
大乗義章（二十六巻）隋 慧遠撰 No.1851 ……〔四四・四六五〕
大乗経纂要義（一巻）No.2817 ……〔八五・一一八三〕
大乗顕識経（二巻）唐 地婆訶羅訳 No.347 ……〔一二・一七八〕
大乗玄問答（十二巻）日本 珍海抄 No.2303 ……〔七〇・五六九〕
大乗玄論（五巻）隋 吉蔵撰 No.1853 ……〔四五・一五〕
大乗五蘊論（一巻）世親菩薩造・唐 玄奘訳 No.1612 …〔三一・八四八〕
大乗五蘊論 No.1613

大乗広五蘊論（一巻）安慧菩薩造・唐 地婆訶羅訳
No.1613 ……〔三一・八五〇〕
大乗広百論釈論（十巻）聖天菩薩本・護法菩薩釈・
唐 玄奘訳 No.1571……〔三〇・一八七〕
大乗金剛髻珠菩薩修行分（一巻）唐 菩提流志訳
No.1130 ……〔二〇・五六三〕
大乗三聚懺悔経（一巻）隋 闍那崛多共笈多等訳
No.1493 ……〔二四・一〇九一〕
大乗三論大義鈔（四巻）日本 玄叡集 No.2296 ……〔七〇・一一九〕
大乗止観 No.1924
大乗止観法門（四巻）陳 慧思撰 No.1924 ……〔四六・六四一〕
大乗四斎日（一巻）No.2849……〔八五・一二九九〕
大乗四法経（一巻）唐 地婆訶羅訳 No.772……〔一七・七〇八〕
大乗四法経（一巻）唐 実叉難陀訳 No.774……〔一七・七〇九〕
大乗四法経釈（一巻）No.1535 ……〔二六・三六四〕
大乗四法経釈抄（一巻）No.2784 ……〔八五・五五七〕
大乗四法経論広釈開決記（一巻）No.2785……〔八五・五五九〕
大乗十法経（一巻）梁 僧伽婆羅訳 No.314……〔一一・七六四〕
大乗実義経 No.839
大乗舎黎娑担摩経（一巻）宋 施護訳 No.711 ……〔一六・八二一〕
大乗修行菩薩行門諸経要集（三巻）唐 智厳訳
No.847 ……〔一七・九三五〕
大乗集菩薩学論（二十五巻）法称菩薩造・宋 法護等訳
No.1636 ……〔三二・七五〕
大乗正観略私記（一巻）日本 珍海記 No.2298 ……〔七〇・一九五〕
大乗荘厳経論（十三巻）無著菩薩造・唐 波羅頗蜜多羅訳
No.1604 ……〔三一・五八九〕
大乗荘厳宝王経（四巻）宋 天息災訳 No.1050 ……〔二〇・四七〕
大乗荘厳論 No.1604
大乗掌珍論（二巻）清辯菩薩造・唐 玄奘訳 No.1578 …〔三〇・二六八〕
大乗聖吉祥持世陀羅尼経（一巻）宋 法天訳
No.1164 ……〔二〇・六六九〕
大乗聖無量寿決定光明王如来陀羅尼経（一巻）
宋 法天訳 No.937……〔一九・八五〕
大乗成業論（一巻）世親菩薩造・唐 玄奘訳 No.1609 …〔三一・七八一〕
大乗浄土讃（一巻）No.2828……〔八五・一二六六〕
大乗随転宣説諸法経（三巻）宋 紹徳等訳 No.652 ……〔一五・七七四〕
大乗善見変化文殊師利問法経（一巻）宋 天息災訳
No.472 ……〔一四・五一四〕
大乗造像功徳経（二巻）唐 提雲般若訳 No.694 ……〔一六・七九〇〕
大乗大義章 No.1856
大乗大集経大集須弥蔵経（二巻）高斉 那連提耶舎訳
No.397(16) ……〔一三・三八一〕
大乗大集地蔵十輪経（十巻）唐 玄奘訳 No.411 ……〔一三・七二一〕
大乗大悲分陀利経 No.158
大乗大方広仏冠経（二巻）宋 法護等訳 No.438 ……〔一四・一一〇〕
大乗大方等日蔵経（十巻）隋 那連提耶舎訳
No.397(14) ……〔一三・二三三〕

大乗智印経（五巻）宋　智吉祥等訳　No.634……〔一五・四七四〕
大乗中観釈論（九巻）安慧菩薩造・宋　惟浄等撰　No.1567……〔三〇・一三六〕
大乗頂王経（一巻）梁　月婆首那訳　No.478……〔一四・五九七〕
大乗稲芉経（一巻）失訳　No.712……〔一六・八二三〕
大乗稲芉経随聴手鏡記　No.2782
大乗稲芉経随聴疏（一巻）唐　法成集　No.2782……〔八五・五四三〕
大乗稲芉経随聴疏決（一巻）No.2783……〔八五・五五六〕
大乗同性経（二巻）宇文周　闍那耶舎訳　No.673……〔一六・六四〇〕
大乗二十頌論（一巻）龍樹菩薩造・宋　施護訳　No.1576……〔三〇・二五六〕
大乗二十二問本（一巻）No.2818……〔八五・一一八四〕
大乗日子王所問経（一巻）宋　法天訳　No.333……〔一二・七二〕
大乗入諸仏境界智光明荘厳経（五巻）宋　法護等訳　No.359……〔一二・二五三〕
大乗入道次第（一巻）唐　智周撰　No.1864……〔四五・四四九〕
大乗入道次第開決（一巻）唐　曇曠撰　No.2823……〔八五・一二〇六〕
大乗入楞伽経（七巻）唐　実叉難陀訳　No.672……〔一六・五八七〕
大乗入楞伽経註　No.1791
大乗破有論（一巻）龍樹菩薩造・宋　施護訳　No.1574……〔三〇・二五四〕
大乗八大曼拏羅経（一巻）宋　法賢訳　No.1168A……〔二〇・六七六〕
大乗悲分陀利経（八巻）失訳　No.158……〔三・二三三〕
大乗百福荘厳相経（一巻）唐　地婆訶羅再訳　No.662……〔一六・三三〇〕
大乗百福相経（一巻）唐　地婆訶羅訳　No.661……〔一六・三二八〕
大乗百法明門論（一巻）天親菩薩造・唐　玄奘訳　No.1614……〔三一・八五五〕
大乗百法明門論開宗義記（一巻）唐　曇曠撰　No.2810……〔八五・一〇四六〕
大乗百法明門論開宗義記序釈（一巻）No.2811……〔八五・一〇六五〕
大乗百法明門論開宗義決（一巻）唐　曇曠撰　No.2812……〔八五・一〇六八〕
大乗百法明門論解（二巻）唐　窺基註解・明　普泰増修　No.1836……〔四四・四六〕
大乗百法明門論疏（二巻）唐　大乗光撰　No.1837……〔四四・五二〕
大乗百法明門論略録　No.1614
大乗不思議神通境界経（三巻）宋　施護訳　No.843……〔一七・九二三〕
大乗遍照光明蔵無字法門経（一巻）唐　地婆訶羅再訳　No.830……〔一七・八七四〕
大乗菩薩蔵正法経（四十巻）宋　法護等訳　No.316……〔一一・七八一〕
大乗方広総持経（一巻）隋　毘尼多流支訳　No.275……〔九・三七九〕
大乗方広曼殊室利菩薩華厳本教閻曼徳迦忿怒王真言大威徳儀軌品（一巻）No.1215……〔二一・七六〕
大乗方等総持経　No.275
大乗方等要慧経（一巻）後漢　安世高訳　No.348……〔一二・一八六〕
大乗方便経（三巻）東晋　竺難提訳　No.310(38)……〔一一・五九四〕
大乗方便経　No.345
大乗宝雲経（七巻）梁　曼陀羅仙共僧伽婆羅訳　No.659……〔一六・二四一〕

大乗宝月童子問法経（一巻）宋 施護訳 No.437 ……〔一四・一〇八〕
大乗宝義経 No.839
大乗宝要義論（十巻）宋 法護等訳 No.1635 ……〔三二・四九〕
大乗法苑義林章（七巻）唐 窺基撰 No.1861 ……〔四五・二四五〕
大乗法苑義林章義鏡 No.2317
大乗法苑義林章師子吼鈔（二十二巻）日本 基辯撰
No.2323 ……〔七一・四七三〕
大乗北宗論（一巻）No.2836 ……〔八五・一二八一〕
大乗法界無差別論（一巻）堅慧菩薩造・
唐 提雲般若等訳 No.1626 ……〔三一・八九二〕
大乗法界無差別論（一巻）堅慧菩薩造・唐 提雲般若訳
No.1627 ……〔三一・八九四〕
大乗法界無差別論疏并序（一巻）唐 法蔵撰 No.1838 …〔四四・六一〕
大乗法相研神章（五巻）日本 護命撰 No.2309 ……〔七一・一〕
大乗本生心地観経（八巻）唐 般若訳 No.159 ……〔三・二九一〕
大乗密厳経（三巻）唐 地婆訶羅訳 No.681 ……〔一六・七二三〕
大乗密厳経（三巻）唐 不空訳 No.682 ……〔一六・七四七〕
大乗無生方便門（一巻）No.2834 ……〔八五・一二七三〕
大乗無量寿経（一巻）失訳 No.936 ……〔一九・八二〕
大乗無量寿荘厳経（三巻）宋 法賢訳 No.363 ……〔一二・三一八〕
大乗瑜伽金剛性海曼殊室利千臂千鉢大教王経（十巻）
唐 不空訳 No.1177A ……〔二〇・七二四〕
大乗唯識論（一巻）天親菩薩造・陳 真諦訳 No.1589 ……〔三一・七〇〕
大乗要語（一巻）No.2822 ……〔八五・一二〇五〕
大乗理趣六波羅蜜多経（十巻）唐 般若訳 No.261 ……〔八・八六五〕
大乗離文字普光明蔵経（一巻）唐 地婆訶羅訳
No.829 ……〔一七・八七二〕
大乗楞伽経唯識論 No.1588
大乗流転諸有経（一巻）唐 義浄訳 No.577 ……〔一四・九四九〕
大乗蓮華馬頭羅刹経 No.441
大乗六情懺悔（一巻）新羅 元暁撰 No.1908 ……〔四五・九二一〕
大浄法門経（一巻）西晋 竺法護訳 No.817 ……〔一七・八一七〕
大浄法門品経 No.817
大浄法門品上金光首女所問溥首童真所開化経 No.817
大秦景教流行中国碑頌（一巻）唐 景浄述 No.2144 …〔五四・一二八九〕
大随求即得大陀羅尼明王懺悔法（一巻）No.1156A …〔二〇・六四九〕
大随求陀羅尼勘註（一巻）日本 明覚撰 No.2242 ……〔六一・七四七〕
大随求八印 No.1156A
大善権経 No.345
大宋僧史略（三巻）宋 賛寧撰 No.2126 ……〔五四・二三四〕
大僧威儀経 No.1470
大僧大経 No.541
大陀羅尼末法中一字心呪経（一巻）唐 宝思惟訳
No.956 ……〔一九・三一五〕
大智慧光三昧経 No.285
大智蔵大導師語録 No.1991
大智度経論 No.1509
大智度論（百巻）龍樹菩薩造・後秦 鳩摩羅什訳

No.1509 ……〔三五・五七〕
大通禅師語録（六巻）日本 愚中周及語・侍者某甲編
No.2563 ……〔八一・四六〕
大通方広経 No.2871
大通方広懺悔滅罪荘厳成仏経（三巻）No.2871 ……〔八五・一三三八〕
大唐故三蔵玄奘法師行状（一巻）唐 冥詳撰
No.2052 ……〔五〇・二一四〕
大唐故大徳贈司空大辨正広智不空三蔵行状（一巻）
唐 趙遷撰 No.2056 ……〔五〇・二九二〕
大唐衆経音義 No.2128
大唐西域記（十二巻）唐 玄奘訳・辯機撰 No.2087 ……〔五一・八六七〕
大唐西域求法高僧伝（二巻）唐 義浄撰 No.2066 ……〔五一・一〕
大唐青龍寺三朝供奉大徳行状（一巻）No.2057 ……〔五〇・二九四〕
大唐大慈恩寺三蔵法師伝 No.2053
大唐東都大聖善寺故中天竺国善無畏三蔵和尚碑銘
并序 唐 李華撰 No.2055 附 ……〔五〇・二九〇〕
大唐貞元続開元釈教録（三巻）唐 円照集 No.2156 ……〔五五・七四八〕
大唐内典録（十巻）唐 道宣撰 No.2149 ……〔五五・二一九〕
大唐保大乙巳歳続貞元釈教録（一巻）南唐 恒安集
No.2158 ……〔五五・一〇四八〕
大燈語録 No.2566
大燈国師語録（三巻）日本 宗峯妙超語・侍者性智等編
No.2566 ……〔八一・一九一〕
大道地経 No.607

大日経 No.848
大日経開題（一巻）日本 空海撰 No.2211 ……〔五八・一〕
大日経開題（一巻・異本一）日本 空海撰 No.2211 ……〔五八・三〕
大日経開題（一巻・異本三）日本 空海撰 No.2211 ……〔五八・六〕
大日経開題（一巻・異本四）日本 空海撰 No.2211 ……〔五八・七〕
大日経開題（一巻・異本五）日本 空海撰 No.2211 ……〔五八・一〇〕
大日経開題（一巻・異本六）日本 空海撰 No.2211 ……〔五八・一一〕
大日経教主異義 No.2455
大日経教主異義事（一巻）日本 宥快記 No.2455 ……〔七七・八四六〕
大日経教主義（一巻）日本 曇寂撰 No.2457 ……〔七七・八五一〕
大日経教主本地加持分別（一巻）日本 杲宝撰
No.2452 ……〔七七・七七三〕
大日経口之疏鈔 No.2218
大日経供養儀式 No.859
大日経供養次第法疏私記（八巻）日本 宥範撰
No.2220 ……〔六〇・七一九〕
大日経供養持誦不同（七巻）日本 安然撰 No.2394 ……〔七五・二九九〕
大日経供養法私記 No.2220
大日経指帰 No.2212
大日経持誦次第儀軌（一巻）失訳 No.860 ……〔一八・一八一〕
大日経主異義十九人異義 No.2455
大日経住心品疏私記（十六巻）日本 済暹撰 No.2215 …〔五八・六八五〕
大日経住心品疏私記（二十巻）日本 曇寂撰 No.2219 …〔六〇・三五九〕
大日経疏 No.1796

大日経疏演奥鈔（六十巻）日本　杲宝撰　No.2216 ……〔五九・一〕
大日経疏私記　No.2215
大日経疏指心鈔（十六巻）日本　頼瑜撰　No.2217 ……〔五九・五七一〕
大日経疏鈔（八十五巻）日本　宥快撰　No.2218 ……〔六〇・一〕
大日経疏妙印鈔　No.2213
大日経疏妙印鈔口伝（十巻）日本　宥範撰　No.2214 ……〔五八・六三九〕
大日経心目　No.2212　附
大日経略開題（一巻・異本二）日本　空海撰　No.2211 ……〔五八・四〕
大日経略釈　No.2212　附
大日経略摂念誦随行法（一巻）唐　不空訳　No.857 ……〔一八・一七六〕
大日経略念誦法　No.857
大日如来剣印（一巻）No.864A ……〔一八・一九五〕
大涅槃経義記（巻第四）（一巻）No.2764B ……〔八五・二九四〕
大般泥洹経　No.6
大般泥洹経（六巻）東晋　法顕訳　No.376 ……〔一二・八五三〕
大般泥洹経　No.378
大般涅槃経（三巻）東晋　法顕訳　No.7 ……〔一・一九一〕
大般涅槃経（四十巻）北涼　曇無讖訳　No.374 ……〔一二・三六五〕
大般涅槃経（三十六巻）宋　慧厳等依泥洹経加之
No.375 ……〔一二・六〇五〕
大般涅槃経義記（十巻）隋　慧遠述　No.1764 ……〔三七・六一三〕
大般涅槃経玄義（二巻）隋　灌頂撰　No.1765 ……〔三八・一〕
大般涅槃経後茶毘分　No.377
大般涅槃経後分（二巻）唐　若那跋陀羅訳　No.377 ……〔一二・九〇〇〕
大般涅槃経後訳茶毘分　No.377
大般涅槃経集解（七十一巻）梁　宝亮等集　No.1763 ……〔三七・三七七〕
大般涅槃経疏（三十三巻）隋　灌頂撰　No.1767 ……〔三八・四一〕
大般涅槃経論　No.1527
大般舟三昧経　No.418
大般若経　No.223
大般若波羅蜜多経（六百巻）唐　玄奘訳　No.220 ……〔五—七・一〕
大般若波羅蜜多経般若理趣分述讃（三巻）唐　窺基撰
No.1695 ……〔三三・二五〕
大蕃沙洲釈門教法和尚洪䛒修功徳記（一巻）
No.2862 ……〔八五・一三二二〕
大秘密王曼拏羅　No.889
大悲経（五巻）高斉　那連提耶舎訳　No.380 ……〔一二・九四五〕
大悲空智金剛大教王儀軌経（五巻）宋　法護訳
No.892 ……〔一八・五八七〕
大悲敬請（一巻）No.2843 ……〔八五・一二九五〕
大悲心陀羅尼修行念誦略儀（一巻）唐　不空訳
No.1066 ……〔二〇・一二六〕
大悲心陀羅尼略儀　No.1066
大悲総持経　No.1060
大悲胎蔵　No.851
大悲胎蔵持誦不同記　No.2394
大悲分陀利経　No.158
大比丘三千威儀（二巻）後漢　安世高訳　No.1470 ……〔二四・九一二〕

大比丘三千威儀経 No.1470
大毘婆沙 No.1545
大毘婆沙論 No.1545
大毘盧舎那経指帰（一巻）日本 円珍撰 No.2212 ……〔五八・一三〕
大毘盧舎那成道経心目（一巻）日本 円珍撰 No.2212 附 ……〔五八・二一〕
大毘盧舎那成仏神変加持経蓮華胎蔵悲生曼荼羅広大成就儀軌（二巻・別本）No.852……〔一八・一二七〕
大毘盧遮那経 No.848
大毘盧遮那経阿闍梨真実智品中阿闍梨住阿字観門（一巻）唐 惟謹述 No.863……〔一八・一九三〕
大毘盧遮那経供養次第法疏（二十巻）唐 不可思議撰 No.1797 ……〔三九・七九〇〕
大毘盧遮那経広大儀軌（三巻）唐 善無畏訳 No.851 …〔一八・九〇〕
大毘盧遮那成就瑜伽 No.853
大毘盧遮那成道神変加持経蓮華胎蔵菩提幢標幟普通真言蔵広大成就瑜伽解釈 No.2231
大毘盧遮那成仏経疏（一巻）唐 一行記 No.1796……〔三九・五七九〕
大毘盧遮那成仏神変加持経（七巻）唐 善無畏共一行訳 No.848 ……〔一八・一〕
大毘盧遮那成仏神変加持経略示七支念誦随行法（一巻）唐 不空訳 No.856……〔一八・一七四〕
大毘盧遮那成仏神変加持経蓮花胎蔵悲生曼荼羅広大成就儀軌 No.852
大毘盧遮那成仏神変加持経蓮華胎蔵悲生曼荼羅広大成就儀軌供養方便会（二巻）唐 法全集 No.852 ……〔一八・一〇八〕
大毘盧遮那成仏神変加持経蓮華胎蔵菩提幢標幟普通真言蔵広大成就瑜伽（三巻）唐 法全集 No.853 ……〔一八・一四三〕
大毘盧遮那仏眼修行儀軌（一巻）唐 一行述記 No.981 ……〔一九・四一一〕
大毘盧遮那仏説要略念誦経（一巻）唐 菩提金剛訳 No.849 ……〔一八・五五〕
大毘盧遮那略要速疾門五支念誦法（一巻）失訳 No.858 ……〔一八・一七七〕
大白傘蓋経 No.977
大白傘蓋総持陀羅尼経（一巻）元 真智等訳 No.977 …〔一九・四〇四〕
大白傘蓋仏母総讃歎禱祝偈 No.977 附 ……〔一九・四〇七〕
大白傘蓋法 No.977
大普賢経 No.1367
大普賢陀羅尼経（一巻）失訳 No.1367……〔二一・八八四〕
大仏頂経 No.945
大仏頂経開題（一巻）日本 空海撰 No.2233 ……〔六一・六〇一〕
大仏頂広聚陀羅尼経（五巻）失訳 No.946 ……〔一九・一五五〕
大仏頂首楞厳経 No.945
大仏頂陀羅尼 No.944A
大仏頂陀羅尼勘註 No.2235
大仏頂大陀羅尼（一巻）No.944B ……〔一九・一〇二〕
大仏頂如来頂髻白蓋陀羅尼 No.944A

大仏頂如来放光悉怛多鉢怛囉陀羅尼（一巻） 唐 不空訳 No.944A ……〔一九・一〇〇〕
大仏頂如来放光悉怛多般怛羅大神力都摂一切呪王陀羅尼経大威徳最勝金輪三昧呪品（一巻） No.947 ……〔一九・一八〇〕
大仏頂如来放光悉怛他鉢怛囉陀羅尼勘註（一巻） 日本 明覚撰 No.2235 ……〔六一・六〇六〕
大仏頂如来放光大神力都摂大威徳記最勝金剛三昧呪法 No.947
大仏頂如来密因修証了義諸菩薩万行首楞厳経（十巻） 唐 般刺蜜帝訳 No.945 ……〔一九・一〇五〕
大仏頂別行法 No.947
大仏頂無畏宝蓮華広聚光明仏頂一切如来心中秘密蔵陀羅尼経 No.946
大仏名経 No.441
大仏略懺（一巻） No.2841 ……〔八五・一二九三〕
大忿怒金剛童子念誦供養儀軌 No.1224
大忿怒金剛童子念誦瑜伽法 No.1223
大辯邪正経（一巻） No.2893 ……〔八五・一四一〇〕
大菩薩蔵経（二十巻） 唐 玄奘訳 No.310(12) ……〔一一・一九五〕
大方広円覚修多羅了義経（一巻） 唐 仏陀多羅訳 No.842 ……〔一七・九一三〕
大方広円覚修多羅了義経略疏註（四巻） 唐 宗密述 No.1795 ……〔三九・五二四〕
大方広華厳十悪品経（一巻） No.2875 ……〔八五・一三五九〕
大方広三戒経（三巻） 北涼 曇無讖訳 No.311 ……〔一一・六八七〕
大方広師子吼経（一巻） 唐 地婆訶羅訳 No.836 ……〔一七・八九〇〕
大方広十輪経（八巻） 失訳 No.410 ……〔一三・六八一〕
大方広善巧方便経（四巻） 宋 施護訳 No.346 ……〔一二・一六六〕
大方広総持経 No.275
大方広総持宝光明経（五巻） 宋 法天訳 No.299 ……〔一〇・八八四〕
大方広入如来智徳不思議経（一巻） 唐 実叉難陀訳 No.304 ……〔一〇・九一四〕
大方広如来蔵経（一巻） 唐 不空訳 No.667 ……〔一六・四六〇〕
大方広如来秘密蔵経（二巻） 失訳 No.821 ……〔一七・八三七〕
大方広如来不思議境界経（一巻） 唐 実叉難陀訳 No.301 ……〔一〇・九〇九〕
大方広普賢所説経（一巻） 唐 実叉難陀訳 No.298 ……〔一〇・八八三〕
大方広普賢菩薩所説経 No.298
大方広仏花厳経修慈分（一巻） 唐 提雲般若等訳 No.306 ……〔一〇・九五九〕
大方広仏花厳経入法界品四十二字観門 No.1020
大方広仏花厳経入法界品頓証毘盧遮那法身字輪瑜伽儀軌（一巻） No.1020 ……〔一九・七〇九〕
大方広仏花厳経普賢菩薩行願王品（一巻） No.2908 ……〔八五・一四五四〕
大方広仏華厳経（六十巻） 東晋 仏陀跋陀羅訳 No.278 …〔九・三九五〕
大方広仏華厳経（八十巻） 唐 実叉難陀訳 No.279 ……〔一〇・一〕
大方広仏華厳経（四十巻） 唐 般若訳 No.293 ……〔一〇・六六一〕

大方広仏華厳経感応伝（一巻）唐　恵英撰・胡幽貞纂 No.2074 ……〔五一・一七三〕
大方広仏華厳経願行観門骨目（二巻）唐　湛然撰 No.1742 ……〔三六・一〇四九〕
大方広仏華厳経金師子章（一巻）唐　法蔵撰・宋　承遷註 No.1881 ……〔四五・六六七〕
大方広仏華厳経疏（六十巻）唐　澄観撰 No.1735 ……〔三五・五〇三〕
大方広仏華厳経随疏演義鈔（九十巻）唐　澄観述 No.1736 ……〔三六・一〕
大方広仏華厳経捜玄分斉通智方規（十巻）唐　智儼述 No.1732 ……〔三五・一三〕
大方広仏華厳経続入法界品 No.295
大方広仏華厳経中巻巻大意略叙（一巻）唐　李通玄造 No.1740 ……〔三六・一〇〇八〕
大方広仏華厳経入不思議解脱境界普賢行願品 No.293
大方広仏華厳経入法界品（一巻）唐　地婆訶羅訳 No.295 ……〔一〇・八七六〕
大方広仏華厳経入法界品四十二字観門（一巻）唐　不空訳 No.1019 ……〔一九・七〇七〕
大方広仏華厳経不思議仏境界分（一巻）唐　提雲般若訳 No.300 ……〔一〇・九〇五〕
大方広仏華厳経普賢行願品 No.293
大方広菩薩地経 No.308
大方広菩薩十地経（一巻）元魏　吉迦夜訳 No.308 ……〔一〇・九六三〕
大方広菩薩蔵経中文殊師利根本一字陀羅尼経（一巻）唐　宝思惟訳 No.1181 ……〔二〇・七八〇〕
大方広菩薩蔵文殊師利根本儀軌経（二十巻）宋　天息災訳 No.1191 ……〔二〇・八三五〕
大方広宝篋経（三巻）劉宋　求那跋陀羅訳 No.462 ……〔一四・四六六〕
大方広曼殊室利経（一巻）唐　不空訳 No.1101 ……〔二〇・四五〇〕
大方広曼殊室利経観自在多羅菩薩儀軌経 No.1101
大方広曼殊室利経観自在菩薩授記経 No.1101
大方広曼殊室利童真菩薩華厳本教讃閻曼徳迦忿怒王真言阿毘遮嚕迦儀軌品（一巻）No.1216 ……〔二一・七七〕
大方広未曾有経善巧方便品（一巻）宋　施護訳 No.844 ……〔一七・九三一〕
大方等修多羅王経（一巻）元魏　菩提流支訳 No.575 …〔一四・九四八〕
大方等修多羅経 No.575
大方等十輪経 No.411
大方等善住意天子所問経（四巻）隋　達摩笈多訳 No.310(36) ……〔一一・五七一〕
大方等陀羅尼経（四巻）北涼　法衆訳 No.1339 ……〔二一・六四一〕
大方等大雲経 No.387
大方等大雲経請雨品第六十四（一巻）北周　闍那耶舎訳 No.992 ……〔一九・五〇〇〕
大方等大雲請雨経 No.992
大方等大集月蔵経（十巻）高斉　那連提耶舎訳 No.397(15) ……〔一三・二九八〕

大方等大集経（六十巻）隋 僧就合 No.397 ……〔一三・一〕
大方等大集経賢護分（五巻）隋 闍那崛多訳 No.416 …〔一三・八七二〕
大方等大集経菩薩念仏三昧分（十巻）隋 達磨笈多訳
No.415 ……〔一三・八三〇〕
大方等大集賢護経 No.416
大方等大集日蔵経 No.397(14)
大方等大集菩薩念仏三昧経 No.415
大方等頂王経（一巻）西晋 竺法護訳 No.477……〔一四・五八八〕
大方等日蔵経 No.397(14)
大方等如来蔵経（一巻）東晋 仏陀跋陀羅訳 No.666 …〔一六・四五七〕
大方等無想経（六巻）北涼 曇無讖訳 No.387 ……〔一二・一〇七七〕
大方等無想大雲経 No.387
大方便仏報恩経（七巻）失訳 No.156……〔三・一二四〕
大宝広博楼閣経 No.1005A
大宝広博楼閣善住秘密陀羅尼経（三巻）唐 不空訳
No.1005A ……〔一九・六一九〕
大宝積経（百二十巻）唐 菩提流志訳并合 No.310……〔一一・一〕
大宝積経 No.350
大宝積経論（四巻）後魏 菩提流支訳 No.1523 ……〔二六・二〇四〕
大法眼文益禅師語録 No.1991
大法炬陀羅尼経（二十巻）隋 闍那崛多訳 No.1340 ……〔二一・六六一〕
大法鼓経（二巻）劉宋 求那跋陀羅訳 No.270 ……〔九・二九〇〕
大品経 No.223
大品般若 No.223
大品般若経 No.223
大品遊意（一巻）隋 吉蔵撰 No.1696……〔三三・六三〕
大摩里支菩薩経（七巻）宋 天息災訳 No.1257……〔二一・二六二〕
大曼荼羅十七尊釈 No.1004
大名目（一巻）日本 顕智撰 No.2671 ……〔八三・八三三〕
大妙経 No.965
大妙金剛経 No.965
大妙金剛大甘露軍拏利焔鬘熾盛仏頂経（一巻）
唐 達磨栖那訳 No.965 ……〔一九・三三九〕
大明経 No.225
大明呪経 No.250
大明度経（六巻）呉 支謙訳 No.225 ……〔八・四七八〕
大明度無極経 No.225
大明高僧伝（八巻）明 如惺撰 No.2062 ……〔五〇・九〇一〕
大明太宗文皇帝御製観音讃 No.1055 附巻首 ……〔二〇・七〇〕
大無量寿経 No.360
大目乾連変文 No.2858
大目乾連冥間救母変文并図（一巻）No.2858 ……〔八五・一三〇七〕
大薬叉女歓喜母并愛子成就法（一巻）唐 不空訳
No.1260 ……〔二一・二八六〕
大薬叉女并愛子法 No.1260
大勇菩薩分別業報略集 No.723
大楽軌 No.1119
大楽経顕義抄（三巻）日本 済暹撰 No.2239 ……〔六一・六一七〕

大楽金剛経般若理趣釈 No.1003
大楽金剛薩埵儀軌 No.119
大楽金剛薩埵修行成就儀軌（一巻）唐 不空訳
No.1119 ……………………〔二〇・五〇九〕
大楽金剛不空真実三昧耶経般若波羅蜜多理趣釈
（二巻）唐 不空訳 No.1003 ……………〔一九・六〇七〕
大楽金剛不空真実三昧耶経般若波羅蜜多理趣品開題
No.2236
大楽金剛不空真実三麽耶経（一巻）唐 不空訳
No.243 ……………………………〔八・七八四〕
大楽金剛不空真実三摩地耶経般若波羅蜜多理趣品 No.243
大楽金剛理趣経 No.1003
大輪金剛供養法 No.1231
大輪金剛修行悉地成就及供養法（一巻）No.1231 ……〔二一・一六六〕
大輪金剛総持陀羅尼経（一巻）失訳 No.1230 ……〔二一・一六一〕
大輪金剛陀羅尼経 No.1230
大楼炭経（六巻）西晋 法立共法炬訳 No.23 ……〔一・二七七〕
大和尚奉為平安城太上天皇灌頂文（一巻）
日本 空海撰 No.2461 ……………〔七八・一〕
代宗朝贈司空大辯正広智三蔵和上表制集（六巻）
唐 円照集 No.2120 ……………〔五二・八二六〕
第一義法勝経（一巻）元魏 瞿曇般若流支訳 No.833……〔一七・八七九〕
提婆伝 No.2048
提婆菩薩釈楞伽経中外道小乗涅槃論（一巻）
提婆菩薩造・後魏 菩提流支訳 No.1640……………〔三二・一五六〕
提婆菩薩伝（一巻）姚秦 鳩摩羅什訳 No.2048 ……〔五〇・一八六〕
提婆菩薩破楞伽経中外道小乗四宗論（一巻）
提婆菩薩造・後魏 菩提流支訳 No.1639……………〔三二・一五五〕
高雄口訣（一巻）日本 真済撰 No.2466……………〔七八・三二〕
沢 鈔（十巻）日本 覚成記・守覚親王輯 No.2488 ……〔七八・四二三〕
達摩多羅禅経（二巻）東晋 仏陀跋陀羅訳 No.618……〔一五・三〇〇〕
探 玄 No.1733
探玄記 No.1733
歎徳文（一巻）日本 存覚光玄撰 No.2666 ……〔八三・七五七〕
歎異抄（一巻）No.2661……………………〔八三・七二八〕
潭州潙山霊祐禅師語録（一巻）明 語風円信・
郭凝之編 No.1989 ……………………〔四七・五七七〕
断際禅師宛陵録 No.2012B
断際禅師伝心法要 No.2012A
断十二因縁経 No.1508
断諸法狐疑法経 No.588
断肉経 No.164
壇 経 No.2008
檀特陀羅尼経 No.1339
檀特羅麻油述経（一巻）東晋 竺曇無蘭訳 No.1391 ……〔二一・九〇八〕
檀特羅麻油述神呪経 No.1391
檀特羅麻油術呪経 No.1391

チ Chi

地 底 治 智 竹 竺 中 忠 注
偸 註 長 頂 超 聴 勅 鎮

地天儀軌 No.1286
底哩三昧耶経 No.1200
底哩三昧耶不動使者念誦品 No.1200
底哩三昧耶不動尊威怒王使者念誦法（一巻）
唐 不空訳 No.1200……〔二一・七〕
底哩三昧耶不動尊聖者念誦秘密法（三巻）唐 不空訳
No.1201……〔二一・一三〕
治意経（一巻）失訳 No.96……〔一・九一九〕
智印経 No.634
智慧海蔵経 No.2885
智慧荘厳経 No.357
智覚普明国師語録（八巻）日本 春屋妙葩語・
侍者周佐等編 No.2560……〔八〇・六三三〕
智炬陀羅尼経（一巻）唐 提雲般若等訳 No.1397……〔二一・九一三〕
智光厳経 No.302
智光滅一切業障陀羅尼経（一巻）宋 施護訳
No.1398……〔二一・九一四〕
智光滅業障経 No.1398
智者大師別伝 No.2050
智証大師請来目録（一巻）日本 円珍撰 No.2173 ……〔五五・一一〇二〕
智通禅師語録 No.1990
智度論 No.1509
竹林鈔（二巻）日本 道教顕意撰 No.2630 ……〔八三・四六二〕
竺僊和尚語録（四巻）日本 竺僊梵仙語・侍者裔堯等編
No.2554……〔八〇・三三四〕
中阿含経（六十巻）東晋 瞿曇僧伽提婆訳 No.26……〔一・四二一〕
中阿含泥犁経 No.86
中印度那蘭陀大道場経 No.945
中院流四度口伝（四巻）日本 宥快撰 No.2504……〔七八・八九五〕
中院流事（一巻）日本 宥快口・成雄記 No.2505 ……〔七八・九〇九〕
中院流大事聞書（一巻）日本 宥快口・成雄記
No.2506……〔七八・九一一〕
中陰経（二巻）姚秦 竺仏念訳 No.385 ……〔一二・一〇五八〕
中観釈論 No.1567
中観論 No.1564
中観論疏（二十巻）隋 吉蔵撰 No.1824 ……〔四二・一〕
中観論二十七品別釈（一巻）日本 快憲撰 No.2256……〔六五・二四八〕
中観論品釈 No.2256
中天竺舎衛国祇洹寺図経（一巻）唐 道宣撰
No.1899……〔四五・八八二〕
中辺頌 No.1601
中辺分別論（二巻）天親菩薩造・陳 真諦訳 No.1599 …〔三一・四五一〕
中辺論 No.1600
中本起経（二巻）後漢 曇果共康孟詳訳 No.196 ……〔四・一四七〕

中　論（四巻）龍樹菩薩造・梵志青目釈・
　姚秦 鳩摩羅什訳 No.1564 ……〔三〇・一〕
中論疏 No.1824
中論疏記（八巻）日本 安澄撰 No.2255 ……〔六五・一〕
忠心経（一巻）東晋 竺曇無蘭訳 No.743 ……〔一七・五五〇〕
忠心正行経 No.743
注華厳法界観門（一巻）唐 宗密註 No.1884 ……〔四五・六八三〕
注三十頌（一巻）日本 貞慶撰 No.2268 ……〔六八・一一四〕
注勝鬘経 No.2763
注進法相宗章疏（一巻）日本 蔵俊撰 No.2181 ……〔五五・一一四〇〕
注大乗入楞伽経（十巻）宋 宝臣述 No.1791 ……〔三九・四三三〕
注維摩 No.1775
注維摩詰経（十巻）後秦 僧肇撰 No.1775 ……〔三八・三二七〕
偸迦遮復弥経 No.606
註華厳経題法界観門頌（二巻）宋 本崇述・琮湛註
　No.1885 ……〔四五・六九二〕
註四十二章経（一巻）宋 真宗皇帝註 No.1794 ……〔三九・五一六〕
註心経 No.2747
註大仏頂真言（一巻）日本 南忠撰 No.2234 ……〔六一・六〇二〕
註無量義経（三巻）日本 最澄撰 No.2193 ……〔五六・二〇三〕
長安品 No.226
長安品経 No.226
長講金光明経会式（一巻）日本 最澄撰 No.2364 ……〔七四・二五六〕
長講仁王般若経会式（一巻）日本 最澄撰 No.2365 ……〔七四・二五九〕
長講法華経先分発願文（一巻）日本 最澄撰
　No.2363 ……〔七四・二四七〕
長者威施所問菩薩修行経 No.330
長者懊悩三処経 No.525
長者懊悩二処経 No.525
長者音悦経（一巻）呉 支謙訳 No.531 ……〔一四・八〇八〕
長者音悦不蘭迦葉経 No.531
長者詣仏説子婦無敬経 No.143
長者子懊悩三処経（一巻）後漢 安世高訳 No.525 ……〔一四・八〇〇〕
長者子制経（一巻）後漢 安世高訳 No.526 ……〔一四・八〇〇〕
長者子煩悩三処経 No.525
長者子六過出家経（一巻）劉宋 慧簡訳 No.134 ……〔二・八五七〕
長者修行経 No.330
長者浄施所問経 No.330
長者施報経（一巻）宋 法天訳 No.74 ……〔一・八八〇〕
長者制経 No.527
長者女菴提遮師子吼了義経（一巻）失訳 No.580 ……〔一四・九六二〕
長者辯意経 No.544
長者法志妻経（一巻）失訳 No.572 ……〔一四・九四四〕
長者夭悩三処経 No.525
長者夭悩二処経 No.525
長寿王経（一巻）失訳 No.161 ……〔三・三八六〕
長水疏 No.1799
長爪梵志請問経（一巻）唐 義浄訳 No.584 ……〔一四・九六八〕

長房録 No.2034
頂王経 No.477
頂王経 No.478
頂生王経 No.39
頂生王因縁経（六巻）宋 施護等訳 No.165 ……〔三・三九三〕
頂生王経 No.165
頂生王故事経（一巻）西晋 法炬訳 No.39……〔一・八二二〕
頂輪王大曼荼羅灌頂儀軌（一巻）唐 習弘集 No.959 …〔一九・三二七〕
超日明経 No.638
超日明三昧経（二巻）西晋 聶承遠訳 No.638……〔一五・五三一〕
聴施比丘経 No.504
勅修百丈清規（十巻）元 徳煇重編 No.2025 ……〔四八・一一〇九〕
鎮勧用心（一巻）日本 証空撰 No.2625 ……〔八三・四〇五〕
鎮州臨済慧照禅師語録（一巻）宋 慧然集 No.1985 …〔四七・四九五〕

ツ Tu

追 通

追記（一巻）日本 守覚親王撰 No.2494 ……〔七八・六一七〕
通幻霊禅師漫録（二巻）日本 通幻寂霊語・門人普済編 No.2592 ……〔八二・四七八〕
通載 No.2036
通受比丘懺悔両寺不同記（一巻）日本 凝然述 No.2355 ……〔七四・五八〕
通別二受問 No.2354
通別二受問答抄 No.2354
通別二受要誌 No.2354
通路記 No.2339

テ Te デ De

弟 貞 鉄 徹 天 添 転 伝

弟子学有三輩経 No.767
弟子死復生経（一巻）劉宋 沮渠京声訳 No.826……〔一七・八六八〕
貞応抄（三巻）日本 道範撰 No.2447 ……〔七七・六九七〕
貞元華厳経音義（一巻）日本 喜海撰 No.2206B ……〔五七・三七七〕
貞元新定釈経目録（三十巻）唐 円照撰 No.2157……〔五五・七七一〕
貞元録 No.2157
鉄城泥犁経（一巻）東晋 竺曇無蘭訳 No.42……〔一・八二六〕
鉄城泥犁経 No.43
徹翁和尚語録（二巻）日本 徹翁義亨語・遠孫禅興編 No.2567 ……〔八一・二四三〕
徹選択 No.2609
徹選択本願念仏集（二巻）日本 辯阿聖光撰 No.2609 …〔八三・二〇〕
天公経（一巻）No.2876 ……〔八五・一三六一〕
天請問経（一巻）唐 玄奘訳 No.592……〔一五・一二四〕
天請問経疏（一巻）No.2786 ……〔八五・五六三〕
天親伝 No.2049
天尊説阿育王譬喩経（一巻）失訳 No.2044 ……〔五〇・一七〇〕
天台円宗四教五時西谷名目（二巻）No.2375 ……〔七四・五六五〕

天台九祖伝（一巻）宋 士衡編 No.2069……〔五一・九七〕
天台山記（一巻）唐 徐霊府撰 No.2096……〔五一・一〇五二〕
天台四教儀（一巻）高麗 諦観録 No.1931……〔四六・七七三〕
天台宗章疏（一巻）日本 玄日録 No.2178……〔五五・一一三五〕
天台真言二宗同異章（一巻）日本 証真撰 No.2372……〔七四・四一七〕
天台智者大師斎忌礼讃文（一巻）宋 遵式述 No.1948……〔四六・九六六〕
天台智者大師禅門口訣（一巻）隋 智顗説 No.1919……〔四六・五八一〕
天台智者大師別伝 No.2050
天台伝南岳心要鈔 No.2371
天台伝仏心印記（一巻）元 懐則述 No.1938……〔四六・九三四〕
天台八教大意（一巻）隋 灌頂撰 No.1930……〔四六・七六九〕
天台分門図（一巻）No.2824……〔八五・一三三三〕
天台菩薩戒疏（三巻）唐 明曠刪補 No.1812……〔四〇・五八〇〕
天台法華宗義集（一巻）日本 義真撰 No.2366……〔七四・二六三〕
天地記経 No.1644
天地記経録 No.1644
天地八陽神呪経（一巻）No.2897……〔八五・一四二二〕
天童山景徳寺如浄禅師続語録（一巻）宋 義遠編 No.2002B……〔四八・一三三〕
天童正覚禅師広録 No.2001
天童如浄禅師語録 No.2002A
天童如浄禅師続録 No.2002B
天王太子辟羅経（一巻）失訳 No.596……〔一五・一三〇〕

添品法華経 No.264
添品妙法蓮華経（七巻）隋 闍那崛多共笈多訳 No.264……〔九・一三四〕
転経行道願往生浄土法事讃（二巻）唐 善導集記 No.1979……〔四七・四二四〕
転識論（一巻）陳 真諦訳 No.1587……〔三一・六一〕
転女身経（一巻）劉宋 曇摩蜜多訳 No.564……〔一四・九一五〕
転女身菩薩経 No.565
転女身菩薩問答経 No.566
転女菩薩経 No.565
転有経（巻）元魏 仏陀扇多訳 No.576……〔一四・九四九〕
転非命業抄（一巻）日本 賢覚抄 No.2481……〔七八・二三二〕
転法輪経（一巻）後漢 安世高訳 No.109……〔二・五〇三〕
転法輪経憂波提舎（一巻）天親菩薩造・元魏 毘目智仙訳 No.1533……〔二六・三五五〕
転法輪経論 No.1533
転法輪菩薩摧魔怨敵法（一巻）唐 不空訳 No.1150……〔二〇・六〇九〕
伝教大師将来越州録（一巻）日本 最澄撰 No.2160……〔五五・一〇五八〕
伝教大師将来台州録（一巻）日本 最澄撰 No.2159……〔五五・一〇五五〕
伝光録（一巻）日本 瑩山紹瑾語・侍者編 No.2585……〔八二・三四三〕
伝屍病灸治（一巻）No.2508……〔七八・九一五〕
伝屍病口伝（一巻）No.2507……〔七八・九一三〕
伝受集（四巻）日本 寛信撰 No.2482……〔七八・二三四〕
伝述一心戒文（三巻）日本 光定撰 No.2379……〔七四・六三四〕
伝心法要 No.2012A

伝通記 No.2209
伝燈録 No.2076
伝法灌頂一異義 No.2516
伝法灌頂私記（三巻）日本 教舜記 No.2499 ……〔七八・七五三〕
伝法正宗記（九巻）宋 契嵩編 No.2078 ……〔五一・七一五〕
伝法正宗定祖図（一巻）宋 契嵩撰 No.2079 ……〔五一・七六八〕
伝法正宗論（二巻）宋 契嵩著 No.2080 ……〔五一・七七三〕
伝法宝紀（一巻）唐 杜朏撰 No.2838 ……〔八五・一二九一〕

ト To ド Do

兜と 都度当投東洞唐兜とう
等統稲燈同童道得徳とく
犢独読徳とっ 伅頓燉曇

兜調経（一巻）失訳 No.78 ……〔一・八八七〕
兜調経 No.79
兜率天経 No.452
都表如意摩尼転輪聖王次第念誦秘密最要略法（一巻）
唐 解脱師子訳 No.1089 ……〔二〇・二一七〕
都表如意輪念誦法 No.1089
都部陀羅尼目（一巻）唐 不空訳 No.903 ……〔一八・八九八〕
度一切諸仏境界智厳経（一巻）梁 僧伽婆羅等訳
No.358 ……〔一二・二五〇〕
度一切諸仏智厳経 No.358
度諸仏境界智光厳経（一巻）失訳 No.302 ……〔一〇・九一二〕
度世経 No.292
度世品経（六巻）西晋 竺法護訳 No.292 ……〔一〇・六一七〕
度貧母経 No.497
度無極経 No.152
当下成仏経 No.454
当来変経（一巻）西晋 竺法護訳 No.395 ……〔一二・一一一八〕
当来変経 No.2028
当来変識経 No.395
投身飴餓虎経 No.172
東域伝燈目録（一巻）日本 永超集 No.2183 ……〔五五・一一四五〕
東夏三宝感通録 No.2106
東大寺戒壇院受戒式（一巻）日本 実範撰 No.2350 ……〔七四・二六〕
東大寺授戒方軌（一巻）日本 法進撰 No.2349 ……〔七四・一二〕
東大本院私記 No.2275
東方最勝燈王陀羅尼経（一巻）隋 闍那崛多訳
No.1353 ……〔二一・八六六〕
東方最勝燈王如来経（一巻）隋 闍那崛多等訳
No.1354 ……〔二一・八六八〕
東方最勝燈王如来遣二菩薩送呪奉釈迦如来助護持
世間経 No.1354
東方最勝燈王如来助護持世間神呪経 No.1354
東曼荼羅抄（三巻）日本 覚超撰 No.2401 ……〔七五・七一八〕
東陽和尚語録 No.2571
東陽和尚少林無孔笛 No.2571

東林語録（四巻）日本 卍山道白語・門人湛堂等編
No.2598 ……………………………〔八二・五七二〕
洞山悟本禅師語録 No.1986A
洞山大師語録 No.1986B
洞山良价禅師語録 No.1986A
洞山良价禅師語録 No.1986B
唐王玄策中天竺行記并唐百官撰西域志逸文
No.2089(8) ……………………………〔五一・九九五〕
唐護法沙門法琳別伝（三巻）唐 彦琮撰 No.2051……〔五〇・一九八〕
唐高僧伝 No.2060
唐招提寺戒壇別受戒式（一巻）日本 恵光撰 No.2351 …〔七四・三三〕
唐常愍遊天竺記逸文 No.2089(9) ……………〔五一・九九五〕
唐大薦福寺故寺主翻経大徳法蔵和尚伝（一巻）
新羅 崔致遠撰 No.2054 ……………………〔五〇・二八〇〕
唐大和上東征伝 日本 元開撰 No.2089(7) ……〔五一・九八八〕
唐 伝 No.2060
唐梵翻対字音般若波羅蜜多心経（一巻并序）No.256 …〔八・八五一〕
唐梵文字（一巻）唐 全真集 No.2134……………〔五四・一二一六〕
唐梵両語双対集（一巻）唐 僧怛多糵多・
波羅瞿那弥捨沙集 No.2136 ……………〔五四・一二四一〕
兜沙経（一巻）後漢 支婁迦讖訳 No.280 ……〔一〇・四四五〕
等御諸法経 No.585
等集経 No.381
等集衆徳経 No.381
等集衆徳三昧経（三巻）西晋 竺法護訳 No.381 ……〔一二・九七三〕
等目菩薩経 No.288
等目菩薩所問経 No.288
等目菩薩所問三昧経（三巻）西晋 竺法護訳 No.288 …〔一〇・五七四〕
統 紀 No.2035
稲芉経（一巻）失訳 No.709……………………〔一六・八一六〕
稲稈経 No.709
稲幹喩経 No.710
燈指因縁経（一巻）姚秦 鳩摩羅什訳 No.703……〔一六・八〇八〕
同学鈔 No.2263
同性経 No.673
童子経念誦法（一巻）唐 善無畏訳 No.1028B ……〔一九・七四二〕
童蒙止観 No.1915
道安法師念仏讃（一巻）No.2830A ……………〔八五・一二六八〕
道安法師念仏讃文（一巻）No.2830B …………〔八五・一二六九〕
道行経 No.224
道行般若経（十巻）後漢 支婁迦讖訳 No.224 ……〔八・四二五〕
道行般若波羅蜜経 No.224
道地経（一巻）僧伽羅刹造・後漢 安世高訳 No.607 ……〔一五・二三〇〕
道樹経 No.532
道樹三昧経 No.532
道章苦経 No.741
道神足経 No.816
道神足無極変化経（四巻）西晋 安法欽訳 No.816 ……〔一七・七九九〕

道宣律師感通録（一巻）唐 道宣撰 No.2107……〔五二・四三五〕
道宣録 No.2149
道俗業経 No.820
得生浄土神呪 No.368
得度因縁経 No.130
得道梯橙錫杖経（一巻）失訳 No.785……〔一七・七二四〕
得無垢女経（一巻）元魏 瞿曇般若流支訳 No.339……〔一二・九七〕
徳一未決答釈（一巻）日本 杲宝撰 No.2460……〔七七・八七三〕
徳護長者経（二巻）隋 那連提耶舎訳 No.545……〔一四・八四〇〕
犢子経（一巻）呉 支謙訳 No.808……〔一七・七五四〕
独庵独語（一巻）日本 独庵玄光撰 No.2597……〔八二・五五九〕
独証自誓三昧経 No.623
読書二十二則（一巻）日本 戒定撰 No.2542……〔七九・八一九〕
徳光太子経（一巻）西晋 竺法護訳 No.170……〔三・四一二〕
佗真陀羅王経 No.624
佗真陀羅経 No.624
佗真陀羅所問如来三昧経（三巻）後漢 支婁迦讖訳 No.624……〔一五・三四八〕
佗真陀羅所問宝如来三昧経 No.624
佗真陀羅尼王経 No.624
佗真陀羅尼経 No.624
佗真陀羅問経 No.624
頓悟往生秘観 No.2514
燉煌録（一巻）No.2091……〔五一・九九七〕
曇無徳戒本 No.1429
曇無徳戒本 No.1430
曇無徳羯磨 No.1433
曇無徳羯磨 No.1434
曇無徳雑羯磨 No.1432
曇無徳律 No.1428
曇無徳律部雑羯磨（一巻）曹魏 康僧鎧訳 No.1432 …〔二二・一〇四一〕

ナ Na

那 内 奈 泥 柰 捺 南 難

那先経 No.1670A
那先経 No.1670B
那先比丘経（二巻）失訳 No.1670A……〔三二・六九四〕
那先比丘経（三巻・別本）失訳 No.1670B……〔三二・七〇三〕
那拏天経 No.1288
那羅延天共阿修羅王闘戦法（一巻）唐 宝思惟訳 No.1281……〔二一・三四二〕
那羅延法 No.1281
那羅延力経 No.547
内習六波羅蜜経 No.778
内身観章経 No.610
内身観章句経（一巻）失訳 No.610……〔一五・二三九〕
内蔵百宝経（一巻）後漢 支婁迦讖訳 No.807……〔一七・七五一〕
内蔵百品経 No.807

内典録 No.2149
内六波羅蜜経 No.778
奈女経 No.553
泥洹経 No.5
泥洹経 No.6
泥洹経 No.376
泥犁経（一巻）東晋 竺曇無蘭訳 No.86 ……〔一・九〇七〕
柰女耆婆経（一巻）後漢 安世高訳 No.554 ……〔一四・九〇二〕
棕女祇域因縁経（一巻）後漢 安世高訳 No.553 ……〔一四・八九六〕
棕女祇域経 No.553
南海寄帰伝 No.2125
南海寄帰内法伝（四巻）唐 義浄撰 No.2125 ……〔五四・二〇四〕
南嶽思大禅師立誓願文（一巻）陳 慧思撰 No.1933 …〔四六・七八六〕
南嶽総勝集（三巻）宋 陳田夫撰 No.2097 ……〔五一・一〇五五〕
南宗頓教最上大乗摩訶般若波羅蜜経六祖慧能大師於韶州大梵寺施法壇経（一巻）唐 法海集 No.2007 …〔四八・三三七〕
南天竺国菩提達摩禅師観門（一巻）No.2832 ……〔八五・一二七〇〕
南天竺婆羅門僧正碑 日本 修栄撰 No.2089(6) ……〔五一・九八七〕
南院国師語録（三巻）日本 規庵祖円語・侍者慧真等編 No.2552 ……〔八〇・二八五〕
南浦録 No.2548
南本涅槃経 No.375
南本涅槃経疏 No.1767
難易二道血脈図論（一巻）日本 道教顕意記 No.2632 …〔八三・四八八〕
難 経 No.537
難国王経 No.129
難提釈経（一巻）西晋 法炬訳 No.113 ……〔二・五〇五〕
難長者経 No.537
難儞計湿嚩囉天説支輪経（一巻）宋 法賢訳 No.1312 ……〔二一・四六三〕
難報経 No.684
難龍王経 No.597

ニ Ni

二 日に 尼 日にち 入にっ 日にっ 入にゅう
乳 女 如 遶 人 仁 忍

二巻鈔（二巻）日本 良遍撰 No.2314 ……〔七一・一〇九〕
二十一種礼讃経 No.1108A
二十五三昧起請 No.2724
二十五三昧式 No.2723
二十頌論 No.1576
二十八宿経 No.1301
二十八部衆釈 No.2243
二十唯識頌釈論 No.1591
二十唯識述記 No.1834
二十唯識順釈論 No.1591
二十唯識論順釈論 No.1591
二処悩経 No.525

二諦義（三巻）隋 吉蔵撰 No.1854 ……〔四五・七七〕
二門偈 No.2649
日本国承和五年入唐求法目録（一巻）日本 円行撰
No.2165 ……〔五五・一〇七四〕
日本比丘円珍入唐求法目録（一巻）日本 円珍撰
No.2172 ……〔五五・一〇九七〕
尼拘陀梵志経（二巻）宋 施護等訳 No.11 ……〔一・二二二〕
尼乾子問無我義経（一巻）馬鳴菩薩集・宋 日称等訳
No.1643 ……〔三二・一七二〕
尼羯磨（三巻）唐 懐素集 No.1810 ……〔四〇・五三八〕
尼陀那目得迦 No.1452
日向記 No.2700
日興記 No.2699
入正理論 No.1630
入唐新求聖教目録（一巻）日本 円行撰 No.2167 ……〔五五・一〇七八〕
日光菩薩月光菩薩陀羅尼（一巻）No.1160 ……〔二〇・六六〇〕
日子王所問経 No.333
入阿毘達磨論（二巻）塞建陀羅造・唐 玄奘訳
No.1554 ……〔二八・九八〇〕
入一切仏境智陪盧遮那蔵経 No.674
入金剛門定意経 No.635
入金剛問定意経 No.635
入出二門偈頌（一巻）日本 親鸞撰 No.2649 ……〔八三・六五四〕
入諸仏境界荘厳経 No.359
入定不定印経（一巻）唐 義浄訳 No.646 ……〔一五・七〇六〕
入真言門住如実見講演法華略儀（二巻）
日本 円珍撰 No.2192 ……〔五六・一八九〕
入蔵目録（二巻）No.2154 附 ……〔五五・七〇〇〕
入大乗論（二巻）堅意菩薩造・北涼 道泰等訳 No.1634 …〔三二・三六〕
入道次第 No.1864
入道次第開決 No.2823
入如来智徳経 No.303
入如来智徳経 No.304
入如来智徳不可思議経 No.304
入布薩堂説偈文等（一巻）No.2852 ……〔八五・一三〇一〕
入法界性経 No.355
入法界経 No.355
入法界体性経（一巻）隋 闍那崛多訳 No.355 ……〔一二・二三四〕
入法界品四十二字観 No.1019
入無分別経 No.654
入無分別法門経（一巻）宋 施護訳 No.654 ……〔一五・八〇五〕
入無量門陀羅尼経 No.1343
入楞伽経（十巻）元魏 菩提留支訳 No.671 ……〔一六・五一四〕
入楞伽心玄義（一巻）唐 法蔵撰 No.1790 ……〔三九・四二五〕
乳光経 No.809
乳光仏経（一巻）西晋 竺法護訳 No.809 ……〔一七・七五四〕
女院御書（二巻）日本 証空撰 No.2624 ……〔八三・三九五〕
如意心陀羅尼呪経 No.1081

如意宝珠金輪呪王経 No.961
如意宝珠転輪秘密現身成仏金輪呪王経（一巻）
唐 不空訳 No.961 ……〔一九・三三〇〕
如意宝総持王経（一巻）宋 施護訳 No.1404 ……〔二一・九二〇〕
如意摩尼経 No.1403
如意摩尼陀羅尼経 No.1083
如意摩尼陀羅尼経（一巻）宋 施護訳 No.1403 ……〔二一・九一九〕
如意輪陀羅尼経（一巻）唐 菩提流志訳 No.1080 ……〔二〇・一八八〕
如意輪念誦儀軌 No.1085
如意輪念誦法 No.1085
如意輪菩薩観門義注秘訣（一巻）失訳 No.1088 ……〔二〇・二一五〕
如意輪菩薩念誦法 No.1085
如意輪瑜伽 No.1086
如意輪瑜伽念誦法 No.1086
如意輪蓮華心観門儀 No.1090
如意輪蓮華心如来修行観門儀（一巻）宋 慈賢訳
No.1090 ……〔二〇・二二〇〕
如幻三昧経（二巻）西晋 竺法護訳 No.342 ……〔一二・一三四〕
如幻三摩地無量印法門経（三巻）宋 施護等訳
No.372 ……〔一二・三五七〕
如実論（一巻）陳 真諦訳 No.1633 ……〔三二・二八〕
如実論反質難品 No.1633
如浄和尚語録（二巻）宋 文素編 No.2002A ……〔四八・一二一〕
如説修行抄（一巻）日本 日蓮撰 No.2697 ……〔八四・二八九〕
如法経現修作法（一巻）日本 宗快撰 No.2730 ……〔八四・八九〇〕
如来教勝王経 No.515
如来興顕経（四巻）西晋 竺法護訳 No.291 ……〔一〇・五九二〕
如来在金棺嘱累清浄荘厳敬福経（一巻）No.2877 ……〔八五・一三六一〕
如来師子吼経（一巻）元魏 仏陀扇多訳 No.835 ……〔一七・八八八〕
如来示教勝軍王経（一巻）唐 玄奘訳 No.515 ……〔一四・七八六〕
如来自誓三昧経 No.623
如来所説示現衆生経 No.530
如来所説清浄調伏経 No.1490
如来荘厳智慧光明入一切仏境界経（二巻）
元魏 曇摩流支訳 No.357 ……〔一二・二三九〕
如来荘厳仏境界経 No.357
如来成道経（一巻）No.2890 ……〔八五・一四〇五〕
如来心経 No.1025
如来善巧呪経 No.1334
如来蔵経 No.666
如来蔵経 No.667
如来蔵論 No.1627
如来大哀経 No.398
如来大辯邪正甚深密蔵経 No.2893
如来智印経（一巻）失訳 No.633 ……〔一五・四六八〕
如来独証自誓三昧経（一巻）西晋 竺法護訳 No.623 ……〔一五・三四六〕
如来二種迴向文（一巻）日本 親鸞撰 No.2655 ……〔八三・六七七〕
如来入一切仏境界経 No.357

如来秘密蔵経 No.821
如来秘密大乗経 No.312
如来不思議境界経 No.301
如来不思議秘密大乗経（二十巻）宋 法護等訳
No.312 ……〔一一・七〇四〕
如来方便巧呪経 No.1334
如来方便善巧呪経（一巻）隋 闍那崛多訳 No.1334……〔二一・五六五〕
如来滅後五五百歳始観心本尊抄 No.2692
如理論 No.1575
遶塔功徳経 No.700
人仙経（一巻）宋 法賢訳 No.9 ……〔一・二一三〕
人天眼目（六巻）宋 智昭集 No.2006 ……〔四八・三〇〇〕
人本欲生経（一巻）後漢 安世高訳 No.14……〔一・二四二〕
人本欲生経註（一巻）東晋 道安撰 No.1693 ……〔三三・一〕
仁賢幻士経 No.324
仁王経 No.245
仁王経 No.246
仁王経開題（一巻）日本 空海撰 No.2200 ……〔五六・八二七〕
仁王経疏（六巻）唐 円測撰 No.1708 ……〔三三・三五九〕
仁王経疏（一巻）No.2745……〔八五・一六六〕
仁王経念誦法 No.995
仁王経般若実相論（巻第二）（一巻）No.2744 ……〔八五・一六〇〕
仁王護国経 No.246
仁王護国般若儀軌 No.994

仁王護国般若経疏（五巻）隋 智顗説・灌頂記
No.1705 ……〔三三・二五三〕
仁王護国般若波羅蜜経 No.245
仁王護国般若波羅蜜経開題 No.2200
仁王護国般若波羅蜜経疏神宝記（四巻）
宋 善月述 No.1706……〔三三・二八六〕
仁王護国般若波羅蜜多経（二巻）唐 不空訳
No.246 ……〔八・八三四〕
仁王護国般若波羅蜜多経疏（七巻）唐 良賁述
No.1709 ……〔三三・四二九〕
仁王護国般若波羅蜜多経陀羅尼念誦儀軌（一巻）
唐 不空訳 No.994 ……〔一九・五一三〕
仁王護国般若波羅蜜多経道場念誦儀軌 No.994
仁王陀羅尼釈 No.996
仁王長講会式 No.2365
仁王念誦儀軌 No.994
仁王念誦法 No.995
仁王般若会式 No.2365
仁王般若経 No.245
仁王般若経疏（六巻）隋 吉蔵撰 No.1707 ……〔三三・三一四〕
仁王般若陀羅尼釈（一巻）唐 不空訳 No.996 ……〔一九・五二二〕
仁王般若念誦法（一巻）唐 不空訳 No.995 ……〔一九・五一九〕
仁王般若波羅蜜経（二巻）姚秦 鳩摩羅什訳 No.245……〔八・八二五〕
仁王般若波羅蜜真言釈 No.996

忍辱経 No.500

ヌ Nu

怒

怒和檀王経 No.129

ネ Ne

涅 念 然

涅槃経 No.374
涅槃経 No.375
涅槃経義記（一巻）No.2764A ……〔八五・二八〇〕
涅槃経義記（巻第四）No.2764B
涅槃経玄義 No.1765
涅槃経後分 No.377
涅槃経疏 No.1767
涅槃経疏（一巻）No.2765 ……〔八五・三〇四〕
涅槃経本有今無偈論（一巻）天親菩薩造・陳 真諦訳 No.1528 ……〔二六・二八一〕
涅槃経遊意（一巻）隋 吉蔵撰 No.1768 ……〔三八・二三〇〕
涅槃玄義発源機要（四巻）宋 智円述 No.1766 ……〔三八・一五〕
涅槃講式 No.2731(1)
涅槃宗要（一巻）新羅 元暁撰 No.1769 ……〔三八・二三九〕
涅槃論（一巻）婆藪槃豆作・元魏 達磨菩提訳 No.1527 ……〔二六・二七七〕
念誦結護法普通諸部（一巻）唐 金剛智述 No.904 ……〔一八・九〇〇〕
念仏鏡（二巻）唐 道鏡・善道共集 No.1966 ……〔四七・一二〇〕
念仏三昧経 No.414
念仏三昧宝王論（一巻）唐 飛錫撰 No.1967 ……〔四七・一三四〕
念仏三昧法語（一巻）日本 真盛撰 No.2421 ……〔七七・二七九〕
念仏直指 No.1974
然燈経 No.702

ノ No

能

能顕中辺慧日論（四巻）唐 慧沼撰 No.1863 ……〔四五・四〇八〕
能浄一切眼疾病陀羅尼経（一巻）唐 不空訳 No.1324 ……〔二一・四九〇〕
能浄一切眼陀羅尼経 No.1324
能断金剛経 No.239
能断金剛経論釈 No.1513
能断金剛般若波羅蜜経（一巻）唐 義浄訳 No.239 ……〔八・七七一〕
能断金剛般若波羅蜜多経 No.239
能断金剛般若波羅蜜多経論釈（三巻）無著菩薩造・世親菩薩造・唐 義浄訳 No.1513 ……〔二五・八七五〕
能断金剛般若波羅蜜多経論頌（一巻）無著菩薩造・唐 義浄訳 No.1514 ……〔二五・八八五〕
能滅衆罪千転陀羅尼経 No.1034

ハ Ha バ Ba

波 破 播 馬 婆 孛 貝 陪 八はち 八はっ
般はっ 鉢 抜ばっ 颰 抜ばっ 般はん 万 番
幡

波斯匿王太后経 No.122
波斯匿王太后崩塵土坌身経（一巻）西晋 法炬訳 No.122 ……〔二・五四五〕
波若道行品経 No.224
波羅提木叉僧祇戒本 No.1426
破有論 No.1574
破壊一切心識 No.325
破外道四宗論 No.1639
破外道小乗四宗論 No.1639
破外道小乗涅槃論 No.1640
破外道涅槃論 No.1640
破地獄軌 No.906
破色心論 No.1588
破邪論（二巻）唐 法琳撰 No.2109 ……〔五二・四七四〕
破取著不壊仮名論 No.1515
破魔陀羅尼経 No.1014
播般曩結使波金剛念誦儀（一巻）No.1232……〔二一・一六九〕
馬頭観音心陀羅尼（一巻）No.1072B ……〔二〇・一七〇〕
馬頭念誦儀軌 No.1072A
馬頭羅刹仏名経 No.441
婆　沙 No.1545
婆沙論 No.1545
婆須蜜経 No.1549
婆須蜜所集論 No.1549
婆須蜜菩薩所集論 No.1549
婆藪槃豆法師伝（一巻）陳 真諦訳 No.2049 ……〔五〇・一八八〕
婆羅門子命終愛念経 No.91
婆羅門子命終愛念不離経（一巻）後漢 安世高訳 No.91 ……〔一・九一五〕
婆羅門避死経（一巻）後漢 安世高訳 No.131 ……〔二・八五四〕
孛　経 No.790
孛経抄（一巻）呉 支謙訳 No.790……〔一七・七二九〕
孛抄経 No.790
貝多樹下思惟十二因縁経（一巻）呉 支謙訳 No.713 …〔一六・八二六〕
陪囉嚩転輪観想儀軌経 No.1242
八吉祥経 No.427
八吉祥経（一巻）梁 僧伽婆羅訳 No.430 ……〔一四・七五〕
八吉祥呪経 No.427
八吉祥神呪経（一巻）呉 支謙訳 No.427 ……〔一四・七二〕
八字文殊軌 No.1184
八大総持王経 No.1370
八大人覚経（一巻）後漢 安世高訳 No.779……〔一七・七一五〕
八大菩薩経（一巻）宋 法賢訳 No.490……〔一四・七五一〕

八大菩薩曼荼羅経（一巻）唐 不空訳 No.1167……〔二〇・六七五〕
八大曼拏羅経 No.1168A
八大霊塔梵讃（一巻）西天戒日王製・宋 法賢訳 No.1684……〔三二・七七二〕
八大霊塔名号経（一巻）宋 法賢訳 No.1685……〔三二・七七三〕
八念経 No.46
八部仏名経（一巻）元魏 瞿曇般若流支訳 No.429……〔一四・七四〕
八仏経 No.429
八仏名経 No.429
八仏名号経（一巻）隋 闍那崛多訳 No.431……〔一四・七六〕
八曼陀羅経 No.486
八曼荼羅経（一巻）失訳 No.1168B……〔二〇・六七六〕
八名経 No.1366
八名普密経 No.1365
八名普密陀羅尼経（一巻）唐 玄奘訳 No.1365……〔二一・八八三〕
八無暇有暇経（一巻）唐 義浄訳 No.756……〔一七・五九〇〕
八陽経 No.428
八陽神呪経（一巻）西晋 竺法護訳 No.428……〔一四・七三〕
八関斎経（一巻）劉宋 沮渠京声訳 No.89……〔一・九一三〕
八教大意 No.1930
八師経（一巻）呉 支謙訳 No.581……〔一四・九六五〕
八識規矩補註（二巻）明 普泰補註 No.1865……〔四五・四六七〕
八識義章研習抄（三巻）日本 珍海記 No.2305……〔七〇・六四九〕
八種長養功徳経（一巻）宋 法護等訳 No.1498……〔二四・一一〇四〕
八正道経（一巻）後漢 安世高訳 No.112……〔二・五〇四〕
八態経 No.115
般泥洹経（二巻）失訳 No.6……〔一・一七六〕
般泥洹後灌臘経（一巻）西晋 竺法護訳 No.391……〔一二・一一四〕
般泥洹後四輩灌臘経 No.391
般泥洹時大迦葉赴仏経 No.393
鉢蘭那賒嚩哩経 No.1384
鉢蘭那賒嚩哩大陀羅尼経（一巻）宋 法賢訳 No.1384……〔二一・九〇四〕
抜苦難陀羅尼経 No.1395
抜済苦難経 No.1395
抜済苦難陀羅尼経（一巻）唐 玄奘訳 No.1395……〔二一・九一二〕
抜隊和尚語録 No.2558
抜陂安公古典経 No.419
抜陂菩薩経（一巻）失訳 No.419……〔一三・九二〇〕
颰陀神呪経 No.1378
颰陀劫三昧経 No.425
抜一切業障根本得生浄土神呪（一巻）劉宋 求那跋陀羅訳 No.368……〔一二・三五一〕
抜除罪障呪王経（一巻）唐 義浄訳 No.1396……〔二一・九一三〕
般舟賛 No.1981
般舟三昧経（一巻）後漢 支婁迦讖訳 No.417……〔一三・八九七〕
般舟三昧経（三巻）後漢 支婁迦讖訳 No.418……〔一三・九〇二〕
般若守護十六善神王形体（一巻）唐 金剛智訳

No.1293 ……〔二・三七八〕
般若心経 No.251
般若心経述義（一巻）日本 智光撰 No.2202 ……〔五七・三〕
般若心経秘鍵（一巻）日本 空海撰 No.2203A ……〔五七・一一〕
般若心経秘鍵開門訣（三巻）日本 済暹撰 No.2204 ……〔五七・一八〕
般若心経秘鍵略註 No.2203B
般若心経略疏連珠記（二巻）宋 師会述 No.1713 ……〔三三・五五五〕
般若多心経 No.251
般若道行経 No.224
般若道行品 No.224
般若燈論 No.1566
般若燈論釈（十五巻）偈本龍樹菩薩・釈論分別明菩薩・
唐 波羅頗蜜多羅訳 No.1566 ……〔三〇・五一〕
般若波羅蜜多心経（一巻）唐 玄奘訳 No.251 ……〔八・八四八〕
般若波羅蜜多心経（一巻）唐 般若共利言等訳
No.253 ……〔八・八四九〕
般若波羅蜜多心経（一巻）唐 智慧輪訳 No.254 ……〔八・八五〇〕
般若波羅蜜多心経（一巻）〔燉煌石室本〕唐 法成訳
No.255 ……〔八・八五〇〕
般若波羅蜜多心経還源述（一巻）No.2746 ……〔八五・一一六七〕
般若波羅蜜多心経賛（一巻）唐 円測撰 No.1711 ……〔三三・五四二〕
般若波羅蜜多心経註解（一巻）明 宗泐・如玘同註
No.1714 ……〔三三・五六九〕
般若波羅蜜多心経幽賛（二巻）唐 窺基撰 No.1710 …〔三三・五二三〕
般若波羅蜜多心経略疏（一巻）唐 法蔵述 No.1712 …〔三三・五五二〕
般若波羅蜜多理趣経大楽不空三昧真実金剛薩埵
菩薩等一十七聖大曼荼羅義述（一巻）唐 不空訳
No.1004 ……〔一九・六一七〕
般若波羅蜜多理趣品 No.243
𑖪𑖽字義（一巻）日本 覚鑁撰 No.2513 ……〔七九・九〕
万松老人評唱天童覚和尚頌古従容庵録（六巻）
宋 正覚頌古・元 行秀評唱 No.2004 ……〔四八・二二六〕
番大悲神呪（一巻）No.1063 ……〔二〇・一一四〕
幡王経 No.943

ヒ Hi　ビ Bi

非 桧 秘 悲 避 譬 比 毘 鼻
鞞 頻(び) 筆 苾 百(ひゃく) 白 辟 百(ひゃっ)
氷 表 平 廟 貧 賓 頻(びん)

非時経 No.794
桧尾口訣（一巻）日本 実慧撰 No.2465 ……〔七八・二四〕
桧尾雑記 No.2465
秘鍵開門訣 No.2204
秘鍵略註（一巻）日本 覚鑁記 No.2203B ……〔五七・二三〕
秘宗教相鈔（十巻）日本 重誉撰 No.2441 ……〔七七・五六一〕
秘　鈔（十八巻）日本 勝賢記・守覚親王輯 No.2489 …〔七八・四八三〕
秘鈔問答（二十二巻）日本 頼瑜撰 No.2536 ……〔七九・三〇一〕
秘蔵経 No.821

秘蔵金宝集　No.2485
秘蔵金宝鈔（十巻）日本　実運撰　No.2485 ……〔七八・三三九〕
秘蔵宝鑰（三巻）日本　空海撰　No.2426 ……〔七七・三六三〕
秘密因縁管絃相成義（二巻）日本　法住記　No.2541……〔七九・八〇四〕
秘密篋印心経　No.1023
秘密三昧経　No.883
秘密三昧大教王経（四巻）宋　施護等訳　No.883 ……〔一八・四四六〕
秘密三昧耶仏戒儀（一巻）日本　空海撰　No.2463……〔七八・六〕
秘密荘厳伝法灌頂一異義（一巻）日本　覚鑁撰
No.2516 ……〔七九・二四〕
秘密荘厳不二義章（一巻）日本　覚鑁撰　No.2524 ……〔七九・五〇〕
秘密善門経　No.1138
秘密相経（三巻）宋　施護等訳　No.884……〔一八・四六三〕
秘密大教王経　No.885
秘密大乗経　No.312
秘密壇都法大阿闍梨常念誦生起（一巻）No.2405 ……〔七五・八〇七〕
秘密念誦儀軌　No.1132
秘密八名経　No.1365
秘密八名陀羅尼経（一巻）宋　法賢訳　No.1366……〔二一・八八四〕
秘密漫荼羅十住心論（十巻）日本　空海撰　No.2425……〔七七・三〇三〕
秘密名義儀軌　No.888
秘要鈔　No.2241
秘　録　No.2176
悲華経（十巻）北涼　曇無識訳　No.157 ……〔三・一六七〕
悲分陀利経　No.158
避死経　No.131
譬喩王経　No.422
譬喩経（一巻）唐　義浄訳　No.217 ……〔四・八〇一〕
比丘師経　No.392
比丘聴経　No.504
比丘聴施経（一巻）東晋　竺曇無蘭訳　No.504……〔一四・七七二〕
比丘尼僧祇律戒経　No.1427
比丘尼僧祇律波羅提木叉戒本　No.1427
比丘尼大戒　No.1437
比丘尼伝（四巻）梁　宝唱撰　No.2063 ……〔五〇・九三四〕
比丘尼波羅提木叉僧祇戒本　No.1427
比丘避女悪名欲自殺経（一巻）西晋　法炬訳　No.503 …〔一四・七七一〕
毘倶胝一百八名経　No.1114
毘倶胝菩薩一百八名経（一巻）宋　法天訳　No.1114 …〔二〇・五〇一〕
毘沙門儀軌（一巻）唐　不空訳　No.1249 ……〔二一・二二七〕
毘沙門随軍法　No.1247
毘沙門天経　No.1244
毘沙門天経　No.1245
毘沙門天王経（一巻）唐　不空訳　No.1244 ……〔二一・二一五〕
毘沙門天王経（一巻）宋　法天訳　No.1245 ……〔二一・二一七〕
毘沙門天王随軍護法儀軌　No.1247
毘沙門天王随軍護法真言　No.1248
毘沙門別行儀軌　No.1250

毘那夜迦誐那鉢底瑜伽悉地品秘要（一巻）唐　含光記
　No.1273 ……〔二一・三二一〕
毘那夜迦法　No.1266
毘奈耶　No.1442
毘奈耶安居事　No.1445
毘奈耶羯恥那衣事　No.1449
毘奈耶経（一巻）No.898 ……〔一八・七七二〕
毘奈耶頌　No.1459
毘奈耶出家事　No.1444
毘奈耶随意事　No.1446
毘奈耶雑事　No.1451
毘奈耶尼陀那目得迦摂頌　No.1456
毘奈耶破僧事　No.1450
毘奈耶皮革事　No.1447
毘奈耶薬事　No.1448
毘奈耶律蔵経　No.898
毘尼心（一巻）No.2792 ……〔八五・六五九〕
毘尼方広経　No.1489
毘尼摩得勒伽　No.1441
毘尼母経（八巻）失訳　No.1463 ……〔二四・八〇一〕
毘尼母論　No.1463
毘婆尸仏経（二巻）宋　法天訳　No.3 ……〔一・一五四〕
毘婆沙律　No.1462
毘婆沙論　No.1546
毘耶娑問経（二巻）元魏　瞿曇般若流支訳　No.354 ……〔一二・二二三〕
毘盧遮那五字真言修習儀軌（一巻）唐　不空訳
　No.861 ……〔一八・一八八〕
毘盧遮那三摩地法　No.876
毘盧遮那別行経　No.899
鼻奈耶（十巻）姚秦　竺仏念訳　No.1464 ……〔二四・八五一〕
鼻奈耶経　No.1464
鼻奈耶律　No.1464
鞞婆沙阿毘曇論　No.1547
鞞婆沙論（十四巻）尸陀槃尼撰・符秦　僧伽跋澄訳
　No.1547 ……〔二八・四一六〕
鞞摩粛経（一巻）劉宋　求那跋陀羅訳　No.90 ……〔一・九一三〕
頻那夜迦天儀軌経　No.1272
筆削記　No.1848
苾芻迦尸迦十法経（一巻）宋　法天訳　No.1480 ……〔二四・九五六〕
苾芻五法経（一巻）宋　法天訳　No.1479 ……〔二四・九五五〕
苾芻修学略法　No.1905
苾芻尼戒経　No.1455
苾芻尼毘奈耶　No.1443
百一羯磨　No.1453
百一羯磨法　No.1438
百縁経　No.200
百字論（一巻）提婆菩薩造・後魏　菩提流支訳
　No.1572 ……〔三〇・二五〇〕

百丈清規 No.2025
百千頌 No.1680
百千頌大集経地蔵菩薩請問法身讃（一巻）唐 不空訳
No.413 ……〔一三・七九〇〕
百千印経 No.1369
百千印陀羅尼経（一巻）唐 実叉難陀訳 No.1369 ……〔二一・八八五〕
百千印陀羅尼経（一巻・別本）唐 実叉難陀訳
No.1369 ……〔二一・八八六〕
百譬経 No.209
百仏名経（一巻）隋 那連提耶舎訳 No.444 ……〔一四・三五四〕
百喩経（四巻）僧伽斯那撰・蕭斉 求那毘地訳 No.209 ……〔四・五四三〕
百瑜伽他経 No.1692
百 論（二巻）提婆菩薩造・婆藪開士釈・
姚秦 鳩摩羅什訳 No.1569 ……〔三〇・一六八〕
百論疏（九巻）隋 吉蔵撰 No.1827 ……〔四二・二三二〕
白衣金幢縁起経 No.10
白衣金幢二婆羅門縁起経（三巻）宋 施護等訳
No.10 ……〔一・二一六〕
白救度仏母讃（一巻）清 阿旺扎什訳 No.1109 ……〔二〇・四八四〕
白傘蓋儀軌 No.975
白傘蓋大仏頂王最勝無比大威徳金剛無礙大道場
陀羅尼念誦法要（一巻）失訳 No.975 ……〔一九・三九八〕
辟鬼殊法 No.1221
辟支仏因縁論（二巻）失訳 No.1650 ……〔三二・四七三〕
辟除諸悪経 No.1407
辟除諸悪陀羅尼経（一巻）宋 法賢訳 No.1407 ……〔二一・九一三〕
辟除賊害呪経（一巻）No.1406 ……〔二一・九一三〕
百句譬喩経 No.209
百句譬喩集経 No.209
百福荘厳相経 No.662
百福相経 No.661
百法明門論 No.1614
百法明門論解 No.1836
百法明門論疏 No.1837
百法明門論註 No.1836
百法論 No.161
氷揭羅天童子経（一巻）唐 不空訳 No.1263 ……〔二一・二九一〕
表制集 No.2120
平等覚経 No.361
廟 鈔 No.2484
貧窮老公経（一巻）劉宋 慧簡訳 No.797 ……〔一七・七四二〕
貧窮老公経（一巻・別本）劉宋 慧簡訳 No.797 ……〔一七・七四三〕
貧老経 No.797
賓頭盧為王説法経 No.1690
賓頭盧突羅闍為優陀延王説法経（一巻）
劉宋 求那跋陀羅訳 No.1690 ……〔三二・七八四〕
頻婆娑羅王経（一巻）劉宋 法賢訳 No.41 ……〔一・八二五〕
頻毘娑羅王詣仏経 No.133

頻毘娑羅王詣仏供養経（一巻）西晋 法炬訳 No.133……〔二・八五五〕

フ Hu ブ Bu

不 父ふ 付 布 府 婦 富 普 補 父ぶ
奉 武 部 撫 諷 伏 福 腹 複 弗
仏ぶっ 仏ぶつ 分ふん 汾 忿 奮 分ぶん

不可思議解脱経 No.475
不灌鈴等記（一巻）日本 真寂親王撰 No.2469……〔七八・六五〕
不空行状 No.2056
不空羂索観世音心呪経 No.1093
不空羂索経 No.1092
不空羂索教法密言 No.1098
不空羂索呪経（一巻）隋 闍那崛多訳 No.1093……〔二〇・三九九〕
不空羂索呪心経（一巻）唐 菩提流志訳 No.1095……〔二〇・四〇六〕
不空羂索神呪王経 No.1097
不空羂索神呪心経（一巻）唐 玄奘訳 No.1094……〔二〇・四〇二〕
不空羂索神変真言経（三十巻）唐 菩提流志訳 No.1092……〔二〇・二二七〕
不空羂索陀羅尼儀軌経（二巻）唐 阿目佉訳 No.1098……〔二〇・四三二〕
不空羂索陀羅尼経（一巻）唐 李無諂訳 No.1096……〔二〇・四〇九〕
不空羂索陀羅尼自在王呪経（三巻）唐 宝思惟訳 No.1097……〔二〇・四二一〕
不空羂索毘盧遮那仏大灌頂光真言（一巻）唐 不空訳 No.1002……〔一九・六〇六〕
不空羂索毘盧遮那仏大灌頂光明真言経 No.1002
不空羂索毘盧遮那仏大灌頂光明真言句義釈（一巻）日本 高辯撰 No.2245……〔六一・八〇九〕
不空三昧大教王経 No.244
不思議境界経 No.301
不思議功徳諸仏所護念経（二巻）失訳 No.445……〔一四・三五六〕
不思議光菩薩所説経（一巻）姚秦 鳩摩羅什訳 No.484……〔一四・六六八〕
不思議光菩薩所問経 No.484
不思議疏 No.1797
不思議神通境界経 No.843
不思議仏境界分 No.300
不自守意経（一巻）呉 支謙訳 No.107……〔二・五〇二〕
不自守経 No.107
不荘校女経 No.563
不浄観経 No.618
不増不減経（一巻）元魏 菩提流支訳 No.668……〔一六・四六六〕
不退転経 No.268
不退転法輪経（四巻）失訳 No.267……〔九・二二六〕
不退転法輪経 No.268
不動安鎮軌 No.1203
不動使者陀羅尼秘密法（一巻）唐 金剛智訳 No.1202……〔二一・二三〕
不動使者秘密法 No.1202

不動使者法 No.1202
不動尊使者秘密法 No.1202
不動尊八大童子儀軌 No.1204
不動明王安鎮家国法 No.1203
不動立印軌 No.1199
不能語荒田随筆 No.2603
不必定入定印経 No.645
不必定入定入印経（一巻）元魏 瞿曇般若流支訳 No.645 ……〔一五・六九九〕
父子合集経（二十巻）宋 日称等訳 No.320 ……〔一一・九一九〕
父子相迎（二巻）日本 向阿証賢撰 No.2617 ……〔八三・三〇四〕
付法蔵因縁伝（六巻）元魏 吉迦夜共曇曜訳 No.2058 …〔五〇・二九七〕
付法纂要 No.2433
付法蔵経 No.2058
付法蔵伝 No.2058
付法伝 No.2058
布薩文等（一巻）No.2853 ……〔八五・一三〇一〕
布施経 No.84
布施経（一巻）宋 法賢訳 No.705 ……〔一六・八一二〕
府君存恵伝（一巻）No.2860 ……〔八五・一三三〇〕
婦遇対経 No.571
婦人遇辜経（一巻）乞伏秦 聖堅訳 No.571 ……〔一四・九四四〕
富楼那問経（三巻）後秦 鳩摩羅什訳 No.310(17) ……〔一一・四三四〕
普覚禅師語録 No.1993
普勧坐禅儀（一巻）日本 道元撰 No.2580 ……〔八二・一〕
普勧坐禅儀（一巻・異本）日本 道元撰 No.2580 ……〔八二・二〕
普義経 No.98
普賢観経 No.277
普賢軌 No.1123
普賢経 No.277
普賢経開示抄（一巻）No.2195 附 ……〔五六・四八二〕
普賢行願讃 No.297
普賢金剛薩埵念誦儀 No.1124
普賢金剛薩埵秘密念誦儀軌 No.1124
普賢金剛薩埵瑜伽念誦儀 No.1124
普賢金剛薩埵略瑜伽念誦儀軌（一巻）唐 不空訳 No.1124 ……〔二〇・五三二〕
普賢薩埵儀軌 No.1124
普賢所説経 No.298
普賢陀羅尼経 No.1127
普賢菩薩行願讃（一巻）唐 不空訳 No.297 ……〔一〇・八八〇〕
普賢菩薩行願王経（一巻）No.2907 ……〔八五・一四五二〕
普賢菩薩定意経 No.288
普賢菩薩説証明経（一巻）No.2879 ……〔八五・一三六二〕
普賢菩薩陀羅尼経（一巻）宋 法天訳 No.1127 ……〔二〇・五四一〕
普賢曼拏羅経（一巻）宋 施護訳 No.1126 ……〔二〇・五三九〕
普賢瑜伽経大楽金剛薩埵成就儀軌 No.1121
普済禅師語録（三巻）日本 普済善救語・門人禅雄等編

No.2594 ……〔八二・四九八〕
普照国師語録（三巻）日本 隠元隆琦語・門人性瑫等編
No.2605 ……〔八二・七三九〕
普照国師法語（二巻）日本 隠元隆琦語・門人性杲等編
No.2606 ……〔八二・七五五〕
普照禅師修心訣 No.2020
普達王経（一巻）失訳 No.522……〔一四・七九四〕
普超経 No.627
普超三昧経 No.627
普通授菩薩戒広釈（三巻）日本 安然撰 No.2381 ……〔七四・七五七〕
普入道門経 No.474
普遍光明清浄熾盛如意宝印心無能勝大明王大随求
陀羅尼経（二巻）唐 不空訳 No.1153 ……〔二〇・六一六〕
普遍光明大随求陀羅尼経 No.1153
普遍智蔵般若波羅蜜多心経（一巻）唐 法月重訳
No.252 ……〔八・八四九〕
普法義経（一巻）後漢 安世高訳 No.98……〔一・九二二〕
普門経 No.315
普門品経（一巻）西晋 竺法護訳 No.315 ……〔一一・七七〇〕
普門品経（一巻・別本）西晋 竺法護訳 No.315 ……〔一一・七七七〕
普曜経（八巻）西晋 竺法護訳 No.186 ……〔三・四八三〕
補陀落海会軌 No.1067
補陀落海会諸尊住略出威儀形色儀軌 No.1067
補陀洛迦山伝（一巻）元 盛熙明述 No.2101 ……〔五一・一一三五〕

父母恩勤報経 No.684
父母恩重経（一巻）No.2887 ……〔八五・一四〇三〕
父母恩難報経（一巻）後漢 安世高訳 No.684……〔一六・七七八〕
奉入龍華経 No.653
武周録 No.2153
部執異論（一巻）天友菩薩造・陳 真諦訳 No.2033 ……〔四九・二〇〕
部執論 No.2033
撫州曹山元証禅師語録（一巻）日本 慧印校
No.1987A ……〔四七・五二六〕
撫州曹山本寂禅師語録（二巻）日本 玄契編
No.1987B ……〔四七・五三五〕
諷誦文 No.2857
伏婬経（一巻）西晋 法炬訳 No.65 ……〔一・八六三〕
福蓋正行所集経（十二巻）龍樹菩薩集・宋 日称等訳
No.1671 ……〔三二・七一九〕
福州温州台州求得経律論疏記外書等目録（一巻）
日本 円珍撰 No.2170 ……〔五五・一〇九二〕
福田経 No.683
福徳経 No.132
福力太子因縁経（四巻）宋 施護訳 No.173 ……〔三・四二八〕
腹中女聴経（一巻）北涼 曇無讖訳 No.563……〔一四・九一四〕
複熾盛光法 No.1310
弗沙迦王経 No.511
仏果圜悟禅師碧巌録（十巻）宋 重顕頌古・克勤評唱

No.2003 ……〔四八・一三九〕
仏冠経 No.438
仏光国師語録（十巻）日本 子元祖元語・侍者一真等編
No.2549 ……〔八〇・一二九〕
仏光三昧観秘宝蔵 No.2332
仏国記 No.2085
仏国禅師語録（二巻）日本 高峰顕日語・侍者妙環等編
No.2551 ……〔八〇・二五七〕
仏国禅師文殊指南図讃 No.1891
仏使迦旃延説偈 No.2029
仏使比丘迦旃延説法没尽偈百二十章（一巻）失訳
No.2029 ……〔四九・九〕
仏所行讃（五巻）馬鳴菩薩造・北涼 曇無讖訳 No.192 ……〔四・一〕
仏所行讃経 No.192
仏所行讃経伝 No.192
仏所行讃伝 No.192
仏性海蔵経 No.2885
仏性海蔵智慧解脱破心相経（巻第一・巻下）（二巻）
No.2885 ……〔八五・一三九一〕
仏性論（四巻）天親菩薩造・陳 真諦訳 No.1610 ……〔三一・七八七〕
仏昇忉利天為母説法経 No.383
仏昇忉利天為母説法経（三巻）西晋 竺法護訳
No.815 ……〔一七・七八七〕
仏昇忉利天品経 No.815
仏照禅師語録（二巻）日本 白雲慧暁語・嗣法希白等編
No.2546 ……〔八〇・二七〕
仏心印記 No.1938
仏心経（二巻）唐 菩提流志訳 No.920 ……〔一九・二〕
仏垂般涅槃略説教誡経（一巻）姚秦 鳩摩羅什訳
No.389 ……〔一二・一一一〇〕
仏制比丘六物図（一巻）唐 元照撰 No.1900 ……〔四五・八九六〕
仏祖通載 No.2036
仏祖統紀（五十四巻）宋 志磐撰 No.2035 ……〔四九・一二九〕
仏祖歴代通載（二十二巻）元 念常集 No.2036 ……〔四九・四七七〕
仏頂国師語録（五巻）日本 一絲文守語・文光編
No.2565 ……〔八一・一三六〕
仏頂最勝陀羅尼経（一巻）唐 地婆訶羅訳 No.969 ……〔一九・三五五〕
仏頂消除一切災難陀羅尼経 No.964
仏頂浄除業障経 No.970
仏頂尊勝心破地獄転業障出三界秘密三身仏果三種
悉地真言儀軌（一巻）唐 善無畏訳 No.906 ……〔一八・九一二〕
仏頂尊勝心破地獄転業障出三界秘密陀羅尼（一巻）
唐 善無畏訳 No.907 ……〔一八・九一四〕
仏頂尊勝陀羅尼（一巻）No.974B ……〔一九・三八四〕
仏頂尊勝陀羅尼経（一巻）唐 仏陀波利訳 No.967 ……〔一九・三四九〕
仏頂尊勝陀羅尼経（一巻）唐 杜行顗訳 No.968 ……〔一九・三五三〕
仏頂尊勝陀羅尼経（一巻）唐 義浄訳 No.971 ……〔一九・三六一〕
仏頂尊勝陀羅尼経教跡義記（二巻）唐 法崇述

No.1803 ……〔三九・一〇一二〕
仏頂尊勝陀羅尼経疏 No.1803
仏頂尊勝陀羅尼真言（一巻）No.974E ……〔一九・三八九〕
仏頂尊勝陀羅尼注義（一巻）唐 不空訳 No.974D ……〔一九・三八八〕
仏頂尊勝陀羅尼念誦儀軌法（一巻）唐 不空訳
No.972 ……〔一九・三六四〕
仏頂尊勝陀羅尼別法（一巻）唐 若那訳 No.974F ……〔一九・三九六〕
仏頂尊勝念誦法 No.972
仏頂陀羅尼浄除業障経 No.970
仏頂大白傘蓋陀羅尼経（一巻）元 沙囉巴訳 No.976 …〔一九・四〇一〕
仏頂放無垢光明入普門観察一切如来心陀羅尼経
（二巻）宋 施護訳 No.1025 ……〔一九・七一二〕
仏頂輪王一百八名讃 No.960
仏徳大通禅師愚中和尚語録 No.2563
仏法普入道門経 No.474
仏法普入道門三昧経 No.474
仏阿毘曇経 No.1482
仏阿毘曇経出家相品（二巻）陳 真諦訳 No.1482……〔二四・九五八〕
仏医王経 No.793
仏医経（一巻）呉 竺律炎共支越訳 No.793 ……〔一七・七三七〕
仏為阿支羅迦葉自化作苦経（一巻）失訳 No.499 ……〔一四・七六八〕
仏為阿支羅迦葉説経 No.499
仏為優填王説王法政論経（一巻）唐 不空訳 No.524 …〔一四・七九七〕
仏為優填王説経 No.524
仏為黄竹園老説経 No.75
仏為黄竹園老婆羅門説学経（一巻）失訳 No.75 ……〔一・八八二〕
仏為海龍王説法印経（一巻）唐 義浄訳 No.599 ……〔一五・一五七〕
仏為娑伽羅龍王所説大乗経（一巻）宋 施護訳
No.601 ……〔一五・一五九〕
仏為娑伽羅龍王所説大東法経 No.601
仏為娑伽羅龍経 No.601
仏為首迦長者説業報差別経（一巻）隋 瞿曇法智訳
No.80 ……〔一・八九一〕
仏為勝光天子説王法経（一巻）唐 義浄訳 No.593 ……〔一五・一二五〕
仏為勝光天子説経 No.593
仏為心王菩薩説投陀経（巻上）（一巻）No.2886 ……〔八五・一四〇一〕
仏為難陀説出家入胎経（二巻）唐 菩提流志訳
No.310(13) ……〔一一・三二二〕
仏為年少比丘説経 No.502
仏為年少比丘説正事経（一巻）西晋 法炬訳 No.502 …〔一四・七七一〕
仏一百八名讃（一巻）宋 法天訳 No.1679 ……〔三二・七五七〕
仏一百八名讃経 No.1679
仏印三昧経（一巻）後漢 安世高訳 No.621 ……〔一五・三四三〕
仏開解阿抜梵志経 No.20
仏開解梵志阿颰経（一巻）呉 支謙訳 No.20 ……〔一・二五九〕
仏開梵志阿颰経 No.20
仏吉祥徳讃（三巻）寂友尊者造・宋 施護訳 No.1681 …〔三二・七六二〕
仏 経 No.429

仏華厳入如来徳智不思議境界経（二巻）
隋　闍那崛多訳 No.303 ……〔一〇・九一七〕
仏華厳入如来不思議境界経 No.303
仏眼儀軌 No.981
仏眼修行儀軌 No.981
仏五百弟子自説本起経（一巻）西晋　竺法護訳
No.199 ……〔四・一九〇〕
仏語経（一巻）元魏　菩提流支訳 No.832 ……〔一七・八七八〕
仏語法門経 No.832
仏三身讃（一巻）西土賢聖撰・宋　法賢訳 No.1678 ……〔三二・七五七〕
仏地経（一巻）唐　玄奘訳 No.680 ……〔一六・七二〇〕
仏地経論（七巻）親光菩薩等造・唐　玄奘訳 No.1530 …〔二六・二九一〕
仏地論 No.1530
仏治身経（一巻）失訳 No.795 ……〔一七・七三九〕
仏十地経 No.673
仏十力経（一巻）宋　施護等訳 No.781 ……〔一七・七一八〕
仏摂相応経観自在軌 No.1051
仏蔵経（三巻）姚秦　鳩摩羅什等訳 No.653 ……〔一五・七八二〕
仏大僧大経（一巻）劉宋　沮渠京声訳 No.541 ……〔一四・八二六〕
仏土厳浄経 No.318
仏道論衡 No.2104
仏日真照禅師語録 No.2568
仏入涅槃密迹金剛力士哀恋経（一巻）失訳 No.394 …〔一二・一一一六〕
仏般泥洹経（二巻）西晋　白法祖訳 No.5 ……〔一・一六〇〕
仏般泥洹摩訶迦葉赴仏経 No.393
仏本行経 No.192
仏本行経（七巻）宋　釈宝雲訳 No.193 ……〔四・五四〕
仏本行讃経 No.192
仏本行讃経 No.193
仏本行讃経伝 No.193
仏本行讃伝 No.193
仏本行集経（六十巻）隋　闍那崛多訳 No.190 ……〔三・六五五〕
仏名経（十二巻）元魏　菩提流支訳 No.440 ……〔一四・一一四〕
仏名経（三十巻）No.441 ……〔一四・一八五〕
仏滅度後棺斂葬送経（一巻）失訳 No.392 ……〔一二・一一一四〕
仏母経（一巻）No.2919 ……〔八五・一四六三〕
仏母出生三法蔵般若波羅蜜多経（二十五巻）
宋　施護訳 No.228 ……〔八・五八七〕
仏母大孔雀明王経 No.982
仏母大金曜孔雀明王経（三巻）唐　不空訳 No.982 ……〔一九・四一五〕
仏母般泥洹経（一巻）劉宋　慧簡訳 No.145 ……〔二・八六九〕
仏母般若円集要義論 No.1518
仏母般若観想儀軌経 No.1152
仏母般若九頌精義論 No.1516
仏母般若波羅蜜多円集要義釈論（四巻）三宝尊
菩薩造・大域龍菩薩造本論・宋　施護等訳 No.1517 ……〔二五・九〇〇〕
仏母般若波羅蜜多円集要義論（一巻）大域龍
菩薩造・宋　施護等訳 No.1518 ……〔二五・九一二〕

仏母般若波羅蜜多大明観想儀軌（一巻）宋 施護訳
No.1152 ……〔二〇・六一四〕
仏母般若波羅蜜多大明観想儀経 No.1152
仏母宝徳蔵般若波羅蜜経（三巻）宋 法賢訳 No.229 …〔八・六七六〕
仏遺教経 No.389
仏遺教経論疏節要（一巻）宋 浄源節要・明 袾宏補註
No.1820 ……〔四〇・八四四〕
仏遺日摩尼宝経 No.350
仏臨涅槃記法住経（一巻）唐 玄奘訳 No.390……〔一二・一一一二〕
仏臨般涅槃経 No.389
仏臨般涅槃略説教誡経 No.389
分別縁起経 No.717
分別縁起初勝法門経（二巻）唐 玄奘訳 No.717 ……〔一六・八三七〕
分別縁生経（一巻）宋 法天訳 No.718……〔一六・八四四〕
分別経 No.495
分別経（一巻）西晋 竺法護訳 No.738 ……〔一七・五四一〕
分別功徳経 No.1507
分別功徳論（五巻）失訳 No.1507 ……〔二五・三〇〕
分別業報略経（一巻）大勇菩薩撰・劉宋 僧伽跋摩訳
No.723 ……〔一七・四四六〕
分別業報略集 No.723
分別聖位経 No.870
分別善悪報応経（二巻）宋 天息災訳 No.81 ……〔一・八九五〕
分別善悪所起経（一巻）後漢 安世高訳 No.729 ……〔一七・五一六〕
分別布施経（一巻）宋 施護訳 No.84……〔一・九〇三〕
汾陽善昭禅師語録 No.1992
汾陽無徳禅師語録（三巻）宋 楚円集 No.1992……〔四七・五九四〕
汾陽録 No.1992
忿怒王儀軌品 No.1216
忿怒大威徳儀軌品 No.1215
奮迅王経 No.421
奮迅王問経（二巻）元魏 瞿曇般若流支訳 No.421……〔一三・九三五〕
分衛経 No.180

ヘ He べ Be

平 弊 吠 萍 蓱 碧 別 波 偏 遍 辯

平城天皇灌頂文 No.2461
弊魔試目連経（一巻）呉 支謙訳 No.67 ……〔一・八六七〕
吠室囉拏末那野経 No.1246
萍沙王五願経 No.511
蓱沙王五願経（一巻）呉 支謙訳 No.511 ……〔一四・七七九〕
碧巌集 No.2003
碧巌録 No.2003
別 行（七巻）日本 寛助撰 No.2476 ……〔七八・一二五〕
別訳雑阿含経（十六巻・三六四経）失訳 No.100……〔二・三七四〕
波斯教残経（一巻）No.2141B ……〔五四・一二八一〕
偏照般若波羅蜜経（一巻）宋 施護訳 No.242……〔八・七八一〕
遍口鈔（六巻）日本 成賢口・道教記 No.2496 ……〔七八・六九一〕

遍照大力明王経 No.1243
遍照般若経 No.242
辯偽録（五巻）元 祥邁撰 No.2116 ……〔五二・七五一〕
辨顕密二教論（二巻）日本 空海撰 No.2427 ……〔七七・三七四〕
辨顕密二教論懸鏡抄（六巻）日本 済暹撰 No.2434……〔七七・四一三〕
辯正論（八巻）唐 法琳撰 No.2110 ……〔五二・四八九〕
辯中辺分別論 No.1600
辯中辺論（三巻）世親菩薩造・唐 玄奘訳 No.1600 ……〔三一・四六四〕
辯中辺論頌（一巻）弥勒菩薩造・唐 玄奘訳 No.1601 …〔三一・四七七〕
辯中辺論述記（三巻）唐 窺基撰 No.1835 ……〔四四・一〕
辯意長者子経（一巻）後魏 法場訳 No.544……〔一四・八三七〕
辯意長者子所問経 No.544
辯意長者子問経 No.544

ホ Ho ボ Bo

歩 輔 菩 墓 方 宝 放 法(ほう) 胞
報 謗 北(ほく) 牧 北(ほっ) 法(ほっ) 発(ほっ)
発(ほっ) 本 品 翻 犯 盆 梵

歩擲金剛修行儀軌 No.1232
輔宗匡真鈔 No.2344
菩薩優婆塞五戒威儀経 No.1503
菩薩円頓授戒灌頂記（一巻）日本 惟賢撰 No.2383……〔七四・七八七〕
菩薩縁身五十事経 No.812
菩薩訶色欲経 No.615
菩薩訶色欲法 No.615
菩薩訶色欲法経（一巻）姚秦 鳩摩羅什等訳 No.615 …〔一五・二八六〕
菩薩戒義疏（二巻）隋 智顗説・灌頂記 No.1811 ……〔四〇・五六三〕
菩薩戒経 No.1581
菩薩戒綱要鈔（一巻）No.2358B ……〔七四・九八〕
菩薩戒羯磨文（一巻）弥勒菩薩説・唐 玄奘訳
No.1499 ……〔二四・一一〇四〕
菩薩戒通受遣疑鈔（一巻）日本 覚盛撰 No.2353 ……〔七四・四八〕
菩薩戒通別二受鈔（一巻）日本 覚盛撰 No.2354 ……〔七四・五三〕
菩薩戒本（一巻）慈氏菩薩説・北涼 曇無讖訳
No.1500 ……〔二四・一一〇七〕
菩薩戒本（一巻）弥勒菩薩説・唐 玄奘訳 No.1501 ……〔二四・一一一〇〕
菩薩戒本経 No.1500
菩薩戒本持犯要記（一巻）新羅 元暁述 No.1907 ……〔四五・九一八〕
菩薩戒本宗要（一巻）新羅 太賢撰 No.1906 ……〔四五・九一五〕
菩薩戒本宗要雑文集（一巻）日本 覚盛撰 No.2352 ……〔七四・四〇〕
菩薩戒本宗要輔行文集（二巻）日本 叡尊撰 No.2356 …〔七四・六三〕
菩薩戒本疏（三巻）新羅 義寂述 No.1814 ……〔四〇・六五六〕
菩薩戒問答洞義鈔（一巻）日本 英心述 No.2358A……〔七四・八七〕
菩薩境界奮迅法門経 No.272
菩薩行五十縁身経（一巻）西晋 竺法護訳 No.812 ……〔一七・七七三〕
菩薩行方便境界神通変化経（三巻）劉宋 求那跋陀羅訳
No.271 ……〔九・三〇〇〕
菩薩行方便神通変化経 No.271

菩薩求仏本業経 No.282

菩薩見実経（十六巻）北斉 那連提耶舎訳 No.310(16)…〔一一・三五一〕

菩薩五法懺悔文（一巻）失訳 No.1504 ……………………〔二四・一一二一〕

菩薩羯磨 No.1499

菩薩地経 No.1581

菩薩地持経（十巻）北涼 曇無讖訳 No.1581 ……………〔三〇・八八八〕

菩薩地持論 No.1581

菩薩地善戒経 No.1582

菩薩地善戒経 No.1583

菩薩修行経（一巻）西晋 白法祖訳 No.330 ………………〔一二・六三〕

菩薩修行四法経（一巻）唐 地婆訶羅訳 No.773 ………〔一七・七〇八〕

菩薩受斎経（一巻）西晋 聶道真訳 No.1502…………〔二四・一一一五〕

菩薩十地経 No.308

菩薩十住経 No.283

菩薩十住経（一巻）東晋 祇多蜜訳 No.284………………〔一〇・四五六〕

菩薩十住行道品（一巻）西晋 竺法護訳 No.283 ………〔一〇・四五四〕

菩薩従兜術天降神母胎説広普経（七巻）
姚秦 竺仏念訳 No.384…………………………………〔一二・一〇一五〕

菩薩処胎経 No.384

菩薩生地経（一巻）呉 支謙訳 No.533…………………〔一四・八一四〕

菩薩神通変化経 No.271

菩薩逝経 No.527

菩薩逝経（一巻）西晋 白法祖訳 No.528 ………………〔一四・八〇三〕

菩薩説夢経（二巻）西晋 竺法護訳 No.310(4)…………〔一一・八〇〕

菩薩睒経 No.175

菩薩睒子経（一巻）失訳 No.174…………………………〔三・四三六〕

菩薩善戒経（九巻）劉宋 求那跋摩訳 No.1582 …………〔三〇・九六〇〕

菩薩善戒経（一巻）劉宋 求那跋摩訳 No.1583…………〔三〇・一〇一三〕

菩薩禅法経 No.614

菩薩蔵経 No.310(17)

菩薩蔵経（一巻）梁 僧伽婆羅訳 No.1491……………〔二四・一〇八六〕

菩薩蔵修道衆経抄（巻第十二）（一巻）No.2820 ………〔八五・一一九七〕

菩薩蔵正法経 No.316

菩薩蔵頓教一乗海義要決（一巻）日本 道教顕意述
No.2631 ………………………………………………………〔八三・四七九〕

菩薩度人経 No.205

菩薩投身餓虎起塔因縁経 No.172

菩薩投身飴餓虎起塔因縁経（一巻）北涼 法盛訳
No.172 ………………………………………………………〔三・四二四〕

菩薩道樹経 No.532

菩薩童子経 No.528

菩薩内戒経（一巻）宋 求那跋摩訳 No.1487…………〔二四・一〇二八〕

菩薩内習六波羅蜜経（一巻）後漢 厳仏調訳 No.778 …〔一七・七一四〕

菩薩念仏三昧経（五巻）劉宋 功徳直訳 No.414 ………〔一三・七九三〕

菩薩本行経（三巻）失訳 No.155 ………………………〔三・一〇八〕

菩薩本業経（一巻）呉 支謙訳 No.281………………〔一〇・四四六〕

菩薩本生鬘論（十六巻）宋 紹徳慧詢等訳 No.160 ……〔三・三三一〕

菩薩本縁経（三巻）呉 支謙訳 No.153…………………〔三・五二〕

菩薩本縁集経 No.153
菩薩瓔珞経（十四巻）姚秦 竺仏念訳 No.656……〔一六・一〕
菩薩瓔珞本業経（二巻）姚秦 竺仏念訳 No.1485 ……〔二四・一〇一〇〕
菩提経 No.464
菩提行経（四巻）龍樹菩薩集頌・宋 天息災訳 No.1662……〔三二・五四三〕
菩提資糧論（六巻）龍樹本・自在比丘釈・隋 達磨笈多訳 No.1660……〔三二・五一七〕
菩提場経 No.950
菩提場経 No.1008
菩提場経略義釈（五巻）日本 円珍撰 No.2230 ……〔六一・五一三〕
菩提場所説一字頂輪王経（五巻）唐 不空訳 No.950…〔一九・一九三〕
菩提場所説一字頂輪王経略義釈 No.2230
菩提場荘厳経 No.1008
菩提場荘厳陀羅尼経（一巻）唐 不空訳 No.1008……〔一九・六六八〕
菩提心観釈（一巻）宋 法天訳 No.1663 ……〔三二・五六二〕
菩提心義（一巻）No.1953……〔四六・九八七〕
菩提心義 No.2397
菩提心義鈔 No.2397
菩提心義略問答抄 No.2397
菩提心経 No.307
菩提心口決 No.2293
菩提心破魔経 No.838
菩提心離相論（一巻）龍樹菩薩造・宋 施護訳 No.1661 ……〔三二・五四一〕
菩提心論異本（一巻）日本 尊通撰 No.2295 ……〔七〇・一二六〕
菩提心論愚疑（一巻）No.2295 附 ……〔七〇・一二七〕
菩提心論見聞（四巻）No.2294……〔七〇・三三〕
菩提心論私抄 No.2292
菩提心論題釈 No.2291
菩提心論秘釈 No.2291
菩提陀羅尼経 No.1008
菩提無行経 No.464
墓魄経 No.167
方広大荘厳経（十二巻）唐 地婆訶羅訳 No.187 ……〔三・五三九〕
方等三昧行法（一巻）隋 智顗説 No.1940 ……〔四六・九四三〕
方等正法華経 No.263
方等陀羅尼経 No.1339
方等大雲経 No.387
方等大雲無想経 No.387
方等大般泥洹経 No.376
方等檀特陀羅尼経 No.1339
方等泥洹経 No.6
方等泥洹経 No.7
方等泥洹経 No.378
方等般泥洹経 No.7
方等般泥洹経（二巻）西晋 竺法護訳 No.378……〔一二・九一二〕
方等本起経 No.186

方等無相大雲経 No.387
方便所度無極経 No.345
方便心論（一巻）後魏 吉迦夜訳 No.1632 ……〔三二・二三〕
宝雨経（十巻）唐 達摩流支訳 No.660 ……〔一六・二八三〕
宝雲経（七巻）梁 曼陀羅仙訳 No.658 ……〔一六・二〇九〕
宝王三昧念仏直指（二巻）明 妙叶集 No.1974 ……〔四七・三五四〕
宝覚禅師語録（一巻）日本 東山湛照語 No.2545 ……〔八〇・二三〕
宝月童子問法経 No.437
宝篋印陀羅尼経 No.1022
宝篋経 No.462
宝篋経 No.1022
宝鏡鈔（一巻）日本 宥快記 No.2456 ……〔七七・八四七〕
宝行王正論（一巻）陳 真諦訳 No.1656 ……〔三二・四九三〕
宝髻経四法憂波提舎（一巻）天親菩薩造・元魏 毘目智仙訳 No.1526 ……〔二六・二七三〕
宝髻陀羅尼経 No.1400
宝髻菩薩四法経論 No.1526
宝賢陀羅尼経（一巻）宋 法賢訳 No.1285 ……〔二一・三五三〕
宝厳経 No.351
宝冊鈔（十巻）日本 杲宝記・賢宝補 No.2453 ……〔七七・七八六〕
宝悉地成仏陀羅尼経（一巻）唐 不空訳 No.962 ……〔一九・三三五〕
宝積三昧文殊師利菩薩問法身経（一巻）後漢 安世高訳 No.356 ……〔一二・二三七〕
宝積三昧文殊問法身経 No.356
宝積経 No.310
宝積経論 No.1523
宝授菩薩菩提行経（一巻）宋 法賢訳 No.488 ……〔一四・七〇〇〕
宝授菩提行経 No.488
宝生経 No.1412
宝生陀羅尼経（一巻）宋 施護訳 No.1412 ……〔二一・九二六〕
宝生論 No.1591
宝性分別七乗増上論 No.1611
宝性論 No.1611
宝星経 No.402
宝星陀羅尼経（十巻）唐 波羅頗蜜多羅訳 No.402 ……〔一三・五三六〕
宝蔵経 No.461
宝蔵神大明曼拏羅儀軌経（二巻）宋 法天訳 No.1283 ……〔二一・三四三〕
宝蔵神曼拏羅儀軌経 No.1283
宝蔵天女法 No.1282
宝蔵天女陀羅尼法（一巻）失訳 No.1282 ……〔二一・三四二〕
宝蔵論（一巻）後秦 僧肇著 No.1857 ……〔四五・一四三〕
宝帯陀羅尼経（一巻）宋 施護訳 No.1377 ……〔二一・八九八〕
宝達菩薩問報応沙門経 No.441
宝田慧印三昧経 No.632
宝徳蔵経 No.229
宝女経 No.399
宝女三昧経 No.399

宝女所問経（四巻）西晋 竺法護訳 No.399……〔一三・四五二〕
宝女問慧経 No.399
宝如来経 No.637
宝如来三昧経（二巻）東晋 祇多蜜訳 No.637……〔一五・五一八〕
宝網経（一巻）西晋 竺法護訳 No.433……〔一四・七八〕
宝網童子経 No.433
宝要義論 No.1635
宝楼閣経 No.1005A
宝楼閣経梵字真言（一巻）失訳 No.1005B……〔一九・六三四〕
放牛経（一巻）後秦 鳩摩羅什訳 No.123……〔二・五四六〕
放光経 No.221
放光般若経（二十巻）西晋 無羅叉訳 No.221……〔八・一〕
放光般若波羅蜜経 No.221
放光摩訶般若経 No.221
放生軌儀法 No.1901
放鉢経（一巻）失訳 No.629……〔一五・四四九〕
法印祈雨鈔 No.2698
法印経（一巻）宋 施護訳 No.104……〔二・五〇〇〕
法印経 No.482
法蘊足論 No.1537
法演禅師語録（三巻）宋 才良等編 No.1995……〔四七・六四九〕
法王経（一巻）No.2883……〔八五・一三八四〕
法苑義鏡（六巻）日本 善珠述 No.2317……〔七一・一六五〕
法苑義林章師子吼鈔 No.2323
法苑珠林（百巻）唐 道世撰 No.2122……〔五三・二六九〕
法苑林章 No.1861
法海経（一巻）西晋 法炬訳 No.34……〔一・八一八〕
法観経（一巻）西晋 竺法護訳 No.611……〔一五・二四〇〕
法経録 No.2146
法鏡経（一巻）後漢 安玄訳 No.322……〔一二・一五〕
法眼録 No.1991
法炬陀羅尼経 No.1340
法志妻経 No.572
法事讃 No.1979
法受塵経（一巻）後漢 安世高訳 No.792……〔一七・七三六〕
法集経（六巻）元魏 菩提流支訳 No.761……〔一七・六〇九〕
法集名数経（一巻）宋 施護等訳 No.764……〔一七・六六〇〕
法住記 No.2030
法住経 No.390
法勝阿毘曇 No.1551
法勝阿毘曇心論 No.1551
法勝阿毘曇心論経 No.1551
法勝毘曇 No.1551
法常住経（一巻）失訳 No.819……〔一七・八二三〕
法乗義決定経（三巻）宋 金総持等訳 No.763……〔一七・六五四〕
法蔵和尚伝 No.2054
法智遺編観心二百問（一巻）宋 継忠集 No.1935……〔四六・八二四〕
法然上人語燈録 No.2611

法宝蔵陀羅尼経 No.1185A
法宝壇経 No.2008
法滅尽経（一巻）失訳 No.396 ……〔一二・一一一八〕
法門名義集（一巻）唐 李師政撰 No.2124 ……〔五四・一一九五〕
法益壊目因縁経 No.2045
法喩経 No.211
法喩法 No.211
法螺経 No.473
法律経 No.631
法律三昧経（一巻）呉 支謙訳 No.631 ……〔一五・四五八〕
法琳別伝 No.2051
法輪経 No.109
法輪転経 No.109
法輪輪転経 No.109
胞胎経（一巻）西晋 竺法護訳 No.317 ……〔一一・八八六〕
胞胎受身経 No.317
報恩経 No.156
報恩講式（一巻）日本 覚如宗昭撰 No.2665 ……〔八三・七五五〕
報恩講歎徳文 No.2666
報恩抄（二巻）日本 日蓮撰 No.2691 ……〔八四・二五三〕
報恩奉盆経（一巻）失訳 No.686 ……〔一六・七八〇〕
報恩編（三巻）日本 天桂伝尊語・侍者記 No.2600 ……〔八二・六一八〕
報像功徳経 No.686
謗仏経（一巻）元魏 菩提流支訳 No.831 ……〔一七・八七六〕
北魏僧恵生使西域記（一巻）No.2086 ……〔五一・八六六〕
北山録（十巻）唐 神清撰・慧宝注 No.2113 ……〔五二・五七三〕
北宗論 No.2836
北斗七星延命経（一巻）No.1307 ……〔二一・四二五〕
北斗七星護摩秘要儀軌（一巻）唐 不空訳 No.1306 ……〔二一・四二四〕
北斗七星護摩法（一巻）唐 一行撰 No.1310 ……〔二一・四五七〕
北斗七星念誦儀軌（一巻）唐 金剛智訳 No.1305 ……〔二一・四二三〕
牧牛経 No.123
北方毘沙門多聞宝蔵天王神妙陀羅尼別行儀軌（一巻）唐 不空訳 No.1250 ……〔二一・二三〇〕
北方毘沙門天王随軍護法儀軌（一巻）唐 不空訳 No.1247 ……〔二一・二二四〕
北方毘沙門天王随軍護法真言（一巻）唐 不空訳 No.1248 ……〔二一・二二五〕
北本涅槃経 No.374
法界次第 No.1925
法界次第初門（六巻）隋 智顗撰 No.1925 ……〔四六・六六四〕
法界図記叢髄録（四巻）No.1887B ……〔四五・七一六〕
法界体性無分別経（二巻）梁 曼陀羅訳 No.310(8) ……〔一一・一四三〕
法界無差別論 No.1626
法句経（二巻）法救撰・呉 維祇難等訳 No.210 ……〔四・五五九〕
法句経（一巻）No.2901 ……〔八五・一四三二〕
法句経疏（一巻）No.2902 ……〔八五・一四三五〕
法句集経 No.210

法句譬喩経（四巻）西晋　法炬共法立訳 No.211 ……………〔四・五七五〕
法句本末経 No.211
法鼓経 No.270
法華開示抄（二十八巻）日本　貞慶撰 No.2195 ……………〔五六・二五五〕
法華開題（一巻・異本六）日本　空海撰 No.2190 ……………〔五六・一八三〕
法華義記（八巻）梁　法雲撰 No.1715 ……………〔三三・五七二〕
法華義記（巻第三）（一巻）No.2748 ……………〔八五・一七〇〕
法華義疏（十二巻）隋　吉蔵撰 No.1721 ……………〔三四・四五一〕
法華義疏（四巻）日本　聖徳太子撰 No.2187 ……………〔五六・六四〕
法華儀軌 No.1000
法華経 No.262
法華経安楽行義（一巻）陳　慧思説 No.1926 ……………〔四六・六九七〕
法華経開題（一巻）日本　空海撰 No.2190 ……………〔五六・一七三〕
法華経開題（一巻・異本一）日本　遍昭闍梨記 No.2190 ……………〔五六・一七五〕
法華経開題（一巻・異本三）日本　空海撰 No.2190 ……………〔五六・一七九〕
法華経観智儀軌 No.1000
法華経義記 No.1715
法華経釈（一巻・異本二）日本　空海撰 No.2190 ……………〔五六・一七七〕
法華経疏（一巻）No.2749 ……………〔八五・一八〇〕
法華経疏（一巻）No.2750 ……………〔八五・一八九〕
法華経疏（一巻）No.2751 ……………〔八五・一九四〕
法華経秘釈（一巻）日本　覚鑁撰 No.2191 ……………〔五六・一八四〕
法華経密号（一巻・異本四）日本　空海撰 No.2190 ……………〔五六・一八二〕
法華経論 No.1519
法華経論 No.1520
法華経論伝 No.1520
法華玄義 No.1716
法華玄賛 No.1723
法華玄義釈籤（二十巻）唐　湛然述 No.1717 ……………〔三三・八一五〕
法華玄賛義決（一巻）唐　慧沼撰 No.1724 ……………〔三四・八五四〕
法華玄論（十巻）隋　吉蔵撰 No.1720 ……………〔三四・三六一〕
法華三昧経（一巻）劉宋　智厳訳 No.269 ……………〔九・二八五〕
法華三昧行事運想補助儀（一巻）唐　湛然撰 No.1942 ……………〔四六・九五五〕
法華三昧行事運想補助儀礼法華経儀式 No.1941
法華三昧懺儀（一巻）隋　智顗撰 No.1941 ……………〔四六・九四九〕
法華釈文 No.2189
法華取要抄（一巻）日本　日蓮述 No.2693 ……………〔八四・二七八〕
法華宗要（一巻）新羅　元暁撰 No.1725 ……………〔三四・八七〇〕
法華十羅刹法（一巻）No.1292 ……………〔二一・三七七〕
法華疏 No.2187
法華上宮疏 No.2187
法華懺法（一巻）No.2417 ……………〔七七・二六五〕
法華長講会式 No.2363
法華伝記（十巻）唐　僧詳撰 No.2068 ……………〔五一・四八〕
法華曼荼羅威儀形色法経（一巻）唐　不空訳 No.1001 ……………〔一九・六〇二〕

法華文句 No.1718
法華文句記（三十巻）唐 湛然述 No.1719 ……〔三四・一五一〕
法華問答（一巻）No.2752……〔八五・一九九〕
法華遊意（一巻）隋 吉蔵造 No.1722 ……〔三四・六三三〕
法華略儀 No.2192
法華略抄（一巻）日本 明一撰 No.2188 ……〔五六・一二九〕
法華略秘釈（一巻・異本五）日本 空海撰 No.2190 ……〔五六・一八三〕
法華論 No.1519
法華論疏（三巻）隋 吉蔵撰 No.1818 ……〔四〇・七八五〕
法顕伝 No.2085
法集要頌経（四巻）法救集・宋 天息災訳 No.213 ……〔四・七七七〕
法身経 No.356
法身経（一巻）宋 法賢訳 No.766 ……〔一七・六九九〕
法進戒壇式 No.2349
法相宗賢聖義略問答（巻第四）（一巻）日本 仲算撰
No.2320 ……〔七一・四一九〕
法相宗章疏（一巻）日本 平祚録 No.2180……〔五五・一一三八〕
法相心要鈔 No.2311
法相大意鈔 No.2314
法相燈明記（一巻）日本 慚安集 No.2310……〔七一・四八〕
法相二巻鈔 No.2314
発覚浄心経（二巻）隋 闍那崛多訳 No.327 ……〔一二・四三〕
発智論 No.1544
発菩提心経 No.1659
発菩提心経論（二巻）天親菩薩造・後秦 鳩摩羅什訳
No.1659 ……〔三二・五〇八〕
発菩提心破諸魔経（二巻）宋 施護訳 No.838 ……〔一七・八九六〕
発菩提心論 No.1659
発菩提心論秘釈 No.2291
本願寺聖人親鸞伝絵（二巻）日本 覚如宗昭撰
No.2664 ……〔八三・七五〇〕
本願薬師経古迹（二巻）新羅 太賢撰 No.1770 ……〔三八・二五七〕
本起経 No.199
本義抄 No.2249
本行経 No.193
本行集経 No.190
本光国師語録 No.2572
本業経 No.281
本業瓔珞経疏（一巻）No.2798 ……〔八五・七四五〕
本師口 No.2500
本事経（七巻）唐 玄奘訳 No.765 ……〔一七・六六二〕
本生心地観経 No.159
本生鬘論 No.160
本相猗致経（一巻）後漢 安世高訳 No.36……〔一・八一九〕
本如実性禅師語録 No.2569
本有今無偈論 No.1528
本文抄 No.2262
品類足論 No.1542

翻訳名義集（七巻）宋 法雲編 No.2131……〔五四・一〇五五〕
翻梵語（十巻）No.2130……〔五四・九八一〕
犯戒罪軽重経 No.1467
犯戒罪報軽重経（一巻）後漢 安世高訳 No.1467……〔二四・九一〇〕
犯戒罪報軽重経（一巻・別本）No.1467……〔二四・九一一〕
犯戒報応軽重経 No.1467
犯罪経 No.1467
盆経讃述 No.2781
梵学津梁総目録（一巻）日本 慈雲飲光撰 No.2711……〔八四・八一〇〕
梵語伊呂波字典 No.2707
梵語千字文（一巻）唐 義浄撰 No.2133……〔五四・一一九〇〕
梵語千字文（一巻・別本）唐 義浄撰 No.2133……〔五四・一一九七〕
梵語雑名（一巻）唐 礼言集 No.2135……〔五四・一二二三〕
梵志阿颰経 No.20
梵志頞波羅延問種尊経（一巻）東晋 竺曇無蘭訳
No.71……〔一・八七六〕
梵志頞羅延問種尊経 No.71
梵志計水浄経（一巻）失訳 No.51……〔一・八四三〕
梵志孫多耶致経 No.582
梵志女首意経（一巻）西晋 竺法護訳 No.567……〔一四・九三九〕
梵字金剛頂蓮華部心儀軌 No.875
梵字悉曇字母釈義（一巻）日本 空海撰 No.2701……〔八四・三六一〕
梵字大毘盧遮那胎蔵大儀軌 No.854
梵大宝楼閣経真言 No.1005B
梵天火羅九曜（一巻）No.1311……〔二一・四五九〕
梵天択地法（一巻）No.910……〔一八・九二四〕
梵女首意経 No.567
梵嚩日羅駄覩私記（一巻）日本 真興述 No.2232……〔六一・五九〇〕
梵摩難国王経（一巻）失訳 No.521……〔一四・七九四〕
梵摩喩経 No.76
梵摩渝経（一巻）呉 支謙訳 No.76……〔一・八八三〕
梵名辞彙 No.2707
梵網戒本疏日珠鈔（五十巻）日本 凝然述 No.2247……〔六二・四〕
梵網経 No.21
梵網経 No.1484
梵網経開題（一巻）日本 空海撰 No.2246……〔六二・一〕
梵網経古述記（三巻）新羅 太賢集 No.1815……〔四〇・六八九〕
梵網経述記（巻第一）（一巻）No.2797……〔八五・七二七〕
梵網経菩薩戒本疏（一巻）唐 法蔵撰 No.1813……〔四〇・六〇二〕
梵網経盧舎那仏説菩薩心地戒品第十（二巻）
後秦 鳩摩羅什訳 No.1484……〔二四・九九七〕
梵網法蔵疏 No.1813
梵網六十二見経（一巻）呉 支謙訳 No.21……〔一・二六四〕

マ Ma

末ま 麼 摩 魔 末まつ 末まつ 万 曼 満 慢

末利支華鬘経 No.1254
末利支提婆経 No.1254

末利支提婆華鬘経（一巻）唐　不空訳 No.1254……〔二一・二五五〕
麽迦多聞宝蔵吽迦陀野神妙修真言瑜伽念誦儀軌 No.1251
摩訶衍宝厳経 No.350
摩訶衍宝厳経（一巻）失訳 No.351……〔一二・一九四〕
摩訶衍宝積経 No.350
摩訶迦葉経 No.393
摩訶迦葉度貧女経 No.497
摩訶迦葉度貧母経（一巻）劉宋　求那跋陀羅訳
No.497……〔一四・七六一〕
摩訶止観（二十巻）隋　智顗説 No.1911……〔四六・一〕
摩訶刹頭経（一巻）西秦　聖堅訳 No.696……〔一六・七九七〕
摩訶僧祇戒本 No.1426
摩訶僧祇比丘尼戒本（一巻）東晋　法顕共覚賢訳
No.1427……〔二二・五五六〕
摩訶僧祇律（四十巻）東晋　仏陀跋陀羅共法顕訳
No.1425……〔二二・二二七〕
摩訶僧祇律大比丘戒本（一巻）東晋　仏陀跋陀羅訳
No.1426……〔二二・五四九〕
摩訶大明呪経 No.250
摩訶鉢羅般若波羅蜜経 No.226
摩訶般若経 No.226
摩訶般若釈論 No.1509
摩訶般若鈔経（五巻）前秦　曇摩蜱共竺仏念訳 No.226…〔八・五〇八〕
摩訶般若波羅蜜経（二十七巻）後秦　鳩摩羅什訳
No.223……〔八・二一七〕
摩訶般若波羅蜜経 No.224
摩訶般若波羅蜜経（十巻）後秦　鳩摩羅什訳 No.227……〔八・五三六〕
摩訶般若波羅蜜経釈論 No.1509
摩訶般若波羅蜜経鈔 No.226
摩訶般若波羅蜜鈔経 No.226
摩訶般若波羅蜜大明呪経（一巻）姚秦　鳩摩羅什訳
No.250……〔八・八四七〕
摩訶般若波羅蜜道行経 No.224
摩訶般若放光経 No.221
摩訶般羅若経 No.226
摩訶比丘経 No.1469
摩訶毘盧遮那如来定恵均等入三昧耶身双身
大聖歓喜天菩薩修行秘密法儀軌（一巻）唐　不空訳
No.1271……〔二一・三〇五〕
摩訶吠室囉末那野提婆喝囉闍陀羅尼儀軌（一巻）
唐　般若斫羯囉訳 No.1246……〔二一・二一九〕
摩訶摩耶経（二巻）蕭斉　曇景訳 No.383……〔一二・一〇〇五〕
摩醯首羅大自在天王神通化生伎芸天女念誦法（一巻）
No.1280……〔二一・三四〇〕
摩醯首羅頂生天女法 No.1280
摩醯首羅天王法要 No.1279
摩醯首羅天法要（一巻）No.1279……〔二一・三三九〕
摩鄧女経 No.551

摩達経 No.519
摩達国王経（一巻）劉宋 沮渠京声訳 No.519……〔一四・七九二〕
摩登伽経（二巻）呉 竺律炎・支謙共訳 No.1300 ……〔二一・三九九〕
摩登女経 No.551
摩登女解形中六事経（一巻）失訳 No.552……〔一四・八九五〕
摩鄧女経（一巻）後漢 安世高訳 No.551……〔一四・八九五〕
摩徳勒伽毘尼 No.1441
摩尼教下部讃（一巻）No.2140……〔五四・一二七〇〕
摩尼光仏教法儀略（一巻）唐 払多誕訳 No.2141A …〔五四・一二七九〕
摩尼羅亶経（一巻）東晋 竺曇無蘭訳 No.1393 ……〔二一・九一〇〕
摩尼羅亶神呪経 No.1393
摩尼羅檀神呪経 No.1393
摩耶経 No.383
摩耶女経 No.551
摩利支天一印法（一巻）No.1259 ……〔二一・二八五〕
摩利支天経 No.1255
摩利支天経（一巻・別本）唐 不空訳 No.1255 ……〔二一・二六〇〕
摩利支天陀羅尼呪経（一巻）失訳 No.1256 ……〔二一・二六一〕
摩利支天菩薩陀羅尼経（一巻）唐 不空訳 No.1255 …〔二一・二五九〕
摩利支菩薩略念誦法（一巻）唐 不空訳 No.1258……〔二一・二八五〕
魔逆経（一巻）西晋 竺法護訳 No.589 ……〔一五・一一二〕
魔醯首羅説法阿尾奢法 No.1277
魔嬈乱経（一巻）失訳 No.66……〔一・八六四〕
魔嬈乱経 No.67

末燈鈔（二巻）日本 従覚編 No.2659 ……〔八三・七一一〕
末代念仏授手印（一巻）日本 辯阿聖光撰 No.2613 ……〔八三・二六九〕
末代法華行者位並用心事 No.2696
末羅王経（一巻）劉宋 沮渠京声訳 No.517……〔一四・七九一〕
万善同帰集（三巻）唐 延寿述 No.2017 ……〔四八・九五七〕
曼殊一字呪王経 No.1182
曼殊五字心陀羅尼品 No.1173
曼殊室利焔曼徳迦万愛秘術如意法（一巻）唐 一行撰 No.1219 ……〔二一・九七〕
曼殊室利経 No.1101
曼殊室利呪蔵中校量数珠功徳経（一巻）唐 義浄訳 No.787 ……〔一七・七二六〕
曼殊室利童子五字瑜伽法 No.1176
曼殊室利童子菩薩五字瑜伽法（一巻）唐 不空訳 No.1176 ……〔二〇・七二三〕
曼殊室利菩薩吉祥伽陀（一巻）宋 慈賢訳 No.1196 …〔二〇・九三八〕
曼殊室利菩薩華厳本教閻曼徳迦忿怒王真言威徳儀軌品第三十 No.1215
曼殊室利菩薩呪蔵中一字呪王経（一巻）唐 義浄訳 No.1182 ……〔二〇・七八一〕
曼殊数珠功徳経 No.787
曼殊童子五字瑜伽法 No.1176
曼荼羅八講論義抄（一巻）日本 証空撰 No.2623 ……〔八三・三八三〕
満願子経（一巻）失訳 No.108 ……〔一・五〇二〕

慢法経（一巻）西晋 法炬訳 No.739 ……〔一七・五四二〕

ミ Mi

未 弥 微 密みつ 密みつ 名 妙 明みょう 冥 明みん

未決答釈（一巻）日本 房覚記 No.2459 ……〔七七・八六五〕
未生寃経（一巻）呉 支謙訳 No.507 ……〔一四・七七四〕
未曾有因縁経（二巻）蕭斉 曇景訳 No.754 ……〔一七・五七五〕
未曾有経 No.628
未曾有経（一巻）失訳 No.688 ……〔一六・七八一〕
未曾有経 No.754
未曾有経善巧方便品 No.844
未曾有正法経（六巻）宋 法天訳 No.628 ……〔一五・四二八〕
未来星宿劫千仏名経（一巻）失訳 No.448 ……〔一四・三八八〕
未来星宿劫千仏名経（一巻・別本）失訳 No.448 ……〔一四・三九三〕
弥沙塞戒本 No.1422
弥沙塞五分戒本（一巻）劉宋 仏陀什等訳 No.1422 ……〔二二・一九四〕
弥沙塞羯磨本（一巻）唐 愛同録 No.1424 ……〔二二・二一四〕
弥沙塞尼戒本 No.1423
弥沙塞部和醯五分律（三十巻）劉宋 仏陀什共
竺道生等訳 No.1421 ……〔二二・一〕
弥沙塞律 No.1421
弥勒経遊意（一巻）隋 吉蔵撰 No.1771 ……〔三八・二六三〕
弥勒経料簡記 No.1774
弥勒下生経（一巻）西晋 竺法護訳 No.453 ……〔一四・四二一〕
弥勒下生成仏経（一巻）後秦 鳩摩羅什訳 No.454 ……〔一四・四二三〕
弥勒下生成仏経（一巻）唐 義浄訳 No.455 ……〔一四・四二六〕
弥勒講式（一巻）日本 貞慶撰 No.2729 ……〔八四・八八七〕
弥勒受決経 No.454
弥勒上生経 No.452
弥勒上生経宗要（一巻）新羅 元暁撰 No.1773 ……〔三八・二九九〕
弥勒成仏経 No.453
弥勒成仏経 No.454
弥勒成仏経 No.456
弥勒大成仏経（一巻）後秦 鳩摩羅什訳 No.456 ……〔一四・四二八〕
弥勒当来下生経 No.453
弥勒当来成仏経 No.454
弥勒雑経 No.349
弥勒菩薩所問経（一巻）No.310(42) ……〔一一・六二八〕
弥勒菩薩所問経論（九巻）後魏 菩提流支訳 No.1525 ……〔二六・二三三〕
弥勒菩薩所問本願経（一巻）西晋 竺法護訳 No.349 ……〔一二・一八六〕
弥勒菩薩発願王偈（一巻）清 工布査布訳 No.1144 ……〔二〇・六〇〇〕
弥勒菩薩本願経 No.349
弥勒本願経 No.349
弥勒問経論 No.1525
弥勒問本願経 No.349
弥勒来時経（一巻）失訳 No.457 ……〔一四・四三四〕
微密持経 No.1011
密迹金剛力士哀恋経 No.394

密迹金剛力士経（七巻）西晋 竺法護訳 No.310(3) ……〔一一・四二〕
密跡力士大権神王経偈頌（一巻）元 管主八撰 No.1688 ……〔三二・七七七〕
密庵録 No.1999
密菴和尚語録（一巻）宋 崇岳・了悟等編 No.1999 ……〔四七・九五七〕
密厳経 No.681
密厳経 No.682
密厳浄土略観（一巻）日本 覚鑁撰 No.2515……〔七九・二〕
密厳院発露懺悔文（一巻）日本 覚鑁撰 No.2527 ……〔七九・五三〕
密呪円因往生集（一巻）夏 知広等集 No.1956 ……〔四六・一〇〇七〕
密要決 No.2620
名義集 No.2131
妙印鈔（八十巻）日本 宥範記 No.2213 ……〔五八・一五〕
妙印鈔口伝 No.2214
妙慧童女経 No.336
妙吉祥観門経 No.1192
妙吉祥観門経護摩儀軌 No.1194
妙吉祥最勝根本大教経（三巻）宋 法賢訳 No.1217 ……〔二一・八一〕
妙吉祥所問法螺経 No.473
妙吉祥大教経 No.1217
妙吉祥平等観門大教王経略出護摩儀（一巻）宋 慈賢訳 No.1194……〔二〇・九三四〕
妙吉祥平等秘密最上観門大教王経（五巻）宋 慈賢訳 No.1192……〔二〇・九〇五〕
妙吉祥平等瑜伽秘密観身成仏儀軌（一巻）宋 慈賢訳 No.1193……〔二〇・九三〇〕
妙吉祥菩薩所問大乗法螺経（一巻）宋 法賢訳 No.473 ……〔一四・五一六〕
妙吉祥菩薩説除災教令法輪 No.966
妙吉祥菩薩陀羅尼（一巻）宋 法賢訳 No.1186……〔二〇・八〇七〕
妙吉祥菩薩秘密八字陀羅尼修行曼荼羅次第儀軌法 No.1184
妙吉祥瑜伽大教金剛陪囉嚩輪観想成就儀軌経（一巻）宋 法賢訳 No.1242……〔二一・二〇三〕
妙好宝車経（一巻）No.2869 ……〔八五・一三三三〕
妙高山経 No.1415
妙色王因経 No.163
妙色王因縁経（一巻）唐 義浄訳 No.163 ……〔三・三九〇〕
妙色王経 No.163
妙色経 No.1386
妙色陀羅尼経（一巻）宋 法賢訳 No.1386 ……〔二一・九〇五〕
妙宗鈔 No.1751
妙 鈔 No.2484
妙成就記（一巻）日本 円仁撰 No.2388 ……〔七五・四九〕
妙成就作業経 No.893
妙成就法 No.893
妙心大 No.2387
妙臂印幢陀羅尼経（一巻）唐 実叉難陀訳 No.1364……〔二一・八八三〕
妙臂童子経 No.895

妙臂菩薩所問経（四巻）宋 法天訳 No.896 ……〔一八・七四六〕
妙辟印幢陀羅尼経 No.988
妙法決疑業障経 No.841
妙法決定業障経 No.841
妙法聖念処経（八巻）宋 法天訳 No.722 ……〔一七・四一九〕
妙法蓮華経（七巻）姚秦 鳩摩羅什訳 No.262 ……〔九・一〕
妙法蓮華経憂波提舎（二巻）大乗論師婆藪槃豆釈・
後魏 菩提留支共曇林等訳 No.1519 ……〔二六・一〕
妙法蓮華経観世音菩薩普門品経（一巻）
姚秦 鳩摩羅什訳長行・隋 闍那崛多訳重頌 No.265 ……〔九・一九八〕
妙法蓮華経玄義（二十巻）隋 智顗説 No.1716 ……〔三三・六八一〕
妙法蓮華経玄賛（二十巻）唐 窺基撰 No.1723 ……〔三四・六五一〕
妙法蓮華経釈文（三巻）日本 中算撰 No.2189 ……〔五六・一四四〕
妙法蓮華経添品 No.264
妙法蓮華経度量天地品第二十九（一巻）No.2872 ……〔八五・一三五五〕
妙法蓮華経馬明菩薩品第三十（一巻）No.2899 ……〔八五・一四二六〕
妙法蓮華経文句（二十巻）隋 智顗説 No.1718 ……〔三四・一〕
妙法蓮華経論 No.1519
妙法蓮華経論 No.1520
妙法蓮華経論優波提舎（一巻）婆藪槃豆菩薩造・
元魏 勒那摩提共僧朗等訳 No.1520 ……〔二六・一〇〕
明覚禅師語録（六巻）宋 惟蓋竺編 No.1996 ……〔四七・六六九〕
明度校計経 No.397(17)
明度五十校計経（二巻）高斉 那連提耶舎訳
No.397(17) ……〔一三・三九四〕
名教抄（十五巻）日本 珍海撰 No.2306 ……〔七〇・六九三〕
明思鈔 No.2249
明州雪竇山資聖寺第六祖明覚大師塔銘（一巻）
宋 呂夏卿撰 No.1996 附 ……〔四七・七一二〕
明燈抄 No.2270
明仏法根本碑（一巻）唐 智慧論述 No.1954 ……〔四六・九八八〕
明本抄（十三巻）日本 貞慶撰 No.2281 ……〔六九・四一七〕
明要抄（五巻）日本 貞慶撰 No.2282 ……〔六九・五〇八〕
明了論 No.1461
冥報記（三巻）唐 唐臨撰 No.2082 ……〔五一・七八七〕
明高僧伝 No.2062

ム Mu

牟 無 夢

牟梨曼陀羅経 No.1007
牟梨曼陀羅呪経（一巻）失訳 No.1007 ……〔一九・六五七〕
無畏経 No.1388
無畏三蔵禅要（一巻）No.917 ……〔一八・九四二〕
無畏授所問大乗経（三巻）宋 施護等訳 No.331 ……〔一二・六六〕
無畏授問大乗経 No.331
無畏禅要 No.917
無畏陀羅尼経（一巻）宋 法賢訳 No.1388 ……〔二一・九〇六〕
無畏徳女経（一巻）元魏 仏陀扇多訳 No.310(32) ……〔一一・五五〇〕

無崖際持法門経 No.1342
無崖際総持法門経（一巻）西秦 聖堅訳 No.1342 ……〔二一・八三九〕
無垢優婆夷経 No.578
無垢優婆夷問経（一巻）後魏 瞿曇般若流支訳
No.578 ……〔一四・九五〇〕
無垢称経 No.476
無垢浄光経 No.1024
無垢賢女経（一巻）西晋 竺法護訳 No.562 ……〔一四・九一三〕
無垢浄光大陀羅尼経（一巻）唐 弥陀山訳 No.1024……〔一九・七一七〕
無垢施菩薩分別応辯経（一巻）西晋 聶道真訳
No.310(33) ……〔一一・五五六〕
無垢女経 No.339
無垢問経 No.578
無希望経 No.146
無希望経（一巻）西晋 竺法護訳 No.813 ……〔一七・七七五〕
無極宝経 No.636
無極宝三昧経（一巻）西晋 竺法護訳 No.636……〔一五・五〇七〕
無極宝三昧経 No.637
無言童子経（二巻）西晋 竺法護訳 No.401 ……〔一三・五二二〕
無言菩薩経 No.401
無際経 No.1342
無思議光孩童菩薩経 No.484
無字宝篋経（一巻）元魏 菩提流支訳 No.828……〔一七・八七〇〕
無字法門経 No.830
無所有菩薩経（四巻）隋 闍那崛多等訳 No.485 ……〔一四・六七三〕
無所希望経 No.813
無所悕望経 No.813
無性摂論 No.1598
無上依経（二巻）梁 真諦訳 No.669 ……〔一六・四六八〕
無上処経（一巻）失訳 No.800……〔一七・七四五〕
無常経（一巻）唐 義浄訳 No.801 ……〔一七・七四五〕
無常三啓経（一巻）No.2912 ……〔八五・一四五八〕
無心論（一巻）No.2831 ……〔八五・一二六九〕
無尽意経 No.397(12)
無尽意経 No.403
無尽意菩薩経（六巻）宋 智厳共宝雲訳 No.397(12) …〔一三・一八四〕
無相思塵論（一巻）陳那菩薩造・陳 真諦訳 No.1619 …〔三一・八八二〕
無相大師行状（一巻）No.2014 附 ……〔四八・三九七〕
無想経 No.387
無動尊安鎮家国等法 No.1203
無動尊一字出生八大童子秘密法品 No.1204
無徳和尚語録 No.1992
無徳戒本 No.1430
無二平等経 No.887
無二平等最上瑜伽大教王経（六巻）宋 施護訳
No.887 ……〔一八・五一四〕
無能勝心陀羅尼経 No.1235
無能勝陀羅尼経 No.1234

無能勝大明王陀羅尼経（一巻）宋　法天訳　No.1233　…〔二一・七一〕
無能勝大明心陀羅尼経（一巻）宋　法天訳　No.1235　…〔二一・七六〕
無能勝大明陀羅尼経（一巻）宋　法天訳　No.1234……〔二一・七三〕
無能勝幡王如来荘厳陀羅尼経（一巻）宋　施護訳
No.943 ……〔一九・九八〕
無辺甘露神力　No.1239
無辺門陀羅尼経　No.1009
無辺門陀羅尼経　No.1018
無明羅刹集（三巻）失訳　No.720 ……〔一六・八五〇〕
無文禅師語録（一巻）日本　無文元選語　No.2559 ……〔八〇・六一五〕
無門関（一巻）宋　宗紹編　No.2005 ……〔四八・二九二〕
無量印法門経　No.372
無量義経（一巻）蕭斉　曇摩伽陀耶舎訳　No.276 ……〔九・三八三〕
無量義経開示抄（一巻）No.2195 附 ……〔五六・四八〇〕
無量義経開発　No.2193
無量義経注釈　No.2193
無量義経注抄　No.2193
無量義経略釈　No.2190 異本六
無量功徳経　No.934
無量功徳陀羅尼経（一巻）宋　法賢訳　No.934……〔一九・八〇〕
無量寿観経　No.365
無量寿観経義記（一巻）No.2760 ……〔八五・二四九〕
無量寿儀軌　No.930
無量寿経（二巻）曹魏　康僧鎧訳　No.360 ……〔一二・二六五〕
無量寿経　No.362
無量寿経　No.366
無量寿経優波提舎願生偈（一巻）婆藪槃豆菩薩造・
元魏　菩提流支訳　No.1524 ……〔二六・二三〇〕
無量寿経優波提舎　No.1524
無量寿経優婆提舎願生偈註　No.1819
無量寿経優婆提舎願生偈婆藪槃頭菩薩造并註（二巻）
北魏　曇鸞註解　No.1819 ……〔四〇・八二六〕
無量寿経優波提舎経論　No.1524
無量寿経義記（巻下）（一巻）No.2759 ……〔八五・二三九〕
無量寿経義疏（二巻）隋　慧遠撰　No.1745 ……〔三七・九一〕
無量寿経義疏（一巻）隋　吉蔵撰　No.1746 ……〔三七・一一六〕
無量寿経連義述文賛（三巻）新羅　璟興撰　No.1748 ……〔三七・一三一〕
無量寿経論　No.1524
無量寿供養儀軌　No.390
無量寿宗要経　No.936
無量寿荘厳経　No.363
無量寿大智陀羅尼（一巻）宋　法賢訳　No.1389……〔二一・九〇七〕
無量寿如来観行供養儀軌（一巻）唐　不空訳　No.930 …〔一九・六七〕
無量寿如来念誦儀軌　No.930
無量寿仏経　No.366
無量寿仏化身大忿迅倶摩羅金剛念誦瑜伽儀軌法
（一巻）唐　金剛智訳　No.1223 ……〔二一・一三〇〕
無量清浄経　No.361

無量清浄平等覚経（四巻）後漢　支婁迦讖訳　No.361　…〔一二・二七九〕
無量大慈教経（一巻）No.2903……………………〔八五・一四四五〕
無量門持経　No.1012
無量門破魔経　No.1014
無量門破魔陀羅尼経（一巻）劉宋　功徳直玄暢共訳
No.1014……………………………………〔一九・六八八〕
無量門微密持経（一巻）呉　支謙訳　No.1011…………〔一九・六八〇〕
夢窓国師語録（三巻）日本　夢窓疎石語・
侍者本元等編　No.2555　………………〔八〇・四四九〕
夢窓録　No.2555

メ　Me

馬罵滅面

馬有悪態経　No.115
馬有三相経（一巻）後漢　支曜訳　No.114　…………〔二・五〇六〕
馬有八弊悪態経　No.115
馬有八弊経　No.115
馬有八態経　No.115
馬有八態譬人経（一巻）後漢　支曜訳　No.115…………〔二・五〇七〕
馬鳴伝　No.2046
馬鳴菩薩大神力無比験法念誦軌儀（一巻）
唐　金剛智訳　No.1166……………………〔二〇・六七四〕
馬鳴菩薩伝（一巻）後秦　鳩摩羅什訳　No.2046　…………〔五〇・一八三〕
馬鳴菩薩念誦儀軌　No.1166
罵意経（一巻）後漢　安世高訳　No.732…………………〔一七・五三〇〕
滅十方冥経（一巻）西晋　竺法護訳　No.435……………〔一四・一〇五〕
滅除五逆経　No.1399
滅除五逆罪大陀羅尼経（一巻）宋　法賢訳　No.1399　…〔二一・九一五〕
面然餓鬼経　No.1314

モ　Mo

妄木目文問聞

妄尽還源観　No.1876
木槵子経（一巻）失訳　No.786…………………〔一七・七二六〕
目連所問経（一巻）宋　法天訳　No.1468　…………〔二四・九一二〕
目連問戒律中五百軽重事（一巻）失訳　No.1483　………〔二四・九七二〕
目連問戒律中五百軽重事経（二巻・別本）失訳
No.1483　……………………………………〔二四・九八三〕
目連問経　No.1467
文義要　No.2299
文　句　No.1718
文句記　No.1719
文殊一字陀羅尼法　No.1181
文殊一百八名梵讃　No.1197
文殊伽陀　No.1196
文殊儀軌　No.1191
文殊行経　No.471
文殊供養法　No.1175

文殊悔過経（一巻）西晋 竺法護訳 No.459……〔一四・四四一〕
文殊現宝蔵経 No.461
文殊五字呪法 No.1171
文殊五字真言勝相 No.1172
文殊五字念誦法 No.1175
文殊五字瑜伽法 No.1176
文殊五体悔過経 No.459
文殊根本一字陀羅尼法 No.1181
文殊讃法身礼 No.1195
文殊尸利行経（一巻）隋 豆那掘多訳 No.471……〔一四・五一二〕
文殊支利普超三昧経（三巻）西晋 竺法護訳 No.627…〔一五・四〇六〕
文殊指南図讃（一巻）宋 惟白述 No.1891……〔四五・七九三〕
文殊師利一百八名梵讃（一巻）宋 法天訳 No.1197…〔二〇・九三八〕
文殊師利悔過経 No.459
文殊師利現宝蔵経（二巻）西晋 竺法護訳 No.461……〔一四・四五二〕
文殊師利五体悔過経 No.459
文殊師利根本一字陀羅尼経 No.1181
文殊師利根本儀軌経 No.1191
文殊師利授記経（三巻）唐 実叉難陀訳 No.310(15)…〔一一・三三六〕
文殊師利巡行経（一巻）元魏 菩提流支訳 No.470……〔一四・五一〇〕
文殊師利浄律経（一巻）西晋 竺法護訳 No.460……〔一四・四四八〕
文殊師利所説般若波羅蜜経（一巻）梁 僧伽婆羅訳
No.233……〔八・七三二〕
文殊師利所説不思議仏境界経（二巻）
唐 菩提流志訳 No.340……〔一二・一〇八〕
文殊師利所説摩訶般若波羅蜜経（二巻）
梁 曼陀羅仙訳 No.232……〔八・七二六〕
文殊師利所報法言称経 No.588
文殊師利神通力経 No.818
文殊師利説般若波羅蜜経 No.232
文殊師利般若波羅蜜経 No.232
文殊師利般涅槃経（一巻）西晋 聶道真訳 No.463……〔一四・四八〇〕
文殊師利仏土厳浄経（二巻）西晋 竺法護訳 No.318…〔一一・八九〇〕
文殊師利菩薩儀軌供養 No.1175
文殊師利菩薩及諸仙所説吉凶時日善悪宿曜経
（二巻）唐 不空訳 No.1299……〔二一・三八七〕
文殊師利菩薩根本大教王経金翅鳥王品（一巻）
唐 不空訳 No.1276……〔二一・三二五〕
文殊師利菩薩讃仏法身礼 No.1195
文殊師利菩薩十事行経 No.640
文殊師利菩薩十事行経 No.641
文殊師利菩薩八字三昧法 No.1185A
文殊師利菩薩秘密心真言 No.1172
文殊師利菩薩仏刹功徳荘厳経 No.319
文殊師利菩薩無相十礼（一巻）No.2844……〔八五・一二九六〕
文殊師利菩薩問菩提経論（二巻）天親菩薩造・
元魏 菩提流支訳 No.1531……〔二六・三二八〕
文殊師利菩薩六字呪功能法経（一巻）No.1179……〔二〇・七七八〕

文殊師利宝蔵経 No.461
文殊師利宝蔵陀羅尼経（一巻）唐 菩提流志訳
No.1185B ……〔二〇・七九八〕
文殊師利法宝蔵陀羅尼経（一巻）唐 菩提流志訳
No.1185A ……〔二〇・七九一〕
文殊師利発願経（一巻）東晋 仏陀跋陀羅訳 No.296 …〔一〇・八七八〕
文殊師利発願偈経 No.296
文殊師利発菩提心願文 No.1198
文殊師利問経（二巻）梁 僧伽婆羅訳 No.468 ……〔一四・四九二〕
文殊師利問署経 No.458
文殊師利問菩薩署経（一巻）後漢 支婁迦讖訳
No.458 ……〔一四・四三五〕
文殊師利問菩提経（一巻）姚秦 鳩摩羅什訳 No.464 …〔一四・四八一〕
文殊師利問菩提心経論 No.1531
文殊師利耶曼徳迦呪法（一巻）No.1218 ……〔二一・九三〕
文殊師利耶曼徳迦法 No.1218
文殊巡行経 No.470
文殊所説最勝名義経（二巻）宋 金総持等訳
No.1188 ……〔二〇・八一四〕
文殊諸仙説吉凶時日経宿曜経 No.1299
文殊浄律経 No.460
文殊説般若経 No.233
文殊説不思議境界経 No.340
文殊説摩訶般若経 No.232
文殊説名義経 No.1188
文殊大教王経 No.1177A
文殊般涅槃経 No.463
文殊般若波羅蜜経 No.232
文殊仏土厳浄経 No.318
文殊菩薩献仏陀羅尼名烏蘇吒（一巻）失訳 No.1178 …〔二〇・七七八〕
文殊菩薩最勝真実名義経（一巻）元 沙囉巴訳
No.1189 ……〔二〇・八二〇〕
文殊法一品 No.1171
文殊法蔵経 No.1185A
文殊法身礼 No.1195
文殊滅淫慾我慢陀羅尼 No.1178
文殊問経 No.468
文殊問経字母品第十四（一巻）唐 不空訳 No.469 ……〔一四・五〇九〕
文殊問字母品 No.469
文殊問菩薩署経 No.458
文殊問菩提経 No.464
文陀竭王経（一巻）北涼 曇無讖訳 No.40 ……〔一・八二四〕
文類聚鈔 No.2647
問四事経 No.588
問署経 No.458
聞城十二因縁経 No.713

ヤ Ya

耶野薬訳

耶祇経（一巻）劉宋　沮渠京声訳 No.542 ……〔一四・八二九〕
野金口決鈔（一巻）日本　頼瑜撰 No.2530 ……〔七九・七二〕
野胎口決鈔（二巻）日本　頼瑜撰 No.2531 ……〔七九・七九〕
薬王薬上経 No.1161
薬師儀軌一具（一巻）No.924C ……〔一九・三〇〕
薬師経疏（一巻）No.2766 ……〔八五・三〇六〕
薬師経疏（一巻）No.2767 ……〔八五・三一〇〕
薬師七師本願功徳経 No.451
薬師七仏供養儀軌如意王経（一巻）清　工布査布訳 No.927 ……〔一九・四八〕
薬師七仏本願功徳経 No.451
薬師消災儀軌 No.922
薬師如来観行儀軌法（一巻）唐　金剛智訳 No.923 ……〔一九・二二〕
薬師如来講式（一巻）日本　最澄作 No.2722 ……〔八四・八七五〕
薬師如来念誦儀軌（一巻）唐　不空訳 No.924A ……〔一九・二九〕
薬師如来念誦儀軌（一巻）唐　不空訳 No.924B ……〔一九・三〇〕
薬師如来本願経（一巻）隋　達磨笈多訳 No.449 ……〔一四・四〇一〕
薬師如来本願功徳経 No.449
薬師如来本願功徳経 No.450
薬師本願経 No.449
薬師本願功徳経 No.450
薬師琉璃光王七仏本願功徳経念誦儀軌（二巻）元　沙囉巴訳 No.925 ……〔一九・三三〕
薬師琉璃光王七仏本願功徳経念誦儀軌供養法（一巻）元　沙囉巴訳 No.926 ……〔一九・四一〕
薬師琉璃光七仏本願功徳経（二巻）唐　義浄訳 No.451 ……〔一四・四〇九〕
薬師瑠璃光如来消災除難念誦儀軌（一巻）唐　一行撰 No.922 ……〔一九・二〇〕
薬師琉璃光如来本願功徳経（一巻）唐　玄奘訳 No.450 ……〔一四・四〇四〕
訳経図紀 No.2151

ユ Yu

瑜踰唯惟維遺又遊融

瑜伽医迦訖沙羅烏瑟尼沙斫訖羅真言安怛羅儀則一字頂輪王瑜伽経 No.955
瑜伽翳迦訖沙囉烏瑟尼沙斫訖囉真言安怛陀那儀則一字頂輪王瑜伽 No.955
瑜伽観行儀軌 No.1031
瑜伽観自在王如来修行法 No.932
瑜伽経 No.890
瑜伽護摩儀軌 No.909
瑜伽降三世極深法門 No.1209
瑜伽金剛頂経釈字母品（一巻）唐　不空訳 No.880 ……〔一八・三三八〕

瑜伽師地論（百巻）弥勒菩薩造・唐　玄奘訳 No.1579 …〔三〇・二七九〕
瑜伽師地論開釈分門記 No.2801
瑜伽師地論釈（一巻）最勝子等造 No.1580 ……〔三〇・八八三〕
瑜伽師地論分門記（六巻）唐　法成撰・智慧山記
No.2801 ……〔八五・八〇四〕
瑜伽師地論略纂（十六巻）唐　窺基撰 No.1829 ……〔四三・一〕
瑜伽修習毘盧遮那三摩地法 No.876
瑜伽集要焔口施食起教阿難陀縁由（一巻）
唐　不空訳 No.1319 ……〔二一・四七二〕
瑜伽集要焔口施食儀（一巻）No.1320 ……〔二一・四七三〕
瑜伽集要救阿難陀羅尼焔口軌儀経（一巻）
唐　不空訳 No.1318 ……〔二一・四六八〕
瑜伽総持釈門説菩提心観行修行義 No.1665
瑜伽総持教門説菩提心観行修持義 No.1665
瑜伽大教王経 No.887
瑜伽大教王経（五巻）宋　法賢訳 No.890 ……〔一八・五五九〕
瑜伽念珠経 No.789
瑜伽念誦儀軌 No.1124
瑜伽瑜祇経 No.867
瑜伽倫記 No.1828
瑜伽蓮華部念誦法（一巻）唐　不空訳 No.1032 ……〔二〇・六〕
瑜伽論記（四十八巻）唐　遁倫集撰 No.1828 ……〔四二・三一一〕
瑜伽論釈 No.1580
瑜伽論手記（四巻）唐　法成述・福慧記 No.2802 ……〔八五・九三七〕
瑜伽論問答（七巻）日本　増賀造 No.2259 ……〔六五・二六九〕
瑜祇経 No.867
瑜祇経行法記 No.2228
瑜祇経行法次第 No.2228
瑜祇経手印 No.2229
瑜祇経修行法 No.2228
瑜祇経疏 No.2228
瑜祇行法抄 No.2229
瑜祇総行記 No.2229
瑜祇総行私記（一巻）日本　真寂撰 No.2229 ……〔六一・五〇四〕
踰捺野経 No.30
唯識義私記（十二巻）日本　真興撰 No.2319 ……〔七一・二九八〕
唯識義燈増明記（四巻）日本　善珠述 No.2261 ……〔六五・三二七〕
唯識三十論 No.1586
唯識三十論頌（一巻）世親菩薩造・唐　玄奘訳
No.1586 ……〔三一・六〇〕
唯識三十論要釈（一巻）No.2804 ……〔八五・九六三〕
唯識述記 No.1830
唯識述記集成編 No.2266
唯識述記序釈 No.2260
唯識枢要 No.1831
唯識大意 No.2314
唯識二十論（一巻）世親菩薩造・唐　玄奘訳 No.1590 ……〔三一・七四〕
唯識二十論述記（二巻）唐　窺基撰 No.1834 ……〔四三・九七八〕

唯識比量 No.2321
唯識分量決（一巻）日本 善珠撰 No.2321 ……〔七一・四四〇〕
唯識本文抄 No.2262
唯識無境界論 No.1589
唯識無境界論 No.1588
唯識無境論 No.1588
唯識了義燈 No.1832
唯識論 No.1585
唯識論（一巻）天親菩薩造・後魏 瞿曇般若流支訳
No.1588 ……〔三一・六三〕
唯識論 No.1589
唯識論聞書（二十七巻）日本 光胤記 No.2264 ……〔六六・五九七〕
唯識論訓論日記（一巻）日本 光胤草 No.2265 ……〔六六・九一六〕
唯識論同学鈔（六十八巻）日本 良算抄 No.2263 ……〔六六・一〕
唯識論本文抄 No.2262
唯識論略疏 No.2267
唯心訣 No.2018
唯心鈔文意（一巻）日本 親鸞撰 No.2658 ……〔八三・六九九〕
唯心鈔文意（一巻・異本）日本 親鸞撰 No.2658 ……〔八三・七〇五〕
唯信鈔（一巻）日本 聖覚撰 No.2675 ……〔八三・九一〇〕
惟権方便経 No.565
惟日雑難経（一巻）呉 支謙訳 No.760 ……〔一七・六〇五〕
維摩義記（八巻）隋 慧遠撰 No.1776 ……〔三八・四二一〕
維摩義記（一巻）No.2768 ……〔八五・三二九〕
維摩詰経（二巻）呉 支謙訳 No.474 ……〔一四・五一九〕
維摩詰経 No.475
維摩詰子所問経 No.477
維摩詰子問経 No.477
維摩詰所説経（三巻）姚秦 鳩摩羅什訳 No.475 ……〔一四・五三七〕
維摩詰所説不思議法門経 No.474
維摩経 No.474
維摩経義記（巻第四）（一巻）No.2769 ……〔八五・三三九〕
維摩経義疏（六巻）隋 吉蔵撰 No.1781 ……〔三八・九〇八〕
維摩経義疏（五巻）日本 聖徳太子撰 No.2186 ……〔五六・二〇〕
維摩経玄疏（六巻）隋 智顗撰 No.1777 ……〔三八・五一九〕
維摩経疏 No.2186
維摩経疏（一巻）No.2770 ……〔八五・三五五〕
維摩経疏（一巻）No.2771 ……〔八五・三六四〕
維摩経疏（巻第三・巻第六）（二巻）No.2772 ……〔八五・三七五〕
維摩経疏（一巻）No.2774 ……〔八五・四三三〕
維摩経抄（一巻）No.2773 ……〔八五・四二三〕
維摩経略疏（十巻）唐 智顗説・湛然略 No.1778 ……〔三八・五六二〕
維摩経略疏垂裕記（十巻）宋 智円述 No.1779 ……〔三八・七一一〕
維摩疏釈前小序抄（一巻）No.2775 ……〔八五・四三四〕
維摩上宮疏 No.2186
維摩児経 No.478
遺教経 No.389
遺教経節要 No.1820

遺教経論（一巻）天親菩薩造・陳　真諦訳 No.1529 ……〔二六・二八三〕
遺教論 No.1529
遺跡講式 No.2731(3)
遺日王三昧宝積経 No.356
遺日宝積三昧文殊師利菩薩問法身経 No.356
遺日宝積三昧文殊師利問法身経 No.356
遺日摩尼宝経（一巻）後漢　支婁迦讖訳 No.350……〔一二・一八九〕
又持錫杖法（一巻）No.785 附……〔一七・七二五〕
遊四衢経 No.137
遊心安楽道（一巻）新羅　元暁撰 No.1965 ……〔四七・一一〇〕
遊方記抄（一巻）No.2089……〔五一・九七五〕
融貫鈔 No.2272
融通円門章（一巻）日本　融観述 No.2680 ……〔八四・一〕

ヨ Yo

横　永　要　葉　楊　瓔　浴

横川首楞厳院二十五三昧起請（一巻）日本　源信撰 No.2724……〔八四・八七八〕
横川首楞厳院二十五三昧式（一巻）日本　源信撰 No.2723……〔八四・八七六〕
永嘉集 No.2013
永嘉証道歌（一巻）唐　玄覚撰 No.2014 ……〔四八・三九五〕
永明智覚禅師唯心訣（一巻）宋　延寿撰 No.2018……〔四八・九九三〕
要慧経 No.348
要行捨身経（一巻）No.2895……〔八五・一四一四〕
要集経 No.810
要尊道場観（二巻）日本　淳祐撰 No.2468……〔七八・三九〕
要尊法（一巻）日本　永厳撰 No.2478 ……〔七八・一九二〕
要略念誦経 No.849
葉衣観自在菩薩経（一巻）唐　不空訳 No.1100……〔二〇・四四七〕
葉衣観自在菩薩陀羅尼経 No.1100
楊岐方会和尚後録（一巻）No.1994B ……〔四七・六四六〕
楊岐方会和尚語録（一巻）宋　仁勇等編 No.1994A ……〔四七・六四〇〕
楊岐方会禅師後録 No.1994B
楊岐録 No.1994A
瓔珞経 No.656
瓔珞経 No.1485
瓔珞本業経 No.1485
浴像儀軌 No.1322
浴像功徳経（一巻）唐　宝思惟訳 No.697……〔一六・七九八〕
浴像功徳経 No.698
浴仏功徳経（一巻）唐　義浄訳 No.698……〔一六・七九九〕

ラ Ra

羅　囉　礼　頼　洛　楽　乱　蘭

羅云忍辱経（一巻）西晋　法炬訳 No.500……〔一四・七六九〕
羅伽摩経 No.294
羅漢頼吒和羅経 No.68

羅摩伽経（三巻）西秦　聖堅訳　No.294……〔一〇・八五一〕
囉嚩拏説救療小児疾病経（一巻）宋　法賢訳
No.1330 ……〔二一・四九一〕
礼懺文（一巻）No.2854 ……〔八五・一三〇三〕
礼懺文（一巻）No.2855 ……〔八五・一三〇四〕
礼懺文（一巻）No.2856 ……〔八五・一三〇五〕
礼　讃　No.1980
礼法華経儀式（一巻）No.1944 ……〔四六・九五六〕
頼吒和羅経（一巻）呉　支謙訳　No.68……〔一・八六八〕
頼吒和羅経　No.170
頼吒和羅所問光徳太子経　No.170
洛叉経　No.1390
洛叉陀羅尼経（一巻）宋　法賢訳　No.1390 ……〔二一・九〇七〕
洛陽伽藍記（五巻）元魏　楊衒之撰　No.2092 ……〔五一・九九九〕
楽想経（一巻）西晋　竺法護訳　No.56 ……〔一・八五一〕
楽邦遺稿（二巻）宋　宗暁編　No.1969B……〔四七・二三一〕
楽邦文類（五巻）宋　宗暁編　No.1969A……〔四七・一四八〕
楽瓔珞荘厳方便品経（一巻）姚秦　曇摩耶舎訳
No.566 ……〔一四・九三〇〕
楽瓔珞方便経　No.566
乱説本　No.2408
蘭溪和尚語録　No.2547

リ Ri

理　離　力　立(りつ)　律(りつ)　律(りつ)　略　立(りゅう)　流
龍　了　両　梁　量　楞　療　倫　輪　臨

理趣会軌　No.1122
理趣会普賢儀軌　No.1122
理趣経　No.243
理趣経一十七聖大曼荼羅儀軌　No.1004
理趣経開題（一巻）日本　空海撰　No.2236 ……〔六一・六一一〕
理趣経開題（一巻・異本一）日本　空海撰　No.2236 ……〔六一・六一一〕
理趣経開題（一巻・異本二）日本　空海撰　No.2236 ……〔六一・六一三〕
理趣経種子釈（一巻）日本　覚鑁撰　No.2238 ……〔六一・六一五〕
理趣経十七尊義述　No.1004
理趣釈　No.1003
理趣釈経　No.1003
理趣釈重釈記（一巻）No.2240 ……〔六一・六四〇〕
理趣釈秘要鈔（十二巻）日本　杲宝説・賢宝記
No.2241 ……〔六一・六五七〕
理趣六度経　No.261
理趣六波羅蜜多経　No.261
理門論述記（一巻）唐　神泰撰　No.1839……〔四四・七七〕
離　経　No.47
離垢慧菩薩所問礼仏法経（一巻）唐　那提訳　No.487 …〔一四・六九八〕
離垢慧礼仏法経　No.487

離垢施女経（一巻）西晋　竺法護訳　No.338 ……〔一二・八九〕
離睡経（一巻）西晋　竺法護訳　No.47 ……〔一・八三七〕
離睡眠経　No.47
離文字経　No.829
離文字普光明蔵経　No.829
力士移山経（一巻）西晋　竺法護訳　No.135 ……〔二・八五七〕
力荘厳経　No.647
力荘厳三昧経（三巻）隋　那連提耶舎訳　No.647 ……〔一五・七一一〕
立正安国論（一巻）日本　日蓮撰　No.2688 ……〔八四・二〇三〕
律宗行事目心鈔（三巻）日本　忍仙撰　No.2359 ……〔七四・一〇七〕
律宗綱要（二巻）日本　凝然述　No.2348 ……〔七四・五〕
律宗章疏（一巻）日本　栄穏録　No.2182 ……〔五五・一一四四〕
律　抄（一巻）No.2794 ……〔八五・六八三〕
律抄第三巻手決（一巻）No.2796 ……〔八五・七一九〕
律相感通伝（一巻）唐　道宣撰　No.1898 ……〔四五・八七四〕
律戒本疏（一巻）No.2788 ……〔八五・六一六〕
律戒本疏（一巻）No.2789 ……〔八五・六四四〕
律雑抄（一巻）No.2790 ……〔八五・六五三〕
律二十二明了論（一巻）弗若多羅多造・陳　真諦訳
　No.1461 ……〔二四・六六五〕
略教誡経（一巻）唐　義浄訳　No.799 ……〔一七・七四四〕
略釈新華厳経修行次第決疑論（四巻）唐　李通玄撰
　No.1741 ……〔三六・一〇一一〕
略出軌　No.1120A
略出経　No.866
略出念誦経　No.866
略述金剛頂修証法門　No.870
略述金剛頂瑜伽分別聖位修証法門（一巻）唐　不空訳
　No.870 ……〔一八・二八七〕
略述法相義（三巻）日本　聞証撰　No.2315 ……〔七一・一二一〕
略諸経論念仏法門往生浄土集（巻上）（一巻）
　唐　慧日集　No.2826 ……〔八五・一二三六〕
略法華三昧補助儀（一巻）No.1943 ……〔四六・九五六〕
略　本　No.2647
略文類　No.2647
略明般若末後一頌讃述（一巻）唐　義浄述　No.1817 …〔四〇・七八三〕
略要羯磨法　No.1439
略論安楽浄土義（一巻）後魏　曇鸞撰　No.1957 ……〔四七・一〕
立印軌　No.1199
立印儀軌　No.1199
立世阿毘曇蔵　No.1644
立世阿毘曇論（十巻）陳　真諦訳　No.1644 ……〔三二・一七三〕
流祖上人箇條名目（一巻）日本　証空撰　No.2626 ……〔八三・四〇五〕
龍王兄弟経（一巻）呉　支謙訳　No.597 ……〔一五・一三一〕
龍樹為王説法要偈　No.1672
龍樹五明論（二巻）No.1420 ……〔二一・九五六〕
龍樹伝　No.2047
龍樹菩薩為禅陀迦王説法要偈（一巻）宋　求那跋摩訳

No.1672 ……〔三二・七四五〕
龍樹菩薩勧誡王頌（一巻）唐 義浄訳 No.1674……〔三二・七五一〕
龍樹菩薩勧発諸王要偈 No.1673
龍樹菩薩伝（一巻）姚秦 鳩摩羅什訳 No.2047 ……〔五〇・一八四〕
龍樹菩薩伝（一巻・別本）姚秦 鳩摩羅什訳 No.2047 …〔五〇・一八五〕
龍舒浄土文 No.1970
龍舒増広浄土文（十二巻）宋 王日休撰 No.1970……〔四七・二五一〕
龍施経 No.558
龍施女経（一巻）呉 支謙訳 No.557……〔一四・九〇九〕
龍施女経 No.558
龍施菩薩本起経（一巻）西晋 竺法護訳 No.558 ……〔一四・九一〇〕
龍施本起経 No.558
了因決（四十八巻）日本 良恵撰 No.2414 ……〔七七・一三九〕
了義経 No.247
了義燈 No.1832
了義般若波羅蜜多経（一巻）宋 施護訳 No.247……〔八・八四五〕
了本生死経（一巻）呉 支謙訳 No.708……〔一六・八一五〕
両巻無量寿経宗要（一巻）新羅 元暁撰 No.1747 ……〔三七・一二五〕
両部大法相承師資付法記（二巻）唐 海雲記
No.2081 ……〔五一・七八三〕
梁京寺記（一巻）No.2094 ……〔五一・一〇二四〕
梁高僧伝 No.2059
梁摂論 No.1595
梁朝傅大師頌金剛経（一巻）No.2732 ……〔八五・一〕
梁 伝 No.2059
量処軽重儀（二巻）唐 道宣緝 No.1895 ……〔四五・八三九〕
楞伽阿跋多羅宝経（四巻）劉宋 求那跋陀羅訳
No.670 ……〔一六・四七九〕
楞伽阿跋多羅宝経註解（八巻）明 宗泐・如玘同註
No.1789 ……〔三九・三四三〕
楞伽経 No.670
楞伽経禅門悉談章（一巻）No.2779 ……〔八五・五三六〕
楞伽経唯識論 No.1588
楞伽外道論 No.1640
楞伽師資記（一巻）唐 浄覚集 No.2837……〔八五・一二八三〕
楞伽唯識論 No.1588
楞厳経 No.945
楞厳経義疏 No.1799
療痔病経（一巻）唐 義浄訳 No.1325 ……〔二一・四九〇〕
倫 記 No.1828
輪転五道経 No.747
輪転五道罪福報応経（一巻・別本）劉宋 求那跋陀羅訳
No.747 ……〔一七・五六三〕
輪王一百八名讃経 No.960
輪王七宝経（一巻）宋 施護訳 No.38……〔一・八二一〕
輪略図抄 No.2709
臨済義玄禅師語録 No.1985
臨済録 No.1985

ル Ru

流 琉

流摂経 No.31
流転諸有経 No.577
琉璃王経（一巻）西晋 竺法護訳 No.513 ……〔一四・七八三〕

レ Re

例 霊 歴 蓮

例時作法（一巻）No.2418……〔七七・一九九〕
霊雲見桃録 No.2572
霊巌寺和尚請来法門道具等目録（一巻）日本 円行撰 No.2164 ……〔五五・一〇七一〕
霊波見聞 No.2342
歴代三宝紀（十五巻）隋 費長房撰 No.2034……〔四九・二二〕
歴代法宝記（一巻）No.2075 ……〔五一・一七九〕
歴遊天竺記伝 No.2085
蓮華眼経 No.1411
蓮華眼陀羅尼経（一巻）宋 施護訳 No.1411 ……〔二一・九二六〕
蓮華胎蔵界儀軌解釈（三巻）日本 真興集 No.2231……〔六一・五六五〕
蓮華胎蔵悲生曼荼羅広大成就儀軌供養方便会 No.852
蓮華胎蔵菩提幢標幟普通真言蔵広大成就瑜伽 No.853
蓮華大曼荼羅品 No.1040
蓮華部儀軌 No.873
蓮華部心儀軌 No.873
蓮華部心念誦儀軌 No.873
蓮華部心念誦儀軌（一巻）失訳 No.875 ……〔一八・三二八〕
蓮華部念誦法 No.1032
蓮華部念誦法門 No.1030
蓮華曼拏羅滅罪陀羅尼経 No.1116
蓮華面経（二巻）隋 那連提耶舎訳 No.386 ……〔一二・一〇七〇〕
蓮宗宝鑑 No.1973
蓮如上人御文（五巻）日本 円如光融編 No.2668 ……〔八三・七七一〕
蓮如上人御一代記聞書（一巻）No.2669……〔八三・八〇九〕
蓮門学則（一巻）日本 大玄撰 No.2619 ……〔八三・三一九〕

ロ Ro

盧 廬 老 牢 楼 漏 六ろく 鹿 録 六ろっ 論

盧至長者因縁経（一巻）失訳 No.539 ……〔一四・八二一〕
盧至長者経 No.539
盧長者経 No.539
廬山記（五巻）宋 陳舜兪撰 No.2095 ……〔五一・一〇二四〕
廬山蓮宗宝鑑（十巻）元 普度編 No.1973 ……〔四七・三〇二〕
廬山蓮宗宝鑑念仏正因 No.1973
老子化胡経（第一・第十）No.2139 ……〔五四・一二六六〕
老女経 No.559
老女人経（一巻）呉 支謙訳 No.559……〔一四・九一一〕
老母経 No.559

老母経 No.560
老母経（一巻）失訳 No.561……〔一四・九一二〕
老母女六英経（一巻）劉宋 求那跋陀羅訳 No.560……〔一四・九一二〕
牢固女経 No.574
楼閣正法甘露鼓経（一巻）宋 天息災訳 No.704……〔一六・八一二〕
楼炭経 No.23
漏分布経（一巻）後漢 安世高訳 No.57……〔一・八五一〕
六過出家経 No.134
六字一乗体義 No.2631
六字功能法経 No.1179
六字呪王経（一巻）失訳 No.1044……〔二〇・三八〕
六字呪経 No.1179
六字呪法 No.1179
六字呪法経 No.1180
六字神呪王経（一巻）失訳 No.1045……〔二〇・三九〕
六字神呪王経（一巻・別本）失訳 No.1045……〔二〇・四一〕
六字神呪経（一巻）唐 菩提流志訳 No.1180……〔二〇・七七九〕
六字大陀羅尼呪経（一巻）失訳 No.1046……〔二〇・四三〕
六事経 No.552
六趣輪廻経（一巻）馬鳴菩薩集・宋 日称等訳 No.726……〔一七・四五五〕
六十頌如理論（一巻）龍樹菩薩造・宋 施護訳 No.1575……〔三〇・二五四〕
六十二見経 No.21
六十華厳経 No.278
六祖大師縁記外記（一巻）唐 法海等集 No.2008 附 …〔四八・三六二〕
六祖大師法宝壇経（一巻）元 宗宝編 No.2008……〔四八・三四五〕
六祖壇経 No.2008
六度集経（八巻）呉 康僧会訳 No.152……〔三・一〕
六度無極経 No.152
六度無極度経 No.152
六道伽陀経（一巻）宋 法天訳 No.725……〔一七・四五二〕
六波羅蜜経 No.261
六菩薩当誦持経 No.491
六菩薩名経 No.491
六菩薩亦当誦持経（一巻）失訳 No.491……〔一四・七五二〕
六妙法門（一巻）隋 智顗説 No.1917……〔四六・五四九〕
六門教授習定論（一巻）無著菩薩本・世親菩薩釈・唐 義浄訳 No.1607……〔三一・七七四〕
六門経 No.1360
六門陀羅尼経（一巻）唐 玄奘訳 No.1360……〔二一・八七八〕
六門陀羅尼経論（一巻）世親菩薩造・失訳 No.1361……〔二一・八七八〕
六門陀羅尼経論広釈（一巻）唐 智威造 No.1361 附 …〔二一・八七八〕
鹿母経（一巻）西晋 竺法護訳 No.182……〔三・四五四〕
鹿母経（一巻・別本）西晋 竺法護訳 No.182……〔三・四五五〕
録外経等目録（一巻）No.2175……〔五五・一一三〕
六方礼経 No.16
論議辯才法門経 No.339

論註 No.1819

ワ Wa

和宏

和休経 No.344
和語燈拾遺 No.2612
和語燈録 No.2611
和菩薩戒文（一巻）No.2851 ……〔八五・一三〇〇〕
宏智広録 No.2001
宏智禅師広録（九巻）宋 侍者等編 No.2001 ……〔四八・一〕
宏智録 No.2001

學 → 学
懈 ………………415
歷 → 歴
頼 ………………531
曇 ………………489
樹 ………………443
橫 → 横
澤 → 沢
熾 ………………436
燈 ………………488
燉 ………………489
獨 → 独
獲 ………………409
盧 ………………534
興 ………………423
薬 ………………527
薩 （さっ） ………431
（さつ） ………431
融 ………………530
親 ………………458
諫 ………………405
諷 ………………503
諸 → 諸
賢 ………416〜417
賴 → 頼
踰 ………………528
遶 ………………493
避 ………………498
錄 → 録
録 ………………535
錫 ………………442
閻 ………………401
隨 → 随
靜 → 静
頻 → 頻
髻 ………………416
餓 → 餓
鴦 ………401〜402
龍 ………532〜533

十 七 画

優 ………398〜399
厳 ………………430
彌 → 弥
應 → 応
懊 ………………402
檀 ………………482
檜 → 桧
濟 → 済
濡 ………………444
療 ………………533
禪 → 禅
總 → 総
聲 → 声
聴 ………………485
舊 → 旧
薄 ………………399
謗 ………………513
講 ………………423
謹 ………………410
闍 ………………441
鞞 ………………499
頻 （び） …………499
（びん） ……500〜501
齋 → 斎

十 八 画

斷 → 断
歸 → 帰
瞻 ………………462
瞿 ………………412
禮 → 礼
穢 ………399〜400
穣 ………………456
翻 ………………516
臨 ………………533
藏 → 蔵
藥 → 薬
観 ………405〜408
謹 → 謹
轉 → 転
醫 → 医
鎭 → 鎮
鎮 ………………485
關 → 関
雙 → 双
雜 → 雑
難 ………………490
離 ………531〜532
顕 ………………417

十 九 画

勸 → 勧
壞 → 壊
廬 ………………534
犢 ………………489
羅 ………530〜531
蘇 ………463〜464
蘭 ………………531
蟻 ………………409
證 → 証
識 ………………438
願 ………………408

二 十 画

嚴 → 厳
寶 → 宝
灌 ………………408
繼 → 継
纂 ………………433
蘘 ………………456
覺 → 覚
譬 ………………498
譯 → 訳
護 ………………421
釋 → 釈
鐔 ………………458
鹹 ………………408

二十一画

攝 → 摂
瓔 ………………530
續 → 続
辯 ………………508
鐵 → 鉄
魔 ………………518

二十二画

囉 ………………531
歡 → 歓
穰 → 穣
聽 → 聴
讀 → 読
讃 ………………433

二十三画

顯 → 顕

二十四画

觀 → 観
靈 → 霊
齲 ………………399

二十五画

鹽 → 塩

二十八画

鸚 ………………402

勧 ……405
嗟 ……441
園 ……402
圓 → 円
塩 ……400
墓 ……510
夢 ……524
微 → 微
微 ……519
意 ……395
愚 ……412
愛 ……394
感 ……405
慈 ……438
摂 ……451〜452
数（しゅ） ……443
（じゅ） ……443
新 ……457〜458
會 → 会
楚 ……463
楊 ……530
楞 ……533
業 ……423
楼 ……535
楽 ……531
渓 ……415
溫 → 温
滅 ……524
漢 ……405
煎 ……461
犍 ……416
獅 ……436
瑜 ……527〜528
瑞 ……459
當 → 当
睒 ……461
禁 ……430
福 ……503
禅 ……462〜463
筠 ……398
經 → 経
継 ……415
続 ……466
罪 ……431
署 ……448
群 ……412
義 ……409
聖 ……452〜454
腹 ……503
蓮 ……534
解 ……415
詣 ……415
試 ……436
資 ……436
較 ……410
辟 ……500
鉄 ……485
鉢 ……496
頌 ……443
頓 ……489
鳩 ……412
鼓 ……412

十四画

像 ……465
僞 → 偽
僧 → 僧
増 ……465
壽 → 寿
實 → 実
對 → 対
彰 ……454
徳（とく） ……489
（とっ） ……489
慢 ……518
槐 ……404
歎 ……482
歴 ……534
漢 → 漢
滿 → 満
漏 ……535
演 ……400
甄 ……416
碧 ……507
福 → 福
種 ……443
稱 → 称
稲 ……488
管 ……405
維 ……529
緇 ……436
総 ……464
聚 ……443
聞 ……526
肇 ……456
複 ……503
誓 ……460
誡 ……404
說 → 説
説 ……460
読 ……489
賓 → 賓
輔 ……508
遮 ……440
銀 ……410
関 ……405
雑 ……465
静 ……456
颰 ……496
麽 ……517
鼻 ……499

十五画

器 ……409
增 → 増
墮 → 堕
幡 ……497
廟 ……500
廣 → 広
弊 ……507
德 → 徳
徹 ……485
慧 ……399
摩 ……517〜518
撫 ……503
播 ……495
撰 ……461
數 → 数
樂 → 楽
樓 → 楼
樞 → 枢
横 ……530
歓 ……405
潙 ……395
潭 ……482
瑩 ……415〜416
稻 → 稲
稽 ……415
箭 ……461
縁 ……400〜401
緣 → 縁
罵 ……524
羯 ……430
蓱 ……507
蔵 ……465
蕤 ……458
請 ……454
請 → 請
論 ……535〜536
諸 ……448〜449
賓 ……500
輪 ……533
選 ……461〜462
遺 ……529〜530
霊 ……534
頞 ……394
餓 ……403

十六画

器 → 器
壇 ……482
壊 ……399
奮 ……507

啓 ……………………415
國 → 国
執 ……………………444
婆 ……………………495
婦 ……………………502
宿 ……………………447
寂 ……………………442
寄 ……………………409
密（みっ） ……519～520
（みつ） ………520
常 ……………………456
得 ……………………489
從 → 従
悉 ……………………439
惟 ……………………529
授 ……………………443
採 ……………………430
探 ……………………482
推 ……………………458
敎 → 教
教 ……………………410
救 ……………………412
敕 → 勅
断 ……………………482
曹 ……………………464
曼 ……………………518
梁 ……………………533
梵 ……………………516
欶 ……………………466
淨 → 浄
深 ……………………458
淸 → 清
清（しょう） ……450
（せい） ………460
添 ……………………486
済 ……………………430
猘 ……………………460
琉 ……………………534
現 ……………………418
理 ……………………531
略 ……………………532
異 ……………………395
痔 ……………………438
眼 ……………………418
移 ……………………395
第 ……………………482
紹 ……………………450
経 ……………………410
習 ……………………444
菁 ……………………461
菩 ………508～510
菴 ……………………394
萍 ……………………507
處 → 処
虛（き） …………409
（きょ） ………409
（こ） …418～419
規 ……………………409
訳 ……………………527
貧 ……………………500
転 ……………………486
逮 ……………………468
進 ……………………457
部 ……………………503
都 ……………………487
釈（しゃ） ……440～441
（しゃく） …441～442
（しゃっ） ……442
野 ……………………527
陪 ……………………495
陰 ……………………402
雪 ……………………460
頂 ……………………485
魚 ………409～410
鹿 ……………………535
黄 ……………………401
黒（くろ） ………412
（こく） ………423

十二画

勝 ……………………451
善 ……………………462
堅 ……………………416
報 ……………………513
堕 ……………………467
壹 ……………………396
寒 ……………………404
富 ……………………502
尊 → 尊
尊 ……………………466
御（おん） ………402
（ぎょ） ………410
（ご） …………421
徧 ……………………507
悲 ……………………498
惠 → 恵
掌 ……………………451
提 ……………………482
揵 ……………………416
搜 ……………………464
敦 ……………………394
普 ………502～503
景 ……………………415
智 ……………………483
最 ………430～431
棺 ……………………405
極 ……………………423
温 ……………………402
満 ……………………518
漸 ……………………462
無 ………521～524
焰 ……………………400
然 ……………………494
爲 → 為
番 ……………………497
發 → 発
童 ……………………488
筆 ……………………499
等 ……………………488
給 ……………………409
統 ……………………488
萬 → 万
葉 ……………………530
虛 → 虚
衆 ……………………444
補 ……………………503
覚 ……………………404
訶 ……………………403
註 ……………………484
証 ……………………451
象 ……………………465
超 ……………………485
越 ……………………402
遊 ……………………530
遍 ………507～508
過 ……………………403
道 ………488～489
達 ……………………482
都 → 都
量 ……………………533
鈔 ……………………451
開 ……………………404
随 ………458～459
隋 ……………………459
集（しゅう） …444～445
（じゅう） ……447
雲 ……………………399
順 ……………………448
須 ………442～443
黃 → 黄
黑 → 黒
㮈 ……………………490
絶 ……………………460

十三画

亂 → 乱
傳 → 伝
僧 ……………………464

迦 ………402〜403
述 ………………447
邪 ………………441
金（きん）………410
　（こん）……423〜429
長（じょう）……455
　（ちょう）…484〜485
阿 ………391〜394
陀 ………………467
雨 ………………398
靑 → 青
青（しょう）……450
　（せい）………460
非 ………………497

九　画

信 ………………457
前 ………………462
勅 ………………485
南 ………………490
卽 → 即
厚 ………………394
品 ………………515
奏 ………………464
威 ………394〜395
帝 ………………467
度 ………………487
建（けん）………416
　（こん）………429
彥 → 彦
彦 ………………417
律（りっ）………532
　（りつ）………532
後 ………………421
怒 ………………494
思 ………………436
恒 ………………423
悔 ………………413
拾 ………………444
持 ………437〜438
指 ………………436
挟 ………………410
政 ………………450
施 ………………459
星（しょう）……450
　（せい）………460
春 ………………447
是 ………………459
枯 ………………418
柰 ………………490
柿 ………………404
毘 ………498〜499
泉 ………………461
洛 ………………531
洞 ………………488
海 ………………403
浄 ………455〜456
為 ………………395
独 ………………489
甚 ………………458
界 ………………403
発（ほっ）………515
　（ほつ）………515
皇 ………………422
盆 ………………516
相 ………………464
祇 ………………409
祈 → 祈
神（しん）………457
　（じん）………458
耶 ………………527
胎 ………467〜468
胞 ………………513
荘 ………………450
荒 ………………422
要 ………………530
貞 ………………485
軍 ………………412
追 ………………485
郁 ………………395
面 ………………524
音 ………………402
食 ………………438
首 ………………442
香 ………………422

十　画

修（しゅ）………442
　（しゅう）……444
倶 ………411〜412
倫 ………………533
冥 ………………521
准 ………447〜448
原 ………………417
唐 ………………488
孫 ………………466
差 ………………440
師 ………………436
帰 ………………408
座 ………………430
従 ………………450
恕 ………………449
息 ………465〜466
恵 ………………399
悟 ………………421
挾 → 挟
斎 ………………430
旃 ………………461
時 ………………438
校 ………………410
梅 ………………461
根 ………429〜430
桧 ………………497
浴 ………………530
涅 ………………494
消 ………………450
流（りゅう）……532
　（る）…………534
烏 ………………398
眞 → 真
真 ………………457
矩 ………………412
破 ………………495
祕 → 秘
神 → 神
秘 ………497〜498
称 ………………450
索 ………………431
能 ………………494
般（はつ）………496
　（はん）……496〜497
荷 ………………403
莊 → 荘
華 ………413〜415
袁 ………………400
記 ………………408
起 ………408〜409
廻 ………………399
通 ………………485
逝 ………………460
速 ………………466
造 ………464〜465
降（こう）………422
　（ごう）………423
除 ………………449
馬（ば）…………495
　（め）…………524
高（こう）……422〜423
　（たか）………482
鬼 ………………409

十一画

偸 ………………484
偽 ………………409
兜（と）…………487
　（とう）………488
唯 ………528〜529
商 ………………450
問 ………………526

伅 ……………489
伊 ……………394
伎 ……………409
伏 ……………503
会 ……………399
伝 ………486～487
光 ……………422
全 ……………462
出（しゅっ）……447
（しゅつ）……447
匡 ……………410
印 ……………397
合 ……………423
吉 ……………409
同 ……………488
名 ……………520
因 ………397～398
地（じ）…436～437
（ち）…………483
多 ……………467
如 ………491～493
妄 ……………524
字 ……………437
守 ……………442
安 ……………394
寺 ……………437
当（たい）………467
（とう）………487
成 ………454～455
有 ……………398
死 ……………435
牟 ……………521
百（ひゃく）…499～500
（ひゃっ）……500
竹 ……………483
老 ………534～535
自 ……………437
艸 ……………464
行 ……………410
西（さい）………430
（せい）………459

七　画

乱 ……………531
伽（か）…………402
（が）…………403
住 ……………447
何 ……………402
佛 → 仏
作 ……………430
初 ……………448
別 ……………507
医 ……………394
即 ……………465
吠 ……………507
吽 ……………399
坐 ……………430
声 ……………450
妙 ………520～521
孛 ……………495
孝 ……………422
宋 ……………464
宏 ……………536
寿 ……………443
対 ……………467
希 ……………413
序 ……………449
弟 ……………485
忍 ……………494
応 ……………401
戒 ……………403
投 ……………487
折 ……………441
抜（ばっ）………496
（ばつ）………496
步 → 歩
求（きゅう）……409
（ぐ）…………412
決 ……………416
汾 ……………507
沙 ……………440
沢 ……………482
牢 ……………535
私 ………435～436
究 ……………411
花 ……………413
見 ……………416
貝 ……………495
身 ……………457
那 ……………489

八　画

乳 ……………491
事 ……………437
使 ……………436
例 ……………534
供 ……………411
依 ……………399
兩 → 両
具 ……………412
制 ………459～460
刷 ……………460
取 ……………442
受 ……………443
呪 ……………443
呵 ……………402
和 ……………536
国 ……………423
坴 ……………437
奇 ……………408
奈 ……………490
奉 ……………503
学 ……………404
宗（しゅう）……444
（す）…………458
定 ……………455
宛 ……………400
宝 ………511～512
実 ……………440
帖 ……………455
幸 ……………422
底 ……………483
府 ……………502
延 ……………400
弥 ……………519
往 ……………401
忠 ……………484
念 ……………494
忿 ……………507
怛 ……………467
所 ……………448
押 ……………401
拔 → 抜
放 ……………512
明（みょう）……521
（みん）………521
東 ………487～488
枢 ……………459
武 ……………503
歩 ……………508
河 ……………402
治（じ）…………437
（ち）…………483
法（ほう）……512～513
（ほっ）……513～515
波（は）…………495
（ぺる）………507
泥 ……………490
注 ……………484
盂 ……………398
牧 ……………513
祈 ……………408
竺 ……………483
舍 → 舎
舎 ……………440
苦 ……………411
苾 ……………499
虎 ……………418
表 ……………500

大正新脩大蔵経
総目録検字索引

悉　曇

𑖀 ……………………391
𑖭 ……………………439
𑖪𑖽 ……………………497

一　画

一（いち）……395～396
（いっ）……396～397

二　画

七（しち）……438～439
（しっ）………439
九 ……………………411
了 ……………………533
二 ………490～491
人 ……………………493
入（にっ）………491
（にゅう）……491
八（はち）……495～496
（はっ）………496
力 ……………………532
十（じっ）……439～440
（じゅう）…445～447
（じゅっ）……447
又 ……………………530

三　画

万（ばん）………497
（まん）………518
三 ………431～433
上 ……………………454
下 ……………………415
于 ……………………398
千 ………460～461
口 ……………………411
大（おお）………402
（だい）……468～482
女 ……………………491
小（お）…………401
（こ）…………418
（しょう）……449
尸 ……………………434
山 ……………………433

四　画

不 ………501～502
中 ………483～484
五 ………419～421
仁（じん）………458
（にん）………493
仏（ぶっ）……503～505
（ぶつ）……505～507
元 ……………………408
六（ろく）………535
（ろっ）………535
内 ………489～490
円 ……………………400
分（ふん）………507
（ぶん）………507
化 ……………………413
双 ……………………464
天 ………485～486
太（おお）………402
（たい）………467
孔 ……………………411
少 ……………………449
幻 ……………………417
心 ………456～457
手 ……………………442
文 ………524～526
方 ………510～511
日（に）…………491
（にち）………491
（にっ）………491
曰 ……………………400
月（がっ）………404
（がつ）………404
（げっ）………416
木 ……………………524
止 ……………………434
比 ……………………498
水 ……………………458
火 ……………………402
父（ふ）…………502
（ぶ）…………503
王 ……………………401

五　画

世 ……………………459
他 ……………………467
付 ……………………502
仙 ……………………461
代 ……………………482
処 ……………………448
功 ……………………411
加 ……………………402
北（ほく）………513
（ほっ）………513
占 ……………………461
古 ……………………418
右 ……………………398
四 ………434～435
外 ……………………415
央 ……………………401
尼 ……………………491
左 ……………………430
巨 ……………………418
布 ……………………502
平（びょう）……500
（へい）………507
広 ………421～422
弗 ……………………503
弘 ……………………412
旧 ……………………411
未 ……………………519
末（ま）…516～517
（まっ）………518
（まつ）………518
本 ……………………515
正 ………449～450
氷 ……………………500
永（えい）………400
（よう）………530
犯 ……………………516
玄 ……………………417
玉 ……………………410
甘 ……………………404
生 ……………………450
申 ……………………457
白 ……………………500
目 ……………………524
石（いし）………395
（せっ）………460
示 ……………………436
礼 ……………………531
立（りっ）………532
（りゅう）……532

六　画

両 ……………………533
仰 ……………………410

大正新脩大蔵経総目録

2007年９月10日　初版第１刷発行
2011年12月20日　初版第２刷発行

編　者　大蔵出版編集部
発行者　青山賢治
発行所　大蔵出版㈱
〒113-0033　東京都文京区本郷3-24-6　本郷サンハイツ404
TEL03-5805-1203　FAX03-5805-1204
http://www.daizoshuppan.jp/

印　刷　㈱厚徳社
製　本　㈱ブロケード

ISBN978-4-8043-0018-4　C3015